2015

北京门头沟年鉴

北京市门头沟区地方志编纂委员会

中共党史出版社

图书在版编目（CIP）数据

北京门头沟年鉴 . 2015 / 北京市门头沟区地方志编纂委员会编.
– 北京：中共党史出版社，2016.1
ISBN 978-7-5098-3497-8

I. ①北… Ⅱ. ①门… Ⅲ. ①门头沟区 -2015- 年鉴 Ⅳ. ①Z521.3

中国版本图书馆 CIP 数据核字（2015）第 304666 号

书　　名：北京门头沟年鉴（2015）

出版发行：中共党史出版社
责任编辑：韩冬梅
复　　审：潘　鹏
终　　审：李青建
社　　址：北京市海淀区芙蓉里南街 6 号院 1 号楼
邮　　编：100080
网　　址：www.dscbs.com
经　　销：新华书店
印　　刷：北京市金星剑印刷有限责任公司
开　　本：185mm × 260mm　　1/16
字　　数：750 千字
印　　张：28 印张　　前插：36 页
印　　数：1—2000 册
版　　次：2016 年 1 月第 1 版
印　　次：2016 年 1 月第 1 次印刷
书　　号：ISBN 978-7-5098-3497-8
定　　价：118.00 元(精装)

编辑说明

一、《北京门头沟年鉴》是一部综合性资料性工具书，在中共门头沟区委和区人民政府的领导下，由北京市门头沟区地方志编纂委员会主持编纂。

二、本年鉴以马克思列宁主义、毛泽东思想、邓小平理论、“三个代表”重要思想、科学发展观为指导，深入贯彻习近平总书记系列重要讲话精神，认真贯彻中央、市委、市政府的各项方针政策，遵循实事求是的原则，科学、客观地反映实际情况。

三、本年鉴从2002年开始，逐年编纂出版。当年出版的年鉴全面记述上一年度门头沟区在各条战线、各个方面所发展的重要事件和新的情况，系统汇集年度内重要的文献。为领导决策提供可靠的参考信息，为各行各业提供有价值的资料，为各方面人士了解门头沟、研究门头沟提供最新信息。

四、本卷年鉴反映的是2014年1月1日至12月31日期间的情况，文内一般直书月、日，不再书写年份。

五、本年鉴采用文章和条目两种体裁，以条目体为主，文字内容分为概述、大事记……共21个一级栏目，分目下设条目。

六、本卷年鉴收有门头沟区党、政、军、各民主党派、团体、街道、乡镇、部分企业负责人名录，以及驻区部分单位负责人名录。所列均以2014年内任职为限，其中有任免情况的分别予以注明。

七、本年鉴的所选文章和条目，均由各部门、各单位确定专人撰写，经主管负责人审阅，并经区委、区政府有关部委办及领导审核。统计资料由统计局提供。照片由各单位提供。

八、本年鉴的编辑出版得到了区领导、撰稿单位以及各方面的大力支持和帮助，在此一并表示感谢。由于时间和水平所限，疏漏与不足在所难免，恳请各界人士和广大读者批评指正，使《北京门头沟年鉴》越办越好。

中共门头沟区委书记韩子荣

门头沟区人民政府区长张贵林

中共北京市门头沟区第十一届委员会第七次全体（扩大）会议

北京市门头沟区第十五届人民代表大会第四次会议

政协北京市门头沟区第九届委员会第三次会议

中国民主促进会北京市门头沟区工作委员会成立大会

"8+1"行动九三学社"养生谷"项目科技助农示范小院落户黄安坨

门头沟区农村“新三起来”暨“三资”管理培训班

举办巧娘纺织培训

举办果树剪枝培训

门头沟区档案史志局征集到建党93周年献礼影片

对原北京市市长、中共宛平县长焦若愚进行革命战争口述史录制

对退伍老兵王德启进行解放战争、抗美援朝战争口述史录制

北京市门头沟区在首个烈士纪念日举行公祭烈士活动

区直机关系统新党员“庆七一　忆英烈”党史教育主题活动

门头沟区2014年“五四”青年节系列活动启动暨新团员入团宣誓仪式

区直机关“最美北京人暨勤廉之星事迹”宣讲统计局专场

门头沟区文联、摄影家协会“雷锋精神永放光芒”摄影比赛

首都学雷锋志愿服务示范岗

学雷锋街头服务站

“国际档案馆日”
开展上街宣传

“3·23”世界气象
日科普宣传

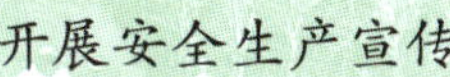

开展安全生产宣传

区法院开展法制宣传

“弘扬宪法精神 建设法治中国”门头沟国税局开展法制宣传活动

再生资源回收宣传

“珍爱生命 抗击艾滋 走进建筑工地”门头沟区“流动人口”法制宣传

区交通局开展法制宣传

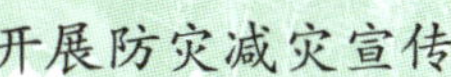

开展防灾减灾宣传

开展《新老年法》颁布宣传

深入学习贯彻《人民调解法》为“和谐北京”建设服务

门头沟区寻找绿色出行达人主题宣传

门头沟区庆祝第二十四次全国助残日活动

大峪街道社区矫正十周年纪念活动

门头沟区“12.4”国家宪法日暨全国法制宣传日法治文艺演出

公职律师协助街道办事处调解矛盾纠纷

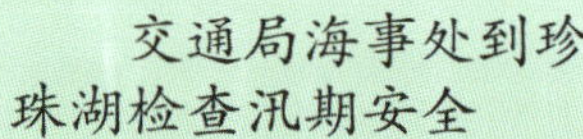

交通局海事处到珍珠湖检查汛期安全

检查出租房屋治理

区慈善超市试营业

为新婚夫妇免费发放婚育服务包

残疾人免费体检

5.12护士节

2014门头沟区服务行业技能大赛

举行初任法官宣誓仪式

第八届中国北京永定河文化节

京白梨文化节听“梨农故事”

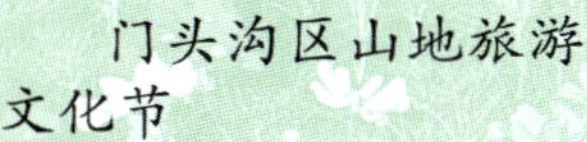

门头沟区山地旅游文化节

戒台寺丁香节

潭柘寺玉兰节

淤白村四月十五文化节

妙峰山传统民俗庙会

水峪嘴村老爷庙开山门仪式

“飞出山谷的歌声”
——放歌中山公园音乐堂

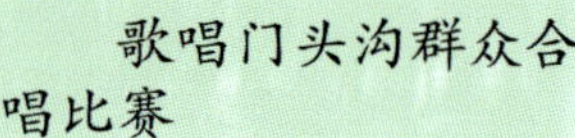
歌唱门头沟群众合唱比赛

清水·清韵——清水镇第五届传统山梆子戏

最美雁翅·消夏群众文化展演第二季比赛

龙泉镇迎新春拜大年暨峪新社区花会表演

雁翅中学金秋诗会

门头沟区旅游商品北京国际旅游商品博览会上

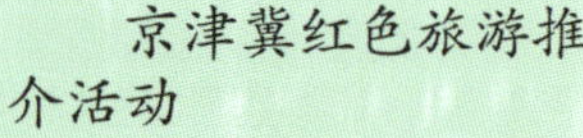

京津冀红色旅游推介活动

王平镇樱桃采摘节

中坤杯第五届北京国际山地徒步大会潭柘寺站

2014年环北京职业公路自行车赛（门头沟段）

2014年北京市门头沟区围棋邀请赛

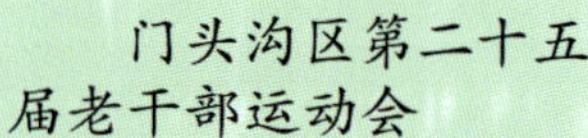
门头沟区第二十五届老干部运动会

门头沟区第七届武术比赛

北京市公益活动社区行门头沟区启动仪式暨2014门头沟区全民健身项目表演赛

门头沟区青少年校园网点校足球联赛

参加市残疾人运动会开幕式

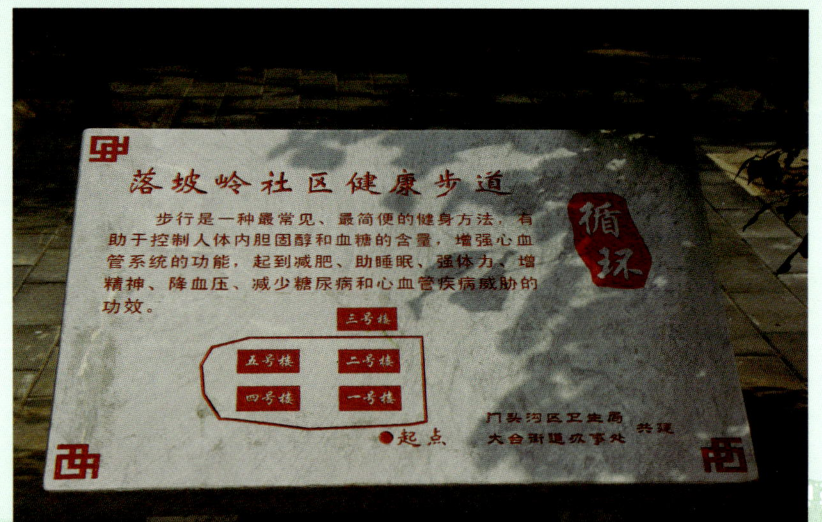

落坡岭社区健康步道标识

大台湿地健康步道标识

绿色通道景观提升工程

八路军邓华支队司令部旧址

邓华司令部旧址——聂家大院，为清代民间建筑，坐北朝南，呈长方型，长约40米，宽约20米，原建筑现仅存门楼，其余为后来改建。

冀热察挺进军司令部旧址陈列馆

1939年10月，冀热察挺进军司令部驻扎在马栏村。

1940年1月，司令部遭日军敌机轰炸后从马栏村转移。

1996年，马栏村党支部倡议全村村民集资捐款、捐物，筹建“冀热察挺进军司令部旧址陈列馆”。经一年努力，1997年7月全民族抗战爆发60年之际陈列馆建成。开馆之日，萧克将军带领20多位原挺进军的将领参加陈列馆落成典礼，并亲自为陈列馆揭幕。

陈列馆所在的四合院建于民国初年，坐北朝南，两进院落。现共设4个展室，展览面积130平方米、实物103件、图片175幅，全面介绍了挺进军在斋堂川战斗的历史。该馆是市级文物保护单位、市级爱国主义教育基地。

冀热察军政委员会塔河村驻地

位于门头沟区清水镇塔河村，属区级文物保护单位。

1940年2月，挺进军马栏司令部被日军飞机轰炸，挺进军司令部迁移至塔河村，以萧克为书记的冀热察军政委员会亦迁至此。

宛平县人民八年抗战为国牺牲烈士纪念碑

抗日战争胜利后不久，中国共产党领导的宛平县人民政府做出决定，在平西抗日根据地的中心斋堂地区，建立“宛平县人民八年抗战为国牺牲烈士纪念碑”。几经选址，最后确定在东斋堂村村西（现斋堂中学院内）。

“宛平县人民八年抗战为国牺牲烈士纪念碑”1946年7月7日落成。当日，宛平县党、政、军、民各界万余人参加了庄严肃穆的揭幕仪式。纪念碑坐北朝南，呈方形屋檐式，高7.75米。全碑着铁灰色，象征着宛平县人民抗战的钢铁意志；金黄色圆形塔顶象征着烈士们的功绩与日月同辉；方形碑体表示宛平人民一年四季怀念为国捐躯的烈士。四块碑石镶嵌着宛平县光荣牺牲烈士的英名、职务及出生的乡里；南面碑石的碑额分两行横刻“豪气长存，英名千古”，中间竖刻“宛平县人民八年抗战为国牺牲烈士纪念碑”。

1998年4月，纪念碑迁至斋堂镇九龙头。纪念碑前方是宽敞的祭奠广场，碑楼后面是反映抗战题材的浮雕。

昌宛专署党校黄安旧址

昌宛专署党校黄安旧址位于清水镇黄安村，专属旧址为二进四合院，全部建筑为硬山皮条脊。1946年秋建立党校，主要任务是训练南下学员。

昌(平)宛(平)专署旧址

1939年3月，昌(平)宛(平)专署(晋察冀边区四专署)设于黄安村。主要任务是统一领导各级政权，逐渐建立财政、经济、粮食制度。专属旧址为一座不规则四合院,坐北朝南,依山而建，整体建筑精良。大门居西南角。房屋多为硬山大脊,板瓦合瓦,双层檐椽。有东房3间,原为专员住处。西房1间,南山墙上有照壁。北房3间,硬山卷棚顶,板瓦合瓦。另有南房2间。后院南北长8.5米,东西宽3.3米,有南、北房各3间,东、西房各2间。

平西情报交通联络站纪念馆

平西情报交通联络站是1941年初根据中共中央社会部的意见，在根据地与北平城之间建立的负责传递情报和护送来往人员的工作站，主要任务：一是开展和东北抗联的联络工作；二是对北平、天津和东北地区情报工作的领导，物色情报人员及人员派遣；三是电讯联络；四是传递情报资料以及对出入北平、天津和东北地区过往人员的接送及军用物资等的运送。至1949年1月北平解放，经历抗日战争和解放战争两个时期，在平西站工作的人员100名左右。

2009年4月正式开馆，成为北京地区第一个公开展出的以情报战线斗争为主题的纪念馆，展示了抗日战争及解放战争期间妙峰山地区隐蔽战线的斗争历史。

目　录

概　述

大事记

文　献

专　文

政党　团体

中国共产党北京市门头沟区委员会

政权　政协

政法　军事

政法

农业与农村经济

农村经济经营管理

工　　业

区属工业

石龙开发区

商贸　旅游

商贸

综合经济管理

食品药品监督管理

财税　金融　保险

财税

财政

城乡建设

环境保护

环境卫生

城市管理监察

交通　邮电

交通

公路建设

运输管理

教育

文化　卫生　体育

文化

卫生

社会　生活

民政工作

民族宗教侨务

人口与计划生育工作

爱国卫生

老龄工作

街　　道

大峪街道

城子街道

东辛房街道

大台街道

乡　　镇

潭柘寺镇

永定镇

龙泉镇

清水镇

人　物

统计　资料

概　述

2014年，全区认真贯彻习近平总书记视察北京重要讲话精神，深入落实中央和北京市关于经济工作的一系列方针政策，稳中求进、改革创新，充分发挥综合经济体系的作用，继续加快城市建设步伐，培育新型产业体系，努力推进经济转型与产业结构调整，扎实做好稳增长、促改革、调结构、惠民生各项工作，积极克服宏观经济下行压力，经济社会继续保持健康发展的局面。

一、综合经济

经济总量：初步核算，全区实现地区生产总值（GDP）133.8亿元，按不变价计算比上年增长10%。其中第一产业实现增加值1.2亿元，比上年降低38.5%；第二产业实现增加值68.1亿元，比上年增长9.8%；第三产业实现增加值64.5亿元，比上年增长7.1%。三次产业结构为0.9：50.9：48.2。

财政收支：全区实现公共财政预算收入22亿元，比上年增长6.3%。税收收入完成17.6亿元，同比下降0.9%，其中，实现增值税2.9亿元、营业税7.1亿元、企业所得税1.9亿元，增速分别为4.8%、10.7%、-16%。非税收入完成4.4亿元，比上年增长49.8%。全区区级政府性基金收入完成180亿元，同比增长272.9%。

全区完成公共财政预算支出68.9亿元，比上年降低9.5%。其中一般公共服务支出5.5亿元，比上年降低5.9%；社会保障和就业支出10.3亿元，比上年增长8.6%；教育支出9.2亿元，比上年降低9.5%；文化体育与传媒支出2亿元，比上年增长7.1%。

投资：全区项目建设地全社会固定资产投资累计完成267.8亿元，比上年增长16.4%。完成城镇投资250.5亿元，比上年增长25.8%，其中房地产投资168.3亿元，比上年增长75.3%。完成社会投资178.7亿元，比上年增长46.4%。保障性安居工程中的棚户区改造完成投资44.6亿元，同比增长21.9%。

二、生态环境及安全生产

生态环境：完成绿色通道景观建设一期工程，第二阶段中小河道治理8条沟道及龙泉湾工程主体完工，引入社会投资建设8个镇级污水处理厂。落实清洁空气行动计划57项重点任务，改造燃煤锅炉75.5蒸吨，淘汰老旧机动车5976辆，山区送气下乡、优质燃煤实现全覆盖，村庄煤改电工作取得积极进展，全年压减燃煤1.76万吨。加大环境综合整治力度，坚决打击乱倒污泥渣土、非法盗采、乱伐林木等违法行为，市容环境保持全市前列。成立全国首家“绿色银行”，创建一批美丽乡村、绿色单位、绿色社区，群众生态文明意识明显增强。万元GDP能耗下降7.26%，PM2.5年均浓度下降7.7%，超额完成年度任务；全区林木绿化率达到65%，城市人均公共绿地面积提升到34.13平方米。

安全生产：2014年，全区共发生各类安全生产事故110起，伤89人，亡16人，直接经济损失50.69万元。与去年同期相比事故起数、伤亡人数分别增加1起、36人、2人，与去年同期相比直接经济损失减少33.55万元。其中，交通事故共发生60起，伤86人，亡12人，与去年同期相比事故起数、伤亡人数分别增加5起、33人、4人；火灾事故共发生46起，伤3人，直接经济损失50.69万元，事故起数、亡人数、直接经济损失与去年同期相比分别减少3起、1人、33.55万元，伤人数增加3人；铁路交通事故共发生2起，亡2人，与去年同期相比事故起数、亡人数分别增加1起、1人；生产安全事故共发生2起，亡2人，与去年同期相比事故起数、亡人数分别减少2起、2人。

三、行业发展

农业：规范农村产权交易平台运行，推进农村土地流转工作，做好农村土地经营权颁证试点。建立重大项目区级评审制度，对农村建设用地实行区级统筹管理。发挥农村产业发展基金作用，引导镇、村做好项目集成工作。加强农村三资监管，扩大农村集体资产信托化经营范围，完善收益分配机制，保障农民长远收益。加大小城镇产业发展支持投入力度，打造功能定位清晰，配套设施完善的主题小城镇。2014年，全年实现农林牧渔业总产值3.5亿元，比上年降低33.7%。其中，农业实现产值1.1亿元，比上年降低4%；牧业实现产值1.4亿元，比上年增长8.2%。

工业：2014年，门头沟区工业生产结构不断优化调整，以通用设备制造业为代表的现代制造业发展迅猛，而以煤炭开采和洗选业为代表的资源型工业表现低迷。全区规模以上工业实现产值98.5亿元，比上年增长22.1%。其中，现代制造业实现产值47.8亿元，比上年增长102.8%；资源型工业实现产值30.6亿元，比上年降低20.7%；高新技术产业实现产值85.7亿元，比上年增长33.9%。实现销售产值83.9亿元，比上年增长5.7%，其中出口交货值实现16.9亿元。通用设备制造业和医药制造业态势良好，分别实现产值45.3亿元和3.1亿元，分别比上年增长174.2%和8.3%。

建筑业：全区有资质的建筑业企业实现建筑业总产值84.4亿元，比上年增长4.3%。其中，建筑工程产值82.5亿元，比上年增长4.3%，安装工程产值1.8亿元，比上年增长5.7%。房屋建筑施工面积265.3万平方米，比上年增长11.6%，房屋建筑竣工面积46.1万平方米，比上年增长24.7%。

房地产开发业：全区项目建设地房地产企业完成开发投资额168.3亿元，比上年增长75.3%。房屋施工面积341万平方米，比上年降低15.2%。房屋竣工面积55.2万平方米，比上年降低59.1%。商品房销售面积59.9万平方米，比上年增长138.7%，其中住宅销售面积53.5万平方米，比上年增长175.3%。

商业：全区实现社会消费品零售额（产业在地口径）53.1亿元，比上年增长8.4%。按限额标准分，限额以上企业及个体实现零售额32.5亿元，比上年降低0.4%；限额以下企业及个体实现零售额20.6亿元，比上年增长26%。按行业分，批发业实现零售额1.1亿元，比上年降低6.6%；零售业实现零售额41.8亿元，比上年增长10.3%；住宿业实现零售额2.6亿元，比上年降低4.9%；餐饮业实现零售额7.7亿元，比上年增长6%。

旅游业：开展永定河沿线交通环境综合整治，建成96座旅游交通服务站，实施国家步道标识系统一期工程。南石洋大峡谷对外试运营，灵山、潭戒景区环境进一步提升，妙峰山玫瑰香谷等沟域建设项目加快推进，玫瑰、玉兰、万寿菊等景观农业规模不断扩大。成功举办山地旅游文化节、国际山地徒步大会等大型活动。全年实现旅游综合收入20.3亿元，比上年增长5.4%。其中住宿业实现营业收入4.3亿元，比上年增长5.5%；旅行景区实现营业收入2.7亿元，比上年增长17.9%；旅游餐饮实现营业收入20.6亿元，增长8.4%；旅游商业实现营业收入5.8亿元，增长8.4%；旅游交通实现营业收入1.8亿元，增长12%。

年末全区实际经营的观光园为55个，民俗旅游农户1062户，全年共接待游客114.6万人次，实现经营收入1.1亿元。

金融业：截至年末，金融机构存款余额达到467.9亿元，比上年末增长14.6%，其中单位存款227.7亿元，比上年末增长29%，个人存款240.2亿元，比上年末增长4%。全区金融机构贷款余额110.8亿元，比上年末增长22.7%。其中，短期贷款21.7亿元，比上年末增长37.1%，中长期贷款89.1亿元，增长19.7%；对公贷款88.1亿元，增长22.5%，个人贷款22.6亿元，增长23.7%。

交通运输业：截至年末，全区运输企业拥有货运车辆5770辆，客运车辆879辆。货运量954万吨，货运周转量31963万公里；客运量17234万人次。

邮电业：截至年末，全区共有邮政局所17处，其中局1处，支局6处，所10处。全年邮政业务总量6237万元，通信业务总量7311万元，出口函件148万件，包件3万件，汇票2万张，报纸累计数919万份，杂志36万份，特快专递32433件。

四、社会事业

科学技术：截至年末，门头沟区组织各级科技项目15个。其中区级科技计划项目1项，市级科技计划项目13项，国家级科技计划项目1个。培训农村实用人才100人次，技术合同成交金额0.6万元，认定高新技术企业23家，申请专利304项，授予专利179项，农业科技与服务单位个数17个。全区科技经费筹集总额5922.8万元，科技经费支出总额4130.3万元。

教育：截至年末，全区共有幼儿园33所，班数196个，全年入园（班）人数2027人，在园（班）幼儿5241人，离园（班）1828人，教职工812人，其中专任教师475人。小学学校23所，班数379个，毕业生1836人，招生数2180人，在校学生数11314人，教职工1195人，其中专任教师896人。高中阶段学校4所，其中普通高中3所，毕业生数706人，招生数717人，在校学生数2347人；职业高中1所，毕业生数340人，招生数43人，在校学生数203人。初中阶段学校13所，毕业生数1330人，招生数1720人，在校学生数4844人。全区中考及格率达到88.76%，优秀率达到34.7%。全年专科毕业325人，本科毕业248人。全年参加岗位培训、技术培训27220人次。

文化：截至年末，门头沟区有222个村居文化室。全年开展星火、周末场、百姓周末大舞台等公益文化惠民演出601场，文化馆下基层慰问村居、部队、建筑工地、学校及企业单位演出近78场，受众约11万余人次。充分利用公园、广场等场所，完成春节公园文化活动25场，受众6800余人次。常年开展特色、品牌文化活动100余场。基层镇街、村居组织开展的演出等文化活动千余场。全年送书进村居、进学校、进军营、进企业4.2万余册，送电影下乡1万场。图书馆馆藏总量达到74万册，当年新购入图书70560册，办证885个，流通读者13638人，馆舍面积1200平方米。全区共有重点文物保护单位国家级5个，市级9个，区级71个。

卫生：截至年末，全区共有医疗卫生机构260个，其中医院13个。医疗卫生机构实有床位2859张，其中医院2418张。全区卫生技术人员达到3282人，其中执业医师1012人，执业助理医师112人，注册护士1388人。全区卫生医疗机构总诊疗量272.86万人次，出院人数30831人。

体育事业：截至年末，全区有各类体育健身场地5个，其中体育馆1个，游泳场馆3个，各种训练房1个。全区有等级裁判605人，其中国家级5人，一级71人，二级529人。全年组织区级比赛49次，参赛人数6万人次；参加市级比赛10项，共获金牌18枚、银牌31枚、铜牌30枚；向上一级体校输送优秀运动员4人。

五、人民生活

人口状况：截至年末，全区常住人口30.6万人，比上年增加0.3万人。户籍人口总户数119951户，总人数249098人，其中非农业人口200341人，农业人口48757人。户籍人口中，全年出生人口2484人，死亡人口2165人，人口出生率9.98‰，死亡率8.70‰，自然增长率1.28‰，计划生育率98.1%。

城乡居民收支：截至年末，城镇居民人均可支配收入38023元，比上年增长8.2%；人均生活消费支出24053元，比上年增长7.8%，恩格尔系数为29.5%。农村居民人均纯收入18861元，比上年增长8.3%；人均生活消费支出12326元，比上年增长7.6%，恩格尔系数为33.5%。

劳动和社会保障：截至年末，城镇登记失业率为4.3%，与上年同期持平；5716名城镇登记失业人员实现就业，年末实有城镇登记失业人员3887人。全区参加养老、失业、工伤和医疗保险缴费人数分别比上年增长5.4%、3.3%、6.6%和3.3%。城乡最低生活保障应保尽保，城镇、农村居民最低生活保障人数分别达到6992人、2135人，农村五保户人数为315人。

大 事 记

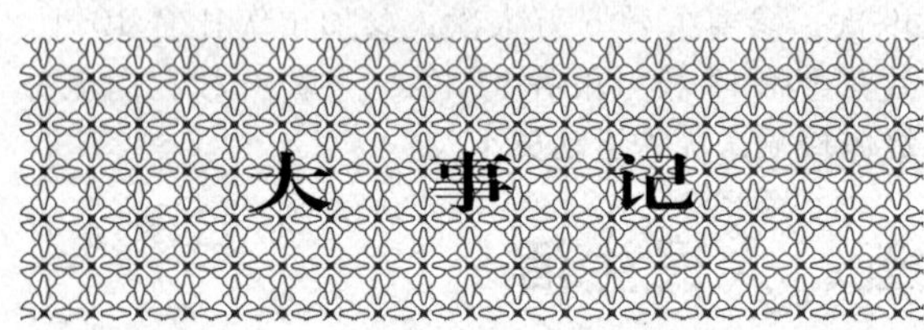

1 月

2日　召开区党建述职大会。会上，各镇街、相关部门以党建引领发展为主题进行述职。

3日　启动区“小手拉大手文明一起走”主题教育实践活动并为首批203户“八好文明新家”挂牌。

5日　石门营、石泉地块安置房，完成选房1.1万户（含在石门营、石泉地块同时选择安置房的户数）12969套，累计入住9233户10345套。

7日至9日　召开区政协九届三次会议。会议听取关于九届三次会议期间提案审查情况的说明，通过区政协第九届委员会常委会工作报告的决议和第三次会议政治决议。

7日至10日　召开区十五届人大四次会议。会议通过《关于门头沟区人民政府工作报告的决议》《关于门头沟区2013年国民经济和社会发展计划执行情况与2014年国民经济和社会发展计划的决议》《关于门头沟区2013年预算执行情况和2014年财政预算的决议》《关于门头沟区人大常委会工作报告的决议》《关于门头沟区人民法院工作报告的决议》《关于门头沟区人民检察院工作报告的决议》，听取议案审查报告。

10日　区第一批农村产权交易项目挂牌。共涉及10个项目，其中土地类7项、资产类3项，分布于区清水、斋堂、王平、潭柘寺4个镇的8个村。

17日　召开第十一届纪律检查委员会第三次全体（扩大）会。

21日　完成区宅基地现状普查外业测绘工作。共涉及9个镇145个行政村31828宗宅基地。

是月　妙峰山镇涧沟村被农业部和国家旅游局评为“全国休闲农业与乡村旅游示范点”。

是月　“妙峰山香会博物馆展览、展陈、景观设计”经中国环境艺术委员会专家委员会评审，荣获第四届（2013）中国环境艺术金奖。

是月　门头沟区2013年度经营性用地出让金额实现政府土地收益91.5亿元。全年共完成经营性用地入市交易7宗，供地面积83.47公顷，交易金额141.62亿元，实现政府土地收益91.5亿元，完成年度计划政府土地收益率155%。

2 月

13日　召开区深入开展党的群众路线教育实践活动动员部署大会。

15日　召开全区2014年党建工作会。

21日　召开区党的群众路线教育实践活动征求意见座谈会。

是月　完成门头沟区2013年下半年事业单位公开招聘工作，涉及全区44家事业单位61个工作岗位，最终录用53人，其中硕士2人、本科50人、专科1人。

3 月

4日　新桥车站“首都学雷锋志愿服务岗”挂牌。

13日　召开村（社区）基层党组织开展党的群众路线教育实践活动动员部署视频会议。

14日　区总工会召开九届二次委员（扩大）会议。

22日　北京市体育公益活动社区行门头沟区启动仪式2014年全民健身项目表演赛开幕。

31日　区文明办“文明门头沟”微信公众平

台正式上线，用户可通过手机微信界面输入微信号“mtgwmb”进行关注。

同日　区委宣传部召开 2014 年门头沟区百姓宣讲工作部署会，正式启动了门头沟区“最美北京人”百姓宣讲活动。

4　月

3 日　召开全区基层组织建设工作会。

10 日　区经信委创新服务方式，搭建“中小企业之友”微信服务平台。

17 日　召开门头沟区“人民满意的基层站所、服务窗口示范点”创建活动推进会。

18 日　东辛称 C 地块完成入市交易。C 地块（东区）总用地面积 12.87 公顷，建设用地面积 7.74 公顷，建筑控制规模 19.35 万平方米，最终由中铁置业集团有限公司以 21.74 亿元竞得。

23 日　黑河沟、城子沟上游治理项目腾退房屋期限结束。项目起始日期为 4 月 4 日，截至 23 日 24 时，已签订补充协议 796 户（共涉及 820 户），签约率 97.07%；已交房 666 户，交房率 81.22%；已拆房 521 户，拆房率达到 63.54%。

29 日　民进门头沟区工委成立。

29 日至 5 月 13 日　举行妙峰山第二十二届传统民俗庙会。活动内容包括中幡、高跷会等 50 余档民间花会表演及施粥、布茶等民俗活动。

5　月

13 日　大峪街道住房保障审核窗口被授予“首都学雷锋志愿服务示范岗”。首都文明委在全市范围内共评选出首都学雷锋志愿服务示范站 100 个、示范岗 100 个，全区仅此一家。

16 日　门头沟区老年人体育协会成立。

22 日　区相关部门联合开展流动人口和出租房屋清查行动，清查出租房屋 3642 间、流动人口 6634 人，核查流动人口 896 人，发现并消除出租房屋安全隐患 38 件。

24 日　妙峰山镇樱桃沟村第 15 届采摘节及王平镇“一镇一品”暨“踏千年古道、赏王平美景”第一届樱桃采摘节开幕。

26 日　开通 994 路公交车。实现与地铁 14 号线园博园站接驳。

是月　经区旅游景区质量等级评定委员会检查验收和组织评定，神泉峡景区获批国家 AAA 级景区。

6　月

7 日　举办中坤杯第五届北京国际山地徒步大会潭柘寺千年古刹徒步路线比赛，3500 人报名参加。

24 日至 7 月 15 日　开展“共产党员献爱心”捐献活动。捐赠款项全部用于生活困难党员帮扶、慈善医疗救助和应急救助等区内慈善项目。全区 156 个单位 24917 名党员、1670 名群众捐赠善款 108.4 万元。

是月　区第二批农村产权交易项目挂牌。此次挂牌的项目共有 10 个，涉及土地类 8 项，资产类 2 项，分布于斋堂、王平、雁翅 3 个镇 9 个村。

是月　京西百花山地区废弃煤矿矿山地质环境治理示范工程（门头沟矿区）竣工通过验收。

7　月

1 日　举行“歌唱门头沟、共筑中国梦”群众合唱比赛汇报演出。

17 日　举行门头沟区第九届京西人口文化节暨大台街道首届“社区文化节”开幕式。

是月　门头沟区柔道代表队在北京市第十四届运动会上获得 6 枚奖牌。

8　月

6 日　区“富民 5 号”资金信托项目签约。项目涉及永定镇 11 个村，投入资金 5.45 亿元，信托期限为 5 年。

18 日　在首都博物馆举办“永定河文化宣传展示周”暨“物华天宝”门头沟琉璃传世珍品展，门头沟区“情定永定河”第八届中国北京永定河文化节启动。

26 日　启动 2014 年“微艺术·大视野——光影汇萃京西梦”微视频作品征集活动。

是月　启动门头沟区“绿色出行达人”推荐活动。

9　月

2 日　军庄镇第十七届京白梨文化节开幕。

5 日　梦想中国·永定河书画展开幕。

9 日　召开庆祝 2014 年教师节表彰会。为荣获魅力教师、卓越团队、全国模范教师等称号的先进集体和先进个人颁奖。

20 日至 21 日　举办第五届北京国际山地徒步大会斋堂站总决赛。

25 日　清水镇举行“清水·清韵——清水镇第五届传统山梆子戏曲汇演”。

26 日　启动南石洋大峡谷景区品牌推介体验月活动。

27 日　门头沟区举办“鼓韵太平”京津冀非遗鼓舞精品展演，京津冀三地 12 支非物质文化遗产鼓舞表演团队同台演出。

29日　举行“百名侨商走进门头沟”活动。

是月　区为民服务信息平台推出为老服务“一键通”。依托61696156服务热线和网络系统，定制开发配套软件应用功能和“一键通”家庭终端话机，预设“61696156”“120”“亲情号码”“家政服务”“家电维修”“水电维修”6个功能按键，实现与61696156呼叫中心的直接连通。

10　月

13日　召开区党的群众路线教育实践活动总结大会。

21日　完成潭柘寺镇中心区C地块入市交易。该地块总用地面积40.67公顷，建设用地面积23.62公顷，建筑控制规模27.97万平方米，配建经济适用房6000平方米。

28日　召开全区领导干部大会暨APEC期间安保维稳动员部署大会。

是月　门头沟区完成2014年残疾人享受城乡居民基本养老保险缴费补贴工作，涉及4381人，补贴金额336.1万元。

是月　“红·蕴山水　叶·看京西”门头沟红叶文化宣传推广系列活动在清水镇西达摩村启动。

11　月

5日　门头沟区第三批农村产权交易项目挂牌。此次挂牌的项目共有8个，涉及土地类4项，资产类4项，分布于潭柘寺、龙泉、妙峰山、雁翅、斋堂5个镇7个村。

23日　北京市第八届“和谐杯”乒乓球比赛系列活动暨市乒协（团体）会员联赛门头沟总决赛在区体育馆举办。

是月　永定镇北岭地区397名占地农转非人员的医保视同缴费年限审批工作完成。从12月1日起和退休职工享受相同医疗待遇。

是月　中瑞生态谷王平养老园项目一期工程占地面积2.95万平方米，建筑面积3万平方米，可提供养老床位500张，已达到入住标准。

是月　门头沟区清水镇洪水口村被农业部评为“2014年中国最美休闲乡村”中的特色民俗村。

12　月

3日　门头沟区举办“弘扬宪法精神　建设法治中国”法治文艺专场演出。

6日　召开2014创新学习方式促进教育变革论坛暨提升思维能力构建高效课堂研讨会。

13日　民建门头沟区工委成立。

19日　门头沟区成立北京市首家区级志愿服务联合会。

25日　召开门头沟区农民专业合作社联合会成立大会。

文　献

深入落实党的十八届四中全会精神
在更高水平上推动现代化生态新区建设

——在区委十一届七次全体（扩大）会议上的报告
（2015 年 1 月 9 日，审议稿）

中共门头沟区委书记　韩子荣

同志们：受区委常委会委托，我向全会作工作报告。

今年以来，区委紧紧围绕中央、市委各项工作部署，深入开展党的群众路线教育实践活动，坚持稳中求进、改革创新，加快推动转型发展，地区经济、政治、文化、社会、生态文明建设以及党的建设各项工作取得了新成效，圆满完成了全年各项任务目标。

一、认真开展党的群众路线教育实践活动

按照中央、市委统一部署，门头沟区深入开展了党的群众路线教育实践活动，全区 83 家单位、833 个基层党组织、3.1 万余名党员参加。区委坚持把教育实践活动作为新形势下加强党的建设的重要抓手，高标准抓好各个环节的工作，使各级党组织和党员干部经受了一次难得的精神洗礼，达到了“受教育、转作风、促团结、强组织、解难题、提士气”的目的。

通过教育实践活动，广大党员干部增强了同中央、市委保持高度一致的自觉性和坚定性，坚定了理想信念、加强了党性修养、强化了宗旨意识、严明了党的纪律，激发了全区上下凝心聚力、加快发展的强大动力。坚持以整风精神严格党内政治生活，高质量召开专题民主生活会和组织生活会，展现了严肃认真开展党内生活的新气象。聚焦“四风”突出问题，针对“门难进、脸难看、事难办”、“公款送礼、公款吃喝、奢侈浪费”、“形象工程”和“政绩工程”等问题，开展 13 个方面 52 项专项整治工作，形成了依法行政、廉洁奉公的良好氛围。着力解决关系群众切身利益的难点问题，从群众意见最集中的办事难、执法难、审批难、看病难、上学难、遗留问题解决难等问题改起，进一步密切了党群干群关系。注重标本兼治、立破并举，研究制定了全区改进作风制度建设计划，确定了新建和修订 5 个方面 58 项制度，初步形成了作风建设抓常、抓细、抓长的工作机制。实践证明，这次教育实践活动达到了预期目的，为我们推动现代化生态新区建设向更高水平迈进奠定了坚实基础。

二、推动经济转型，地区经济平稳健康发展

区委围绕转型发展，认真落实中央、市委对首都发展的新要求，全面对表和审视地区发展思路，坚持生态立区、高端产业强区、旅游文化休闲产业兴区的发展战略，积极推动规划引导发展、环境促进发展、产业带动发展、管理规范发展，保持了全区经济平稳健康发展。全年预计实现地区生产总值133亿元，按不变价计算增长10%；一般公共预算收入22.03亿元，同比增长6.3%；全社会固定资产投资完成258亿元，同比增长12%；城镇居民人均可支配收入和农民人均纯收入达37952元和18801元，同比均增长8%。

充分发挥综合经济工作体系的统筹协调作用，深入研究经济结构调整、产业发展空间布局、产业扶持政策、协税护税机制、基础设施建设、人口资源环境承载力等重大问题，加强经济工作整体谋划，发展基础进一步稳固。

坚决贯彻中央、市委关于疏解非首都核心功能产业的要求，在对存量企业全面摸底调查的基础上，制定了非首都核心功能产业调整疏解方案，做到清理淘汰一批、调整疏解一批、升级改造一批。目前，已注销废品回收、金属制造等“五小”企业201户，将8家制造业企业的生产环节外迁至河北，疏解人口近2000人，实现了新兴产业和传统采矿业比重“一升一降”。

大力拓展城乡产业新空间。加快推进永定滨水商务区、门城生态商务区及其它重点区域的建设开发，全年上市土地面积126公顷，总成交价235亿元，实现政府收益139.21亿元。一批商务楼宇开工建设，为地区发展注入了新的动力。统筹规划废弃矿山建设用地，对236处废弃厂矿进行全面调查，整理出可建设用地和有条件建设用地近3平方公里，形成了陇上科技园、妙峰奇石等产业转型的典型，为山区盘活存量转型发展提供了示范。

着力培育新的经济增长点。积极推动石龙开发区转型与永定滨水商务区发展联动，12家楼宇总部大厦56万平方米产业项目建设进展顺利，为扩大招商引资拓展了空间。加大招商引资力度，争取入区企业职工享有自住型商品房优先配售政策，中铁公司、江泰保险等入区大税户明显增多，为税收增长奠定了坚实基础。打造浅山区旅游文化休闲产业带，中融宝玉石文化博览交易中心、西山艺境等一批项目初具规模。加快发展以景区为核心的沟域经济，收回灵山景区，修缮潭戒两寺，南石洋大峡谷开始试运行，景区建设水平进一步提升。促进农游、文游融合发展，大力发展玫瑰、玉兰、万寿菊等景观农业，成功举办旅游山会、徒步大会等大型活动，形成了有影响力的地区形象宣传品牌。

科学把控发展节奏，规范经济运行。全面加强区委对经济工作的领导，深入研究重点工程建设、政府性债务等重大问题，全面整顿经济秩序，确保了地区发展平稳有序。完善经济决策程序，重大事项先由工作体系充分论证，再提交区政府、区委决策会议研究。按照保民生、保发展的原则调控财政支出，严格控制新增债务，全年共偿还政府性债务86.99亿元，政府性债务全部纳入财政预算管理。全面加强预算管理，体系化研究安排部门项目预算，强化预算刚性约束，增强了预算执行的严肃性。认真研究资金平衡工作，制定了棚户区改造资金平衡方案和财政预算三年滚动平衡方案，落实了国开行120亿元低息贷款，棚改拆迁建设资金得到有效保障。

三、推动城乡一体化发展，城乡建设取得显著成效

围绕建设现代化生态新区目标，坚持高标准推进现代化滨水山城和全域景区化百里画廊建设，科学合理布局城市功能，加快打造生态宜居的特色小镇和精品旅游村。

坚持规划先行，在认真落实长安街沿线和新城重点项目规划设计导则的基础上，棚改地块、石龙五期、潭柘寺镇中心区、苛萝坨地区三村、城子大街改造等一批街区规划获批，为开发建设奠定了坚实基础。超前谋划基础设施建设，制定了未来三年新城道路建设、水资源利用、高压线迁改、热力燃气等规划。积极争取市级部门及企业支持，加快长安街西延线地下管网、南水北调河西支线、环六环路天然气管线等建设，推动市级重大基础设施向区内延伸。

充分发挥城乡建设重点工程工作体系的作用，切实规范立项、招投标等工作流程，完善工程建设领域10项监管制度，重点工程全部纳入区级绿色审批通道，83项已开工建设，其余各项正在办理手续。完成城子水厂改扩建等工程建设，新增日供水能力4.3万吨，5条道路竣工通车，建成高压走廊25公里，新建燃气管道28.4公里，确保了新城水、电、气、热充足供应，地区基础设施承载能力进一步增强。加快推进小城镇道路、集中供热等配套基础设施建设，山区发展环境进一步改善。

坚持建管并重，充分发挥城市管理和综合执法工作体系的作用，提升城市管理的精细化水平。加强拆违工作，保持了新生违法建设零增长。加强环境综合治理，加大对露天烧烤、流动摊贩以及非法小广告等违法行为的治理力度，坚决打击乱倒污泥、渣土等违法行为，公园、河道管理水平不断提高，市容环境卫生精细化管理向社区延伸，全区干净指数在全市保持前列。推广军庄农村社区物业化管理经验，大力整治村庄环境，村容村貌管理水平明显提升。

围绕生态、宜居、特色的发展方向，加快推进四个重点镇和精品旅游村建设。潭柘寺镇安置房建设一期工程基本完工，中心区土地一级开发进展顺利；军庄镇加快整体开发建设，文化休闲产业项目土地流转顺利推进；斋堂镇一号地A地块完成上市交易，“西山禅海”项目正在抓紧编制前期规划；王平镇韭园新型农村社区试点项目进展顺利，工矿棚户区改造安置房交付使用，休闲养老度假园建设项目开始入住。集成险村搬迁、抗震节能改造、生态移民等政策资金，着力打造精品旅游村，4个村主体工程基本完成，法城村改造经验在全市得到推广。

四、坚持生态立区，区域生态环境进一步优化

提高生态建设水平，建设好首都西部生态屏障，是落实生态涵养发展区功能定位的必然要求。

深入落实国家生态文明示范区建设行动计划，全面推进34项重点任务，地区生态环境不断改善。继续做好京津风沙源治理等工作，生态涵养效果持续显现。研究制定水资源可持续发展规划，努力把地下水管起来、中水用起来、雨洪水蓄起来，对清水镇污泥倾倒事件进行了严肃处理。加强水环境治理，第二阶段中小河道治理成效显著，实施9处永定河绿色通道景观提升工程，龙泉湾生态景观获得社会好评。聚焦大气污染治理，落实“减煤换煤、清洁空气”实施方案，实施一批燃煤锅炉清洁能源改造、农村煤改电工程，探索了地源热泵等清洁采暖方式，实现山区送气下乡、优质燃煤全覆盖，加大老旧机动车、建设工地扬尘治理力度，空气质量明显改善，PM2.5累计浓度同比下降7.7%，圆满完成了市政府下达的指标任务。

积极营造生态文明建设良好氛围，努力争创“国家级可持续发展实验区”。发挥工会、共青团、妇联等社会组织的作用，开展最美家庭、绿色社区等创建活动，在全国率先成立“绿色银行”，生态文明理念深入人心。倡导健康生活方式，完善社区公交专线，引导绿色低碳出行，在79个社区推广“户分类、社区收集、区运输”垃圾分类模式，群众参与生态文明实践的意识不断增强。

五、坚持民生优先，着力保障民生和创新社会管理

结合开展党的群众路线教育实践活动，聚焦解决群众反映强烈的热点难点问题，着力保障和改善民生，让群众切切实实感受到新变化。

举全区之力打好棚改攻坚战，千方百计克服手续办理、高压线迁改、滞留户腾退等诸多难题，全力推进安置房建设，新增100万平方米安置房全部开工，全年交付6800套。按照一流标准建设棚改新区学校，完善医疗、养老、商业等服务设施，严格物业公司准入标准，确保群众舒心入住。大力实施新市民培育工程，推动上楼群众形成良好生活习惯。同步做好安置房建设与征地转居工作，保护被拆迁农民合法权益。精细化做好下一步拆迁和新增安置房建设资金准备工作，科学规划土地上市和还款时序，确保2016年基本完成棚改任务。

着力解决长期“欠账”的历史遗留问题，针对教育实践活动中梳理出的334项民生热点难点问题加大化解力度，283项已得到妥善解决，其余问题纳入长期计划解决。坚持“新官也要理旧账”，尽最大努力解决长期形成的68项历史遗留问题，已有49项得到化解。其中，财政垫付2.2亿元，解决了北岭地区1250名转居农民社保问题；投入5亿元，解决了永定河治理工程征地和594人入社保问题；垫付1亿元，解决了中门寺村民拆迁多年上楼安置问题；垫付1.3亿元，解决了冯村因闫永喜案遗留的欠债问题；预留4亿元，解决“北四”地区群众异地搬迁安置问题；同时，区医院改造、看守所建设、灰峪小区供电等一批工程建设遗留问题也得到有效解决，让群众看到了本届班子最大限度解决历史遗留问题的决心。

带着对群众的深厚感情做好公共服务，围绕群众停车、出行、购物、健身等需求，新建了一批服务设施，完成老旧小区综合改造4.96万平方米，探索了停车自治管理模式，完成99项为民办实事工程。充分发挥61696156为民服务平台作用，解决群众生活不便问题，全年受理求助事项6.1万件，群众满意率95%以上。加强十二类特殊人群项目化管理服务，创新居家养老新模式，精细化开展“四类”低收入农户帮扶，积极做好回迁群众选房工作，成立就业服务小组精准对接就业需求，有效提升了为民服务水平。坚持办人民满意的教育，教育教学质量进一步提升，高考本科上线率、中考优秀率均提高了25%。加强医疗卫生体系能力建设，医疗服务能力进一步提升，效率明显提高，74%的群众首诊看病不出区。

六、全面推进改革创新，破解经济社会发展瓶颈问题

将改革创新作为推动转型发展的强大动力，成立全面深化改革领导小组和11个专项小组，认真对接中央、北京市具体改革方案，统筹谋划、系统推进各项改革任务。

切实转变政府职能。围绕建设服务型政府，建立政府五大工作体系，形成了区内重大项目审批绿色通道、“五星四级”执法方式、重点工程建设负面清单等一批改革创新成果。积极探索网上综合审批、城市综合管理和综合执法三大体系建设，城市管理力量下沉到街道，综合执法形成了统一调度模式。围绕政务服务中心、民生服务大厅、“智慧门头沟”三大平台建设，优化审批办事程序，1030项事项实现网上审批和预审，大力缩短审批时间，85项民生事项在社区实现代办，政府部门的工作效率和服务质量得到提升。

积极推动农村各项改革措施落实。规范农村产权交易中心运行，确定土地流转指导价，保护了农民合法权益，在全市进行了经验介绍。继续实施农村集体资产信托化经营管理，可带动2.3万人年均增收4767元。发挥农村发展基金和旅游发展基金作用，撬动社会资金3.87亿元，有力支持了涉农项目发展。积极引导农民合作社强强联合，成立区农民专业合作社联合会，进一步提升区农民合作社的整体竞争力。

深化街道管理体制改革。深入研究城市管理体制改革，突出街道辖区负总责职能，推动城市管理、社会服务、社会治安“三网合一”，把“条”上的工作在“块”上充分整合。转变服务方式，完善“7个中心”运行规则，通过社区代办、“走动式办公”等方式，推动街道干部沉到社区为居民提供服务。实施社区分类管理，因地制宜开展了精品社区创建活动，打造了一批特色品牌社区。

积极推进教育、卫生改革，在教育系统开展竞争上岗，实现干部教师在区内的优化配置，调动了干部职工的积极性，呈现出教育创新发展的良好局面。强化与凤凰医疗集团合作，妇幼保健院纳入区医院集团，出台了加强购买服务医院监管体系的意见，监管体系进一步完善。

七、加强民主政治建设，维护社会和谐稳定

认真落实党的十八届三中、四中全会精神，切实加强民主政治建设，积极推进法治建设，团结带领全区各界共同推进地区建设发展，营造了和谐稳定的良好局面。

充分发挥区委领导核心作用，完善四套班子运行规则，修订区政府工作规则，规范科学民主决策程序。区人大切实加强监督，创新监督方式，将预算监督视野由区级延伸到镇级、由预算延伸到决算，强化对政府性债务的跟踪监督，并围绕采空棚户区改造、教育医疗体制改革、政府职能转变等重点工作提出建议，增强了监督工作的实效性。区政协努力发挥协商民主重要渠道作用，围绕农村煤改电、农村物业化管理、永定河环境治理等重点问题，深入开展调研协商，加大视察工作密度，积极出谋划策，充分发挥了建言资政作用。支持区检察院、区法院依法独立、公正地行使权利，审判质量公正指数名列全市第一。各民主党派市委集中支持门头沟发展的“8+1”行动取得积极成效。加强对工会、共青团、妇联等人民团体的领导，围绕维护群众利益、促进社会和谐积极开展工作。加强基层民主建设，充分发挥社区、村自治作用，认真做好党务、政务、村务、厂务等民主公开工作。全面加强法治建设，深入开展特色法制宣传教育活动，“阳光中途之家”建设成效显著；积极推进依法行政，加强行政执法监督检查，各项工作规范化、制度化水平不断提升。

认真落实维稳第一责任，切实维护地区和谐稳定。完善人民调解、行政调解、司法调解联动的工作机制，积极化解矛盾纠纷，全年群众信访批（件）次、人次分别下降21.3%和29.1%，在全国“两会”、十八届四中全会及APEC会议等重点时期均实现了群众越级集体访和非正常群体访“双零”目标。深入开展“零刑事发案社区”、“无讼村落”、“平安校园”、打击非法盗采、安全生产、交通安全等平安创建活动，群众安全感等多项指标达到10年来最好水平。提高食药监管水平，维护了食品药品安全。强化流动人口服务管理，制定控制人口规模方案，将人口调控任务纳入镇街、部门考核，上下联动做好流动人口管控工作，取得了明显成效。

八、加强宣传思想文化工作，统一思想凝心聚力

着眼于统一思想、凝聚发展共识、提高人民素质，着力加强宣传思想文化工作，努力唱响主旋律、传播正能量。

始终把思想政治建设摆在首要位置，在党的群众路线教育实践活动中开展“接通线、捅破纸、拆掉墙”解放思想大讨论活动，有效解决了群众立场问题，达到了凝聚共识、振奋精神的目的。规范二级班子中心组学习，全面提升基层领导干部的政治素养和理论水平。充分发挥三级党校作用，在理论武装、政策宣传、统一思想、促进发展等方面发挥了有效作用。

积极培育和践行社会主义核心价值观，实施公民道德建设工程，广泛开展“最美北京人”百姓宣讲、学雷锋志愿服务等活动，发挥先进典型、最美人物和身边好人的示范作用。着力培育社会文明，启动学习型城市示范区建设，积极创建诚信市场、文明景区，不断提升社会文明程度。强化精神激励，组织人民满意的基层站所、服务窗口和基层工作者评选，激发了全区人民建设美好家园的行动自觉。

坚持正确的舆论导向，集中宣传棚户区改造、历史遗留问题化解、为民办实事等工作成效，在全社会营造了凝心聚力促发展的良好氛围。整合各类宣传资源，强化对区域整体形象、重大活动、发展成果的宣传报道，在中央、市属主流媒体刊发了一批有影响力的报道，进一步提升了地区的影响力。加强网络舆论引导，健全网络舆情监管处置机制，为地区发展营造了良好舆论环境。

着力推进公共文化服务体系建设，突出文化惠民，加强文化基础设施建设，开展“百姓文化年”等系列群众性文化活动，全年文化活动近2000场。着力打造区域文化旅游品牌，举办了永定河文化节等系列宣传活动，推动了文游合一发展。加强文物保护修缮与非物质文化遗产传承，加大古道古村落保护开发力度，区域特色文化魅力得到彰显。

九、从严治党，聚精会神抓好党的建设

面对复杂的形势和艰巨的任务，我们能够完成好全年的工作目标，关键在于落实了“党要管党、从严治党”的要求，切实形成了推动科学发展的强大力量。

加强学习教育，思想认识得到明显提升。通过开展党的群众路线教育实践活动，各级党员干部对党要管党、从严治党有了更加深刻的认识，对中央、市委落实八项规定精神、强化党纪党规执行的决心有了更深刻的体会，广大干部按规矩办事、按制度用权、依法行政的意识显著增强。特别是王洪钟案件发生后，区委及时通报情况，以案为鉴加强教育，使广大党员干部思想上、行动上与市委保持高度一致，对党风廉政建设的认识进一步提高。

加强班子队伍建设，深入落实从严治党要求。加强区级领导班子自身建设，制定作风建设“1+8”文件，推动作风持续转变。严格干部行为准则，在工程建设、组织纪律、财经纪律等方面完善制度、划出红线，有效遏制了有制度不执行的行为。加强干部教育培训，充分发挥党建大培训工作格局作用，大规模培训党员干部。健全干部选拔机制，认真贯彻落实新修订的《党政领导干部选拔任用工作条例》，完善民主推荐和竞争性选拔干部工作机制，全年共调整干部17批次185人次。强化干部日常管理，开展了超职数配备、领导干部在企业兼职（任职）等专项治理，40名市管干部和604名处级干部进行了个人事项报告。加强干部监督考核，综合运用巡视、审计、民主测评等方法评价干部，开展干部“任中审计”和“离任审计”15人次。

做好基层基础工作，基层导向更加明显。扎实推进服务型基层组织建设，深入开展“四评一创”、“双向联评”、“五型机关”创建，有效激发了基层干部干事创业热情；突出抓好基层带头人队伍建设，加强“第一书记”管理，开展基层党组织书记专题培训，能力素质得到提升；加大对产业培育、社会事业发展、基层组织建设等方面的转移支付力度，为想干事的基层组织能干事、干成事提供了保障；继续深入开展“五进农村”、在职党员到社区（村）报到为群众服务等活动，帮助基层群众解决实际困难。

强化监督执纪，党风廉政建设进一步加强。深刻汲取王洪钟案件的教训，坚决抓好党风廉政制度建设，在全市率先出台了关于落实党风廉政建设“两个责任”的实施意见，制定了预防腐败五年工作规划和任务分工。充分发挥纪检监察审计监督体系作用，加强廉政风险防控，完善四套班子权力清单和职权目录，推进党政机关、企事业单位风险防控体系建设，强化权力运行制约与监督。严格落实八项规定，坚持“五个盯住”，深入开展“纠风在行动”，开展9大专项整治行动，加大对公款吃喝、公车私用、“三公”经费开支不规范等问题的专项整治力度，有力促进了党风政风好转。强化纪检监察机关建设，积极推动“三转”工作，实现纪检监察工作全覆盖。加大案件查办力度，积极支持纪检监察机关刚性履行监督执纪职能；全年共立案43件，处理责任人34人，其中处级干部7人，比上一年同期均有大幅上升。

以上报告的是一年来常委会的主要工作。这些工作的开展和各方面成绩的取得，得益于市委的正确领导，得益于各级党组织、广大党员和全区人民的艰苦努力。在此，我代表区委常委会，向同志们一年来的辛勤努力与大家对区委的大力支持，表示衷心的感谢！

总结一年来的实践，我们深刻体会到，做好各项工作，推动地区转型发展，必须始终强化机遇意识，紧抓首都打开“西大门”的机遇，坚持集聚资源、开放合作，以首善标准谋划各项工作，在更高起点上实现高质量发展；必须始终强化宗旨意识，加强社会治理创新，大力改善民生，不断提高为群众服务的水平，以实际行动赢得群众的信任与支持；必须始终强化改革意识，向改革要出路，以问题为导向，走出一条符合门头沟实际的科学发展之路；必须始终坚持党要管党、从严治党，从严抓好班子、带好队伍、打好基础，不断加强党风廉政建设，以良好的党风政风保障现代化生态新区各项建设目标的实现。我们要进一步学习贯彻习近平总书记视察北京重要讲话精神和郭金龙书记来区内调研指示精神，认真落实中央经济工作会和市委十一届六次全会的工作部署，进一步坚定信心，深化改革，攻坚克难，不断推动全区经济社会又好又快发展。

在充分肯定成绩的同时，我们也要清醒看到前进中的困难和问题：加快培育新的经济增长点，做大做强区域经济，实现转型发展的任务十分紧迫；现代化滨水山城和全域景区化百里画廊的城乡一体化建设任务十分繁重，规划建设水平和精细化管理水平有待提升；加强生态文明建设，实现人口资源环境与经济社会协调发展还需深入研究、加以落实；强化公共服务与社会治理、改善百姓民生、促进社会和谐稳定的发展空间依然很大，群众热切期盼解决的问题依然很多；党建工作还存在不少薄弱环节，各级领导班子、干部队伍的思想观念、精神状态、能力作风与新形势新要求不适应问题突出，党风廉政建设面临新挑战，服务型党组织建设存在较大差距，加强党的建设还需要付出更大的努力。对此，我们将保持清醒的头脑，以对党和人民事业高度负责的态度，切实加以解决。

希望同志们对常委会工作提出意见和建议。

政府工作报告

——2015年2月4日在北京市门头沟区第十五届人民代表大会第五次会议上

北京市门头沟区代区长　张贵林

各位代表：

现在，我代表门头沟区人民政府，向大会报告工作，请予审议，并请各位政协委员提出宝贵意见。

一、2014年工作回顾

2014年，在市委、市政府和区委的正确领导下，在区人大和区政协的监督支持下，区政府认真贯彻习近平总书记视察北京重要讲话精神，稳中求进、改革创新，积极克服宏观经济下行压力，圆满完成了区人大十五届四次会议确定的各项任务，保持了经济社会持续健康发展的局面。

——经济保持稳中有进。全年实现地区生产总值133.8亿元，按不变价计算增长10%；一般公共预算收入22亿元，增长6.3%；全社会固定资产投资267.8亿元，增长16.4%；社会消费品零售额53.1亿元，增长8.4%。

——生态环境稳步提升。全面推进国家生态文明示范区和国家可持续发展实验区建设，完成压减燃煤、节能减排和大气污染治理任务。万元GDP能耗下降2.5%，PM2.5年均浓度下降7.7%，超额完成年度任务；全区林木绿化率达到65%，城市人均公共绿地面积提升到34.13平方米。

——民生状况持续改善。城镇居民人均可支配收入38023元，增长8.2%；农民人均纯收入18861元，增长8.3%。城镇登记失业率为4.26%。各类安置房及保障性住房完工12081套，超额完成全年计划。教育、医疗、文化等社会事业快速发展，完成99件直接关系群众生活方面的重要实事。

（一）推进产业结构转型升级，新的经济增长点加快培育

产业结构转型升级不断提速。发挥综合经济工作体系协调作用，统筹推进规划政策、产业培育、功能疏解、改革创新等各项工作。有序推进产业结构调整和功能疏解，制订了《门头沟区推进非首都核心功能产业调整疏解工作方案》，全年退出企业30家，注销“五小”企业201户，8家企业制造环节实现外迁。石龙开发区发挥高端产业培育龙头作用，新增亿元以上注册企业17家，12个总部大厦共计56万平方米开工建设助推产业转型，4个大厦即将竣工。成立区金融商会，设立3家小额贷款公司，信息金融产业培育成效明显。对236处废弃厂矿进行综合调研分析，陇上科技园等一批废弃矿山利用项目顺利推进。

旅游文化休闲产业发展壮大。开展永定河沿线交通环境综合整治，建成96座旅游交通服务站，实施国家步道标识系统一期工程。南石洋大峡谷对外试运营，灵山、潭戒景区环境进一步提升，妙峰山玫瑰香谷等沟域建设项目加快推进，玫瑰、玉兰、万寿菊等景观农业规模不断扩大。成功举办山地旅游文化节、国际山地徒步大会等大型活动，实现旅游综合收入20.3亿元，增长5.4%。文化艺术品交易功能区和斋堂古村落古道文化旅游产业集聚区已成为市级文创产业功能区，宝玉石文化博览交易中心、陕西画院等一批项目顺利发展。

招商引资工作成效明显。大力发展与信息科技产业、高端服务业配套的楼宇经济，与市投资促进局合作成功举办“驻京中外知名企业投资门头沟行”活动，400多家企业参与项目洽谈。与国电电力、中信银行、中国节能环保集团等5家大型企业签署战略合作协议，国内最大的保险经纪公司——江泰保险实现入驻。项目落地进一步提速，中昂广场、西长安一号、华远中心等44个项目开工建设，西山艺境、丽景长安等项目进展顺利。加快推进新城南部等重点区域的开发，全年共上市土地8块、126公顷，总成交价235亿元，总成交额位列全市第三。

（二）城乡建设加快推进，可持续发展能力不断提升

棚户区改造取得重大进展。大力推进安置房建设，全年新交付安置房6800套，已累计交付安置房24408套，完成选房21643套，新增100万平方米安置房开工建设。加快棚改社区配套设施建设，路、水、电、气、热等市政配套和学校、商业、物业管理、社区文体等生活配套服务设施陆续交付使用。精细化测算棚改资金需求，制定棚户区改造与环境整治项目资金平衡方案和整体实施方案，争取国家开发银行低息贷款额度120亿元，科学规划土地上市和还款时序，规划棚改腾退区域上市地块12个，为棚改工程加快推进奠定了坚实基础。

城乡基础设施不断完善。完善城乡建设重点工程工作体系，建立重点工程绿色审批通道机制，105项重点工程开工83项。S1线区内5个站点加快建设，长安街西延工程稳步推进。编制完成《新城道路建设规划》，锅炉厂南路西延、苛园路等5条道路竣工通车。完成城子水厂改扩建等工程，整合高压走廊25公里，新建燃气管道28.4公里。加快推动山区发展，潭柘寺镇C地块实现上市交易，军庄镇葡萄酒文化产业园土地流转进展顺利，斋堂镇一号地A地块成功上市，王平镇中瑞休闲养老园一期工程实现入住。集成险村整治、抗震节能、美丽乡村等政策资金推进险村险户搬迁改造，法城等4个村主体工程基本完工。

生态环境持续改善。完成绿色通道景观建设一期工程，第二阶段中小河道治理8条沟道及龙泉湾工程主体完工，引入社会投资建设8个镇级污水处理厂。落实清洁空气行动计划57项重点任务，改造燃煤锅炉75.5蒸吨，淘汰老旧机动车5976辆，山区送气下乡、优质燃煤实现全覆盖，村庄煤改电工作取得积极进展，全年压减燃煤1.76万吨。完成271处上账违法建设销账任务，实现新生违法建设零增长。加大环境综合整治力度，坚决打击乱倒污泥渣土、非法盗采、乱伐林木等违法行为，市容环境保持全市前列。成立全国首家“绿色银行”，创建一批美丽乡村、绿色单位、绿色社区，群众生态文明意识明显增强。

（三）注重保障和改善民生，社会建设水平不断提升

就业和社会保障工作不断加强。落实就业创业政策，对失业人员进行精准帮扶，新增城镇就业8755人，农村劳动力转移就业944人。分类促进低收入农户增收，全年消除低收入户2331户。积极改善群众住房条件，完成自住型商品房供地55万平方米，综合改造老旧小区4.96万平方米。启动市级养老服务示范区建设，引进社会资本运营区老年社会福利中心及2个社区综合养老中心，全区养老服务床位达到3817张。依托教育实践活动大力解决民生难点热点问题，334 项问题已解决 283 项，68 个重点历史遗留问题已解决 49 个，特别是彻底解决了永定河治理工程征地、北岭地区转居农民社保等长期历史遗留问题。

公共服务水平得到提升。推进义务教育均衡发展，完成大峪一小迁建工程，北京八中门头沟校区、龙泉中学、小园小学等工程加快推进。深化教育综合改革，推行全区校长任期制、逐层岗位竞聘制和教职工全员竞聘上岗制，实施进修学校研训一体化改革，教学质量不断提升。深化公立医院改革，加强政府购买服务医院监管体系建设，妇幼保健院纳入区医院集团。“健康门头沟”行动成效明显，国家慢性病综合防治示范区通过市级验收。实施文化惠民工程，依托公园广场建成 30 个文化艺站服务岗亭，形成 15 分钟文化惠民圈，建成 8 个乡情村史陈列室，群众精神文化生活不断丰富。

社会服务管理不断创新。推动城市管理、社会服务和社会治安“三网合一”，街道“大工委”、地区管理委员会和 7 个中心运行不断规范，创建市级六型示范社区 16 个。构建区、镇（街）和村（社区）三级联动公共服务工作体系，85 项民生事项实现在街道社区代办，为民服务信息平台全年受理事项 6.1 万件，群众满意率 95% 以上。完成政务服务大厅改造，整合 36 家单位 361 项行政服务事项，设立为民服务办事窗口 94 个。深化法律服务体系建设，首创社区服刑人员社区服务公益平台，实现村居法律顾问全覆盖。广泛开展“道德文化广场讲座”等活动，地区文明程度不断提高。积极支持工会、共青团、妇联等群团组织开展工作，妇女儿童、民族宗教等各项事业全面进步。

社会总体保持安全稳定。圆满完成全国“两会”、国庆六十五周年、十八届四中全会及 APEC 会议期间安全维稳任务。推行重点矛盾领导包案制度，有效预防和化解了一批矛盾纠纷，全年受理群众来信来访事项分别下降 21.3% 和 29.1%。严格控制人口规模，建立区、镇街、村居三级人口动态监测机制，流动人口数减少 6371 人。发挥行政执法监督管理工作体系综合执法职能，开展执法检查 3290 次，设置专职安全员，全面加强生产、交通、消防、食品药品等安全管理，建成防汛抗旱指挥平台、森林防火指挥平台和病虫害防治中心。严厉打击违法犯罪行为，实施“零刑事发案社区”等基层平安创建活动，社会治安防控水平明显提高，群众安全感等多项指标达到 10 年来最好水平。

（四）扎实开展教育实践活动，政府自身建设全面加强

作风建设不断加强。建立区政府五大工作体系，探索重大项目审批绿色通道、“三级联动”运行机制、“五星四级”执法方式、购买社会服务等工作机制，政府运行效率得到提高。区政府党组认真开展群众路线教育实践活动，完成 11 项整改任务，区级会议减少 38%、文件减少 39%，各类领导小组和议事协调机构减少 69 个，经常性经费开支压缩 20%。深入开展“纠风在行动”活动，加强对公务卡、公务用车使用、办公用房配备的监督检查。认真开展行政监察和跟踪审计，加强廉政风险防控，建立完善权力清单和职权目录，对权力运行的制约与监督不断加强。

改革创新持续深入。启动土地一级开发、市政基础设施、棚改安置房建设三个领域重大资金跨年度平衡管理机制试点工作。制定了《区政府购买社会服务的实施意见》，统筹安排 1.5 亿元购买社会服务。深化投融资体制改革，鑫融公司注册资本金增至 4.7 亿元，发行 10 亿元企业债。推进国有企业分类重组，清算集中管理企业 30 家，注销企业 30 家。完成第三次全国经济普查工作。取消行政审批事项 25 项，完成下放到区内的 51 项市级行政审批事项承接工作，1030 项事项实现网上审批和预审。农村产权交易实现 28 个项目挂牌、15 个项目签约，累计实施 39 个村 17.4 亿元资金信托化管理，农民及村集体全年获信托收益 1.6 亿元。全面开展与张家口、神农架林区的对口协作，区域合作不断加强。

民主法治建设全面推进。坚决执行区人大及其常委会决议，认真接受区人大对财政预决算、政府性债务等事项的监督。积极支持区政协履行职能，创新协商民主形式。主动向区人大和政协征求意见和通报工作，全年办理人大代表建议 85 件、政协提案 121 件，办复率达到 100%。加强重大决策研究，重新修订了《区政府工作规则》和《三重一大决策制度》。全面推进依法治区，开展政府常务会前学法 17 次，深入开展“六五”法制宣传教育，支持区检察院、区法院依法履行职责，法律服务体系进一步完善。

各位代表，过去一年，面对复杂严峻的国内外形势，我们牢牢把握发展第一要务，坚持改革创新、攻坚克难，经济社会发展取得了来之不易的成绩。成绩的取得，得益于市委、市政府和区委的正确领导，得益于区人大、区政协的监督和支持，更离不开社会各界的关心和帮助，凝聚着全区人民的智慧和汗水。在此，我代表区政府向奋战在全区各条战线上的广大干部群众，向给予政府工作大力支持的人大代表和政协委员，向驻区部队官兵和中央、市属单位致以崇高的敬意！向所有参与、关心和支持门头沟区发展的同志们、朋友们表示衷心的感谢！

在肯定成绩的同时，我们也清醒地看到，全区经济社会发展中还存在许多困难和挑战：一是产业结构调整压力较大，经济总量依然偏小，财政收入不稳固、结构不合理等问题较为突出，亟待培育新的经济增长点。二是棚户区改造各项任务十分艰巨，资金平衡工作受土地市场变化影响较大，必须统筹推进房屋征收、安置房及配套建设、贷款融资、土地上市等各项工作。三是和谐宜居城市建设存在差距，特别是城市管理和社会建设相对滞后，环境脏乱差现象较为突出，安置小区管理亟待规范，市民文明素质有待提升。四是勤政廉政建设需要常抓不懈，“四风”问题治理需要建立长效机制，改革创新力度有待加大。上述问题，我们将高度重视，采取有效措施尽快加以解决。

二、2015年主要任务

2015年是全面推进依法治国的开局之年，是全面完成“十二五”规划的收官之年。当前，全国经济发展步入新常态，带来了新的挑战和新的机遇，北京市调整城市战略定位以及首钢搬迁和长安街西延，为我们加快转型、建设首都西部生态屏障和西部综合服务区提供了宝贵机遇，增添了责任和动力。经过近几年的建设与调整，门头沟区生态优势进入释放期、城乡建设进入高峰期、产业培育进入加速期、改革发展进入攻坚期，同时社会建设也进入矛盾多发期，机遇与挑战并存，希望与困难同在。面对新形势，我们必须以转型发展为目标，以创新发展为动力，紧紧抓住难得的历史发展机遇，坚持规划政策先行、高端产业带动、机制体制联动、改革创新驱动、法治思维发动，全方位地推进区域经济快速健康发展。

2015年政府工作的总体要求是：全面贯彻党的十八大、十八届三中、四中全会和中央经济工作会议精神，坚决贯彻落实市委、市政府和区委的工作要求，主动适应经济发展新常态，坚持稳中求进，改革创新，依法行政，强化风险防控，突出创新驱动，着力推动旅游文化和绿色生态观光农业发展，实施农游合一、文游合一；着力建设开放型经济，加大高端产业和大项目、大企业总部的引进力度，加快培育“高精尖”的现代产业；着力加快基础设施建设，提升城乡精细化管理水平；着力保障和改善民生，继续加快推进棚户区改造，促进社会和谐稳定。统筹推进经济、政治、文化、社会和生态文明建设，向创建国家生态文明示范区、国家可持续发展实验区和打造美丽幸福门头沟迈出更加坚实的步伐。

全区经济社会发展的预期目标是：地区生产总值增长8%，一般公共预算收入增长7%，全社会固定资产投资增长9%，社会消费品零售额增长8%，城乡居民收入分别增长7%和8%，城镇登记失业率控制在4%左右，完成市里下达的大气污染治理和节能减排任务。

（一）加快培育高精尖的现代产业，推动产业结构转型

强化规划制定和政策研究。坚定不移走生态环境立区、高端产业强区、旅游文化兴区的发展战略，推动规划引领发展、环境促进发展、产业带动发展、法制规范发展、改革助推发展。充分发挥规划的龙头带动作用，高质量编制“十三五”规划和各专项规划，推动经济社会发展、城乡建设、土地等“多规合一”。启动土地利用总体规划调整完善工作，积极做好与北京城市总体规划对接，争取适度增加建设用地指标。发挥综合经济工作体系作用，加强对经济工作的整体谋划，强化项目的前期论证，深入研究税收来源、资金平衡、产业布局、基础设施承载能力等重大问题。加强区域经济政策研究，坚决落实国家和北京市有关宏观调控的政策，修订完善区招商引资和促进产业发展的政策措施，为产业结构转型升级营造良好的发展环境。

加大高端产业培育引进力度。按照构建“高精尖”经济结构的要求，加快培育高端产业发展新优势，推进门城新城的产城融合与职住平衡。用足用好中关村科技园区优惠政策，推动园区政策向新城地区辐射，推进总部经济、楼宇经济、金融保险及现代服务业的综合发展。推进石龙五期一级开发和石龙中小企业研发中心建设，在建成12个总部大厦的基础上新开工建设4个总部大厦。支持鼓励个体民营经济发展，加强对中小创新型企业的扶持，出台促进信息网络、金融、保险等行业及扶持中小创新型企业发展的措施。加快产业疏解和优化升级，继续落实《推进非首都核心功能产业调整疏解工作方案》，再淘汰高耗能、高水耗、高污染企业6家，对拟保留的企业实施更为严格的节水、节能、环境标准，提高对中心城区人口和功能疏解的承接、承载能力。结合棚改配套商业及中昂广场、华远中心等大型商务设施建设，完善便民商业服务体系，培育区内消费增长点。盘活山区存量土地，加强与中关村科技产业园区合作，科学规划、合理利用废弃矿山用地，积极发展文化创意、科技研发和旅游观光休闲产业。加强与大型企业开展战略联盟、产业联动，举办门头沟首届玫瑰节暨旅游文化大会，打造区内招商引资的品牌活动，吸引更多大企业、大项目投资落地。

大力推动旅游文化休闲产业发展。立足“农游合一、文游合一”，设立山区旅游文化产业发展基金，着力提升旅游文化产业发展档次。实施雁翅水岸休闲观光走廊等5个旅游基础设施建设项目，加快推进阳坡园二期工程。加快发展以景区为核心的沟域经济，推动汽车营地、国家步道、冰雪运动、灵山景区等重点项目，积极争取市级资金，实施17项古村落、古民居修缮保护工程。搭建智慧门头沟旅游平台，建设A级景区自助讲解系统。加快推进高效生态农业产业化，推广公司+农户模式，依托专业农村经济合作组织，推进农业产业规模化经营。积极调结构转方式、发展高效节水农业，打造5000亩玫瑰花产业基地，大力发展京白梨、矮化苹果、新型养蜂、樱桃、黄芩等特色种养业，提高农业综合效益。加快培育文化创意产业，编制《门头沟区促进文化创意产业发展的实施意见》，推进文化艺术品交易功能区和斋堂古村落古道文化旅游产业集聚区建设，支持妙峰奇石等一批重点文化创意产业项目。办好第六届国际山地徒步大会等大型活动，力争全年旅游综合收入增长8%。

（二）毫不动摇地推进棚户区改造，提升新城建设开发质量

全力推进采空棚户区改造。加快推进棚改一期200万平方米安置房剩余楼座建设，力争实现新增100万平方米安置房主体结构基本完工，全面启动棚改7平方公里范围内房屋拆迁工作。做好回购、趸购等工作，解决安置房源缺口。加快完善安置房社区道路、停车、绿化、公厕等市政配套，配齐教育、医疗、文化、商业、交通等设施，规范入住小区的物业管理，保障入住居民的基本生活需求。严格落实安置房分配审核机制，促进群众有序上楼。全力做好棚改资金平衡工作，严格执行棚改资金预算方案，争取国开行贷款资金落实到位，加快推动棚改腾退区域土地一级开发，多途径保障棚改资金需求。

进一步完善市政基础设施。优化政府投资方式，引入社会资本，全年计划安排重点工程94项，投资规模92.5亿元。积极支持市级重点工程，加快S1线、长安街西延及大市政管网同步配套建设。完成泰安路、华园路改造工程和新32路建设，加快推进九龙路、黑山大街北延道路工程，启动滨河路南延一期、黑山大街二期等15条道路建设。加快市政基础设施与城区大市政接轨步伐，推进门城水厂、第二再生水厂建设，开工建设上岸110KV变电站，完成城子地区集中供热工程。加快完善重点镇基础设施，建设潭柘寺、军庄110KV变电站，启动斋堂集中供热项目，推进潭柘寺、军庄镇区供水干线工程。落实“宽带北京”行动计划，实施信息化基础提升工程，建设智慧城市。

高标准推进城市建设开发。充分发挥城乡建设重点工程综合管理工作体系作用，坚持一流标准，科学设计、精心施工，在功能区块规划、街区改造、单体建筑设计等方面打造精品力作。积极推动新城土地一级开发，做好收储地块房屋征收、规划设计、市政配套建设等各环节工作，加快推进S1线、长安街西延线周边土地上市，力争符合条件的地块全部入市交易。落实新城重点区域城市规划设计实施导则，对落地项目规划设计严格把关，推进S1线区域组团综合开发及长安街西延线两侧标志性建筑建设，打造高品质、有活力的现代化滨水山城。

（三）加强生态环境建设和管理，增强可持续发展能力

持续推进生态文明建设。加快建设国家生态文明示范区，积极创建国家可持续发展实验区，将生态文明建设任务融入经济社会发展各项工作同步实施，力争使门头沟区在生态文明建设方面走在全市前列。完成京津风沙源二期治理、荒山造林等任务，对灵山、潭王路等重点景区、道路周边进行生态修复，完成绿色通道景观提升工程。强化对森林资源的保护，不断提升生态涵养水平。在永定河上游王平、妙峰山段20公里河道开展生态修复，完成第三、四阶段中小河道治理工程。提升河湖公园景观体系品质，研究实施城市沟道截污改造工程。加强生态文明宣传教育，倡导绿色出行、绿色消费、绿色公益，提高广大市民的生态文明意识。

强化环境保护与大气污染治理。严格落实《环境保护法》，加强环境保护执法监管，严厉打击环保违法行为，实施更为严格的环境准入制度，从源头上控制污染物增量。对永定河沿岸工业和生活污水处理设施进行重点监管，加快建设8个镇中心区污水处理厂及配套管网，开工建设区污泥处理厂及新城南部污水处理干线，提升区域污泥污水处理能力。严格落实清洁空气行动计划，加强压减燃煤、控车减油、治污减排、清洁降尘等工作，制定全区燃煤锅炉替代三年行动计划，完成国信滨河锅炉房煤改气工程，压减燃煤 4.5 万吨，淘汰老旧机动车 3898 辆，确保完成市下达门头沟区空气中细颗粒物年均浓度下降目标。

提升城市精细化管理水平。深化城市管理体制改革，组建区城市管理委员会，加强对城市管理工作的统筹协调，继续推进城市管理、社会服务、社会治安“三网融合”，实施镇街城市管理改革试点，推进城市管理重心下移、职能下沉。推进城市服务管理标准化、信息化、网格化，新建智慧社区 23 个。加强城市环境综合整治，持续整治非法大排档、小广告和马路市场，破解城市治理的痼疾顽症。保持“拆违打非”的高压态势，确保新增违法建设零增长。继续控制人口规模，加强流动人口服务管理，加大房屋违法出租治理和规范管理力度，力争年底把常住人口规模控制在 30.8 万人左右。

（四）加大统筹力度，大力推进城乡一体化发展

以“新三起来”统筹农村改革与发展。扩大农村产权交易平台交易范围，推进农村土地流转，实施农村土地经营权颁证试点。建立重大项目区级评审制度，对农村建设用地实行区级统筹管理，公开入市，利用村企合作等模式发展产业项目，推进预留集体产业用地对外合资合作等方面的改革，释放农村集体建设用地潜能。发挥农村产业发展基金作用，健全农业财政投资项目库，引导镇村推进项目集成。加强农村“三资”监管，统筹管理镇村基本建设工程，扩大农村集体资产信托化经营范围，继续探索农村预留产业用地经营性物业信托和土地流转信托试点，完善收益分配机制，保障农民长远收益。推进农村社会治理创新和物业化管理试点，加强农村公益事业专项补助资金统筹管理，完善公共服务设施，提高农村社区管理水平。落实《农村低收入农户帮扶补助办法》，用好“四类”帮扶基金，确保低收入农户尽快增收。

加快推进新型城镇化建设。加大小城镇产业发展支持投入力度，完善重点镇大市政基础设施建设，打造功能定位清晰，配套设施完善的主题小城镇。启动潭柘寺镇鲁家滩村路南房屋征收工作，实施镇中心区路网次干路道路二期工程。加快军庄镇葡萄酒文化产业基地 18 座示范酒庄建设，推进孟悟村文化旅游绿色休闲产业园项目，全面启动灰峪村整体开发和北四地区搬迁工作。加快斋堂镇旅游集散中心建设，推进一号 A 地块的规划建设，实现 B、C 地块上市。实现王平镇韭园新型农村社区试点村民住宅楼一期入住，推进樱桃产业园等项目建设。支持山区各镇加强基础设施建设，推进重点产业项目落地，实现区域特色发展，让农民在家门口即可享受发展成果。

大力改善农村发展条件。从区级层面加快推进镇村规划编制、审批工作，推动基础设施和产业项目向山区转移，提升山区承载能力。争取市级部门尽快实施 109 高速路建设项目，做好 108 国道二期、双大路二期、军温路、山区观光铁路等工程前期工作，着力破解山区交通瓶颈。深入整合险村搬迁、抗震节能、美丽乡村等政策资金，完成 2014 年确定的 14 个村险村搬迁任务，按计划再启动 8 个村的险村险户搬迁工作，实施低收入村产业发展项目。继续做好送气下乡工作，扩大农村清洁能源的使用范围。加快实施农村安全饮水工程，改造升级 15 处农村供水设施。对国道沿线村庄垃圾收纳设施及公厕进行升级改造，加强村庄环境整治。加大农村教育、文化、医疗等社会事业的投入，推进城乡基本公共服务均等化。

（五）着力改善和保障民生，创新社会管理服务

提升公共服务水平。深化中小学校布局调整，完成小园小学、龙泉中学新建等工程，实施大峪中学初中部、教师进修学校改造，加快推进北京八中门头沟校区、大峪二小改建等工程，提高与北师大、首师大等高校的合作实效，深入推进教育综合改革，激发办学活力。加大优质医疗资源引进力度，争取阜外医院京西院区落地；稳步推进区域医疗卫生综合改革，推动区医院与首都医科大学合作建设教学医院工作，提高门头沟区医疗卫生服务水平。完善公共文化服务体系，启动区文体中心建设，新建村居文化室 16 个，精心举办惠民文化消费季活动，大力培育永定河文化节等特色文化活动品牌。提升科技创新能力，引导科技成果向生态修复、旅游产业、高效农业等领域转化。开展“美丽门头沟、文明新生活”主题系列活动，进一步提升市民的文明素质。

做好就业和社会保障工作。千方百计做好就业服务工作，统筹资源加强职成教育和职业技能培训，降低城镇登记失业率。办好 90 件重要实事，结合教育实践活动整改工作，积极化解尚未解决的

51项民生热点难点问题和19项历史遗留问题。深入开展“救急难”工作，统一城乡低保标准，拓展社会福利保障范围，加快慈善事业发展。推进公办养老机构管理体制改革，大力发展居家养老和社区养老服务。加快推进高家园、何各庄等定向安置房和龙泉镇、黑山等公租房建设，实施老旧小区节能改造、抗震加固25万平方米，积极争取区域内自住型商品房对区内居民和入区企业职工优先摇号，切实解决群众住房困难。

推进社会服务管理创新。健全以7个中心为平台的街道服务体系，全面推广社区代办制、离案办公等便民工作法，打造服务型街道和服务型社区，完成社区居委会换届选举。拓展为民服务信息平台功能，建立区、镇街、村居三级人民意见建议征集办理工作体系。完善“三级联动”公共服务工作体系，推进政务服务大厅、民生服务大厅规范化建设，强化基层全程代办服务，打造标准统一、有机衔接、综合高效的公共服务工作体系。发挥“阳光中途之家”作用，加强社区矫正和法律援助工作。坚持计划生育基本国策，落实新的生育政策。深入推进双拥共建工作，努力实现全国双拥模范城“三连冠”。认真落实党的民族、宗教、侨务工作方针政策，完善残疾人保障服务体系，支持工会、共青团、妇联等群团组织开展工作。

推进“平安门头沟”建设。切实履行安全生产“一岗双责、党政同责”，做好消防、交通、生产安全等领域的安全隐患排查治理，保持对非法盗采的高压态势，坚决防范遏制重大安全事故。规范森林防火和防汛抗旱指挥平台的运行，提升应急处置能力。强化食品药品统一监管，完善全链条风险监测，守住“舌尖上”的安全。落实重大决策社会稳定风险评估机制，从源头上预防和减少矛盾纠纷，提高初信初访化解率，积极倡导用法律手段化解矛盾纠纷。深化打防管控一体化工作机制，依法打击各类违法犯罪活动，不断提高人民群众的安全感。

（六）着力深化改革创新，强化政府自身建设，释放发展活力

推进法治政府建设。按照建设“法治中国、首善之区”的要求，深入推进法治政府建设。依法履行政府职能，健全并严格执行行政权力清单和职权目录，推动政府事权规范化，机构、职能、权限、程序、责任法定化，确保依法依规办事。推进依法民主科学决策，落实区四套班子运行规则补充意见，严格执行《区政府工作规则》和“三重一大”决策程序，坚持会前学法制度。强化行政权力的制约监督，坚决执行区人大及其常委会的决议和决定，积极支持区政协开展政治协商、民主监督和参政议政，将协商纳入政府决策之前和决策实施之中，自觉接受人大工作监督、法律监督和人民政协民主监督，认真听取各民主党派、工商联、无党派人士和人民团体的意见建议，支持人民法院、检察院及公安机关开展工作。严格规范公正文明执法，完善行政执法监督管理工作体系，进一步解决权责交叉、多头执法问题，强化行政执法责任制和执法过错责任追究。扎实推进“六五”普法教育，增强全社会遵法守法意识。坚持重大事项听证和公示制度，推进政府信息公开，倡导市民依法依规参与社会治理。

改进政府工作作风。巩固和拓展党的群众路线教育实践活动成果，贯彻区委关于加强作风建设的“1+8”制度，深化“四风”整治，全面落实各项整改任务，切实兑现承诺。完善区政府五大工作体系，强化工作的整体协调和统筹联动，提升行政运行效率。认真执行《党政机关厉行节约反对浪费条例》，厉行勤俭节约，反对铺张浪费，形成常态化制度。严格控制行政成本，确保“三公”经费零增长。落实廉政建设主体责任，狠抓制度建设与落实，深入开展“庸懒散拖”治理，针对不作为、乱作为、选择性执法等突出问题，切实加强行政监察和执纪问责，对政府工作人员的违法违纪现象，发现一起查处一起，严惩不贷，绝不姑息。

深化重点领域的改革。实施石龙开发区和永定滨水商务区联动发展战略，成立高层次的统一协调管理机构，借力中关村的科技创新能力和先行先试政策，推动两区资源整合、政策集成、联动发展。推进行政审批制度改革，按照北京市的统一要求，研究不再保留非许可类审批，减少项目前置审批，加强后续监管，简政放权，变串联为并联审批。深化预算管理制度改革，编制三年滚动财政计划，建立跨年度预算平衡机制。深化投融资体制改革，规范并发挥鑫融投融资平台作用，提高平台投融资能力。加大购买社会公共服务的力度，探索通过BOT、PPP等模式推进市政公共基础设施建设的管理运营，降低政府直接负债。深化国有企事业单位改革，全面开展非公司制企业的公司制改造，启动京西建设集团等公司改制工作，加快事业单位的企业化改造。落实京津冀协同发展战略，强化与张家口地区在旅游发展、生态保护等方面的合作，做好与神农架林区等地的对口支援工作。

各位代表，新的航程已经开启，新的目标催人奋进。做好今年工作，任务繁重，责任重大，让我们在市委、市政府和区委的正确领导下，在区人大的监督和区政协的大力支持下，万众一心，奋力拼搏，主动适应经济发展新常态，加快转变发展方式，保护生态环境，加强城乡综合治理，坚持改革创新，勤勉务实，依法行政，执政为民，为完成全年各项目标任务、胜利实现“十二五”规划宏伟蓝图而努力奋斗！

关于门头沟区2014年国民经济和社会发展计划执行情况与2015年国民经济和社会发展计划草案的报告

——2015年2月4日在门头沟区第十五届人民代表大会第五次会议上

门头沟区发展和改革委员会

各位代表：

受区人民政府委托，现将《门头沟区2014年国民经济和社会发展计划执行情况与2015年国民经济和社会发展计划草案的报告》提请区第十五届人大第五次会议审议，并请各位政协委员提出意见。

一、2014年国民经济和社会发展计划执行情况

过去一年是完成“十二五”任务的攻坚之年，也是全面深化改革的开局之年。面对全国整体经济“三期叠加”的大背景及经济发展新常态下的大环境，全区上下坚决贯彻落实党的十八大和十八届三中、四中全会精神，以习总书记指导北京工作时的重要讲话为纲领，牢牢把握稳中求进的工作总基调，坚持政府引导、投资驱动的发展模式，加强调度，定向施策，把握好稳增长和调结构的平衡点，进一步深化转方式调结构，努力推动经济发展提质增效，全区经济社会实现平稳增长，经济质量逐步提升，社会民生全面改善。

（一）经济发展稳中有进，质量效益稳步提升

经济保持平稳增长。预计地区生产总值完成133亿元，按不变价计算增长10%左右，受土地一级开发和棚改带动，房地产业、建筑业依然是拉动增长的主力军。投资在较高基数上实现了稳定增长，预计全社会固定资产投资完成258亿元，同比增长12%，投资总量位列生态涵养区首位；消费持续提升，预计社会消费品零售额实现52.9亿元，同比增长8%。

质量效益稳步提升。积极采取一系列有效措施挖潜促收，一般公共预算收入完成22.03亿元，同比增长6.3%。城乡居民收入快速增长，预计城镇居民人均可支配收入实现37952元，同比增长8%；预计农民人均纯收入实现18801元，同比增长8%；城镇新增就业8755人，农村劳动力转移就业944人，城镇登记失业率预计控制在4.26%；预计全年万元GDP能耗下降2.5%，完成市政府下达任务。

（二）调整转型持续深入，产业结构优化升级

产业结构调整步伐加快。依据《门头沟区推进非首都核心功能产业调整疏解工作方案》，对不符合门头沟区功能定位的产业坚决予以淘汰转移，完成埃姆毛纺厂等30家工业企业退出，精雕科技等8家企业生产制造环节外迁。建立产业发展部门联席会议制度，整合规范全区扶持产业发展专项资金，拟订《门头沟区扶持产业发展专项资金管理暂行办法》。依托产业调整疏解，全面开展人口规模调控工作，切实落实镇街属地责任，人口规模得到一定程度有效控制，预计完成市级指标。

旅游文化休闲产业蓬勃发展。不断完善项目与配套设施，大力推进妙峰奇石文化园、清水椴木沟等项目，灵水景区、南石洋大峡谷景区开放营业；斋堂古村落古道文化旅游产业集聚区和文化艺术品交易功能区成为市级文创产业功能区，引领旅游文化休闲产业高端化发展。全年预计旅游综合收入实现20.6亿元，同比增长7%。

石龙开发区转型步伐加快。以并入中关村“一区十六园”为契机，逐步向总部经济和楼宇经济方向转型。总部大厦工程建设顺利推进，智慧石龙数字系统工程启动，石龙五期征地取得积极进展。全年开发区引进中石化易捷、住总众邦地产等17家亿元以上企业。预计全年规模以上工业产值实现92亿元，同比增长15%，其中高新技术产业引领增长作用明显。

现代服务业稳步发展。门城商业服务网点及配套设施进一步提升，组织开展各类惠民消费活动，国泰百货、Plus365购物中心开业运营。推动金融产业多元发展。组建金融商会，启动区域信用体系建设，成立广联达等三家小额贷款公司，互联网金融机构陆续入驻；通过农村发展基金支持农村经济发展，撬动1.1亿元社会资本投入农村。积极培育新型服务业态，健康养老、医疗、教育、体育等产业空间不断拓展。

绿色生态观光农业加快发展。农业综合开发成效逐步显现。斋堂镇、雁翅镇千亩矮化密植苹果初具规模；千亩玫瑰基地、京白梨产业基地和食用菌产业基地进一步扩大提升。大力推进玫瑰、玉兰、万寿菊等重点景区与农业景观建设，达摩沟海棠沟域、田庄沟域和韭园沟域等加快建设。

（三）城乡建设不断完善，区域承载力显著提高

重点工程建设加快推进。S1线门头沟段开工5个站点，长安街西延线开工建设。锅炉厂南路西延等5条道路完工，泰安路、华园路施工进展顺利，棚改市政配套二期全面开工。城子水厂改扩建工程具备供水能力，城子地区燃气集中供热厂实现供热，迁建整合高压走廊25公里。土地上市步伐加快，全年成交8宗地块，为重大项目推进提供有力支撑。

重点推动山区基础设施建设。109高速路项目前期工作有序推进，加快旅游观光轨道项目方案论证，实施乡村公路大修工程28公里，改造潭王路铁路涵洞。潭柘寺镇开工建设中心区路网、供水、供热工程，采用BOT模式新建热源厂、燃气调压站、污水处理厂工程。军庄镇启动国际葡萄酒文化产业园项目建设，完成孟悟村33公顷土地流转前期工作，开展东山村38公顷启动区的控规修改和调整工作。王平镇韭园新型农村社区建设项目一期竣工，引进中港众和集团开发安家庄村清凉界及大北港沟域。斋堂镇一号地A地块完成上市交易。推进雁翅、妙峰山等8座镇级污水处理厂的建设运营。10个险村险户搬迁重点村动工建设，其中法城等4个村主体工程基本完工，农村面貌得到进一步改善。

（四）生态建设扎实推进，环境质量有效提升

城乡环境面貌日益改善。成立国家生态文明示范区建设工作领导小组，34项重点工作任务进展顺利。京津风沙源治理二期规划获批，实施京津风沙源治理、土地整治、平原造林等生态治理工程。第二阶段中小河道治理工程顺利实施，永定河龙泉湾、西峰寺沟治理等项目主体完工。大力实施雨洪利用、百花山矿山地质环境治理和清水镇黄安坨等村土地整理项目，治理苇甸沟、南沟小流域水土流失面积41平方公里。继续实施绿色通道景观提升工程，打造百里生态走廊。

加强大气污染防治力度。制定《门头沟区2014年清洁空气行动计划重点任务分解实施方案》，实施57项重点工作任务。狠抓大气污染控制工作，重点实施煤改电、送气下乡、减煤换煤、燃煤锅炉清洁能源改造等工程，改造燃煤锅炉75.5蒸吨，全年完成压减燃煤量1.76万吨。严格控制机动车排放污染，淘汰高排放老旧机动车5976辆。严控扬尘，加强工地扬尘专项检查。全年PM2.5同比下降7.7%，能源消费总量72万吨标准煤，完成全市下达的任务。

（五）民生保障不断加强，群众生活明显改善

棚户区改造工程大力推进。把棚改作为工作的重中之重，狠抓推进落实。曹各庄、小园等地块新增100万平方米8个安置房项目全面开工，全年6800套安置房完成交付。加大力度推进棚改社区的路、水、电、气、热等市政配套设施建设，石门营、石泉等5个地块的商业、养老、医疗、教育、文化、物业等服务配套设施陆续完工，保证群众高质量入住。精细化做好棚改资金的测算统筹工作，合理规划土地腾退和上市时序，保证棚改工程顺利推进。

社会事业建设全面加快。教育资源配置不断优化，引入景山学校、北京八中等名校，大峪一小完工投入使用，龙泉中学完成主体。整合地区医疗资源，妇幼保健院纳入区医院集团，全区诊疗条件持续提升。文体服务体系日益完善，成功举办国际山地徒步大会，开展全民健身活动，实施 28 项文物保护工程。基层法治设施水平不断提升，大峪派出所迁建工程主体完工。开展失业人员、残疾人、老年人等十二类人群帮扶工作，社会救助体系逐步建立。

社会保障和服务不断加强。建立“三级联动运行机制”，完善区政务服务大厅、民生服务大厅和各专业服务大厅工作流程。按照“智慧门头沟”建设总体要求，健全网格化社会服务管理平台，推进社区服务管理网格与区为民服务信息平台的对接。采取公建民营模式，以区老年社会福利中心为试点，成功引进社会资本运营管理政府养老机构。4.96 万平方米老旧小区综合整治扎实推进，在 79 个社区实施“户分类、社区收集、区运输”垃圾分类模式。

（六）改革创新不断深入，地区发展释放活力

扎实推动各项改革任务。深化行政审批制度改革，建立重大项目绿色审批通道机制，进一步简政放权，加快推进项目办理进度，全区重点工程开复工 83 项。投融资制度改革不断深入，鑫融公司发行 10 亿元企业债，有力拓宽融资渠道。财政资源配置不断优化，采取“自上而下”的顶层设计预算模式，推行体系预算规制管理。继续深化医药卫生体制改革，研究实施重点工作 20 项，强化政府对医疗机构的监管。创新农村集体资产信托模式，推进农村产权交易工作，交易项目正式挂牌 28 个。有序推进国有企业分类重组，清算集中管理企业 30 家，注销企业 30 家。

总体来看，2014 年全区经济社会实现了平稳健康发展，经济增长保持在合理运行区间，但仍存在着一些矛盾和问题：一是经济发展基础仍不牢靠，产业培育亟待加强，经济结构距离“高精尖”差距仍较大；区域内消费需求对经济增长拉动不足，服务业占比较小。二是环境治理难度较大，大气污染防治形势严峻，城乡硬软环境整治任务繁重。三是棚户区改造任务艰巨，资金平衡、征地拆迁及安置房建设等任务依然繁重。四是全区基础设施建设比较薄弱，短板明显，整体水平亟待提升。

二、2015 年国民经济和社会发展计划安排

2015 年是全面完成“十二五”规划的收官之年，是全面深化改革的关键之年，也是全面推进依法治区的开局之年，圆满完成“十二五”的各项任务，科学谋划好全年的各项工作意义重大。

（一）全区经济社会发展面临的环境和条件

2015 年，全球经济增长略有提升但复苏仍然疲软，各大经济体增长格局分化显著，发展环境更加错综复杂。我国经济发展进入新常态，将继续保持稳中有进态势，但今年需求总体偏弱，下行压力可能加大。首都经济发展内涵发生新变化，高精尖经济结构逐步构建，创新驱动与京津冀协同发展将成为发展新动力，同时资源、要素约束进一步收紧，对破解城市发展难题提出更高要求。

努力抢抓机遇：一是政策环境空前利好。全面推进依法治国为改革发展提供坚强保障，重大改革措施的落实着力破除体制机制障碍，法治与改革红利将更多转化为发展动力。二是首都发展环境进一步优化。北京建设全国科技创新中心，促进各类优势要素汇聚融合；京津冀协同发展上升为国家战略，发展空间继续拓展；城市病的治理与产业疏解政策，有利于进一步调整存量、优化增量。三是门头沟区自身优势不断显现。近年来区内经过不断发展和探索，规划思路更加明确，区位优势更加突出，生态优势更加凸显，文化优势更加展现，产业空间空前释放，为实现健康平稳发展奠定了基础。

积极应对挑战：一是外部环境存在不确定因素，随着改革工作不断推进，中央和北京市在宏观经济政策方面会适时作出调整，需要我们密切关注和把握。二是人口资源环境的矛盾日益突出，地区资源环境承载能力将备受考验，把握好人口与资源的平衡点至关重要。三是结构调整任务艰巨而迫切，传统产业仍在调整之中，新兴产业培育过程缓慢与缺少新增长点的影响更加凸显，稳增长与调结构压力加大。

总的来看，2015 年区内经济社会平稳发展的基本面不会改变，但面临挑战也不容忽视，要积极有为，真抓实干。

（二）发展计划安排的总体思路

全区经济社会发展的总体要求：2015 年要按照中央经济工作会、市委十一届六次全会和区委十一届七次全会精神，主动适应经济发展新常态，牢牢把握生态涵养区功能定位，坚持稳中求进、稳中有为、稳中提质的总基调，坚持目标导向、问题导向和改革导向，依法行政，改革创新，优化结构，提质增效，改善环境，保障民生，着力破解发展难题，促进全区经济持续健康发展和社会和谐稳定。

2015 年工作安排的主要原则：要深刻理解面临的新环境新常态，统筹推进稳增长、促改革、调结构、惠民生。一是依法治区，推进依法行政和改革创新；二是生态立区，加强生态文明建设和环境治理；三是规划引领，优化区域空间规划和产业布局；四是培育产业，加快高端产业和旅游文化休闲产业发展步伐；五是保障民生，提升公共服务与社会保障水平。

（三）2015 年经济社会发展主要目标

结合门头沟区“十二五”规划相关指标和全区发展条件，2015 年经济和社会发展主要目标安排计划如下：

主要预期性指标

——地区生产总值增长 8%；

——一般公共预算收入增长 7%；

——全社会固定资产投资增长 9%；

——社会消费品零售额增长 8%；

——城镇居民人均可支配收入和农民人均纯收入分别增长 7% 和 8%。

主要约束性指标

——人口增速控制在 0.8% 左右，常住人口规模控制在 30.8 万人以内，常住外来人口不超过 4.8 万人；

——城镇登记失业率控制在 4% 左右；

——万元 GDP 能耗下降完成市下达指标；

——大气主要污染物浓度下降完成市下达指标。

三、实现 2015 年国民经济和社会发展计划的主要措施

（一）全面深化体制改革，激发发展活力

承接国家和市级改革任务，围绕解决发展面临的突出问题推进改革，确保各项举措落实到位，使改革红利更多转化为发展动力。

推进行政体制改革。一是加快行政审批制度改革。充分发挥绿色审批通道作用，加快项目办理速度，承接好国家和市级下放的审批事项，落实投资项目审批新流程。二是创新投融资体制机制。推行 PPP 模式，通过特许经营、购买服务、股权合作等方式，在公共工程建设与公共事务管理方面与社会资本建立长期合作，增强公共产品和服务供给能力。三是推动财税体制改革。完善转移支付制度，实施全面规范、公开透明的预算制度，提高财政资金使用效率。四是深化经济管理体制改革。理顺石龙开发区和永定滨水商务区的管理体制，成立高层次的统一协调管理机构，实现联动发展。

推动市场要素改革。一是加快设立产业发展基金。加大对民营经济、小微企业的金融和资金支持，强化企业市场主体地位。二是进一步深化农村改革。探索农村土地制度改革，在农村土地公有制性质不变、耕地红线不突破、农民利益不受损的前提下，大力探索农村土地所有权、承包权、经营权三权分置与经营权流转的改革。探索农村集体经营性建设用地入市改革，巩固农村集体产权制度改革，发展农村集体资产信托管理。三是扎实推进国有企业改革。大力发展国有企业混合所有制经济，以股份制实现投资主体多元化和利益多元化，鼓励支持社会资本参股控股。四是继续推进教育、卫生、城市管理、事业单位等领域改革。进一步引入优质教育资源，推进名校办分校；大力支持社会办医，稳步推进公立医院改革；试行部分事业单位企业化改革，构建精简、高效的事业单位管理体制；深化城市管理体制改革，推进城市管理、社会管理、社会治安“三网融合”。五是加强区域对口协作。继续做好援藏、援疆、援蒙工作，强化与张家口、神农架林区的合作。

（二）强化经济统筹调度，提升经济质量

以规划引领地区发展，协调统筹项目分工，保障投资支撑作用，鼓励引导消费健康提升，加快形成和门头沟区区域特征相适应的经济增长模式。

抓好综合经济体系各项工作。一是坚持规划引领发展。创新思路高质量编制好“十三五”经济社会发展规划，积极引入社会智库参与，开展经济社会发展规划、城乡空间建设规划、土地利用规划、生态环境保护规划等“多规合一”专项研究，重点开展产业空间布局、旅游、基础设施、民生改善等领域研究，并借助北京市总体规划修编契机，积极争取区内城乡建设用地指标。二是研究和把握国家宏观调控政策取向和区内发展的一些重大问题，整体谋划全区经济工作，加大政策、项目和资金统筹力度，注重项目前期论证，在促进经济结构转型、空间布局规划和发展高端产业上取得积极进展。三是加强经济分析调度，强化责任分工，坚持日常运行监测调控机制，抓好统筹安排和督促检查，加强对重点行业、重大项目和功能区的服务与调度。

着力发挥投资支撑作用。一是强化重点投资项目带动。安排区重点项目 94 个，年度计划投资 92.5 亿元。重点投向基础设施 34 项、生态环境 10 项、保障安居工程 23 项、社会事业 13 项，产业发展 14 项。二是加强投资调控统筹。安排全社会固定资产投资 117 项，重点前期推进项目 43 项。加大前期推进项目协调力度，确保建设一批，储备一批，谋划一批。三是创新投融资体制机制。落实《国务院关于创新重点领域投融资机制鼓励社会投资的指导意见》有关要求，大力推行 PPP 模式，鼓励社会投资积极参与基础设施、公共服务等领域的建设运营，继续将区内一批供热、污水处理、轨道交通等项目对社会资本开放，确保重点领域发展，提高政府投资效益。

保持消费持续稳定增长。一是启动商务规划编制工作，做好在建商业设施的发展规划，发展高档次、高水平及便利化商业服务圈。二是科学规划新建社区商业网点，扩大服务民生范围，积极引导农村商业零售业健康发展，提升便民消费。三是积极培育电子商务等新型业态，扩大区内电子商务产业的影响力和辐射力。四是以旅游及重大赛事活动为依托，创建门头沟特色品牌，深入推动“购物节”、“美食大赛”、“家居节”等各类消费性节庆活动，促进家居建材、家电等关联商品消费。

（三）优化经济发展模式，推动产业升级

按照生态、高端、特色的产业发展方向，优化产业结构，推进产业升级，疏解非首都核心功能产业，积极打造以旅游文化休闲产业为主导，高新技术产业、文化创意产业、健康养老服务业、绿色生态观光农业等多点支撑的生态友好型产业体系。

加速构建高精尖经济结构。一是加快发展生产性服务业。完善金融服务功能，促进互联网金融和三农金融服务体系发展，推动信用体系建设。提升信息服务业发展水平，加快建设宽带、移动通信等信息网络基础设施，大力扶持光环新网等高新技术企业发展。优化地区商务环境、提升会计、法律、咨询等商务服务水平。二是不断提高生活性服务业品质。落实北京市提高生活性服务业品质三年行动计划，提高行业标准化、品牌化、规模化发展水平。落实北京市加快推进养老服务业、健康服务业发展意见，建设中瑞养老园等项目；推广居家养老服务，建设北京市养老服务产业示范区。三是大力发展战略性新兴产业。推动节能环保产业发展，支持利德衡等一批企业推广节能环保技术，带动区域内企业高效低碳生产。对接产业规划，积极培育电子商务、物联网及云计算等互联网领域项目。以非首都核心功能疏解工作为契机，落实产业疏解工作方案，储备产业项目库，科学制定企业准入评估管理办法。四是加大招商引资力度。落实国家和北京市有关政策，完善区内招商引资政策措施，制定相关产业资金扶持政策，从政策、资金上对企业予以支持，加快区内腾笼换鸟步伐。

大力发展旅游文化休闲产业。全面加强旅游文化休闲主导产业的顶层设计，开展全区文化旅游发展建设规划研究，研究建立山区文化旅游产业发展基金，吸引社会资本参与。以项目建设带动旅游产业发展，加快推进京西古道工程建设，重点完成浅山区步道，实现全域景区化贯通的绿色空间步道；积极推进玉河古道等配套设施项目建设。着力推动“农游合一、文游合一”，加快斋堂古村古道、南石洋大峡谷景区整体开发项目、妙峰奇石文化创意产业园项目等重点工程建设进度。举办“首届玫瑰节暨旅游文化大会”，举办第六届山地徒步大会等大型活动，扩大区域知名度。2015 年实现旅游综合收入同比增长 8% 的目标。

增强高端产业功能区的承载能力。统筹规划产业功能区空间布局，将高端产业功能区作为产业转型的主要承载地。一是充分发挥石龙开发区的带动作用。全力推进五期征地，加快发展楼宇经济，推动总部大厦建设，制定出台促进总部经济发展的产业政策，鼓励腾笼换鸟和产业换代。二是加快发展永定滨水商务区。大力发展金融、商业等现代服务业，建设鼎湖文化金融商务区，利用西长安一号、骏洋大厦等商业中心，建立特色商业和文化休闲街区。三是推动门城生态商务区发展。依托良好的山水生态环境和便利的交通条件，建设华远中心、中昂广场等大型商务设施，集约利用 7 平方公里棚改腾退地块产业用地，发展高端商务休闲产业。四是加大文化创意产业功能区建设力度。推进新城艺术品交易功能区和斋堂古村落古道文化旅游产业集聚区建设，重点支持宝玉石文化博览交易中心等一批文化创意产业项目。

提升绿色生态观光农业发展水平。构建农村经营体系，鼓励土地承包经营权在公开市场上向专业大户、家庭农场、农民合作社、龙头企业合法流转。大力发展玫瑰花种植产业，抓好玫瑰花产业基地项目建设。提升优化樱桃、京白梨、薄皮核桃、黄芩等名特优农产品，引导农户提高集约化、专业化水平，探索“公司 + 农户”的发展模式，推动农产品市场化发展。加强对产品的包装、营销力度，开发高附加值产品，促进农村产业结构转型升级和农民收入持续增长。争取市级资金，支持产业化龙头企业改造升级，重点推动雁翅水岸休闲观光走廊基础设施、清水椴木沟山地运动旅游基础设施和王平樱桃风情创意文化旅游基础设施等项目。

（四）统筹城乡协调发展，完善基础设施

落实区域总体规划，有序推进重大项目建设，促进城乡协调发展。

建设城乡交通一体化的保障体系。构建外部衔接的交通体系，加快推进 S1 线、长安街西延线建设，推动108国道二期开工实施，尽快启动109国道高速路项目和军温路改建工程。搭建内部循环的交通体系，加快推进双大路二期、滨河路南延二期、莲石湖西路西延、新29路、旅游观光轨道等项目的前期工作，建设滨河路南延一期、九龙路、黑山大街北延、黑山大街二期等道路工程，完成泰安路、华园路、新32路等工程。做好公交线网的调整优化工作，方便百姓公交出行。

补齐城乡基础设施建设短板。开工建设国信滨河锅炉房煤改气热源厂工程、门城水厂一期工程，继续实施第二再生水厂项目，改造完善新城及长安街西延线供水管网，开工建设污泥处置厂。继续做好门头沟区高压线电网迁改整合工作，建设完成上岸、灰峪110千伏输变电站工程。实施大台桃园等三处非正规垃圾填埋场治理工程。梳理区内信息化现状，抓好智慧城市基础平台建设。

打造生态宜居特色新型城镇。集中力量完成各镇总体规划审批，打造有个性、有特色、有魅力的新型小城镇。启动潭柘寺镇鲁家滩村路南房屋征收工作，重点推进镇区主次干路、110千伏变电站以及供水干线等工程建设。推动军庄镇与企业合作，利用小城镇基金，发展健康养老产业，实施矮化密植高产京白梨示范园建设项目；启动灰峪村整体开发和北四地区搬迁工作。全面推进斋堂镇旅游集散中心建设，加快一号A地块规划建设和B、C地块上市工作，推动集中供热热源厂、供热管网项目尽快开工建设。完成王平镇东区与镇中心区联络线工程，加快国泰、上善水庄等养老项目进展速度。尝试利用陕京三线解决妙峰山等镇域内燃气使用问题。提高农村供水安全，优化升级15处农村饮水设施；加快建设污水处理设施，完成雁翅等8座镇中心区污水处理厂及配套管网工程，提升改造清水镇域中心污水处理设施。改造妙峰山镇、龙泉镇、潭柘寺镇等区域垃圾楼，提高国道沿线垃圾分类收集和处理水平。加大三家店及大台等基础设施薄弱地区建设力度，全面推进14个险村搬迁改造工程。

（五）强化生态文明建设，实现绿色发展

继续坚持生态立区战略。建立健全的生态约束机制，划定耕地保护、文化文物本底保护、生态环境保护红线，狠抓环境治理和生态建设，推进节能减排，加快生态文明建设。

打造优质宜居的生态环境。继续加大生态治理力度，重点推动京津风沙源治理，巩固退耕还林、平原造林等工程。提升绿地建设品质，加强棚改安置房、城市边缘等地区绿化美化。实施绿色通道景观提升工程，在国道沿线形成林拥国道的生态走廊。打造生态和谐水环境，启动永定河妙峰山段治理工程，实施马各庄沟、大台沟等中小河道治理项目。新建雨洪利用工程20处，实施国家水土保持重点工程，完成6条流域65平方公里治理任务；实施清洁小流域治理工程，治理水土流失20平方公里。

推进大气污染防治，实现可持续发展。认真落实《门头沟2013－2017年清洁空气行动计划实施方案》。完成燃煤锅炉清洁能源改造任务，大力推进煤改电实施范围，全区压减燃煤4.5万吨。加快落实龙泉镇、永定镇、军庄镇、潭柘寺镇送气下乡工程。切实治理工地扬尘，继续加快淘汰老旧机动车。遏制各类违法排污行为，重点对永定河沿岸工业和生活污水处理设施进行监督管理。深化节能项目管理，加强节能监察、节能新技术推广、建筑领域节能，继续推进清洁生产、碳排放交易、节能监测平台建立等工作。

（六）做好民生改善工作，增加百姓福祉

加大民生工程投入力度，加快发展社会事业，解决和人民群众利益最紧密相关的住房、教育、医疗等各方面问题。

积极推动棚户区改造。全面保障棚改安置房建设进度，实现新增100万平方米安置房主体基本完工，一期200万平方米安置房全面交付使用，做好小白楼二期、高家园和F1地块住房回购工作。加快推进棚户区改造安置房市政配套项目进展，完善教育、卫生、医疗、商业等配套设施。落实安置房分配审核机制，保证棚户区群众有序上楼。做好棚改资金平衡方案，全力推进棚改7平方公里土地一级开发，积极争取国开行低息贷款支持，保障棚改资金平衡需求。

加强人口服务管理工作。严格落实区内人口规模控制工作方案，落实属地责任与目标分解，加强部门联动与督导考核，实现常住人口增速低速可控。以产业培育与产业疏解为依托，优化产业结构，引进高端人才，做到人口有序聚集与有效疏解相结合；以专项治理行动为抓手，加强打非控违力度，持续推进群租房、地下空间治理，有效引导流动人口流向；以加强公共服务均衡发展为目标，合理调整区域人口布局，提升流动人口服务管理水平，促进区域人口资源环境协调发展。

努力提升公共服务供给水平。扩大优质教育资源覆盖面，继续实施北京八中门头沟校区建设工程，将小园小学纳入北京八中教育集团，加快推进景山学校门头沟校区前期工作。推进区域医疗资源整合，实现京煤总医院与区医院差异化发展，促进阜外医院落户门头沟区。培育“文化惠民，乐享京西”门头沟区专项活动品牌，完善镇街地区特色文化阵地，做好石门营、王平等地区主题剧场文化中心建设。加快区体育文化中心项目手续办理进度，大力开展全民健身，完成41个新建体育生活化社区创建。完成曹各庄天主教堂迁建工程。全面落实社会治安综合治理各项措施，推进斋堂、王平村人民法庭和军庄消防站开工建设，加快东辛房派出所、城子派出所手续办理。

强化社会管理创新。打造服务型街道和服务型社区，推广社区代办制、离案办公等便民工作法。完成社区规范化示范点、农村社会管理创新试点、老旧小区自我服务管理试点创建工作。加快推进第三批社区用房规范化建设。强化引进项目和落地企业优先安置50%以上区内劳动力的要求。推进法律援助专项维权与“法律服务村居行”的有效衔接，深化人民调解品牌建设。保障生活必需品市场供应和价格稳定，维护市场秩序。

各位代表，2015年是全面完成“十二五”规划的收官之年，面临新的形势和任务，我们肩负的使命和责任十分重大。我们将在区委的正确领导下，在区人大、区政协的监督支持和全区人民的共同努力下，全面贯彻落实党的十八大和十八届三中、四中全会精神，进一步解放思想，锐意进取，抢抓机遇，扎实肯干，为全面完成“十二五”规划任务努力奋斗！

关于门头沟区2014年预算执行情况和2015年预算（草案）的报告

——2015年2月4日在门头沟区第十五届人民代表大会第五次会议上

门头沟区财政局

各位代表：

受区人民政府委托，现将门头沟区2014年预算执行情况和2015年预算草案的报告提请区第十五届人大第五次会议审议，并请区政协各位委员提出意见。

一、2014年预算执行情况

2014年，全区各部门认真贯彻落实区委重大决策和工作部署，严格执行门头沟区十五届人大四次会议批准的预算及相关决议，围绕地区转型发展目标规划，不断深化财政管理体制改革，积极发挥财政政策与资金的统筹保障作用，财政收支执行情况总体平稳，顺利完成了全年预算任务。

（一）收支预算执行的总体情况

2014年，门头沟区经济整体素质不断提升，重点领域发展成效显著，经济发展潜力和土地资源价值得到有序释放，地区综合财力显著增加。全年总财力预计为271.75亿元，较上年决算数147.37亿元增加124.38亿元，同比增长84.4%。全区财政支出预计完成204.20亿元，较上年决算数102.21亿元增加101.99亿元，同比增长99.8%；安排预算稳定调节基金3.01亿元，加结转下年使用资金64.54亿元，支出合计271.75亿元。财政总体实现收支平衡。

门头沟区2014年财政收支预算平衡表

单位：万元

	收入		支出和结余	
	项目	预算数	项目	预算数
一般公共预算 773,798万元	一、一般公共预算收入	220,342	一、一般公共预算支出	688,916
	二、转移性收入	479,418	二、调入预算稳定调节基金	30,141
	1. 返还性收入	173,561	三、上解支出	459
	2. 财力性转移支付收入	149,116		
	3. 专项转移支付收入	156,741		
	三、上年结余收入	74,038	四、年终结余	54,282
	其中：区级专项结余	66,955	其中：区级专项结余	48,459
	市专项结余	7,083	市专项结余	5,823
政府性基金预算 1,943,362万元	一、政府性基金预算收入	1,799,499	一、政府性基金预算支出	1,352,408
	二、转移性收入	89,499		
	1. 专项转移支付收入	89,499		
	三、上年结余收入	54,364	二、年终结余	590,954
	其中：区级专项结余	49,544	其中：区级专项结余	589,464
	市专项结余	4,820	市专项结余	1,490
国有资本经营预算 357万元	一、国有资本经营预算收入	285	一、国有资本经营预算支出	240
	二、一般公共预算注入	72	二、年终结余	117
	三、上年结余收入			
合计		2,717,517	合计	2,717,517

1. 一般公共预算收支执行情况

2014年，全区一般公共预算收入在新常态下实现稳增长，保持了地区基础财力的稳定性，一般公共预算总收入预计77.38亿元。其中：区级一般公共预算收入预计22.03亿元，同比增长6.3%，完成区十五届人大第四次会议批准的预算任务；财力性转移支付收入预计32.27亿元，在当前市与区县财政体制下保持相对稳定，是统筹使用财力的重要来源；专项转移支付收入预计15.67亿元，对推进经济社会领域重点工程建设起到重要支撑作用；上年结余7.40亿元。

一般公共预算总支出预计68.94亿元，完成年度预算的121.7%，其中上解支出459万元。

安排预算稳定调节基金3.01亿元。

一般公共预算收支结余 5.43 亿元，为专项结余，结转下年使用。主要包括：养老金并轨预留 1.5 亿元、山区险村搬迁 7，002 万元、国家重点生态功能区补助 7，105 万元、文化建设市级资金 2，441 万元、减煤换煤市级资金 1，008 万元、低收入村发展专项 502 万元、社区办公用房建设 4000 万元，其他专项结余 1.7 亿元等。

一般公共预算总体收支平衡。

2. 政府性基金预算收支执行情况

2014 年，以国有土地出让收入为主体的政府性基金财力大幅增长，政府性基金预算总收入预计 194.34 亿元，其中：区级政府性基金预算收入预计 179.95 亿元，同比增长 272.9%，超额完成年初预算任务，其中国有土地出让收入 169.35 亿元，占区级政府性基金收入的 94.1%；专项转移支付收入预计 8.95 亿元；上年结余 5.44 亿元。

政府性基金预算总支出预计 135.24 亿元，同比增长 131.5%，完成年度预算的 355.8%，主要用于保障棚户区改造、土地开发、城市建设等重大项目支出。

政府性基金预算收支结余 59.10 亿元，结转下年使用。主要包括：土地基金结余 58.19 亿元，其中：土地开发成本结余 9.29 亿元，土地出让收益结余 26.43 亿元，各类计提结余 22.47 亿元；其他基金结余 0.91 亿元。

政府性基金预算总体收支平衡。

3. 国有资本经营预算收支执行情况

2014 年门头沟区积极推进国有企业改制，提升国有企业收益水平。国有资本经营预算收入预计 357 万元，完成年度预算的 148.8%。

国有资本经营预算支出 240 万元，完成年度预算任务。

国有资本经营预算收支结余 117 万元，结转下年使用。

国有资本经营预算总体收支平衡。

（二）2014 年预算执行效果

2014 年在整体经济增速放缓、发展方式积极转变、发展动力转换更迭的新常态下，一般公共预算收入保持在合理区间，政府性基金收入大幅增加；财政政策与资金保障致力于构建更具发展优势的城乡环境和公平普惠的社会建设体系；在推进新一轮财政改革中不断完善规范高效的预算管理机制和积极稳妥的资金平衡方式；财政基础治理着眼于搭建新时期财政管理制度框架和“大数据”时代财政信息系统支撑体系，整体预算执行取得积极成效。

1. 着力保障棚户区改造项目有序实施

2014 年投入棚户区改造项目资金 55.50 亿元，其中：棚改项目还本付息 28.15 亿元（本金 18.36 亿元，利息 9.79 亿元），安置房建设 25.18 亿元，土地征收及拆迁 2.17 亿元。在统筹保障棚改项目平稳有序推进的基础上，积极做好资金储备，保障国开行贷款争取工作顺利推进。投入土储项目资金 53.85 亿元，其中：返还土地成本 50.31 亿元，土地收储 3.07 亿元，土地整理 0.47 亿元（其中市级资金 200 万元，农业土地开发资金 480 万元，其余 4020 万元通过一般公共预算安排）。全面分析和系统测算棚户区改造项目总成本及资金平衡情况，编制《门头沟区采空棚户区改造与环境整治项目资金平衡测算报告》，推进棚改、土储项目资金三年滚动预算编制。

2. 着力推进城乡生态建设与环境治理

落实国家生态文明区建设行动计划，投入 637 万元用于京津风沙源治理二期工程；投入 2,974 万元用于平原造林工程；投入区级资金 4,500 万元开展第二阶段中小河道治理工程，生态涵养效果持续显现。投入 1.15 亿元区级配套资金支持区内第二再生水厂项目建设；投入 821 万元支持河道截污、雨污分流工作，有效促进了水资源合理开发与保护。拨付资金 3,542 万元支持 9 镇 18 村 2.2 万亩农业综合开发生态小流域综合治理工程，有效改善了农业项目区基础设施条件。投入资金 8,516 万元重点支持龙泉湾等景观农业建设和提升工程，打造 109 国道沿线百里画廊。落实“减煤换煤、清洁空气”方案实施，投入资金 3,473 万元开展送气下乡、型煤补贴、“煤改电”及空气质量监测，空气质量得到改善。投入资金 7,147 万元保障城市照明设施用电及维护、道路保洁、垃圾运转、公厕保洁等市政服务设施运行等资金需求，城市综合环境不断优化。

3. 全面促进公共服务均等化发展

2014 年一般公共预算支出中用于保障和改善教育、社会保障、医疗卫生等直接民生支出，以及农林水事务、城乡社区事务、节能环保等与民生密切相关领域的财政支出 61.46 亿元，占一般公共预算总支出的比重为 81.9%。投入学前教育资金 3,883 万元支持 14 所幼儿园达标设备购置等，投入中小学教育资金 8.45 亿元，投入职业教育资金 6,134 万元，加快推进教育布局调整和教育事业改革。支持公共卫生服务体系建设，投入资金 5,679 万元支持新型农村合作医疗和城乡医疗救助顺利推进。加大文化基础设施建设投入，投入资金3,567万元用于村级文化活动室改造工程；投入资金1,001万元开展第八届永定河文化节等大型文化项目；投入资金7,311万元支持文物修缮和安全技防等文物保护项目。落实全区低收入农户帮扶方案，投入资金520万元用于“助老、助学、助残、大病”四类低收入农户帮扶工作，全区2,784户低收入农户得到有效帮助。提高城乡居民最低生活保障金标准，城乡低保支出6,630万元。做好养老服务专项资金管理，城乡居民社会养老保险及无保障老年居民支出1.01亿元；投入资金1.33亿元建成我区第一家区级老年社会福利中心。落实各类就业补助政策，促进就业资金支出6,259万元。

4. 强化政府性债务有效管控与化解

健全政府性债务偿还机制，按照保民生工程、保重点工程、保经济社会发展的顺序，分步化解现有政府性债务。根据北京市审计局审计报告和债务统计结果，截至2013年9月30日，门头沟区政府性债务规模总量为244.61亿元，其中：棚改项目债务137.13亿元、土地储备项目债务30.85亿元、基础设施和建设类债务76.63亿元。截至2014年底，共清理债务93.10亿元，其中：棚改项目债务减少20.37亿元，主要为偿还到期银行贷款本金；土地储备项目债务减少6.04亿元，主要为东辛秤等村土地一级开发项目归还到期贷款；基础设施和建筑类项目债务减少66.69亿元，主要为征地转非、市政项目、BT项目等。截至2014年底，债务余额165.5亿元，当年清理债务86.99亿元，因鑫融公司增加债务13.99亿元，债务总规模净减少79.11亿元，下降30.6%。积极落实《财政部关于印发〈地方政府存量债务纳入预算管理清理甄别办法〉的通知》（财预〔2014〕351号）工作要求，对政府性存量债务进行清理、核实、汇总，对债务单位上报政府性债务及分类进行甄别、锁定、监控。建立债务风险预警及化解机制，设立偿债准备金，根据新增债务率、偿债率、逾期债务率的指标来评估债务风险状况，强化债务限额管理。

5. 集中财力解决历史遗留与民生热点问题

一是严格行政事业单位“三公”经费管理，制定《门头沟区进一步加强“三公”经费等一般性支出管理的实施意见》，规范“三公”经费预算控制、申报审核、执行监督流程；提升“三公”经费预决算透明度，政府“三公”经费预决算方案和29家预算单位“三公”经费预决算方案向社会公开；2014年门头沟区行政事业单位“三公”经费预计支出4,640万元，较2013年决算数下降9.7%。二是加快解决民生热点问题，以群众路线教育实践活动中梳理出的334项民生热点问题为切入点，集中财力分期、分批解决历史遗留问题，投入资金支持解决永定河治理工程占地等历史遗留问题及北岭地区征地转非等问题。投入社会建设及为民办实事资金1.35亿元，支持智慧社区创建、社区用房规范化建设、农村社救优抚对象危旧房翻建等实事项目，提高服务群众水平。三是强化建章立制，结合群众路线教育实践活动“四风”突出问题专项整治工作，对财政管理中存在的薄弱环节通过制度建设进行规范，制定及修订大额专项资金管理、“三公”经费管理、结余资金管理、政府采购管理等方面的规范性文件9项，初步建立起现代财政管理制度框架。

6. 积极推进财政基础治理方式创新

一是加强预算执行动态监控，以国库集中支付系统为平台，制定动态监控预警规则，对财政资金的申请、审核、支付、清算及核算环节进行全过程、全方位、全领域的实时智能监控；二是全面实行公务卡制度，不断完善公务卡强制结算目录，定期开展公务卡使用情况检查，规范现金支出管理，截至2014年底，全区使用公务卡1,352张，公务卡结算金额2,814万元；三是建立综合财务报告制度，实施权责发生制政府综合财务报告试编工作，全面反映门头沟区年度政府财务状况和运营情况；四是加强财政性结余资金管理，修订《门头沟区行政事业单位财政性结余资金管理办法》，加强结余资金与预算编制、执行的衔接管理，建立结余资金定期清理收回机制，2014年按照规定收回结余资金4,073万元；五是强化财税库银联网系统数据集成与应用，依托财税库银联网系统，形成结构性财政收支数据集合，初步开展财政“大数据”分析，研判地区行业发展态势及收入预期，评估财政资金投向及支出进度，强化部门结余资金监管，提高财政工作的宏观把控和精细运行能力。

各位代表，当前门头沟区进入转型发展的关键时期，全区财政性资金运行状况总体良好，但也面临一些阶段性矛盾和问题：一是财政资金平衡的结构性压力依然较大，当前门头沟区财政收入形势面临着产业疏解退出、房地产市场调控等多种增收不利因素，同时棚改项目偿债高峰期到来，市政基础设施建设规模与资金需求强劲，财政支出承受多领域的资金压力；二是市区两级财政资金需进一步统筹衔接，在资金投向上存在争取市级资金与区级资金安排的匹配问题，需进一步加强顶层设计，统筹市区两级资金合理安排项目支出预算，发挥资金最大效益；三是一般公共预算收入结构仍需优化，一般公共预算收入中非税收入所占比重较大，存在较多一次性因素，不利于财政收入的稳定增长。这些问题是我们下一步着力解决的重点。

二、2015 年预算草案

2015 年，财政部门全面贯彻党的十八大和十八届三中、四中全会精神，认真落实区委、区政府工作部署，构建“全口径规范、全要素统筹”的财政预算工作机制，深入把握和适应经济发展新常态，积极整改市、区审计部门提出的预算薄弱环节，以全区整体工作规划为预算目标，创新预算分配理念，改进预算分配方法，切实发挥财政制度安排在地区治理体系中的基础性和支撑性作用，促进政府规制对市场机制的补充完善，推动地区加快转型发展步伐。

门头沟区转型发展在经济新常态下呈现明显的阶段性特征，地区经济发展速度、发展方式和增长动力都处在调整转换状态，对此我们要将“新常态”思维贯穿于中期财政规划中，将立足“新常态”作为未来一段时间财政工作的“内化”逻辑，大力推动地区经济结构调整，促进经济发展动力转换，保持地区经济稳定增长。

（一）预算安排的基本思路

——全口径规范。坚持依法理财，政府全部收支全面纳入预算统筹管理，构建覆盖所有收支的全口径政府预算体系。落实审计部门意见，细化、厘清公共财政预算、政府性基金预算、国有资本经营预算和社会保险基金预算的功能定位、收支范围，严格规范资金用途和使用方向。深化项目库建设，加强项目预算编制管理，预算内容全口径涵盖 2015 年全区重点工作需求，项目资金不留预算硬缺口。细化预算项目，2015 年财政年初预算资金下达率达到 70% 以上。硬化预算约束，严格预算执行，建立年中预算调整报告制度。

——全要素统筹。拓宽财政预算管理宏观视角，加强市、区财政资金匹配统筹，以预算配置引导政策、规划、项目、资金等发展要素，完善体系化预算编制管理，强调支出的政策效应。改进年度预算控制方式，引入中期财政规划，建立跨年度预算平衡机制，增强财政支出的前瞻性和持续性。优化财政扶持产业政策导向，创新财政资金使用管理，加强财政资金运转体系动态管理，提高政府公共支出效益以及政府介入市场活动的规范性和有效性。

（二）2015 年预算安排具体情况

2015 年，全口径预算总财力预计 136.3 亿元，其中：一般公共预算财力 70.90 亿元，政府性基金预算财力 65.30 亿元，国有资本经营预算财力 753 万元。

门头沟区 2015 年财政收支预算平衡表

单位：万元

	收　入		支　出	
	项　目	预算数	项　目	预算数
一般公共预算 709,005 万元	**一、一般公共预算收入**	**307,510**	**一般公共预算支出**	**709,005**
	其中:一般公共预算收入（同口径）	235,400	1. 区级一般公共预算支出	631,988
	二、转移性收入	**401,495**	其中:区本级支出	553,988
	1. 返还性收入	185,502	镇街支出	78,000
	2. 财力性转移支付收入	138,976	2. 专项转移支付支出	77,017
	3. 专项转移支付收入	77,017		

	收入		支出	
	项目	预算数	项目	预算数
政府性基金预算 652,998万元	一、政府性基金预算收入	641,990	政府性基金预算支出	652,998
	其中:土地基金收入	630,000	1.土地出让支出	630,000
	二、转移性收入	11,008	2.其他基金支出	22,998
国有资本经营预算 753万元	一、国有资本经营预算收入	653	国有资本经营预算支出	753
	二、一般公共预算注入	100	1.产业升级发展支出	510
			2.困难企业职工补助支出	243
合计		1,362,756	合计	1,362,756

说明:根据《北京市财政局转发财政部关于完善政府预算体系有关问题的通知》(京财预〔2014〕2525号)要求,加大一般公共预算、政府性基金预算、国有资本经营预算的统筹力度,自2015年1月1日起,涉及区县的三项基金预算收入(土地计提的教育资金、残疾人保障金、森林植被恢复费)将调整为一般公共预算收入(2015年三项收入预计为7.21亿元)。调整后,我区一般公共预算收入为30.75亿元,政府性基金预算收入为64.20亿元。

1. 一般公共预算安排情况

2015年一般公共预算总财力预计70.90亿元，其中：一般公共预算收入预期23.54亿元左右，同口径增长7%，按照新口径预期30.75亿元，增长39.8%；转移性收入预计40.15亿元（含预计提前告知专项转移支付收入7.7亿元）。

2015年一般公共预算支出计划安排70.90亿元，其中：区本级计划安排63.1亿元；镇街支出计划安排7.8亿元，一般公共预算安排收支平衡。

2. 政府性基金预算安排情况

2015年政府性基金预算总财力预计65.30亿元，其中：政府性基金预算收入预计64.20亿元，转移性收入预计1.10亿元。

2015年区级政府性基金支出计划安排65.30亿元，政府性基金预算安排收支平衡。

需要说明的是，土地出让收入受土地一级开发成本、市场环境等多重因素影响，政府性基金预算编制存在较大的不确定性因素。因此，2015年预计上市的棚改范围内4个地块土地出让收入暂未纳入基金预算安排。

3. 国有资本经营预算安排情况

2015年国有资本经营预算总财力预计753万元，其中：国有资本经营收入预计653万元，公共预算注入100万元。

2015年区级国有资本经营预算支出计划安排753万元。国有资本经营预算安排收支平衡。

（三）2015年财政预算重点支持方向

预算支出方向体现公共财政政策制定和预算配置的结果，是一个管理过程，也是一个导向。2015年预算安排注重中期规划引导约束资金分配，实现公共财政政策目标、公共资源配置与区域经济发展目标相一致。通过顶层设计和过程监控，强化财政资源分配与地区产业总体规划相协同，加大发展规划及产业政策投入，以财政经济杠杆撬动资源要素活力，加快产业转型升级，实现地区经济提质增效的预期目标；严控行政成本，优化资金统筹，公共财政重点投向民生服务、城乡建设、生态文明等关键领域，推进公共服务水平、城市管理能力及生态涵养功能有效提升。

2015 年财政预算重点支持方向

<table>
<tr>
<td>

发展规划类(0.48 亿元)

致力于加强中期财政规划与地区发展规划融合对接，科学布局引导转型发展。

</td>
<td rowspan="2">

民生保障类(8.61 亿元)

致力于优化民生统筹保障，改善公共生活服务品质。

＊民生事业(7.41 亿元)
· 教育支出(13,891 万元)
· 医疗卫生支出(12,261 万元)
· 文化活动文物修缮支出(4,779 万元)
· 社会保障和就业支出(43,123 万元)

＊民生服务及为民办实事(1.2 亿元)
· 智慧城市(2,000 万元)
· 为民办实事(10,000 万元)

</td>
</tr>
<tr>
<td rowspan="2">

产业转型发展类(3.87 亿元)

致力于功能性产业政策财政激励引导，支持产业转型升级。

＊经济产业类(2.43 亿元)
· 产业转型发展扶持资金(9,000 万元)
· 石龙产业园区环境整体提升(3,000 万元)
· 产业培育创新资金(5,000 万元)
· 总部经济、楼宇经济等经济结构调整(5,000 万元)
· 旅游发展基金(2,000 万元)
· “营改增”扶持资金(300 万元)

＊农业产业类(1.44 亿元)
· 玫瑰花产业建设(5,000 万元)
· 109 国道景观提升(4,500 万元)
· 农业综合开发和沟域经济发展(4,912 万元)

</td>
</tr>
<tr>
<td rowspan="2">

生态建设类(2.38 亿元)

致力于加强生态环境治理建设，提升生态文明发展水平。

· 国家级可持续发展实验区创新建设(3,000 万元)
· 大气治理(9,187 万元)
· 巩固生态治理成果(2,250 万元)
· 沟道治理(1,800 万元)
· 京津风沙源(1,043 万元)
· 生态林管护及林权制度改革(6,493 万元)

</td>
</tr>
<tr>
<td rowspan="2">

城乡基础设施建设运营类(68.65 亿元)

致力于提升城乡基础设施建设运营水平，加快区域一体化发展。

＊棚改建设及偿还贷款(58.00 亿元)
· 政府性基金预算安排(462,900 万元)
· 廉租房保障资金安排(117,100 万元)
＊重点工程(9.52 亿元)
· 市政类重点工程(74,200 万元)
· 农宅抗震及老旧小区改造(21,026 万元)

＊城乡运行维护(1.13 亿元)
· 市政公共服务设施运营(4,133 万元)
· 环卫运行费(3,762 万元)
· 乡村公路建养(2,370 万元)
· 镇街区域内垃圾及建筑渣土整治(1,000 万元)

</td>
</tr>
<tr>
<td>

行政运行类(0.67 亿元)

致力于严格控制“三公”经费等一般性支出，建设节约型政府。

＊三公经费(0.49 亿元)
· 因公出国(300 万元)
· 公务接待(560 万元)
· 公务用车及运行维护(4,063 万元)

＊会议培训宣传印刷类(0.18 亿元)
· 会议费(454 万元)
· 培训费(588 万元)
· 宣传费(553 万元)
· 印刷费(225 万元)

</td>
</tr>
</table>

1. 加强中期财政规划与地区发展规划紧密衔接，突出规划引领更高水平发展（0.48 亿元）

规划是未来一定时期内建设与发展的全盘考虑。注重中期财政规划与地区发展规划的充分对接，是加强宏观调控和公共管理的重要途径。握紧发展的总钥匙，围绕首都城市战略定位和地区生态涵养发展定位，科学编制“十三五”规划，加快地区发展总体规划、产业用地规划、石龙开发区转型规划等全区性规划和专项规划的制定完善工作，努力形成地区发展比较优势。明确规划期内的重点工作、目标和项目预算，在“政策－规划－预算”间建立强关联，实现公共财政政策目标、公共资源配置与区域经济发展目标紧密衔接，经预算管理流程形成相匹配的中期财政支出方案，为高标准、高品质实施规划项目提供稳定、持续的资金支撑。

2. 强化财政政策与产业政策集成，激励引导高精尖产业发展（3.87 亿元）

构建以现代服务业为支撑的新城产业体系（2.43 亿元）。安排产业转型发展扶持资金 9,000 万元和产业培育创新资金 5,000 万元，高标准落实调整和疏解非首都核心功能、控制人口规模，按照“清理淘汰一批、调整疏解一批、升级改造一批”的原则，引导退出不符合功能定位的低端产业，疏解外迁生产制造产业，吸引培育高端新兴产业。安排石龙产业园区环境整体提升资金 3,000 万元，优化石龙招商引资硬件环境。安排总部经济、楼宇经济等经济结构调整资金 5,000 万元，研究制定总部经济激励政策，支持石龙产业园区转型升级，加强与中关村科技园区产业对接，主动承接首都核心区产业功能疏解，吸引大型总部企业入区发展，加快构建以战略新兴产业和现代服务业为主体，高端产业融合发展的产业体系。安排旅游发展基金 2,000 万元，重点支持首届文化旅游大会、玫瑰节、山地徒步大会等旅游推介活动的组织召开，吸引高端产业和大型企业投资进驻门头沟区，增进地区综合经济发展活力。

构建以旅游文化休闲为依托的山区产业体系（1.44 亿元）。立足山区旅游资源禀赋，围绕“一带、两线、四点、多组团”的产业空间布局，加强农村产业项目库建设，通过财政资金传导带动，吸引撬动社会资本参与培育旅游文化休闲产业和观光生态农业，加快发展以景区为核心的沟域经济，促进现代农村经济发展。其中，安排资金 9,500 万元，挖掘旅游资源优势，加快玫瑰产业基地、109 国道景观提升融合建设，打造地区特色旅游文化和观光农业品牌。安排农业综合开发资金和沟域经济发展资金 4,912 万元，改善农业产业发展环境，促进山区产业经济转型升级。

3. 加大基础设施与重点工程投入力度，提高地区发展综合承载能力（68.65 亿元）

全力保障棚改项目资金需求（58.00 亿元）。编制棚改项目三年滚动预算，综合匹配各年度的可用资金规模和来源，加强财力科学配置和动态储备，做好棚户区改造、土地腾退项目资金平衡工作。依据棚改项目实施进度，在三年滚动预算框架内，同时考虑资金来源，分类做好资金安排。加大基金预算与贷款资金的统筹力度，积极运用国开行专项贷款 120 亿元资金（其中：70 亿元集中用于棚改 12 个腾退地块拆迁投资，50 亿元用于新增 8 个安置房建设地块投资）。

将棚改安置房建设资金纳入三年滚动预算动态保障，2015 年预算初步安排 58 亿元用于统筹保障棚户区改造建设资金和偿还贷款需求，其中：已计提廉租房保障资金安排 11.71 亿元（主要用于偿还贷款本息），2015 年基金预算安排 46.29 亿元（主要包括：7 个已立项安置房建设 20.86 亿元，回购地块投资 9.90 亿元，市政配套建设 1.05 亿元，贷款利息 8.35 亿元，安置房营业税 6.13 亿元）。其余资金需求由预期 2015 年棚改地块上市收入解决。

加大全区重点工程建设投入(9.52 亿元)。统筹一般公共预算、基金预算和城市基础设施建设费，积极争取市级专项资金,拓宽市政类重点工程资金来源渠道,控制投资结构强度,综合保障城乡发展建设需求。安排资金 74,200 万元，支持加快 S1 线、军温路、108 国道二期改建、长安街西沿线管网配套、潭柘寺中心区供水干线等市、区重点工程项目实施，完善城乡路网和水气热管网基础设施，提高城乡发展建设水平和质量；安排资金 21,026 万元，加大老旧小区、农宅抗震节能房改造等工程投入，促进城乡一体化发展，改善群众居住环境。

提升城乡运行维护管理水平（1.13 亿元）。安排资金 4,133 万元，保障路灯运行维护、道路排水维护、再生水厂运行等市政公共服务设施运营费用。安排资金 3,762 万元，保障道路保洁、垃圾填埋、粪便处理等城市环卫运行费用，安排乡村公路建养资金 2,370 万元，改善城乡人居环境，提升现代化滨水山城新形象。安排资金 1,000 万元，用于镇街区域内垃圾及建筑渣土乱堆等环境综合整治。

4. 加大社会民生统筹保障力度，着力提升公共服务品质（8.61 亿元）

持续加大社会民生事业投入（7.41 亿元）。安排教育资金 13，891 万元，落实两免一补、高中助学金、宏志班等教育政策，引进优质教育资源开展联合办学，提升义务教育办学质量，加快推进教育事业改革。安排文化及文物资金 4，779 万元，开展村居基层公共文化活动，加强文物及古村落古民居保护。安排医疗卫生资金12，261万元，支持推进公立医院改革，完善基本公共卫生服务体系，保障新型农村合作医疗和城乡特困人员医疗救助。安排社会保障资金43，123万元，落实城乡最低生活保障、优抚社救补助和临时困难补助，完善覆盖城乡居民的社会保障体系；落实促进就业政策补贴，加大就业培训力度，深入推进公益性就业工作；落实城乡居民养老保险和无保障老人福利养老金补贴，发放养老助残券，做好养老服务资金保障。

整合社会建设及为民办实事投入（1.2亿元）。完善“三级联动”公共服务工作体系，创新社会管理，提高社会建设水平。进一步优化民生发展投入，使人民享受更为公平、普惠的公共服务生活。安排为民办实事资金10，000万元，支持垃圾分类管理模式创新，“村村通”公交线路和城区公交环线运行，大台桃园等三处非正规垃圾填埋场治理，石门营安置房小区新建公厕等实事项目，为百姓排忧解难。安排智慧城市建设资金2，000万元，加快智慧城市、智慧社区建设，升级改造网格化社会服务管理系统。

5. 加强生态环境治理建设，提升生态文明发展水平（2.38亿元）

深入落实生态立区战略，安排国家级可持续发展试验区创新建设资金3,000万元，积极创建国家生态文明示范区和可持续发展实验区。安排大气治理资金9,187万元，深入落实“减煤换煤、清洁空气”行动计划，支持开展送气下乡、型煤补贴、煤改电和无烟炉具更换，工业污染企业退出及燃煤锅炉改造等支出，切实做好大气污染防治。安排生态林管护及林权制度改革资金6,493万元，以及巩固生态治理成果资金2,250万元，保障环境整治、打击渣土倾倒和非法盗采工作常态化开展，巩固生态治理成果。安排资金1,800万元,加快推进第三阶段中小河道治理建设,促进水资源合理开发、适度利用和有效保护;安排资金1,043万元,继续实施京津风沙源治理生态工程,提升地区生态涵养能力。

6. 严格控制“三公”经费等一般性支出，降低行政运行成本（0.67亿元）

严格执行中央关于改进工作作风、密切联系群众的八项规定、市委十五条意见和区委二十二条意见要求，认真落实《党政机关厉行节约反对浪费条例》，从严从紧安排行政经费预算，全面构建厉行节约反对浪费的预算管理长效体系。2015年全区“三公”经费财政拨款合计4,972.76万元,较2014年预算6,175.48万元下降19.5%,其中:因公出国(境)费350万元,公务接待费560.15万元,公务用车购置及运行维护费4,062.61万元。严控行政运行经费,安排会议、培训、印刷经费1,800万元。

三、2015年财政工作重点任务

2015年，是深入贯彻十八届三中、四中全会精神，全面深化改革和加快社会主义法治建设的重要一年，也是加快落实首都城市战略定位，推进京津冀协同发展，打开首都“西大门”的机遇之年。财政部门要围绕区委、区政府的决策部署，以落实党风廉政建设“两个责任”的要求扎实推进作风建设，深入贯彻实施新预算法，以全面推进全口径预算管理为重点，积极构建与地区转型发展相适应的现代财政制度。

建立中期财政规划管理框架，改进年度预算控制方式，强化区域发展规划同预算管理的协调，拓展年度预算时间序列，提高财政政策的可持续性及预算安排的透明度和可信度。明确新一轮财税体制改革的方向和步骤，扎实推进2015年财政工作：推动财政收入均衡稳定增长，改进财政运行管理控制，深化乡镇国库集中收付制度改革，健全政府性债务预算管理机制，强化存量资金盘活使用，硬化预算执行与绩效监督对部门行为的约束，提升财政治理支撑能力，更好服务地区转型发展大局。

（一）完善治理基础，提升现代预算管理精细水平

1. 推动财政收入均衡稳定增长。充分发挥综合经济工作体系作用，转变收入管理方式，收入预算由约束性转向预期性，并与财政政策相衔接，加强收入管理宏观政策研究，积极关注“营改增”扩围、从价计征资源税等税制改革对区级财政收入的变动影响。深化财税库银联网系统平台应用，依托信息化技术手段对经济运行、企业税负变化进行分析研判，完善税收收入测算分析机制。抓好税源培育与建设，统筹研究石龙开发区、镇街招商引资激励政策，完善区域经济产业结构升级与财政收入增长良性互动机制，优化财政扶持政策，引导企业增强发展活力，提升财政收入增长质量。依法加强税收征管，认真贯彻落实国家各项税收政策，严格依照有关法律法规足额组织税收收入，全面做好税收收入征管和稽查评估工作，做到依法征收、应收尽收。

2. 强化财政资金运行全流程动态管理。继续深化体系化预算管理机制，加强财政资金运行关键节点控制，将体系化管理由预算分配进一步扩展到预算资金运行全过程，对预算资金从财力来源、预算分配、指标下达、资金支出到存量库款管理进行全流程控制，动态追踪财政资金在运行过程中的存量状态变化，强化库款现金流量监控，增强财政现金流量风险管理意识，提高财政资金管理的预调节能力，为财政更加有效履行治理基础和支柱的职能作用提供管理支撑。

3. 推进三年滚动项目预算管理。强化财政总体统筹能力，将重大改革、重要政策及重大项目作为中期财政规划重点，建立跨年度预算平衡机制，形成与收入规模、地区转型发展规划相匹配的跨年度财政支出方案。加快三年滚动项目库建设，对棚改、市政、土储等项目实行三年滚动预算管理，根据项目总投及工程进度，在编报2015年度预算时，同步依次编报2016年、2017年两年的项目发展性支出预算，努力实现跨年度资金平衡，有效降低财政风险。逐步建立政策目标明确、运行机制健全、评价办法科学的中期预算管理模式，加强顶层设计的同时强调过程监控，探索提升支出绩效的手段，激励部门不断完善支出规划，从而提高资金使用绩效。同时，逐步拓展三年滚动项目预算管理范围，在义务教育、社保等领域开展三年滚动预算试点，实现相关领域资金和项目充分对接。

（二）改进治理方式，提高财政管理机制合力

1. 全面推进透明预算制度建设。公开透明是现代财政制度的基本特征。2015年预算、2015年“三公”经费预算、2014年决算公开范围进一步扩大至全部一级预算部门，细化预决算公开内容，除涉密信息外，政府预决算、部门预决算支出全部细化公开到项级科目，并探索推进按经济分类公开政府预决算和部门预决算。研究推进财政政策、预算绩效信息、地方政府债务、政府采购情况及行政事业单位财务信息公开。

2. 深化财政国库综合监管机制。在镇级全面实施国库集中收付制度，将镇级财政收支全部纳入国库单一账户体系管理，加强对镇级财政收支的动态监控，规范镇级财政资金支付行为，促进基层财政资金运行的安全、高效、透明，建立全区统一的财政资金运行体系，提高财政资金整体运行效率。完善预算执行动态监控规则，以国库集中支付系统为平台，对财政资金申请、审核、支付、清算及核算实施全过程、全方位实时监控。继续推进权责发生制政府综合财务报告编制工作，全面梳理政府资产负债清单，对政府财力和财政责任进行科学有效的会计记录和分析评价。

3. 强化政府性债务预算管理。认真贯彻《国务院关于加强地方政府性债务管理的意见》（国发〔2014〕43号）文件精神，按照先清理、后甄别的顺序做好存量债务纳入预算管理工作，将存量政府性债务分门别类纳入全口径预算管理，防范债务风险。加强政府性债务限额管理，年度债务规模不得突破批准的限额，严格控制政府性债务总体规模。规范政府举债融资方式，对适宜开展政府与社会资本合作模式的项目，推广开展PPP模式，拓宽投融资渠道，鼓励和吸引非政府的企业主体、民间资本、社会资金参与政府项目建设管理，减轻政府公共财政举债压力，提升投资项目管理绩效。

4. 严格执行政府采购、财政评审程序规范。细化、规范政府采购预算编制，严格执行政府采购集中采购目录，强化政府采购政策功能，规范政府采购资金支出管理，提高采购执行效率，完善政府采购监管机制。进一步规范财政投资评审范围和流程，财政评审重点转向预算评审，加强对评审中介机构的监督管理，加大评审结果复核力度，确保评审报告客观、全面反映项目评审结果，积极争取市级专项转移支付资金支持最大化。加强内控管理工作指导，密切关注试点单位内控工作开展情况，积极推进全区预算单位建立健全内控管理制度体系，提高内部管理和控制的规范化和有效性。

（三）强化治理效能，综合提升财政服务发展支撑能力

1. 优化财政存量资金管理。严格执行《北京市财政局转发财政部关于进一步加强地方财政结余结转资金管理的通知》（京财预〔2014〕220号）文件要求，加强结余资金与预算编制、执行的衔接管理，强化预算单位的结余资金管理主体责任，对规定结余结转时限内仍未支出的结余资金，定期清理收回财政总预算，统筹用于全区性重点支出，严格控制结余规模。按照《北京市财政局转发财政部关于进一步规范地方国库资金和财政专户资金管理的通知》（京财国库〔2014〕2844号）要求，进一步规范暂存款、暂付款使用管理，完善财政借款管理制度、流程和还款手续，提高对财政存量资金的优化统筹能力，合理调度国库存量资金，促使存量资金发挥更大效益。

2. 完善绩效评价结果应用机制。强化绩效评价结果与预算编制、执行管理的结合应用。在预算编制环节，审核项目预算时参考该项目的往年绩效评价结果，建立绩效评价结果与预算编制的挂钩机制，促使预算单位重视对绩效评价结果的整改落实；在预算执行环节，将大额专项资金全面纳入绩效评价范围，建立大额专项资金绩效评价结果通报机制，加强绩效结果应用，强化预算单位绩效管理主体责任，提升财政资金的使用效益。

3. 全面推动政府购买服务供给模式。创新公共产品和服务供给模式，积极发挥财政资金引导效应，对纳入门头沟区 2015 年政府购买服务指导性目录范围内的公共服务、事务性管理服务以及辅助性服务等共计 12 类、80 项的服务事项，全面推行政府购买服务工作，调动社会组织参与社会治理、提供公共服务的积极性，将社会力量引入政府公共服务缺位、不足或效率不高的领域，统筹政府市场作用合力，健全完善公共服务体系，提高公共服务的供给效率和质量。

4. 加强财政专业综合能力建设。深刻认识财政预算管理在党风廉政建设体系及落实“两个责任”要求中的重要作用，加强以预算管理为核心的财政专业能力建设。一是全面升级预算编制、执行、政府采购、资产管理、集中财务管理等财政业务系统，增强财政治理的信息化支撑与服务能力，提升新形势下财政业务运行基础性管理水平；二是加强财政综合数据集成应用，通过库银联网数据中心整合内、外部分散储存的财政收支信息，通过强化数据的模块化分析，形成系统的预算政策分析，促进预算与治理的数据关联，同时密切关注宏观政策和财政运行的调整变化，科学谋划调控手段，提高财政服务发展的决策支撑能力；三是加强财政专业队伍建设，将公共财政文化和现代财政理念纳入财政培训教育体系，着力提升财政干部的专业洞察能力和职业素养，积极塑造适应新一轮财税体制改革要求的通识型和专业型财政人才；加大对全区行政事业单位会计从业人员的培训力度，加强集中财务软件使用管理，严格规范会计行为，夯实财政财务业务基础。

各位代表，站在 2015 年新的起点上，财政部门要在区人大依法监督下，全面推进财政法治化建设，把握现代预算管理的精髓，以达成公共资源最优配置和财政资金最大效用，构建全口径预算管理规范，朝乾夕惕、锲而不舍，积极推动地区在京津冀协同发展的进程中实现更高层次的转型发展。

北京市门头沟区人民代表大会常务委员会工作报告

——2015 年 2 月 5 日在北京市门头沟区第十五届人民代表大会第五次会议上

门头沟区人大常委会主任　罗　斌

各位代表：

我受北京市门头沟区第十五届人民代表大会常务委员会委托，向大会报告工作，请予审议。

2014 年的工作回顾

2014 年，区人大常委会在中共门头沟区委的坚强领导下，认真学习贯彻党的十八大，十八届三中、四中全会和习近平总书记系列重要讲话精神，深入开展党的群众路线教育实践活动，坚持党的领导、人民当家作主和依法治国的有机统一，按照区委十一届五次、六次全会工作部署，紧紧围绕生态环境立区、高端产业强区和旅游文化休闲产业兴区发展战略，依法行使常委会各项职权，执行区十五届人大四次会议决议，开拓进取，求实创新，为推进全区民主政治建设、推动现代化生态新区建设做出了积极的贡献。

一年来，常委会举行 11 次会议，听取和审议了 36 个重要议题，依法行使了监督权、决定权和任免权。一是共听取和审议了“一府两院”25 个工作报告，其中专项工作报告 17 个，计划与预算报告 4 个，落实常委会审议意见报告 4 个；印发审议意见书 4 件；开展了 1 项专题询问，检查了 3 部法律法规的贯彻实施情况。二是依法就批准创建国家可持续发展实验区规划、批准财政决算、调整2014年为民办实事项目、调整2014年重点工程项目、批准将八个棚改项目资金列入财政预算管理、召开区人民代表大会、补选区人大代表、制定常委会工作制度等重大事项，做出8项决议决定。三是依法任免国家机关工作人员70人次，其中：区级领导7人次；区人大常委会工作机构负责人10人次；区政府组成部门主要负责人8人次；区法院工作人员41人次；区检察院工作人员4人次。补选区人大代表1名。完成了区十五届人大四次会议确定的各项任务。

一、关于监督工作

常委会立足人大监督的性质和特点，围绕全区改革发展、区委关注的重要工作和群众期盼解决的问题，综合运用多种监督方式，加强对法律实施和权力运行的监督，促进重点、难点、热点问题的解决，力求取得监督实效。

（一）加强经济运行监督，着力推动转型发展

按照区域功能定位的要求，注重对经济形势的分析和把握，积极推进产业结构调整、发展方式转变和全区经济稳中求进。一是审议批准了区政府创建国家可持续发展实验区规划，建议充分发挥门头沟的区域特色和后发优势，进一步加强体制机制创新，尽快出台落实《规划》的实施方案和工作措施，加大执行和监督力度，采取积极有效措施，调动各方面的积极性，确保《规划》的落地实施。二是听取了招商引资工作报告，从科学制定招商规划、加强部门统筹协调、强化各项保障措施、加快产业结构调整步伐等方面提出了工作建议。三是听取了关于上半年执行年度国民经济和社会发展计划情况的报告，建议加快产业转型步伐、培育主导产业、积极推进石龙开发区转型升级和总部基地建设、大力扶持文化产业和小微企业发展。四是听取和审议了区政府关于农村土地流转情况报告，从提高资源配置效率、完善政策措施、加强分类指导、强化服务管理、创新土地经营机制等方面提出了意见。五是常委会组成人员和代表视察了农村沟域经济开发和旅游文化休闲产业发展情况，对农村加强“三资”管理和推进“三个中心”建设，玫瑰花产业基地建设以及制定汽车营地旅游标准工作进行专题调研，为加快新农村建设和主导产业发展献计献策。

（二）加强政府预算监督，着力推进绩效管理

按照党的十八大和十八届三中全会关于“加强对政府全口径预算、决算的审查和监督”的要求，把加强预算监督作为重点，积极创新监督方式，不断加大监督力度，制定了关于进一步加强和改进预决算监督工作的意见，初步建立了以全口径预决算监督为中心的人大预算监督新格局。一是以预算执行为主线，将人大监督视角由合规性监督延伸到绩效性监督，探索构建预算和绩效立体化监督机制，逐步形成预算监督与专项监督有机结合的监督新模式。二是以资金流向为主线，将预算监督视野由区级延伸到镇级，构建区镇一体化监督机制，区财政预算草案报告要涵盖区对镇街的财政转移支付制度和执行情况；建立部门预算报告制度，将镇街视同区级预算单位实行一体化监督。三是以预算流程为主线，将预算监督视线由预算延伸到决算，构建预算和决算既相互反映又相互促进的协同化监督机制。

通过积极探索实践，常委会预算监督工作取得了新成效。一是加强对上年财政决算的审查监督，听取和审议了2013年财政决算报告和审计工作报告，批准了2013年财政决算，提出了注重市场主体的竞争力和内生动力、坚持支出政策的科学性和可持续性、重视财政管理的系统性和顶层设计的工作意见。二是加强对财政预算运行情况的监督，听取了上半年执行年度预算情况报告，建议加强产业项目管理、提高资金使用效益、全面激活存量资金、强化资金支出责任、努力实现全年财政收支平衡。三是将专题询问作为人大常规监督方式，对沟道治理工程所涉及约7.8亿专项资金的使用管理情况开展专题询问，常委会从9个方面进行了询问，提出了以新修订的《预算法》要求为准则，坚持“体系清晰，管理精准”的工作导向，不断提高公共资源的配置效率，加强固定资产投资管理等意见。通过专题询问，区政府相关部门加大了预算资金的管理力度，提高了大额专项资金的使用效率。四是将监督关口前移，专题听取了2014年拟入市地块和棚改资金平衡报告，推动棚改资金的体系化筹划、精细化管理和规范化运作。区政府在全面理清棚改资金总体情况的基础上，制定了棚改资金平衡方案，为扎实做好棚改工作打下坚实基础。五是加强对政府性债务的监督，听取了关于政府性债务清偿计划落实情况和2014年新增债务管理情况报告，针对存量债务以棚改项目贷款为主、还债时间较为集中、还债资金来源单一等问题，提出了科学统筹资金运作、合理配比融资结构、有效降低财务成本、保障棚改项目有序推进等建议。区政府积极采取有效措施制定了政府性债务管理办法，全面摸清政府性债务现状，建立健全工作体系化、监管常态化、清偿程序化的政府性债务管理工作机制，逐步解决现有政府性债务，使债务规模得到有效控制。六是财经委首次组织财经代表小组参与审查2015年预算草案，并首次将审查范围扩大到部门预算，为主任会议初审和代表大会审查批准年度财政预算作了充分准备。

（三）加强社会事业监督，着力保障民生改善

高度关注民生工作，积极回应人民群众关切，切实推进各项民生事业协调发展。一是对采空棚户区建设持续进行跟踪监督，听取了采空棚户区改造建设情况的报告，专题调研了棚改新建社区配套工程建设和公共服务工作，主任会议成员视察了拆除违法建设工作情况。提出加快完善各项工程手续办理，推进安置房建设及安置区内公共设施和市政配套工程的施工进度，完善棚改新区的管理和服务工作的意见。区政府紧抓机遇，克服困难，全力推进棚改工程建设，新增100万平方米安置房全部开工，年内交付6000多套。二是关注医疗卫生体制改革，提高全民健康水平。听取和审议了区政府关于慢性病综合防控工作情况报告，建议加大宣传工作力度，营造全民防控氛围，健全政府主导、部门配合、全社会共同参与的防控工作机制，加强服务体系建设，不断提高防治能力；关心精神障碍患者这一特殊弱势群体，视察了龙泉医院基础设施，提出尽快确定医院选址，加快建设步伐，促进社会的和谐稳定。三是关注农村社会保障体系建设，对新农合共保联办工作进行深入调研，提出了加强精细化管理、提高新农合资金管理效率的建议。四是关注区域整体教育水平提高，常委会视察了人大附小京西分校、大峪中学，对区政府引进优质教育资源，优化调整教育布局情况进行调研。五是围绕首都功能定位的转变，常委会视察了城市管理和养老服务社会化情况，调研流动人口管理和集中供暖工作。

（四）加强环境保护监督，着力推进生态建设

紧紧围绕落实区域功能定位，加大对生态环境保护与治理工作的监督力度。一是听取了区政府关于环境综合治理工作报告，组织代表视察了园林绿化美化工程进展情况，提出了进一步建立和完善公共环境治理体系、评价体系和问责体系，以解决重点问题为突破口，不断提高城市管理的质量和效益的工作建议。区政府坚持边查边改，协调建立起“纵到底、横到边”的条块配合协作、属地主责落实的环境治理工作机制，保持打击“高压”态势不减，至今已查处非法盗采行为120起，查处各类非法倾倒垃圾渣土行为215起，拆除违章建设面积3500平方米，开展一系列环境治理提升和创建活动，使全区城市容貌和环境卫生整体水平呈现不断提升态势。二是加强对大气污染和水环境治理监督，听取和审议了区政府关于大气污染防治情况报告，深入到12个型煤加工厂和销售网点进行调研，检查区政府落实北京市“减煤换煤，清洁空气”行动计划情况，对整治施工扬尘工作开展了专题视察；主任会议听取了区政府关于水务工作的情况汇报，组织部分代表对门头沟区中小河道治理工程进展情况开展视察，对全区水污染防治工作进行深入调研。提出了进一步坚持环境优先原则，切实实现绿色发展；密切配合严格管理，不断增强联防联控合力；坚持以人为本，动员全民积极参与的意见。三是常委会组成人员和部分代表视察了鲁家山垃圾焚烧厂运营和城子街道社区垃圾分类情况，对做好垃圾收集、处理和污染监测工作提出了意见和建议。

（五）加强法律实施监督，着力推进依法治区

坚持把推进依法治区摆在重要位置，促进政府依法行政和两院公正司法。一是听取了区法院关于实施人民陪审员制度情况的报告，提出了加大宣传力度、健全管理机制、加强业务培训和落实履职保障的意见和建议。区法院严格落实全国人大常委会《关于完善人民陪审员制度的决定》，注重发挥人民陪审员制度在扩大司法民主、强化司法监督、增强司法认同、保障司法公正方面的作用，在人民陪审员的选任、培训和日常管理工作中做了大量工作，有效促进了法院审判工作的开展。二是注重加强规范性文件备案审查工作，认真落实常委会规范性文件备案审查工作规程，对区政府10项规范性文件进行了审查。三是主任会议听取了区财政局关于行政审批事项清理工作的报告，推动政府转变职能，深化改革。四是坚持市、区人大联动，对本区贯彻实施全民健身条例、市容环境卫生保护条例和大气污染防治条例的情况进行了执法检查，对修订水土保持条例开展立法调研。

二、关于代表工作

以深入开展党的群众路线教育实践活动为契机，以充分发挥代表主体作用，支持和保障代表密切联系群众为重点，不断完善工作格局，健全工作机制，进一步加强和改进代表工作。组织代表列席区委重要会议、区人大常委会、“一府两院”相关会议，参加视察、检查，参与调研、培训活动，全年共计1002人次。

（一）突出代表的主体作用

加强闭会期间代表活动的组织工作，积极发挥代表主体作用。一是组织代表广泛参加人大各项履职活动。围绕区委重点关注问题，结合常委会2014年监督工作，积极组织代表参加常委会及主任会议的各项视察、调研活动；根据议题内容，邀请相关方面代表列席常委会会议，吸纳基层代表的意见和建议；组织市、区人大代表与区政府领导进行座谈，围绕全区经济发展和社会建设的重大问题提出意见和建议。二是认真做好半年工作通报。年中向全体代表传达区委领导重要讲话精神，通报半年经济社会发展情况，征求对政府工作及2015年拟办重要实事的意见和建议。三是扎实做好代表会前视察工作。改进了人代会会前活动方式，完善代表会前视察机制，组织代表分为5个专题组，视察“一府两院”贯彻执行区十五届人大四次会议各项决议情况，为代表参加代表大会做好充分准备。四是注重发挥代表的专业优势。参照市人大做法并结合我区实际，组建区人大财经代表小组，充分发挥代表在计划与预算审查监督方面的作用。五是组织代表参与全区重大活动。积极组织代表参加党的群众路线教育实践活动等全区重要会议和活动，推荐代表担任特约监督员、陪审员，促进“一府两院”依法行政和公正司法，有效发挥代表的监督作用。

（二）密切代表与人民群众的联系

常委会落实和巩固教育实践活动成果，进一步密切代表与人民群众的联系。一是深入开展代表进农村、进社区的“双进”活动。常委会结合群众路线教育实践活动，认真贯彻落实区委关于开展“接通线、捅破纸、拆掉墙”活动的要求，不断加强“代表之家”、“代表接待站”的建设，坚持开展代表双月10号“双进”活动，倾听群众意见和诉求，畅通代表与人民群众的联系渠道，切实发挥代表的桥梁纽带作用。二是推进代表集中接待选民和向选民述职工作。全区14个代表团、95名代表，采取发放问卷、个别走访和集中接待等方式，共接待选民1075人次，收集意见和建议279条，归纳整理26件代表建议交有关部门办理；26名代表向选民进行了述职，主动接受选民的监督。三是加强代表接听61696156为民服务热线工作。对值机代表进行专项培训，提高民意收集和处理能力，并对群众反映的石门营新区物业管理问题，专门召开人大代表、社区干部群众和相关部门参加的群众诉求回复座谈会，促进了问题的有效解决。

（三）加强代表履职的服务保障工作

常委会积极搭建履职平台，保障代表依法行使监督职权。一是完善区人大常委会主任、副主任、委员联系区人大代表制度。积极组织常委会组成人员参加所在代表团的视察、座谈、调查、接待选民等活动，了解全区各团代表活动内容。二是建立并逐步完善市、区、镇三级人大代表联系沟通机制。将门头沟团20名市人大代表，安排到区人大各代表团参与活动，形成市、区、镇三级人大代表联动的工作格局。三是采取多种形式加强代表履职培训。为区人大代表、镇人大专职副主席、代表小组联络员解读代表法、人大代表建议办理条例，做了关于法律思想、法治观念和法治行为的专题报告，讲解了预算监督相关专业知识，努力提高代表依法履职的能力。四是认真做好代表知情知政工作。在做好向代表通报区情、为代表提供各类刊物资料等服务工作的同时，今年开始，向常委会组成人员和市人大代表发送《门头沟信息》、《人大信息》、《昨日区情》，使他们进一步了解区情政情。五是扎实做好市人大代表履职服务工作。组织市人大代表视察门头沟区招商引资工作情况，认真按照市人大的部署和要求，积极组织市代表参加市人大培训、年中集中活动和接待选民活动、开展视察检查、与法检两院座谈。

（四）加强和改进代表建议办理工作

区十五届人大四次会议期间，代表共提出99件建议、批评和意见。常委会加大协调督办力度，进一步提高代表建议办理的质量和实效。一是修订了代表建议、批评和意见办理办法，进一步规范代表建议的提出、交办、办理和督办工作程序。二是突出督办重点，制定了常委会重点督办代表建议制度，选择办理难度大、群众关注度高的6件建议，由常委会主任、副主任和相关工作机构分别进行督办。三是将代表建议办理工作纳入常委会议事日程，分别听取了代表建议交办情况和办理结果的报告。四是注重对代表建议的综合分析，将带有全局性、倾向性的问题，纳入常委会行使监督职权的视野。各承办单位本着“群众利益无小事”的原则，落实责任，克服困难，千方百计做好办理工作，在各方面的共同努力下，99件代表建议中，除1件报市人大研究处理，1件由代表自行撤回外，其余97件均办理完毕，其中已经解决或基本解决的41件，列入计划逐步解决的15件，预计2－3年内可以解决的16件，因条件限制无法解决对代表作出说明的25件。代表对办理结果满意的占68%，同意承办单位答复意见的占31%。

三、关于自身建设工作

常委会及机关认真学习贯彻党的十八大，十八届三中、四中全会和习近平总书记系列重要讲话精神，在常委会党组和机关深入开展党的群众路线教育实践活动，着力解决“四风”方面存在的突出问题。多次召开座谈会，向驻区市人大代表、常委会组成人员、人大各街道工委、各镇人大、人大离退休领导干部征求意见和建议88条，开展民主测评征求意见建议116条；常委会党组召开7次会诊会，对这些意见建议认真梳理，逐条进行分析研究，认真撰写对照检查材料；在此基础上，以整风精神召开了党组专题民主生活会和机关党员领导干部专题组织生活会，对照“四风”方面存在的问题认真查摆，深入开展批评和自我批评；坚持边整边改、立行立改，严格制定了整改方案，明确了16个方面的整改重点，进一步坚定了正确的政治方向，端正了思想作风和工作作风，推进了履职的制度化、规范化、程序化建设，为开创区人大工作新局面奠定了坚实基础。

（一）思想作风建设有效加强

通过深入开展党的群众路线教育实践活动，进一步增强了对中国特色社会主义的道路自信、理论自信和制度自信，提高了走中国特色社会主义政治发展道路的自觉性；进一步深化了对人民代表大会制度本质特征和内在优势的认识，增强了坚持党的领导、人民当家作主和依法治国有机统一的自觉性；进一步端正了政绩观、权力观、群众观，提高了做好人大工作的自觉性和使命感。在依法行使职权中，认真贯彻区委工作部署，落实区四套班子联动机制，紧紧围绕加快转型发展和维护人民群众切身利益行使职权，凡是重大事项都及时向区委请示报告，努力把党的主张通过法定程序转化为人民意志，始终保持人大工作的正确方向。

（二）工作作风建设明显改进

以党的群众路线教育实践活动为抓手，坚持立行立改原则，着力纠正在“四风”方面存在的突出问题。一是正确把握依法按程序办事与提高工作实效的关系，着力在选准审议议题、会前深入调查研究、会中充分发扬民主、会后跟踪检查落实等环节上下功夫，建立了常委会年度议题征集机制；进一步规范了常委会审议意见书的编写，着力提高审议的质量和实效。二是进一步密切与代表和人民群众的联系，注重发挥调查研究在人大工作中的重要作用，加大常委会、主任会议视察检查的力度，凡是常委会听取和审议的议题，都由主管主任带队，工作委员会委员和代表参与，深入进行调查研究，撰写专题调研报告，提出初步审议意见，为常委会审议奠定坚实基础。一年来，常委会及其工作机构深入基层开展视察、检查和调研活动72次，完成议题调研报告21篇，专题调研报告5篇。三是切实加强对基层人大工作的指导。定期召开镇街人大工作会议，交流情况，研讨工作，推动区、镇街人大工作联动，形成工作合力；开展镇人大专职副主席“人大预算监督实务”培训，推进镇人大预算监督工作。四是进一步加强和规范了信访工作，制定了办理人民来信来访试行办法，妥善协调各方面的利益关系，维护人民群众的合法权益。一年来，共接到群众信访64件，其中来信17件，来访30批次、34人次，来电30人次，均已得到妥善处理。五是扎实做好对外交流合作，较好地完成了接待韩国首尔永登浦区议会代表团访问工作；认真学习市和兄弟区县的经验，一年来接待全国人大、外省市和市、区县人大调研和考察50多批次，圆满完成了对外学习交流任务。

（三）长效机制进一步健全

为推进人大工作的制度化、规范化、程序化建设，常委会对1981年以来制定的各项工作制度进行了全面梳理，其中废止13项，继续执行32项，修订或新制定了《关于贯彻落实中央关于改进工作作风、密切联系群众八项规定的实施意见》、《关于加强常委会自身建设的意见》、《关于进一步加强和改进预决算工作的意见》、《办理人民来信来访办法（试行）》、《邀请人大代表列席常委会会议制度》、《人大代表建议、批评、意见办理办法》和《常委会重点督办代表建议制度》等15项规范性文件。

各位代表，过去的一年，区人大常委会各项工作取得的新进展，是在中共门头沟区委的正确领导下，全体区人大代表、常委会组成人员及机关工作人员同心协力、辛勤工作的结果，是“一府两院”密切配合、各镇街积极支持的结果，也是全区人民和社会各方面关心、参与、帮助和监督的结果。在此，我代表区人大常委会，向所有关心、支持人大工作的同志们、朋友们，表示崇高的敬意和衷心的感谢！

同时，面对新形势、新任务、新要求，我们也清醒地看到，常委会的工作与党的要求和全区人民的期望还存在差距，主要是：执法检查工作相对薄弱，监督工作实效有待进一步增强；建议办理质量与代表期望还有差距，代表履职的服务保障水平需要进一步提高；常委会的履职能力及机关的服务保障水平需要进一步提升等。对这些问题，我们要高度重视，采取切实措施，认真加以解决。

2015 年的工作任务

2015 年是全面深化改革的关键之年，是全面推进依法治国的开局之年，也是全面完成“十二五”规划的收官之年。区人大常委会要在中共门头沟区委的坚强领导下，深入贯彻党的十八大，十八届三中、四中全会精神，按照市委全面落实依法治国基本方略，全面推进首都法治建设，建设法治中国首善之区的决策，认真落实区委十一届七次全会的工作部署，执行本次会议的决议决定。要坚持党的领导、人民当家作主和依法治国的有机统一，以法治思维和改革精神加强和改进人大工作，通过依法行使职权，把依法治区的要求落实到人大履职的各项实践中去。要围绕中心，突出重点，找准人大工作与全区改革发展稳定和转型发展工作的结合点，着力推动区委重大决策部署的贯彻落实。要坚持贯彻党的群众路线，密切同人民群众的联系，发挥好代表主体作用，倾听人民呼声，回应人民关切，不断解决好人民最关心最直接最现实的利益问题，努力把人大工作提高到新水平。

2015 年常委会主要工作和议题安排如下：

一、监督工作方面

常委会要着眼于推进依法行政、建设法治政府，推进公正司法、提高司法公信力，完善符合人大特点的权力制约和监督机制，突出监督重点，综合运用多种监督方式，切实增强监督合力、提高监督实效，确保宪法和法律在本行政区域的正确实施。

（一）以推进规划落实为重点，加强对经济社会转型发展的监督

紧紧抓住适应首都城市战略定位调整的机遇，立足区域功能定位，积极推动生态环境立区、高端产业强区、旅游文化休闲产业兴区发展战略的实施，寓支持于监督之中，促进主导产业培育和全区经济社会的转型发展。计划听取 2015 年上半年执行年度计划情况报告，推进年度计划的完成和“十二五”规划的收官；检查落地项目运营、楼宇经济发展和招商引资政策实施情况，组织代表视察转型发展建设情况，促进主导产业培育和转型发展取得实效；听取和审议区政府关于农村旅游文化休闲产业发展情况的报告，推进农村产业结构调整和主导产业的确立，促进农民增收；听取区政府关于科技工作情况的报告，促进科学技术在转型发展和创建国家可持续发展实验区中的助推和服务作用；听取和初步审查编制“十三五”规划纲要的情况报告，为区人民代表大会审议奠定基础。跟踪检查区政府落实常委会 2014 年关于农村土地流转工作审议意见的情况。

（二）以推进预算绩效管理监督为重点，加强对全口径预算的监督

以贯彻落实新修订《预算法》为着力点，扎实推进全口径预算监督工作，促进预算管理制度改革和预决算体系的不断健全和完善，计划听取和审议 2014 年财政决算报告和审计工作报告，审查和批准财政决算；听取 2015 年上半年执行年度预算情况报告；听取和审议 2014 年预算绩效管理工作情况报告，并开展专题询问，形成政府绩效管理与人大专题询问的协同机制。跟踪检查常委会 2014 年关于沟道治理大额专项资金专题询问审议意见的落实情况，促进专题询问成果的有效利用。对政府性债务管理情况开展专项调研。加大对 2016 年财政预算草案的初审力度，进一步健全工作机制，切实提高预算审查实效。

（三）以推进全民健康工作为重点，加强对民生事业发展的监督

高度关注民生事业的改善和发展，不断推动群众关心的热点、难点问题的解决。计划听取区政府关于公立医院改革和运行情况的报告，推进医疗卫生事业的健康发展；听取区政府关于农村安全饮用水情况的报告，促进山区饮用水质量的提高；听取区政府关于采空棚户区改造建设进展情况的报告，对这项重要的民生工程持续进行跟踪监督。跟踪检查区政府落实常委会 2014 年关于慢性病防治审议意见的情况。常委会视察区政府爱国卫生工作；主任会议成员视察 61696156 为民服务平台工作情况。

（四）以推进大气污染防治为重点，加强对生态环境保护工作的监督

坚持生态立区战略，加强对环境治理工作的监督，努力推进地区生态文明建设水平不断提高，推动国家生态文明示范区和国家可持续发展实验区建设。计划跟踪检查区政府落实常委会 2014 年关于大气污染防治工作审议意见的情况；主任会议成员视察落实“减煤换煤，清洁空气”行动计划的情况。

（五）以推进依法行政和公正司法为重点，加强对权力运行的监督

认真贯彻落实全面推进依法治国基本方略，按照市委建设法治中国首善之区的决策，加强对权力运行的监督，将法律监督与工作监督相结合，加大职能转变、作风建设和法律法规执行情况的监督检查力度，推动两院扎实做好各项改革工作的推进和落实，确保法律法规的正确实施，确保行政权和司法权得到正确行使，推进政府依法行政，推进司法机关公正司法。计划检查区政府贯彻实施《北京市生活垃圾管理条例》情况，推动垃圾减量、分类和处理工作；检查区法院贯彻实施《刑事诉讼法》情况，促进刑事司法理念和非法证据排除、法律援助、刑事和解、证人强制出庭与保护等制度的落实；听取区检察院关于履行法律监督职能工作情况的报告，支持和促进检察院更好地履行法律监督职责；对区法院执行工作开展专题调研，支持法院化解执行难难题，促进执行工作；常委会工作机构进一步做好规范性文件的备案审查工作和信访工作。

二、代表工作方面

深入学习宣传和贯彻落实《代表法》，继续完善代表工作格局，健全代表工作机制，依法保障代表权利，充分调动代表履职的积极性和主动性。扎实推进代表“进农村、进社区”活动，继续加强“代表之家”、“代表接待站”建设，认真组织代表接待选民、向选民述职、代表接听为民服务热线等活动，进一步密切代表与选民的联系。继续坚持代表列席常委会会议、常委会组成人员联系代表等制度，不断拓展代表参与常委会活动的广度和深度。依法做好代表建议督办工作，推进办理工作公开化，努力提高办结率。继续强化代表履职的服务保障工作，采取集中培训和分组培训相结合的方式，提高代表培训质量。规范代表联络工作，搭建代表履职平台，积极探索发挥市、区、镇三级人大代表合力的有效机制。

三、自身建设方面

深入领会全面推进依法治国的重大意义、指导思想和目标任务，牢固树立政治意识、大局意识、责任意识，深刻认识人民代表大会制度在依法治国中的地位作用，不断增强做好人大工作的自觉性和使命感。认真贯彻落实市委第四次人大工作会议精神，协助区委做好召开第四次人大工作会议的准备工作，进一步加强党对人大工作的领导，结合本区实际研究制定加强和改进人大工作的具体措施，推动人大转变工作作风、完善工作机制、改进工作方式，努力提高工作质量和实效。

要坚持正确的政治方向，自觉贯彻党的群众路线，认真落实各项整改措施，巩固教育实践活动成果，加强党风廉政建设，持之以恒地加强常委会及机关作风建设。要坚持理论和业务学习制度，不断提高思想政治素质和履职水平，增强运用法治思维和法治方式推动工作的能力，严格依法、依规、依程序履行职责，有效发挥人大监督的特点和优势，稳步推进人大常委会讨论决定重大事项工作。要加大宣传力度，使人大依法履职的过程成为普及法律知识、增强法治意识、树立法治观念的过程。要加强对基层人大工作的指导，密切与镇人大的联系，加强对街道人大工作的领导，扎实推动基层人大工作，夯实基层基础工作，形成民主法治建设合力。按照总结、继承、完善、提高的原则，在探索和实践中推进人大工作创新。

各位代表，新的一年，面对新形势、新任务，我们深感责任重大，深化各项改革、推动转型发展、推进依法治区的任务十分繁重。让我们紧密地团结在以习近平同志为总书记的党中央周围，在中共门头沟区委的坚强领导下，团结一致、振奋精神，锐意进取、扎实工作，有效履行宪法和法律赋予的职责，积极推进地区民主法治建设，为全力推进科学发展、转型发展，加快建设现代化生态新区做出新的更大的贡献！

北京市门头沟区人民法院工作报告

——2015年2月5日在北京市门头沟区第十五届人民代表大会第五次会议上

北京市门头沟区人民法院院长　靳学军

各位代表：

我代表门头沟区人民法院向大会报告工作，请予审议。

2014年主要工作

2014年，区法院在区委领导、区人大及其常委会监督、区政府和社会各界支持以及上级法院指导下，围绕“让人民群众在每一个司法案件中都感受到公平正义”的目标，坚持司法为民、公正司法，认真履行宪法和法律赋予的职责。全年受理各类案件6532件，同比上升23.25%；办结案件6242件，同比上升20.29%。收结案数量创历史新高，全院人均结案数同比上升18.04%，法官人均结案数同比上升13.01%。

一、依法履行审判职责，维护社会公平正义

依法审理刑事案件。审结各类刑事案件233件，判处罪犯270人，结案数量同比增加14.22%。其中，审结危险驾驶、故意伤害、抢劫、盗窃等危害公共安全和群众生命财产安全的案件116件，判处罪犯123人。审结涉及棚户区改造、重点工程建设等领域的贪污贿赂、渎职等职务犯罪10件，判处罪犯11人。审结生产销售有毒有害食品罪4件、非法采矿罪2件。贯彻宽严相济的刑事政策，对9名社会危险性较高的被告人依法决定逮捕，对63名犯罪情节较轻、认罪态度较好的被告人依法适用缓刑。

妥善化解民商事纠纷。审结民商事案件4240件，同比增加20.8%。稳妥处理与民生相关的纠纷，审结婚姻家庭纠纷620件、物业服务合同纠纷524件、交通事故责任纠纷282件、劳动争议112件。健全法院、卫生局、保险机构协同参与的医疗纠纷调处机制，及时、妥善化解纠纷。推进“和谐无讼村落”创建，在雁翅、清水、王平等地新增5个示范村，设立“法官服务室”，加强诉讼咨询和指导民调，努力将纠纷化解在诉前。依法审理涉及土地收储上市、农村土地流转等合同类案件，加强对合同合法性及履行情况的审查。联合区经信委建立支持中小企业发展工作机制，及时提示法律风险，营造公正高效的司法环境。

依法审理行政案件。按照保护行政相对人合法权益、监督行政机关依法行使职权的要求，做好行政审判工作。审结案件68件，同比增加51.11%。依法审理涉及国有土地房屋征收、集体土地拆迁、西北热电工程规划建设等行政案件。注重行政争议实质性解决，促进行政机关完善行政行为，经协调14.71%的案件行政相对人主动撤诉。制发行政审判年度报告，梳理并反馈发现的行政执法问题，推动建立行政机关负责人出庭应诉和司法建议督促落实两项工作机制。

二、坚持司法为民公正司法，提升司法公信力

强化管理，提高效率，解决人民群众反映集中的问题。推行网上预约立案，利用信息化手段减少当事人往返法院的次数。加强对经济困难当事人的司法救助，依法决定缓交诉讼费近15万元。针对被告下落不明的案件，设立公告送达代办窗口，协助当事人及时办理相关法律手续。针对法医、物证、声像资料三类司法鉴定，采取随机确定鉴定机构的模式，跟踪督促工作进展，促进案件快速审结。建成12368人工语音诉讼服务平台，设专席接线员和咨询法官接听群众来电，保证诉讼咨询有人答、联系法官有人找、投诉举报有人管。建成执行指挥中心，实现与上级法院的协调联动、与部分协助执行单位的资源共享和对执行现场的即时指导。全年执结案件1701件，同比增加18.95%。针对追索劳动报酬、医疗损害赔偿、工伤赔偿等涉民生案件开展专项集中执行活动，执行到位金额365万元。加大执行威慑力度，对205名不自觉履行生效裁判的失信被执行人进行信用惩戒，促使11人主动履行义务；对17名被执行人依法采取司法拘留、罚款、限制出境等强制措施。

推进改革，维护公正，探索符合司法规律的审判工作机制。作为市高院确定的审判委员会改革试点单位，着重规范审判委员会议事程序、讨论案件范围、委员履职评价等事项。全年召开审判委员会12次，完成刑事、执行工作质效专项评议等宏观指导事项15项，审判委员会的职能逐步实现从“个案把关”向“裁量示范”转变。建立院庭长相对固定合议庭工作机制，所有庭长均参与了案件审理，占法官总数10.8%的副庭长承办了18.2%的案件。依托案件分级管理，建立法官、庭长、院长的权力清单制度，合理划分审判权与审判管理权，以精细化管理提升审判质效。在全市法院审判质量排名中，综合指数位居第二，公正指数位居第一。

深化审判执行公开，构建开放动态透明便民的阳光司法机制。拓展司法公开渠道，明确裁判文书上网的范围和时限，依法及时公开裁判文书856份。推进审判流程和执行信息公开，及时向当事人及诉讼代理人公开相关信息。开通“门头沟法院”官方微博，发布工作动态、诉讼指导、普法知识等信息1093条，帮助群众了解诉讼程序、掌握法院资讯；组织庭审网络直播、微博直播85次，接待旁听群众2381人次。推进裁判活动全程说理，针对影响当事人权利义务的法律规范、诉讼风险、司法措施，进行充分全面的说理，让当事人在实质公开中感受到公平正义。

主动接受监督，不断改进工作。依法接受人大监督，邀请人大代表视察工作、旁听案件审理、监督执行活动41人次。认真落实人大代表提出的议案和建议并及时回复。向区人大常委会专项报告人民陪审员工作，进一步加强对人民陪审员的业务培训和评优表彰。人民陪审员全年参与案件审理714人次，案件陪审率达99.2%。认真接受政协的民主监督，前往政协机关走访座谈，主动听取政协委员意见。深化特邀监督工作，邀请特邀监督员对审判执行活动进行明察暗访，建立特邀监督员微信交流平台，及时收集和反馈意见。根据人大代表、政协委员提出的加强法制宣传的建议，围绕弘扬宪法精神、保护消费者权益等主题组织普法宣传56次，指导区内10所中小学校开展模拟法庭活动，通过各类媒体发表普法稿件1923篇。在全市法院率先开通未成年人法制教育官方微博、微信，推送青少年法制教育信息996条。司法宣传工作受到最高法院通报表扬。

三、加强队伍建设，提升队伍综合素质

扎实开展党的群众路线教育实践活动。认真学习党的十八大精神和习近平总书记关于法治建设系列论述精神，引导干警坚定对法治建设和改革发展的信心。在领导干部中开展“三严三实”专项教育，进一步增强党性观念。邀请区规划局领导来院介绍全区发展规划，深化干警对区情的认识。建立党组成员联系镇街制度，每名党组成员确定1－2个镇街作为联系点，包片联络，接待群众，化解矛盾。认真查找“四风”问题，撰写对照检查材料，深入坦诚地开展批评和自我批评。组织“百名干警进五区”主题活动，深入社区、山区、矿区、园区、棚户区主动征求意见建议17次。针对群众反映的问题，制定26项整改措施。深化司法职能型党小组建设，将发挥审判职能与强化党员服务意识相结合，该项工作入选全市加强基层服务型党组织建设典型经验。

加强能力素质建设。注重审判理论与司法技能的学习，定期举办“门法讲坛”，邀请专家学者来院授课，开展副庭长庭审观摩、初任法官案件评议、判决案件卷宗评查系列活动，针对查明事实、驾驭庭审等主题，组织法官论坛、专题培训89次。完成最高法院司法调研重大课题“关于合同继续履行问题的研究”。开展涉农村土地流转案件专项调研，成为承担市法学会市级法学研究课题的唯一一家基层法院。在全国法院系统第二十六届学术讨论会上，有6篇文章获奖，被授予组织工作先进奖。

加强纪律作风建设。向每位案件当事人发放廉政监督卡，由纪检监察部门跟踪、核查信息线索，全程接受当事人及代理人的廉政监督。开展“正风肃纪”主题活动，组织现场审务督察30次、视频检查53次，通报问题25项，严肃查处违纪行为。在立案和诉讼服务窗口安装评价器，全年接待群众2.6万人次，评价满意率达98%。立案诉讼服务大厅被评为全区“人民满意的基层站所、服务窗口示范点”。

2014年，在区委领导、区人大及其常委会监督、区政府和社会各界支持下，法院的各项工作取得新进展。区法院被授予第一届“北京市模范法院”荣誉称号，未成年人案件审判庭获评“全国法院少年法庭工作先进集体”，王淑霞、付蕾被评为“北京市模范法官”，另有12个集体、21名同志获得区级以上表彰或奖励。在此，我代表区法院，向关心、支持法院工作的人大代表、政协委员和社会各界表示衷心感谢。

各位代表，党的十八届四中全会对保证公正司法、提高司法公信力进行了部署。对照建设法治中国首善之区的要求，对照人民群众的司法期待，区法院的工作还存在一些问题和困难。一是全区转型发展、立案登记改革、信访案件导入等因素叠加，法院化解社会矛盾的任务更加繁重，需要进一步优化资源配置、释放审判能量。二是以审判为中心的诉讼体制改革对司法能力提出更高要求，需要法院尊重司法权运行规律和人才成长规律，提高法官驾驭庭审和查明事实的能力，努力做到事实认定符合客观真相、办案结果符合实体公正、办案过程符合程序公正。三是深化司法公开对法院基础设施建设和内部管理水平提出更高要求，审判法庭数量不足、信息技术保障不到位等问题日渐凸显，影响司法服务水平的提升。

2015年工作思路

2015年，区法院将认真贯彻落实党的十八大及十八届三中、四中全会精神，按照区委十一届七次全会精神和上级法院要求，围绕司法为民公正司法工作主线，切实发挥审判职能，全面推进各项工作。

一是落实改革要求，严格规范司法行为。强化审判中心意识，落实证据裁判标准，联合公安机关、检察机关梳理证据收集、审查、认定阶段的问题，制定关于办理刑事案件运用证据的工作意见。加强与相关单位的协调，做好刑事诉讼涉案财物的管理。按照新修订的《行政诉讼法》要求，严格执行立案登记制度，保障当事人依法行使诉权，推动行政机关负责人出庭应诉工作。加大执行工作力度，综合运用限制高消费、司法拘留等强制措施，维护当事人的合法权益。依法严肃处理拒不执行生效裁决、藐视法庭权威等行为；构成犯罪的，依法追究刑事责任。继续推进审判委员会试点改革，对人民陪审员参与审理事实认定问题进行探索，努力形成有价值、可借鉴的改革成果。

二是公正高效司法，服务转型发展。规范诉前调解，推进案件繁简分流，优化审判资源配置，通过细化案件分级、严格流程管理，实现繁案精审、简案快审。加快推进斋堂法庭、王平村法庭的改建和潭柘寺法庭的新建，合理划分法庭管辖区域，形成工作机制各有侧重、职能发挥各有特色的审判格局。加强对环境资源的司法保护，依法审理对生态环境有重大影响的案件。依法惩处贪污、受贿等职务犯罪，促进反腐败工作深入开展。按照“谁执法谁普法”的要求，积极开展以案讲法，努力培育规则意识、契约精神。

三是深化司法公开，优化审判管理。加强对裁判文书上网的内部公示和考核检查，确保文书上网及时、准确。自觉接受人大的法律监督、政协的民主监督和检察机关的诉讼监督。明确院庭长行使审判管理权的范围、内容和程序，进一步提升审判质效。注重信息化与审判工作的深度融合，发挥数字法庭在直观展示证据、同步记录当事人诉辩意见等方面的作用，促进庭审活动规范开展。建立网上立案诉服平台，完善12368人工语音服务功能，形成网上网下双线推进的工作模式，实现诉讼服务与接受监督的相互促进。

四是加强队伍建设，提升司法能力。坚持以职业信仰感召人，以能力比拼激励人，以民主氛围团结人，以办实事温暖人。注重思想政治建设，加强理想信念和职业道德教育。落实审判责任制，明确法官和司法辅助人员的工作职责、流程、标准。针对案件评查中发现的问题，进一步加强释法说理，提高庭审质量，努力打造一支具有丰富法律知识、良好职业素养、较高专业水平、高尚职业操守的法官队伍。

各位代表，2015年，区法院将在区委的领导和上级法院的指导下，依法履行职责，自觉接受监督，推进严格司法，维护公平正义，为推动现代化生态新区建设向更高水平迈进作出应有贡献。

北京市门头沟区人民检察院工作报告

——2015年2月在北京市门头沟区第十五届第十五届人民代表大会第五次会议上

北京市门头沟区人民检察院代检察长　杨淑雅

各位代表：

现在，我代表门头沟区人民检察院向大会报告工作，请予审议。

2014年工作回顾

2014年，区检察院在区委、市检察院的正确领导下，在区人大及其常委会的监督下，在区政府、区政协及社会各界的支持下，深入贯彻落实党的十八大、十八届三中、四中全会精神和习近平总书记系列重要讲话精神，紧紧围绕区域工作大局，坚持严格公正规范司法，认真履行宪法和法律赋予的职责，各项检察工作取得了新成效。

一、坚持司法办案中心，严格履行检察职能

认真落实严格执法公正司法新要求，努力让人民群众在每一个司法案件中都感受到公平正义。

——依法履行批捕、起诉职责。共批准逮捕各类刑事犯罪案件111件134人，提起公诉228件255人，依法作出不批捕26人，不起诉27人。一是严厉惩处破坏生态资源犯罪，依法办理了社会广泛关注的“偷排酸液污染环境案”、清水地区倾倒污泥系列案件。二是依法严惩人民群众关切的危害食品药品安全犯罪，办理了社会关注的“色素炒花生”案等一批案件，保护了人民群众生命健康安全。三是依法惩治各类经济犯罪，批准逮捕破坏市场经济秩序犯罪嫌疑人6人，提起公诉20人，维护了门头沟区法治化营商环境。四是牢固树立精细化办案理念，正确把握审查逮捕标准和审查起诉标准，无捕后、诉后无罪判决案件。

——建立健全附条件不起诉观护制度。严格规范附条件不起诉观护机制，制定《未成年人帮教观护员工作办法》，从道德模范、图书馆管理员、部队军官中聘请了12名观护员，组建了专业化观护员队伍。积极协调区文委、义工联和驻区部队建立了多元化的“扬帆观护基地”，在全市范围内接收12名轻罪未成年人进行帮教考察，形成了一套操作性强的帮教考察机制。依托义工联在“益农缘农业合作社”设立的青少年教育基地平台，成功探索非京籍帮教对象观护机制。该制度获得中国法学会、中央综治办、团中央“未成年人健康成长法治保障创新事例奖”，市检察院在全市予以推广，初步形成特色品牌。

——坚决查办和预防职务犯罪。共立案侦查职务犯罪案件19件20人，其中贪污贿赂犯罪案件12件13人，渎职侵权犯罪案件7件7人，大要案8件9人，挽回直接经济损失1151.8万元，查办职务犯罪工作呈现力度、质量、效果整体提升的良好态势。一是妥善办理重大敏感案件，在区委统一领导下，运用法治思维和法治方式成功办理“城子市场29号拆迁案”；会同区纪委创造性开展工作，妥善处理全区重点区域的历史遗留问题，维护了人民群众的重大利益和全区社会稳定大局。二是集中力量查办上级交办案件，先后查办了“8·28”专案和国家卫生部医院管理研究所阎某贪污案，得到了最高检、市检察院的充分肯定。三是运用信息化手段查办职务犯罪能力明显提升，如“8·28”专案中侦查人员连续数月奔赴十余个省，依托电子数据取证设备和移动侦查装备，将一起涉案人员仅2名的线索突破成涉案人员30余名，涉案金额3000余万元的专案。四是大力推进职务犯罪预防工作，发挥区预防职务犯罪工作领导小组办公室职能作用，举办了医药卫生领域预防职务犯罪图片展览，在全区医药卫生领域营造廉政文化氛围。依托执法办案，向京煤集团综合地质工程公司发出预防建议，完善企业内部职务犯罪预防制度，预防职务犯罪针对性、时效性进一步提高。提供行贿犯罪档案查询服务1823次，推动全区招投标工作全部纳人廉洁准入机制，促进了社会诚信体系建设。

——牢牢把握法律监督机关的法律定位。依法处理好配合与监督的关系，切实做到依法监督、规范监督，共同维护司法公正和司法权威。共监督立案3件5人，追捕3人，追诉2人，发出纠正违法通知书5份。积极开展减刑、假释、暂予监外执行专项检察活动，对5起案件开展禁止令执行情况检查。严格落实羁押必要性审查的规定，对5名犯罪嫌疑人发出羁押必要性审查建议书，均被采纳。加大民事诉讼监督力度，全力构建以抗诉、检察建议为主的多元化监督格局，审结申请监督案件16件，建议提请市检察院抗诉2件。全力做好息诉服判工作，对不支持监督申请的案件强化释法说理，妥善化解了12起矛盾纠纷。

——着力营造和谐稳定的社会环境。落实宽严相济、慎捕慎刑的刑事政策，对轻微犯罪人员依法从宽处理，对无逮捕必要的不批准逮捕9人，对犯罪情节轻微的不起诉24人，在办案中最大限度地增加了和谐因素，减少了社会对抗。积极落实修改后刑事诉讼法关于刑事和解的新规定，对符合《刑事诉讼法》第277条的案件，坚持每案必调，共促成刑事和解案件40件。如在办理田某某故意伤害案中，坚持依法办案与注重效果相结合，引导双方达成刑事和解，做到了案结事了人和。制定《门头沟区人民检察院安保维稳工作方案》，全力做好建国65周年、APEC会议等关键节点维稳工作。全年无越级访、无重大重复上访。

二、严格规范司法行为，维护社会公平正义

适应全面推进依法治国的新形势，确保检察权正确行使，确保法律正确实施。

——严格规范刑事检察工作。一是积极适应以审判为中心的诉讼制度改革，健全完善联席会议制度，全年与公安机关共召开联席会议11次，及时沟通新出台司法解释适用，统一类案证据标准，规范侦查取证行为，侦查、审查逮捕、审查起诉环节证据意识、质量意识明显增强。二是健全非法证据排除机制，依法做好瑕疵证据的审查补正和完善，如对侦查机关的辨认笔录、勘查笔录等证据予以补强完善，并通过强化监督，切实提高侦查机关依法取证能力。三是坚守防止冤假错案底线，在区委政法委领导下，会同审判、公安、行政司法等部门，制定《门头沟区关于在刑事案件中切实防止冤假错案的若干意见》，建立了防止冤假错案工作机制。

——严格规范职务犯罪侦查行为。一是规范侦查取证，举办了2期“侦查实务规范”培训班，开展了侦查信息化系列培训活动，规范取证意识和能力明显加强。二是规范指定居所监视居住强制措施，共对4名犯罪嫌疑人采取监视居住强制措施。三是严格遵守讯问职务犯罪嫌疑人全程同步录音录像规定，不断提升同步录音录像环境下的取证能力。四是进一步规范查封、扣押、冻结、处理涉案财物，依托检察机关统一业务应用系统建立了电子台账，实现了对涉案财物的全流程管理，全年未发生查封、扣押、冻结、处理财物不规范行为。

——强化案件管理和监督制约。一是细化操作流程，严格环节办案责任和审批手续，建立执法办案基本情况分析机制，办案流程进一步规范，案件管理进一步加强。二是加大督察力度解决突出问题，针对检务接待、询问、讯问、出庭用语等方面存在的不文明、不规范行为，开展了“检察人员行为规范”专项督察，显著提升了司法行为和职业形象。三是为司法办案部门配备执法记录仪，切实规范了办案人员的仪容仪表、言行举止。

——严格落实司法改革部署。一是推进检察法律文书改革，坚持从个案实际出发，叙事寓理，情理法并用，增强了检察法律文书的释法讲理性。二是落实好涉法涉诉信访机制改革，坚持把释法说理、案外答疑贯穿处理涉法涉诉信访问题始终。三是积极应对检察官办案责任制改革，对建院以来的26748册诉讼档案全部进行了信息化处理，为落实办案责任制打下了坚实基础。

三、主动接受各界监督，促进公正廉洁执法

应对公开透明信息化司法环境的新趋势，进一步提升司法公信力、亲和力。

——深化检务公开。依托人民检察院案件信息公开网，将法院生效判决案件的起诉书、刑事抗诉书、不起诉书在互联网上公开，建立了重大案件信息发布平台和案件程序性信息查询平台。拓宽检务公开渠道，发挥检察微博、微信等新媒体作用，开通“门里门外”和“门检在线”微信群，增强互动功能，扩大检务公开效果。

——自觉接受人大监督。牢固树立宪法意识和人大意识，通过报告工作、邀请代表视察指导、报送工作信息，为人大代表监督检察工作提供便利。邀请区人大代表旁听社会广泛关注的案件庭审，听取并落实人大代表对出庭公诉工作的意见建议。运用QQ群等新媒体，向人大代表报告区检察院重点案件、特色创新、重要工作，建立代表联络的即时沟通平台。

——主动接受政协民主监督和社会各界监督。完善工作通报制度，认真听取区政协委员的意见和建议。重视引导舆论监督，及时主动回应社会关切，健全完善重大案件、重大决策新闻发布会制度。依法为律师参与诉讼提供方便，认真接受律师监督。深化检察开放日制度，邀请各界群众走进检察院，了解检察工作开展情况。加强与61696156为民服务信息平台协作机制，拓展密切联系群众、接受群众监督平台。

四、强化过硬队伍建设，大力提升能力素养

按照政治过硬、业务过硬、责任过硬、纪律过硬、作风过硬的新标准，加快建设高素质检察队伍。

——深入开展党的群众路线教育实践活动。严格按照中央、市委部署和区委安排，扎实开展学习教育、查摆问题、整改落实等各环节工作。期间，走访单位28家，征求社会各界和人民群众意见建议，汇总梳理班子“四风”突出问题14条，班子成员“四风”突出问题14条。坚持即知即改、立行立改，结合司法办案，认真开展“接通线、捅破纸、拆掉墙”密切联系群众大讨论活动，同步解决关系群众切身利益问题和联系服务群众“最后一公里”问题。坚持班子带头，召开高质量专题民主生活会，形成了共识，增进了团结。通过开展教育实践活动，全院干警理想信念更加坚定，党性修养进一步增强，“四风”问题等到进一步改进，服务群众的意识和能力显著提高。

——始终把思想政治建设摆在首位。认真学习党的十八大、十八届三中、四中全会精神和习近平总书记系列重要讲话精神，不断加强理想信念教育，为干警补好精神之“钙”。坚持党建带队建，围绕庆祝建党93周年开展系列教育活动，深入推进“五型机关”建设和“五进农村”帮扶活动。发挥检察文化的引领作用，通过开展“志愿星期天”、检察风采摄影比赛、廉政微小说创作等活动，提高干警的职业荣誉感和廉洁从检意识。连续16年保持首都精神文明单位标兵称号。

——持之以恒推进检察队伍专业化建设。面对司法改革不断深化，人民群众对公平正义的要求不断提高的新形势，采取积极措施加强队伍专业化和工作规范化建设。确立“小案办出亮点、大案办出经验”工作思路，推行“个案总结、类案分析、案例研习”工作模式，创办“案例分析专刊”业务交流平台，努力提高干警业务水平。按照“补齐短板、做强特色、砥砺提高”的思路，有针对性地开展业务实训，进一步深化“读书促进计划”和“创新扶持计划”。坚持以赛促训，开展检察业务竞赛，2名干警在市检系统技能比武中获得“十佳”称号。

——不断深化党风廉政建设。在党风廉政建设工作中，坚持做到“五抓”，即抓理论学习增强廉政建设保障力，抓宣传教育增强廉政氛围感染力，抓作风整治增强廉政建设生命力，抓督促落实增强廉政建设威慑力，抓制度完善增强廉政建设支撑力。领导班子坚持民主集中制，严格落实“三重一大”决策制度；强化监督制约机制，进一步完善党组会、检察委员会、检察长办公会议事规则和决策程序；建立内部审计制度，完善大额资金决策机制。坚持从严治检，严格落实“两个责任”和“四个坚决”要求，有针对性地开展了“九个严禁”、纪律作风、检容风纪、“庸懒散”等检务督察和专项整治活动16次。没有发生干警违法违纪问题。

各位代表，一年来区检察院各项工作有所进步，这是区委、市检察院正确领导的结果，是人大监督和政府、政协以及社会各界关心支持的结果。对此，我代表区检察院和全体干警表示由衷的敬意！

门头沟区检察院工作还存在一些不足，一是对全面推进依法治国在门头沟区全面建成小康社会、全面深化改革进程中发挥引领、促进、保障作用把握还不够深刻；二是一些检察人员人权意识、程序意识、证据意识、规范意识有待加强；三是检察人员的综合能力与即将实施的检察官办案责任制的要求仍存在一定差距；四是推进检察队伍专业化、职业化的创新性举措不多。对此我们将高度重视，加强组织领导，努力建设一支业务素质过硬、敢于担当的检察队伍。

2015年工作安排

2015年，区检察院将认真贯彻落实党的十八届四中全会精神，紧紧围绕全区科学发展、转型发展，更加自觉地把检察工作融入全面推进依法治国和全面深化改革布局，努力为全区经济社会发展提供有力司法保障。

一、抓好四中全会精神的贯彻落实

一是自觉把学习宣传贯彻全会精神作为当前检察工作的一项重要政治任务，切实抓紧抓好。二是坚持司法规律，依法公正行使检察权，严格按照司法规律和诉讼原理履行职能、司法办案，绝不突破法律的要求和法治的边界。三是始终坚持在法治轨道上、在市检察院和区委领导下推进和落实改革任务，妥善解决改革过程中出现的新问题，确保各项任务顺利落实。

二、扎实推进严格规范司法

一是按照最高检、市检察院部署，深入开展为期一年的规范司法行为专项整治工作，重点整治讯问犯罪嫌疑人同步录音录像制度落实不到位和指定居所监视居住强制措施适用不规范等问题。二是切实解决律师在刑事诉讼中会见难、阅卷难、调查取证难问题，依法保障律师的会见权、阅卷权、申请收集调取证据权、提出意见权、知情权。三是加大办案信息公开力度，依法提供公开案件程序性信息查询服务，及时向社会发布重要案件信息，对不起诉决定书、刑事申诉复查决定书以及人民法院所做判决、裁定已生效的刑事案件起诉书、抗诉书，除涉及国家秘密、商业秘密、个人隐私和未成年人犯罪案件外，一律在人民检察院案件信息公开系统发布。四是健全行政执法和刑事司法衔接机制，依托行刑衔接平台，积极拓展行政执法监督，实现行政处罚和刑事处罚无缝对接。

三、积极应对司法改革

一是做好主任检察官、主办检察官选任和内设部门整合的前期准备工作，按照上级部署稳步推进检察官办案责任制改革。二是落实以审判为中心的诉讼制度改革，与公安机关完善联席会议、引导侦查取证机制，构建新型检警关系和侦诉模式；与法院完善庭前会议机制，提高庭审质量和效率；强化自身庭审驾驭能力，通过庭审实训、辩论赛等形式提高交叉讯问能力和当庭应变能力。三是全面落实涉法涉诉信访改革部署，建立内设部门联合接访机制，健全完善检察长接访制度。四是落实刑事诉讼认罪认罚从宽制度，制定检察环节落实该制度实施办法。

四、积极推进反腐倡廉建设

一是提高查办职务犯罪水平，突出查办重点，积极查办发生在群众身边、损害群众利益的职务犯罪专项工作，重点查办征地拆迁、生态保护、食品安全、专项资金使用等领域腐败案件。二是加大预防职务犯罪水平，依托职务犯罪研究中心和廉政警示教育宣传中心，研究门头沟区关键领域致罪原因并深入探索应对举措，帮助发案单位建立健全廉政机制，扩大职务犯罪以案释法的警示作用，营造全区良好的政务环境和廉政文化氛围。三是深入开展法治宣传教育，创新宣传方式，借助于海报、巡展、微电影等多元化途径营造法治氛围，引导全民自觉守法、遇事找法、解决问题靠法。

五、持续加强过硬队伍建设

一是充分发挥班子成员的引领示范作用，积极落实“两个责任”，带头强化法治信仰和法治思维，带头改进工作作风和工作方式，带头依法公正履职、严格规范司法。二是通过业务实训、名家讲堂、检法交流培训等平台，进一步提高检察人员的能力素质和法律素养，为有效解决司法改革中的各种难题奠定良好的素能基础。三是紧密结合司法改革的形势要求，完善队伍管理机制，认真做好人员招录、干部选拔任用、人才培养等工作，确保司法改革过程中的队伍稳定。发挥专家资源优势，聘请高校教授来院挂职，建立专家咨询委员会，对疑难复杂案件和重大改革事项进行定期分析研判。四是积极探索以干代训、业务实训、全员培训模式，努力建设“学习型”检察院。突出加强青年干警培养力度，着力培养领军型业务骨干人才。

各位代表，面对新的形势和任务，门头沟检察院将在区委和市检察院的正确领导下，在区人大及其常委会的监督下，切实贯彻本次大会的各项决议，深入推进严格规范司法，稳妥推进各项司法改革，努力为门头沟区全面推进依法治国、全面深化改革、加快建设现代化生态新区作出新贡献！

政协工作报告

——2015年2月3日在政协门头沟区第九届委员会第四次会议上

门头沟区政协主席　张　冰

各位委员：

我受政协门头沟区第九届委员会常务委员会委托，向大会报告工作，请予审议，并请列席的同志提出意见。

一、2014年工作回顾

2014年是认真贯彻中共十八大和十八届三中、四中全会以及习近平总书记系列重要讲话精神的重要一年，也是深入开展党的群众路线教育实践活动、全面提升履职能力的关键一年。区政协在中共门头沟区委的正确领导和市政协的有力指导下，高举爱国主义、社会主义两面旗帜，牢牢把握团结、民主两大主题，紧紧依靠各界委员，认真履行政治协商、民主监督、参政议政职能，努力发挥人民政协作为协商民主重要渠道的作用，团结奋斗的思想行动基础进一步巩固，服务全区工作大局的实效进一步增强，协商民主的工作进一步活跃有序，廉洁高效的工作作风进一步形成。

全年组织专题协商、对口协商、界别协商、提案办理协商等各种形式的协商会27次；组织开展调研、视察、考察、基层走访等实践活动85次；组织知情通报、辅导培训等各类学习教育活动22场次；以《建议案》《协商意见》《专报》《社情民意》等形式向区委、区政府报送意见建议共24篇；累计提出提案148件。

（一）团结奋斗的思想行动基础进一步巩固

坚持把学习、实践作为坚定理想信念、深化合作共识、提升履职能力的重要途径，各界委员共同团结奋斗的思想行动基础得到了切实的巩固。

理想信念更加坚定。把党的意志转化为各族各界人士思想和行动的共识，是人民政协首要的政治任务。通过党组会议、常委会会议、秘书长会议、专门工作委员会会议、界别组活动等方式，多形式多层次，深入学习宣传贯彻中共十八大、十八届三中、四中全会和习近平总书记系列讲话精神。通过“政协学习报告厅”“委员暑期读书班”“机关青年读书会”“纪念‘五一口号’发布66周年植树种绿”等活动开展集中学习，采取及时下发学习中共十八届四中全会精神、习近平总书记在人民政协成立65周年大会上讲话精神等通知的方式，积极引导各界委员“自我学习、自我教育、自我提高”。学习教育活动始终坚持中国特色社会主义理论的主线，突出中华民族伟大复兴的中国梦主题。广大政协委员在学习中统一思想，在明确目标中坚定信心，道德价值的判断能力和社会主义核心价值观的践行能力进一步增强。

合作共识得到深化。植根于人民是人民政协的本质属性。通过在广大政协委员中大力开展“到群众中去”主题实践活动，深化“委员基层日”工作品牌，各界委员对人民政协是中国共产党长期坚持群众路线的伟大成果和基本制度安排，群众路线是人民政协的生命线和根本工作路线等重要理论有了更深刻的理解。各界委员主动站在京津冀协同发展的高度，深刻把握首都发展的阶段性特征，积极深入基层，深入群众，为百姓代言，为区委、区政府科学决策、民主决策提供智力支持。

履职能力实现提升。充分发挥人民政协作为协商民主的重要渠道作用，是推进国家治理体系和治理能力现代化题中之义。政协组织自觉遵守《区级四套班子运行规则》，落实相关的规定要求，及时把全区工作的重点、难点转化成各界委员开展视察、调研的关注点、着力点，使政协工作始终与全区中心工作同频共振。通过实行主席分管专委会、专委会联系界别，界别组织委员、委员代表界别群众以及秘书长会议制度，形成了一套符合政协性质、特点的高效运行工作体系，履职能力得到了切实有效的提升。

（二）服务全区工作大局的实效进一步增强

坚持把推动科学发展作为履行职能的第一要

务，把履职为民作为使命追求，通过调研、视察、反映社情民意等方式，服务全区工作大局。

开展调研服务改革发展。通过调研提出意见建议是人民政协建言资政的重要方式。区政协坚持以问题为导向，大兴调查研究之风。常委会完成了对南水北调水源保护地的考察，形成了《关于湖北神农架林区的考察报告》。各专委会、区属各民主党派、工商联等重要参加单位和各界委员，相继完成了《由节庆活动转向品牌活动，大力增强区域影响力》《农村物业化管理探究》《关于加强我区特约监督员工作的建议》《关于加强城市管理，疏解我区停车难的建议》《关于促进我区非公经济健康发展的建议》等25篇调研报告和大会发言材料。这些调研成果凝结了委员的辛劳和智慧，体现了委员强烈的事业心和责任感。政协各专委会和区属各民主党派还协助市政协、党派市委完成了多个重大调研任务，为市委、市政府战略决策提供了重要参考。

组织视察关注民情热点。民情热点所在就是政协履行职能所在。在过去的一年里，各界委员秉承履职为民的情怀，进一步加大了对居民生活用水、住房、出行以及教育、医疗、就业、养老等重大民生问题的视察频次。在视察中，委员们真诚负责地将地区百姓的诉求期盼传递给被视察单位，受到了被视察单位的重视，同时也赢得了群众的信任。各民主党派、许多政协委员还在扶危济困、捐资助学、助残养老，关心下一代等方面奉献了爱心，释放了正能量，为社会进步做出了积极贡献。

社情民意聚焦民生改善。社情民意是人民政协履行职能的第一信号。常委会立足及时反映具有全局性、苗头性、倾向性的问题，及时引导各界委员提出具有“深、重、新”特点的意见建议。委员们提出的《关于加快推进新农合市级统筹工作的建议》《关于以门头沟山区为试点，创新“养山就业”新机制的建议》《关于协调解决鲁家山垃圾焚烧发电厂有关问题的建议》等多篇信息被市委、市政府、市政协主办的《北京信息》《昨日市情》《诤友》《联合调研专刊》采用。另外，《关于加大永定河两岸环境治理的建议》《关于家庭过期药品回收常态化的建议》《关于石龙平安路渣土墙亟需整治的建议》等多篇信息，得到了区委、区政府的高度重视。市、区主要领导对区政协信息作出了25次重要批示，有效促进了相关问题的解决。

（三）协商民主工作进一步活跃有序

坚持把营造民主环境、搭建协商平台作为充分发挥协商民主重要渠道作用的关键，通过总结创新实践，完善工作流程，有效推进了协商民主工作活跃有序开展。

创新实践有效推进。充分发挥人民政协协商民主重要渠道作用是当前政协面临的重要课题。对此，区政协在深度调研的基础上，形成了《充分发挥人民政协协商民主重要渠道作用的探究》调研报告，提出了加强政协协商民主建设的常委会建议案，为区委顶层设计提供了决策参考。区委研究制定了相关工作制度，为进一步发挥协商民主重要渠道作用提供了组织制度保障。“协商功夫要下在会外”是对区政协实践的总结和概括，市政协主办的《政协研究》刊发了相关内容，在市政协理论研究会上，区政协作了《以协商年度工作计划为抓手，切实发挥人民政协作为协商民主重要渠道作用》为题的重点发言，《北京日报》将其作为市政协理论研究“智库”的一个重要观点刊出。思想认识明确，办法举措有力，有效促进了协商民主重要渠道作用的发挥。

协商流程初步形成。协商民主是一种有序参与的程序性民主。通过反复实践，认真总结，区政协率先在全市政协系统内提出了“在政协开展民主协商工作的基本流程”，得到了市政协的充分肯定。这个工作流程从确定实施方案、做好协商准备、召开协商会议、汇总协商成果、反馈办理情况等六个方面作出了规范化和程序性的界定，使协商活动首尾相接，协商工作的科学化水平进一步提高。《北京观察》杂志以《门头沟：规范协商流程》为题，推广门头沟区政协的做法和经验。

协商活动活跃开展。营造协商文化是开展协商民主的重要基石。在学习领会中共十八大精神中，区政协党组提出的“异中求同讲团结促发展，同中求异讲民主谋创新”的组织文化标识，在全市政协系统产生了积极反响，也在履职实践中得到了社会各界的广泛认同。在“北京市中低速磁悬浮交通示范线（S1线）西段景观方案”的专题协商中，在就安全生产、污染防治等问题与政府职能部门的对口协商中，在“关于协调解决王平电厂两条高压线有关事宜的建议”等议题的提案办理协商中，都充分体现了“求同存异、体谅包容”的协商精神。如在“争创国家生态文明示范区，加快推进煤改电进程”的专题协商中，与会委员和专家真诚地提出了煤补改电补、建立山区电网整体规划等16条意见建议。主管副区长积极回应，同与会人员开展了坦诚的对话交流，进一步增强了委员的协商热情。《人民政协报》新闻版头条，以《北京市门头沟区政协专题协商会聚焦农村“煤改电”——让农民花得起、用得好、能持久》为题进行了专题报道，北京市、内蒙古、海南省等各地政协网站也转载了此报道。

（四）廉洁高效的工作作风进一步形成

坚持以开展群众路线教育实践活动为抓手，广泛听取意见、深入查摆问题、建章立制，立行立改，作风建设取得了显著成效。

教育实践活动扎实开展。区政协始终把思想政治建设摆在首要位置。机关坚持开门搞活动，征集意见建议87条，查摆“四风”问题109条，制定整改措施97项。针对服务意识弱化、运行环节缺失、标准有待规范等突出问题，按照“接通线、捅破纸、拆掉墙”和“党组织和在职党员到农村报到为群众服务”的要求，立行立改，政协机关协调服务保障能力进一步提高，思想建设、组织建设、作风建设、制度建设、反腐倡廉建设得到了切实加强。

各项基础工作扎实推进。加强提案工作，创新成立提案线索征集小组，把当前的决策需求、百姓需要整合为《提案线索目录》，为委员提出高质量的提案提供参考。创新成立提案分析小组，对提案进行质量分析、价值判断、可操作性研究，采用前期沟通协商的方式，力促办理质量进一步提高。加强政协宣传工作，实现了政协网站全面改版升级，密切与中央、市区属媒体的联系合作，政协宣传工作的渠道进一步拓宽。加强政协文史工作，编辑完成了《日下传闻录·门头沟卷》，《门头沟文史》第23辑和《京西花会》等六部书籍，《首都文史集萃·门头沟卷》在全市率先成书，成为了兄弟区县政协学习的范本。政协文史资料“存史、资政、团结、育人”的作用进一步发挥。

自身建设不断加强。区政协坚持把加强“两支队伍建设”作为提高履职效能的根本保证。通过加大频次和广覆盖走访委员，积极改进联络各界委员的方式和服务方式，使委员履职的积极性、主动性进一步增强，委员履行职能的权利得到了进一步的尊重和保障。认真规范各类会议以及调研、视察工作，精简文件简报，开展“节约微行动”，压减一般性支出等，将中央八项规定和市委十五条意见以及区委二十二条实施意见落在实处。通过加强制度建设，严格制度落实，机关工作的制度化规范化水平进一步提升。

回顾一年来，我们更加注重总结新鲜经验、探索工作规律，更加重视政协委员和机关干部能力、素质的锻炼，更加注意保持蓬勃朝气和锐意改革创新，政协工作在继承中有发展，在探索中有创新，我们的主要体会是：

——必须坚持中国共产党的领导，自觉服从、服务大局。自觉在区委的领导下，在全区工作大局中，谋划和推进政协工作，就会使政协工作与区委、区政府的工作贴得更紧，政协职能作用发挥得就会更充分。

——必须坚决抵制和反对“四风”，坚持履职为民的宗旨理念。拒绝冷漠和懈怠，拒绝浮躁和脱离实际的极端主张，拒绝奢靡和一切利用权力或影响谋取私利的行为。坚持走群众路线，从群众中汲取建言资政的智慧营养，政协组织就会有植根于人民的气质和气度。

——必须弘扬法治的精神，运用法治的思维，持之以恒的推进政协履行职能制度化、规范化和程序化。积极探索和实践科学务实管用的制度体系、具体可行的操作规范、相互衔接的工作流程，使政协工作有制可依、有规可守、有序可循，政协事业就会永续健康发展。

——必须充分发挥委员主体作用。用伟大复兴的事业凝聚委员，用全面建成小康社会的实践锻炼委员，委员的实力、潜力、活力切实得到有效发挥，就会更好地发挥人民政协独特优势和重要作用。

——必须大力弘扬改革创新精神。牢牢把握时代主线，做改革的坚定拥护者和积极实践者，认真探索履行职能的新方式，积极寻找发挥作用的新途径，政协工作就能常做常新，政协事业就会保持旺盛活力。

一年来，政协工作取得了可喜的成绩，政协事业呈现出了生动有序的良好局面。这些成绩的取得，是市政协认真指导、区委加强领导、区政府大力支持的结果，是社会各界热情帮助、积极配合的结果，是政协各参加单位、广大政协委员积极参与、共同努力的结果。在此，我代表区政协表示衷心的感谢！

在肯定成绩的同时，我们也清醒地认识到工作中还存在一些与新形势、新任务不相适应的情况，主要表现在：协商机制还不够健全，民主监督还不够有力，界别优势和委员主体作用发挥得还不充分，政协工作科学化水平还有待进一步提高等。对于这些差距和不足，我们将高度重视，认真研究加以解决。

二、准确把握当前政协工作的形势任务

在以习近平同志为总书记的中共中央坚强领导下，中国特色社会主义迈出坚实步伐、呈现出前所未有的光辉前景，为我们共同事业的发展开辟了新的广阔空间。中共十八大，十八届三中、四中全会，为全党和全国人民全面深化改革、全面推进依法治国、全面建成小康社会，实现中华民族伟大复兴的中国梦指明了前进的方向。全面建成小康社会继而实现“两个一百年”的奋斗目标是一项艰巨而复杂的系统工程，涉及方方面面，需要最大限度地凝聚共识、凝聚智慧、凝聚力量。人民政协作为最广泛的爱国统一战线组织，作为多党合作和政治协商的重要机构，作为发扬社会主义民主的重要形式，理应成为全面深化改革、建设社会主义法治国家的坚定维护者、主动参与者和模范实践者，应当在全面建成小康社会的伟大进程中有所作为。

中共十八大和十八届三中全会明确了协商民主的重要地位，对制定协商计划、增加协商密度、规范协商内容和程序等提出了明确要求；习近平总书记在人民政协成立65周年大会上的讲话，深刻而鲜明地指出了人民政协的本质、特点和优势，对于人民政协事业的发展，具有很强的思想性、针对性和指导性。

当前，中央经济工作会议、市委十一届六次全会分别对全国、全市经济社会发展的形势进行了科学分析，明确了今年工作的目标和要求。中共门头沟区委十一届七次全会深刻把握中央、市委关于经济发展进入新常态的论断，对我区发展阶段性特征做出了明确判断。门头沟区已进入生态优势释放期、城乡建设高峰期、产业培育加速期、改革发展攻坚期，同时城市管理和社会管理也进入了矛盾多发期。同时，区委全会进一步指出，加快培育新的经济增长点，做大做强区域经济，实现转型发展的任务十分紧迫；现代化滨水山城和全域景区化百里画廊的城乡一体化建设任务十分繁重，规划建设水平和精细化管理水平有待提升；加强生态文明建设，实现人口资源环境与经济社会协调发展还需深入研究、加以落实；强化公共服务与社会治理、改善百姓民生、促进社会和谐稳定的发展空间依然很大，群众热切期盼解决的问题依然很多，这就需要社会各界凝心聚力。因此，各界委员要在坚持人民政协自身性质和特点的基础上，切实增强进取意识、机遇意识、责任意识、履职意识，在助力全区各项事业发展中做出新贡献。

三、2015年主要工作任务

2015年是全面完成“十二五”规划的收官之年，是全面推进依法治国的开局之年，也是全面深化改革、推动全区转型发展的关键一年，做好今年工作意义重大。区政协工作的总体要求是：认真贯彻落实中共十八大、十八届三中、四中全会精神，习近平同志系列重要讲话精神，在区委的领导下，紧紧围绕全区中心工作，充分发挥人民政协作为协商民主重要渠道的作用，将协商民主贯穿政治协商、民主监督、参政议政的履职全过程，切实提高政治把握能力、调查研究能力、联系群众能力、合作共事能力，使共同的思想政治基础更加巩固，与社会各界群众联系更加紧密，制度化、规范化、程序化建设步伐更加扎实，履行职能的成效更加显著，为全区经济健康发展、社会和谐稳定、民生福祉稳步提升贡献智慧和力量。

（一）增强政治把握能力，筑牢共同思想政治基础

中共十八大和十八届三中、四中全会、习近平总书记的系列重要讲话开创了中国特色社会主义新境界。我们既要深刻领会新思想新论断新要求，又要透彻把握贯穿其中的立场观点和方法。在坚持用好“政协学习报告厅”“委员暑期读书班”“机关青年读书会”学习平台的基础上，进一步营造浓厚的学习氛围，努力做到真学真懂真用。要把学习贯彻同履职服务结合起来，使学习贯彻的过程成为统一思想、提高认识的过程，成为增进团结、实现民主的过程，成为凝心聚力、共谋发展的过程。政协委员中的共产党员要严守政治纪律和政治规矩，切实做到政治信仰坚定不移、政治立场旗帜鲜明、政治定力坚如磐石。广大政协委员要增强法治理念，树立法治信仰，争做社会主义法治的模范践行者，自觉学法、尊法、信法、守法、用法、护法。要善于运用科学理论分析判断形势、研究解决问题，切实增强政治把握能力。要主动到界别群众中去，积极宣传中央和市区委的方针政策、决策部署，在深化改革、扩大开放和依法治区上形成助力、合力。

（二）增强调查研究能力，服务全区工作大局

中共门头沟区委全会已经提出了门头沟区今年经济社会发展的主要预期目标和重点任务。我们要自觉坚持在大局中谋划，在大局下行动，紧扣全区发展、改革的新课题，人民群众的新期待，在助力疏解非首都核心功能，拓展产业转型发展空间，高质量编制“十三五”规划方面；在助力加快培育高精尖的现代产业，完善促进门头沟区招商引资和

促进产业发展的政策措施，营造良好发展环境方面；在助力采空棚户区改造，市政基础设施配套建设，旅游文化休闲产业发展，生态环境建设和城市精细化管理方面；在助力城乡一体化发展，新型城镇化建设、改善和保障民生方面；在助力法治政府和法治社会建设，加大对政府职能部门及其工作人员依法行政进行民主监督方面，深入广泛地开展调查研究，鼓励各界委员讲真话、进诤言，出实招、谋良策，发挥好建言资政的作用。对涉及民生的重大决策和项目，尤其是在生态安全、水源涵养、文史传承等委员建言献策优势项目上，要借智专家学者开展联合调研，集合众智提出解决办法，努力使对策建议具有更强的针对性和操作性，使各界委员的真知灼见得到充分彰显。

（三）增强联系群众能力，更好服务民生改善

群众路线是人民政协工作的生命线。我们要牢固树立履职为民的理念，广泛深入地开展“委员基层日”活动，政协委员要植根于人民群众，当好百姓的代言人。青山绿水是民之所依，我们要本着对人民负责、对子孙后代负责的态度，围绕保护土壤、水体、大气提建议，助力绿色、循环、低碳发展。要通过协商发动社会各界人士积极投身生态保护建设，为守护绿水青山，留住蓝天白云，让百姓望得见山、看得见水、记得住乡愁做出积极贡献。要围绕更好的教育、更优的医疗、更满意的收入、更可靠的社会保障，开展系列民生调研视察活动，了解群众的真实愿望，感受群众的喜怒哀乐，反映群众的呼声要求，切实维护好广大群众的合法权益。要善于从群众中了解真实情况，从群众中汲取智慧营养，不断提高议政建言的质量。要以《社情民意》《协商意见》为载体，突出“问题与建议”，努力放大建言议政的“音量”，增加建言议政的“份量”。要继续支持鼓励各界委员开展科技下乡、扶危济困、捐资助学等社会公益活动，让守望相助的中华传统美德发扬光大。

（四）增强合作共事能力，广泛汇聚发展力量

人民政协是发展推进社会主义协商民主的重要制度平台和专门协商机构。我们要把落实区委牵头制定的《2015年区政协协商年度工作计划》作为抓手，按照政协协商工作的流程，积极活跃有序地开展专题协商、对口协商、界别协商、提案办理协商。我们要学会与群众打交道，与群众交朋友，用真心换真话，用虚心换智慧，不断增强协商议政的底气，把对国家、对人民的责任，体现在发言中，反映到建议里。我们要通过有效的组织协调，搭建有利于弘扬协商民主精神的建言协商的载体，在各种协商会议中，发扬求同存异、体谅包容的优良传统，贯彻民主协商、平等议事的工作原则，尊重和包容不同意见的存在和表达，努力营造既畅所欲言、各抒己见，又理性有度、合法依章的良好协商氛围。特别是要通过政协有效的协商寻求社会的“最大公约数”，协助区委、区政府把民生工程做成凝聚人心的“民心工程”，符合民意的“民意工程”。

各位委员，新形势新任务开启了新的征程。让我们更加紧密地团结在以习近平同志为总书记的中共中央周围，在中共门头沟区委的坚强领导下，以饱满的政治热情、昂扬的精神状态、务实的工作作风，同心同德，群策群力，为不断开创人民政协事业新局面，为再创门头沟区改革发展新优势贡献智慧和力量！

专　文

“智慧门头沟”建设研究

区委书记　韩子荣

近年来，智慧城市作为现代信息通信技术为支撑的城市发展新模式和新形态，以其智慧技术高度集成、智慧治理高效精准、智慧产业高端发展、智慧服务便民快捷的独特优势，日益得到人们的关注和青睐，并逐步在我国各地区和城市如火如荼的展开建设。北京市于2012年印发《智慧北京行动纲要》，明确提出建设“智慧北京”的城市发展目标。为有效落实“智慧北京”建设的战略部署，有利提升门头沟区的信息化水平、城市建设管理水平和区域综合竞争力，我们提出了“智慧门头沟”的城市建设目标，力争通过有效整理利用本地区各类信息化资源，提高区域信息化建设水平，为加快建设现代化生态新区提供重要支撑和保障。

一、“智慧门头沟”建设的目的和意义

（一）建设“智慧门头沟”是积极落实中央和北京市相关部署的重要举措

门头沟区作为北京市的重要组成部分，“智慧门头沟”建设的一系列举措，将为北京市落实习总书记提出的加强科技创新中心建设、优化产业结构和水平、提高城市管理能力等要求提供积极探索和实践。“智慧门头沟”的建设，首要任务是用高端信息技术改造和包装城市，在此过程中，区域科技创新能力将进一步增强；智慧产业的大力推进，将通过提升主导产业信息化水平、发展高科技信息产业等措施，优化产业结构、提升产业层次；智慧治理能力和智慧民生水平的提升，将进一步提高城市管理水平和效率，有效遏制“城市病”，并构建起现代化的城市管理方法和模式。同时，“智慧门头沟”建设也积极响应了《智慧北京行动纲要》提出的建设“智慧北京”的相关要求和部署，既充分落实和参考了有关指导思想、建设目标和具体措施，又根据门头沟区自身特点进行了新的探索和尝试，力争通过努力使门头沟区的信息化建设水平走在全市乃至全国的前列。

（二）建设“智慧门头沟”是顺应现代城市发展潮流、提升城市综合竞争力的必然选择

当前，随着城市化进程的不断加快，城市信息化已迈向智能化发展的快车道，城市发展中的智慧化元素日益增多，智慧城市建设已经成为现代城市发展的主要潮流。智慧城市所特有的感知、整合、共享、创新和决策等特点，使城市建设和管理理念都发生重大转变，更加突出“发展更科学、管理更高效、社会更和谐、生活更美好”的思路，这是城市发展和转型的客观要求，也是现代城市提升品质和竞争力的必然途径，更是未来城市形态发展演进的必然趋势。为主动顺应这一趋势，“智慧门头沟”建设被提上日程。与北京市其他区县相比，门头沟区的整体发展水平还较低、城市建设管理水平还较为落后、基础设施仍比较薄弱，但同时又同样面临着人口膨胀、交通拥挤、环境污染、产业调整等“城市病”的挑战。智慧城市建设作为城市建设管理的发展思路和理念的重大变革，将为有效

破解门头沟发展建设中的各类问题、提升城市竞争力，实现城市发展建设中的弯道超车提供重要机遇。

（三）建设“智慧门头沟”是实现城市传统管理模式向智慧治理新模式转变的有效途径

与传统的城市管理模式相比，智慧城市更加强调智慧治理，即治理理念由经济主导型向社会服务型转变、治理架构由垂直独立型向扁平协同性转变、管理对象由主要对人的管理向对人、物和信息流的管理转变、管理方式由行政管理向行政管理与社会自我调节相结合转变、管理制度由单一供给体系向多样化供给体系转变。因此，“智慧门头沟”建设，将首要提升和增强政府部门的自身建设和公共管理领域的智慧化建设水平，通过加快电子政务建设、创新和改进公共服务体制和方式建设服务型政府、打造智慧政务，同时大力建设智慧交通、智慧城管、智慧管网、智慧环保、智慧安全和智慧能源，实现城市管理由传统模式向智慧治理模式的转变。

（四）建设“智慧门头沟”是提升产业发展水平、优化地区产业结构的有效方法

智慧产业是智慧城市建设的重要内容，它一方面利用信息技术和手段对传统产业进行升级和再改造，另一方面又以信息科技产业本身为对象进行大力培育和发展，从而实现整体产业结构的优化和高端化，并推动产业间进一步融合发展。“智慧门头沟”的建设，将有力推动地区产业结构的战略性调整，推进信息化与工业化相融合，带动信息科技产业为主的高新技术产业发展，同时促进旅游文化休闲产业、现代服务业、现代农业的信息化改造，进一步推动区域高端、低碳、高效产业的培育，促进产业结构的加快调整。

（五）建设“智慧门头沟”是创新公共服务供给方式，提升群众幸福指数的有力保障

城市是人类不断创造价值、追求美好生活的产物，城市发展的最终目的和本质是城市居民的福祉。而智慧城市建设的本质则正是以人为本，通过现代信息技术的支撑，实现人类生存环境的最优化，从而更加的促进人的发展，具体则表现在智慧民生，即推动城市的公共服务向网络化、系统化、智能化服务新方式转变，使其更便捷、更惠民。“智慧门头沟”建设，将以智慧民生为重要落脚点，通过进一步整合开放公共信息资源，发展面向公众的科技、教育、文化、就业、医疗、劳动保障等公益性信息服务，使公众切实享受到信息化带来的便利；促进社区信息化建设，提升社区为民服务能力和水平；健全各类危机管理信息系统，强化对重大危险源、事故隐患的有效监控，提高突发事件的预警和处理能力，从而全方位的提高居民的幸福指数和生活水平。

二、门头沟区信息化建设现状和问题

（一）信息化建设现状

近年来，门头沟区的信息化建设取得了阶段性成果，电子政务网络建设基本实现全区域覆盖，社会事业信息化建设不断推进，城乡信息化设施显著改善，初步建立起信息资源公开和共享的新机制。一是信息资源基础设施迅速发展，目前已建成包括电信网、广播电视网、计算机网在内的基础通信体系，初步形成了大容量、高速率、覆盖全区城乡的基础通信网络。二是经济信息化建设取得初步成果，分别建立了旅游信息网和旅游综合管理系统，数字家园、爱农网、数字广播、农村三资管理和农村经济决策等农业信息系统，以及企业互联网宣传服务网站，促进了特色经济的快速发展。三是大力发展电子政务，构建了以门头沟区信息网和电子政务专网为核心的内外网应用框架，建立了独立的电子政务网站群，并初步构建了门头沟区政务信息资源共享交换体系。四是构建了重点领域的决策信息服务系统，通过私挖盗采监控系统、森林防火系统、农村决策系统、为民服务平台、应急指挥系统、交通指挥系统、城市管理系统等为市、区两级提供信息决策服务。五是以公共服务为重点，创新为民服务模式（61696156 为民服务热线），建设集社区服务网络系统、热线呼叫系统、短信网络系统“三合一”的公共服务平台。

（二）存在的不足

门头沟的信息化建设虽然取得一定成果，但从整体上看还处于强化基础、促进整合、推动共享、提升服务的阶段，信息化建设对经济和社会发展的推动作用尚不明显，与智慧城市对信息化建设的要求还有很大的差距，主要表现在：信息化硬件基础设施的质量以及覆盖率均尚有较大提升空间；各领域的信息资源相互独立，缺乏深层次的交换共享；缺少基础性的公共数据中心和信息资源平台；信息产业未成规模，信息技术与传统工业融合在推动经济结构调整中的作用不明显；信息技术对民生的改善作用较为有限等。

为有效解决上述问题，全区积极推出“智慧门头沟”建设项目，进行了科学有效的前期论证和顶层设计，确定了建设思路、发展方向和技术架

构，并投入大量人力、物力和财力，全力保障了项目工程建设的快速推进。

三、“智慧门头沟”建设的总体思路

（一）指导思想

以《智慧北京行动纲要》为指导，以经济社会发展需求为导向，以改革和创新为动力，以惠及全民为宗旨，围绕生态涵养发展区和首都西部综合服务中心的功能定位，充分发挥政府的主导作用，以电子政务建设为先导，以强化信息基础设施为支撑，着力促进信息技术改造提升传统产业，不断推进现代服务业和社会各领域信息化建设，突出重点、讲求实效，将门头沟区建成具有国内先进水平的“智慧城市”。

（二）发展愿景

一是近期愿景，即到2014年底形成“智慧门头沟”的基本框架，具体包括：软硬件环境的基础性建设取得初步成果；建成统一的“智慧门头沟”城市综合服务管理决策指挥中心和3D门头沟；初步建成城市化网格及智慧旅游系统；数据中心的建立及网上行政审批与电子监察系统逐步完善。

二是中期愿景，即门头沟区的信息化水平到2015年底进入北京各区县先进行列，具体包括：建成覆盖全区的信息网络基础设施和信息安全保障体系；基本完成“智慧门头沟”专项应用项目建设；基本建成先进高效的信息化城市管理体系，政府管理能力和为民服务水平显著提升；建设完成决策服务中心。

三是远期愿景，即到2020年将门头沟区建成国内先进的“智慧城市”，具体包括：信息资源有效利用，信息化应用覆盖经济发展和社会生活的各个层面；信息产业成为门头沟经济发展的重要支柱产业之一；智慧化生活方式得到全面普及。

（三）建设原则

1. 统筹规划，资源共享

按照“以信息资源整合为中心”的构想，适应门头沟区“十二五”时期经济社会发展和建设现代化生态新区的要求，全面推进与突出特色相结合、加快建设与强化管理相结合，统一规划、合理布局，对现有资源进行综合梳理、充分整合，解决信息孤岛问题，最终实现资源共享、避免重复建设。

2. 以人为本，基础先行

始终把贴近民生、服务发展作为“智慧门头沟”建设的出发点和落脚点，把全社会普遍受益、长期受益作为其根本宗旨，围绕人民群众的迫切需求和要求，利用信息化手段实现为民服务，推动信息基础设施、公共服务的集约建设，全面提升信息基础设施水平，提升全民信息化意识和能力。

3. 立足需求，注重效益

既要符合国家和北京市的总体发展方向，也要从政府、企业和公众的迫切需求出发，把经济效益和社会效益作为衡量重要的衡量标准，走低成本、高效益的发展之路。

4. 把握特色，突出重点

把握生态涵养发展区和首都西部综合服务中心的区域功能定位，围绕打造现代化生态新区的区域发展目标，结合门头沟区实际特点，加大信息化在门头沟区经济发展和产业培育中的影响力，切实体现信息化的倍增效力，重点加强区域信息化大型工程建设，加强信息资源的开发、整合、共享和利用。

5. 政府引导，市场运作

信息化建设是一项系统工程，需要社会各方的协同合作。“智慧门头沟”建设应按照政府引导、多方参与的建设方式，坚持扶持与引导并行、规划与服务同步，充分调动各级政府、电信运营企业、软硬件开发商、信息服务企业、各行业专业组织等角色在信息化建设过程中的积极性，探索政府引导、市场运作、服务外包的建设运营模式，推动“智慧门头沟”建设全面发展。

四、“智慧门头沟”建设的主要内容

“智慧门头沟”建设，涉及面广、体系化强、涵盖内容丰富，应从智慧基础设施、智慧政务、智慧民生、智慧产业等角度出发，打造资源整合、系统完善、功能齐备、互联互通的城市运行系统。具体来看，应整体打造“一二三三四”的架构，即建设一个平台即一站式公众服务平台；两个中心即政务信息资源管理中心和城市决策服务中心；三个基础即互联网、移动互联网、无线网，城市三维地理信息系统和物联网基础平台；三大应用即智慧政务、智慧民生和智慧产业；四套体系即标准规范，安全体系，保障体系，运维体系。

（一）建设一站式公众服务平台

当前，门头沟区已经建立了为民服务平台、网上政务大厅、社会救助平台等公众服务平台系统，但各系统独立分散，未能实现信息共享，没有统一的用户及界面管理，“信息孤岛”现象较为严重。“一站式公众服务平台”的建设，将集成现有的为民服务信息平台网站和应用系统、社会救助信息平台和网上政务服务大厅等系统，实现政府职能机构与公共服务资源的有效整合，统一向居民提供全面丰富和便利的综合服务。"一站式公众服务平台"的建设，能够充分满足全区居民在信息服务及业务办理方面的应用需求，将集中管理全区网上业务办理、促进部门间业务协同、提高办事效率，并能够向区委、区政府提供实时、准确和全面的民生情况信息，辅助政府科学决策。

（二）建设政务信息资源管理中心和城市决策服务中心

一是构建政务信息资源管理中心。门头沟区现有政务资源平台包括人口库、法人库和宏观经济库，但其建设标准不能够满足作为区域资源中心所需的建设要求。政务信息资源管理中心的建设，将全面整合各类政务资源，打破部间的资源壁垒，并大力构建各类标准规范，让数据资源活起来、循环利用起来并产生价值，同时能够及时高效的为各部门提供服务。

二是构建城市决策服务中心。城市决策服务中心将立足对全区的监测、管理、处置和决策，准确展示区域运行体征和民生民情，有效提升事件处置效率和管理决策水平，并充分发挥为民服务中心、监督监察中心、旅游管理中心、应急指挥中心、智慧城管服务中心、和城市安全监测监控中心等多种功能，从而实现"一个中心多项功能"的建设目标。

（三）建设城市网络系统，三维地理信息系统和物联网基础平台

一是完善城市网络系统。加快重点区域的网络资源建设，大力推进互联网、移动互联网和无线网络的技术升级改造和覆盖范围，为公众提供方便快捷的上网方式，并积极推动政府和企业充分利用各种无线宽带技术，通过无线宽带业务应用带动全区信息化水平提升，促进产业升级和经济发展方式的转变。同时，加快开展移动电子政府工程、移动电子商务工程、公众移动信息化工程、移动电子社区工程、无线数字城市管理和应急联动工程等方面的应用，从而大力推广移动互联网业务的普及。

二是建设门头沟区三维地理信息平台。目前，门头沟已建立了二维地理信息系统，但其建设标准已经落伍，也不能实现与全市三维地理信息系统的对接。为此，门头沟区将对现有二维地理信息系统进行调整升级，建立三维地理系统系统，在城市宣传展示、信息发布及查询、电子商务、城市信息化管理等发挥强大的信息支撑作用。

三是建设物理网基础平台。积极推进物理网传感器在全区的部署，大力建设物理网感知网络框架，完成物联网平台的建设。同时，集合各部门的资源，加强对全区传感器设备的统一管理，为各部门开展物联网应用提供重要支撑，为实时监控城市运行动态、提高城市监管效率和水平提供基础性保障。

（四）实现智慧政务、智慧民生和智慧产业等三大应用

智慧政务、智慧民生和智慧产业是"智慧门头沟"建设的三个主要应用领域，它们针对城市运行的三个主体——政府、企业和居民——提供智慧化的平台和运行方式，从而实现城市的智慧化运行。

1. 建立完善的智慧政务系统

智慧政务系统的建设，包括政府部门的自身建设及公共管理领域的智慧化建设，应当通过思路创新和模式创新，全面加强公共管理资源的整合及管理部门的信息共享和业务协同，实现管理方法多样化、管理手段高端化、管理过程精准化、管理水平高效化。

一是大力构建行政审批及电子监察系统。创新审批模式，将市属部门与区属部门的审批事项全部纳入网上审批范围，即建立统一政务服务业务网络系统，在项目的申请、业务办理、行政审批、收费管理、证件管理等多方面全部实现网络化办公，大幅度降低行政成本和企业报批成本、提高行政审批效率，努力为企业提供优质、便捷、高效的服务。"门头沟区网上综合审批系统"已于2014年9月底实现上线全面运行。同时，积极健全电子监察体系，利用先进的开发技术、数据库技术、安全技术等，建设对政务公开和政务服务运行情况进行全程监察的综合电子监察系统，对各类政务职权事项、代理事项、便民服务事项及公共资源交易配置的办理流程和各单位政务公开信息实行网上实时监察和动态监管，促进政务服务工作的规范化和高效化。

二是建设网格化数字式城市管理系统，对城市运行情况实现全方位监督和管理。采用万米单元网格管理法和城市部件管理法相结合的方式，依托原有行政网格，设置网格监督员，并整合网格化手机终端系统、数字城管系统等多项数字城市技术，创建城市管理监督和执行分离协作的管理体制，构建精确精细、敏捷高效、全时段、全方位覆盖的城市管理模式。

三是建设平安城市系统。一方面，扩大门头沟

已有的平安城市系统监控范围，进一步加强部分治安案件高发地、重点社区、村庄、重点旅游线路的监控探头布控。另一方面，实现原有平安城市系统与新建城市各类智能感知系统、管理系统的协同运作和资源共享，积极构建统一的公共安全系统及应急处理机制，实现对公共安全的有效预警、预测及应急联动、统一调度和指挥，全方位提高城市的安全防控和应急处置能力。

四是建设智慧交通管理系统。通过智能交通信息采集，实现对交通拥堵状态的预测，及时传递全区实时交通状况；通过诱导信息发布系统，将重点路段的交通状态通过短信、微信、网站、大屏等方式推送到交通参与者面前，实现提前调度和交通资源的合理分配；通过交通资源管理系统，对全区交通参与者、车辆、路段、红绿灯等信息进行统一管理，从而提升整个道路的通行能力和人民群众出行满意度。

2. 搭建完善的智慧产业系统

一是建设智慧招商应用系统。一方面，在招商引资中充分利用三维地图技术，将自然资源情况、生态环境、基础设施、交通地理环境等信息展示在三维地图上，充分直观的展现城市形象，为企业提供更为直接、全面的招商信息。另一方面，通过智能招商系统充分集成各类电子商务，为企业提供全方位的网上服务。

二是大力发展智慧旅游。通过全面整合门头沟区已有的旅游综合管理应用系统，旅游信息网、旅游电子商务系统、360 度全景虚拟景区系统、手机智能导航系统等资源，建立游客服务智能化、景区管理集中化、旅游企业（旅行社、酒店等）规范化为一体的综合平台，为公众出游，行业管理和企业经营提供高效优质的旅游信息服务。

3. 构建完善的智慧民生系统

一是充分利用一站式公共服务平台，增加包含吃喝玩乐（美食）、找房子（房产）、优惠券（购物）、社区（互动交流）订酒店（酒店）、公交、火车、长途汽车等和群众生活息息相关的便民项目，为居民提供更加细致周到的智慧化公共服务。二是大力发展智慧教育系统，整合全区各类教育资源，构建完善、高效的现代网络教育文化平台，创造智慧、良好的教育文化环境，从而全面促进全区优质教育资源的进一步整合及共享，并加强学校、学生与家长之间的互动，实现数字化教育到虚拟化、智慧化教育的转变。三是大力发展智慧医疗系统，通过建设以居民健康档案公共平台为核心的健康医疗综合应用体系，进一步完善医疗卫生数据中心和医疗卫生基础数据库，提高全区医疗卫生资源的利用效率，改善和加强医疗卫生服务的综合能力和智慧化水平。四是大力发展智慧社区系统，对社区基础设施及与生活发展相关的各方面内容进行全方位信息化处理和利用，建立数字化、网络化的信息平台，对社区资源、设施、生态、环境、服务及安全监控等复杂系统实现智能化管理、服务和决策。

（五）建立健全标准规范、安全体系、保障体系、运维体系等四套体系

一是大力构建基于“智慧门头沟”建设的技术标准规范，统一各类信息系统、软硬件的开发标准，为实现资源整合以及功能拓展延伸提供基础和保障。二是大力构建“智慧门头沟”建设安全体系，充分保障数据中心等智慧基础设施硬件的安全、海量数据的信息安全等。三是大力构建完善的“智慧门头沟”运营保障体系，从技术维护、技术职称、软硬件升级、功能拓展等多领域进行充分保障，确保智慧城市系统的有效运转。四是大力构建完善的运营维护体系，加大系统操控人员、技术服务人员、软硬件维护人员等专业人才的培养，构建合理高效的运营维护机制，确保智慧城市的高效率运转。

当前，“智慧门头沟”系统建设已经基本完成了技术层面的设计和搭建工作，并将于 2015 年上半年全面实现上线运行。在此基础上，门头沟区将进一步拓展“智慧门头沟”建设的内涵和外延，不仅实现硬件设施的智慧型搭建，还将在城市管理理念、运营模式、机制机制、体系构建、资源整合、系统操作等方面进行全方位的智慧型改革，真正实现全方位的城市智慧化建设和运行，为进一步推动现代化生态新区建设提供重要保障。

深化门头沟区产业发展路径研究

区长　张贵林

一、门头沟区产业发展概况及总体定位

（一）区域概况及功能定位

门头沟区位于北京市西部，辖区面积1448.84平方公里，山地面积占98.5%，是北京市唯一的纯山区。全区辖9个镇、4个街道办事处，常住人口30.3万人。作为首都西部重要的生态屏障，门头沟区域生态环境良好、自然和人文资源丰富、历史文化悠久。与此同时，门头沟区交通便捷、区位优势明显，新城距离天安门仅25公里，莲石路、阜石路等多条快速路直通市区，长安街西延长线、轨道交通S1线已实现开工，是离市中心最近的新城之一。

按照《北京市城市总体规划（2004－2020）》和《北京市“十一五”时期功能区域发展规划》，北京市赋予门头沟区生态涵养发展区和首都西部综合服务中心的功能定位，门头沟区在首都发展中承担着培育良好生态涵养系统、创新生态与农村发展模式、培育循环经济、加快推进区域城镇化进程的职责。

（二）产业发展现状

近年来，门头沟区大力推动产业转型升级，积极培育以旅游文化休闲产业为主导，以信息科技产业、现代服务业等高端产业为支撑的产业体系。一是地区经济总量显著提升，地区生产总值由2006年的51.4亿元增长到2014年的133亿元；财政一般预算收入由7.3亿元增长到22.03亿元；累计完成全社会固定资产投资达1121亿元。二是产业结构不断优化，三次产业比例由2006年的1.5：53.8：43.7调整为2013年的1.6：50：48.4，以现代服务业为代表的第三产业比例显著提高，区域综合服务能力明显增强。三是绿色产业体系初步构建，主导产业加速培育，全区旅游综合收入年均递增近30%，由2006年的3亿元增长到2014年的20.6亿元；高端产业支撑力不断增强，石龙经济开发区12个总部大厦开工建设；重点小城镇产业转型加速推进，都市型现代农业、农游合一、文游合一的旅游项目等加快发展。

（三）产业发展总体方向、布局与思路

1. 产业发展方向

按照“十二五”规划的相关要求，门头沟区的产业发展将紧紧围绕生态涵养发展区和首都西部综合服务中心的功能定位，按照生态、特色的发展方向和一二三产融合的产业发展思路，优化产业结构，推进产业升级，积极发展新兴替代产业，加快培育以旅游文化休闲产业为主导，以信息科技产业、现代服务业等高端产业为支撑的产业体系。

一是优化第一产业，积极发展精品农业，以多样性、唯一性农产品为发展方向，加快生态、安全、优质、高效的都市型现代农业建设；二是提升第二产业，以石龙经济开发区为龙头，推动优势企业发展，扶持一批骨干企业和高新技术产业项目；三是壮大第三产业，整合资源、统筹规划、合理布局、有效配置，推动综合服务业快速发展，重点发展旅游文化休闲、商务金融、影视传媒、文化创意、设计研发、信息咨询等产业。四是加强三次产业融合，促进产业协调发展。

2. 产业发展空间布局

为加快培育主导产业，门头沟区以增强区域核心竞争力为导向，推动高端要素集聚，促进区域产业合理分工协作，实现产业布局与区域功能相适应、与资源环境相协调。新城区以石龙经济开发区转型、扩区发展为核心，辐射带动整个地区实现产业转型发展，通过积极培育符合新城功能定位的信息科技产业、高端生产性服务业和高水平生活性服务业等高端产业，努力打造现代化的滨水山城。山区将打造“一带两线四点多组团”的产业布局。“一带”即永定河绿色生态发展带，“两线”即108、109国道两条轴线，“四点”即打造潭柘寺、斋堂、军庄、王平四个重点小城镇，“多组团”即构建若干不同主题的旅游产业发展组团。围绕“一带两线”，推动文化与旅游资源相结合，大力发展特色沟域经济；盘活存量土地资源，充分整合利用工矿废弃地，积极发展碳谷等高新技术产业、高端旅游文化休闲产业；充分发挥四个重点小城镇

的产业支撑作用，打造潭柘寺文化养生小镇、斋堂古村落文化休闲和山地运动体验小镇、军庄休闲宜居小镇、王平商务会议健康养生小镇，使其成为旅游文化休闲产业发展的重要节点。

3. 产业发展思路

为落实区域产业发展目标和功能定位，门头沟区近期还针对产业升级和结构调整深化了工作思路：一是提升旅游文化休闲产业发展水平。依托全区旅游特色和文化优势，开发旅游新产品，拓展营销新渠道，打造服务新品牌；完善旅游基础设施建设，不断提升旅游承载力；建设高山滑雪、国家步道、南石洋大峡谷、宝玉石文化博览交易中心、陕西画院等一批旅游文化新项目等。二是加快推进楼宇经济建设。着力推动石龙开发区转型升级，积极建设中铁东方国际产业园等12个总部大厦；扶持生产型企业向总部经济转型，进一步为产业发展拓展空间；制定关于促进楼宇经济发展的措施，积极吸引信息科技等高端企业入驻。三是大力发展现代服务业。以节能、节水、节地、减排和减少人口过度聚集为标准，加快发展现代服务业；吸引民间资本参与文化创意产业发展，重点发展斋堂古村落古道文化旅游产业集聚区、妙峰奇石文化创意产业园、宝玉石文化艺术品交易功能区；继续吸引金融机构入驻，推动新型金融业态聚集发展；发展战略性新兴产业，对接产业规划，支持发展通航产业、低碳环保、物联网、云计算、生物科技等一批重点项目。四是全力推进都市型农业融合发展。构建农村经营体系，发挥农村集体产权交易平台的作用，鼓励土地承包经营权在公开市场上向专业大户、家庭农场、农民合作社、龙头企业合法流转；培育农村产业体系，发挥农村发展基金的作用，鼓励和引导工商资本、金融资本要素进入农村，发展适合企业化经营的现代种养业，支持实体经济；推进农村资产信托经营管理，提高农民财产性收入；引导农户提高集约化、专业化水平，扶持联户经营、种养殖大户和专业合作社等。

二、深化旅游文化休闲产业发展

（一）产业发展状况

1. 产业发展现状

近年来，门头沟区确定了发展旅游文化休闲主导产业的产业转型发展思路，通过不断加大投入力度、加强基础设施建设水平、科学整合旅游资源等措施，旅游业整体保持良好发展态势。2014年，门头沟区旅游综合收入由2006年的3亿元增长到2014年的20.6亿元，年均增长率近30%。

2. 产业发展战略定位

为优化产业发展顶层设计，门头沟区制定了《旅游文化休闲产业发展战略规划》，确定了旅游文化休闲产业的发展战略：一是产业发展角色定位——文化引领，生态支撑，产业培育，构筑首都文化窗口，打造首都休闲度假新空间；二是产业发展战略定位——打造以山地生态文化为识别特征和核心竞争力，以旅游文化休闲产业为主导产业，多业融合的首都国际高端山地旅游文化度假区；三是形象定位——北京之巅，绿海家园。

（二）产业发展中存在的问题

1. 道路交通仍是制约旅游产业发展的主要瓶颈之一

门头沟区目前仅有108、109国道两条主要道路，且只有109国道贯穿全区，主要旅游资源、景点位于连接道路尽端，尽端路之间未能形成有效的串联，旅游旺季等交通高峰期易造成道路阻塞；交通容量的限制阻碍了浅山及深山地区沟域的进一步开发，并极大制约着服务水准及旅游档次的提升。

2. 旅游文化休闲产业缺乏产业链支持

虽然旅游文化休闲产业是门头沟区的主导产业，但与旅游业相关的其他产业发展并不成熟。组织结构布局决定发展方向，单一的产业结构必然会阻碍景区未来的全方位立体式发展。就目前现状来看，门头沟区的旅游产业在北京地区具备一定的发展基础和相对较高的知名度，但是与之对应的其他产业和农、牧、渔、制造业、服务业、商业、文化业等均在区域经济发展中影响范围较窄，作用力度较小。这不仅将影响门头沟地区产业结构的合理化构建，而且终将对区域经济效益和社会效益产生负作用。

3. 旅游项目比较传统和单一，季节性因素影响突出

根据近几年的统计，门头沟景区旅游人数主要分布在景点、民俗户、观光园、宾馆以及其他区域，旅游项目单一，景区产业收入的最主要来源是景点经济收入，其次来源于民俗户经济收入，其他收入占很小一部分比例。门头沟景区的全年旅游人数和全年经济收益呈现季节性的“两头低、中间高”趋势，景区接待人数最多以及营业收入最高的月份分别是集中于每年的五月和十月，而旅游景区的淡季一般要长达5－6个月。

4. 旅游开发档次较低，缺乏特色旅游项目

门头沟区目前旅游文化产业基本以观光旅游为主，吸引的游客仍以低消费群体为主，游客自带食

品、饮料，不会为景区带来实际收入。这个问题一方面造成景区环境的污染，另一方面也形成了景区游客人数不断攀升、但人均消费额却增长缓慢的现象。当前，区域内亟需重点引进和开发一批高端、特色项目，着力吸引高消费客户群。

（三）深化旅游文化休闲产业发展的策略

1. 进一步明确旅游文化休闲产业发展区域布局

门头沟区主导功能整体已确定为都市生态屏障、城市综合服务、文化休闲旅游、生态经济发展和宜居城市建设，全区空间布局应进一步按照东部综合服务区和西部生态涵养建设区的划分进行建设。

一是东部综合服务区，包括门头沟新城核心区和新城辐射区，应重点发展文化娱乐、都市旅游休闲、产业服务大本营。新城核心区——包括龙泉镇和永定镇——这一区域涵盖了新城的规划建设范围，是全区城市建设的重点区域，主要发展方向是加强城市建设，提升服务功能，创建宜居城市，重点发展高科技产业、综合服务、休闲旅游和文化娱乐产业。新城辐射区——包括潭柘寺镇、军庄镇和妙峰山镇——这个区域是连接门头沟新城与深山区的过渡区域，是新城的重要发展腹地，主要发展方向是强化生态治理，加快城镇发展，建设宜居家园，重点发展浅山工业、休闲旅游、观光农业和特色种养产业。

二是西部生态涵养建设区，包括清水镇、斋堂镇、雁翅镇、王平镇，这个区域处于西部发展带的重要地段，是首都西部生态屏障，也是全区生态涵养的重点区域，主要发展方向是加强生态建设，强化生态涵养，发展生态产业，重点发展休闲旅游、精品农业、特色种养和文化创意产业。

2. 进一步夯实旅游产业发展基础

（1）优化旅游硬件设施

一是坚持高标准建设城市道路、城市绿化、供水、供电、供气等基础设施，充分向现代城市的标准看齐，全面提升城市建设水平；积极规划和建设一批旅游娱乐设施，从根本上改善旅游产业的硬件环境；尝试兴建若干能够展示区域历史文化的标志性建筑和城市小品，直观展现区域文化特色。二是积极兴建一批旅游餐宿项目，大力发展高端旅游酒店及传统旅游餐饮，提高旅游接待水平。三是大力促进门头沟区旅行社发展，尽快扭转驻区旅行社规模较小、服务品种单一、市场竞争力不强的现状。

（2）提升旅游软件建设水平

一是进一步提高产业信息化水平。在建立完善智慧旅游硬件系统的基础上，应充分吸收其他地区旅游信息化建设的经验教训，避免“为信息化而信息化”，更加注重信息化系统的实用性和可操作性。二是通过在职业技术学院设置旅游班、有计划的实施高层次人才外送培训工作、制定引进人才的优惠政策等措施，大力实施“人才兴旅”工程。

（3）打造完整的旅游文化产业链

一是提升旅游文化产业层次，使旅游文化产品由观光旅游向综合旅游转变。应在自然风光游的基础上，着力打造面向不同客户群体的综合游体系，具体包括针对中小学生的爱国教育、文化展览、教育培训等红色旅游；针对老年人的养老、休闲旅游；针对年轻人的生态探险旅游等等。要做到旅游方式的转变，需要进一步加强高端旅游项目的策划包装和宣传，打响旅游品牌，引进大企业、大项目入驻景区，促进景区旅游向高端发展。

二是有效构建旅游文化及相关产业体系。旅游产业是以旅游业六要素，即吃、住、行、游、购、娱为核心，由一系列行业部门组成的社会、经济、文化、环境的整合产业。旅游业虽属第三产业，但与农业、工业的关联密切，必须走三产协同的路子，才能使休闲旅游业获得良好的发展。结合门头沟的区域特色，旅游产业链的构建应从五个层面搭建平台：第一层面是大力发展自然观光旅游业，通过生态观光、漂流、农家乐等景区项目的建设，打造京津休闲旅游目的地；第二层面是发展旅游研发制造业，如旅游业相关的咨询、软件和演艺业的研发与智库产业，以及在其支撑下的特色旅游产品制造业；第三层面是发展旅游地产及旅游相关的总部经济，如旅行社、酒店业、会议、展览等项目；第四层面发展旅游营销与旅游交易业，如旅游商务行业、旅游媒介广告行业、旅游交易业等，促进产业链的互动和交流。

3. 进一步丰富旅游文化休闲产业发展战略

一是要坚持突出特色，营造精品。门头沟区旅游资源以自然山水、历史文化和生态景观三大系列为依托，在旅游开发中，要扬长避短，以优势资源为基础，发挥创新功能，坚持“人无我有，人有我特”的原则，不照搬照套，特别是避免与周边旅游目的地的同质竞争。要开发唯我独有的拳头产品，关键是要挖掘景观景物的文化内涵。

二是要坚持重点突破，项目支撑。资金约束始终是门头沟区旅游开发建设的长期制约因素，必须集中有限的资金、有重点、分步骤地选取有市场需求的优势旅游资源深度开发成对应的旅游产品，分期分批重点开发建设几个有较高质量的景区（点），尤其是要挖掘、包装几条投入少、特色强、品质高、对游客有强吸引力的旅游线路。近期，应重点开发基础和服务设施条件较好、已有一定市场知名度、市场潜力大的旅游区和产品，依靠其内涵丰富、特色独具的自然人文旅游资源，强化包装并培育成精品。

三是要坚持网络联动，区域发展。应加快旅游交通路网体系的建设，加强知名景区内外的前瞻性交通路网建设，增强旅游景点的可进入性，逐步形成结构合理、道路通畅、运输安全快捷的旅游交通运输体系。此外，还要加强旅游交通的管理服务，依靠科技手段提高路上监控能力和管理效率，创造良好的旅游交通环境，科学安排旅游线路，合理调度，增加旅游交通的承载能力，促进旅游业发展。

四是要坚持资源保护，持续发展。门头沟区旅游项目的开发要遵循经济、社会、环境的综合效益与可持续发展的原则，特别是在保障旅游业不断发展的同时确保环境质量和旅游资源的可持续性发展。新增规划项目要符合环境和资源保护的要求，做到先评价后开发建设，在保护的基础上进行科学、合理、适度的开发，尤其要重视对自然保护区脆弱生态环境的保护。对大型旅游风景区的开发应规划先导，坚持开发、保护与再造新环境的高度亲合，不违背国家建设项目环境管理的有关规定，在总体功能布局上应不与全区的总体规划相矛盾。

4. 进一步完善旅游产业支持与保障体系

要强化旅游服务体系，按照统一领导、分级管理的原则，加强组织领导，形成强有力的旅游组织管理体系。一是充分利用和依托各级各类教育培训机构，围绕提高旅游管理水平和服务质量，积极开展旅游培训，逐步形成一个内抓培训、外引人才的良好气氛；二是建立和完善旅游质量监理和导游登记注册制度，提高旅行社的经营素质和服务水平；三是加强对旅游市场、旅游商品生产和销售的管理，出台《门头沟区旅游管理条例》，实现旅游服务规范化、系列化、标准化，以保持良好的旅游秩序和环境，保障旅游全过程的顺利进行；四是鼓励旅游单位发展规模经营、连锁经营，推动旅行社向多元化、股份化、集团化、国际化方面发展；五是加强邻近地区的横向联合，在主要城区和旅游景区设立旅游联络机构，逐步形成跨地区、跨城市的旅游网络；六是加强旅游安全管理，在风景区、旅游饭店、交通运输等各环节，制定行之有效的安全措施，使旅游者在门头沟区游得舒心、放心。

三、深化信息科技产业为代表的高新技术产业发展

（一）产业发展状况

1. 产业发展现状

自“十二五”规划以来，门头沟区以石龙经济开发区为依托，通过招商引资等方式建立起了一批高新技术产业项目，产业结构开始向信息科技等第三产业倾斜。从资金投入上来看，自2010年以来，门头沟区每年用于科技创新和研发的经费逐年增加，且每年的增长率都在20%以上。仅2010年以来，区内批准成立的高新技术企业就有54家之多，信息科技产业在传统产业之上也开始起步，并取得了阶段性成果。

一是石龙经济开发区加快向总部经济转型。石龙开发区是中关村“一区十六园”之一，位于长安街西端点，是全区财政收入的重要来源。近年来，我区积极推动原有工业生产企业向总部经济转型升级，一方面积极推动“腾龙换鸟”式的产业疏解，推动精雕科技等一批企业的生产基地向周边地区转移，另一方面开工建设了12个总部大厦，并计划在2015年新开工建设4个总部大厦。

二是地区产业向高端、特色方向发展。以道富基金、光环新网为代表的金融信息产业板块等几大新兴经济板块初步形成。道富基金2014年基金规模、营业收入分别可达150亿元和12.5亿元；光环新网2013年底上市，将在区内建设京西云计算基地，为国内第一个按需调配的云计算平台，项目年营业额可达15亿元，利润达到7亿元以上。此外，门头沟区还在浅山地区整理废弃矿山及闲置用地12块800余亩，推出了陇上工业园、北斗产业园等高端工业项目，培育了新的经济增长点。

三是通过优化产业布局完善了石龙开发区高新技术产业园总体规划；增加了新城重点组团信息科技产业用地空间；制定了区域重点产业项目规划，一批产业项目成功获批；深入新能源、互联网数据服务等专项规划，引导地区产业向高端、特色方向发展。

2. 战略目标定位

“十二五”规划以来，门头沟区在充分发掘地区资源优势的基础上，全面构建了以旅游文化休闲产业为主导，以信息科技产业、现代服务业为支撑的生态友好型产业体系，提出要在优化第一产业的基础上提升第二产业，以石龙经济开发区和浅山工业区为龙头，推动优势企业发展，扶持一批骨干企业和高新技术产业项目，重点壮大第三产业中的信息科技产业；坚持用规划引领招商引资，做到科学招商选商，制定完善促进科技领域社会投资的政策措施，突出科技含量和环保要求，着力引进一批产业层次高、综合效益好、带动能力强的大项目；打造高端产业集群，在新城区重点建设永定滨水商务区、门城生态商务区、龙泉休闲商务区和三家店旅游文化休闲区；深入推动石龙经济开发区转型发展，积极发展服务高新技术产业的总部经济、楼宇经济等经济形态，形成主导产业突出、同类行业聚集、配套企业完备的高新技术产业集群。

（二）高新技术产业的产业发展方向

未来，门头沟区将以高新技术产业为重点，大力改造提升传统工业，积极培育新型产业，促进产业结构优化升级。积极推进信息化和工业化的深度融合，全面提升区域信息化水平。

一是积极推动石龙经济开发区转型升级。大力实施石龙扩区战略，加强石龙开发区长安街以南地区水、电、气、热等产业基础设施建设，推动石龙开发区与长安街西延长线产业连片发展，充分融入中关村国家自主创新示范区格局；要加快开发区转型步伐，加大总部经济引资力度，推动存量企业转型升级；要积极完善中关村石龙园管委会管理体制，成立高层次的统一协调管理机构，统筹招商引资、园区管理和企业服务职能，促进石龙经济开发总公司做大做强，为南城商务区建设做好服务保障；要大力培育优势产业集群和高新科技骨干企业，加大自主创新力度，争创名牌产品，加快形成产业链条，逐步把开发区培育成为生态友好型的高端产业功能区。二是要不断优化高新技术产业业态。要积极引进科技含量高、占地面积小、符合环境资源要求的高新技术产业项目，发展新能源与环保、数字装备和电子信息等高新技术产业，促进高端化、规模化、集约化发展。推动高新技术产业向产业链前端的研发设计与后端的市场营销延伸，促进高新技术产业与生产性服务业融合发展，打造企业总部和研发中心孵化基地。

三是要大力发展电子商务业和信息服务业。积极打造“总部经济的孵化区，高端产业的集聚区，城市形象的标志区”，依托长安街延长线区位优势，调整产业结构，发展研发创意、金融商务、电子信息、市场营销等产业形态。完成产业孵化中心建设，鼓励信息服务、科技服务等企业入驻并设立研发中心、营运中心，培育面向中小型企业和民营企业的总部经济。积极推进电子商务产业园建设，着力培育一批电子商务试点示范企业、电子商务公共平台和网上商城，成为全市远郊区县有影响力和带动力的电子商务应用试点示范园区。

四是强化信息化基础设施建设。要大力推动互联网的应用普及，加快网络扩容改造，推进20M宽带光纤入户，完善3G网络覆盖，积极促进“三网融合”，加大无线高速宽带网建设。到2015年，实现全区有线电视双向传输网家庭覆盖率达到100%，电视及广播传播与应用实现数字化，社区居民宽带入户率达到80%，农村居民宽带入户率达到50%，在重要街区、景点、道路实现高速宽带网络覆盖。要加强电子政务工程建设，建成全区统一的电子政务网络和政务信息资源交换与共享体系。

（三）高新技术产业近期项目建设重点

按照门头沟区“十二五”时期重点的产业发展规划，到2015年，区内要建设能发挥资源优势、符合国家产业政策、有利于改善经济结构、注重保护生态环境的、有产出规模的优势产业项目8～10个，新建或改造大中型规模的专业化交易市场2～3个。针对门头沟区当前的产业发展基础和未来发展定位，在近期应考虑重点建设以下项目：

一是以石龙经济开发区为核心，加快完善配套服务设施，大力培育信息科技产业孵化基地。要借助石龙经济开发区向总部经济转型的契机，积极引入发展新能源与环保、数字装备和电子信息等高新技术产业，积极与科研机构合作促进科技成果转化，打造信息科技产业孵化基地的试点项目。二是在浅山区发展绿色、低碳的产业，通过盘活工矿废弃地等存量土地资源，积极发展绿色、低碳的高科技产业，缓解生态压力，推动地区实现转型发展。三是加强信息化基础设施建设，按照统一规划、统一建设、统一管理的原则，加快抓好集约化信息基础设施建设。加快教育信息中心、现代物流信息平台、门头沟电子政务网络和公共信息网等信息化基础建设，努力构建和完善信息服务平台，大力推广信息服务业在各行业领域的应用。四是建设三大信息工程。按照以政府信息化建设带动企业、社区信息化的建设思路，全面建设实施政府上网工程、企业信息化工程、社会信息化普及工程三大信息工程。

四、深化现代服务业发展

（一）产业发展状况

1. 产业发展现状

目前，门头沟区服务业发展仍以商贸、医疗、教育等传统服务业为主，同时结合旅游业建立了大量配套设施，如餐饮、住宿等。“十二五”规划以来，区内加快了产业结构调整的步伐，逐步打造以旅游文化休闲产业为主导，以现代服务业为主要支撑的产业发展格局，现代服务业取得了较快发展。

一是以道富基金、光环新网为代表的金融信息服务产业，以宝玉石艺术品交易中心为代表的长安街西延现代服务业为代表，地区服务业向高端、特色方向发展。二是在新城区围绕永定河绿色生态发展带，建设永定滨水商务区、门城生态商务区、龙泉休闲商务区、三家店旅游文化休闲区等四个商务区，大力发展旅游文化、休闲娱乐、商务金融等现代服务业，同时实施城子大街改造、中昂广场、华远商业中心等项目升级打造商业中心。三是在山区通过“一镇一企”模式带动四个重点镇整体开发。潭柘寺镇与京投银泰集团合作建设休闲旅游服务基地。斋堂镇与中坤集团、北控集团合作建设斋堂旅游集散地。军庄镇被纳入全市城乡一体化发展试点，与加华酒业合作建设创意文化小镇。王平镇与京煤集团开展合作，借助中瑞生态谷建设和京煤工矿棚户区改造，打造运动休闲养生小镇。

2. 战略目标定位

按照“十二五”产业发展总体定位，针对门头沟区构建以旅游文化休闲产业为主导，以信息科技产业、现代服务业等高端产业为支撑的产业体系的整体战略目标，现代服务业作为门头沟区主导产业的重要支撑，在为旅游文化休闲产业提供配套设施和辅助功能，提供新的经济增长点方面发挥着巨大的作用。门头沟区在产业转型和升级过程中，在加快改造提升商贸、医疗、教育等传统服务业的基础上积极发展现代服务业，尤其大力发展会展服务、外包服务、信息服务等高端生产性服务业，着力打造区域性金融中心、商贸物流中心、旅游会展中心和文化教育、医疗服务中心，推动生产性服务业集聚化发展、生活性服务业便利化发展，全面对接新首钢高端产业综合服务区，大力发展为旅游文化休闲产业配套的高端服务业，构建与首都西部综合服务区相适应的服务业发展格局。

（二）现代服务业的产业发展方向

门头沟区在未来产业升级与调整过程中，应以节能、节水、节地、减排和减少人口过度聚集为标准，加快发展现代服务业。

一是在具体形态上，要积极吸引民间资本参与文化创意产业发展，重点支持斋堂古村落古道文化旅游产业集聚区、妙峰奇石文化创意产业园、宝玉石文化艺术品交易功能区等。

二是在区域层面上，要坚持科学招商选商，充分发挥石龙开发区的辐射作用，与长安街西延线现代服务业实现连片发展，带动新城四个高端产业集聚区项目落地，为地区持续发展提供有力支撑；在新城地区要充分利用首钢搬迁带来的机遇，积极发展高端现代服务业，建设山环水绕、错落有致、配套完善、人居环境良好的服务型宜居山城；要夯实发展基础，高标准配置基础设施和公共服务设施，高水平建设生态环境和现代化标志性景观，借助长安街西延线、S1 线磁悬浮轻轨建设和首钢搬迁机遇，重点发展旅游文化、休闲娱乐、商务金融等现代服务业，打造体现区域功能优势，最具经济活力、市场竞争力和产业辐射力的新增长极。

三是要以提升生活品质和引导相关产业发展为出发点，调整发展商业服务业，建立功能完备、特色鲜明，符合宜居城市发展要求的现代都市商业体系，满足人民群众生产、生活购物需求。要完善商业服务网络，全区商务发展整体布局围绕门城商务主中心和斋堂商务副中心建设，以新城区带动浅山区，以浅山区辐射深山区，按照互为联动、层层推进的原则，努力构建形成门城高端商务区和浅山区商务产业辐射区；要加快发展高端商务服务业，提升长安街西延线、S1 磁悬浮延长线和永定河滨水商务服务功能，积极发展商务地产，规划建设大型现代商务项目，重点建设现代化商业设施；要整合门城新城棚户区改造后的资源，做好河滩、城子大街、中门寺等传统特色商业街的改造与提升；要培育现代商业模式及商业业态；积极建设以村级便民商业服务网络为支撑的商业服务体系，形成城区带动乡镇、乡镇辐射村庄的总体商业服务格局。

（三）现代服务业近期项目建设重点

一是依托新城区建设高端服务业集聚区。门头沟新城应与首钢高端产业综合服务区的发展相呼应，充分利用轨道 S1 线、长安街西延长线建设的有利契机，以石龙工业区转型发展为核心，加快完善配套服务设施，大力培育高端服务业，打造产城融合、配套齐全的产业聚集区，实现区域整体产业转型发展。具体而言，可打造聚合商务服务、高端地产、休闲娱乐、文化创意等产业的综合性商圈。

二是借助浅山区的环境优势和旅游业基础发展高端综合养老社区项目。浅山区是旅游文化休闲产业发展的重要区域，承担加强生态修复和产业拓展的功能。当前可以考虑在该区域旅游文化休闲产业逐步成熟的基础之上，借助地理位置和环境优势，通过盘活工矿废弃地等存量土地资源，积极发展高端综合养老产业。以养老地产项目为依托，建立起高端养老社区，同时引入疗养院、医院、老年大学等多项配套设施，在该地区实现养老产业的一条龙服务，推动地区实现产业转型发展。

三是依托深山区的文化旅游休闲项目，建立生态型旅游配套服务设施。深山区包括雁翅、斋堂、清水镇，承担生态涵养和水源保护功能，目前发展过程中依托永定河、百花山、灵山、爨底下等自然资源和文化资源，有效发挥了生态环境优好、旅游文化资源丰富的优势，打造了生态、文化、旅游融合发展的重要板块。下一步要在发展生态观光旅游、特色农业、文化创意等生态友好型产业的基础之上，加强服务业配套设置建设，系统整合服务设施，形成以宾馆餐饮、购物、娱乐为主的旅游接待中心，把门头沟建设成为集观光度假、乡村居住、会议休闲为一体的高档旅游区。重点加快高档酒店、名人会所等旅游配套项目的建设，加快购物中心、特色批零超市、旅游集散中心建设和旅游交通站场建设，如社会停车型、景区停车场扩容和景区快速旅游公交系统，以及山区“环山游”线的开发。

政党 团体

中国共产党
北京市门头沟区委员会

概 述

年内，围绕中央、市委各项工作部署，开展党的群众路线教育实践活动，坚持稳中求进、改革创新，加快推动转型发展，地区经济、政治、文化、社会、生态文明建设以及党的建设各项工作取得新成效，完成全年各项任务目标。

一、开展党的群众路线教育实践活动

按照中央、市委统一部署，开展党的群众路线教育实践活动，全区83家单位、833个基层党组织、3万余名党员参加。聚焦“四风”问题，开展13个方面52项专项整治工作。从群众意见最集中的办事难、执法难、审批难、看病难、上学难、遗留问题解决难等问题改起，解决关系群众切身利益的难点问题。注重标本兼治、立破并举，研究制定全区改进作风制度建设计划，确定新建和修订5个方面58项制度，初步形成作风建设抓常、抓细、抓长的工作机制。实践证明，此次教育实践活动达到了预期目的。

二、推动经济转型，地区经济平稳健康发展

区委围绕转型发展，落实中央、市委对首都发展的新要求，坚持生态立区、高端产业强区、旅游文化休闲产业兴区的发展战略，推动规划引导发展、环境促进发展、产业带动发展、管理规范发展，保持全区经济平稳发展。全年实现地区生产总值133.8亿元，按不变价计算增长10%；一般公共预算收入22.03亿元，同比增长6.3%；全社会固定资产投资完成267.8亿元，同比增长16.4%；城镇居民人均可支配收入和农民人均纯收入达38023元和18861元，同比增长8.2%和8.3%。

坚决贯彻中央、市委关于疏解非首都核心功能产业的要求，在对存量企业全面摸底调查的基础上，制定非首都核心功能产业调整疏解方案，做到清理淘汰一批、调整疏解一批、升级改造一批。

拓展城乡产业新空间。加快推进永定滨水商务区、门城生态商务区及其它重点区域的建设开发，全年上市土地面积126公顷，总成交价235亿元，实现政府收益139.21亿元。一批商务楼宇开工建设，为地区发展注入新的动力。统筹规划废弃矿山建设用地，对236处废弃厂矿进行全面调查，整理出可建设用地和有条件建设用地近3平方公里，形成陇上科技园、妙峰奇石等产业转型的典型。

培育新经济增长点。推动石龙开发区转型与永定滨水商务区发展联动，12家楼宇总部大厦56万平方米产业项目建设进展顺利。加大招商引资力度，争取入区企业职工享有自住型商品房优先配售政策，打造浅山区旅游文化休闲产业带，中融宝玉石文化博览交易中心、西山艺境等一批项目初具规模。加快发展以景区为核心的沟域经济，收回灵山景区，修缮潭戒两寺，南石洋大峡谷试运行，景区建设水平进一步提升。促进农游、文游融合发展，发展玫瑰、玉兰、万寿菊等景观农业，举办旅游山会、徒步大会等大型活动。

科学把控发展节奏，规范经济运行。加强区委对经济工作的领导，研究重点工程建设、政府性债务等重大问题，全面整顿经济秩序，确保地区发展平稳有序。完善经济决策程序，重大事项先由工作体系充分论证，再提交区政府、区委决策会议研究。按照保民生、保发展的原则调控财政支出，控制新增债务，全年共偿还政府性债务86.99亿元，政府性债务全部纳入财政预算管理。加强预算管理，体系化研究安排部门项目预算，强化预算刚性约束，增强预算执行的严肃性。研究资金平衡工作，制定棚户区改造资金平衡方案和财政预算3年滚动平衡方案，落实国开行120亿元低息贷款，棚改拆迁建设资金得到有效保障。

三、推动城乡一体化发展，城乡建设取得显著成效

围绕建设现代化生态新区目标，坚持高标准推进现代化滨水山城和全域景区化百里画廊建设，科学合理布局城市功能，加快打造生态宜居的特色小镇和精品旅游村。

坚持规划先行，在落实长安街沿线和新城重点项目规划设计的基础上，棚改地块、石龙五期、潭柘寺镇中心区、苛萝坨地区3村、城子大街改造等一批街区规划获批，为开发建设奠定基础。超前谋划基础设施建设，制定未来三年新城道路建设、水资源利用、高压线迁改、热力燃气等规划。争取市级部门及企业支持，加快长安街西延线地下管网、南水北调河西支线、环六环路天然气管线等建设。

发挥城乡建设重点工程工作体系的作用，规范立项、招投标等工作流程，完善工程建设领域10项监管制度，重点工程全部纳入区级绿色审批通道，83项已开工建设。完成城子水厂改扩建等工程建设，新增日供水能力4.3万吨，5条道路竣工通车，建成高压走廊25公里，新建燃气管道28.4公里。

坚持建管并重，发挥城市管理和综合执法工作体系的作用，提升城市管理的精细化水平。加强拆违工作，保持新生违法建设零增长。加强环境综合治理，加大对露天烧烤、流动摊贩以及非法小广告等违法行为的治理力度，打击乱倒污泥、渣土等违法行为，公园、河道管理水平不断提高，市容环境卫生精细化管理向社区延伸，全区干净指数在全市保持前列。推广军庄农村社区物业化管理经验，整治村庄环境。

围绕生态、宜居、特色的发展方向，加快推进4个重点镇和精品旅游村建设。潭柘寺镇安置房建设一期工程基本完工，中心区土地一级开发进展顺利；军庄镇加快整体开发建设，文化休闲产业项目土地流转推进；斋堂镇一号地A地块完成上市交易，王平镇韭园新型农村社区试点项目进展顺利，工矿棚户区改造安置房交付使用，休闲养老度假园建设项目开始入住。集成险村搬迁、抗震节能改造、生态移民等政策资金，打造精品旅游村，4个村主体工程基本完成，法城村改造经验在全市得到推广。

四、坚持生态立区，区域生态环境进一步优化

落实国家生态文明示范区建设行动计划，推进34项重点任务。做好京津风沙源治理等工作，研究制定水资源可持续发展规划，加强水环境治理，实施9处永定河绿色通道景观提升工程。聚焦大气污染治理，落实“减煤换煤、清洁空气”实施方案，实施一批燃煤锅炉清洁能源改造、农村煤改电工程，探索地源热泵等清洁采暖方式，实现山区送气下乡、优质燃煤全覆盖，加大老旧机动车、建设工地扬尘治理力度，空气质量明显改善，PM2.5累计浓度同比下降7.7%，完成市政府下达的指标任务。

营造生态文明建设良好氛围，争创“国家级可持续发展实验区”。发挥工会、共青团、妇联等社会组织的作用，开展最美家庭、绿色社区等创建活动，在全国率先成立“绿色银行”。倡导健康生活方式，完善社区公交专线，引导绿色低碳出行，在79个社区推广“户分类、社区收集、区运输”垃圾分类模式。

五、坚持民生优先，保障民生和创新社会管理

结合开展党的群众路线教育实践活动，聚焦解决群众反映强烈的热点难点问题，保障和改善民生。

加强棚改工作，克服手续办理、高压线迁改、滞留户腾退等诸多难题，推进安置房建设，新增100万平方米安置房全部开工，全年交付6800套。按照一流标准建设棚改新区学校，完善医疗、养老、商业等服务设施，严格物业公司准入标准，确保群众舒心入住。实施新市民培育工程，同步做好安置房建设与征地转居工作，保护被拆迁农民合法权益。做好下一步拆迁和新增安置房建设资金准备工作，科学规划土地上市和还款时序，确保2016年基本完成棚改任务。

解决长期“欠账”的历史遗留问题，针对教育实践活动中梳理出的334项民生热点难点问题加大化解力度，283项已得到妥善解决，其余问题纳入长期计划解决。坚持“新官也要理旧账”，解决长期形成的68项历史遗留问题，已有49项得到化解。其中，财政垫付2.2亿元，解决北岭地区1250名转居农民社保问题；投入5亿元，解决永定河治理工程征地和594人入社保问题；垫付1亿元，解决中门寺村民拆迁多年上楼安置问题；垫付1.3亿元，解决了冯村遗留的欠债问题；预留4亿元，解决“北四”地区群众异地搬迁安置问题；同时，区医院改造、看守所建设、灰峪小区供电等一批工程建设遗留问题得到解决。

做好公共服务，围绕群众停车、出行、购物、健身等需求，新建一批服务设施，完成老旧小区综合改造4.96万平方米，探索停车自治管理模式，完成99项为民办实事工程。发挥61696156为民服务平台作用，解决群众生活不便问题，全年受理求助事项6.1万件，群众满意率95%以上。加强十二类特殊人群项目化管理服务，创新居家养老新模式，精细化开展“四类”低收入农户帮扶，做好回迁群众选房工作，成立就业服务小组精准对接就业需求，提升为民服务水平。坚持办人民满意的教育，高考本科上线率、中考优秀率均提高了25%。加强医疗卫生体系能力建设，74%的群众首诊看病不出区。

六、全面推进改革创新，破解经济社会发展瓶颈问题

将改革创新作为推动转型发展的动力，成立全面深化改革领导小组和11个专项小组，对接中央、北京市具体改革方案，统筹谋划、系统推进各项改革任务。

切实转变政府职能。围绕建设服务型政府，建立政府五大工作体系，形成区内重大项目审批绿色通道、“五星四级”执法方式、重点工程建设负面清单等一批改革创新成果。探索网上综合审批、城市综合管理和综合执法三大体系建设，城市管理力量下沉到街道，综合执法形成统一调度模式。围绕政务服务中心、民生服务大厅、“智慧门头沟”三大平台建设，优化审批办事程序，1030项事项实现网上审批和预审，缩短审批时间，85项民生事项在社区实现代办，政府部门的工作效率和服务质量得到提升。

推动农村各项改革措施落实。规范农村产权交易中心运行，确定土地流转指导价，保护农民合法权益，在全市进行了经验介绍。继续实施农村集体资产信托化经营管理，可带动2.3万人年均增收4767元。发挥农村发展基金和旅游发展基金作用，撬动社会资金3.87亿元，支持涉农项目发展。引导农民合作社强强联合，成立区农民专业合作社联合会，提升区农民合作社的整体竞争力。

深化街道管理体制改革。研究城市管理体制改革，突出街道辖区负总责职能，推动城市管理、社会服务、社会治安“三网合一”，把“条”上的工作在“块”上充分整合。转变服务方式，完善“7个中心”运行规则，通过社区代办、“走动式办公”等方式，推动街道干部沉到社区为居民提供服务。实施社区分类管理，开展精品社区创建活动，打造一批特色品牌社区。

推进教育卫生改革，在教育系统开展竞争上岗，实现干部教师在区内优化配置，强化与凤凰医疗集团合作，妇幼保健院纳入区医院集团，出台加强购买服务医院监管体系的意见。

七、加强民主政治建设，维护社会和谐稳定

落实党的十八届三中、四中全会精神，加强民主政治建设，推进法治建设，发挥区委领导核心作用，完善四套班子运行规则，修订区政府工作规则，规范科学民主决策程序。支持区检察院、区法院依法独立、公正地行使权利，审判质量公正指数名列全市第一。各民主党派市委集中支持门头沟发展的“8+1”行动取得成效。加强对工会、共青团、妇联等人民团体的领导，围绕维护群众利益、促进社会和谐开展工作。加强基层民主建设，发挥社区、村自治作用，做好党务、政务、村务、厂务等民主公开工作。加强法治建设，开展特色法制宣传教育活动，“阳光中途之家”建设成效显著。

落实维稳第一责任，维护地区和谐稳定。完善人民调解、行政调解、司法调解联动的工作机制，化解矛盾纠纷，全年群众信访批（件）次、人次分别下降21.3%和29.1%，在全国“两会”、十八届四中全会及APEC会议等重点时期均实现群众越级集体访和非正常群体访“双零”目标。开展“零刑事发案社区”、“无讼村落”、“平安校园”、打击非法盗采、安全生产、交通安全等平安创建活动，群众安全感等多项指标达到10年来最好水平。强化流动人口服务管理，制定控制人口规模方案，将人口调控任务纳入镇街、部门考核，上下联动做好流动人口管控工作。

八、加强宣传思想文化工作，统一思想凝心聚力

着眼于统一思想、凝聚发展共识、提高人民素质，加强宣传思想文化工作，唱响主旋律、传播正能量。

始终把思想政治建设摆在首要位置，在党的群众路线教育实践活动中开展“接通线、捅破纸、拆掉墙”解放思想大讨论活动，解决群众立场问题。

规范二级班子中心组学习，提升基层领导干部的政治素养和理论水平，发挥三级党校作用，在理论武装、决策宣传、统一思想、促进发展等方面发挥作用。

推进公共文化服务体系建设，突出文化惠民，加强文化基础设施建设，开展“百姓文化年”等系列群众性文化活动，全年文化活动近2000场。打造区域文化旅游品牌，举办永定河文化节等系列宣传活动，推动文游合一发展。加强文物保护修缮与非物质文化遗产传承，加大古道古村落保护开发力度，区域特色文化魅力得到彰显。

九、从严治党，聚精会神抓好党的建设

加强学习教育，提升思想认识。通过开展党的群众路线教育实践活动，各级党员干部对党要管党、从严治党有了更加深刻的认识，对中央、市委落实八项规定精神、强化党纪党规执行的决心有了更深的体会。广大干部按规矩办事、按制度用权、依法行政的意识显著增强。特别是王洪钟案件发生后，区委及时通报情况，以案为鉴加强教育，使广大党员干部思想上、行动上与市委保持高度一致，对党风廉政建设的认识进一步提高。

加强班子队伍建设，深入落实从严治党要求。加强区级领导班子自身建设，制定作风建设“1+8”文件，推动作风持续转变。严格干部行为准则，加强干部教育培训。健全干部选拔机制，贯彻落实新修订的《党政领导干部选拔任用工作条例》，完善民主推荐和竞争性选拔干部工作机制，全年共调整干部17批次185人次。强化干部日常管理，开展了超职数配备、领导干部在企业兼职（任职）等专项治理，40名市管干部和604名处级干部进行了个人事项报告。加强干部监督考核，综合运用巡视、审计、民主测评等方法评价干部，开展干部“任中审计”和“离任审计”15人次。

强化监督执纪，党风廉政建设加强。抓好党风建设制度建设，在全市率先出台关于落实党风廉政建设“两个责任”的实施意见。严格落实八项规定，坚持“五个盯住”，开展“纠风在行动”，开展9大专项整治行动，加大对公款吃喝、公车私用、“三公”经费开支不规范等问题的专项整治力度，强化纪检监察机关建设，推动“三转”工作，实现纪检监察工作全覆盖。加大案件查办力度，支持纪检监察机关刚性履行监督执纪职能；全年共立案43件，处理责任人34人，其中处级干部7人，比上一年同期均有大幅上升。

单位名称：北京市门头沟区委办公室
地　　址：北京市门头沟区新桥大街36号
电　　话：69842176
邮　　编：102300

（刘　楠）

【党风廉政建设工作】　1月2日，召开党建述职大会，区领导韩子荣等参加会议，各镇街、相关部门以党建引领发展为主题进行述职。2月13日，召开区党风廉政建设工作会，区四大部门领导韩子荣、张冰等参加会议，传达中纪委十八届三次全会及市党风廉政建设大会精神，会上签订了党风廉政建设责任书、纪（工）委书记目标考核责任书。3月20日，召开区委纪检监察审计监督工作体系暨区预防腐败工作联席会，区领导韩子荣参加会议，听取年内区相关部门的工作汇报，并就做好相关工作进行研究。12月15日，韩子荣到潭柘寺镇检查党风廉政建设责任制落实情况，听取潭柘寺镇关于落实党委主体责任的工作汇报。16日，市党风廉政建设责任制检查组到区内开展现场检查，通过集中座谈、单独谈话、基层述责座谈、查阅资料、专业组现场查看、专业组查账等环节进行检查。

（田玉娇）

【区领导调研、座谈】　1月8日，区领导韩子荣等与中坤集团座谈，围绕双方合作事宜进行谈论。24日，召开军政座谈会，韩子荣、罗斌、张冰等与驻区部队领导参加座谈会，听取区双拥办关于2013年双拥工作情况的汇报。4月22日，韩子荣到区旅游委调研，听取区旅游委的工作汇报，并围绕推动旅游文化休闲产业培育等问题与相关部门进行研讨。30日，韩子荣到区阳光中途之家调研，察看区阳光中途之家建设情况，并听取区司法局关于机关文化建设、法律服务、法制保障等相关工作开展情况的汇报。5月7日，韩子荣到斋堂镇、清水镇调研，到斋堂镇灵水村、牛战村、沿河城村以及清水镇达摩沟、西达摩村进行实地察看，听取群众路线教育实践活动开展情况以及重点工程项目推进存在的困难和问题等工作汇报。6月12日，韩子荣调研全区经济工作，听取区相关部门关于上半年经济指标、税收完成情况以及企业入驻情况的工作汇报，并就做好全区经济工作进行座谈。17日，韩子荣调研市政道路重点工程，实地察看九龙路、黑山大街北延、东辛称白庄子地块市政配套、小园地块市政配套、锅炉厂南路西延等市政道路重点工程建设情况。7月14日，区领导韩子荣等到清水镇调研倾倒污泥情况，实地察看污泥倾倒现场，并听取区相关部门关于污泥倾倒事件的相关工作汇报。15日，区领导韩子荣等到区供电公司及农商行门头沟支行调研，听取了区重点电力工程进展情况及北京农村商业银行股份发展情况以及门头沟支行服务地区经济发展的情况介绍。8月14日，韩子荣到大台街道调研，到大台湿地公园、黄土台社区、街道事务处理中心实地察看沟域生态治理、服务型党组织建设、七个中心建设等情况，并听取大台街道相关工作汇报。12日，区领导韩子荣等与京煤集团领导座谈，听取区相关部门关于区推进非首都核心功能产业调整疏解、严格控制人口规模工作方案及废旧厂矿土地资源普查情况的汇报，并围绕推动转型发展进行研讨。26日，区领导韩子荣等与市政路桥集团，围绕双方合作进行座谈。9月11日，召开区领导韩子荣、张冰与民主党派、工商联座谈会，区有关部门负责同志，区各民主党派主委、副主委参加会议。12日，韩子荣到军庄镇调研，听取军庄镇关于农村社区物业化管理试点工作进展的情况汇报，并就做好相关工作进行研讨。同日，与加华公司座谈，听取加华公司关于葡萄酒产业园项目进展情况的工作汇报，并围绕项目推进进行座谈。15日，韩子荣到区环保局调研，听取区环保局相关工作的汇报，并就具体工作进行部署。9月30日，韩子荣到区交通支队调研，听取区交通支队的工作汇报，并围绕加强交通设施建设等工作进行座谈。10月21日，区领导与中国中铁股份有限公司领导座谈，区领导韩子荣、张贵林，中国中铁股份有限公司领导等参加座谈。28日，区领导与北京铁路局及北京城建集团分别进行座谈。11月6日，韩子荣到区纪委调研，听取年内全区纪检监察工作完成情况及下年工作思路的工作汇报，并围绕工作重点与区纪委领导班子成员进行座谈。14日，区领导韩子荣、张贵林等与经易控股集团座谈会，听取经易控股集团关于百花山滑雪场度假村、碳谷、金融人才基地等项目进展情况的汇报。

（田玉娇）

【新农村建设】 1月14日，韩子荣参加龙泉镇2014年村党组织书记承诺述职大会，听取龙泉镇各村党组织书记承诺述职汇报。23日，区领导韩子荣等听取区委组织部关于区农村基层党建全程记实系统的情况汇报，并观看妙峰山镇、王平镇、清水镇所属村党组织书记承诺大会视频直播及各村民主日活动情况。26日，召开农村合作社座谈会，听取区经管站关于区合作社有关情况的汇报，并围绕促进合作社发展与区有关部门及部分合作社进行研讨。2月28日，举行2014年市农村工作电视电话会及门头沟区分组讨论，市农委副主任、市规划委总规划师，区领导韩子荣等在门头沟分会场参加会议，并围绕贯彻落实会议精神与相关部门进行研讨。4月21日，召开区2014年农村工作会，区四大部门领导韩子荣等出席会议，并为获表彰的村党支部代表颁发奖牌，7月15日，举行区2014年第一期村党组织书记培训班开班仪式，区领导韩子荣、全区各村党组织书记、区委选派第一书记，各镇党委副书记参加活动。

（田玉娇）

【走访、慰问活动】 1月14日，韩子荣带队开展重点户走访慰问送温暖活动，到潭柘寺镇走访慰问优抚对象、困难户、残疾人家庭等4户重点户。30日，韩子荣等到大峪中学新疆班、三家店派出所、消防支队、路政大队、自来水公司、儿童福利院、光荣院等对新疆班学生、一线职工、孤残儿童和休养老人进行慰问。7月30日，区四大部门领导韩子荣带队走访慰问驻区部队官兵。9月30日，韩子荣开展国庆前夕走访慰问活动，对建国前参加革命工作的老战士、老同志、老干部、老党员，以及烈士遗属、伤残军人、全国劳动模范进行走访慰问。

（田玉娇）

【党建人才工作】 1月23日，召开区局级领导班子和领导干部年度考核及干部选拔任用“一报告两评议”会议，韩子荣、罗斌等领导，市委组织部、区相关部门相关负责人以及部分担任过区级领导职务的老同志和部分党代表、人大代表、政协委员参加会议。24日，召开老干部工作会，韩子荣、罗斌、张冰等领导，离退休区级老干部，区有关部门负责参加会议，传达郭金龙同志在北京市老干部工作会上的讲话精神。29日，召开区党建工作大会筹备会，韩子荣等参加会议，研究区党的群众路线教育实践活动动员会、党建工作大会、党风廉政建设工作会议安排。2月15日，召开全区2014年党建工作会议，区四大部门领导参加会议，韩子荣与责任领导签订2014年政法维稳工作、党建工作、宣传思想文化工作责任书；会上部署2014年全区政法维稳工作，部署全区党建工作及统战工作以及全区宣传思想文化工作。3月4日，召开区人力资源和社会保障工作会，区领导韩子荣等参加会议，对相关工作进行部署。26日，召开区委党建工作体系专题会，区领导韩子荣等参加会议，听取党建工作体系成员单位的工作汇报，并就相关工作进行部署。12月12日，召开区党员干部教育培训工作领导小组会，区领导韩子荣等，区党员干部教育培训工作领导小组成员单位参加会议，围绕《我区关于进一步加强干部教育培训工作的实施意见》《关于进一步加强全区干部教育培训项目管理的办法（试行）》《2015年全区干部教育培训项目统筹情况说明》进行研讨。同日，召开区党建工作部署会，区领导韩子荣等出席。

（田玉娇）

【召开全区领导干部大会】 1月27日，召开全区领导干部大会，韩子荣等参加会议，韩子荣传达习近平总书记重要批示精神和市委十一届四次全会精神，罗斌传达了市十四届人大二次会议精神，张冰传达市政协十二届二次会议精神。8月27日，召开全区安全维稳工作（扩大）会议，韩子荣等参加会议，听取区相关部门关于维稳、安全生产、信访、应急值守等工作的情况汇报，并就做好区安全维稳工作进行部署。29日，召开全区领导干部大会，区四大部门领导，区人大、政协各委室主任，全区各单位、各镇街党政主要领导参加会议，韩子荣通报严重违纪违法调查的有关情况。9月26日，召开全区领导干部大会，区四大部门领导，区人大、政协各委室主任、全区各单位、各镇街党政主要领导参加会议，会上部署国庆期间全区安全稳定工作。29日，召开区委常委扩大会议，市委常委、组织部部长姜志刚，区四大部门领导等参加会议，姜志刚宣布市委的决定。10月28日，召开全区领导干部大会暨APEC期间安保维稳动员部署大会，区四大部门领导，区人大、政协各委室主任，全区各单位党、政主要领导在主会场参加会议，会上部署APEC会议期间安保维稳工作及城市运行保障工作。12月19日，召开全区领导干部大会，韩子荣、张贵林、罗斌、张冰等参加会议，韩子荣、张贵林同志分别传达郭金龙同志在调研区经济社会发展情况、参加市党风廉政建设责任制专项检查时的讲话。24日，召开全区领导干部大会，区四大部门领导，区法检“两长”，区人大、政协各委室主任，全区各单位党、政主要领导参加会议，韩子荣传达市委常委会工作报告及《中共北京市委关于贯彻落实党的十八届四中全会精神全面推进法治建设的意见》，张贵林传达全市经济社会发展工作报告。

（田玉娇）

【党的群众路线教育实践活动】 2月13日，召开党的群众路线教育实践活动动员部署大会，市委督导组组长，区四大部门领导、部分离退休局级老同志，以及部分市区党代表、人大代表、政协委员、驻区企事业单位主要负责人和党员群众代表等参加会议。21日，召开党的群众路线教育实践活动征求意见座谈会，区领导韩子荣等参加会议，听取驻区企业、“两代表一委员”及民主党派代表对区委、区政府领导班子和党员领导干部的意见建议。3月5日至8日，举办区贯彻习近平总书记系列讲话精神暨群众路线教育实践活动专题培训班，区领导韩子荣等四套班子成员、法检“两长”、区委督导组组长等参加培训，韩子荣传达习近平总书记视察北京时的重要讲话和市委十一届五次全会精神。3月10日，韩子荣到龙泉镇走访，听取龙泉镇关于党的群众路线教育实践活动相关工作的汇报，并围绕深化教育实践活动、加快地区发展，征求龙泉镇大峪村、滑石道村、东龙门村、赵家洼村、三家店村等村党组织书记的意见和建议。13日，召开区村（社区）基层党组织开展党的群众路线教育实践活动动员部署视频会议，市政协副主席、市委第七督导组组长，区领导韩子荣等参加会议。并部署下一阶段工作任务。15日，举行党的群众路线教育实践活动专题党课辅导报告会，韩子荣作《深入践行党的群众路线 切实改进党员领导干部工作作风》专题党课辅导报告。24日，召开党的群众路线教育实践活动基层代表征求意见座谈会，区领导韩子荣等参加会议，与来自教育、医疗、文化、科技等各行业共11名基层代表进行座谈。26日，召开群众路线教育实践活动下一阶段工作策划会，区领导韩子荣等参加会议，听取区委组织部关于“接通线、捅破纸、拆掉墙”密切联系群众大讨论活动方案的汇报，并围绕方案完善、活动开展等问题与相关部门进行研讨。29日，召开区四套班子领导第五次集中学习活动召开，区四大部门领导韩子荣、罗斌、张冰等参加集中学习活动。会上传达《习近平同志在兰考县常委扩大会议上的讲话》，区四大部门领导分别围绕参加群众路线教育活动交流学习体会。4月10日，市委督导组就党的群众路线教育实践活动开展情况到妙峰山镇调研，市委第七督导组组长，副组长到妙峰山镇实地考察水峪嘴村农民生产生活现状。12日，举办党的群众路线教育实践活动街道社区干部专题培训，区领导韩子荣等参加会议，并作题为《全力打造服务型街道 以改革创新精神开创门头沟区社会建设和城市管理工作新局面》的专题培训。21日，召开区党的群众路线教育实践活动领导小组（扩大）会议，会上部署《关于深入学习贯彻习近平总书记兰考讲话精神在全区党员干部中开展“接通线、捅破纸、拆掉墙”密切联系群众大讨论活动的实施方案》。22日至23日，举行基层党组织书记党的群众路线教育实践活动专题培训班，区领导韩子荣等出席培训班，全区基层党组织书记611人参加培训。5月9日，召开党的群众路线教育实践活动加快解决民生问题专题调度会，区领导韩子荣等参加会议，各工作体系牵头区领导分别汇报需解决的民生问题落实情况。12日，召开区四套班子党的群众路线教育实践活动部署会，韩子荣、罗斌、张冰等四套班子领导参加会议。会上通报全市第一批教育实践活动整改落实情况和第二批教育实践活动总体情况以及区委党的群众路线教育实践活动四套班子近期工作安排。13日，召开党的群众路线教育实践活动九大工委大讨论活动调度会，区领导韩子荣等参加会议，听取九大工委大讨论活动情况汇报，并就大讨论活动进行研讨。6月5日，召开全区党的群众路线教育实践活动二级班子第二环节工作动员部署会，市委第七督导组领导，区领导韩子荣等区四大部门领导，区委教育实践活动领导小组及办公室成员、区委教育实践活动督导组全体成员，全区各单位主要领导及主管领导参加会议。8月4日，召开全区党的群众路线教育实践活动领导小组（扩大）会，市委督导组领导，区四大部门领导等参加会议。20日，韩子荣参加基层组织生活会群众路线活动专题会及龙泉镇城子村专题组织生活会。28日，韩子荣参加龙泉镇中门寺村党支部专题组织生活会，村党支部书记作班子对照检查发言，参会党员开展批评与自我批评，并重点围绕中门寺村拆迁上楼问题解决进行座谈。10月13日，召开党的群众路线教育实践活动总结大会，市委第七督导组组长，区四大部门领导韩子荣、张贵林、罗斌、张冰等同志参加会议。11月15日，召开区党的群众路线教育实践活动督导工作座谈会，区领导韩子荣、区委各督导组组长、副组长，区委教育实践活动领导小组办公室有关同志参加会议，部分督导组组长做交流发言。

（田玉娇）

【调研、检查工作】 2月26日，国家级教育综合改革实验工作专家组到区内调研，国家教育咨询委员会委员、教育部基础教育二司副司长、市教委专职委员等专家领导，区领导韩子荣参加会议，专家听取区教育综合改革工作相关情况，并就深化教育综合改革工作进行座谈。3月15日，市领导一行到区内调研医改工作。区领导韩子荣等参加调研，实地察看区医院公立医院改革情况，并围绕医改中遇到的相关问题进行研讨。4月16日，市社会科学院领导到区内调研，市社科院党组书记、院长，区领导韩子荣参加调研，并围绕潭柘寺镇重点小城镇建设开发进行座谈。22日，牛有成到区内调研，实地察看王平镇韭园新型农村社区建设、王平镇安家庄村土地流转以及区农村产权交易平台、三资监管平台运行等情况，并听取相关工作汇报。25日，叶青纯到区内调研，实地察看61696156区为民服务信息平台运行情况，结合生态景观规划沙盘了解区旅游文化休闲产业发展情况，并听取区内及军庄镇党的群众路线教育实践活动开展情况汇报，以及市委第七督导组相关工作汇报。5月9日，举行“京台共促精致农业”专题研讨会，全国政协常委、副秘书长、台盟中央副主席，台盟北京市委副主委，区领导韩子荣、张冰等出席会议，围绕精致农业发展与台湾部分乡里长、农业专家等进行交流，并到妙峰山镇樱桃沟村、雁翅镇大村灵之秀山茶园进行实地考察。15日，市政协主席吉林到区内调研，市政协副主席，区领导韩子荣等同志参加调研。20日，市领导到鲁家山垃圾焚烧厂调研，听取首钢总公司关于鲁家山垃圾焚烧厂规划建设情况的工作汇报，实地察看鲁家山垃圾焚烧厂运行情况，并围绕鲁坨路南段建设和中水管线建设与市相关部门、相关区县进行研究部署。6月12日，市委改革办专职副主任，市委改革办相关负责人，到区内调研，区领导韩子荣等参加调研，围绕全面深化改革工作进行座谈。7月10日，市领导到鲁家山垃圾焚烧厂调研，听取首钢总公司关于鲁家山垃圾焚烧厂规划建设情况的工作汇报，实地察看鲁家山垃圾焚烧厂运行情况。8日，牛有成到区内调研，到斋堂镇法城村、火村、永定镇北岭、潭柘寺镇阳坡元村、赵家台村实地察看区新农村建设、旅游村改造、土地流转等情况。8月23日，中央第二巡回督导组组长，市委第七督导组组长，区领导韩子荣等到妙峰山镇水峪嘴村参加指导专题组织生活会及民主评议党员活动。9月19日，市国税局领导到区内调研，听取区国税征收情况的汇报，实地察看市国税局数据中心、长安一号、西山艺境、棚改安置房以及区国税局第四税务所等项目建设情况。24日，全国妇联领导到区内调研，全国妇联副主席、市妇联主席，区领导韩子荣、张冰等参加调研，结合生态景观沙盘听取区经济社会发展情况介绍，并实地察看北京花露蝴蝶园、北京灵之秀茶文化产业发展情况以及棚改安置房建设工程、西山艺境、长安一号等项目建设情况。11月18日，召开区领导与市编办座谈会，市编办主任刘云广，区领导韩子荣、张贵林等参加会议。12月18日，郭金龙到区调研，到精雕科技公司、棚户区改造石门营安置房新建小区及社区综合服务中心、石泉安置房新建小区样板间等进行实地查看，乘车察看黑河沟河道整治、小白楼安置房、黑山安置房、中门寺安置房等重点工程建设情况，并结合区生态景观规划沙盘听取区经济社会发展情况的汇报，并参加市党风廉政建设责任制工作情况的专项检查，听取区关于党风廉政建设责任制落实情况的工作汇报。市纪委书记叶青纯，市相关部门负责人等参加调研。12月25日，中央党校县委书记研修班学员到区内调研，实地察看区生态旅游文化景观沙盘、石泉安置房地块等重点工程建设以及西山艺境项目、中融宝玉石文化博览交易中心等重点项目建设情况。

（田玉娇）

【重大活动、仪式】 4月5日，举行“绿色银行”启动仪式，中国林科院资源信息所首席专家，中国绿色碳汇基金会总工程师，北京环境交易所所长等林业环保专家，团市委书记，区领导韩子荣等，首都知名企业、首都高校、绿色家庭及劳动模范、公益人士代表共500余人参加仪式。16日，韩子荣到潭柘寺镇调研，到中心区土地一级开发地块、阳坡元村实地察看安置房项目、阳坡园产业项目建设情况，听取潭柘寺镇关于党的群众路线教育实践活动和重点项目推进等情况的工作汇报。29日，召开“弘扬劳模精神 践行群众路线”庆五一劳模座谈会，区领导韩子荣、罗斌、张冰参加会议，区领导为2014年首都劳动奖章、工人先锋号获得者颁奖。4月30日，举行“五四”青年节系列活动启动仪式，区领导韩子荣等参加活动，为新团员代表颁发团员证、佩戴团徽，并与新团员一起参观区爱国主义教育基地——区档案馆《翰墨兰台门头沟》和《城市记忆》展览。5月25日，举行致公党北京市委落实“8+1”行动支持门头沟区文化事业发展戏曲专场演出暨“戏韵门头沟”戏曲演出周开幕式，市人大常委会副主任、中国侨联副主席、致公党北京市委主委、北京市侨联主席，致公党中央社会服务部部长，市委统战部副部长、市侨联党组书记，区领导韩子荣等同志出席开幕式。5月29日，区领导参加“六一”儿童节庆祝活动开幕式，韩子荣等参加庆祝活动，为新入队的少先队员们佩戴红领巾，并参观区少年宫建设情况，与正在少年宫兴趣班中学习的学生们进行互动交流。7月27日，市庆“八一”军地乒乓球联谊赛在区内举行，市乒协主席、市体育基金会理事长，海军副司令员，区领导韩子荣出席开幕式。9月1日，举行大峪一小开学典礼，韩子荣、罗斌、张冰等领导，区相关单位负责人参加活动。5日，梦想中国·永定河书画展开幕，致公党中央副主席，市人大常委会副主任、致公党北京市委主委、市侨联主席，区领导韩子荣出席。同日，区内举行欢送新兵大会，区领导韩子荣，区有关部门、新兵及新兵家长代表参加会议。9日，召开庆祝教师节表彰会，区领导韩子荣、罗斌、张冰等参加会议，并为荣获魅力教师、卓越团队、全国模范教师等称号的先进集体和先进个人颁奖。29日，举行“百名侨商走进门头沟”活动，市政协港澳台侨委员会副主任、市侨联副主席兼秘书长，区领导韩子荣等，34个国家和地区的侨商、社团负责人，市侨联、致公党北京市委、区有关单位负责人参加活动。30日，举行区烈士公祭活动，区四大部门领导韩子荣、张贵林、罗斌、张冰等，区有关单位主要领导，区人大代表、政协委员、各民主党派主委，驻区部队官兵，军烈属代表、少先队员代表和各界群众代表参加活动。12月6日，召开创新学习方式促进教育变革论坛暨“提升思维能力构建高效课堂”研讨会，国家教育咨询委员会委员、清华大学副校长、市教委副主任、《中国教育报》总编辑，区领导韩子荣等出席会议，听取部分学校负责人相关工作情况的汇报，并就提升思维能力等问题进行研讨。

（田玉娇）

【棚户区改造】 6月10日，举行京煤集团门头沟工矿棚户区改造入住仪式，京煤集团董事长、总经理，市住保办相关负责人，区领导韩子荣等参加活动，实地参观棚改项目历程展示墙，在小区花园种植祝福树，并到群众家中进行走访慰问。8月19日，召开3街1镇拆迁滞留户专题调度会，韩子荣等参加会议，听取有关情况的工作汇报，并围绕做好滞留户拆迁工作进行了研讨。9月3日，召开2镇3街村居书记座谈会，区领导韩子荣、区相关部门以及永定、龙泉、大峪、城子、东辛房等相关镇街村居书记参加会议，通报棚户区改造工程进展情况。5日，召开棚改工作推进会，区领导韩子荣等参加会议，听取关于棚改工作推进过程中存在的困难和问题的情况汇报，并就加快工作推进进行研讨。11月14日，韩子荣调研中门寺拆迁补偿安置工作，听取相关汇报，并围绕重点工作进行座谈。12月10日，召开黑山安置房分房专题调度会，区领导韩子荣等参加会议，听取区房屋征收事务中心关于黑山地块选房安置实施阶段工作方案及存在问题的汇报。

（田玉娇）

【民主生活会】 7月2日，召开区委常委班子专题民主生活会情况通报会，市委第七督导组组长，区四大部门领导以及其他现职局级领导干部，全区正处职干部，部分局级老同志，基层代表等参加会议。24日至25日，召开龙泉镇领导班子专题民主生活会，市委第七督导组组长，区领导韩子荣、中央第二巡回督导组，市委教育实践活动领导小组办公室，区委第二督导组，及龙泉镇领导班子成员参加活动。28日至29日，召开军庄镇领导班子教育实践活动专题民主生活会，市纪委书记叶青纯、区领导韩子荣以及区委第一督导组相关成员参加会议，听取镇领导班子成员就班子和自身存在的“四风”问题进行的批评和自我批评，并对民主生活会总体情况进行点评。

（田玉娇）

【经济形势分析会】 8月4日，召开区上半年经济形势分析会，市委督导组领导，区四大部门领导韩子荣、罗斌、张冰等参加会议。

（田玉娇）

【门头沟区情况通报会】 8月28日，召开门头沟区情况通报会，区四大部门领导韩子荣等同志，区委委员，九大工委负责人参加会议。

（田玉娇）

【区领导外出学习调研】 9月11日，区领导韩子荣等到石景山区调研城市管理综合试点工作情况，石景山区委书记，区长，区委常委、区委组织部部长等参加活动，听取关于城市管理综合试点工作的情况介绍，并深入老山街道实地察看社会治理综合执法指挥中心组织框架、运行模式等情况。

（田玉娇）

组织工作

【概况】 年内，全区组织工作在区委的领导下，围绕全区改革发展大局，发挥区委党建工作体系统筹作用，严格贯彻落实中央、市委各项决策部署，紧扣从严治党主题，坚持系统谋划、协同推进、重点突破，以党的群众路线教育实践活动为契机，提高全区领导班子和干部队伍的领导水平和执政能力，提升基层党组织整体服务能力和水平，推动人才工作创新发展，为深化改革、推动地区转型发展提供组织保障。

单位名称：中国共产党北京市门头沟区委员会组织部

地　　址：北京市门头沟区新桥大街36号

电　　话：69842546

邮　　编：102300

（牛嘉伟）

【召开民主生活会】 2013年12月20日至2014年1月25日，组织82家区管单位，13家市区双管单位按照“照镜子、正衣冠、洗洗澡、治治病”的总要求，结合区实际，召开以“提升能力，改进作风，勤政为民，服务区经济社会转型发展、创新发展、跨越式发展”为主题，以“反对‘四风’、服务群众”为重点的处级领导班子党员领导干部民主生活会。

（陈　雨）

【培训工作】 2013年12月30日至2014年1月3日，举办第一期基层党建全程记实系统管理员培训班，分8批次对全区9镇4街、151个村的350余名记实系统管理员进行培训，培训内容主要包括记实系统介绍、操作流程演示、故障排查和现场实操等。1月15日，举办第二期基层党建全程记实系统管理员培训班，对第一期培训班的内容进行强化和提升。两期培训班合计培训400余人次。1月13日，第2期全区处级领导干部学习贯彻习近平总书记系列讲话精神轮训班开班，全区各单位192名处级干部参训。20日，第3期全区处级领导干部学习贯彻习近平总书记系列讲话精神轮训班开班，全区各单位198名处级干部参训。3月8日至9日，按照市委组织部干部监督处统一要求，赴辽宁省沈阳市参加中组部举办的第四期“领导干部个人有关事项报告抽查核实工作培训班”，学习《领导干部个人有关事项报告材料汇总综合办法》（组通字〔2013〕26号)、《领导干部个人有关事项报告抽查核实办法》(组通字〔2014〕1号)精神,就汇总综合、抽查核实、结果比对等业务进行系统学习。3月10日至4月4日,举办春季主体培训班,包括处级干部进修班和中青年干部培训班,有54名处级干部和中青年干部参加培训。10日,第4期全区处级领导干部学习贯彻习近平总书记系列讲话精神轮训班开班,全区各单位64名处级干部参训。3月21日,举办全区干教工作者培训班,全区近80名干教管理员参加学习。此次培训班以干教管理员工作职责和在线学习管理功能介绍为重点,并下发《干教管理员工作手册》。8月28日至29日,举办组织工作研修班,全区组织系统近130名组工干部参加学习。研修班以贯彻新修订的"干部任用条例"和"发展党员细则"为重点,并进行组织业务专题培训,加强全区组工干部能力建设。9月1日至28日举办秋季主体培训班,包括处级干部进修班、新任处级干部培训班和中青年干部培训班。全区60名处级干部和中青年干部参加本次培训。10月11日,召开全区组织系统信息工作培训会,参会人员为9大系统、各镇街组织工作信息员,培训内容为组工信息写作。17日,召开全区组织系统网宣工作培训会,参会人员为各镇街组织系统兼职网宣员,培训内容为涉组涉干网络舆情应对引导方法与技巧。12月5日,举办学习贯彻《中国共产党发展党员工作细则》培训班,全区25家党工委的120余名党务工作者参加培训。

(白璐 高仁海 陈雨)
安俊杰 牛嘉伟 刘利强)

【召开"人才京郊行"总结会】 1月3日,召开区"人才京郊行"第五批挂职专家总结欢送暨第六批专家接收见面会。第五批和第六批"人才京郊行"挂职专家、各派出单位领导和接收单位领导共30人参加会议。12月30日,召开区"人才京郊行"第六批挂职专家总结欢送暨第七批专家接收见面会。第六批和第七批"人才京郊行"挂职专家、各派出单位领导和接收单位领导共40人参加会议。

(罗 樱)

【建成基层党建全程记实系统】 1月上旬,区基层党建全程记实系统项目基本建设完成并投入试运行。23日,召开"门头沟区农村基层党建全程记实系统试运行暨部分村党组织书记述职承诺和民主日活动展播会",区领导在主会场观看妙峰山镇、王平镇、清水镇3个镇利用记实系统召开村党组织书记承诺述职大会的实况,并对各村上传至记实系统平台的民主日活动情况进行检查。

(白 璐)

【完成个人有关事项报告工作】 1月13日至25日,贯彻落实中组部《关于进一步做好领导干部报告个人有关事项工作的通知》(组电明字〔2013〕25号)精神,协调37名市管干部按照首填的要求完成2013年度个人有关事项报告工作,并组织全区604名区管干部按照首次填写的要求完成《报告表》的填写和集中管理。

(陈 雨)

【慰问工作】 1月21日至29日,开展春节前老干部、援藏、援疆、赴蒙挂职干部以及在区内挂职的区外干部的慰问工作。1月,制定下发《关于在元旦春节期间开展走访慰问生活困难党员、老党员和老干部活动的通知》,组织开展全区元旦春节期间走访慰问工作。4月26日至28日,分别走访慰问区外挂职干部、援藏、援疆、赴蒙挂职干部家属。"七一"前夕,制定下发《关于在"七一"期间开展走访慰问活动的通知》,组织开展全区"七一"期间走访慰问工作,区四大部门领导对部分先进基层党组织和党员代表进行慰问。9月28日至30日,分别走访慰问援疆、援藏、赴蒙挂职干部家属以及离退休老干部和离休干部遗属。

(刘利强 安俊杰)

【选调生工作】 1月23日,开展选调生面试工作。2月18日,15名同志作为北京市2013年选调生上报市委组织部。6月5日,召开优秀选调生座谈会,部领导和参加全市优秀选调生培训班的15名选调生进行座谈。

(安俊杰)

【开展干部考核工作】 1月26日,召开局级领导班子和领导干部年度考核及干部选拔任用"一报告两评议"会议,对区级领导班子和领导干部进行民主测评,对区委干部选拔任用工作和新选拔任用干部进行评议。2月中旬,整理、汇总2013年度区级领导班子和领导干部评议意见上报市委组织部。

(安俊杰)

【清理干部在企业兼职】 2月10日,印发《关于规范和清理党政领导干部在企业兼职(任职)工作的通知》(门组发〔2014〕3号),对全区党政领导干部在企业兼职(任职)情况开展自查清理工作。通过统计摸底、建立清理工作台账，督促各单位深入推进清理工作开展，对21名在企业兼任职务的干部进行清理规范。

（安俊杰）

【区级干部教育工作】 2月11日，下发《关于做好2014区级干部教育培训项目相关工作的通知》，联合区财政局对全区培训项目经费进行统筹，加强对各单位培训项目和经费的审批管理，确定150项、475期区级干部教育培训项目。9月，依托北京干部教育网的学习资源和软硬件设施，正式开通北京干教网门头沟区分中心，制作开发《深入践行党的群众路线 切实改进党员领导干部工作作风》《区委十一届六次全会报告》等具有门头沟区特色的网络课程。11月，汇总、整理全区各单位申报的2015年培训项目，征求各相关单位意见，研究确定2015年干部教育培训计划，共拟定主体班次11期，领导干部周末大课堂11期，全区各单位专题培训班共260期。12月12日，召开全区党员干部教育培训领导小组会，区领导韩子荣等领导出席会议，区干教工作小组19家成员单位负责人参加会议。会上审议通过《门头沟区关于进一步加强干部教育培训工作的实施意见》《关于进一步加强全区干部教育培训项目管理的办法（试行）》和全区干部教育培训项目安排，并就如何做好全区干部教育培训工作进行研讨交流。12月30日，制定并下发《关于进一步加强全区干部教育培训项目管理的办法（试行）》，规范区级培训项目的统筹管理工作。12月，结合全区干部队伍建设实际和干部成长规律，研究制定了《关于进一步加强干部教育培训工作的实施意见》，明确了全区干教工作的总体要求、培训重点、工作任务、改革创新等内容，推动全区干部教育工作适应地区发展新常态的客观需要。

（高仁海）

【党的群众路线教育实践活动】 2月13日，区委召开全区党的群众路线教育实践活动动员部署大会。市委第七督导组全体成员、区四大部门领导、部分离退休局级老同志，以及部分市区党代表、人大代表、政协委员、驻区企事业单位主要负责人和党员群众代表等参加会议。市委第七督导组第一副组长出席会议并讲话。区委书记韩子荣作动员讲话并就履行全区教育实践活动第一责任人职责向党员干部群众作出“六带头、六带动”承诺。2月16日至17日，召开全区党的群众路线教育实践活动培训会。区委各督导组和区委党的群众路线教育实践活动领导小组办公室全体成员以及全区83家参加活动单位的主要领导、主管领导、工作人员400余人参加培训。区四套班子分别于2月19日、3月1日、3月5日至8日、3月15日、3月22日、3月29日开展6次、共8天的集中学习活动，采取研读学习资料、举办专题讲座、参观教育基地、观看教育片等形式，学习党的十八大和十八届三中全会精神、习近平总书记系列讲话精神和中央八项规定、市委15条意见、区委22条实施意见精神以及《党政机关厉行节约反对浪费条例》《党政机关国内公务接待管理规定》等规定，并针对学习内容进行研讨交流。2月至3月，区四套班子领导通过发放民主评议表书面征求意见，邀请“两代表一委员”、驻区企业代表、非公企业出资人代表以及基层各界代表座谈征求意见，走访离退休区级老领导、区领导联系点征求意见等方式，共征求到意见建议908条。3月5日至8日，区委举办全区贯彻习近平总书记系列讲话精神暨群众路线教育实践活动专题培训班。区四套班子成员，法检“两长”，区委督导组组长，二级单位党政主要负责人等130余人参加学习。3月10日，韩子荣到教育实践活动联系点龙泉镇调研教育实践活动开展情况，并围绕深化教育实践活动、加快地区发展等问题征求龙泉镇党委班子及村居党组织负责人对区镇两级的意见建议。3月13日，区委召开党的群众路线教育实践活动领导小组第一次会议。同日，召开村（社区）基层党组织开展党的群众路线教育实践活动动员部署视频会议。15日，韩子荣以“深入践行党的群众路线，切实改进党员领导干部工作作风”为题，为全区领导干部作专题党课辅导。市委第七督导组成员、区四大部门领导、区委督导组组长、各单位主要领导、主管领导和部分基层党组织负责人参加报告会。21日，区委召开非公企业出资人代表座谈会。24日，召开党的群众路线教育实践活动基层代表征求意见座谈会，主动征求基层群众对区委、区政府班子及党员领导干部的意见建议。会议由韩子荣主持。会上，教育、医疗、文化、科技等各行各业的11名基层代表围绕对区委区政府领导班子和党员领导干部履职情况、作风情况、“四风”方面存在的突出问题以及对搞好教育实践活动等，提出意见建议。29日，区四套班子开展党的群众路线教育实践活动学习交流会。会上，区四套班子成员围绕群众路线的时代内涵、“四风”的具体表现和危害、为民务实清廉的具体要求、加强基层服务型党组织建设的认识以及习近平总书记系列讲话精神交流学习心得和体会。4月3日，市委督导组与区委督导组开展座谈交流活动。会上，丁勇介绍全区教育实践活动进展及督导工作情况；区委各督导组组长汇报在督导工作中遇到的困难和问题；市委督导组就督导工作中遇到的困难和问题，与区委督导组进行研讨交流，并给予具体指导。10日，市委第七督导组领导一行到妙峰山镇调研指导。实地查看妙峰山镇水峪嘴产业转型成果，并与妙峰山镇党委班子成员和部分村党组织书记进行座谈交流。同日，区四套班子开展党的群众路线教育实践活动第二次学习交流会。4月17日，区委教育实践活动领导小组下发《关于在党的群众路线教育实践活动中加快解决民生问题的通知》（门群组发〔2014〕10号），明确全区需重点推进解决的334项民生热点问题，确定各个问题的牵头部门。21日，召开“接通线、捅破纸、拆掉墙、密切联系群众大讨论活动”部署会。25日，市委常委、市纪委书记到联系点门头沟区及军庄镇实地调研指导教育实践活动。察看61696156为民服务信息平台，观摩区生态景观规划沙盘，并同市委第七督导组、区部分干部群众座谈，了解教育实践活动的进展情况。4月22日至23日，区委举办基层党组织书记党的群众路线教育实践活动专题培训班，全区各党工委副书记、主管教育实践活动的科长，各村（社区）、事业单位、国有企业、非公有制企业党组织书记和区委各督导组副组长、联络员等610余人参加培训。5月26日，区委教育实践活动领导小组下发《关于深入开展“四风”突出问题专项整治工作方案》（门群组发〔2014〕13号），明确13个方面41项专项整治内容，每项整治任务都确定牵头领导、主责部门、协办单位、完成时间等。6月5日，召开党的群众路线教育实践活动二级班子第二环节工作动员部署会。30日至7月1日，区委常委班子召开党的群众路线教育实践活动专题民主生活会。7月4日，区人大常委会党组召开党的群众路线教育实践活动专题民主生活会。5日，区政府党组召开党的群众路线教育实践活动专题民主生活会。同日，区政协党组召开党的群众路线教育实践活动专题民主生活会。24日至25日，龙泉镇领导班子召开党的群众路线教育实践活动专题民主生活会。市委第七督导组组长、区领导韩子荣等出席会议。7月28日至29日，军庄镇领导班子召开党的群众路线教育实践活动专题民主生活会。市委常委、市纪委书记，市委第七督导组领导，区领导韩子荣等出席会议。8月4日，召开党的群众路线教育实践活动领导小组（扩大）会议。7日，市委第七督导组组长到区调研指导基层党组织专题组织生活会和民主评议党员工作。就全区基层党组织专题组织生活会和民主评议党员工作情况进行汇报，韩子荣就下一阶段深入开展专题组织生活会和民主评议党员工作提出指导意见。23日，妙峰山镇水峪嘴村召开专题组织生活会，并开展民主评议党员工作。韩子荣对水峪嘴村组织生活会开展情况给予肯定并对水峪嘴村的发展提出希望。中央第二巡回督导组组长，全国政协常委、港澳侨委员会副书记杨衍银同志出席并对水峪嘴村专题组织生活会给予了较高评价。9月17日，区委教育实践活动领导小组下发《关于印发〈门头沟区改进作风制度建设计划〉的通知》（门群组发〔2014〕20号），确定五个方面60项制度建设任务，每项制度建设任务都明确牵头领导、主责单位及负责人、协办单位及负责人、完成时限等。10月13日，召开党的群众路线教育实践活动总结大会。市委第七督导组全体成员、区四大部门领导、部分离退休局级老同志，以及部分市区党代表、人大代表、政协委员、驻区企事业单位主要负责人和党员代表等参加会议。大会由张贵林主持。会上，区领导作党的群众路线教育实践活动总结报告，韩子荣、市委第七督导组组长分别讲话。11月15日，召开党的群众路线教育实践活动督导工作座谈会。区领导韩子荣，区委各督导组组长、副组长，区委教育实践活动领导小组办公室有关同志参加会议，部分督导组组长做交流发言。韩子荣作总结讲话。

（安俊杰）

【挂职工作】 2月中旬，经过报名、资格审核、体检等程序，完成区第八批援疆干部选派工作。区委研究决定，同意3名同志作为区第八批援疆干部赴新疆洛浦县挂职，分别挂任洛浦县水利局副局长、文化体育广播影视局副局长、住房和城乡建设局副局长，挂职时间为3年。4月初，与河北怀来县建立干部挂职锻炼机制，并首批接受其5名干部到门头沟区挂职锻炼，挂职时间为4个月。4月10日，接收中央三部委选派来京挂职干部3人，挂职时间一年。5月30日，接收“法院系统”挂职干部1人，挂职时间为1年。6月19日，与市民政局互派挂职干部，派出挂职干部1人，挂职时间半年。7 月初，接收“500 干部下基层”挂职干部 2 人，挂职时间为 2 年。7 月初，接收北京京煤集团挂职干部 1 人，挂职时间为 1 年。8 月初，接收呼伦贝尔市“三少民族”赴京挂职干部 4 人，挂职时间为半年。9 月 11 日，接收湖北神农架林区赴京挂职干部 3 人，挂职时间为 1 年。10 月中旬，接收内蒙古自治区乌兰察布市察右后旗委挂职干部 4 人，挂职时间 3 个月。10 月下旬，按照市委组织部要求，接收“高校团干部挂职”2 人，挂职时间为 1 年。11 月 21 日，接收区地税局挂职干部 2 人，挂职时间为 1 年。12 月 26 日，接收市委组织部选派 9 名专家到区内挂职锻炼，挂职时间为 1 年。

（安俊杰）

【开展超职数配备干部专项整治】 2 月 20 日至 9 月 1 日，按照市委组织部、市编办、市人力社保局《关于转发 < 中共中央组织部、中央编办、国家公务员局关于严禁超职数配备干部的通知 > 的通知》（京组通〔2014〕8 号）规定，对全区超职数配备的处、科级干部情况进行自查，形成《门头沟区对照中组部对北京市选人用人工作检查反馈问题的自查报告》，分别就相关情况填写《超职数配备干部情况统计表（汇总表）》《超职数配备干部情况统计表（分项表）》，逐人制定整改消化计划并填写《门头沟区超职数配备干部问题整改计划表》。

（陈　雨）

【参与维稳、拆迁工作】 2 月 24 日至 3 月 15 日，抽调 14 名干部参与全国“两会”维稳工作。25 日，抽调 10 名干部参加“区土地一级开发暨采空棚户区房屋征收腾退工作督导组”工作。9 月 24 日至 11 月 12 日，抽调 28 名干部组成区委维稳驻派督导组，参与国庆、十八届四中全会、APEC 会议维稳工作。

（安俊杰）

【制定下发党管人才实施意见】 2 月中旬，制定并下发《门头沟区关于进一步加强党管人才工作的实施意见》，加强党管人才工作的顶层设计，成立专门的人才工作机构。

（罗　樱）

【干统工作】 2 月底，完成处级领导干部和公务员统计分析工作。截至 12 月底，全区共有公务员 2236 人。其中，处级领导干部共计 512 人，平均年龄 46.3 岁。女干部 128 人，占 25%；少数民族干部 8 人，占 1.6%；党外干部 10 人，占 1.9%；大学及以上学历的 495 人，占 96.7%。

（安俊杰）

【村“两委”工作目标考核工作】 2 月，制定下发《门头沟区 2013 年村“两委”工作目标考核奖励方案》，将基层党建考核结果与年终评优评先挂钩。拿出 248 万元对评议为优秀的村“两委”班子进行奖励，其中每个基层组织建设示范村奖励 10 万元，基层组织建设优秀村 7 万元。

（白　璐）

【局级年度考核】 3 月 3 日，配合市委组织部完成局级干部 2013 年度考核工作，2013 年度参加考核的局级干部共 34 人，其中优秀 7 人、称职 27 人。

（安俊杰）

【民主测评结果分析】 3 月 12 日至 5 月 20 日，完成对全区 71 个处级领导班子，510 名处级干部（其中，正职领导干部 111 名，副职领导干部 399 名），84 名处级非领导职务干部和 254 名副处级后备干部测评结果的比对分析，形成《门头沟区 2013 年度处级领导班子及领导干部民主测评结果分析报告》。

（陈　雨）

【宣传工作】 3 月 19 日，印发《关于认真学习贯彻 < 党政领导干部选拔任用工作条例 > 的通知》（门组发〔2014〕10 号），要求抓好新条例学习宣传。12 月 19 日至 31 日，通过集中学习、手机短信平台宣传、《京西时报》上刊载解读材料、开展知识问答等形式，开展《党政领导干部选拔任用工作条例》学习宣传工作。全年组织集中学习和知识问答活动 5 次，发放手机短信 3 万余条，刊载解读材料 2 篇。4 月 15 日至 5 月 15 日，通过发放 12380 口袋卡、发布电视通知、发送手机短信、在“阳光组工”专栏新增“组工知识问答”窗口、网络宣传五种形式，向区内干部群众重点宣传举报平台的性质特点、受理范围、受理程序、受理方式等内容。

（安俊杰　陈　雨）

【完成“一报告两评议”分析】 3 月 20 日至 5 月 30 日，完成 2013 年区管 59 个工委、党委（党组）干部选拔任用“一报告两评议”测评结果的分析工作。全区有用人权的处级单位“干部选拔任用的总体评价”、“执行干部选拔任用工作政策法规情况”、“整治用人上不正之风工作”、“深化干部人事制度改革”四项测评指标得分分别为：96.15 分、95.87 分、95.5 分、95.81 分。

（陈 雨）

【干部任职“一刀切”自查工作】 3月下旬到4月上旬，由区委组织部、区人保局牵头，对全区各单位“干部任职年龄‘一刀切’和层层递减问题”进行自查。

（安俊杰）

【制定经济责任审计计划】 3月25日，协同区纪委（监察局）、区审计局等经济责任审计联席会议成员单位，制定2014年度经济责任审计计划，确定任中经济责任审计单位9家，离任经济责任审计单位15家。

（陈 雨）

【下发“第一书记”管理办法】 3月，制定下发《门头沟区区派党组织第一书记管理办法（试行）》，明确“第一书记”到村工作的职责任务、人员管理办法、激励和保障机制、考核和奖惩办法、相关制度和纪律等。

（白 璐）

【农村基层组织“千百十+V”工程】 3月，制定下发《门头沟区开展农村基层组织“千百十+V”工程三年培训工作实施意见》，明确培训对象、培训形式，列出培训工作课程库和基层党建示范点。年内，区镇（街）两级合计培训基层党组织书记43批次，1410人次。

（白 璐）

【召开全区党建工作体系专题会议】 3月下旬，召开年党建工作体系专题会，区委领导听取党的建设工作领导小组、各专项工作领导小组工作情况报告，并对党建工作体系及各工作领导小组成员名单进行调整。同时，研究制定《门头沟区2014年组织工作要点》，明确6方面27项重点任务。

（牛嘉伟）

【清理超职数配备】 4月初，制定《关于门头沟区开展整治超职数配备干部工作的实施方案》，由区委组织部牵头，联合区编办、区人保局等相关单位，在全区范围内开展超职数配备干部的清查工作。

（安俊杰）

【开展科级干部“带病提拔”倒查】 4月12日至7月20日，按照市委组织部《关于转发中央组织部<关于2014年集中开展倒查工作的安排>的通知》要求，制定《2014年度门头沟区“带病提拔”的科级党政领导干部选拔任用过程待查工作方案》，协调区纪委（监察局）、区人力社保局对2013年3月20日至12月31日期间，受到撤销党内职务或者行政职务以上处分的“带病提拔”的党政领导干部选拔任用过程进行集中倒查。经自查，2013年3月20日至12月31日期间，区内不存在“带病提拔”的科级党政领导干部。

（陈 雨）

【落实市委关于岗位管理的要求】 4月14日，联合区人力社保局召开全区组织（人事）工作会议，传达中央关于配偶已移居国（境）外，或没有配偶，子女均已移居国（境）外的国家工作人员（简称“裸官”）岗位管理规定，要求全区各单位、各系统对“裸官”情况进行调查。经摸底，区内无配偶已移居国（境）外，或没有配偶，子女均已移居国（境）外的国家工作人员。

（陈 雨）

【领导干部出国（境）管理监督工作】 4月28日，联合区外事办对区领导干部出国（境）管理工作进行自查和整改，向市委组织部上报《中共门头沟区委组织部关于领导干部出国（境）管理工作自查报告》。通过整改，登记备案工作做到“应备尽备”，对全区690名符合规定的国家工作人员进行登记备案，其中厅局级干部（含离退休）51人，处级干部633人，涉密科级干部6人。

（陈 雨）

【基层服务型党组织建设工作】 4月，制定《门头沟区关于探索加强基层服务型党组织建设试点工作的方案》，确定清水镇塔河村和大台街道黄土台社区2家单位为市级试点单位，各镇街分别确定1个区级试点单位，为开展基层服务型党组织建设积累经验。

（白 璐）

【软弱涣散基层党组织整顿工作】 4月，在摸底调研的基础上，确定24个基层党组织作为全区软弱涣散基层党组织专项整顿工作的重点。按照“一村（居）一策”原则，通过建立区、镇、村（居）三级联动机制和转化销号制度，采取派驻工作组、选派党建指导员和第一书记等针对帮扶方式进行专项重点整顿。截至年底，区镇两级在整顿过程中共投入资金400余万元，调整配齐班子8个，新建、扩建基层党组织活动场所18个，24个软弱涣散基层党组织中16个实现转化，8个实现显著提升。

（白 璐）

【体检工作】 5月12日至27

日，组织全区处级领导干部、挂职干部、博士进行体检，体检项目包括血生化、尿常规、经颅多普勒等17项，全区共计739余人参加。

（高仁海）

【召开干部监督工作联席会】 5月21日，组织召开2014年度干部监督工作联系会，会上审议通过《关于建立门头沟区干部监督工作联席会议制度的实施意见（试行）》、《门头沟区干部监督信息沟通办法（试行）》两个文件。区委组织部通报了全国、全市2014年组织部长会议精神及2014年组织部门干部监督重点工作。区纪委（监察局）、区人力社保局等9个联席会议成员单位根据《关于建立门头沟区干部监督工作联席会议制度的实施意见（试行）》规定，对近两年监督工作开展情况进行通报。6月26日，正式下发《中共门头沟区委组织部关于印发<关于建立门头沟区干部监督工作联席会议制度的实施意见（试行）>、<门头沟区干部监督信息沟通办法（试行）>的通知》。

（陈　雨）

【举办“组工智汇”活动】 5月28日，举办全区组织系统第1期“组工智汇”活动，各系统、镇街主管党建工作的副职领导和相关单位党（工）委副书记围绕“新形势下如何用好严格党内生活这个法宝，做到坚持、提高、创新”主题进行交流研讨。11月28日，举办第2期“组工智汇”活动，九大系统和各镇街主管组织工作的副职领导围绕“如何更好地巩固成果、把握规律、持续发力，建立常态下严肃开展民主生活会和组织生活会的长效机制”主题进行研讨。

（牛嘉伟）

【分析区委“一报告两评议”结果】 5月30日，市委组织部干部监督处反馈区委2013年度干部选拔任用“一报告两评议”结果。区“整治用人上不正之风”在全市范围内满意率最高，为93.15%；“干部选拔任用工作总体评价”和“深化干部人事制度改革”满意率均为92.47%，“执行干部选拔任用工作政策法规”满意率为91.78%。与区县平均水平相比，“整治用人上不正之风”、“深化干部人事制度改革”两项满意率分别比区县平均值高0.55%、0.77%；“干部选拔任用工作总体评价”、“执行干部选拔任用工作政策法规”分别比区县平均值低1.03%、1.82%。在比对分析的基础上，7月28日形成《关于门头沟区2013年度干部选拔任用“一报告两评议”结果的分析报告》。

（陈　雨）

【在职党员到社区（村）报到工作】 5月，制定《门头沟区关于开展在职党员到社区（村）报到为群众服务的实施方案》，在将社区100%纳入报到范围的基础上，将报到范围扩大到农村，重点向有棚改任务的社区（村）倾斜。截至年底，全区共计191家单位、7941名在职党员均在规定时限内完成报到对接，累计开展志愿集体服务539次，个人志愿服务678人次，提出合理化建议246条，协调实际解决问题172个。

（白　璐）

【发展党员工作】 5月下旬，制定下发《门头沟区2014年发展党员工作计划》、《门头沟区发展党员预审制办法（试行）》，指导全区各党工委开展好2014年发展党员工作，规范发展党员流程。年内，全区共发展党员393名。

（刘利强）

【组织开展全区党建研究】 5月底，依托党建工作体系，以九大系统为单位分别组织开展党建调查研究工作。6月，根据各系统报送选题，研究确定重点关注类课题，以结对子的形式全程指导镇街、委办局等单位开展调查研究。9月，组织相关结对人员对重点关注类课题进行中期督导检查。11月，开展全区调研课题结题及评选工作。全年共完成33个课题研究，并选4篇调研报告报送市党建研究会参加课题评选活动，其中区委组织部课题组撰写的《探索建立党员队伍纯洁机制调研报告》获市党建研究会2014年度立项课题评选三等奖，石龙经济开发区工委课题组撰写的《非公有制企业党建工作存在主要问题及对策建议》获市党建研究会2014年度优秀自选课题评选三等奖。以学习宣传党的群众路线教育实践活动为主线，编辑出版《探索》会刊5期，其中专辑1期。

（牛嘉伟）

【建成处级干部档案管理系统】 5月底，区处级干部档案管理信息系统建设、档案整理及数字化制作项目完成，对580卷区管干部档案进行A4改版和扫描、归类、整理，建立电子档案查阅系统，并与干部信息库对接联网工作，实现处级干部档案电子化管理。12月17日，区干部档案管理信息系统建设、档案整理及数字化工作项目通过区经信委专家组验收。

（安俊杰）

【个人有关事项报告汇总工作】 6月5日至20日，对604份2013年度领导干部个人有关事项报告材料进行汇总综合，采用中组部专用软件进行录入、汇总，就相关情况形成《门头沟区2013年度领导干部个人有关事项报告材料汇总综合报告》。按照中组部《领导干部个人有关事项报告材料汇总综合办法》规定，将《汇总综合报告》报区委书记，送区纪委；《汇总综合报告》《2013年度领导干部个人有关事项集中报告情况统计表（一）》《2013年度领导干部个人有关事项集中报告情况统计表（二）》、2013年度数据上报市委组织部干部监督处。

（陈 雨）

【正处职年度考核】 6月中旬，通过干部履职情况调研、核定优秀指标数量、明确优秀等次主要条件，开展全区114名处级党政机关处级党政正职、事业单位处级正职年度考核工作。

（安俊杰）

【开展纪念建党93周年系列活动】 “七一”期间，以“立行立改 转作风 凝心聚力惠民生”为主题，召开区纪念建党93周年大会，并开展党员学习教育、推进党的群众路线教育实践活动、“唱响门头沟 共筑中国梦”群众合唱比赛、在职党员到社区（村）报到、党员帮扶、先进典型宣传、“共产党员献爱心”捐款等系列活动。

（刘利强）

【邀请北京海外高层次人才交流】 7月11日，与北京海外学人中心联合举办了第二届北京海外高层次人才门头沟行活动，邀请15位海外高层次人才到门头沟，并召开座谈交流会，为其颁发区委、区政府特邀专家聘书，初步达成合作意向6个，涉及通航旅游、手机导游等领域。

（罗 樱）

【开展随机抽查核实】 8月8日，按照市委组织干部监督处工作要求和统一部署，以5%的比例，电脑随机抽取确定32名抽查核实对象，委托市委组织部协调相关职能部门核实随机抽查核实对象配偶（子女）移居国境外、房产、投资等相关信息。11月10日至12月18日，结合市委组织部反馈信息，比对32名随机抽查核实对象个人填报情况，针对不同情况提出处理意见。总结抽查核实、信息比对及结果处理情况，形成《门头沟区2013年度随机抽查核实工作总结报告》，填写《门头沟区2013年度抽查核实情况汇总表》。《抽查核实工作总结报告》《抽查核实情况汇总表》及抽查核实对象《个人领导干部个人有关事项报告抽查核实情况表》上报市委组织部干部监督处。

（陈 雨）

【规范领导干部参加社会化培训工作】 8月18日，印发《关于严格规范领导干部参加社会化培训有关事项的通知》（门组发〔2014〕21号），结合党的群众路线教育实践活动开展情况，在全区范围内开展规范领导干部参加社会化培训专项清理整顿工作。

（白璐 高仁海 陈雨
安俊杰 牛嘉伟 刘利强）

【清理领导干部在社团兼职】 9月16日至10月底，结合党的群众路线教育实践活动开展情况，在全区范围内开展清理规范退（离）休干部在社会团体兼职问题专项清理整顿工作，对存在兼任2个以上职务、任职超过两届、任职年龄大于70周岁和兼任法定代表人等情况进行清理和规范。

（安俊杰）

【军转安置工作】 10月29日、30日，分两批组织召开军转干部集体见面会；31日，召开军转干部接收单位安置情况通报会，要求各接收单位全力配合军转干部进行转业手续办理工作，保障军转干部按期到岗。截至12月31日，共接收安置团职以上军转干部10名，全部进行安置。

（安俊杰）

【落实正常离退职村书记待遇】 10月，按照《门头沟区关于建立正常离任村党组织书记生活补贴机制的实施办法》（门发〔2013〕12号）的相关规定，向356名符合条件的正常离任村党组织书记拨付188万余元生活补贴，解决离任村党组织书记的后顾之忧。

（白 璐）

【政工职评工作】 11月3日，组织召开政工师评审工作。对3名申报初级政工师、6名申报政工师专业职务人员进行评审，最终3人取得初级政工师职称，6人取得政工师职称。

（罗 樱）

【组织在京高校座谈交流会】 11月14日，与区人保局联合举办“在京高校门头沟行活动座谈交流会”，中国人民大学、北京师范大学10所在京高校就业指导中心领导及区发改委、区教委等单位参加座谈。

（罗　樱）

【报考乡镇公务员工作】　11月上旬，启动市面向村党组织书记考试录用乡镇机关公务员工作。按照《北京市2015年面向村党组织书记考试录用乡镇机关公务员的通知》要求，确定永定镇教科文体办公室科员和龙泉镇党建办公室科员2个招录职位，9名自愿报名的村党支部书记通过资格审查。

（白　璐）

【不合格党员处置工作】　11月下旬，启动不合格党员处置工作。下发《门头沟区关于做好处置不合格党员工作有关安排》，对不合格党员的认定标准、处置方式、处置程序和工作要求等进行规范；制作《门头沟区处置不合格党员工作纪实手册》，对处置工作的每个环节进行记录，确保各环节工作落实到位。全区对15名不合格党员进行组织处置，其中限期改正8名，劝退6名，除名1名。

（刘利强）

【编发发展党员工作手册】　12月，编发《门头沟区发展党员工作手册》，对发展党员工作流程、常用文书填写等进行规范。

（刘利强）

【党统工作】　12月，开展全区党员、党组织相关情况统计工作。截至12月31日，全区有党员33422名，基层党组织1143个，其中，党委61个，党总支40个，党支部1042个。

（刘利强）

宣传工作

【概况】　年内，区委宣传文化文明工作体系强化整体设计，创新工作机制，整合工作资源，发挥工作合力，营造解放思想、科学发展，真抓实干、攻坚克难，服务群众、和谐稳定的良好氛围，为推进现代化生态新区建设提供强有力的精神文化支持。

一、强化思想引领，夯实推动地区发展的思想基础

一是理论武装深入。

二是大讨论活动有效。

三是百姓宣讲活动深入人心。

二、强化精神激励，培育践行社会主义核心价值观

一是实施公民道德建设工程。创新学雷锋志愿服务活动，设立“学雷锋文明交通示范岗”；创新公民思想道德建设方式，开设“道德文化广场讲座”；推进学习道德模范工作，宣传推介“身边的感动”百姓好故事31个。

二是推进蓝天行动三绿工程。构建家庭、学校、社会“三位一体”的文明教育格局，开展“勤俭节约”主题教育活动；培育棚改新区文明新市民，开展“新家园、新市民、新生活”主题实践活动，共评出500户“八好文明新家”并挂牌。

三是开展特色文明创建工程。开展诚信市场、文明景区创建活动，提升商品交易市场和“星级景区”的信用建设、自律能力和管理水平；推进网络文明传播志愿服务活动，创办“文明门头沟”微信平台。

三、强化舆论推动，营造促进科学发展的良好氛围

一是宣传群众路线教育实践活动。强化区属媒体的宣传引导，制作《视点关注》系列专题片、推出《与群众零距离心贴心》专题评论、开设“群众路线”专题网页；对外宣传新举措、新成效，在中央、市属媒体连续刊发（播）《挨门挨户听意见　群众路线落实处》等一批重头稿件。

二是凝聚发展共识。坚持民生导向，推出《大家说》《广角镜》等新栏目和“凝心聚力促发展”系列报道；突出政务导向，新设“民生、法制、光影”等版面，挖掘基层工作成果；发挥网络新媒体的多元化宣传优势，组织开展线上线下宣传活动，宣传门头沟绿色发展新形象。

三是树立地区科学发展形象。策划宣传区域整体形象，组织“绿色银行”宣传推广，全方位宣传徒步大会三站赛事，在首都机场举办门头沟风光图片展；宣传区域发展成果，先后在中央、市属主流媒体刊发（播）《门头沟搭建农村集体产权交易平台》等一批有影响力的报道。

四是提升网络引导能力。强化网络阵地建设，协同政府服务热线协调解决热点民生问题；提升网络公共服务能力，携手典型社区合作开展“文明养犬进社区”系列活动；健全网络舆情监管处置机制，先后成功引导、处置网络舆情事件20余起。

四、强化文化支撑，构建现代公共文化服务体系

一是推进公共文化服务体系建设。完善文化基础设施建设，新建12个村级文化室，规范东龙门等3个数字文化社区的运营管理；推进文化惠民工程，全年送书下基层41920册、送电影下基层9444场，建设30个文化艺站城市服务岗亭。

二是丰富群众文化生活。聚焦群众文化需求，全年送公益演出下乡650余场；举办“群众大民星－百姓文化年”群众汇演，推动“办文化向管文化”、“送文化和种文化相结合”的转变；举办首届门头沟书市，推出“乡村大舞台”系列演出活动。

三是打造区域文化旅游品牌。挖掘抗战老公安王朝仪先进事迹，修缮黄安坨毛主席批示纪念广场。

四是加快文创产业发展步伐。全年实施64项文物保护工程，新建妙峰山香会博物馆、琉璃渠琉璃博物馆和紫石砚博物馆，京西太平鼓民间艺术团赴捷克、丹麦参加文化交流，市级非遗项目千军台、庄户幡会通过国家级非遗名录申报公示。

单位名称：中国共产党北京市门头沟区委员会宣传部
地　　址：北京市门头沟区新桥大街36号
电　　话：69842184
邮　　编：102300

（杨晓旭）

【制定新闻宣传方案】 1月，根据区内重点工作安排，确定“幸福和谐门头沟”、“生态宜居门头沟”、“文化旅游门头沟”、“科学发展门头沟”四个季度宣传主题，统一规划各月宣传重点，加强区新闻宣传工作的整体策划和统筹协调。

（戴向明）

【文化科技卫生“三下乡”活动】 1月21日，北京市文化科技卫生“三下乡”集中示范活动在潭柘寺镇南辛房村举行，拉开北京市2014“三下乡”活动序幕。

（司文博）

【文化进万家活动】 元旦、春节期间，以“我们的中国梦”为主题，举办首都文艺志愿者“送欢乐、下基层”慰问演出、“演出送基层·共圆中国梦——北京市春节送戏进村镇”、名家名角下乡村京剧专场演出等活动，组织区文委、文联、文化馆等单位，开展文化志愿者“送福到家”活动、“写春送福”写春联送春联活动、“公益电影过大年惠百姓”放映活动、节日文化拥军爱民等多项文化下乡活动。同时以“凯歌送旧岁　骏马迎新春”为主题，在门城主要公园举办群众文艺团队展演、元宵节盛装巡游、元宵节庄户千军台古幡会等活动。据统计，两节期间，全区共举办文化活动300余场次，受益群众超过20万人次。

（司文博）

【党的群众路线教育实践活动宣传工作】 2月，研究制定《门头沟区深入开展党的群众路线教育实践活动宣传工作方案》，强化宣传工作对全区教育实践活动的引导作用。全年在《北京日报》连续刊发《新官也要理旧账》等六篇头版重点报道，区广电中心制作播出相关新闻200余条、专题6部，《京西时报》刊发相关报道稿件百余篇，并以专题评论、民主生活会侧记等形式对全区各单位活动开展进行引导。

（戴向明）

【群众大讨论活动】 4月，全区启动“接通线、捅破纸、拆掉墙”为主题的密切联系群众大讨论活动。各单位围绕学习贯彻习近平总书记兰考讲话精神，结合加强领导班子和领导干部队伍建设，围绕在各项工作中确立较高工作标准、发挥领导干部示范带头作用、开展学习研讨，确保大讨论活动取得实效。

（单　玥）

【“行摄匆匆”摄影大赛】 4月，由北京摄影艺术协会、区委宣传部共同主办的“行摄匆匆”摄影大赛结束，历时一年的大赛收到区内外参赛作品2000余幅，评选出万元大奖作品1幅、一等奖作品2幅、二等奖作品5幅、三等奖作品12幅，优秀奖作品80幅。

（司文博）

【开展“绿色银行”活动宣传】 4月5日，区内成立全国首家“绿色银行”，引导市民参与“植绿活动”，为广大企业、团体、家庭和个人搭建履行社会责任、参与植绿护绿的平台。区委宣传部组织中央及市属主流媒体开展集中采访活动，中央电视台《新闻联播》、北京电视台《北京新闻》、《北京日报》等予以重点报道。

（戴向明）

【举办“北京周末社区大讲堂”】 5月，启动以“培育社会主义核心价值观，丰富人民群众精神文化生活”为主题的“2014·北京周末社区大讲堂”。邀请专家学者到机关、农村、社区，讲授社科知识、传播人文精神、弘扬文明新风、创建和谐社会。全年共举办讲座20余场，听众2000余人次。

（司文博）

【“文化国门·美丽北京”图片展】 6月至7月，与北京市外宣办合作，在首都机场T3航站楼举办“文化国门·美丽北京”门头沟风光专题图片展，共展出摄影图片84幅。

（司文博）

【举办科技牌匾实物展览】 8月，配合灵水举人秋粥节，邀请北京励志堂科举匾额博物馆，在灵水村举办了科举匾额实物和拓片展览，共展出展品68件。

（司文博）

【廉政文化宣传工作】 8月，结合群众路线教育实践活动，开展反腐倡廉社会宣传工作，廉政文化进社区、进农村活动，为太子墓村制作廉政文化墙，倡导为民务实清廉，弘扬社会主义核心价值观。

（司文博）

【举办文化艺术节】 8月至10月，举办第八届中国北京永定河文化节。开展“京西神韵”宣传展示周、“鼓韵太平”京津冀非遗鼓舞精品展演、“情谊永驻”永定河传统文化游园会、“经典新生”全区原创精品节目演出等活动。8月至12月，举办以“文化京西，美丽绽放”为主题的区第二十五届文化艺术节。先后开展2014年度“乡村大舞台”群众文艺汇演系列活动、“聚焦美丽京西”摄影大奖赛、“中国梦·我的生态梦”文艺志愿者创作活动、深入基层“种文化”系列活动。

（司文博）

【举办书画展】 9月5日至10日，由致公党北京市委、市文联、市侨联和区联合举办的庆祝新中国成立65周年“梦想中国——永定河书画展”在区博物馆举行。

（司文博）

【举办图书节展销活动】 9月，北京国际图书节首次在门头沟设置分会场。有2万余人参与。书市活动设展位百余个，向市民提供工具书类、文史哲类、自然科学类、学生读物类等图书万余种，期间举办书画及文化用品展示交流、体育运动服装展卖等，并结合区特色，开展门头沟非物质文化遗产展示、门头沟山水自然风光和历史文化资源展览、我们身边的核心价值观展览等活动。

（司文博）

【举办重阳宣传文化活动】 9月29日，开展以“孝意京城 健康重阳”为主题的2014北京重阳宣传文化活动，举办“定都登顶 鸟瞰京城”重阳登高迷你跑活动和“永定同乐 相聚重阳”文艺演出活动。

（司文博）

【启动红叶文化宣传系列活动】 10月12日，“红·蕴山水叶·看京西”门头沟红叶文化宣传推广系列活动在清水镇西达摩村正式启动。

（司文博）

【完成党报党刊发行工作】 11月，开展2014年度重点党报党刊发行工作，对资金保障和组织落实等进行安排部署，并按工作组别进行现场征订。年底前，完成当年重点党报党刊发行工作任务。

（戴向明）

【制作“如诗如画门头沟”宣传片】 12月，选出近70幅反映区自然山水和历史文化的摄影作品，制作《如诗如画门头沟》风光宣传片。

（司文博）

【举办招商引资活动报道】 12月27日，“驻京中外企业投资门头沟行”专题推介活动在区内举行，区委宣传部组织中央及市属媒体到区采访，活动结束后进行新闻发布活动，“高精尖”、“绿色生态”等成为会后媒体报道中描述区产业发展的热点词汇。

（戴向明）

【开展向典型人物学习活动】 年内，结合群众路线教育实践活动，组织全区干部群众开展对电影《焦裕禄》《天上的菊美》《天河》的观影活动。

（司文博）

【举办百姓文化年系列活动】 年内，结合北京市首届市民系列文化活动及区民主党派重点区县发展“8+1”行动部署，举办“群众大民星——百姓文化年”系列文化活动。活动设立了“歌唱门头沟”、“戏韵门头沟”、“舞动门头沟”、“健康门头沟”、“精彩门头沟”、“美丽门头沟”六大活动板块。

（司文博）

【区委中心组学习】 年内，组织开展区委理论中心组学习。于年初制定下发区委理论学习中心组学习计划，对全年学习内容、学习方式及要求做了统一安排部署，并分专题对每季度的学习内容进行明确。邀请知名专家和学者围绕制度反腐、城市治理现代化、经济转型发展、依法治国等专题作13场高端辅导报告，并学习习近平总书记系列重要讲话和十八大、十八届三中、四中全会精神，并将辅导报告、交流研讨、参观考察等多种学习方式有机结合，收到效果。

（单 玥）

【二级中心组学习】 年内，指导开展二级中心组学习。年初制定下发《门头沟区2014年二级党委（党组）理论学习中心组工作意见》，明确二级中心组的学习内容、学习形式、学习制度和学习要求，共下发《理论热点面对面》、《时事报告》、《习近平总书记系列重要讲话读本》等各种学习材料2万余册，满足各级理论学习中心组的学习需求。

（单 玥）

【开展“最美北京人”百姓宣讲活动】 年内，全区基层单位重视中国梦百姓宣讲工作，按照工作要求，各镇街、各工委参与。经过前期故事线索征集、选讲评讲、队伍建设及稿件修改完善等一系列工作，全区共组建各级各类宣讲团63支，其中，区级宣讲团2支、工委系统宣讲团7支，街道乡镇级宣讲团13支，社区农村级宣讲团40支，特色宣讲团1支，基层宣讲队伍人数达到400人。各级宣讲团在报告厅、会议室、活动站、街心公园等各个场所开展的宣讲活动。宣讲团进机关、进社区、进农村、进广场、进军营，在全区范围内组织安排各类宣讲150余场，直接听众超过2万人。

（单 玥）

【加大宣传声势】 年内，在区“两会”期间统筹区属媒体成立专门报道组，刊播《新发展 新变化 新成就——全区发展综述》等重头文章，总结当年发展成果和下一年工作思路，围绕十八届三中全会制定宣传方案，挖掘报道全区上下贯彻落实三中全会精神的创新举措及改革发展成果，推出《医改三年看成果》等一批成果性报道，以宣传导向推动各项工作的创新实践。

（戴向明）

【创新形式提升舆论引导能力】 年内，研究传播机理，通过节目内容创新贴近百姓生活、拉近百姓距离。在《门头沟新闻》中设立“大家说”、“广角镜”等电视新闻栏目，以百姓发声的形式探讨群众身边的社会现象、反映利益诉求，引导群众进行自我教育；在《京西时报》设立“记者走基层”、“曝光台”等专栏，记录记者所见所闻，对不文明行为进行曝光，呼吁市民自觉养成良好生活习惯。

（戴向明）

【强化对外宣传】 年内，区委宣传部以徒步大会、幡会、庙会等活动为契机组织开展集中采访，借助赛会活动的举办效应通过新闻延伸将全区经济、文化、社会等系列建设成果进行整合宣传，推介门头沟旅游资源、突出宣传门头沟生态文明建设成果，助推特色旅游休闲文化产业发展。

（戴向明）

【下属单位情况】

单位名称：门头沟区新闻中心
地　　址：门头沟区新桥大街36号
电　　话：69849082
邮　　编：102300

单位名称：门头沟区互联网宣传管理工作办公室
地　　址：门头沟区新桥大街36号
电　　话：61801572
邮　　编：102300

统一战线工作

【概况】 年内，在区委的领导下，贯彻落实党的十八大和市、区党代会精神，按照全区党建工作会议的部署和2014年统战工作要点，围绕中心、服务大局，努力提高工作水平，推动全区统战工作不断取得新进展。

推进统一战线教育培训。挂牌成立区社会主义学院。完成民主党派领导班子成员培训班等6个统一战线重点培训班，累计培训400余人次。通过以会代训等形式培训基层统战干部等50余人次。

围绕中心参政议政建言献策。召开或协助区委召开各类协商会5次；邀请党外人士代表列席区委重要会议2次，就开展党的群众路线教育实践活动等内容征求统一战线各界人士意见。

发挥统一战线优势服务地区发展。推进北京市各民主党派重点支持全区发展“8＋1”行动，建立供需对接、逐层落地、反馈优化、分批推进、市区联动、资源整合、联络协调等工作机制。形成30个合作项目，均已完成、已签约、已挂牌或已进入具体实施阶段。

推进统一战线各领域工作。加强党派组织建设，成立了民进、民建区工委，增加了民主党派工作经费。开展“光彩服务·同心发展”活动，形成非公企业捐资助教及民主党派社会服务“一老一小”新品牌。开展打造满族特色文化村、“百名侨商走进门头沟”等活动，助推地区经济发展。

开展对台工作。开展涉台宣传教育“进机关、进学校、进社区”活动，组织涉台讲座、参观、征文等活动10项。开展对台交流交往活动，接待来访台湾同胞3批150人次，办理因公赴台交流手续9批次42人。

加强自身建设。在13个镇街及7个委办局党（工）委明确统战工作分管领导专兼职干部，更新民主党派成员等28类人员数据库，完善民主党派工作例会等5项制度，走访约谈党外代表人士100余人次。

单位名称：中国共产党北京市门头沟区统一战线工作部

地　　址：北京市门头沟区新桥大街36号
电　　话：69842327
邮　　编：102300

（张东红）

【民盟市委送文艺进社区】　1月6日，民盟北京市委组织知名艺术家与石门营社区群众文艺团体共同举办“共建和谐·再创辉煌”文艺演出。

（张东红）

【区领导慰问党外人士】　1月28日，区领导走访慰问区民主党派、民族宗教、非公有制经济人士等党外代表人士。

（张东红）

【召开党建工作会】　2月15日，区委召开2014年全区党建工作会，区委常委、组织部部长、统战部部长作统战工作报告，总结2013年统战工作，部署2014年工作任务。

（张东红）

【“名医工作室”成立】　2月21日、9月18日，九三学社北京市委在妙峰山镇卫生院、区妇幼保健院成立名医工作室，全年共组织专家出诊带教23人次，服务患者400余人次，培训医生130人次。

（张东红）

【召开民族宗教工作联席会】　3月11日，召开民族宗教工作联席会，总结2013年民族宗教工作，研究2014年工作要点。

（张东红）

【召开民主党派工作会】　3月14日，召开民主党派工作会，学习传达市委十一届五次全会精神，完善下发民主党派相关工作制度，部署全年工作。

（张东红）

【“8+1”行动工作】　4月23日，召开“8+1”行动卫生领域项目调研座谈会，了解有关项目的推进情况和长效机制建设情况，分析制约项目落地的机制问题并研究提出解决建议。5月27日，区委常委、组织部部长、统战部部长与有关民主党派市委就“8+1”行动卫生领域项目进展情况进行座谈，共同研究解决项目推进工作。9月12日，区内召开“8+1”行动座谈会，总结“8+1”行动阶段性成果，研究部署下阶段工作。市委统战部副部长、市侨联党组书记，各民主党派市委专职领导及区领导出席会议，并到石门营新区、景山学校地块等地现场考察。10月25日，民盟北京市委在斋堂镇举办“8+1”行动“设计走进美丽乡村”项目现场会，全国政协常委、民盟中央副主席、市政协副主席、民盟市委主委，市委统战部副部长、市侨联党组书记，市农工委书记、市农委主任，区领导等出席会议并参观了“设计走进美丽乡村”成果展。

（张东红）

【区社会主义学院成立】　4月25日，成立区社会主义学院并举办民主党派领导班子成员培训班，市社院副院长及区领导共同为区社院揭牌，60名党派成员参加培训。

（张东红）

【民革市委捐赠高效有机肥】　4月28日，民革北京市委向东山村捐赠高效有机肥20箱，市政协副主席、民革北京市委领导，区领导出席捐赠仪式。

（张东红）

【“京台共促精致农业”研讨会】　5月9日，统战部与台盟北京市委共同举办“京台共促精致农业”专题研讨会，全国政协常委、副秘书长、台盟中央副主席，台盟北京市委领导，区领导韩子荣等出席研讨会。

（张东红）

【民进区工委成立】　5月10日，中国民主促进会门头沟区工委正式成立，民进市委领导，区领导韩子荣等出席仪式。

（张东红）

【致公党市委戏曲专场演出】　5月29日，致公党北京市委落实“8+1”行动支持区文化事业发展戏曲专场演出暨“戏韵门头沟”戏曲演出周开幕式举行，市人大常委会副主任、中国侨联副主席、致公党市委主委、市侨联主席，市委统战部副部长、市侨联党组书记，区领导韩子荣等出席开幕式。中国国家京剧院的演员表演了《大漠苏武》。

（张东红）

【“助梦起航”活动】　6月1日，台盟北京市委捐款8722元组织付家台小学12名师生参观动物园、自然博物馆、奥运场馆，登上天安门观礼台观看升国旗，欣赏文艺演出，并向师生捐赠生活学习用品。

（张东红）

【劳动争议预防调解中心揭牌】　6月18日，民革北京市委引进北京赵天庆律师事务所在区人保局建立劳动人事争议预防调解中心，全国政协常委、民革中央副主席、市政协副主席、民革市委主委傅惠民出席揭牌仪式。

（张东红）

【科技助农示范小院】 6月28日，九三学社市委引进中国农业大学在清水镇黄安坨村建立科技助农示范小院，九三学社中央副主席、全国政协常委、中国科学院院士、中国农业大学教授，区领导出席活动。

（张东红）

【民建市委捐赠眼科设备】 7月9日，民建北京市委向色树坟卫生院捐赠价值5万元的眼科器械，并组织专家定期出诊带教，全国政协常委、民建中央副主席、市政协副主席、民建北京市委主委出席捐赠仪式。

（张东红）

【基层统战工作体系建立】 7月，下发《关于进一步加强新形势下基层统一战线工作的通知》，在各镇街及有关委办局明确分管统战工作的领导和干部。

（张东红）

【海基会副董事长参访潭柘寺】 8月6日，台湾海基会副董事长一行8人参访潭柘寺。海协会副秘书长、市台办副主任、潭柘寺住持常道陪同。

（张东红）

【民盟北京市委捐赠活动】 8月28日，民盟北京市委与盛京银行、中国光华科技基金会向区内捐赠6218件全新衣物，总价值128万余元。9月11日，向石门营新区捐赠新电脑13台、投影仪2台，总价值8万元，帮助社区建立网络教育中心。11月2日，向区教师进修学校捐赠“几何王”软件300套，价值17万余元。

（张东红）

【举办梦想中国永定河书画展】 9月5日，致公党市委举办庆祝中华人民共和国成立65周年——梦想中国永定河书画展。致公党中央副主席，市人大常委会副主任、致公党市委主委、市侨联主席，区领导韩子荣等出席开幕式。

（张东红）

【“识北京走山村”活动】 10月10日，区委统战部与台盟北京市委组织26名在京台商、台生开展“识北京、走山村”主题活动，参观潭柘寺、川底下村。

（张东红）

【三胞亲属参观台湾会馆】 10月21日，区台办组织区内部分台胞台属及青少年涉台教育基地教师参观北京台湾会馆及台湾法华彩瓷艺术展。

（张东红）

【民主协商会】 11月24日，召开民主协商会，就区长候选人及区政协拟增补委员、常委征求各民主党派、人民团体意见。

（张东红）

【民建区工委成立】 12月13日，中国民主建国会门头沟区工作委员会正式成立，全国政协常委、民建中央副主席、市政协副主席、民建市委主委王永庆，市委统战部副部长、市侨联党组书记，市委统战部副巡视员、党派处处长，民建市委常务副主委、秘书长，区领导韩子荣、张冰等出席成立大会。

（张东红）

【台盟北京市委慰问付家台小学】 12月31日，台盟北京市委组织在京台商参加付家台小学新年联欢会，向学校赠送书架、图书等物，向10名困难学生捐赠助学金及生活物品。

（张东红）

纪检监察工作

【概况】 年内，在市纪委监察局和区委区政府的领导下，落实“三转”要求，聚焦主责主业，强化监督执纪问责，推动全区党风廉政建设和反腐败工作开展，为全区经济社会健康发展提供纪律保障。

发挥党风廉政建设责任制领导小组办公室职责。完善制度机制。协助区委组织召开区党风廉政建设工作会议，会上区委书记与87家处级单位党政主要负责人签订党风廉政建设责任书；研究提出《2014年党风廉政建设和反腐败工作主要任务分工》，15位区级领导对72项牵头任务、504位处级班子成员对各自承担的党风廉政建设任务进行签字确认；明确党委（党组）主体责任24项、纪委（纪检组）监督责任10项；编发《门头沟区党风廉政建设文件汇编》500册；完善考核评估。修订《党风廉政建设责任制与惩防体系建设考核指标体系》，明确三级考核指标80项，区属纪检监察组织开展检查考评297次；严格责任追究，办理责任追究案件2件。

落实纪检监察审计监督工作体系领导小组办公室职责任务。明确工作任务。研究制定《关于开展“四风”问题专项整治的工作方案》及《关于加快解决民生问题的督查工作方案》，开展整治侵害群众利益行为、工程建设领域制度执行不力问题等9大专项行动。区属纪检监察组织切实履行监督职责，开展正风肃纪监督检查355次，纠正问题21个；强化督促检查。分2轮次对29个主责部门落实13个方面52项整治内容情况进行督导检查。增强监督实效。围绕中央八项规定精神的贯彻落实，坚持以“纠风在行动”为抓手，研究制定《2014年门头沟区“纠风在行动”工作实施方案》，明确工作任务，抓住关键环节和重要时间节点，围绕“五个盯住”加大监督检查力度：一是盯住舌尖，对34家单位印刷费、会议费等“三公”经费使用情况进行抽查；组织纪检监察干部和区党风政风特约监督员150余人次分10批到区内各类规模餐饮场所进行暗访。二是盯住车轮，印发《关于进一步严格假日期间公务用车管理与监督工作的通知》，严格公务用车回库管理制度，分别在清明、五一、国庆节日期间对60余家单位450多辆公车封存情况进行抽查。三是盯住窗口，对区级办事大厅（招商引资服务大厅、民生服务大厅、国地税服务大厅等）进行明察暗访5轮次，现场纠正10余起不良行为，对2个单位4人不良公务行为进行问责。基层单位开展监督检查171次，发现问题及时查纠。同时，会同区文明办开展人民满意的基层站所评选活动，规范窗口服务行为。四是盯住效率，开展14项立项效能监察工作，通过前期和中期检查，提出整改建议36条，制发《行政监察建议书》7份。五是盯住责任，开展工程建设领域监管制度执行情况的专项检查，会同区住建委抽查29个工程项目依法建设情况；针对61个单位党风廉政建设责任制常态化检查，下发《检查建议书》27份；印发“纠风在行动”简报47期，对未执行公务用车公示制度、村级财务公开制度、机关食堂浪费、受理为民服务信息平台事项不及时等情况进行通报和曝光。

加大案件查办工作力度。主动到基层接访。到镇街基层排查出重点信访矛盾问题14件。制定《门头沟区纪委监察局领导信访接待工作办法》，区纪委监察局领导每周一直接面对面接待群众上访，接待群众22批次54人次。强化信访监督。加大直查工作力度，直查信访件27件，转立案8件，进行信访公开3次，进行信访谈话9件次，信访函询15件次，对6名正处级干部和2名副处级干部进行廉政警示谈话。坚持案件查办高压态势。全年全区共立案查处各类违纪违法案件43件，同比去年26件上升65.4%。其中大要案25件，同比上升78%；区纪委监察局机关直查案件28件，同比上升65%。给予党纪政纪处分43人，其中处级干部8人（正处级5人），科级干部7人，农村党员干部20人，其他人员8人。移送司法机关处理6人。问责15人，其中诫勉谈话2人，书面检查9人，通报批评4人。为国家和集体挽回经济损失290.25万元。

深化反腐倡廉宣传教育力度。利用区内“一台一报一网一刊”宣传阵地，在区廉政网、《京西时报》等媒体发布反腐倡廉新闻、动态信息300余条。在《北京日报》、《北京青年报》、《是与非》等市级媒体刊稿20余篇；会同区委宣传部开展“门头沟廉政故事”征及廉政动漫创作集活动，共征集廉政故事100余篇，组织“勤廉之星”进行巡讲8场次，制作“勤廉之星”事迹光盘200张。实行任前考廉，分3批次对拟提拔的领导干部进行任前“考廉”；进行集体测廉，编发《纠正“四风”领导干部廉洁自律工作法规制度选编》，400余名党政领导干部通过了廉政测试。注重查办案件的警示教育作用。编发《拆迁警示录（二）》200张，印发案件通报4期，对违反民主集中制、违反八项规定精神等7起案件进行曝光，编发《以案为鉴》4期8000册。

落实廉政风险防控管理“五大体系”建设要求，强化权力运行制约与监督。协助区委制定《门头沟区贯彻落实<建立健全惩治和预防腐败体系2013－2017年工作规划>的实施细则》，并建立分工方案，明确16项工作，72项具体工作任务。对区四套班子的职权目录进行的梳理和完善，共梳理职权目录539项。推进廉政风险防控管理向关键部位延伸：区国资委对建立和推行以董事会、总经理办公会、监事会职权目录及工作规则为主要内容的决策、执行、监督风险防控机制进行探索；

强化自身建设，打造纪检“铁军”。落实市纪委监察局内设机构调整的有关要求，区纪委监察局机关先后进行两次机构改革。

单位名称：中共门头沟区纪律检查委员会
地　　址：北京市门头沟区新桥大街36号
电　　话：69843066
邮　　编：102300

（吴大春）

【宣传教育】　1月2日，区纪委监察局学习《北京市纪委通报6起纪检监察干部违纪违法案件》文件精神。召开机关全体及镇街纪委书记会议对通报文件精神进行专题学习，并就加强纪检监察干部队伍建设进行研讨。15日，深入学习贯彻中央八项规定精神。一是区级领导班子召开专题会议，组织各单位主要领导集中学习《党政机关国内公务接待管理规定》和《党政机关厉行节约反对浪费条例》。二是开展处级层面廉洁自律专题民主生活会，对照“八项规定”、《廉政准则》等进行自查自纠，查找“四风”问题。三是把相关规定汇集成册，下发全区各单位，结合党的十八届三中全会精神进行学习解读，切实将规定精神传达到每一名公职人员。四是加强监督执纪，坚持开展“纠风在行动”，查处公款走访、送礼、旅游，出入私人会所吃喝玩乐等违规违纪行为。3月28日，组织党风政风特约监督员集中学习。学习《北京市党政机关国内公务接待管理办法》、《门头沟区党风政风特约监督员管理办法》等文件，并配发《纠正“四风”领导干部廉洁自律工作法规制度选编》。4月4日，区反腐倡廉主题教育活动暨“勤廉之星”表彰会。区纪委、区委宣传部合力部署2014年反腐倡廉宣传教育工作任务，并表彰上一年全区评选出的十位“勤廉之星”。23日，组织加强农村基层党组织廉政教育培训。邀请市纪委党风政风监督室领导为农村、社区、事业单位等党组织负责人500余人授课。重点围绕落实中央八项规定精神，用实际案例，解读北京市“9个严禁”。5月13日，加大反腐倡廉宣传教育工作力度。一是举行领导干部任前廉政法规知识测试，在全市率先启动领导干部任前“考廉”工作。二是以党的群众路线教育实践活动为契机，在门头沟廉政网开辟“每周一读”、“廉政讲堂”等版块，摘播古今优秀廉政故事。三是加大区“廉洁之星”宣传力度，依托“中国梦·我的梦”宣讲团开展“廉洁之星”事迹宣讲，发挥正面典型的示范引领作用。四是创新宣传形式，开展“算好人生七笔账”主题廉政漫画征集活动，选取优秀作品，在门头沟电视台、门头沟区廉政网、《京西时报》、《以案为鉴》刊物等区内主要宣传平台进行展示。15日，区纪委、区委宣传部等多部门推进“勤廉之星”宣传工作。一是开展事迹宣讲。依托全区“最美北京人”百姓宣讲活动，在全区镇街、九大工委系统广泛开展“勤廉之星”先进事迹宣讲。二是组织专题学习。拍摄“勤廉之星”宣传教育专题片，并通过光盘形式下发全区各单位，作为党的群众路线教育实践活动必学内容。三是加强媒体报道。在区《京西时报》、区电视台、区廉政网等区内媒体上开通“勤廉之星”宣传专题，进行持续报道。8月14日，区纪委三管齐下预防拆迁领域“小官贪腐”问题。一是推进警示教育，加强思想防范。二是梳理廉政风险，强化建章立制。三是实施全程监督，构建立体防控体系。9月12日，召开全区党员干部廉政法规知识测试暨区委理论中心组（扩大）学习。邀请中纪委监察部廉政理论研究中心副主任围绕“落实‘两个责任’，深入推进党风廉政建设和反腐败斗争”为全区领导干部作专题讲座。区四大部门领导、各单位党政主要领导及主管纪检工作领导、各镇街党委书记及纪（工）委书记、区纪委委员等260余人参加测试。区纪委领导通报了区内查处的违反中央八项规定精神的6起典型案例，并提出要求。区领导在会上再次提出要求。9月16日，多举措强化廉政教育。一是坚持开展领导干部任前“考廉”工作，组织3批新任处级领导干部参加任前廉政法规知识在线测试。二是推进任中“测廉”工作，组织开展廉政法规知识测试活动，全区区级领导干部、处级党政正职领导干部、纪检监察干部近300人参加。三是加大区“廉洁之星”宣传力度，依托“中国梦·我的梦”宣讲团开展“廉洁之星”事迹宣讲，充分发挥正面典型的示范引领作用。四是开展警示教育，在全区党员干部大会上通报区内查处的违反中央八项规定精神的6起典型案例。11月，采取五项措施深化反腐倡廉宣传教育。一是坚持领导讲廉。紧密结合党的群众路线教育实践活动，区委书记、区纪委书记，全区各级党政主要领导开展讲党课活动。二是坚持大力倡廉。利用区内媒体宣传阵地，在区廉政网、《京西时报》等媒体发布反腐倡廉新闻300余条，开展“勤廉之星”评比、“门头沟廉政故事”、廉政动漫征集活动，提高廉政文化宣传影响力和覆盖面。三是实行任前考廉，在全市率先启动领导干部任前廉政法规知识考试，分3批次对18名拟提拔的领导干部进行任前“考廉”。四是进行集体测廉，编发《纠正“四风”领导干部廉洁自律工作法规制度选编》2000册，并对全区党政主要领导干部进行廉政测试。五是突出以案促廉。印发案件通报4期，在区廉政网增设曝光台，对违反民主集中制、违反八项规定精神等7起案件进行曝光，同时编发《以案为鉴》3期6000册，剖析区内10个典型案件成因，教育广大党员干部以案为鉴。12月，开展行贿犯罪档案查询工作。以区检察院行贿犯罪档案查询中心为主要平台，向社会单位及个人提供行贿犯罪记录查询服务。一是多渠道宣传。通过电视台、报纸和印刷宣传册等方式，在全区范围内宣传；利用网络信息交流软件，邀请企业召开座谈会，及时答疑解惑和处理企业诉求。二是拓宽覆盖面。依托区职务犯罪预防领导小组，区纪委会同区检察院围绕预防职务犯罪制定多项规范性文件，建立起涵盖基本建设工程、政府采购及中介组织等重点领域的廉洁准入制度体系。三是提升功能定位。利用案件档案查询功能，定期核对刑事涉案人员处理情况，避免出现遗漏案件；建立与公安、检察、审计等多部门案件查处协作机制，及时进行信息沟通，开展联动办案；定期进行数据分析汇总，研究案发特点，制定有针对性的防范措施，最大限度降低腐败风险。

（吴大春）

【重要会议】 1月17日，中共门头沟区第十一届纪律检查委员会第三次全体（扩大）会议召开。会上审议通过题为《认真学习贯彻党的十八届三中全会精神，扎实推进全区党风廉政建设和反腐败工作深入开展》的报告。2月13日，召开2014年党风廉政建设工作会议。纪委领导作题为《聚焦党风廉政建设和反腐败工作中心任务，为门头沟区改革发展提供有力保证》的工作报告。会上，韩子荣与部分单位党委书记签订《门头沟区党风廉政建设责任书》，纪委书记与部分镇街纪委书记签订《纪（工）委书记目标考核责任书》。韩子荣就做好2014年全区党风廉政建设工作提出要求。28日，召开机关群众路线教育实践活动动员会。会上，纪委书记作动员讲话，同时进行“六带头、六带动”承诺，并提出要求。3月4日，召开机关教育实践活动征求意见座谈会。听取部分区纪委委员、区政府特约监察员、基层纪委书记、直派组驻在部门主管领导和双管单位纪检组长等22位代表的意见和建议。4月8日，召开廉政风险防控项目化管理专题研讨会。纪委书记牵头组织委局相关领导围绕廉政风险防控项目化管理工作可行性和实施意见具体内容进行研究，并提出要求。5月5日，区纪委领导参加镇街纪委书记参与区纪委办信办案工作第一批抽调人员座谈会。听取区纪委案件部门主管领导工作汇报，以及3位抽调纪（工）委书记表态发言，并提出要求。21日，案件调查组对群众反映清水镇燕家台村党支部书记的问题，向全体村民进行公开答复。23日，区监察局组织召开加快解决民生问题督查工作协调会。区委督查室、区政府督查室、区人大、区政协、区委政法委等部门主管领导及相关人员参加会议。会上重点研究《关于加快解决民生问题的督查工作方案（征求意见稿）》。6月12日，直派组对2014年建筑工程质量安全生产大检查工作提出要求。7月30日，召开“严肃查处农村基层党员干部不正之风和违法违纪行为”专项行动部署会。对群众反映农村干部的重要案件线索进行排查。9月11日，门头沟区由公检法主管领导以及相关单位主要领导参加的政法系统专题会议。由区纪委领导通报中央电视台9月9日新闻直播间节目曝光区人民法院相关人员违规使用公务用车问题的调查情况。区领导出席会议，并提出要求。十一前期，区纪委监察局部署“两节”期间明察暗访工作。召开党风政风监督员工作会，通报近期全区党风廉政和反腐败工作形势，要求在中秋、国庆“两节”期间党风政风监督工作中做到“四个盯紧”。10月15日，召开委办局监督执纪工作汇报会。区委常领导听取区农委、社会办、卫生局等12家单位纪（工）委书记、纪检组长工作汇报，并提出要求。17日，召开党的群众路线教育实践活动总结大会。区委第六督导组组长出席会议。组长对区纪委机关、监察局在党的群众路线教育实践活动中取得的成效给予肯定，并对下一阶段整改落实工作提出希望。11月19日，区内召开贯彻落实党风廉政建设责任制专项检查工作部署会。会上传达市反腐倡廉领导小组办公室有关党风廉政建设责任制检查考核工作精神，通报我区推进党风廉政建设和责任制落实情况，并对下一步专项检查工作进行部署。12月5日，组织召开区党风廉政建设责任制专项检查培训会。围绕责任制检查考核指标内容及现场检查工作进行培训。

（吴大春）

【体制改革】 1月20日，根据区编委《关于设立区预防腐败局有关事项的批复》（门编委字［2013［31号），设立区预防腐败局，将研究室与各室的预防腐败职能整合，调整为预防腐败工作室；成立案件检查二室，将原案件检查室调整为案件检查一室；将纠正部门和行业不正之风工作室与领导干部廉洁自律工作室合并，成立党风政风监督室；将执法监察室与行政投诉中心的效能监察职能整合，成立执法和效能监督室。调整后，区纪委（区监察局、区预防腐败局）共设置11个内设机构、1个区预防腐败宣传教育中心和4个直派纪检组。3月24日，按照市委市政府、市纪委监察局“三转”工作要求，结合区内工作实际，对参与的60余个议事协调机构进行调整。8月5日，根据区编委会《关于调整区纪委机关、监察局（预防腐败局）内设机构设置的批复》（门编委字［2014］11号），对区纪委机关、监察局（预防腐败局）内设机构作出调整与职能整合。

（吴大春）

【调研督导】　2月11日，区领导到潭柘寺镇调研回迁安置房工程建设情况。听取镇主要领导工作汇报，并提出要求。12日，区领导到妙峰山镇调研工程项目落地情况。听取镇主要领导工作汇报，并提出要求。27日，市纪委领导就区纪检监察机关落实“三转”要求情况开展调研。听取区纪委监察局工作汇报，并提出要求。3月18日，区领导到大峪街道联系点调研指导党的群众路线教育实践活动工作。听取大峪街道活动开展情况的工作汇报，以及部分党员群众代表的意见、建议，并提出要求。21日，纪委领导到区发改委进行调研。围绕区纪委监察局机关党的群众路线教育实践活动征求意见建议，并针对“绿通”项目并联审批机制建设、立项审批程序等具体工作提出要求。4月10日，市纪委领导就案件线索管理及区级反腐败协调小组运行情况进行调研。市纪委调研组听取区纪委工作汇报，对区案件查办及管理工作、反腐败协调小组作用发挥方面给予肯定，并提出要求。4月至5月期间，直派四组开展重点工程监督管理调研工作。约谈石门营、石泉、中门寺等多家项目管理公司负责人，了解项目进展情况，到中门寺地块进行现场检查，并提出要求。5月13日，市纪委领导围绕派驻机构工作情况进行调研。6月17日，区纪委领导到龙泉镇同镇纪委书记进行约谈。听取镇纪委落实“转职能、转方式、转作风”情况、协助党委加强党风建设和组织协调反腐败工作职能发挥情况等内容的汇报。8月15日，区纪委领导到区法制办、区农委督导“四风”突出问题专项整治工作。听取相关单位工作汇报，并提出要求。21日，区纪委领导到区财政局督导“四风”突出问题专项整治工作。24日，市委常委、市纪委书记围绕纪检监察机关落实“三转”工作要求，就强化监督执纪问责工作开展调研。9月5日，区纪委领导到区为民服务中心就“庸懒散”专项整治工作进行调研。听取为民服务中心工作汇报，就个别单位在落实转办服务事项中存在的推诿扯皮、办事拖拉、态度生冷等问题进行了解，并提出要求。16日，区纪委领导到清水镇调研险村搬迁情况。听取清水镇2014年险村搬迁工作汇报，实地查看了椴木沟村险村搬迁进展情况，并提出要求。10月20日，区纪委领导到妙峰山镇调研险村搬迁工作。听取镇党委、政府工作汇报，实地入户查看水峪嘴村险村搬迁建设情况，并提出三点要求：一要总结经验，进一步明确镇、村两级责任关系及职责任务，补充完善险村搬迁整体工作方案。二要强化日常监督，充分发挥村务公开民主管理的作用，每季度主动向村民公开险村搬迁工作进展情况。三要强化监督检查，镇纪委要拿出具体工作方案，围绕方案设计、施工企业遴选、资金使用、工程质量、安全生产、评审验收、民主程序等关键环节和部位进行有针对性的监督，重在发现问题、纠正问题，实行痕迹化管理。11月6日，区领导韩子荣到区纪委调研指导工作。听取相关工作汇报，并围绕落实“两个责任”、发挥监督执纪问责职能，与区纪委监察局班子成员进行座谈交流，韩子荣对区纪委监察局各项工作给予肯定，并提出要求。12月3日，纪委领导到斋堂镇调研险村搬迁工作。听取斋堂镇主要领导工作汇报，并实地查看法城搬迁村民安置情况。

（吴大春）

【监督检查】　3月5日，启动2014年农村集体“三资”监管专项检查工作。专项检查组到永定镇检查农村集体“三资”管理及相关制度落实情况，并提出要求。3月至4月，开展纠风在行动。一是开展对部分单位节日期间“三公”经费使用情况的监督检查，促进廉政法规制度进一步落实。二是开展对农村集体“三资”管理情况的监督检查，对全区9个镇80个村的农村集体“三资”管理制度执行情况进行监督检查，对村级三公经费使用情况进行审计。三是发挥党风政风特约监督员作用，制定《门头沟区党风政风特约监督员管理办法》。27日，区委第54次常委会议听取了区预防腐败工作领导小组工作汇报，审议通过了2014重点工作任务。韩子荣抽出要求。4月至7月期间，区纪委“七查七看”开展处分决定执行情况专项督查。会同区委组织部、区人力社保局，对2011年以来惩处的88名违纪人员的处分决定执行情况进行专项检查。一查处分档案，看处分执行报告情况。二查组织、人事档案，看处分决定是否装入了本人档案。三查干部任免审批表，看撤职的干部职务是否变动，是否违反规定重新任用。四查工资变动审批表，看该降的工资是否降下来，并查受处分人所在单位的工资花名册，看其是否按降低后标准领取工资。五查公务员年度考核审批表，看年度考核是否按规定确定等次。六查会议记录，看处分决定是否在单位适当范围内宣布。七查受行政、刑事处罚情况，看受到处罚的党员干部是否受到相应的党纪政纪处分。针对个别单位存在对违纪处分的执行不及时，审理程序、案卷整理、文书撰写不够规范等问题，采取措施促进相关单位责任落实。一是重视办案人员业务培训，提高自身业务素质，组织基层纪检工作人员学习《中国共产党纪律处分条例》等党内条规和有关法律法规，了解工作程序、掌握工作方法、明晰工作原则。二是对基层案件的监督重视关口前移，变事后纠错为事前预防，对基层呈报的案件材料进行把关，确保作出恰当的处分决定。三是执行处分决定回执制度，督促相关单位在案件处理后将处分决定抄送有关单位和本人，对处分决定的执行做到督办到位。四是开展定期检查，采取统一部署与执纪单位自查相结合、区纪委抽查与统计单位互查相结合、执纪检查与案件质量检查相结合的方式，督促相关单位将违反党纪政纪案件处分决定切实执行到位。5月23日，组织召开加快解决民生问题督查工作协调会，区委督查室、区政府督查室、区人大、区政协、区委政法委、区委党的群众路线教育实践活动领导小组办公室主管领导及相关人员参加会议。会上重点研究了《关于加快解决民生问题的督查工作方案（征求意见稿）》。26日，区委常委会第57次会议审议通过区纪委监察局提交的《关于深入开展“四风”突出问题专项整治工作方案》，明确13个方面41项专项整治任务。对全区落实专项整治任务提出具体要求。27日，启动对基层单位为民服务窗口建设情况监督检查。区纪委监察局领导带队到东辛房街道办事处检查为民服务窗口建设情况，听取相关工作汇报，现场查看公共行政服务大厅和社保服务大厅建设和运行情况，并提出要求。10月10日，直派二组对水务局应急工程验收工作监督。会同区政府应急办、发改委、农委等9家部门组成验收工作小组，对清水镇张家庄村背子沟污泥堆放处置应急工程验收工作进行现场监督，听取相关单位工作汇报，对项目工程档案进行查阅。经讨论同意工程验收，并围绕强化工程科学论证、保障资金专款专用等方面提出工作建议。同日，直派四组对住房保障和建设工程安全质量监管立项监察工作进行检查。听取相关部门工作汇报，并结合下一阶段工作重点提出要求。12月15日至19日，区四套班子领导成员分别组成检查组，针对潭柘寺镇、永定镇等13个单位进行党风廉政建设责任制落实情况检查。韩子荣听取潭柘寺镇关于落实党委主体责任的工作汇报提出要求。19日，市委书记郭金龙在区内检查党风廉政建设责任制工作时强调坚持依规管党治党，把抓好党建当作最大政绩。

（吴大春）

【立项监察】 年内，开展立项行政监察工作。按照市监察局工作部署，围绕地区经济社会发展中心工作，开展14项立项行政监察。分别围绕工程建设领域监管制度执行、安全隐患整改、行政审批权力运行、清洁空气行动计划及打击违法用地和违法建设等情况开展了5项立项监察，指导4个直派纪检组围绕住房保障、棚户区改造、工程质量安全等开展9项立项监察。

（吴大春）

【查办案件】 年内，召开信访案件排查4次，排查重要信访案线索104个；召开重要案件调查协调会4次，对重要案件查办及时启动办信办案协作区制度。召开区纪委常委会36次，审结案件43件，党政纪处理43人。

（吴大春）

政策研究工作

【概况】 年内，区委研究室学习贯彻落实党的十八届三中、四中全会和习近平总书记系列重要讲话精神，以服务中心、建设队伍为主线，以党的群众路线教育实践活动为抓手，全面加强思想、组织、作风建设，努力提高服务决策水平，为加快推进现代化生态新区建设提供坚强的组织保证，完成全年各项工作任务。

履行服务决策职能。围绕功能定位调整、培育主导产业、城市科学化管理、保障和改善民生等重大问题，抓好全区调查研究工作的组织协调和部门承担的重点调研课题任务，为区委、区政府科学决策提供意见和建议。参与起草区委重要文稿，坚持稳中求进、改革创新，统一全区党员干部群众的思想，形成推进现代化生态新区建设的共识。进一步办好《决策内参快报》内刊，为区领导决策收集和提供更具针对性和实用性的信息资料。

科学使用编制资源，确保工作高效开展。根据区委办公室与区委研究室工作职能性质关联度大、领导班子成员交叉融合的实际状况，区委研究室与区委办公室加强工作统筹，科学合理使用编制资源，实行人力资源共享、业务工作有机整合，建立“大服务”工作机制，服务区委决策的效率和水平进一步提升。

单位名称：中共北京市门头沟区委研究室
地　　址：北京市门头沟区新桥大街36号
电　　话：69842694
邮　　编：102300

（李笑晨）

【推动调研成果转化】　年初，统筹全区调研资源，推进调研成果转化。在对2013年全区调研成果进行汇总的基础上，选出54篇研究成果，编印《2013年门头沟区优秀调研成果汇编》下发全区各单位。

（李笑晨）

【举办调查研究工作培训班】　为提升全区调查研究工作队伍素质，5月23日，举办2014年全区调查研究工作培训班。邀请市委研究室副主任、市委研究室综合处副处长等专家，分别作“关于做好新时期首都工作几个问题的思考”和“关于撰写调研报告的体会”辅导讲座。

（李笑晨）

【选举新一届党支部书记】　5月，根据《党章》和《中国共产党基层组织选举工作暂行条例》等有关规定，经区直机关工委批复，党员讨论，采取无记名投票方式和等额直接选举办法，选举产生新一届党支部书记。

（李笑晨）

【承办全区重点调研课题】　年内，贯彻落实习近平总书记视察北京时的重要讲话精神，立足门头沟发展实际，开展调查研究。承办了《智慧门头沟建设研究》、《深化门头沟区产业发展路径研究》、《关于我区棚改安置小区配套设施建设情况的调研》等区重点调研课题任务，为区委、区政府决策提供有效参考。

（李笑晨）

【统筹协调全区重点调研课题】　年内，根据区委十一届六次全会精神，围绕全区中心工作和干部群众关心的热点、难点问题，经区委常委会研究同意，确定了区领导重点调研课题和区重点关注调研课题。同时，加强对各课题的跟踪指导，组织协调。各重点调研课题全部完成。

（李笑晨）

【完成区委重要文稿起草工作】　年内，围绕区委中心工作，根据区委工作要求，参与起草了区深入开展党的群众路线教育实践活动整改方案等有关重要文稿，起草了《关于加强区级领导调查研究工作的意见》。

（李笑晨）

【推进全面深化改革工作】　年内，加强对全区改革工作的统筹协调，推进全面深化改革工作。发挥区全面深化改革领导小组办公室的作用，建立了11个专项小组联络员队伍，制定了区改革任务进度情况月报制度，全面、及时掌握全区改革任务进展情况，及时向市委改革办报送有关信息。对区公立医院改革、教育改革、农村产权交易制度建设等经验进行总结并上报市委改革办，公立医院改革等经验材料被市委改革办内部刊物刊登。

（李笑晨）

【推进“五型”机关创建】　年内，根据区直机关工委关于推进“五型”机关创建活动的工作要求，结合单位自身实际，提出力争三年全部达标的创建目标。

（李笑晨）

【开展廉政教育活动】　年内，通过一把手讲廉政党课、组织党员到京西山区中共第一党支部纪念馆举办“发扬革命传统，建设美丽家乡”主题党日活动、观看反腐倡廉专题片等形式，开展警示教育活动。

（李笑晨）

【开展在职党员到村报到工作】　年内，按照区委部署和有关要求，开展在职党员到村报到工作，组织在职党员到潭柘寺镇平原村报到，做好五项服务工作。

（李笑晨）

【参与公益文化活动】　年内，组织党员干部参加“博爱在京城”、“共产党员献爱心”捐献活动，北京国际山地徒步大会健身活动，“祖国在我心中”爱国歌曲大家唱展演活动，《焦裕禄》、《天河》影片观看活动。

（李笑晨）

老干部工作

【概况】　年内，全区离退休干部工作在区委、区政府的坚强领导下，在区委组织部的具体指导下，深入学习贯彻党的十八大、十八届三中、四中会全和习近平总书记系列重要讲话精神，认真落实市、区老干部工作会议要求，在离退休干部党员和老干部工作队伍中开展第二批党的群众路线教育实践活动，主动创新离退休干部服务管理方法，加强离退休干部思想政治建设和党支部建设，落实离休干部“两项待遇”，开展“四就近”工作。发挥老党员先锋队和非公企业指导员在全区经济社会发展中的作用。开展了“最美北京人”主题宣讲系列活动。举办离退休干部理论学习班，组织离、退休干部参观考察门头沟区建设新成果。全区各老干部单位重大节日普遍对离退休干部进行走访慰问。组织局级离退休干部、离休和处级退休干部健康体检。为老干部服务。加强队伍建设，不断提高离退休干部工作水平，较好地完成了各项任务。

单位名称：中国共产党北京市门头沟区委员会老干部局
地　　址：北京市门头沟区剧场东街12号
电　　话：69837762
邮　　编：102300

（李传斌）

【召开离退休干部通报会】　1月3日，邀请区委党校老师为全区180余位离退休干部解读《十八届三中全会报告》，局领导向离退休干部通报了区领导韩子荣《在门头沟区委十一届六次全会上的重要讲话》。4月17日，邀请区发展与改革委员会领导向离退休干部通报了全区经济社会发展情况。9月1日，召开局级离退休干部座谈会，区领导韩子荣通报了区内上半年经济社会发展情况。3日，组织召开全区离退休干部通报会，韩子荣向全区离退休干部通报了1月至8月全区经济社会发展情况。

（李传斌）

【开展书画下乡活动】　1月14日，组织区老年书画研究会成员到龙泉镇琉璃渠村送春联活动。老年书画研究会提前准备了180幅对联，现场创作春联80余幅，其它书法作品30余张。

（李传斌）

【优诊医疗卡办理工作】　1月21日，根据市委组织部《关于进一步做好我市离休干部医疗服务工作的通知》（京组通［2014］3号）文件精神，组织召开全区落实离休干部优诊医疗工作会，下发《关于“优诊医疗卡”的办理程序及注意事项》。2月12日，协调区人力社保局和老干部原工作单位，推进离休干部优诊医疗卡的办理工作，为符合条件的91名离休干部办理了优诊医疗卡。

（李传斌）

【召开全区离退休干部工作会】　1月24日，组织召开全区离退休干部工作会。区领导韩子荣、罗斌、张冰等出席会议。参加会议的还有区委老干部工作领导小组成员单位主要领导、区属各单位主管老干部工作的领导、局级离退休干部等。区领导传达了北京市老干部座谈会精神，局领导作了2013年度全区老干部工作报告，老干部工作单位代表和老干部代表进行了大会发言。韩子荣要求全区各老干部单位要高度重视和全面做好老干部工作。

（李传斌）

【慰问活动】　1月29日，韩子荣对做好春节慰问老干部工作提出明确要求。春节前夕，区领导慰问了局职离退休干部。2月25日，韩子荣看望了原区委顾问、离休干部陈士林，征求对全区群众路线教育实践活动的意见，并送去了学习资料。老干部局分组慰问了全区年龄偏大，行动不便以及住院的离退休干部。6月24日，韩子荣慰问原区委顾问、离休干部陈士林。7月3日，组织老干部艺术团编排文艺节目，慰问了区光荣院的老同志。

（李传斌）

【政治理论学习】　2月10日，组织局机关工作人员学习郭金龙书记在全市老干部工作会上的讲话和中共北京市委《关于认真贯彻党的十八届三中全会精神全面深化改革的决定》。4月3日，邀请首都师范大学教授为区离退休党员、干部作《深入开展党的群众路线教育实践活动，切实做到为民、务实、清廉》的报告。17日，组织全区离退休党员观看《十八届三中全会新部署、新论断、新举措》光盘。5月22日，举办离退休干部理论中心组学习研讨班，集中学习郭金龙《在市委十一届五次全会上的重要讲话》，并传达了门头沟区有关文件精神。10月20日至24日，组织局职离退休干部到延庆县集中学习。期间，组织局职离退休干部学习习近平总书记《在党的群众路线教育实践活动总结大会上的重要讲话》和市、区主要领导《在党的群众路线教育实践活动总结大会上的讲话》。11月4日，组织离退休干部理论中心组成员集中学习了十八届四中全会精神。局领导宣读了《中共中央关于全面推进依法治国若干重大问题的决定》公报全文，观看了国防大学马克思主义研究所原所长颜晓峰《开启法治中国建设新征程－十八届四中全会＜决定＞精神解读》辅导报告录像。18日，组织离休干部集中学习党的十八届四中全会精神，观看了中央政法委员会宣教室主任查庆九《坚持问题导向全面推进依法治国一十八届四中全会精神解读》录像，并针对2014年离休干部单位老干部责任制落实情况进行了座谈。

（李传斌）

【举办老年书法研习班】 3月4日至4月8日，举办2014年全区老年书法高级研习班，聘请中国书法家协会会员、区书法家协会副会长为研习班授课。部分离退休干部和社区的老年书法爱好者参加了学习活动。

（李传斌）

【调研、座谈活动】 3月5日，市老干部局宣传处的领导和《北京老干部》杂志社的领导到局内，与部分离退休干部党支部书记、离退休干部就开展党的群众路线教育实践活动进行座谈。8月1日，组织召开离退休干部2014年“八一”建军节座谈会，20名离休和局职退休干部参会，座谈会上播放了十八集大型文献电视记录片《忠诚》，局领导介绍了国际国内形势。9月3日，局领导带领工作人员分组到大峪街道新桥社区、向阳社区、剧场东街社区进行座谈。12月24日，组织召开局级离退休干部座谈会，局领导传达了郭金龙书记12月18日在门头沟区调研时的讲话精神，通读了韩子荣在区委第十一届七次全体（扩大）会议上的报告《深入落实党的十八届四中全会精神 在更高水平上推动现代化生态新区建设》（征求意见稿），并听取了参会老同志对报告内容的意见建议。

（李传斌）

【组织体检、疗养】 3月17日至18日，组织21名局级离退休干部到小汤山健康体检。31日至4月22日，组织926名离休和处级退休干部在区医院健康体检。

（李传斌）

【召开老干部教育实践动员会】 3月20日，召开全区离退休党员教育实践活动动员大会，组织部领导、区委第六督导组组长出席大会，300余名离退休干部参会。局领导宣读了《门头沟区离退休党员参加党的群众路线教育实践活动工作方案》，组织部领导张庆伍、第六督导组组长就做好离退休党员教育实践活动分别提出要求。会上，播放了《苏联亡党亡国20年祭－俄罗斯人在诉说》光盘。

（李传斌）

【参加区全民健身表演赛】 3月22日，组织14名老干部舞蹈协会队员，参加区2014年全民健身项目表演赛。获得全民健身表演赛一等奖。

（李传斌）

【参加市门球、台球赛和汇演】 4月22日至23日，组织两支老干部门球队参加全区第二十七届春季老年门球赛。25日，组织老干部门球队参加了市农工委在顺义举办的农林系统老干部门球赛。7月13日，组织老干部参加北京市农工委举办的“与党同心与祖国同行”文艺汇演。9月16日至17日，组织老干部门球队参加全区第二十七届秋季“金秋杯”老年门球赛，取得了第四名。22日，组织老干部台球队参加北京市2014年农林系统老干部“金秋杯”台球赛。10月9日至10日，举办离退休干部台球赛，30余名离退休干部参加了比赛。

（李传斌）

【举办离退休干部游艺会】 5月8日，在区老干部活动中心举办2014年春季老干部游艺会，游艺会结合老年人生理心理特点，设置了安全系数高的竞赛项目。

（李传斌）

【举办第五届“健康杯”比赛】 5月12日至30日，举办第五届离退休干部“健康杯”系列比赛。此次比赛共设台球、乒乓球、钓鱼、象棋、跳棋等7个项目，近300名离退休干部参加了比赛。

（李传斌）

【组织参观活动】 5月22日，组织离退休干部理论中心组成员到妙峰山镇桃园村参观全国首家香会文化博物馆。6月4日，组织离退休干部理论中心组成员到北京孔庙和国子监博物馆，参观中国古代官德文化展。7月1日，组织离退休干部理论中心组成员到国家博物馆参观大型展览《复兴之路》。8月29日，组织部分离休干部参观考察了区建设新成果。分别组织参观龙泉宾馆门头沟区建设全景沙盘，浏览区城镇建设成果，考察黑河沟圈门段改造项目，参观门头沟之源，车览108国道改造成果。10月9日，组织离退休干部理论中心组成员，参观北京地铁建设成就展和北京市轨道交通指挥大厅。20日至24日，组织局职离退休干部参观北京八达岭世界葡萄博览中心和柳沟新农村建设。

（李传斌）

【举办“最美北京人”宣讲活动】 6月10日，组织区老干部宣讲团成员进行交流研讨，观看了宣讲稿件撰写、修改等有关方面的录像，局领导传达《北京市老干部局关于做好2014年全市老干部宣讲工作的通知》精神，强调此次宣讲活动的主题、内容和工作要求。宣讲团成员交流了看法和经验。7月25日，举办“最美北京人”首场宣讲报告会，全区200余名离退休干部到会，部分社区干部参加。9月26日，老干部宣讲团到桥东街社区举行宣讲活动，社区近40余位居民参加。

（李传斌）

【组织观看电影】 6月11日，组织离退休干部观看了电影《焦裕禄》。8月5日，组织离退休干部观看了电影《天上的菊美》。

（李传斌）

【举办培训班】 6月12日，举办首期离退休干部摄影培训班，聘请专业老师授课，区离退休干部摄影爱好者参加了培训。11月25日至12月11日，组织近300名处级退休干部分三批进行理论培训，区领导进行了开班动员。培训班集中学习习近平总书记在北京会见全国离退休干部先进集体和先进个人代表时的重要讲话，党的十八届四中全会精神和区委有关会议精神，邀请北京联合大学台湾研究院教授介绍了台海局势的特点和趋势，邀请区卫生局领导介绍区医改情况，组织参观区经济发展成果展，开展老干部责任制落实情况座谈等文体活动。并为每名退休干部购买了《中共中央关于全面推进依法治国若干重大问题的决定》等资料。

（李传斌）

【组织参加“百姓文化年”活动】 6月15日，组织老干部民族舞队参加全区“群众大明星－百姓文化年”系列竞赛活动，舞蹈《天路》荣获最佳团体奖。

（李传斌）

【安装室外座椅、遮阳伞】 6月16日，局领导带领局机关工作人员到剧场东街社区，为义务理发站购置并安装了室外固定座椅和遮阳伞。

（李传斌）

【参加市老年书画研究会书画展】 9月24日，组织选送8幅书画作品参加北京市老年书画研究会组织的“翰墨丹青颂中华－庆祝新中国建国65周年书画作品展”。10月30日，组织选送1幅书画作品、2幅摄影作品和2件手工艺品参加北京市老干部局组织的“与党同心，与祖国同行，同心共筑中国梦”－北京市离退休干部庆祝中华人民共和国成立65周年书画摄影艺术作品展。

（李传斌）

【举办硬笔书法作品展】 9月26日，举办“与党同心，与祖国同行”－离退休干部硬笔书法作品展。共展出作品30余幅。

（李传斌）

【举办第二十五届运动会】 9月29日，举办第二十五届离休、局职退休干部运动会，活动设置投飞标、沙狐球、足球射门等6个项目，60余名离退休干部参加了比赛。

（李传斌）

【参加区第十八届“乒协杯”比赛】 10月12日至16日，组织老干部乒乓球队参加全区第十八届“乒协杯”乒乓球比赛，并获得男子团体精神文明奖。

（李传斌）

【召开“四就近”工作总结会】 12月11日，组织召开2014年社区服务离退休干部工作总结会，社区领导及社区老干部专职人员参加会议。会上，局领导传达习近平总书记会见全国离退休干部先进集体和先进个人时的讲话，学习市委组织部副部长、市老干部局长在利用社区资源做好离退休干部服务工作培训班上的报告摘要，并为社区离退休干部赠送学习设备和学习资料。

（李传斌）

【开展老干部责任制检查】 12月12日，区委组织部、区委老干部局向全区离退休干部单位印发《关于做好2014年落实离退休干部工作领导责任制自查和检查工作的通知》，对检查时间、内容和形式提出具体要求。老干部局采取抽查、走访和向部分离退休干部发放调查问卷等形式，对各单位上报的自查情况、走访和问卷调查结果，进行归纳分析，并将结果反馈给区属各老干部工作单位。

（李传斌）

信访工作

【概况】 年内，在区委区政府的领导和全区各单位的共同努力下，全区信访工作呈现出信访总量、来信、联名信、来访、到区集体访“五个下降”。区信访办共受理群众来信来访2512批（件）5943人次，与上一年相比，批次下降7%、人次下降13%。其中：受理来信790件，与上一年年比下降7%；接待来访1722批4476人次，与上一年年相比，批次下降7%、人次下降4%（其中集体访191批2283人次，与是一年相比，批次下降7%、人次下降5%）；区内群众发生到市以上越级集体访19批190人次，与上一年相比，批次下降36%、人次下降1%。

单位名称：中国共产党门头沟区委门头沟区人民政府信访办公室
地　　址：北京市门头沟区新桥大街12号
电　　话：69842720
邮　　编：102300

（李沐熹）

【信访干部培训工作】 坚持从提高信访干部队伍建设入手，加强信访业务培训，把加强队伍建设放在突出位置来抓。1月至10月，组织各镇街、委办局信访主管领导的各级信访干部，针对信访复查复核、依法逐级走访、网上信访、群众走访代理制、“一单式工作法”等内容，先后5次开展大规模培训活动，提升全区信访干部队伍整体素质和业务水平。

（李沐熹）

【基层矛盾调处工作网络】 完善和强化区、镇（街）社会矛盾调处中心和村居“连民心恳谈室”工作机制及信息员队伍网络建设，基层矛盾排查调处工作水平和能力得到提升。1月至12月，全区各镇（街）矛盾调处中心受理群众信访问题1740批（件）4064人次，调处化解各类社会矛盾751件，控制越级访369批；各村（居）“连民心恳谈室”接待群众来访4196批（件）7474人次，化解各类矛盾纠纷3290件，控制越级访732批。

（李沐熹）

【信访法规宣传工作】 5月、9月，举办信访法规宣传活动，通过悬挂横幅、展示宣传图板、散发宣传资料、律师开展现场咨询等形式，向群众宣传《信访条例》《治安处罚法》《人民调解》等相关法律法规。同时，联合区维稳、人保、建委、司法等单位在春秋时节讨薪高发时段集中对全区各个建筑工地开展依法维护农民工合法权益信访宣传活动。

（李沐熹）

【领导责任制】 年内，区委区政府重视信访工作，区领导韩子荣对信访工作多次作出批示，并过问、协调处理突出信访问题。区委区政府领导按照职责分工，抓好分管范围内的信访矛盾调处化解工作；全区各单位坚持党政一把手负总责，普遍建立领导干部接访下访和包案制度。

（李沐熹）

【领导接访下访工作】 年内，深化全区各级领导干部接访、下访、约访、包案等长效工作机制，区领导先后60人次参与接访工作，共接待群众来访63批688人次；各镇街及部门领导参与接访1087人次，接待群众来访1082批3875人。

（李沐熹）

【依法维护信访秩序】 年内，落实公安部《关于公安机关处置信访活动中违法犯罪行为适用法律的指导意见》，坚持法律底线，按照合理诉求解决到位、无理诉求教育到位、违法行为依法处理的原则，配合维稳、公安部门加大对涉访违法行为的依法处置力度，群众信访趋于理性，信访秩序得到维护。

（李沐熹）

【推进网上信访工作】 年内，落实国家信访局《信访事项办理群众满意度评价工作暂行办法》和北京市关于信访网上综合服务平台工作要求，推进信访事项网上办理，规范全区信访件的签收、办理、答复等工作，方便信访群众通过互联网查询信访事项的办理进程、办理人员、办理结果等，并做出满意度评价。年内，区网上信访工作已初步运行，基本实现市、区、镇街互联互通。

（李沐熹）

【矛盾纠纷排查工作】 年内，坚持全面排查和专项排查、定时排查和动态排查相结合，加大对重点地区、重点领域、重点人员、重点群体的排查化解力度，将各类不稳定因素及时纳入工作视线。先后98次（全市人民内部矛盾纠纷常规排查2次，专项排查18次，动态排查78次）组织全区开展矛盾纠纷排查活动，排查重点矛盾21件，逐一建立台账，并落实区、镇两级领导包案。

（李沐熹）

【重点矛盾化解工作】 年内，区级重点矛盾化解15件，2件市级挂账信访重点矛盾全部化解。

（李沐熹）

【维稳信访信息通报制度】 年内，针对通过信访、公安、维稳、安监、劳动、卫生、网络舆情、61696156为民服务信息平台等渠道反映出来的突发和突出问题，由区联席会按照属人、属事、属地的原则，每两周在全区范围内予以通报，强化全区信访维稳责任落实和矛盾纠纷排查化解工作的统筹协调。

（李沐熹）

【专业领域矛盾化解机制】 年内，针对区内重点工程多、开工面积大等特点，进一步完善了由维稳、信访、住建委、劳动、公安、法院、司法、工会等部门组成的区解决农民工工资联席会，每10天召开1次全区解决拖欠农民工工资联席会议，化解劳动纠纷。全年，化解近30批讨薪事件，涉案金额近千万元。

（李沐熹）

【信访事项复查复核工作】 年内，严格执行《信访条例》的规定，进一步规范了信访事项复查复核制度和相关程序，1月至12月，共收到信访复查案件申请3件，办结3件；到市政府申请复核2件，全部维持区政府复查意见，未出现违反复查复核制度有关规定而引发的投诉事件或复查复核意见被撤销、变更及责令重新处理的现象。

（李沐熹）

保密工作

【概况】 年内，保密局重点完成以下工作。一是做好保密检查工作。全年检查组共抽查了80家党政机关近两百台电脑，重点检查非涉密电脑是否存在存储、处理涉密文件资料的违规情况和涉密文件的管理等工作。二是到党政机关开展保密法和保密工作常识技能宣传教育活动。与区委党校配合开展初任公务员保密培训，受邀到大峪街道办事处、区规划分局等单位讲解保密工作，三是做好军工企业保密资质认证审核工作。审核申请企业的相关材料，到现场听取申请企业的保密资质和情况介绍，实地勘察申请企业的保密环境，对保密室的硬件设备和保密制度进行审查，做到严格把关。四是做好定密管理工作。对全区党政机关开展定密培训，规范定密行为。五是做好全区保密干部集中培训工作。举办保密工作培训班。六是抓好国家教育考试的保密监督工作。配合区教育考试指导中心等有关部门，参与区2014年度各种国家教育考试的保密管理工作，对区教育考试指导中心试卷保密室进行检查，确保考试期间试卷保密安全。

单位名称：北京市门头沟区国家保密局
地　　址：北京市门头沟区新桥大街36号
电　　话：69842465
邮　　编：102300

（韦平亮）

【专项检查工作】 4月，按照区委保密委的工作部署和要求，区国家保密局联合区委机要局组成检查组开展涉密中央文件保密管理专项检查。8月，对党政机关、事业单位和民营军工企业下达、承担和参与的涉密科研项目进行全面梳理，并开展涉密科研项目保密管理专项检查活动。10月，按照区委保密委的工作部署和要求，对拥有非涉密网络的单位组织自查与抽查工作，将有关非涉密网络保密管理的要求贯彻落实到位。

（韦平亮）

【讲保密专题党课工作】 10月22日，区委常委、局领导结合区保密工作实际，为全区主要党政机关主要领导、主管保密工作的领导、保密干部和重要涉密人员讲授保密专题党课。

（韦平亮）

【开展定密管理工作培训活动】 10月24日，在全区范围内开展定密管理工作培训活动，完成定密单位、责任人的确定和授权工作。

（韦平亮）

【开展保密法普法宣传活动】 12月4日，在“12·4”普法宣传活动日开展保密法的宣传活动。

（韦平亮）

【对考务保密工作进行检查】 年内，在高考、中考、成人高考和高自考等考务活动中，对区招生考试中心保密室进行巡视检查，实地检查保密室硬件设施安全保密情况和保密制度的执行情况。

（韦平亮）

党校工作

【概况】 年内，中共门头沟区委党校（北京行政学院门头沟分院）在区委、区政府的领导下，在市委党校的指导和区有关部门的支持和关心下，以邓小平理论和“三个代表”重要思想为指导，贯彻落实科学发展观，以服务全区社会经济发展，提高党政干部和公务员队伍整体素质为目标；以党员干部培训和规范学历教育为重点；以提高学校干部队伍和教师队伍素质为基本要求；推进教育教学改革和科研工作，加强党的建设、精神文明建设和民主法制建设。完成了23篇科研文章。完成了全年既定工作。

单位名称：中国共产党北京市门头沟区委党校
地　　址：北京市门头沟区新桥大街54号
电　　话：69842635
邮　　编：102300

（阙华锋）

【慰问活动】 2月，校领导代表党校全体人员走访党校离退休人员，给老同志拜年，并送去节日礼品。

（阙华锋）

【周末大课堂】 年内，完成了10期周末大课堂组织协调工作。参训领导干部约2000余人次。

（阙华锋）

【理论与实践刊物】 年内，由区委理论讲师团和区委党校联合主办的《理论与实践》刊物于2007年上半年创刊发行。年底发行31期，内容包括：理论园地、热点关注、观点荟萃、领导科学、基层视角、他山之石、益智园、培训工作8个栏目。《理论与实践》刊物全年出版4期，发行1000余册。

（阙华锋）

【培训工作】 年内，与区委组织部、区人力社保局联合举办3期区处级领导干部学习贯彻习近平总书记系列讲话精神轮训班、10期周末大课堂、2期处级干部进修班、1期新任处级干部培训班、2期中青年干部培训班、2期科级任职培训班、2期公务员初任培训班、1期门头沟区2014年民主党派领导班子成员培训班，共8类23期干部培训班，培训学员近2900人次，各班次培训累计1812课时。

（阙华锋）

【基层党校建设】 年内，全区二级党校培训学员总人次1.6万人次（其中党员0.8万人次），培训总期数400余期，总学时达3000余学时。三级基层党校培训学员近2.5万人次（其中党员0.8万人次）。

（阙华锋）

【理论宣讲】 年内，党校讲师团成员围绕党的十八届三中全会精神、群众路线教育实践活动等主题，联合宣传部共同组织协调讲师团教师及时下基层宣讲，共下基层宣讲30余场，听课干部群众约3000余人次。

（阙华锋）

【学历教育】 年内，有研究生班层次3个教学班。学历教学工作坚持“从严治校、从严施教、从严管理”的三从严办学方针，把好招生关、教学关、毕业关，以保证校成人教育事业持续健康的发展。

（阙华锋）

直属机关工委工作

【概况】 年内，在区委的领导下，区直机关工委以深入学习贯彻习近平总书记系列讲话精神为主线，结合党的群众路线教育实践活动，把握服务中心、建设队伍两大任务，以“五个方面走在前列”为工作标准，推进学习型、服务型、创新型党组织建设，在提高党员素质、加强基层组织、转变机关作风、促进各项工作上取得了新进展，为全区经济社会科学发展提供的政治组织保障。

单位名称：中共北京市门头沟区委直属机关工作委员会
地　　址：北京市门头沟区新桥大街36号
电　　话：69843115
邮　　编：102300

（李　红）

【工会工作】 1月，新建新闻中心、网管办两个工会小组，基层工会小组单位达到28家。3月，围绕“家庭梦、事业梦、中国梦”这个主题，开展庆“三八”系列活动，组织全体会员观看了影片《北京爱情故事》，为各工会小组赠送图书一套。4月，召开机关工会第二届第七次委员会议，研究讨论关于落实《健康北京人——全民健康促进十年行动规划》（2009－2018年），制定活动方案，机关工会委员全部参加。6月，组织28个会员单位、347名科级以下会员分批次进行健康体检。

（李　红）

【慰问活动】 2月，两节期间走访慰问困难党员47人，发放慰问金3.45万元。

（李　红）

【教育培训】 3月18日，组织党务干部150余人参加《国家安全的战略思维》讲座。4月17日，邀请市讲师团专家为160余名党组织书记就如何科学践行群众路线进行专题讲座；组织90余名党务干部参加党员统计及信息库日常维护、党员发展与党组织换届调整、党费收缴及使用等相关业务的培训。24日，邀请主管区领导为220余名入党积极分子以“增强群众观点，提高自身素质，在实践工作中成长”为主题进行了培训。25日，组织党务干部30余名参加拓展培训；10月，机关红会与区红十字会联合举办红十字会自救知识培训，百余名红十字会员参加了培训，并获初级急救员资格。11月，邀请国家行政学院研究员，作《在党的领导下全面推进依法治国》专题报告，所属系统各级党组织书记、委员及党务干部共200余人参会。

（李　红）

【捐款工作】 3月，组织所属单位参加“博爱在京城”活动，募捐13.13万元。4月，参加“春风行动”募捐13.04万。7月，参加

“共产党员献爱心”活动，捐款12.8万元。

（李　红）

【机关文体活动】　4月，召开机关工会小组长会议，部署以“快乐工作、健康生活”为主题的全民健身活动工作会；与区体育局联合举办为机关工会会员进行反应速度、坐位体前屈等8个项目的测试，指导会员掌握科学的锻炼方法，130余人参加了活动。26日，组织240余名会员参加门头沟区山地旅游文化节开幕式及第五届北京国际山地徒步大会永定河分站赛。6月，邀请摄影协会秘书长讲解摄影操作基本知识，80名余会员参加并在现场进行摄影互动交流。8月，组织工会小组的宣传干部和文艺骨干60名余参加合唱知识讲座培训。9月，组织19个会员单位、180余名会员参加中坤杯第五届北京国际山地徒步20公里千年古刹线路的徒步活动。10月，与区体育局联合举办第十五届“机关杯”篮球赛，有9支代表队、86名队员参加；组建40人参加区“‘与祖国同行’庆祝新中国成立65周年爱国歌曲大家唱”展演活动并获得“最炫风采奖”；参加第八届中国北京永定河文化节——“情定永定河，健康门头沟”群众健身大赛活动，在23支参赛队伍中以第五名的成绩荣获三等奖。先后组织机关干部参加开展道德模范评选网上投票活动；开展百万家庭数字生活技能大赛网上知识答题，工委获优秀组织奖。

（李　红）

【党风廉政建设工作】　5月，开展廉政文化进机关系列活动，组织第五党建联谊组及相关单位党员干部参加法院听庭活动；组建“最美北京人暨勤廉之星先进事迹”宣讲团，举办为期1个月、4个场次的百姓宣讲巡演。6月，“庆七一”举办“最美北京人暨勤廉之星先进事迹”宣讲展演活动，300名机关干部参加活动。7月，组织机关干部80余人参观国子监《中国古代官德文化展》；邀请区检察院领导为系统内200名党员干部举办“预防职务犯罪”讲座。9月，组织80余名党员干部聆听市委“最美北京人”百姓宣讲团来到区宣讲活动。依托工委之家QQ群对市纪委《系列廉政微短剧》进行展播。在系统内20余家单位集中展出30幅平面廉政公益广告作品。举办年度“廉政文化进机关PPT展评”活动。累计开展各类教育活动10余场次，受教育党员达1500余人次。《京西时报》刊登文章2篇，《以案为鉴》刊登短讯1篇，门头沟廉政网刊登相关信息4条。

（李　红）

【组织建设】　年内，召开2014年党建工作大会，区领导出席会议并讲话，工委领导对上一年党建工作进行总结，部署2014年党建重点工作。系统内各单位主管领导和科长140余人参加会议；学习贯彻习总书记系列讲话精神和十八届四中全会精神、践行“三严三实”要求、弘扬焦裕禄精神，全系统共组织报告会9场，培训班13个，专题讲座22次；全年完成涉及41个单位的4个机关党委、12个党总支、123个党支部的换届选举工作的批复106件，选举出了424名新一届委员；共接收615人申请入党，确定入党积极分子323名，新发展党员53人，按期转正50人；全年接转各类组织关系258件，组织40余名新党员来到爱国主义教育基地——京西第党支部举行入党宣誓仪式。

（李　红）

【党的群众路线教育实践活动】　年内，制定三项举措，筹备、部署按照全区统一部署及第六督导组的要求完成群众路线教育实际活动的各项任务；一是召开全系统党的群众路线教育实践活动动员会；二是邀请区领导、围绕对群众的认识、工委系统中存在的“四风”问题及如何开展好机关党建工作三方面内容作专题党课辅导；三是征求本系统66个单位、27个工会小组及相关部门与基层党员群众的意见和建议，并立行立改，落实改进；完成系统内基层党组织专题组织生活会和民主评议党员工作，涉及5个机关党委、14个党总支、145个党支部及2221名党员。

（李　红）

【“五型机关”创建工作】　年内，制定《“五型机关”创建工作考核办法（试行）》和《“五型机关”创建工作考核标准（试行）》，全年共申报“五型机关”创建类别119个，最终有85个申报类别通过考评，通过率为71.4%。

（李　红）

【“五进农村”帮扶工作】　年内，修订完善《关于在区直机关工委系统进一步深入开展“五进农村”帮扶活动的实施意见》，并把“党员到村报到”工作作为“五进农村”帮扶活动的延伸，推动帮扶工作由单位主导向单位主导与党员发挥作用相结合转变。全年各帮扶单位为帮扶村办实事176件，折算资金1363.98万元。

（李　红）

社会工委

【概况】 年内，围绕全区中心任务和重点工作，加强顶层设计、整体推进、重点突破，开创社会治理新局面。

一、推进改革举措的落实，构建社会治理工作新格局

健全体系工作机制。建立城市管理工作体系，明确3大类、25项社会建设重点任务和8大类、58项城市管理重点任务。建立实施对接会商机制、季度督办机制和街道例会机制，以督办单、推进会、专题会形式协调解决重点难点问题。统筹解决107项民生热点问题，除11项需长期解决项目外，其余全部解决。推进街道改革任务的落实。规范属地运行规则，明确7个中心、37项基础任务。各街道以7个中心为平台，建立相应的服务体系。按体系指导社区开展工作，推行“离案”工作法和“五有”指导法。

二、贴近民生期盼，探索社会治理新机制

推进政府购买社会组织服务工作。在全市率先尝试通过政府采购形式购买社会组织服务，启动社会组织孵化工程。统筹整合“枢纽型”社会组织力量开展服务，服务群众7万余人次。做好十二类人群的精细化服务管理。实施“健康生命、阳光生活”行动，健全部门联动和人群互助机制，有针对性地开展个性服务。建立老旧小区“四管”停车模式。通过社区自治强管理、社会力量协管理、部门联动助管理、拓展车位促管理，缓解小区停车难问题。实施“户分类、社区收集、区运输”垃圾分类模式。开展“示范社区”创建活动，加强垃圾分类的源头治理。

三、结合现代治理能力的新要求，提升城市精细化管理水平

加强网格化体系建设。推进社区服务管理网格与区为民服务信息平台的对接，整合多项服务资源进网格。

实施“城市管理提升年”活动。开展社区分类管理、“一居一品”、“一居多品”、精品社区、“一街一景”等创建活动，美化城市环境。加强社区规范化建设。完成17个市级示范点创建任务。推进未达标社区用房的规范化建设。做好新建居住区服务管理工作。加强社区工作者队伍建设。开展第四期“万名社区工作者培训”工作。组织百余名社区工作者开展爱国主义教育活动。做好第九届社区“两委”换届选举准备工作。

四、发挥党建引领的政治优势，筑牢社会建设和城市管理的组织保障

开展党的群众路线教育实践活动。在街道系统开展了“接通线、捅破纸、拆掉墙”解放思想大讨论活动。加强基层服务型党组织建设。开展软弱涣散社区党支部专项整治工作。为每个社区选配一名后备干部。推行在职党员到社区报到活动，累计开展服务943人次。开展特色党建品牌创建活动，以服务换民心。加强“两新”组织党建工作。加大非公企业党组织组建工作推进力度，覆盖率达到88.4%。开展商务楼宇党群示范点创建工作。

单位名称：中共北京市门头沟区委社会工作委员会
北京市门头沟区社会建设工作办公室
地　　址：北京市门头沟区新桥大街36号
电　　话：69844023
邮　　编：102300

（宋　瑜）

【召开市级政府购买社会组织工作会】 2月28日，区委社会工委、区社会办组织召开市级购买社会组织服务项目申报工作会。共征集上报至市社会建设工作领导小组办公室24个服务项目，3个项目得到市级社会建设专项资金支持，支持金额21万元。

（刘文龙）

【建立健全工作体系】 2月，建立区城市管理工作体系，印发《门头沟区城市工作体系建设方案》，将城市管理相关单位纳入领导小组，明确各单位工作职责和任务，明确8大类、58项城市管理重点工作任务。建立实施对接会商机制、季度督办机制和街道例会机制。

（宋　瑜）

【召开非公企业出资人座谈会】 3月21日，召开非公企业出资人座谈会，区领导韩子荣等参加会议。会上听取全区非公党建工作情况汇报，与会人员围绕非公企业党组织如何发挥作用、服务企业发展、开展好党的群众路线教育实践活动进行交流。韩子荣对非公党建工作提出要求。

（刘文龙）

【开展“国际社工日”活动】 4月11日，区委社会工委、区社会办组织百余名优秀社区工作者参观中国人民抗日战争纪念馆、卢沟桥和雕塑园，接受爱国主义教育。

（王　楠）

【培训工作】 4月21日至25日，举办第四期“万名社区工作者培训”活动，共2天半，244名社区工作者参加培训。

（王　楠）

【政府购买社会组织服务工作】 4月23日，组织召开全区政府购买社会组织服务暨推动社会组织发展工作部署会，发布《门头沟区政府购买社会组织公益服务项目目录》和《项目指南》，进行业务培训。全市30家社会组织和区级170家社会组织的负责人参加了会议。年内，坚持以需求为导向，开展服务项目征集活动，重点围绕新社区新居民融合服务、社区特殊群体生活照料服务等项目，编制《政府购买服务项目指南》及《项目目录》。邀请专家围绕对申报项目的必要性和可行性进行论证，确定8个方面99项服务项目。以公开招标、单一来源以及竞争性谈判等方式，在全市首次运用政府招投标的形式开展政府购买服务工作。以社会组织监督社会组织的形式，开展项目论证、招投标、评审、监督指导、中期检查及结项绩效评估等工作，严格规范社会组织行为。截至年底，7个项目公开招投标工作全部完成，进入全面实施阶段。

（刘文龙　曹　宇）

【召开系统半年工作总结会】 7月15日，召开街道系统半年工作总结会。会上听取了4个街道上半年工作开展情况及存在的主要问题，区委社会工委汇报了街道系统工作整体情况及下半年工作计划。

（宋　瑜）

【市领导调研】 9月10日，市委社会工委领导到区内调研网格化服务管理体系和智慧社区建设工作。区委社会工委、区为民服务中心负责人参加会议。

（宋　瑜）

【参观老旧小区停车自治管理】 9月12日，区社会办组织相关街镇主管领导、科长及部分社区负责人30余人，到丰台区右安门街道参观学习老旧小区停车自治管理工作。实地参观玉林东里一区社区的停车自治管理工作，听取玉林东里一区社区关于老旧小区停车自治管理体系、工作制度、资金来源及管理、停车自治服务等方面的工作介绍，对停车自治管理工作中的热点、难点问题进行探讨交流。

（宋　瑜）

【街道系统调研】 10月15日，区领导带队，区委社会工委、各街道党政主要领导到石景山调研社会治理综合执法工作情况。实地了解石景山区街道社会治理综合执法指挥中心运行情况，城市管理体制改革进展情况，区委城管工委、城市综合管理委员会组建情况，城市综合管理体系运行情况以及八角街道指挥中心组织框架、运行模式及执法部门联合办公情况等内容。

（宋　瑜）

【开展节日慰问活动】 九九重阳节期间，对全区324名退离居委会老积极分子进行慰问，支出慰问金6.48万元。春节前，完成退离居委会老积极分子、重大病社区工作者慰问工作，慰问334人，支出慰问金17.63万元。

（王　楠　马晓峻）

【指导部分社区完成选举工作】 9月，指导东辛房街道办事处完成石门营一区、五区、六区、七区社区居委会户代表选举工作。

（张文莲）

【规范街道运行规则】 年内，制定《街道地区管理委员会“7个中心”运行规则》，对街道大工委、地区管理委员会、7个中心的工作制度进行规范。明确7个中心为街道各项工作的落实主体和服务实体，以“街道事务综合管理中心”为中枢对其他6个中心进行协调统筹。建立完善联席会议、委托准入、派单、年度务虚会、月推进会议、周例会等制度，加强各中心间的协调联动。

（宋　瑜）

【实施服务型街道行动计划】 年内，制定《2014年服务型街道行动计划》和重点任务分解，明确由街道7个中心牵头的37项基础工作任务。加强7个中心与相关职能部门的协调联动，建立以7个中心为平台的服务体系，按体系谋划和推进工作，在文化、教育、卫生领域实现公共服务在街道层面的统筹和向社区的拓展延伸。

（宋　瑜）

【开展社会组织公益行活动】 年内，以“践行公益、服务社会”为主题，制定社会组织公益行工作方案，征集83项公益行活动，活动贯穿全年。

（刘文龙）

【完善基层服务型党组织建设】 年内，确定大台街道黄土台社区为区内市级服务型社区党组织试点，其余各街道分别确定一个社区作为街道级服务型党组织创建试点，一并开展创建工作。

（刘文龙）

【开展党组织专项整治工作】 年内，开展摸底调查，建立整改台账，制定整改方案并督促做好整改工作。截至年底，6个软弱涣散社区党组织中有5个达到转化标准，1个社区在整改中。

（刘文龙）

【加强社区后备干部队伍建设】 年内，出台《门头沟区街道系统社区党组织后备干部队伍建设指导意见》，通过自荐、推荐、考评、审核等程序，建立一支100人左右的社区党组织后备干部队伍，确保每个社区有1名后备力量。举办街道系统年轻干部和社区后备干部培训班。

（刘　增）

【加强街道系统干部教育培训】 年内，区委社会工委、区社会办牵头组织社区“两委”负责人专题培训、社会组织党建培训、街道系统干部专题培训、非公企业党组织负责人和非公党建指导员培训等专题培训班，增强干部业务能力。组织相关街镇人员赴上海、宁波、天津、南京等地学习社区减负、社区自治、社会领域党建等工作。

（刘　增）

【强化商务楼宇党群工作站工作】 年内，按照“六有”标准，规范3个新成立的楼宇工作站工作，联合区委组织部、区总工会进行人员、资金、场地方面的实地检查和帮扶指导。在石龙商务楼宇党群工作站开展示范点创建工作，打造“领导班子好、党员队伍好、工作机制好、发挥作用好、各方反应好”的楼宇党建示范点。

（刘文龙）

【在职党员到社区（村）报到工作】 年内，制定《关于开展在职党员到社区（村）报到为群众服务工作的实施方案》。区委社会工委、区社会办机关党员干部与帮扶村进行对接，通过认领服务岗位、开展志愿服务等形式，参与帮扶村的志愿服务活动，为帮扶村排忧解难、化解矛盾。在街道系统82个社区中开展报到活动，街道机关200名党员全部报到，累计开展服务943人次，并坚持每月至少到社区服务一次。

（刘文龙）

【开展党建品牌创建活动】 年内，在全区开展征集活动，选取30个优秀案例编辑出版《时代先锋——社会领域党建品牌汇编》，制作《绽放城市魅力，共享美好家园》形象宣传片。

（刘文龙）

【网格化社会服务管理体系建设】 年内，在已有的网格化社会服务管理工作的基础上，完善网格划分、网格员管理等基础性工作，推进社区服务管理网格与区为民服务信息平台的对接。整合利益诉求及矛盾调处机制、社会动员机制、代理代办服务、“一刻钟服务圈”建设、志愿者服务、文体活动、物业管理等多项服务进网格，丰富服务内容。

（曹　宇）

【实施“健康生命　阳光生活”计划】 年内，结合街道改革、网格化服务管理、政府购买社会组织服务、智慧社区创建等工作，强化街道（镇）的统筹协调功能，建立起12类人群的信息体系、社会救助体系、社会关爱体系。将5个十二类人群服务项目纳入社会建设重点项目，实行专项督查督办；通过购买服务的方式扶持6个涉及社区特殊人群的生活照料服务，实现对特殊人群的管理。

（付章妍）

【建立挂销账管理制度】 年内，将社区建设工作按照基础数据和任务督办分类建立台账31项。将各类基础数据按照内容进行汇总归类，形成社区用房、经费、人员、设施等23项基础台账。根据年度工作任务建立社区创建、垃圾分类、环境整治等8项督办台账。

（刘　迪）

【加强社区规范化建设】 年内，创建“六型社区”示范单位16个、社区规范化示范点4个、市级“一刻钟社区服务圈”示范点6个、老旧小区自我服务管理试点2个。在9个社区安装社区服务站标识。完成市级第三批社区用房规范化建设项目申报工作，将21个未达标社区用房纳入区政府为民办实事工程，设立6000万元社区用房专项资金，7个社区达标。

（马晓峻）

【开展农村社会管理创新试点】 年内，建设村级社区服务站，设立人口计生和社会保障等岗位，配置办公设施，实现基本公共服务不出村。安装社区服务站标识系统。合理规划村级各类办公和服务场所，方便群众办事和组织活动。建立健全村民自治章程，实现村庄管理规范化、制度化。截至年底，累计建成农村社会管理创新试点12个。

（马晓峻）

【实施社区分类管理】 年内，按照维持一批、改造一批、精品化一批的原则，对社区进行分类管理。针对40个涉拆社区，保障社区基本服务；针对55个不涉拆的老旧社区，提升社区环境面貌；针对20个新建社区，全力高标准建设管理。打造养老服务、宜居家园、六型服务、便民服务、文化传承等7个精品社区品牌。

（马晓峻）

【创新垃圾分类工作机制】 年内，在门城77个社区和2个农村社区推行“户分类、社区收集、区运输”垃圾分类管理模式，由街道统筹、社区发动，从分类、收集、运输3个环节对垃圾分类工作进行流程再造，加强生活垃圾源头治理。实行垃圾分类资金包干制，在16个社区开展垃圾分类示范社区创建活动，建立沟通协调、工作会商和任务督办机制。

（刘 迪）

【实施“一街一景”特色街巷创建工程】 年内，将城市管理重点向背街小巷和社区延伸，以“因地制宜、凸显特色、打造品牌”为原则，建成以“四季飞花”景观街、“桑榆情”为老服务街巷、民俗特色文化街等为代表的11条特色街巷。

（马晓峻）

【建立“四管”停车模式】 年内，实行社区自治“强管理”，建立完善社区自我服务管理组织，完善小区停放管理机制。实行社会力量“协管理”，成立社区司机协会、社区车辆管理志愿者服务队、网格员队伍等服务力量管理停车。实行部门联动“助管理”，利用地下人防工程为社区居民提供停车服务，有7万余平方米的人防工程用于停车。实行拓展车位“促管理”，合理规划社区公共空间，在10个老旧小区重新规范停车位1000余个，新建停车位500余个；对3个拆迁后闲置场地进行改造，新建临时停车场1.5万余平方米，增加停车位800余个。年内建成7个停车示范社区。

（马晓峻）

【创建活动】 年内，结合实际，“量身定做”生态型、助老型、共建型等特色品牌社区。建成15个“一居一品”社区，9个“一居多品”社区。

（马晓峻）

【开展楼门文化创建活动】 年内，通过设立环保、绿色、廉政、文化、教育、养生、服务等主题楼门，动员居民参与社区建设，改善楼门环境面貌，强化居民邻里意识，增强居民归属感。全年，创建四星级文化楼门281个，五星级文化楼门158个。

（刘 迪）

民主党派与工商联

民盟门头沟区工委

【概况】 中国民主同盟门头沟区工作委员会现有在册盟员87人，其中北京市政协委员1人，民盟北京市委委员3人，门头沟区政协委员7人。民盟区工委继续由教育支部、卫生支部、科技支部、综合支部组成。年内，民盟门头沟区工委在民盟北京市委和中共门头区委、区委统战部的直接领导下，围绕门头沟区区委和区政府中心工作，在本地区的政治建设、经济建设、文化建设、环境建设等诸多方面切实履行参政党职能，特别是在京西旅游文化休闲产业的培育与发展、京西古道与古村落的开发与保护方面建言献策，撰写提案和调研报告，全程投入中共北京市委统战部领导下的北京市八大民主党派助推门头沟区发展的8+1行动计划。同时不断加强自身建设，工委班子带领全体盟员，学习中共十八届四中全会精神，学习盟中央、盟市委、门头沟区党代会、人代会、政协会议的相关文件精神。全体盟员衷于本职工作，在思想建设、组织建设、参政议政、社会服务等工作中取得一定成绩，受到盟中央、中共门头沟区委和民盟北京市委好评及表彰。

单位名称： 中国民主同盟北京市门头沟区工作委员会
地　　址： 中国共产党北京市门头沟区统一战线工作部
电　　话： 69842327
邮　　编： 102300

（张金明）

【合作共建】 1月6日，民盟北京市委、民盟门头沟区工委、大峪中学分校与东辛房街道工委联合举办“共建和谐·再创辉煌”

文艺演出，推进社区文化建设。民盟北京市委领导、民盟区工委领导参加联欢活动。4月29日，民盟北京市委秘书长，民盟西城区副主委等领导，在东辛房街道石门营新区共同举办“美化家庭环境　共建和谐社区”送菜苗到家庭活动，邀请市农业技术推广站高级农艺师教授进行《家庭阳台居室种菜技术》讲座。5月26日，民盟北京市委领导带领相关人员到龙泉小学开展“迎六一、放飞梦想”活动。邀请宣武青少年科技馆两位科技辅导教师为龙泉小学130余名6年级学生们讲航模制作课，并为学生们送去航空模型、科普书籍和盟员策划主编的《小水滴漫游记》光盘。5月27日，民盟北京市委秘书长参加了区卫生局召开的“8+1”行动卫生领域项目中期推进会。与会人员就如何提高门头沟区医院学科建设、医疗服务水平和多点执业、医疗纠纷以及一些政策上的保障等问题进行讨论。10月7日，民盟石景山区工委班子成员到区内进行调研考察。期间参观妙峰山玫瑰园、娘娘庙，考察上苇甸小流域治理及神泉峡的开发状况。双方进行研讨及交流，就开发与品牌宣传加大力度等方面达成共识。还就两区工委间的交流与合作等问题达成了共识。

（张金明）

【建言献策】　1月7日至9日，区工委内6名政协委员参加区政协九届三次会议。参加分组讨论并撰写政协提案。

（张金明）

【组织建设】　1月19日，区工委召开全体盟员会议，集体学习区两会精神，传达盟市委文件。总结上一年的工作，同时对下一年工作进行部署。会后举行迎新春茶话会。3月18日，工委全体委员在工委办公室召开会议，商讨一、当年的组织发展问题、医疗帮扶问题、到基层调研访谈事宜及全程参与八大民主党派支持帮助门头沟发展即8+1行动。12月12日，民盟门头沟区工委秘书长在门头沟区政协九届十四次常委会议上被增补为区政协第九届政协委员。至此，盟内政协委员增至7人。年内，发展新盟员共计8人，区工委盟员总数已达87人，另有4人已考察完毕，上报民盟北京市委组织部待批复，还有5至8人正在考察中。

（张金明）

【理论学习】　2月25日参加区政协、区委统战部组织的群众路线学习活动和执行中央八条规定的工作通报会。政协领导等出席。8月15日，参加区统战部组织的党派学习交流活动。就民盟门头沟区工委上半年的工作进行的总结。同日，出席政协委员暑期读书班暨学习报告厅活动。22日至23日，参加盟市委在怀柔组织的理论学习，就民盟组织的建设与发展，有效地参政议政等问题进行系统的学习。8月26日，参加区政协、统战部组织的国际形势报告会。9月11日，参加区委“与民主党派、工商联座谈会”。区政协主席张冰出席会议，区委书记韩子荣就门头沟经济发展、思想路线教育、区内相关事件等作重要讲话。主委孙善民代表民盟工委发言，汇报民盟组织半年来的工作情况。12月7日，民盟卫生支部和教育支部集体学习中共十八届四中全会精神。就四中全会通过的《中共中央关于全面推进依法治国若干重大问题的决定》的内容，进行讲解。

（张金明）

【市领导调研】　3月11日，民盟北京市委领导到潭柘寺镇卫生院、东辛房街道办事处进行考察调研，就帮扶潭柘寺医院、培养医护人员工作进行研讨和部署。还就开展的社区服务和科普大篷车进校园活动与社区及教委的领导进行探讨。4月1日，民盟北京市委主委到区内调研新农村建设，调研组先后到斋堂镇马栏村、雁翅镇太子墓村、军庄镇香峪村进行调研。以落实北京市统战部主抓的“8+1行动”，解决门头沟区发展中的热点、难点问题。8月28日，盟市委领导到妙峰山民族乡视察调研并指导工作。

（张金明）

【社会服务及公益活动】　3月27日，区工委协助民盟北京市委组织中国农科院委员会的6名盟员专家到京白梨原产地——门头沟东山村考察，为村农业经济发展提供帮助。专家们就京白梨种植存在的一些问题向村里提出治理建议。5月23日，副主委代表盟工委参加北京市政协教文卫体组织的“革命老区‘光明行’暨义诊活动”，到延庆千家店村义诊。8月28日，民盟市委领导率领民盟北京市委、盛京银行北京分行、中国光华科技基金会相关人员到区进行社会公益捐助活动，向区残联、体育局、教委、民政捐助总计128万元的物资、衣物。活动后，盟市委领导在统战部领导的陪同下到妙峰山民族乡视察指导工作。9月11日，工委领导在东辛房街道石门营新六区，参加民盟北京市委举办“网络教育中心”揭牌仪式。民盟市委向东新房街道石门营新六区捐赠计算机11台和两套投影仪设备，为石门营新区创建了第一个网络教育中心。10月23日，由民盟北京市委、民盟门头沟区工委、雍和宫管理处、东辛房街道工委联合举办为北涧沟社区居民义诊活动。区工委秘书长参加活动的组织工作。活动一直持续3个小时，共诊治200余位社区居民。25日，民盟北京市委在区斋堂镇马栏村举办“设计走进美丽乡村”现场会。全国政协常委、民盟中央副主席、北京市政协副主席、民盟北京市委主委，市委农工委书记、市农委主任，区政协主席张冰、中共北京市委统战部副部长出席会议并讲话，并为“民盟新农村建设实践基地”揭牌。11月2日，民盟北京市委秘书长带领民盟第九届中央委员、平面几何教学研究专家、平面几何“基本图形分析法”创始人在区教师进修学校举行“农村教育烛光行动——《几何王》教学软件捐赠仪式暨软件使用培训活动”。捐赠价值17万余元《几何王》智能型教育软件300套，给区内各所中学免费使用。22日，民盟工委科技支部到永定福利院送温暖活动，慰问孤寡老人，为老人们送去药品、水果、尿垫及其他生活用品。活动完毕，盟员们参观考察戒台寺的修复情况与运营情况。12月7日，民盟教育支部、卫生支部联合组织“服务社会、关注民生、关注弱势群体，送温暖、送健康活动”。到永定福利院慰问孤寡残疾老人，为老人们送去价值2000余元的药品、血压计、生活用品、水果等。卫生支部的大夫们为老人义诊并回答一些医病、用药、保健方面的问题。

（张金明）

【考察及调研活动】 5月25日，盟工委组织部分盟员到火村双龙峡，沿河城考察深山区旅游开发、古村落开发及文物保护、环境保护情况进行调研。40人参加活动。7月19日，组合全体盟员到妙峰山镇上苇甸－炭厂村考察神泉峡小流域景区治理开发情况及环保状况进行考察。30余人参加活动。8月15日，盟员代表参加区经济建设发展新成果视察活动，参观了西山艺境、润西山、少年宫、心血管研究所、长安壹号等区域。10月6日，组织科技支部、卫生支部、教育支部的部分成员到大村、镇边城、南石洋等地进行调研考察活动。就山区绿化、经济作物的开发与种植、旅游资源的开发与保护及其存在的问题进行研讨。12月9日，盟工委3位政协委员参加区政协办公室组织的区重点工程考察活动。先后参观龙泉湾、区铅丝厂地块公租房、廉租房建设成果、中门寺地块和黑山地块回迁房建设情况，大峪一小校园建设、学科建设情况。

（张金明）

【学习交流】 11月23日，民盟门头沟区工委班子成员及各支部班子成员，参加民盟石景山区工委组织的“学习中共十八届四中全会精神”报告会。会议由民盟石景山区工委主委主持，由中国政法大学教授主讲。会上主要对四中全会通过的《中共中央关于全面推进依法治国若干重大问题的决定》、习近平“关于《中共中央关于全面推进依法治国若干重大问题的决定》的说明”、王岐山在中央纪律检查委员会会议上的讲话进行讲解。

（张金明）

民建门头沟直属支部

【概况】 民建门头沟区工委下设五个支部。现有会员109人，博士学历2人，硕士研究生及以上学历16人，大学学历59人，大专学历33人。在市区级人大政协担任职务的12人，其中市政协常委1人，市工商联副主席1人，区人大代表1人，区政协委员9人。区工商联会员3人。在区委统战部及民建北京市委的支持下，以科学发展观指导工作，在思想建设、组织建设、参政议政、社会服务、学习宣传等方面发挥民主党派作用，得到了民建北京市委及门头沟区委统战部的好评。

单位名称：中国民主建国会门头沟区工作委员会
地　　址：门头沟区滨河大厦632房间
电　　话：69822562－8010
邮　　编：102300

（李　涛）

【社会服务】 年内，创建了以社会帮教为主的“柳林模式”。为新农村发展立项，协助建立“古道驿站”。开展植树活动，捐赠6000余元。参加“为爱而走，春季慈善健走大会”，捐款1000元。组织为西藏阿里地区牧民捐赠过冬防寒物资活动，捐赠物资35000元。7月、10月、11月分别参加中共北京市委统战部重点支持门头沟发展暨“8＋1”行动。12月，在北京市监狱管理局垦华监狱开展《源于心　融于行》主题帮教活动。

（李　涛）

【思想建设】 年内，组织全体会员学习中共《十八大》文件及区委统战部、民建北京市委下发的各类文件。举办四期培训班。参加了市委及区委统战部举办的中青年干部培训班。9月18日，组织会员到抗日战争纪念馆举办

《爱我中华　勿忘国耻》活动。

（李　涛）

【参政议政】　年内，民建执笔的《关于禅修旅游产业带动潭柘寺地区经济腾飞的建议》获得区委领导的高度重视。门头沟区政协第九届第四次会议上，顾慈阳当选为政协副主席。支部委员的《关于山区农村节约用水的提案》荣获优秀提案奖。

（李　涛）

【学习宣传】　年内，规范信息工作，组织会员座谈会。使民建微信平台、QQ平台、网站平台都起到了上传下达的作用。荣获了2014年度民建北京市委网站先进集体。在区统战系统和区政协的信息工作上，民建的信息量及信息质量名列前茅。

（李　涛）

民进门头沟区总支部委员会

【概况】　中国民主促进会北京市门头沟区总支部委员会现有会员71人，分设中等职业学校支部、进修学校支部、新桥路中学支部、永定支部。会员中有北京市政协委员1人，区政协副主席1人，区人大代表1人，区政协委员8人。在民进市委的领导下，在区委统战部的关怀支持下，区民进组织围绕区委、区政府的中心工作，发挥民主党派作用，献计献策、服务社会，在区经济社会发展进程中做出的贡献。

单位名称：中国民主促进会北京市门头沟区工作委员会
地　　址：中国共产党北京市门头沟区统一战线工作部
电　　话：69842327
邮　　编：102300

（郑华军）

【民进门头沟区工作委员会成立大会】　5月10日，中国民主促进会北京市门头沟区工作委员会成立大会在新桥路中学举行。民进北京市委主委，区领导韩子荣，张冰等市、区领导出席。会上，观看视频片《坚实的脚印》，宣布对第一届民进门头沟区工委领导班子的任命，新工委班子由9人组成。

（郑华军）

【宣讲民进发展历程】　5月26日，民进委员代表在区政协机关宣讲民进发展历程。宣讲用视频宣传片和ppt演示的形式讲解中国民主促进会发展历程、民进北京市委会发展简介及民进门头沟区级民进组织的工作情况。

（郑华军）

【与区教工委领导座谈】　6月6日，在区中等职业学校会议室，区教工委领导、工委委员及部分教育界会员进行座谈。

（郑华军）

【考察益农缘合作社】　6月21日，组织会员到雁翅镇开展参观考察活动。民进会员在北京益农缘生态养殖专业合作社理事长的讲解和带领下参观雁翅镇付家台村益农缘合作社接待中心和生产基地。

（郑华军）

【书画艺术下乡活动】　10月22日至23日，联合民进市书画院组织书画艺术下乡活动。区工委和书画院的50名艺术家先游览区内的历史文化名村－灵水村，后在雁翅镇淤白村的文化礼堂进行书画笔会和艺术交流活动。活动吸引了众多村民参与，百余幅现场创作的书画作品赠送给村民。

（郑华军）

【绿色环保活动】　11月22日，民进门头沟区工委中等职业学校支部在区永定河文化公园组织捡拾垃圾绿色环保活动。

（郑华军）

【看望和慰问福利院老人】　12月19日，民进门头沟区工委部分委员到王平镇社会福利中心看望和慰问老年人，和老人一起座谈。会员向老年人赠送了30盒优质太子墓产苹果，带去民进组织的关怀和新年问候。

（郑华军）

【迎新年联谊活动】　12月27日，联合区儿童福利院和龙在天袖珍人皮影艺术团在剧场东街社区举办联谊活动。主委用图文演示的形式汇报民进组织在组织建设、参政议政、社会服务等方面取得的成绩。

（郑华军）

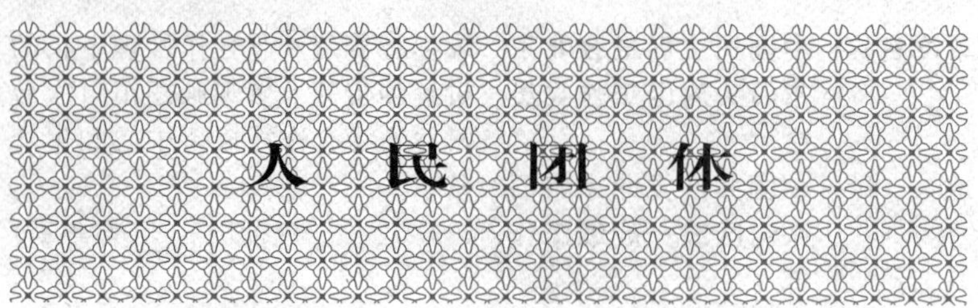

人民团体

门头沟区总工会

【概况】 年内，全区有基层组织1121个，涵盖单位1597个，专职工会干部213人，兼职2046人，会员46523人。全区各级工会贯彻落实北京市工会工作会、市工会十三大会议和区委十一届六次全会精神，学习贯彻落实习近平总书记系列讲话精神，特别是关于工人阶级和工会工作的重要论述，开展党的群众路线教育实践活动，在区委的领导下，在市总的领导下，围绕中心、服务大局，学习贯彻市委意见，坚持改革创新、深化发展的工作方针，按照“维权要到位、服务要做实、发展要全面”的工作要求，推进依法建会，加大工会覆盖面，加强维护职工权益工作法制化、制度化建设，加强服务职工体系社会化、网络化建设，加强劳动模范和技能人才两支队伍建设，增强基层活力，建设高素质工会干部队伍，各项工作稳步推进。

单位全称：北京市门头沟区总工会

地　　址：北京市门头沟区新桥大街34号

电　　话：69843871

邮　　编：102300

（祁吉路）

【送温暖工作】 年内，“两节”送温暖，投入143万元慰问资金，对全区2800余人进行走访慰问，对全区384户困难职工家庭和157名劳模进行慰问。开展夏季送清凉活动，慰问1000余名环卫等重点单位的一线职工；继续实施“金秋助学”活动为77名困难职工子女发放助学款16.9万元；为275名因病致困和生活困难的职工会员给予临时困难救助，缓解职工家庭困难；召开5次专场招聘会进行就业帮扶，到雁翅及石门营居住区送岗位到职工身边，组织招聘单位113家，应聘人员2300余人，现场签订就业意向400余个。

（雷震宇）

【召开工会工作会议】 3月14日，召开九届二次委员（扩大）会议，会上，区领导作题为《凝聚正能量　展现新作为　团结带领广大职工为推动门头沟科学发展贡献智慧和力量》的工作报告。

（周迪娜）

【开展全民健身项目】 3月21日，区总工会、区直机关工委、体育局、社会建设办公室、农村工作委员会联合举办2014年门头沟区全民健身项目表演赛。全区机关、企事业单位共20余支代表队，近500名运动员参加比赛。

（王　鹏）

【城市管理网格化系统建设】 4月2日，北京市市政市容委协调办主任一行到区内调研城市管理网格系统建设情况，在区为民服务中心召开专题汇报会。

（李志昌）

【组织劳模参与义务植树活动】 4月4日，组织全区部分在册劳模参加侯庄子地块——景观大道西侧进行义务植树活动。

（隗合欣）

【市工会十三大代表活动日活动】 4月9日，组织市工会第十三次代表大会的6名代表到石龙经济开发区工会服务站，实地考察工会服务站设施建设，了解工会创新服务社会、服务职工新举措，加深代表对基层工会开展服务职工工作的了解和认识，为在4月下旬召开的北京市工会第十三次代表大会上履行代表职责做准备。

（王　鹏）

【社会服务管理网格化体系建设】 4月9日，社会服务管理网格化体系建设工作汇报会在区为民服务中心召开。会上，区社工委汇报区内社会管理网格化体系建设情况和工作思路，区为民服务中心汇报“六网合一”工作计划，并针对区网格化建设工作提出工作建议。

（李志昌）

【党员活动】 4月16日，区总工会领导班子成员和全体党员到教育基地——黄安坨毛主席批示纪念广场进行现场参观学习，接受革命传统教育；并到区总工会帮扶村——清水镇杜家庄村进行调研，与镇、村领导进行沟通，听取帮扶村意见，为杜家庄村脱贫致富出主意想办法。

（周　宇）

【京卡免费挂号就医】 4月17日，丰台区总工会到区调研京卡免费挂号就医项目工作。丰台区总工会一行20人到区医院进行参观交流。对持“京卡”免费挂号项目的推进过程、区医院的技术支持工作做交流。

（雷震宇）

【举办职工书法培训班】　4月18日，职工书坛培训班正式开课。报名参加培训班的书法爱好者约200人。

（周　宇）

【召开劳模座谈会】　4月29日，召开“弘扬劳模精神　践行群众路线”庆五一劳模座谈会。区委、区人大、区政府、区政协主要领导与来自全区各行业38名劳模和先进集体代表进行座谈，会上对2014年首都劳动奖章、工人先锋号获得者进行表彰。

（雷震宇）

【京卡关联医保存折业务】　5月9日，应区总工会邀请北京银行门头沟支行到工会为干部职工介绍工会会员京卡·互助服务卡与北京银行医保存折关联业务，关联后工会会员可持京卡直接提取医保卡上存款。

（雷震宇）

【特约服务项目】　5月30日，在熙旺大厦好轻松鞋城举行四个服务项目的授牌活动。此次开发的有北京祺捷利技术发展有限公司、北京爱比利屋家政服务有限公司两个家政项目，北京华朗博眼镜有限公司视力保护项目、好轻松鞋城商品服务项目。

（雷震宇）

【送电影慰问一线职工】　6月12日，区总工会电影放映队到石龙开发区送电影慰问一线职工，为170余名现场工人观影。

（霍　明）

【财务经审培训】　8月27日，召开财务经审培训会，通报上半年基层工会经费审查情况；传达解读中华全国总工会办公厅《关于加强基层工会经费收支管理的通知》文件精神，特别强调适用范围和支出方面的八不准；针对存在的问题做了总结分析，并就审计和工会财务基础知识进行培训。下发经审文件汇编及业务培训教材，转发北京市总工会办公室《关于转发<中华全国总工会办公厅关于加强基层工会经费收支管理的通知>的通知》；为两位特邀审计员颁发证书。

（周琪娴）

【社区e服务】　9月16日，北京农商银行社区e服务工作会在区为民服务中心召开，听取农商银行“社区e服务”项目开展情况的汇报。随后各参会单位就如何合作进行交流研讨。

（李茂江）

【爱国歌曲大家唱】　9月25日，门头区委宣传部、总工会、文委在区少年宫联合举办庆祝新中国成立65周年“与祖国同行”爱国歌曲大家唱展演活动，13支各基层及市、区特邀团队参加了展演，评选出最美和声奖3个、最炫风采奖4个、最佳展演奖4个。

（王　鹏）

【职工培训】　11月24日，召开会议传达贯彻落实创建北京市建设学习型城市示范区工作会议精神。会上要求2015年全区工会组织要落实建设学习型城市示范区工作任务，加大培训力度，提高职工素质。

（周迪娜）

【法制宣传】　12月4日法制宣传日，区总工会作为区普法成员单位参加以“弘扬宪法精神　建设法治中国”为主题的国家宪法日暨法制宣传日活动。

（隗合欣）

【团中央到区为民服务信息平台调研】　年内，共青团中央办公厅领导到区内为民信息服务平台参观调研。参观了平台展区、接线大厅，并与工作人员进行现场交流，了解为民服务信息平台及青年团队建设工作情况。

（李茂江）

【为老服务“一键通”】　年内，为60岁以上各级劳动模范及独居、残疾和失独空巢老人家庭1000户免费配备安装使用。

（李茂江）

【为民服务中心标准化建设】　年内，区为民服务中心特邀请北京英伦金典管理体系咨询中心高级咨询师，针对标准化建设的理念、重要性、必要性及标准化管理对工作的影响等多方面进行培训。

（李茂江）

【建立劳动关系争议预警机制】　年内，引入社会购买服务，与北京义贤律师事务所合作举行“工会干部维权能力立体化培训项目”启动仪式。

（隗合欣）

【深化“员工大讲堂”活动】　年内，区为民服务中心以“提高服务技能”为主旨继续开展和不断深化“员工大讲堂”活动，实用性更强的角度进行题目选择和内容讲解，提升整体服务水平。

（李茂江）

【开展“5元优惠看电影”活动】 年内，与区影剧院合作，推出刷京卡领取“5元看电影”优惠券活动。此次优惠券总共2000张，由职工本人持京卡到区总工会职工服务中心或各工会服务站刷京卡领取优惠券，每张京卡限领两张优惠券，采取先到先得，发完为止的形式发放。

（雷震宇）

【组织经审学习观摩交流】 年内，组织区经审委员，特邀经审员，镇、街及石龙开发区经审干部，到通州区总工会学习经审工作经验。两区经审干部、财务人员进行座谈交流。

（王秀丽）

共青团门头沟区委员会

【概况】 2014年，在区委区政府和团市委的正确领导下，全区共青团工作坚持以邓小平理论、“三个代表”重要思想、科学发展观为指导，认真贯彻落实党的十八届三中全会精神。按照“服务地区科学发展”、“服务青年健康成长”的核心要求，努力在拓展工作“宽度”和“深度”上下功夫，努力达到“有章法”、“有实效”的状态，较好完成了年度工作。以学习宣传贯彻党的十八大和团的十七大精神为主题，强化青少年思想引领。加强共青团基层组织建设和青联组织建设，不断夯实共青团工作基础。以落实优化发展环境为导向，切实服务环境营造；以落实优化空间布局为导向，切实服务发展建设；以落实优化民生品质为导向，切实服务青年群体。

单位名称：中国共产主义青年团北京市门头沟区委员会
地　　址：北京市门头沟区新桥大街36号
电　　话：69842938
邮　　编：102300

（赵　健　史　岩）

【志愿服务项目】 年内，深入探索志愿服务长效机制建设，推进志愿服务工作，打造京西志愿服务名片。“五一”期间联合区总工会等部门到黑山地块安置房建设工地，成立“青年突击队”，为进城务工青年群体送去健康义诊、义务理发和图书资料。开展“青年文明岗、志愿星期天”活动。从3月9日起，在每个星期天早晚高峰时段，组织机关干部和各单位团员青年分期分批在双峪路口开展志愿服务，轮流职守“文明交通示范岗”，引导市民文明出行。全年共有44个团组织和300余名青年志愿者参加。

（赵　健　史　岩）

【召开十三届八次全委（扩大）会】 3月14日，召开共青团门头沟区十三届八次全委（扩大）会。会上回顾上一年开展的各项工作，对2014年重点工作进行部署。区领导为全区各直属团组织讲党课，全区镇街80后团委书记和各直属团组织负责人60余人参加学习。

（赵　健　史　岩）

【全国首家“绿色银行”在区内成立】 4月5日，全国首家“绿色银行”在区内正式成立，“绿色银行”官方网站、官方微信和客服热线同时开通。韩子荣等领导及首都企业、团体、家庭和个人代表800余人出席“绿色银行”开业仪式。当日，活动参与者共植“企业林”、“家庭树”、“爱情树”等1000余棵。

（赵　健　史　岩）

【“五四”青年节系列活动】 4月30日，举办“五四”青年节系列活动启动暨新团员入团宣誓仪式。全区498名青少年加入共青团，区领导韩子荣等和全区新团员及青年教师代表300余人参加了活动。

（赵　健　史　岩）

【青少年思想政治建设工作】 年内，以学习宣传贯彻党的十八大和团的十七大精神为主题，强化青少年思想引领。6月13日，组织新桥路中学60名宏志班学生到北大学习参观。9月29日，举办首都师范大学“中华美德进万家”暨门头沟区域化团建“我的中国梦”主题活动。与首都师范大学建立共建关系，开展中华美德万里行宣讲系列活动和市青年画家采风活动。成立区网络宣传员队伍，加强青少年网络舆论引导。12月3日，举办2014年基层团干部培训班，通过专题报告、学习参观、座谈交流、素质拓展等方式，贯彻落实十八届四中全会精神。

（赵　健　史　岩）

【青年文化项目】 年内，围绕现代化生态新区建设，推进青年文化行动。围绕“践行群众路线、城乡青年同行”的主题，启动与市科委团委的三年共建活动，6月12日，组织50余名团员青年参观北京新能源汽车体验中心。19日，会同市科委团委组织区外优质医疗资源到清水中学开展健康体检活动，帮助山区孩子养成健康的生活习惯。对接市科委教学资源，为大峪中学等3所中小学开展科普讲堂，普及科学知识。26日，与中国人民大学体育部开展交流活动，向斋堂中心小学捐赠排球、篮球、跳绳等体育用品。8月19日，会同区委组织部开展“北京市青联委员门头沟行”活动，邀请30余名市青联委员到区参观交流，促成市青联委员与门头沟区在国际青年营建设等方面开展合作。9月25日，以国庆65周年为契机，举办“区域团建汇青年 青春唱响中国梦——中国人民大学学生艺术团走进门头沟专场文艺演出”。

（赵 健 史 岩）

【区青年联合会三届二次常委（扩大）会】 11月28日，区青年联合会召开三届二次常委（扩大）会，审议通过《关于改选北京市门头沟区青年联合会第三届委员会主席的提议》、《关于北京市门头沟区青年联合会第三届委员会委员增补的提议》和《关于改选北京市门头沟区青年联合会第三届委员会公共管理组组长的提议》。总结三届一次全会以后的工作，并对下一阶段工作进行部署。

（赵 健 史 岩）

【成立区志愿服务联合会】 12月19日，区内成立市首家区级志愿服务联合会，召开区志愿服务联合会第一次会员代表大会暨成立大会，大会审议通过了《北京市门头沟区志愿服务联合会章程》，选举产生了第一届理事会及其机构。联合会150名团体会员代表及150名志愿者参加大会。

（赵 健 史 岩）

【共青团基层组织建设工作】 年内，推进全市“区域化团建”试点工作，选取东辛房街道、城子街道作为区域化团建试点单位，分“理清思路、完成任务、形成成果”三个阶段开展试点工作。不断提高“社区青年汇”建设水平，按照“依托社区服务青年、凝聚青年服务社会”思路，围绕“六型”青年汇建设，开展“汇青年、汇梦想”、“走进京西、感受四季”等品牌活动，共开展市、区、街道各级各类讲座培训、体育健身、绿色环保等活动240余次，直接服务社区青年和群众5000余人次。开展“青”字号工程创建工作，指导区内2个集体申报市级“青年文明号”，对15个区级“青年文明号”、19个“共青团员示范岗”进行认定。

（赵 健 史 岩）

【权益维护项目】 年内发挥区未保委办公室和区预青组办公室职能，推进全国“青少年权益工作创新”试点工作。优化试点工作方案，根据考核指标，将探索青少年权益个案受理办理机制、探索建立青少年权益状况监测研究体系和探索建立社会化维权工作体系作为三个重点试点方向。集中走访区公、检、法、司、教等相关单位，整合各方资源，聚焦工作内容，分解工作任务，形成操作性较强的工作方案。推进个案帮扶工作，开展各类青少年群体信息调查工作，选定全区7类12例青少年作为典型帮扶个案，建立个性化档案。创新推动新桥路中学“社工驻校”工作，开展普通学校青少年成长需求分析和校内典型个案帮扶工作。对接区内外资源，为困境青少年申请帮扶资金2万元。推动司法制度创新，推动区公安分局成立“未成年人工作组”，设置“未成年人专门预审室”，建立预审阶段开展社会调查的工作制度。研究制定《北京市公安局门头沟分局未成年人犯罪记录封存实施办法（试行）》，实现犯罪记录封存工作在公检法司各部门间的“无缝衔接”。联合区检察院、区公安局、月季园派出所探索涉治安案件未成年人开展法制教育工作，建立工作机制，通过季度例会、联席会议、专题会议等工作制度，与区预青组、区未保委成员单位建立起较规范的工作机制和畅通的联系渠道。召开试点工作推进会暨预青未保工作会。团区委作为区预青组、区未保委办公室，与北京市12355青少年服务台及区61696156为民服务中心、区网管办签订框架协议，打造综合性服务平台。统筹管理全区合适成年人、社会调查员、心理疏导员、法制副校长等9支青少年维权专业队伍。

（赵 健 史 岩）

【捐资助学】 年内，依托希望工程门头沟工作站，推进各项捐资助学工作，加强并完善贫困学生数据库的管理及更新，落实“希望之星（1+1）奖学金”、“学子阳光”等各类资助项目，共为183名贫困学生发放奖助学金21万余元。开展“两节送温暖”活动，为困难家庭学生、农民工子女、低保重残青少年、涉案青少年及青少年帮矫对象等特殊青少年群体送去温暖和祝福，共计走访慰问396人次，发放救济钱款及其他物资价值1万余元。邀请北京银监局团委举办“送金融知识下基层”活动，慰问雁翅镇芹峪村低收入农户，送去慰问品及3000元慰问金。

（赵 健 史 岩）

【对外宣传工作】 年内，加强与《北京青年报》、《京西时报》以及区电视台等新闻媒体的联系与合作，加强对全区共青团工作宣传报道。完善区志愿者协会网站、门头沟共青团网站。全年向团市委上报信息500余条，位居青农系统前列。

（赵　健　史　岩）

门头沟区妇女联合会

【概况】 年内，在区委和市妇联的领导下，区妇联结合全区发展形势，按照“党政所急，妇女所需，妇联所能”的工作定位，围绕家庭建设年这一主线，坚持服务大局、服务妇女的宗旨，推进全区妇女儿童事业的发展。

单位名称：北京市门头沟区妇女联合会
地　　址：北京市门头沟区新桥大街36号
电　　话：69842568
邮　　编：102300

（陈　琼）

【开展慰问活动】 1月17日，市妇联儿童部领导到军庄镇走访慰问单亲贫困母亲、老妇救会主任和两癌患者等贫困妇女。“两节”期间，区妇联统筹市、区两级资金24万余元走访慰问各类妇女群众265人；为4名两癌患者争取全国妇联两癌救助资金4万元；为54位乳腺癌切除患者赠送义乳并举办女性健康知识讲座。“三八”期间，对工作在区特殊行业工作岗位上的区文明引导员、医务工作者、环卫工人等500余名一线女工代表进行走访慰问。“六一”期间，到区儿童福利园开展庆“六一”慰问活动，为孤残儿童送去慰问品。8月19日，市妇女儿童社会服务中心联合区妇联开展新衣爱心捐赠活动，区内300个家庭受赠。

（陈　琼）

【召开执委会议】 2月21日，召开妇联十届二次执委（扩大）会，会上部署区妇联2014年工作和三八节期间重要活动。3月10日，召开门头沟区妇联十届三次执委会，会上选举产生门头沟区出席北京市第十三次妇女代表大会代表13名。

（陈　琼）

【开展“春风送暖科技下乡”活动】 2月26日，市科委、区科委、妇联在军庄镇联合举办“春风送暖科技下乡”服务活动。市科委为区农家女赠送价值5万余元的叶菜类蔬菜种子和药食两用蔬菜种子，惠及6个镇的15个“妇”字号基地和10个村、居。6月12日，在妙峰山镇大沟村举办“科技服务农家女”活动。活动邀请北京市农林科学院林业果树研究所果树副所长到田间地头讲解果树知识。

（陈　琼）

【举办“女性沙龙”活动】 3月4日，拉丁舞沙龙活动在区妇女儿童活动中心正式启动。年内，针对女干部和妇女代表共开展拉丁舞、健身操、瑜伽等沙龙活动50次，1000余人次参加。

（陈　琼）

【举办知识讲座】 3月4日，举办“女性·家庭·社会”大讲堂——“雾霾·人·健康”知识讲座，邀请北京气象学会副秘书长、高级工程师主讲，70余名妇女参加。7日，依托“女性·家庭·社会”大讲堂组织全区第十届妇代会女代表和处级女干部召开了“女性领导力素质提升”专题报告会，近200名女代表和女干部参加。31日，举办“门头沟区女性健康知识讲座”及义乳测量活动，区处级女领导、各镇街妇联干部、乳腺病患者等90人参加。5月27日，区妇联、教委联合举办家庭教育专题讲座，近200名3至15岁儿童家长参加讲座。9月23日，举办家庭教育专题讲座，邀请中国家长教育研究所所长、中国社科教育培训中心主任、北京大学文化研究与发展中心研究员教授作题为“妇联家庭建设工作创新”的报告，全区妇联系统干部300余人参加讲座。

（陈　琼）

【开展“三八”维权周活动】 “三八”期间，区妇联、综治办、司法局联合开展以“法律温暖，家庭幸福”为主题的“三八”妇女维权周活动。

（陈　琼）

【巧娘工作】 3月11日，区妇联、区委统战部联合邀请“九三学社”北京市委、北京电子科技职业学院装璜艺术设计系人员到区妇女儿童活动中心观看了区灵巧手工艺发展促进会巧娘手工艺作品展，指导工作室的发展以及未来巧娘作品的创新和研发工作。27日，区巧娘协会举办网络销售培训班，20余名巧娘及女企业家代表参加。同日，区灵巧手工艺协会在区妇女儿童活动中心召开2014年巧娘工作座谈会。巧娘工作室负责人、优秀女企业家代表、重点镇街分管巧娘工作领导20余人参加会议。

（陈　琼）

【开展寻找“最美家庭”活动】 3月15日，向各基层单位印发了《关于开展寻找“最美家庭”

活动的通知》（门妇发〔2014〕6号），寻找最美家庭正式启动。年内，围绕家庭建设年这一主线，全年按照生态家庭建设季、学习型家庭建设季、和谐家庭建设季、公益家庭建设季寻找“最美家庭”。依托各妇委会、镇街妇联、村居“妇女之家”，开展家庭道德文明故事会、文明家风交流会等系列活动。全区共寻找到“最美家庭”3283户。

（陈 琼）

【创建示范“妇女之家”】 4月1日，向基层单位印发了《关于开展第二批示范“妇女之家”创建活动方案》（门妇字〔2014〕7号）。年内，共评选出50个示范“妇女家”，筹措26万元项目资金，为基层“妇女之家”配备了图书柜、图书、制度标识、标牌等。

（陈 琼）

【开展植树活动】 4月4日，组织妇女代表30余人参加了全区“弘扬生态文明、建设美丽门头沟”的义务植树活动。5日，响应“今年种棵树，明年少点霾”的号召，组织20个生态家庭共50人参加“绿色银行”开业仪式，并作为“绿色银行”的首批“储户”，妙峰山镇水峪嘴村植树种绿。

（陈 琼）

【举办培训班】 5月14日至15日，举办女企业家培训班，70余位女政协委员代表、女企业家、女性合作社负责人、“妇”字号基地负责人、国资委系统企业女性领导参加。9月23日至24日，举办妇联系统干部培训班，全区各镇、街道及社区妇联干部300余人参加。10月14日至24日，举办2期巾帼志愿者居家照料技术培训班。大峪街道、城子街道、龙泉镇4个居家养老院试点社区的108名巾帼志愿者参加培训，通过专业考试获得北京市人力资源和社会保障局颁发的《居家养老服务技术初级证书》。

（陈 琼）

【开展国际家庭日活动】 5月15日，联组织40户最美家庭开展“5.15国际家庭日最美家庭健步走”主题活动。

（陈 琼）

【召开统计工作会】 5月21日，区妇儿工委与区统计局联合召开了妇女儿童发展规划监测统计工作会。区委组织部、人力社保局、等30个妇儿工委成员单位参加会议。

（陈 琼）

【开展庆“六一”系列活动】 5月17日，组织40余个“最美家庭”到妙峰山镇，开展“最美家庭”亲子生态体验活动。22日，举办幼儿园女园长座谈会，区内20余家幼儿园的女园长参加。25日，与区妇幼保健院在区妇女儿童活动中心联合举办第六届“最美家庭非凡宝宝”风采展示活动，近50个家庭参加。

（陈 琼）

【开通“门头沟女性”官方微信】 6月30日，区妇联正式开通上线官方微信公众平台——“门头沟女性”（微信号：mtgwomen）。

（陈 琼）

【开展维权知识宣讲活动】 6月至10月，与承光律师事务所、区“610”办公室和区公安分局禁毒办共同开展维权知识进“妇女之家”宣讲活动。宣讲团到各镇街50个村居“妇女之家”，授课50场，参与听课和咨询的群众达2800余人次。

（陈 琼）

【启动幼儿国学启蒙教育项目】 7月4日，市妇女儿童社会服务中心和区妇女儿童活动中心在龙泉雾小学举行“幼儿国学启蒙教育”项目启动仪式。

（陈 琼）

【学习交流】 7月24日，组织95881部队72分队的女兵们参观龙泉镇北京花露蝴蝶养殖园。8月29日，组织城子街道、东辛房街道和龙泉镇的老年人及部分巧娘共40余人参观“时光与记忆”——老年摄影及家庭手工艺品展。10月22日，区妇儿工委办公室组织全区各成员单位参观中国妇女儿童博物馆和北京市城市规划展览馆。27日，组织区第十届妇女代表近百人到妙峰山镇2个“妇”字号基地进行参观学习。29日，组织全区13各镇街的巧娘和手工艺爱好者共40余人，到北京电子科技职业学院艺术设计学院学习交流。

（陈 琼）

【领导调研】 8月26日，市妇联副主席到区内专题调研妇女社会工作。9月24日，全国妇联副主席等一行到内区围绕发挥联合社作用、促进妇女发展工作进行调研。市妇联主席，区领导韩子荣，张冰等参加调研活动。

（陈 琼）

【召开妇儿发展规划推进会】 9月15日，召开妇儿工委工作会暨落实市区妇女儿童“十二五”发展规划推进会。区妇女儿童工作委员会各成员单位领导和联络员70余人参加会议。

（陈 琼）

【举办女能人致富擂台赛】 9月23日，举办“第十二届‘女能人’致富擂台赛（决赛）”，全区6个镇的9名选手参加比赛。

（陈 琼）

【“卫星数字妇女之家”落户门头沟】 9月25日，市妇联建设的“卫星数字妇女之家”落户区妇女儿童活动中心。

（陈 琼）

【召开维权工作会】 12月3日，召开妇女维权工作总结会和巾帼维权工作座谈会，区妇联机关全体干部以及镇、街道妇联主席参加座谈。承光律师事务律师作为特邀嘉宾参加会议。

（陈 琼）

【开展法制宣传日活动】 12月4日，区妇联以“12.4”法律宣传日活动为契机，开展法制宣传活动，发放法律法规宣传册2000余份。

（陈 琼）

【举办服务行业技能大赛】 12月4日，区商务委、妇联、商联联合举办“2014年门头沟区服务行业技能大赛——收银员综合技能比赛”。区内5家超市的15名女收银员参加比赛。

（陈 琼）

门头沟区科学技术协会

【概况】 年内，在区委、区政府的领导下，在市科协的业务指导下，以科学发展观和“十八大精神”为指导，以实施《北京市全民科学素质行动计划刚要》为核心，结合门头沟区“十二五”规划，以普及科学知识为切入点，开展科技周、科普之春、百万家庭数字生活技能大赛、科技交流学术月、第34届青少年创新大赛等科普活动；以各种主题活动为契机，加大科普宣传力度，撰写科普工作信息，利用《北京市科普工作简报》，门头沟《京西时报》，《京西科技》专题栏目刊登，编辑上报信息72篇；编辑出版发行《京西科普》刊物；实施科普惠农兴村计划，各项活动取得了社会效益；全年组织讲座、参观展览等活动157项，发放科普宣传材料2万余份，开展种植、养殖技术培训12次，在全区50座科普画廊展出涉及农业生产、文明生活等内容的科普知识4期，首次在社区、公园利用电子大屏幕进行宣传普及科技知识，受益群众万余人。

单位名称：北京市门头沟区科学技术协会
地　　址：北京市门头沟区新桥大街40号
电　　话：69843535
邮　　编：102300

（李春先）

【参加市青少年科技活动】 1月，组队参加北京青少年机器人竞赛。代表队的9名选手参与了两个组别的比赛，2人获得了小学组一等奖，7人获得初中组二等奖。5月，在区2所学校开展“大手拉小手——科学家进校园”科普报告会试点工作，举办科普报告会两场。12月，组织开展“我有一双灵巧手”科技制作竞赛、快乐搭建技能竞赛和青少年多媒体作品设计大赛为内容的北京青少年“动手做”科技竞赛活动。

（吕志军）

【文化科技卫生“三下乡”】 1月，2014年文化科技卫生“三下乡”活动在潭柘寺镇南辛房村举办，发放各类科普图书、科普扑克、科普光盘共计300余册。

（吕志军）

【参加青少年科技创新大赛】 3月，举办“第34届门头沟区青少年科技创新大赛”，全区3000余名青少年参赛，征集科学论文、发明创造、科学幻想绘画、优秀科技实践活动作品近200项。经学校推荐，专家评审，从获奖作品中甄选优秀作品83项申报第34届北京青少年科技创新大赛。经过市级大赛角逐，区共荣获59个奖项，68人获奖。

（吕志军）

【召开科协系统工作会】 3月，召开2014年科协系统工作会，总结2013年科协工作，部署2014年各项重点任务。会上表彰了北京市“社区科普益民计划”、“科普惠农兴村计划”以及区科协信息工作先进集体和先进个人。各基层学协会、镇街科协负责人和获奖单位及个人共计60人参加会议。

（魏元霞）

【开展“科技周”活动形式广泛，科学普及到千家万户】 5月，开展以“科学生活，创新圆梦”为主题的第二十届“北京科技周”活动。组织讲座、展览、参观等科普活动157项，惠及百姓2万余人。一是举办科普报告进社区、进农村活动13场，发放宣传资料5000份；二是举办科普宣传进村镇活动，到深山区的10个村，通过视窗展播、现场咨询、展板巡展、调查问卷等方式，最直接的向农民宣传科普知识；三是组织镇、街科协、基层学协会的科普工作者参观北京科技周主场和科普基地；四是发挥基层科协组织的作用，组织开展科普活动。

（魏元霞）

【市科协检查验收示范社区建设】 7月，为推进市科普示范社区建设、市科普惠农兴村计划和社区科普益民计划的实施，发挥奖补资金的作用。市科协检查组到大峪街道新桥西区科普示范社区和妙峰山镇炭厂生态休闲观光科普示范基地进行检查验收。区科协领导及镇相关负责人陪同检查。

（魏元霞）

【科普夏令营】 7月，区科技馆不断开拓青少年科普新领域，组织30余名中小学生到北京汽车博物馆开展科普夏令营。

（李兆琳）

【“科普之夏”活动精彩纷呈，科普理念深入人心】 7月至9月，以“提高科学素质　乐享美好生活”为主题，开展“第十六届”科普之夏活动。组织讲座、展览、参观和宣传等贴近公众、贴近民生、贴近实际的科普活动125项。科普报告进社区、进农村专题讲座26场，发放宣传材料1.5万份，制作展出科普展板550余块，受益人数3万人。

（魏元霞）

【组织“学生科技节”】 9月，全区42所中小学参加区科协举办的以“快乐科技，梦想启航”为主题的门头沟区第31届“学生科技节”。

（吕志军）

【“全国科普日”活动】 9月，组织所属学协会及驻区部队等10余家单位在新桥大街开展了2014年“全国科普日”主题宣传活动。发放各类宣传资料20余种8500余份，科普环保袋400个，征求居民科普需求调查问卷50余份，展出环保、低碳、节约能源宣传展板30余块，参与群众1000余人；组织开展“2014年门头沟区科技人员登山比赛暨健康大道纵走活动”，28支代表队的112名科技人员参加了活动。

（魏元霞）

【组织“北京市科普惠农兴村计划”工作】 9月，对2013年度“科普惠农兴村计划”先进集体和个人项目进行检查并对2015年度“科普惠农兴村计划”进行申报。年内全区荣获“科普惠农兴村计划”先进集体3个、先进个人2个。其中：农村科普示范基地2个、农村专业技术协会1个、农村科普致富带头人1名、专业技术指导员1名。

（吕志军）

【召开科普活动总结表彰会】 12月，召开“2014年科普活动总结表彰会”，科普联席会成员单位、学（协）会、镇街科协及受表彰单位代表及个人100人参会。区科协领导对2014年“科技周”、“科普之夏”、“数字生活技能大赛”活动作了总结报告，区政府办领导宣读《关于表彰门头沟区2014科普活动先进单位和先进个人的决定》。

（魏元霞）

【开展农村科普之春活动暨科技套餐配送工程】 年内，结合科普之春工作到6个镇12个村，开展种植、养殖实用技术培训12次，培训农村科技人员360余人。在培训过程中针对农村需求，赠送科普书籍500余册。

（吕志军）

【建设科技套餐工程都市型现代农业示范基站】 年内，永定镇瓜草地观光生态园被市科协批准建设科技套餐工程都市型现代农业示范基站。基站聘请市农科院、林果所、林科院专家到基站进行果树修剪、土肥水管理和病虫害防治等技术培训5次，培训乡土专家2人，农业技术人员50人。开展了北京市农科院优新品种“京科糯928”鲜食玉米示范推广工作，取得了不错的经济效。

（吕志军）

【实施后备人才早期培养计划】 年内，贯彻《北京市科协关于实施首都人才发展战略，进一步加强科技人才工作的意见》，选拔一批优秀高中学生中的科技爱好者，进行重点培养，年内大峪中学5名同学参加北京市后备人才培养计划，进入重点实验室。

（吕志军）

【宣传工作】 年内，在全区50座科普画廊展出涉及农业生产、文明生活等内容的科普知识4期。普及科技知识，受益群众万余人。

（吕志军）

【全民科学素质行动计划纲要实施】 年内，区政府与北京市科协签订了《落实全民科学素质行动计划纲要共建协议》。为落实《共建协议》的各项任务，主要抓几方面工作：一是完善门头沟区全民科学素质工作领导小组，在原来的基础上，进行增加和调整；

二是制定《门头沟区2014全民科学素质行动计划纲要实施方案》，进一步明确指导思想、工作目标、主要任务及职责分工；三是召开2014年门头沟区科普工作联席会议暨全民科学素质行动计划纲要工作推进会，部署2014年《全民科学素质行动计划纲要》工作。

（魏元霞）

【实施“北京市社区科普益民计划”】 年内，按照市科协的有关文件精神，组织开展2015年北京市“社区科普益民计划”申报工作。经过北京市专家组评审及公开公示，门头沟区荣获北京市优秀科普社区7个、优秀基层科普场馆1个、优秀科普宣传员5名，获得奖补资金77.5万元。

（魏元霞）

【争创全国科普示范社区】 年内，按照2014年中国科协、财政部《关于组织实施2014年基层科普行动计划的通知》的要求，组织开展2014年全国科普示范社区争创工作。指导申报社区填写申报材料、撰写3年工作总结、制作PPT汇报演示文稿和网上填报，会同财政局进行严格审核等工作，大峪街道滨河德露园社区被评为2014年全国科普示范社区，获得奖补资金20万元。

（魏元霞）

【“数字生活技能大赛”活动】 年内，根据市数字生活技能大赛活动的通知精神，区科协、经信委、妇联、文委联合开展了“创建智慧家园、乐享数字生活”为主题的“2014年第十一届北京百万家庭数字生活技能大赛”活动。门头沟区在大赛的各项活动中取得全市第二名，被评为数字生活技能大赛活动优秀组织工作一等奖。一是组织8459名公众参与网上知识答题活动；二是以“我的参赛之旅”为主题，开展数码摄影征集和评比活动，征集摄影作品551幅，评出了一二三等奖及优秀奖共计67名；三是举办家庭队信息能力培训，区自镇、街、学校的18个家庭代表队54人参加活动；四是组织开展家庭选拔赛，选出1支优秀家庭代表队，参加北京市数字生活技能大赛半决赛，区代表队荣获优秀奖；五是组织开展基层活动。举办海报进社区和大赛媒体宣传活动，举办提高全民信息能力培训活动，开展科普特色活动，开展数字技能大赛“魅力社区”评选活动等。

（魏元霞）

【“科技交流学术月”活动】 年内，根据北京市科学技术协会关于开展第十七届北京科技交流学术月活动的精神，开展以“开放合作——建设科技创新中心”为主题的科技交流学术月《建议》征集活动。征集《建议》近百篇，经过专家评选，评出了一等奖3名、二等奖6名，三等奖10名。

（魏元霞）

【特教活动】 年内，市残联领导到区内开展志愿助残服务工作调研，残联领导对区科技馆在区特殊教育学校建设科技教育活动室，开展志愿助残服务的行动给予肯定。

（李兆琳）

门头沟区
残疾人联合会

【概况】 年内，区残联贯彻落实党的十八大和十八届三中、四中全会精神，深入开展党的群众路线教育实践活动，转作风，夯基础，抓业务，推进残疾人事业发展，取得成效。截至12月31日，全区持证残疾人25818人。共有12个温馨家园27个职康站，每天有426余名智力残疾人和稳定期精神残疾人参与职康活动。有17个扶残助残基地，从事种植果树、食用菌等项目，安置农村残疾人734人。

单位名称：北京市门头沟区残疾人联合会
地　　址：北京市门头沟区新桥大街58号
电　　话：69859231
邮　　编：102300

（郭金辉）

【残疾人专场招聘会】 1月10日，与区福利办联合举办2014年首场残疾人专场招聘会，有24名残疾人与企业初步达成就业意向。

（郭金辉）

【走访慰问】 1月16日，区领导到东辛房街道残疾人专职委员及在区残疾人职业康复中心到康复训练的肢残儿童家中走访慰问。5月15日，在第二十四次全国助残日来临之际，区领导到大峪街道峪园社区专职委员殷红波及龙泉镇梨园社区专职委员陈富田家中慰问。

（郭金辉）

【中残联领导调研】 3月21日，中残联信息中心副主任在市残联领导的陪同下对区残联信息化建设工作调研。

（郭金辉）

【培训工作】 3月27日，区残联与区中等职业学校联合开办的第一期残疾人摄影师培训和计算机操作员培训在区残疾人培训基地开班，全区有134名残疾人报名参加培训课程。10月27日至30日，举办残疾人协管员和专职委员培训班，对残疾人康复、残疾人辅具、组织建设、无障碍、如何办理残疾证、财务管理等相关业务的专题培训，13个街镇共242名残疾人协管员、专职委员参加培训。12月8日至11日，门头沟区全国残疾人基本服务状况和需求专项调查首期培训班开班。永定镇、潭柘寺镇的残联理事长、残疾人协管员、专职委员共96人参加培训。

（郭金辉）

【参加市残联棋牌比赛】 4月25日，区残联代表队获得北京市第二十八届棋牌比赛获得郊区组团体第一名。

（郭金辉）

【助残日主题庆祝活动】 5月17日，举办以“帮助关心残疾人，实现美好中国梦”为主题的第二十四次全国助残日主题庆祝活动。

（郭金辉）

【完成残疾人职业技能竞赛初赛】 5月27日，第七届残疾人职业技能竞赛门头沟赛区的10个项目的比赛全部完成，其中盲人保健按摩师、计算机操作员、插花员、摄影师4个取证项目，有36名选手进入复赛，较上届进入复赛人数提高80%。

（郭金辉）

【党员开展贫困帮扶工作】 5月28日，组织党员来到结对帮扶村清水镇龙王村，对低收入户走访调查，贫困户对扶贫帮扶工作的问题与诉求，并对走访对象进行相关政策的解读。

（郭金辉）

【温馨家园、职康站巡检】 6月10日至27日，会同第三方会计师事务所对区27家职康站及温馨家园进行巡检，规范全区残疾人职业康复劳动项目（职康站）及温馨家园工作。

（郭金辉）

【启动残疾人书画协会正式】 6月18日，区残疾人活动中心举行残疾人书画协会启动仪式，活动中心特邀区知名画家、书法家在启动仪式上现场创作书画作品20余幅，并与残疾人书画协会会员进行交流。

（郭金辉）

【第三届残疾人摄影比赛】 8月27日，举办第三届残疾人摄影比赛，大峪街道的摄影作品《出手不凡》获得残疾人组别一等奖，王平镇的摄影作品《老来乐》获得了健全人组别一等奖。

（郭金辉）

【包头市残联到区交流访问】 10月30日，包头市残联理事长带领包头市基层残联理事长一行20余人，到区残疾人职业康复中心进行交流活动。

（郭金辉）

【第五届残疾人乒乓球比赛】 11月19日，第五届门头沟区残疾人乒乓球比赛在残疾人活动中心展开，全区38名选手参加了6个组别的比赛。

（郭金辉）

【残疾人专项调查工作部署会】 11月24日，召开残疾人基本服务状况和需求专项调查工作部署会，各街镇主管领导、残联理事长出席。

（郭金辉）

【残疾人免费体检】 12月5日，区残联康复中心为全区27家温馨家园（职康站）的439名残疾人进行了为期一周的免费体检。

（郭金辉）

【扶贫助残】 截至12月31日，全年享受北京市残疾人生活补助的残疾人5800人（其中享受低保残疾人2743人），发放金额1360.94万元；享受养老补贴残疾人4381名，补贴金额336.1万元；享受助残券的残疾人4800人，发放金额576万元；为197名特殊困难残疾人，发放一次性临时救助26.7万元；积极开展走访慰问工作，两节、“助残日”共走访慰问残疾人5599人，慰问金额386万元。

（郭金辉）

【温馨家园与职康站建设】 截至12月31日，温馨家园运行经费全年发放67.67万元，职康站日常活动经费457.7万元。

（郭金辉）

【信访维权】 截至12月31日，共接待现场来访153人次，电话咨询276人次，全部得到妥善解决。

（郭金辉）

【无障碍建设】 截至12月31日，为全区700户残疾人家庭进行无障碍改造。其中400户楼房改造、300户平房改造已经全部完成。

（郭金辉）

【下属单位情况】

单位名称：北京市门头沟区残疾人就业服务中心

地　　址：北京市门头沟区新桥大街58号

电　　话：69842909
邮　　编：102300

单位名称：北京市门头沟区残疾人活动中心
地　　址：北京市门头沟区新桥大街56号
电　　话：69821974
邮　　编：102300

单位名称：北京市门头沟区残疾人职业康复中心
地　　址：北京市门头沟区新桥大街56号
电　　话：69867880
邮　　编：102300

门头沟区工商业联合会

【概况】 年内，区工商联贯彻党的十八届三中全会精神，以邓小平理论和“三个代表”重要思想为指导，学习实践科学发展观，围绕区委、区政府中心工作，突出工作重点，开展群众路线教育实践活动，搭建手机app智能平台，履行各项工作职能，完成全年工作任务。结合习总书记北京调研的重要讲话，组织企业代表与区发改委座谈，促进企业转型升级。加强与区电视台、《京西时报》的合作，宣传全区非公企业的成就，提升社会影响。利用《京西工商界》、工商联网站及时宣传报道企业动态，为区非公经济发展营造浓厚的舆论环境；全年组织主席会，常委会、执委会及各种活动20余次。年内发展新会员13家，会员总数达到632家，执委总数85人。

单位名称：北京市门头沟区工商业联合会
地　　址：北京市门头沟区新桥大街36号
电　　话：69842495　69852380
邮　　编：102300

（安　鑫）

【光彩事业】 1月17日，向会员企业发出倡议，号召会员企业开展春节慰问活动。23日，组织3家会员企业走访慰问山区贫困村清水镇李家庄，送去慰问品折合人民币2万余元。年内，组织会员向慈善协会、红十字会等机构直接捐款捐物，以及捐资助学、大病救助、慰问驻区官兵等多形式的公益活动10余项，截到12月底，会员企业累计捐款、捐物80余万元。工商联对在2013年度光彩事业工作中做出突出贡献的36家会员企业予以表彰。

（安　鑫）

【市、区领导调研】 2月20日，区政协领导张冰及相关委室负责人到调研。7月4日，市工商联领导调研，考察区工商联“诚实做人，诚信经营”先进企业概况。12月23日，区领导调研指导工商联2014年工作完成情况及2015年工作计划。

（安　鑫）

【召开主席会，执、常委会议】 1月17日，联召开九届五次执委议，会上传达中共门头沟区委十一届六次全委（扩大）会、区人大十五届四次、区政协九届三次会议精神及其他事宜；2月27日，召开九届九次常委会，会议讨论通过替补门头沟区工商联九届主席名单（草案）、通报了《门头沟区工商联机关关于深入开展党的群众路线教育实践活动实施方案》、征求会员企业对工商联领导班子及班子成员的意见建议、会议传达关于贯彻落实门头沟区生态文明建设和城乡环境建设工作会议精神的有关事宜。同日召开了九届五次主席会。4月24日，召开工商联九届六次执委会，会上确认替补门头沟区工商联九届主席、常委名单（草案）、邀请人力社保局的工作人员对区用工、就业等相关政策予以了解读。9月18日，召开九届十次常委扩大会，会议通报党的群众路线教育实践活动的有关情况、总结了区工商联1月至8月工作、邀请发改委相关人员关于区扶持产业发展专项资金管理办法和专项资金综合管理评审委员会议事规则、关于区产业调整的相关政策、《门头沟农村发展基金管理办法（试行）》等相关政策进行了解读，会议还针对APP手机平台业务进行讲解。

（安　鑫）

【理想信念教育工作】 5月9日，组织会员、机关干部及区政协委员共90余人，到北大校园，听博士生导师所作的政商领袖国学班讲座。推动理想信念教育与“诚实做人、诚信经营”活动的开展。

（安　鑫）

【企业服务】 5月30日，组织47家企业，参加与发改委的座谈会。会上，区发改委主要领导介绍区疏解非首都核心功能的相关政策，引导企业转型发展。年内，工商联与网络公司合作，设计开发“门头沟区非公企业智能APP平台”，将全体会员纳入其中，旨在借助信息数据库，建立以企业产品、服务等为依托的信息集成与共享平台，完善商会组织服务管理与公共资源集成共享服务体系，提高工商联服务商会组织、服务会员的科学化水平；开展银企对接工作，加强与政府职能部门、各镇街和金融机构“三对接”活动，疏通融资渠道，为会员企业发展服务。全年会员企业融资金额超过2000万元，享受补贴利息近200万元。

（安 鑫）

【组织工作】 年内，建立评价奖励机制及诚信体系。把非公有制经济人士参与光彩公益事业，作为评价考核会员企业的条件之一，与推荐政协委员、增补工商联执常委综合考虑，增强了工商联执常委的社会责任感；推进企业诚信文化建设，在区工商联系统组织开展诚信企业推荐工作，将坚持守信用、讲信誉、重信义，承担社会责任的会员企业纳入诚信系统；协助属地加强非公党建工作，全年共走访企业70余家次，开展支部活动7次。

（安 鑫）

【调研工作】 年内，完成题为《关于促进我区非公经济健康发展的建议》的政协大会发言，为区委区政府制定全区非公企业相关政策提供参考。在区政协九届三次会议期间，区工商联及工商联界别政协委员共提交团体、个人提案40余件，就区社会经济发展的热点难点问题建言献策。组织工商联界别活动、参与其他界别组活动5次。

（安 鑫）

【评优推荐工作】 年内，在市工商联组织的诚信经营评比中，区5家会员企业入围。

（安 鑫）

【机关建设】 年内，结合群众路线教育实践活动，在机关内开展“大讨论”活动，全年共组织学习参观30余次。

（安 鑫）

【宣传工作】 年内，与市工商联、《中华工商时报》相关人员座谈，宣传企业成就、光彩事业、企业创新成绩等非公有制经济典型事例；利用工商联网站宣传、向上级机关报送企业动态及成就30余条，刊发21条。

（安 鑫）

门头沟区文联

【概况】 年内，以习近平总书记在文艺座谈会等系列重要讲话精神为行动指南，以学习宣传贯彻落实党的十八大精神和十八届三中全会精神为主线，在市文联和区委宣传部的支持指导下，履行文联联络、协调、服务和管理职能，紧紧围绕区委、区政府中心工作，团结引领全区广大文艺工作者，坚持“二为”方向，“双百”方针和“三贴近”原则，围绕“产业发展、城乡一体化、生态文明”等主题，以“中国梦”和“种文化”特色系列文化活动为载体，统筹整合文联资源优势，为门头沟区经济社会建设和文艺事业的繁荣发展做出积极贡献。

单位名称：北京市门头沟区文学艺术界联合会

地　　址：北京市门头沟区剧场东街12号

电　　话：69824090

邮　　编：102300

（张金书）

【组织建设】 年初，召开三届六次理事会，增补文联三届理事会常务副主席。1月20日，硬笔书法协会党支部正式成立，隶属大峪街道工委。3月16日，楹联学会召开第三次会员大会，选举产生新一届常务理事会和领导班子。大会通过上一届工作总结报告和《章程修改说明》报告，选出第三届理事会、监事会，并召开三届一次理事会。5月10日，作协和诗歌学会联合召开2014年第二次理事会暨工作会。8月9日，北京京西古道文化发展协会召开二届二次理事会，审议通过二届理事会工作报告、监事会工作报告和《关于举办2014京西古道主题研讨会安排》决定。

（张金书）

【调研工作】 年初，与京西古道文化创意工作室共同研究，历时9个月，于12月底联合完成“门张协同，发展文化线路旅游产业”调研报告。3月，文联党组班子到古道文创室调研。4月，按照群众路线教育实践活动联系点的具体工作安排，研究决定与文创办公室共同撰写调研报告。5月，调研报告题目、具体方案及配套资金逐一落实。6月26日至27日，古道文创室牵头“门张协同·古道先行·探路之旅”活动，15人赴张家口市，与张家口历史文化研究会座谈。7月24日，北京民间文艺家协会主席一行到区文联民间协会调研指导，6名区级手工艺术家分别介绍自己创作的琉璃、紫石砚、纸艺、毛猴、玻璃粘、蝶翅画、羽毛画和麦秸画。7月至9月，收集整理征集文稿30篇。10月10日至11日，组织11名古道专家赴河北省张家口市进行“门张协同，发展文化线路旅游产业”课题采风创作活动，双方形成合作意向。29日至30日，张家口市文联、社科联、政协文史委及历史文化研究会、涿鹿矾山镇民俗协会16人到区参访交流，当代北京史研究会、当代北京研究杂志社、北京联合大学北京学基地、市社科院、市旅游局等专家学者8人，本区专家学者共近60人参加座谈。11月，北京市社会科学院历史所副所长、专家学者吴文涛老师对资料汇编中的文稿进行审校，12月底调研报告完成，并出版编辑《研讨文集》。

（张金书）

【送文化种文化活动】 1月，组织楹联学会、摄协、书协分别到沿河口村、齐家庄村、大台办事处、潭柘寺南辛房村、雁翅镇高台村、千军台、峪园社区、承泽苑社区等写春联送祝福1600余幅。2日至12日，美协举办画笔描绘美好生活成果展，城幼150余名小朋友参观。摄协到清水镇、田庄高台村、王平镇敬老院慰问，集资为老人购买生活用品。15日，音乐家协会到驻区95881部队举办“军民联谊谱新曲，正月高歌奏华章”军民联欢会。23日，文联党组全体成员到斋堂镇马栏村参加民间协会草杆粘贴画培训班首批25名学员结业仪式。儿童文学作家翌平到龙泉小作协为四至六年级小学生作《儿童文学创作》讲座。3月1日至11月22日，摄协分别以《雷锋精神永放光芒》、《古韵门头沟》、《宜居门头沟》、《活力门头沟》为主题开展4次创作赛式活动，共收集作品近700余幅，40余人获得奖励。与区教委对接商榷中小学“3点半”以后课外班辅导文艺人才短缺问题，鼓励各协（学）会根据学生需求开展培训。4月9日，与区图书馆联合举办“警民共建图书室”送文化进警营活动。中国书协会员、北京今子书画院副院长杜胜苏即兴挥毫泼墨书写“警护京安”、“警民共建”等作品。18日至7月25日，硬笔书协举办第二届硬笔书法培训班共15讲，数百人参加培训受益。26日，组织民间协会参加2014年门头沟山地旅游文化节，30位艺术家百余种作品参加活动。29日，妙峰山花会协会79个会档参与22届妙峰山传统民间庙会。5月，戏剧家协会参与组织“门头沟区首届戏曲大赛”，近200名参赛演员共分成少儿组、青年组、老年组。在影剧院进行总决赛，26名演员分别获得一、二、三奖项。戏协主席参加“门头沟区戏曲演出周”演出，北京民声京剧团首次演出整本《四郎探母》大戏，历时3个小时。29日，组织硬笔书法家到区特殊教育学校参加六一活动。30日，组织民间协会20余名艺术家到北京实验二小永定分校及附属幼儿园开展“关爱儿童·共庆六一”活动。6月21日，北京民声京剧团首次在梅兰芳大剧院举行非专业演员演出。其中《折子戏专场》——《坐宫》；《游龙戏凤》；《赤桑镇》等演出受到好评。7月4日，与区总工会联合举办纪念抗日战争胜利69周年“勿忘国耻，圆梦中华”爱国主义教育讲座，由原中国青年报社高级编审、中国古汉语教授，原远东国际军事法庭中国法官梅汝璈之子梅小璈教授主讲，120余人参加。13日，舞蹈家协会与各郊区县舞协举办“第五届北京市各郊区县舞蹈艺术交流友谊赛”。15日至16日，区委宣传部、区文联与京煤集团党委宣传部联合组织“寻找当年记忆”活动，10名文革期间在木城涧煤矿工作过的老同志参加。15日至17日，古道协会赴河南省鹤壁市淇县，参加中国先秦文化鬼谷子研究分会第二次会员大会。31日，区书协主席为全区机关事业单位100余人进行《书法赏析》书法知识讲座。8月30日至9月8日，民间协会组织部分艺术家参加北京第12届图书节门头沟分会场展销活动，北京市级非物质文化遗产代表名录，潭柘紫石砚、老北京风车、面人、毛猴、布艺、编织、麦秸画、易拉罐铝箔画、蝶翅画、羽毛画等参加非遗项目展销活动。9月12日，硬笔书协在麻峪等三所小学开展书法教学，总授课约3000课时，年底全面接管城小2015年书法培训。同日，民间协会应龙泉宾馆邀请，组织民间艺术家参加“中法国际合作创新联合会成立周年庆典嘉年华”活动，为中外宾客展示本地区的民间艺术，现场进行制作表演。9月30日至10月7日，民间协会参加北京市第17届根石艺术作品展，21名会员28件作品参展，获首都根石艺术：金奖6枚、银奖7枚、铜奖6枚。10月26日，戏协派4名会员参加“北京椿树杯京剧票友大赛”，两名会员分获二等奖和三等奖。11月9日，戏协会员参加北京电视台“国粹生香·2014京剧票友段位评授季”（最高五段），在近千人的比赛中，一名会员获得三段，一名会员茹获得四段。15日，舞协参加北京市第五届国际标准舞大赛16对选手参赛，3对选手获得国标舞和拉丁舞亚军。23日，音协《百花山圆舞曲》参加2014北京市区县（局）、产（行）业文联新创文艺节目展演。12月1日，硬笔书协开展区第二届职工硬笔书法大赛征稿活动，共收作品近800幅。3日，戏协参加“北京市门头沟区首个法制宣传日”演出。影视家协会采写《京西山区第一个党支部》解说词。永定河艺术家协会创作大型画作《永定晨曦》、《京西古道》参加“情定永定河”第八届中国北京永定河文化节展览，并以永定河为主题创作书画作品参加韩国首尔举办的第十七届世界和平美术大展。作协、诗歌学会与教委共同组织全区中小学参加第二届“东方少年·中国梦”中小学生作文大赛，在门头沟赛区评出金牌小作家奖2名，银牌2名，铜牌3名。中学组一等奖5名，小学组一等奖5名，作家协会、诗歌学会均获市级优秀组织奖。15日，“民间艺术根植校园”中小学启动仪式在三家店铁中举行，8位民间协会的艺术家展示作品，师生和会员近100人参加活动。北京永定河文化研究会先后参加“鬼谷子文化研讨会”、“大师与古都——侯仁之与北京城”展览学术等研讨会。组织17名戏协到雁翅镇苇子水村进行专场戏剧演出。组织楹联学会、美协、书协共20余名艺术家到王平镇吕坡村开展文艺进农村活动。

（张金书）

【基地建设】　4月18日，北京民声京剧团举办成立大会暨授牌仪式，区领导、区文委领导，中国戏曲学院教授等出席活动。9月28日，区文联第一个“文艺创作实践基地”揭牌仪式在区教委琉璃渠中小学劳动艺术教育基地举行，近百人参加。民间艺术家们现场向教师、学生展示手工创作30余件艺术作品，美术家们创作两幅书画作品和书法家以“艺校联手，土沃花红”为词的20余幅书法作品。10月16日，硬笔书法家协会为西辛房小学授牌“中国硬笔书协教育培训基地”。27日，硬笔书协教育分会正式挂牌成立。12月，楹联学会为三家店小学授予“楹联教育基地”牌匾。

（张金书）

【文艺志愿者创作活动】　4月至7月，“中国梦·我的生态梦”文艺志愿者创作活动按照区委区政府提出的“坚持生态立区战略，全力建设国家生态文明示范区”、市文联倡导的“着力抓好‘中国梦’主题文艺创作”和区委宣传部开展的“深化‘中国梦’学习宣传教育活动”的总体工作部署和要求，最终形成一个展览和一本门头沟区文艺志愿者艺术作品集。4月29日，召开中国梦·我的生态梦文艺志愿者创作活动启动推介会，17个协（学）会相关艺术家共41人参会。5月21日，组织文艺志愿者40余人到王平镇东、西马各庄村垃圾分类示范村及龙泉湾与永定楼永定河生态治理工程第一次采风。7月，组织各评审小组对作品进行评审，选出各类文艺作品百余幅参展。8月，将作品进行统一规格装裱、制作和民间艺术品精选参展。9月，组织协（学）会、古道文创室负责人和文艺骨干近50人第二次采风，并向田庄第一党支部、苇子水村赠送3幅书画作品。8月至10月，结集文学作品、书画创作、摄影作品、综合创作和民间艺术品等优秀作品成果成册。11月18日，与区委宣传部共同举办中国梦·我的生态梦艺术作品展在永定河文化博物馆开幕，150余人参加开幕式，展出集书画、楹联、摄影、民间手工艺等精选优秀作品117件，为期9天近3000人参观。9月5日至10日，永定河艺术家协会举办“梦想中国·永定河书画展”，展出作品120幅。

（张金书）

【党建工作】　5月20日，组织全体在职党员到帮扶村龙泉镇赵家洼村报到。龙泉镇领导介绍赵家洼村整体情况。人员构成、产业结构、发展思路等基本情况。展开座谈，共同谋划增收帮扶思路。6月25日，与赵家洼村党支部联合举办“送文化，讲礼仪，增强党性修养”支部共建同庆“纪念中国共产党成立93周年”活动。7月，硬笔书协在2014年社会组织特色党建品牌评比中《奉献的旗帜》获三等奖。

（张金书）

【名家点评】　年内，邀请中国楹联学会副会长、北京楹联学会会长，中国楹联学会历届秘书长，中国文联美术艺术中心副主任，北京市摄影家协会副主席等专家、教授分别为作品点评8场次。9月，书法家协会特邀青年书法家、中国书协会员现场点评指导“北京市最美乡村书法展作品”。12月2日，聘请中国文联美术艺术中心副主任、清华大学美术学院培训中心客座教授著名美术家为区文联文艺创作实践基地美术专家顾问。在区文联文艺创作实践基地对区美术家协会30幅作品进行点评和授课。

（张金书）

【文化传播】　年内，古道协会会员参与央视九频道《古道西风》拍摄，被新桥路中学聘为“创新人才培养课程指导专家”。永定河研究会全年14人次参与永定河文化电视讲座42期，接待《北京日报》、央视九频道等多家记者采访22次，到新中、区旅游委、社区等单位宣讲永定河文化20余场，并连续三年为新考入公务员讲永定河文化。民俗协会参与“社会主义核心价值观”学习与宣传，参与影视拍摄30余人次，我区摄协70余人次分组到社区、乡镇、企业进行摄影文化宣传。影视家协会完成《黄芩山茶》后期合成，完成电视宣传片《棚户之春》。永定河艺术家协会与《京西时报》创办“京西文化人”专栏，刊发10位京西艺术家。

（张金书）

【期刊书籍】 年内，《百花山》出版文艺期刊6期。作协名誉主席《花儿金》、《葡萄常》、《聚元号弓箭》、《双氏兔儿爷》4本非物质文化遗产文集，作为《北京非物质文化遗产丛书》（共10本）的组成部分由北京出版集团正式出版，永定河研究会出版《永定河》季刊4期，编印《永定河——北京古村落保护特刊》，出版2012－2014选题《永定河研究文集》《千军台庄户幡会》《京西古幡乐》。民俗协会参与《门头沟政区通览》编写，出版《龙泉文化丛书》《京西民俗论坛》（2014）。古道协会出版《京西古道》会刊、《马致远元曲作品集》。楹联学会完成《中国对联集成》部分校正，出版3期《京西联苑》。影视家协会主席发表以京西人民抗日斗争为题材的长篇小说《浑河儿女》。

（张金书）

门头沟区红十字会

【概况】 内，区红十字会围绕北京市红会的工作部署和区内中心工作，依照《中华人民共和国红十字会法》履行职责，贯彻落实《国务院关于促进红十字事业发展的意见》，以生命关爱、人道惠民、文明引领为主题，通过开展应急救援项目，加强了红十字人道应急体系建设。加大社会救助力度，提高了人道保障服务能力和水平，推进社会公益资源平衡分配。以“五八”红十字博爱文化月和急救宣传月为载体，开展红十字人道公益文化宣传活动。组织志愿者开展社区便民医疗服务，推进“三献”（无偿献血、遗体和人体器官捐献、造血干细胞捐献）宣传动员工作。全年共募集捐款173万元，其中“博爱在京城”项目募集捐款91万元，云南鲁甸地震救助项目募集捐款82万元。接受企业定向捐款共计60万元。通过开展助困、助老、助学、特殊群体关爱项目，投入救助款物187.17万元。全年举办卫生救护培训班46期，3000人取得初级急救员证书，应急救护知识普及培训达8000人次。

单位名称：北京市门头沟区红十字会
地　　址：北京市门头沟区中门寺16号
电　　话：69843746　69844406
邮　　编：102300

（马文娟）

【召开红十字系统工作会】 1月3日，召开2013年度红十字系统工作会，会上总结2013年的工作，部署2014年工作重点，为17名先进个人颁发了证书。17个基层红十字会组织的秘书长参会。

（张　炼）

【召开常务理事会】 1月13日，召开六届五次常务理事会。会上通过了《关于第六届理事会更换理事、常务理事的报告》、《关于第六届理事会补选会长的报告》、《区红十字会2013年度工作报告》、《区红十字会2013年度募捐、救助款收支情况报告》、《关于7.21水灾专项款转入救助款的报告》的审议，并提交六届五次理事会。3月20日，区红十字会六届五次理事会在区科技馆六层会议室召开。会上表决通过了《区红十字会第六届理事会关于更换理事、常务理事的决议》、《区红十字会第六届理事会关于补选会长的决议》、《区红十字会关于7.21水灾专项款转入救助款报告的决议》、《区红十字会2013年度工作报告》、《区红十字会2013年度募捐、救助款收支情况报告》。

（张　炼）

【两节送温暖】 “元旦、春节”期间，开展“博爱暖京城，人道惠万家”两节送温暖活动。期间，区红十字会共计拨付款、物合计人民币64万元，慰问困难户1700户，受益群众3500人。

（张　炼）

【召开总结交流会】 1月24日，红十字会讲师团10位老师参加会议。会上总结了2013年培训工作，介绍2014年工作计划，传达市红十字会应急救护培训工作要求，与会老师进行了交流，并提出建议。

（张　炼）

【健康知识讲座】 1月至3月，在北涧沟、黄土台等7个社区举办主题为“迎新春、红十字健康伴我行”知识讲座7场，近500名社区居民受益。

（张　炼）

【召开募捐动员会】 3月20日，召开“博爱在京城”募捐动员会，会上，总结上年度募捐救助工作。一个月内共收到捐款91万元。

（马文娟）

【培训工作】 自3月26日起，历时2个月，在清水、斋堂两镇举办生态管护员红十字应急救护培训班。围绕森林防火知识、山洪灾害、心肺复苏、创伤包扎、现场急救等内容，采用讲、练结合的方式、手把手为学员授课，共举办9场，800余人参加培训。7月9日，在龙世源会议中心举办了为期1天的基层红十字干部培训班，全区17个镇、街道红十字会，红十字会各工委的会长、秘书长、专干及社区红十字骨干等110人参加。围绕“造血干细胞”和志愿服务工作进行培训。年内，举办初级急救员培训班46期，培训初级急救员3000人次。通过开展培训班、各类宣传日纪念宣传活动、推广“掌上急救”学习软件等方式，普及教育达8000余人次。

（张 炼）

【宣传活动】 4月20日至5月20日，开展“博爱文化月”活动。“5·8”世界红十字日当天，区红十字会、红十字会卫生工委、国资委工委、机关工委与区献血办公室、社区卫生服务站联合在区影剧院门前广场设置宣传主会场，庆祝第67个世界红十字日，全区17个镇街红十字会、红十字工委都挂起横幅、设置宣传分场，共发放各种宣传品5000余份。在“博爱月”期间，开展多种形式的宣传服务活动，服务群众达6000人次。8月20日至9月20日为“急救宣传月”，开展“急救与日常及灾难中的危险”为主题的系列活动。活动内容包括四项：“世界急救日”宣传、“红十字急救掌上学堂”宣传推广、“红十字急救进棚改新区”宣传及“身边的急救”摄影作品征集活动。期间，共组织集中急救知识培训10期，培训800余人，发放各类宣传材料6种3000册，收集整理急救摄影作品三十余幅，报送市会29幅，参加作品比赛。12月1日，是第27个“世界艾滋病日”。会同区疾病预防控制中心、建委、安监局、计生委等部门到街道、工地、社区开展“行动起来，向‘零’艾滋迈进”为主题的宣传活动。通过宣传艾滋病防治等健康知识，免费发放国际红十字与红新月运动知识读本、急救手册、书包等材料，传播红十字“人道、博爱、奉献”的精神。

（张 炼）

【避险逃生演练】 5月8日，参与区应急办在新桥路中学举办的“中学生地震避险逃生演练”，红十字医疗志愿者在演练过程中配合消防战士为模拟地震中受伤学生现场止血、包扎、固定，并安全转运。现场发放应急知识手册、中学生避险知识手册5000余册。5月9日，与区应急办、教委、消防支队、地震局在三家店铁路中学联合开展中小学生“避险逃生、消防演练”。三家店铁路中学全体师生400余人参加演示。

（张 炼）

【单位迁址】 5月10至11日，区红十字会由城子东街甲40号迁到中门寺大街16号民生大厅三层，12日正式新址办公。

（张 炼）

【开展青少年手拉手活动】 5月27日，西城区玉桃园小学与区龙泉务小学开展红十字献爱心、手拉手活动，仪式在龙泉雾小学进行。玉桃园小学师生代表向龙泉务小学师生捐赠了学习用品，龙泉雾小学的学生表演了北京市非物质文化遗产“童子大鼓舞”。

（张 炼）

【少儿大病救助】 5月16日，举行2014年度少儿大病救助金发放仪式，丁勇出席仪式并讲话，各捐赠企业代表、基层红十字会秘书长以及11名受助患儿家长等25人参加仪式。年内，北京精雕科技有限公司、北京神州灵山叶腊石有限公司、北京东正工程项目管理有限公司、北京亨美利嘉园林绿化工程有限公司和德坤瑶医医院5家爱心企业捐助14万元善款，定向用于区少儿大病（区0－18岁患白血病、血友病、再生障碍性贫血、肾衰竭、恶性肿瘤）的救助工作。

（张 炼）

【开展“博爱校园行”活动】 5月23日，举办2014年度红十字“博爱校园行”活动仪式。北京精雕科技有限公司向捐助人民币22万元，携手区红十字会开展了定向助学活动。一是拨付救助款12万元，为大峪第一小学、大峪第二小学、育园小学、北京第二实验小学永定分校、斋堂小学和清水小学6所学校购置了教学器材和图书。二是为教育系统体育教师配备了防暑物品。

（张 炼）

【参加市会宣讲团】 7月，在中国共产党成立93周年之际，区红十字会推荐北京亨美利嘉园林绿化工程有限公司总经理作为北京市红十字会“最美红会人”宣讲团成员，在全市巡讲。

（张 炼）

【开展书法比赛】 7月3日，区红十字会学校工作委员会在全区中小学生中开展“我心中的红十字”软、硬笔书法比赛活动。共收集到书法作品200余幅，经专家评审，评选出获奖作品47幅。参加“人道感言 博爱寄语”首都红十字青少年续写雷锋日记活动中，11名学生获得优秀日记奖项，3所学校和4名教师获得优秀组织奖。

（张　炼）

【红十字传播进家庭知识竞赛】 7月30日，区红十字会、军庄镇红十字会组织的“红十字传播进家庭”知识竞赛在西杨坨红十字服务站举行，每个参赛家庭均由一名家长和孩子组成。10个参赛家庭经过比赛，评出一、二、三等奖，

（张　炼）

【为鲁甸祈福】　8月3日16时30分许，云南省昭通市鲁甸县境内发生6.5级地震。6日，区红十字会与少年宫老师带领15名书法班学生在永定河畔为鲁甸祈福。同学们将其作品义卖所得的231元全部捐给红十字会，用于鲁甸的灾后重建工作。区红十字会讲师现场为学生和过往群众演示了外伤包扎和心肺复苏技术，并向群众发放简易急救包、《急救手册》和《红十字简明手册》。

（张　炼）

【举办暑期活动】　年内，利用暑期在社区举办“小手拉大手，安全你我他”为主题的应急救护知识系列传播活动。采用家庭体验式互动学习的形式，让学生和家长共同参与应急救护知识与技能的学习。

（张　炼）

【成立志愿服务队】　9月12日，在绮霞苑社区召开大峪街道红十字社区志愿者服务队授旗仪式。志愿服务队制订了自己的章程和制度，推举产生自己的领导团队，开展社区人道援助、开办健康安全讲堂、开展应急救护知识培训、防灾避险演练宣传、动员活动、灾情、民情的搜集上报、协助配合专业救援队进行抢险救护七项志愿服务内容。志愿服务队队员集体进行宣誓后，会同社区服务站的医生为群众进行义诊咨询。

（张　炼）

【召开红十字社区服务站交流会】 9月22日，在大峪街道峪园居委会召开了“红十字社区服务站工作交流会”，全区4个红十字社区服务站负责人分别针对各自服务特色及如何创新性开展红十字志愿服务进行汇报，分析工作中存在的问题及解决办法，讨论以后如何开展红十字志愿服务。

（张　炼）

【重阳节慰问】　9月25日，会同老龄委一起对12位百岁老人进行慰问，每人1000元。26日，与育园中学师生一起到清颐敬老院慰问，并邀请戏曲的票友为老人表演。

（张　炼）

【捐资助学活动】　12月1日，汇龙森欧洲科技有限公司向红十字会捐赠资金20万元，定向用于山区困难学生的救助工作。汇龙森欧洲科技有限公司董事长，区领导张贵林出席捐赠仪式并讲话。

（马文娟）

【开展博爱敬老活动】　12月26日，与育园中学红十字青少年在清颐敬老院举办了“感怀夕阳情，快乐包饺子”慰问活动。育园学校师生为敬老院的130位老人们表演了节目。

（张　炼）

【救助特困家庭】　年内，经过审查核实，对66户因病致贫和意外伤害造成生活困难的家庭进行了救助，支付救助款共计26.7万元。

（马文娟）

政权 政协

北京市门头沟区人民代表大会常务委员会

【概述】 北京市门头沟区人民代表大会常务委会（简称区人大），机构设有办公室、内务司法工作委员会、财政经济工作委员会、城乡建设环保工作委员会、教科文卫工作委员会、农村工作委员会、代表联络工作室（市代表联络工作处）、研究室8个工作委室。办公室机构内设有信访接待室、文秘信息科。截至年底，第十五届人民代表大会常务委员会共有代表162名，常委会委员26名。年内，区人大常委会在区委的领导下，学习贯彻党的十八大，十八届三中、四中全会和习近平总书记系列重要讲话精神，开展党的群众路线教育实践活动，坚持党的领导、人民当家作主和依法治国的有机统一，按照区委十一届五次、六次全会工作部署，围绕生态环境立区、高端产业强区和旅游文化休闲产业兴区发展战略，依法行使常委会各项职权，执行区十五届人大四次会议决议，开拓进取，求实创新，为推进全区民主政治建设、推动现代化生态新区建设做出了贡献。

常委会举行11次会议，听取和审议36个重要议题，依法行使监督权、决定权和任免权。一是共听取和审议“一府两院”25个工作报告，其中专项工作报告17个，计划与预算报告4个，落实常委会审议意见报告4个；印发审议意见书4件；开展1项专题询问，检查了3部法律法规的贯彻实施情况。二是依法就批准创建国家可持续发展实验区规划、批准财政决算、调整2014年为民办实事项目、调整2014年重点工程项目、批准将8个棚改项目资金列入财政预算管理、召开区人民代表大会、补选区人大代表、制定常委会工作制度等重大事项，做出8项决议决定。三是依法任免国家机关工作人员70人次，其中：区级领导7人次；区人大常委会工作机构负责人10人次；区政府组成部门主要负责人8人次；区法院工作人员41人次；区检察院工作人员4人次。补选区人大代表1名。完成了区十五届人大四次会议确定的各项任务。

单位名称：北京市门头沟区人民代表大会常务委员会
地　　址：北京市门头沟区新桥大街36号
电　　话：69842136
邮　　编：102300

（安文娴）

【第十五届人民代表大会第四次会议】 1月7日至10日，门头沟区第十五届人民代表大会第四次会议在龙泉会堂召开。会上，经过举手表决分别通过《门头沟区人民政府工作报告》、《门头沟区2013年国民经济和社会发展计划执行情况与2014年国民经济和社会发展计划报告》、《门头沟区2013年预算执行情况和2014年财政预算报告》、《门头沟区人大常委会工作报告》、《门头沟区人民法院工作报告》、《门头沟区人检察院工作报告》六项报告的决议，议案审查委员会作了关于议案的审查报告。区人大常委会主任、各位副主任、区人大常委会委员出席会议，区委书记出席会议并讲话。

（安文娴）

【第十五届人大常委会会议】 2月12日，门头沟区第十五届人大常委会召开第十七次会议。会议进行四项议程：一、讨论通过了区人大常委会2014年工作要点；二、讨论通过《北京市门头沟区人民代表大会代表建议、批评和意见办理办法》；三、传达北京市第十四届人民代表大会第二次会议精神；四、进行人事任免事项。3月21日，门头沟区第十五届人大常委会召开第十八次会议。会议进行人事任免事项，人大主任向接受任命的同志颁发了任命书，接受任命的同志向常委会作任职承诺。4月24日，门头沟区第十五届人大常委会召开第十九次会议，会议进行四项议程：一、听取区人民法院院长所作的《北京市门头沟区人民法院关于实施人民陪审员制度情况的工作报告》和区人大常委会内务司法工作委员会主任关于该项报告的调研意见；二、听取代表联络室主任所作的《关于区十五届人大四次会议代表“建议、批评和意见”交办情况的报告》；三、讨论通过《门头沟区人大常委会关于加强自身建设的意见》；四、讨论通过《门头沟区人大常委会关于进一步加强和改进预（决）算监督工作的意见》。6月12日，门头沟区第十五届人大常委会召开第二十次会议，会议进行三项议程：一、听取和审议了区政府所作的《门头沟区2013年财政决算（草案）报告》、区审计局所作的《门头沟区2013年度区级预算执行和其他财政收支的审计报告》，以及区人大常委会财经工作委员会关于这两项报告的初审意见；二、听取区政府所作的《门头沟区招商引资工作的报告》和区人大常委会财经工作委员会关于该项报告的调研意见；三、进行人事任免事项。8月29日，门头沟区第十五届人大常委会召开第二十一次会议，会议进行了五项议程：一、听取区发改委受区政府委托所作的《门头沟区人民政府关于2014年上半年国民经济和社会发展计划执行情况的报告》和区财政局受区政府委托所作的《门头沟区人民政府关于2014年上半年财政预算执行情况的报告》，听取区人大财经工作委员会对上述报告的调研报告和区人大代表联络室关于区人大代表在年中活动中对政府工作提出的意见和建议的报告；二、听取区财政局受区政府委托所作的《门头沟区2014年政府性债务清偿计划及新增债务情况的报告》和区人大财经工作委员会对该报告的调研意见；三、听取区综治办受区政府委托所作的《关于门头沟区环境综合治理工作的报告》和区人大内务司法工作委员会对该报告的调研意见；四、讨论通过《门头沟区人大常委会办理人民来信来访办法（试行）》和《门头沟区人大常委会邀请代表列席常委会会议制度》；五、进行人事任免事项。9月24日，门头沟区第十五届人大常委会召开第二十二次会议，会议进行四项议程：一、听取和审议环保局受区政府委托所作的《门头沟区人民政府关于大气污染防治工作情况的报告》，听取区人大城建环保工作委员会对该报告的初审意见；二、听取了卫生局受区政府委托所作的《门头沟区人民政府关于慢性病综合防控工作的报告》和区人大教科文卫工作委员会对该报告的初审意见；三、听取区政府所作的《门头沟区人民政府关于农村土地流转工作情况的报告》和区人大农村工作委员会对该报告的初审意见；四、进行人事任免事项。10月9日，门头沟区第十五届人大常委会召开第二十三次会议，会议进行人事任免事项，任命张贵林为门头沟区人民政府副区长，由张贵林副区长代理门头沟区人民政府区长职务，人大主任向代区长颁发了任命书，代区长在会上作表态讲话。11月6日，门头沟区第十五届人大常委会召开第二十四次会议，会议进行两项议程：一、进行人事任免事项；二、决定在区人大代表名额出缺的斋堂镇机关联合选区依法补选1名区人大代表，代表候选人为1名，实行等额选举。11月26日，门头沟区第十五届人大常委会召开第二十五次会议，会议进行四项议程：一、听取了区棚改中心受区政府委托所作的《门头沟区政府关于2014年棚户区改造建设情况的报告》，听取区人大城建环保工作委员会关于该项报告的调研意见；二、听取和审议区政府办公室受区政府委托所作的《关于办理区十五届人大四次会议代表建议、批评和意见工作情况的报告》和区人大代表联络室所作的《关于区十五届人大四次会议代表“建议、批评和意见”办理情况的报告》；三、审查区政府落实区人大常委会2013年关于《实施<北京市河湖保护管理条例>情况的报告》、《档案管理工作情况的报告》、《农民专业合作社发展情况的报告》等三项报告的审议意见整改情况的报告，并听取城建环保工作委员会、教科文卫工作委员会、农村工作委员会对区政府相关整改工作的调研意见；四、讨论《关于加强我区人民陪审员队伍建设的几点思考》、《大额专项资金专题询问的实践与思考》、《关于门头沟区大气污染防治工作情况的调研》、《关于门头沟区引进优质教育资源工作情况的调研报告》和《关于门头沟区加强农村“三资”管理推进“三资”中心建设工作的调查与思考》等人大常委会2014年度重点调研课题的调研报告；研究关于调整区人代会期间代表团设置的意见。12月2日，门头沟区第十五届人大常委会召开第二十六次会议，会议进行了两项议程：一、接受许晓闽同志因年龄原因辞去检察长、检察委员会委员、检察员职务的申请，并报区十五届人大五次会议备案。任命杨淑雅同志为门头沟区人民检察院副检察长，代理门头沟区人民检察院检察长职务；二、听取并通过区人大常委会代表资格审查委员会关于区十五届人大代表补选情况及代表资格的审查报告，依法确认当选区十五届人大代表的张贵林同志代表资格有效。

（安文娴）

【代表联络室工作】 2月21日，区人大代表联络室召开2014年代表建议交办会暨代表联络工作会议，会议总结2013年代表建议办理情况，人大代表在2013年区十五届人大三次会议期间提出的122件建议全部办理完毕，办复率达到100%。3月25日，区人大举办2014年区人大代表履职学习班。区人大主任、副主任及全体区人大代表、各镇人大专职副主席、各人大街工委成员、各代表团联络员和区人大机关全体干部近120人参加。5月13日，区人大召开2014年代表联系群众接待选民和代表述职活动，代表联络室总结2013年代表集中接待活动情况，部署区人大常委会关于2014年开展代表联系群众接待选民和代表述职活动相关事宜。3月4日，召开2014年人大街工委工作会暨党的群众路线教育实践活动座谈会，会议总结2013年代表联络工作，介绍2014年区人大常委会工作重点及代表联络室工作安排，各人大街工委介绍2014年工作计划，并结合党的群众路线教育实践活动，对人大党组“四风”方面存在的问题提出了意见和建议。6月25日，为进一步推进人大代表“进农村、进社区”活动在全区开展，发挥“61696156”人大代表热线服务平台的重要作用，区人大代表联络室对区人大代表值机人员，从工作安排、操作流程、文明用语、意见收集处理等方面进行了培训，并带领值机代表在“61696156”为民服务中心进行实地演练。8月26日至27日，组织区人大代表开展年中集中活动，向代表传达区半年经济分析会上区委、区政府领导讲话精神，通报区内上半年经济运行情况，征求代表对区内上半年经济社会发展工作情况的意见以及对2015年区政府拟办重要实事项目的意见和建议。11月25日至28日，开展区十五届人大五次会前代表集中视察活动，共有159名代表参加视察活动，其中：选择村居养老工程的代表30名，选择新农村建设及主导产业培育的代表76名，选择文教体为民办实事工程的代表22名，选择公共交通工作的代表11名，选择区招商引资工作的代表20名。12月3日，组织市人大门头沟团代表视察区招商引资发展工作，代表们视察西山艺境、长安壹号、石龙经济开发区（总部大厦）等招商引资项目，座谈会上，区投资促进局介绍了全区招商引资发展情况。12月17日，区内部分市人大代表听取了市、区检察院2014年情况汇报并召开座谈会，会上市区检察院领导分别向代表通报2014年工作情况。12月19日，区内部分市人大代表听取市高级人民法院及区法院2014年工作汇报并开展座谈，市高级人民法院和区法院领导分别向代表通报了2014年工作情况，放映了相关资料宣传片。

（安文娴）

【党的群众路线教育实践活动】 2月25日，区人大常委会机关召开开展党的群众路线教育实践活动动员大会，区人大常委会党组书记、主任作动员讲话，区委督导组肯定了人大机关教育实践活动的前期准备工作，并对机关开展好党的群众路线教育实践活动提出意见；区应邀出席会议的市、区人大代表和人大退休老同志对人大机关“四风”方面存在的问题进行了民主评议。26日，结合党的群众路线教育实践活动向各镇人大征求“四风”方面的意见，各镇人大就区人大机关在“四风”方面存在的突出问题提出意见，并形成书面材料。28日，人大主任在教育实践活动中走访老干部，征求老干部对区人大领导班子和机关贯彻群众路线和落实为民务实清廉要求的意见建议。3月3日，开展教育实践活动主题党课教育，区人大常委会主任以《深入开展群众路线教育实践，切实加强作风建设，努力提高人大机关工作水平》为主题，给机关全体党员干部进行了党课教育。4日，召开深入开展党的群众路线教育实践活动座谈会，向驻区市代表和不驻会常委会委员征求对人大工作及“四风”问题的意见和建议，座谈会上，代表和委员们围绕“四风”问题，改进机关作风建设，密切联系群众，加强和改进对“一府两院”的监督，代表履职、反应民意诉求，提高代表提案办理质量等方面提出了27条意见和建议。同日，结合党的群众路线教育实践活动向人大街工委征求意见，城子、大峪、大台和东辛房街道的街工委主任、联络员就人大常委会及其机关在“四风”方面存在的问题提出意见和建议。18日，区人大主任罗斌就党的群众路线教育实践活动落实情况到妙峰山镇调研，了解现阶段镇、村两级群众路线教育实践活动开展情况及镇域内重点工程项目推进情况。21日，组织全体党员干部到区博物馆参观爱国主义与党史党情教育基地。5月19日至23日，区人大结合教育实践活动，按照区委的统一部署，在市委督导组的指导下，两次召开党组扩大会议，集体讨论领导班子对照检查材料。6月11日，召开群众路线教育实践活动转段部署会，对第一阶段的教育实践活动进行了总结，对下一阶段的重点工作进行了安排部署。7月4日，召开教育实践活动专题民主生活会，罗斌主持会议，5位党组成员全部参加会议。市委第七督导组第一副组长及督导组相关人员、市委组织部相关人员到会指导，并对会议情况进行点评。8月7日，召开教育实践活动专题组织生活会，区委第五督导组相关成员，区委组织部、区纪委相关人员到场指导。会上，每位处级领导干部都做对照检查，普通党员也做自我党性分析，开展批评与自我批评，区委第五督导组领导对这次组织生活会给予肯定。8月21日，区人大离退休第一党支部召开教育实践活动专题组织生活会，会上，人大离退休第一党支部班子做对照检查，支委成员和其他党员逐一做对照检查，并接受其他党员批评，全体党员互相进行民主测评。10月21日，召开党的群众路线教育实践活动总结大会，罗斌作党的群众路线教育实践活动总结报告，区委督导组肯定了人大机关教育实践活动的成效，并就如何巩固和发展党的群众路线教育实践活动的成果提出意见；根据要求，区人大机关全体党员干部职工、应邀出席会议的市、区人大代表和人大退休老同志对人大机关党员领导干部教育实践活动情况进行民主评议。

（安文娴）

【内务司法工作委员会工作】 2月26日，区人大内司委在王平镇组织召开区镇人大专职副主席工作会议，会上，各镇人大专职副主席汇报2013年各镇人大工作开展情况，并就如何做好2014年人大工作做说明。3月17日，组织内司委委员及代表到区人民法院听取该院开展人民陪审员工作情况汇报查，并查看有关陪审员选任、培训、管理制度等方面的档案资料，区法院的领导汇报了区法院人民陪审员工作开展情况的报告。3月17日，组织内司委委员及代表到区人民法院旁听由人民陪审员参审的公开审理的民事案件，并与人民陪审员进行座谈。6月18日，在清水镇组织召开加强和改进镇人大工作专题研讨会，会上，各镇人大汇报了上半年镇代表大会召开情况，介绍了各镇代表大会听取、审议和监督的议题，明确2014年的监督目标。与会成员就代表补选、干部任免等问题学习了《代表法》及区《关于加强和改进镇人大工作的指导意见》，并进行研讨。7月30日，组织内司委委员及代表听取区委政法委、综治办《关于门头沟区出租大院及流动人口治理工作情况的报告》，并就如何搞好全区出租大院及流动人口治理工作进行座谈，区委政法委、综治办汇报了区内出租大院和流动人口的总体情况，开展的工作，取得的成效，存在的困难及下一步的工作建议。8月8日，在斋堂镇组织召开各镇环境治理工作调研会议，各镇人大专职副主席组织地区人大代表对全区及各镇辖区内环境治理情况进行调研，收集在环境治理方面存在的问题及治理意见建议，形成书面材料进行汇报。同日，邀请专家在斋堂镇对各镇人大专职副主席进行《人大预算监督实务》专题培训。15日，组织内司委委员及部分区人大代表听取区综治办关于区环境综合治理情况的工作汇报，区综治办领导汇报近年来全区环境综合治理工作情况。9月18日，组织内司委委员及部分区人大代表在区民政局听取了区民政局、老龄办关于区社会化养老工作的汇报，区民政局、老龄办的领导汇报社会化养老工作开展情况。10月14日，区人大主任会议视察大峪南路二社区居家养老院、龙门新区养老照料中心、龙泉雾养老服务管理中心、王平镇吕家坡村老年餐桌和托老所，并听取区民政局、老龄委的工作汇报。11月2日，组织内司委委员及部分区人大代表在区民政局听取了区民政局关于区殡葬管理工作的情况汇报，区民政局领导汇报了近年来区殡葬设施建设情况、殡葬工作管理情况及存在的主要问题。18日，在雁翅镇组织召开区镇人大副主席工作会，传达学习上级有关会议精神，安排部署了年底及2015年各项工作任务。26日，组织部分区人大代表对区养老社会化工作进行了视察，代表们先后视察门头沟区老年社会福利中心，龙泉镇养老服务管理中心，王平镇社会福利中心，并听取区民政局、老龄委的工作汇报。12月10日，组织部分区人大代表和内司委委员，到大峪、龙泉部分社区和村（居）委会调研，听取区人力社保局《关于门头沟区就业情况的报告》。

（安文娴）

【教科文卫工作委员会工作】 2月27日，区人大教科文卫委就常委会视察区政府引进优质教育资源情况开展调研，听取教委负责人关于引进优质教育资源和教育改革情况的介绍，并与教委主要领导及有关科室进行座谈。3月11日，对区引进优质教育资源情况进行调研，分别到石门营地块的京西实验幼儿园、人大附小京西分校和大峪中学走访，了解区引进名校、名校长、名师情况，参观学校基础教育设施建设情况，并与学校主要领导及教委相关工作人员进行座谈。18日，市人大常委会全民健身法律法规执法检查组到门头沟区检查调研，就财政投入对全民健身工作所需经费的保障、公共体育设施的规划建设和管理、大型公共体育设施开放和社会化体育组织的培育等问题进行检查和座谈，执法检查组实地考察永定河文化广场和门城湖公园的公共体育设施以及乒协活动中心，召开座谈会，听取区政府关于门头沟区贯彻实施全民健身法律法规情况的汇报。21日，区人大常委会视察区引进优质教育资源情况，常委会组成人员及部分代表到人大附小京西分校和大峪中学，视察校园环境，听取两所学校在办学理念、方式和教育教学等方面的情况介绍，听取区教委关于全区引进优质教育资源及教育改革情况的汇报。4月3日，教科文卫委、代表联络室组织部分区人大代表参加区医院开放日活动，区卫生局、医院主要领导陪同代表们参观医院的就医环境、就诊流程以及医务人员的工作情况，随后召开座谈会，向代表们介绍区医院改革以来的情况，并征求代表们对区医院的意见和建议。5月28日，区人大教科文卫委结合审议区政府慢病防控工作，组织委员到区卫生局听取和调研部门预（决）算情况，卫生局以慢病防控工作为切入点，汇报2013年部门决算及2014年预算编制情况。6月13日，到区疾控中心调研慢性病防控工作情况，教科文卫委部分委员、工作人员与区卫生局、区疾控中心的主要领导就全区慢性病综合防控工作的组织体系建设、群众自我管理、政府购买服务和吸引社会力量参与等方面进行研讨。7月17日，区人大常委会视察区精神病专科医院，对龙泉医院病房、康复室、卫生间等基础设施进行视察，召开座谈会听取区卫生局工作汇报。9月9日，区人大教科文卫委参加全区4个街道健康服务中心及所辖医疗单位座谈会，听取大峪、城子、东辛房及大台街道办事处对本街道健康服务中心运行情况、慢性病防治工作情况、中心与医疗机构对接机制建设情况的工作汇报。区政府副区长，区社会办、卫生局主要领导参加座谈会。11月5日，区人大教科文卫委、代表联络室组织部分区人大代表视察区幸福蓝海国际影城和熙旺国际影城，察看影院内的消防设施、疏散通道等安全设施以及影院的建设、运营情况，并听取了区文委主要领导对区文化产业以及场所、设施的情况介绍。25日，组织14名区人大代表围绕群众关心的教育、体育等热点、难点问题进行集中视察活动，代表们实地视察信园体育生活社区和大峪一小迁建工程后，与政府有关部门进行座谈，听取体育局、教委2014年重点工程和为民办实事工程落实情况的汇报，以及大峪一小学校建设情况的介绍。

（安文娴）

【城建环保工作委员会工作】 3月4日，区人大城建环保委召开了2014年监督工作事项交办会，城建环保委向与会部门通报区人大常委会城建环保委2014年监督工作计划，并就具体实施方案进行交办和沟通。19日，召开了2014年第一次全体委员会议，城建环保委工作人员向委员们通报2014年区人大常委会工作要点，并就城建环保委2014年工作计划做详细说明，委员们对城建环保委2014年工作安排进行讨论，并对工作的开展提出意见。5月15日，区人大城建环保委组织委员到区市政市容委进行调研，听取区市政市容委的工作汇报，并就市人大提出的执法检查要求进行沟通和座谈，随后委员们对治理的相关场所进行查看。16日，区人大常委会、区政协常委会组成人员到区采空棚户区改造小园三号地一标段项目工地、黑山地区居住托幼用地配建公共租赁房“金泰丽湾”项目工地，对建筑工程环境保护和管理工作实施情况进行联合视察，听取区住建委、环保局、城管执法监察局主要负责人的工作汇报，并进行座谈。21日，区人大城建环保委及委员到区环保局进行调研，区环保局负责同志向全体委员进行工作汇报，并与环保局相关部门负责人与委员们进行座谈。29日，区人大组织部分人大代表视察鲁家山垃圾焚烧厂，驻会常委会组成人员、城建环保委委员及来自潭柘寺镇和街道的部分区人大代表对垃圾运输、收集到焚烧处理的全过程进行实地考察，并在随后召开的座谈会上，听取北京首钢生物质能源科技有限公司关于该项目的建设和初期运行情况的汇报。7月30日、8月15日、18日，区人大常委会城建环保委和部分区人大代表，与区经信委、农委、综治办、质监局等部门组成联合检查小组对清水镇“西宝惠民型煤生产有限公司”型煤生产厂，及潭柘寺、永定、龙泉、军庄、妙峰山、王平、雁翅、斋堂8镇和大峪、东辛房、大台3办的销售网点进行检查，查看原有销售网点库房储存环境、新建网点在建施工以及生产企业设备检修、新增蜂窝煤生产线安装、原煤储存等情况，听取生产企业和销售网点负责人的情况汇报。8月13日，区人大主任会议成员，部分市、区人大代表视察城子办事处所辖蓝龙社区、阁外山水社区垃圾分类及环境治理工作情况并召开座谈会，听取了城子办事处负责人的工作汇报。21日，区人大主任会议成员，部分市、区人大代表视察了区拆违工作情况并召开座谈会，听取市规委门头沟分局局长的工作汇报。28日，到区水务局调研，听取了区水务局的工作情况介绍，随后到潭柘寺镇实地察看了正在建设中的日污水处理量5000吨的新厂施工情况，同时察看正在运行使用中日污水处理量500吨的旧厂运行情况。9月4日、10日，会同区市政市容委、交通局等单位负责，就新建社区配套工程建设及公共服务工作落实情况，分别到东辛房街道办事处石门营地块社区和永定镇梧桐苑社区调研，并与办事处负责人和梧桐苑社区筹备组、物业公司负责人进行座谈。11月15日，组织委员对区2014年棚改建设安置和服务管理等情况进行了调研，在棚改中心陪同下，委员们对小园项目8号地块的建设施工情况进行察看，项目负责人就工程进度、材料使用、质量标准、工艺应用、居室样板等相关建设情况进行了现场介绍，棚改中心向城建委员们汇报区棚改工作的总体情况。12月3日，区人大城建环保委和区政协第四室到区市政市容委，对供暖问题进行联合调研，听取区市政市容委及所属的供暖办负责人的情况介绍。

（安文娴）

【财经工作委员会工作】 3月13日，区人大财经委召开2014年监督工作交办会，通报委室2014年监督工作计划，就监督工作的具体内容和具体要求与相关单位进行交办和沟通，并对2014年监督工作提出希望。4月18日，组织财经委委员听取区国税局和地税局的税收完成情况汇报。区国税局、地税局分别汇报2013年度和2014年一季度的税收完成情况，区投资促进局汇报区招商引资项目落地情况。5月7日，组织财经委委员及部分人大代表召开决算初审工作会。财经委向各位委员及相关单位传达区人大常委会《关于进一步加强和改进预（决）算监督工作的意见》，区财政局和区审计局分别就财政决算情况和审计工作中发现的问题进行汇报，委员围绕两个报告进行讨论，对财政资金结余、部门预算执行情况、三公经费及加强镇街预算管理等问题发表意见建议。20日，市人大财经委主任带领市人大财经委、市人大预算监督顾问、市人大代表到区内就政府债务和政府投资进行调研，考察区石门营安置房项目及石泉地块安置房项目，并听取区社会经济发展情况及政府债务情况的汇报。31日，人大成立了财经代表小组，财经代表小组成员从关注、熟悉政府预算工作的区人大代表中产生，将全面参与人代会闭会期间人大财经委组织的预算审查监督的各项活动，提高人大代表对政府预算的关注程度和监督力度。7月21日，区人大举办预算监督知识培训班，新成立的人大财经代表小组成员和财经委委员以及人大业务委室成员参加培训。21日至22日，组织财经委委员及财经代表小组成员听取区发改委上半年国民经济和社会发展计划执行情况的报告，区财政局上半年预算执行情况的报告和政府性债务清偿和新增债务情况，区统计局、国税局、地税局和石龙经济开发区管委会分别汇报了上半年各项指标完成情况。9月25日，组织财经委委员、部分人大财经代表小组成员和人大代表对区“沟道治理专项资金”进行专题询问，听取区水务局关于《门头沟区沟道治理工程大额专项资金管理和使用情况报告》，财经委专题询问工作组对“沟道治理专项资金”的审计调查情况进行汇报。各位委员和代表围绕项目立项、工程建设质量、后期维护保养和资金使用管理情况等几方面进行专题询问，区水务局主管领导及相关业务负责人对问题进行回答。12月9日至10日，区人大财经委组织召开2015年度计划和预算报告初审会，会议听取区发改委2015年国民经济和社会发展计划草案的报告，区财政局2014年预算执行情况和2015年预算草案的报告。区国税局、地税局、统计局和石龙经济开发区分别汇报全年各项主要经济指标完成情况，听取区发改委关于2014年重点工程部分项目调整任务目标的报告和区财政局关于门头沟区政府性债务清理工作的报告。

（安文娴）

【农村工作委员会工作】 3月13日，区人大农村委部分人大农村委委员到雁翅镇调研，就区人大常委会听取区农产品质量安全和动植物防疫情况，听取了雁翅、斋堂两镇就动物养殖规模、果树管理、农药采购、防疫措施、品牌效益、增收效果等基本情况进行总体汇报，参观维得新农业科技有限公司菌菇生产过程，察看了雁翅镇芹峪村肉鸡养殖场和雁翅镇芹峪口公路动物防疫检查站。4月23日，召开农村委委员、农村人大代表小组成员会议，落实人大主任传达学习区农村工作会精神的要求。会议传达农村工作报告和区委书记、区长的讲话，学习讨论区委、区政府制发的涉农政策及实施意见，就如何做好区人大常委会听取和审议区政府关于土地流转工作情况的报告及视察休闲旅游观光沟域开发情况等工作进行部署，就如何履行代表职责提出要求。6月25日，结合区人大常委会工作议题，与区政府办、农委、经管站座谈，了解区农村土地流转情况和农民专业合作社发展情况。7月24日，区人大主任调研清水镇倾倒污泥处置工作进展情况，察看了污泥倾倒污染沟域，了解相关部门采取的补救措施和清理污泥的进展情况，并对清水镇党委政府积极配合政法部门做好事件的调查取证工作，协助区政府相关职能部门开展水质、防疫、环境等多方面监测工作给予肯定。25日，区人大代表视察沟域经济开发及旅游文化休闲产业发展情况，为推进区产业结构调整，加快旅游文化休闲主导产业培育，全体区人大代表视察了雁翅镇沟域经济开发项目南石洋大峡谷，并听取区农委、旅游委关于全区沟域经济开发及旅游文化休闲产业发展情况的汇报。9月19日，区人大组织部分人大代表视察区园林绿化美化工程进展情况，人大代表、农村委委员和农村代表小组成员视察了大峪街道月季园社区二区绿化美化工程和龙泉镇龙泉湾景观建设工程，并召开座谈会，听取区园林绿化局对全区园林绿化美化工程建设情况的介绍。11月27日，由区人大常委会主任同志带队，清水镇、斋堂镇、雁翅镇、永定镇、龙泉镇、京煤集团、部队和部分街道的代表76人，视察区新农村建设及主导产业培育情况，代表们先后视察王平镇东马各庄村、妙峰山镇水峪嘴村险村险户搬迁改造工程；视察京西古道，在座谈会上，区农委、旅游管委分别汇报区新农村建设和主导产业培育发展情况。同日，区人大农村委就区汽车营地旅游标准制定及产业发展进行调研，组织部分代表座谈研讨，并对区国道沿途周边进行考察，代表们结合区实际情况，提出意见建议，供相关部门制定汽车营地标准和产业发展参考。

（安文娴）

【市领导调研活动】 3月18日，市人大常委会全民健身法律法规执法检查组到区内检查调研，重点就财政投入对全民健身工作所需经费的保障、公共体育设施的规划建设和管理、大型公共体育设施开放和社会化体育组织的培育等问题进行检查和座谈。执法检查组考察了永定河文化广场和门城湖公园的公共体育设施以及乒协活动中心，并召开座谈会，听取区政府关于门头沟区贯彻实施全民健身法律法规情况的汇报。执法检查组肯定了门头沟区在贯彻落实全民健身法律法规方面所做的工作和取得的成效，并就检查中发现的问题与区体育局、财政局、教委等相关部门负责人进行研讨，提出意见建议。5月7日，市人大农村办主任一行到区内就农村集体经济产权制度改革工作进行调研，与区政府、农委、经管站和镇村负责人一起座谈，听取了区农村集体经济产权制度改革情况汇报，了解农村集体经济组织组建、集体资产经营、产业结构现状，前面临的问题、政策建议、下一步深化改革的思路。20日，市人大财经委到区内调研政府债务和政府投资情况，市人大财经委主任带领市人大财经委、市人大预算监督顾问、市人大代表到区内就政府债务和政府投资进行调研。市人大一行考察了区石门营及石泉地块安置房项目，听取了门头沟区社会经济发展情况及政府债务情况的汇报。9月5日，市人大农村办到区内进行《水土保持条例》立法调研，实地察看妙峰山镇涧沟村水土保持情况，随后召开座谈会，听取区水务局对区水土保持工作的报告，并就《北京市水土保持条例（修订草案）》的修改工作听取区、镇人大代表及有关部门的意见。

（安文娴）

【接待韩国友好访问】 11月4日，以朴贞子议长为团长的韩国首尔永登浦区议会代表团到区内进行友好访问，区人大常委会主任罗斌会见了代表团一行，并陪同代表团进行考察。罗斌对永登浦区议会代表团的来访表示欢迎，介绍区经济社会发展情况，并表示，愿与永登浦区一道，加强交流合作，加强能力建设和经验共享，相互学习和借鉴经验。朴贞子议长对区人大常委会的接待表示感谢，并简要介绍了永登浦区议会的组成和主要职能等情况。

（安文娴）

北京市门头沟区人民政府

【概况】 2014年，在市委、市政府和区委的正确领导下，在区人大和区政协的监督支持下，区政府认真贯彻习近平总书记视察北京重要讲话精神，稳中求进、改革创新，积极克服宏观经济下行压力，圆满完成了区人大十五届四次会议确定的各项任务，保持了经济社会持续健康发展的局面。

——经济保持稳中有进。全年实现地区生产总值133.8亿元，按不变价计算增长10%；一般公共预算收入22亿元，增长6.3%；全社会固定资产投资267.8亿元，增长16.4%；社会消费品零售额53.1亿元，增长8.4%。

——生态环境稳步提升。全面推进国家生态文明示范区和国家可持续发展实验区建设，完成压减燃煤、节能减排和大气污染治理任务。万元GDP能耗下降2.5%，PM2.5年均浓度下降7.7%，超额完成年度任务；全区林木绿化率达到65%，城市人均公共绿地面积提升到34.13平方米。

——民生状况持续改善。城镇居民人均可支配收入38023元，增长8.2%；农民人均纯收入18861元，增长8.3%。城镇登记失业率为4.26%。各类安置房及保障性住房完工12081套，超额完成全年计划。教育、医疗、文化等社会事业快速发展，完成99件直接关系群众生活方面的重要实事。

单位名称：北京市门头沟区人民政府
地　　址：北京市门头沟区新桥大街36号
电　　话：69844858
邮　　编：102300

（刘　畅）

【政府决策工作】 年内，多角度搜集整理信息，《昨日市情》采纳信息151条。《昨日区情》出刊265期，区领导批示40余条，办结率100%。规范高效完成公文处理工作，全年制发公文890余件，办理批示件收文2910余件，批示件转文8200余件次。完成各类报告、讲话近300篇，高质量撰写会议纪要。完成会议组织工作，整合专题会议和领导调研活动，组织区政府常务会议21次，区长办公会议35次，各类其他会议200余次。

（刘　畅）

【督查工作】 年内，建立动态工作台帐，定期开展督查，完成日报、月报、季报近百项，转发区领导重要批示100余件、区长信箱和人民来信80余件，办理市级督查事项21项，召开重点督查事项协调会并通过实地查看、现场协调等方式，解决领导交办的重点工作任务。编制区级为民办实事项目，圆满完成全区年度市级考核任务。

（刘　畅）

【综合联络工作】 年内，进一步加强与区人大、区政协的联系，办理人大代表建议86件、政协委员提案124件，办复率100%；协助组织区人大、区政协检查、视察及相关会议20余次。落实对外联络服务工作职责，为中央单位与驻区部队服务。做好非紧急救助服务中心值守工作，受理市中心转办群众来电980件，处理市中心网络派单7856件次。

（刘　畅）

【应急指挥工作】 年内，完善应急管理预案体系，完成APEC会议、国庆庆祝活动等重大活动期间服务保障工作。成立气象灾害防御、空气重污染日、突发地质灾害等3个专项指挥部，区应急委专项指挥部增加到17个。制定《突发事件信息管理办法》，修订区级总体应急预案和59个专项应急预案。编制《突发事件应急预案汇编》，开展综合演练6次，组织指导各类应急演练300余场次。

（刘　畅）

【综合保障工作】 年内，推进政府信息公开工作。主动公开各类政府信息共2198条，全文电子化率达100%。受理政府信息公开申请71条，回应公民、法人和其他组织对政府信息的需求。完成各类活动的组织工作。认真做好机关大院17个单位的财务管理。

（刘　畅）

【行政执法和政府公共服务工作】 年内，推进行政执法体系建设。整合多部门执法监管职能，创新规范执法、综合执法、阳光执法等三大执法方式，统筹抓好安全生产、食品药品安全、环境保护、劳动保障等四大重点领域工作，建立起联席会议、项目推进、监督考核、统一指挥、联合执法五项工作机制，组织开展执法检查

3290次。推进公共服务体系建设。研究转变政府职能，推进简政放权和审批事项清理。成立重点投资建设项目绿色审批通道领导小组。提高政务服务中心“一站式”服务水平，建立并联审批模式，进驻单位35家，涉及行政服务事项360项。民生服务大厅共设办事窗口94个。“智慧门头沟”系统正式上线。借助为民服务平台，建立公共服务“一号通”模式。

（刘　畅）

【市、区领导调研、慰问、活动等】 1月9日，召开国务院办公厅调研门头沟区公立医院改革情况座谈会。区领导韩子荣、国务院办公厅、国家卫生计生委、市卫生局等有关同志参加座谈。区卫生局等单位发言。23日，召开促进经济发展座谈会。区领导韩子荣、京投、住总、中铁资源、光环新网等重点入区企业代表参加会议。石龙管委、区投促局介绍全年工作情况。重点企业代表分别发言。两节前，开展安全检查活动。韩子荣、等领导到生产一线对危险化学品、烟花爆竹、商（市）场、饭店、医院、敬老院、地下空间、景区、工业企业、文化娱乐等人员密集场所，以及水电气热等工程进行安全大检查。29日，召开政府全体会议落实市政府第三次全体会议精神。会上，部署区2014年重点工程及为民办实事工作。30日，慰问大峪中学新疆班、一线职工及儿童福利院、光荣院。韩子荣、等到大峪中学新疆班、三家店派出所、消防支队、路政大队、自来水公司、儿童福利院、光荣院等对新疆班学生、一线职工、孤残儿童和休养老人进行了慰问，送去慰问金，并观看孤残儿童节目表演，与光荣院老人一起包饺子。2月11日，召开财政税收工作专题会。区财政局、地税局、国税局、石龙管委分析了2014年财政税收有关工作，相关单位分别进行发言。2月12日，与首钢总公司举行座谈。区领导韩子荣、首钢总公司党委书记、董事长等参加座谈。13日，召开区综合经济发展工作领导小组第一次全体会议。区领导韩子荣参加会议，并听取发改委、财政局、统计局关于综合经济发展工作的报告。18日，召开城乡建设工作体系领导小组第一次全体会议。区领导韩子荣、等出席会议，会上，相关领导汇报区城乡建设重点工程综合管理体系工作方案，区发改、住建、规划、国土等部门进行发言。19日，召开区2014年土地入市工作会暨第一次土地储备联席会。区领导韩子荣参加会议，区国土分局汇报2014年拟入市项目情况，永定镇、龙泉镇、区房屋征收事务中心进行表态发言。2月19日，与北京铁路局、京煤集团举行座谈。三方就相关重点项目进展情况及存在问题进行沟通，并部署有关工作。20日，召开生态文明和城乡环境建设动员大会。区领导韩子荣、罗斌、张冰等出席会议，分别部署相关工作。2月24日，召开会议落实北京市突发事件应急委员会第十次全体会议暨全国“两会”安全保障工作部署视频会精神。区综治办、公安分局、信访办、安监局等单位进行发言。26日，区政府与中东海湾（北京）投资有限公司座谈。会议就中东海湾金融贸易中心落地等问题进行研究。28日，召开公共服务工作体系领导小组第一次全体会议。区领导韩子荣等参加会议，听取人力社保局、投资促进局、经信委、为民服务中心等单位关于公共服务工作体系总体情况及具体工作方案的汇报。监察局通报区行政审批案例及有关工作要求。同日，召开区2014年金融工作会暨金融商会成立大会。区领导韩子荣参加会议，韩子荣为金融商会揭牌，区发改委汇报全区金融相关工作，金融商会成员代表进行发言。3月3日，召开城市管理工作领导小组第一次全体会议。区领导韩子荣等出席会议，区社会工委汇报城市管理有关工作，区市政市容委、区民政局、分别汇报相关工作。同日，区政府与中信产业投资基金管理有限公司座谈。就北京灵山风景旅游区总体规划进行论证，相关部门分别就规划提出意见建议。11日，市旅游委到区内考察。市旅游委主任等相关负责人与区领导实地考察斋堂镇灵水村、灵岳寺，观看斋堂镇旅游发展及镇域规划宣传片，听取斋堂镇关于镇旅游开发情况、区旅游委关于区旅游产业发展情况的汇报。13日，召开2014年105项重点工程建设专题会暨项目审批绿色通道启动会。会上，听取区政府办公室关于《门头沟区重点投资建设项目绿色审批通道管理办法》的汇报、区发改委关于区2014年105项重点工程进度及手续办理情况的汇报。对《门头沟区重点投资建设项目绿色审批通道管理办法》进行研究。14日，召开区综合经济发展工作领导小组全体会议。听取财政局、石龙开发区、统计局、国地税等单位关于一季度主要经济指标情况的汇报。同日，区与中水电海外投资有限公司座谈。就合作投资项目进行研究探讨。与会双方签订战略合作协议书。同日，召开区行政执法监督管理工作体系领导小组第一次全体会议。区领导韩子荣等参加会议，听取政府办、安监局等单位的工作汇报。16日，市到区内视察水环境治理及水土保持工作。市人大领导实地考察永定河门城湖建设项目及水峪嘴生态清洁小流域建设情况，听取区关于相关工作情况的汇报。18日，召开气象现代化工作座谈会。市气象局领导出席座谈会，会上汇报区气象现代化工作开展情况，双方就加快落实气象现代化工作进行研究。25日，市人大到区内视察水环境治理及水土保持工作。市人大领导考察永定河门城湖建设项目及水峪嘴生态清洁小流域建设情况，听取区关于相关工作情况的汇报。4月9日，召开棚户区改造工作推进会。区领导韩子荣等参加会议，听取区棚改中心关于棚户区改造建设情况的汇报。9日，区政府与非凡中国控股有限公司座谈。就李宁体育园项目规划事宜进行探讨。11日，与市国土局座谈。区领导韩子荣、市国土局领导参加座谈。双方就龙泉镇04－08街区新增土地一级开发、苛萝坨旅游综合开发等6个项目进行了研究论证，并达成共识。14日，区政府与中信产业投资基金管理有限公司座谈。就灵山风景旅游区总体规划等问题进行研究。同日，区政府与京煤集团座谈。就加强合作、加快7平方公里签约、推进工矿棚户区改造等相关问题进行交流。15日，市领导带队就中小河道治理工程到区内调研。实地查看了西峰寺沟治理现场，并听取了区水务局的工作汇报。16日，召开区委、区政府主要领导经济责任同步审计项目进点会。市经济责任审计工作联席会议办公室主任、区领导韩子荣等参加会议。会上，市审计组审计通知书、通报审计主要内容和工作安排。18日，市领导到区内调研古村落保护发展、险村搬迁安置房建设、农村土地流转工作。实地走访斋堂镇灵水村、川底下村、法城村以及王平镇安家庄村。4月24日，区政府与中国天地控股有限公司座谈。天地控股汇报西山天地健康城养老社区项目规划。26日，举办第五届北京国际山地徒步大会永定河分站赛暨门头沟区山地旅游文化节启动仪式。5月5日，水利部第二调研组到区内调研水务工作。察看永定河门城湖，听取市水务局关于永定河流域生态综合治理及区水务局关于区中小河道治理情况的汇报。调研组肯定永定河绿色生态带建设及区小流域治理成果。9日，与中东海湾投资集团座谈。双方就中东海湾金融贸易中心落地等问题进行研究。16日，市发改委领导到区内调研。听取区发改委关于区重点工程及需要支持项目的汇报。同日，与国家开发银行北京市分行举行座谈。区领导，国家开发银行北京市分行行长参加座谈，听取区棚改中心关于棚户区改造情况及其他项目需求的汇报。20日，市人大到区内调研政府债务和政府投资情况。实地参观考察石门营、石泉地块安置房项目，听取区棚改中心安置房项目相关情况的汇报。23日，区政府与市供销合作总社举行座谈会。听取双方合作项目进展情况的汇报。26日，召开“减煤换煤，清洁空气”行动工作专题会。听取区农委、经信委、发改委、市政市容委、政法委、科委等单位关于减煤换煤、优质燃煤替代、煤改电、送气下乡、打击劣煤销售联合执法等情况的汇报。27日，市领导检查区防汛救灾物资储备工作。实地检查区救灾物资储备库。28日，召开与神农架林区对口协作工作对接座谈会。神农架林区四套班子领导，区领导韩子荣、张冰等参加会议。会上介绍区经济社会发展情况，并代表双方签订《南水北调对口协作门头沟区人民政府－神农架林区人民政府合作框架协议》。5月29日召开防汛动员电视电话会。区领导韩子荣等参加会议。气象局作2014年气象形势预测分析，地质灾害防汛专项分指挥部、城市地下管线运行防汛专项分指挥部、斋堂镇、大台办事处作表态发言。5月30日，召开会议落实2014年全市防汛抗旱电视电话会议暨市防汛抗旱指挥部第一次会议、全市安全生产委员会工作电视电话会议精神。6月6日，区领导检查防汛安全工作。区领导实地察看原河滩物美地块施工现场、城子铁路桥排水泵站、水闸桥物资储备点、水务局防汛物资库、三家店东口积水点、新老宿舍社区排洪沟、龙泉务村排水口。6月9日，与道富基金管理有限公司座谈。12日，与中国节能环保集团公司签约。区领导韩子荣，中国节能环保集团书记、总经理等出席签约仪式。双方签订战略合作框架协议。20日，召开整治违法排污专项行动部署会。会上通报“2014年全国整治违法排污企业保障群众健康环保专项行动电视电话会议”精神和北京市贯彻部署会议精神，区环保局部署区迎检方案和设立环保监督网格员方案并通报新发现违法排污相关情况。7月7日，召开“减煤换煤，清洁空气”行动工作专题会。区农委汇报区“减煤换煤，清洁空气”行动实施情况及各单位工作方案。9日，召开区政府党组专题民主生活会情况通报会。会上传达市委第七督导组第一副组长在区政府党组专题民主生活会上的讲话精神。21日，区领导检查大台地区防汛工作。区领导察看樱桃沟河道治理情况及地质灾害点、灰地社区地质灾害除险项目、千军台社区防汛工作，并听取大台办事处的防汛工作汇报。22日，首都特大型城市治理问题高级研修班环境治理组到区调研。区领导实地查看鲁家山地区首钢生物质能源科技有限公司。在座谈会上，首钢生物质能源科技有限公司负责人汇报公司运营情况。8月4日，与非凡中国控股有限公司座谈。区领导韩子荣、非凡中国控股有限公司董事会主席，国开元融副总裁等参加会议。5日，召开镇街（园区）安全员队伍建设专题会。区领导韩子荣等参加会议，并听取区安监局关于市第一次安全生产条件普查试点工作进展及区镇街（园区）安全员队伍建设方案汇报。6日，区领导调研检查征兵体检工作。区领导到区医院征兵体检站看望慰问体检医务工作人员和应征青年。8月7日，与京煤集团、总参作战部人防局座谈。三方就总参人防局宣教培训基地选址问题进行协商。12日，召开全国土地收支和耕地保护情况审计工作部署会。区领导听取区审计局等相关单位的汇报。10月25日，区领导张贵林到妙峰山镇调研。听取妙峰山镇整体工作情况的汇报。31日，纪念新中国人民防空创立64周年社会宣传月启动仪式在区内举行。国家人防办副主任，市民防局局长，区领导张贵林等出席仪式，并开启“大篷车发车仪式”和“民防时空”视频节目首映，实地参观民防宣教基地。和张贵林为区防空防灾宣教体验馆揭牌。31日，门头沟区高技能人才开发工作会议暨共同推进门头沟区高技能人才开发协议签订仪式在区内举行。市人力社保局领导张欣庆、陈蓓，区领导张贵林、北京一轻控股有限责任公司领导等出席。11月13日，与中国建筑股份有限公司举行座谈。区领导韩子荣、张贵林，中国建筑股份有限公司总裁官庆参加座谈，听取中建股份重点工作情况及下一步工作计划的汇报。17日，与中信银行股份有限公司举行签约仪式。区领导韩子荣、张贵林、中信银行常务副行长参加签约仪式，双方签署战略合作协议。20日，与非凡中国控股有限公司举行座谈。区领导张贵林、非凡中国董事会主席，国开元融资产管理公司副总裁等参加会议。听取非凡中国关于门头沟体育公园项目有关情况的汇报。24日，重点工程推进工作座谈会召开。区领导韩子荣、张贵林，市重大办副主任参加会议。会上介绍需市有关公司协调解决的问题，与会企业介绍在区工程项目有关情况，就S1线、城镇污水处理厂、潭柘寺镇一级开发等工程项目推进工作进行座谈。26日，召开经济责任审计整改工作专题会。区领导韩子荣、张贵林等参加会议，听取区政府办公室关于《门头沟区经济责任审计整改工作实施方案》的汇报，就市审计局关于对区委区政府及主要领导经济责任审计报告中提出问题的整改工作进行部署。11月26日，我区与万方集团座谈。区领导韩子荣、张贵林听取石龙五期征地工作进展情况的汇报，并就下一步工作达成共识。27日，召开区落地企业座谈会。区领导张贵林出席会议，10余家企业代表分别介绍在区落地工程项目有关情况，会议就企业落地项目存在的问题及以后发展等进行研究。28日，与美国塔博曼公司、北京王府井百货集团座谈。区领导张贵林，美国塔博曼公司亚洲区总裁、中国区董事总经理，北京王府井百货集团董事长、总裁等参加座谈。实地察看S1线组团土地一级开发项目12号地块、永定镇产业预留地块及西长安壹号项目情况，就投资建设购物中心事宜进行研究。12月1日，与市农委、市园林绿化局、市文物局进行座谈。区领导韩子荣等，市园林绿化局局长邓乃平、市文物局局长、市农委副主任等参加座谈，听取区园林绿化局、区文委、区农委的工作汇报。8日，区政府与北京铁路局、中铁第一勘察设计院集团有限公司举行座谈。区领导张贵林等参加座谈。会上就利用丰沙线或大台线开发建设旅游专线有关情况进行交流。同日，区政府与中国建筑一局（集团）有限公司举行座谈。区领导张贵林、中建一局董事长、党委书记等有关负责人参加会议。中建一局集团京西房地产开发建设有限公司介绍区内相关项目进展情况。19日，召开2015年为民办实事项目专题研究会。区领导韩子荣、张贵林参加会议，听取区政府办关于2015年为民办实事项目征集整理情况的汇报。27日，市领导查看石门营、小白楼、黑山、中门寺、石泉安置房等重点工程建设情况。在随后召开的座谈会上，听取张贵林关于区经济社会发展情况及需要市级部门协调解决问题的汇报。同日，驻京中外知名企业投资门头沟行专题推介活动在区内举行。市投资促进局局长，区领导韩子荣、张贵林、以及400余家企业的代表参加活动。现场播放区招商引资宣传推介片，张贵林专题介绍全区总体情况，石龙经济开发区进行专题推介，最后区领导及区相关部门还就企业关心的问题进行现场解答。

（刘　畅）

法制工作

【概况】 年内，区政府法制办贯彻《国务院关于加强法治政府建设的意见》和《北京市人民政府关于加强法治政府建设的实施意见》，加强依法行政组织工作，不断完善政府决策机制，组织各类法制学习培训，规范行政执法，加强行政复议及行政应诉工作，依法审核区政府重大决策及规范性文件，推进法治政府建设。

单位名称：北京市门头沟区人民政府法制办公室
地　　址：北京市门头沟区新桥大街36号
电　　话：69843642
邮　　编：102300

（徐　静）

【政府决策制度建设】 1月15日，起草的《门头沟区建立和完善重大决策社会稳定风险评估机制意见》和《门头沟区进一步建立健全重大决策群众利益评估机制意见》，经区政府常务会讨论通过印发全区，政府决策机制进一步完善。

（徐　静）

【加强行政应诉工作】 5月，为加强行政应诉工作，制定《关于进一步推进行政机关负责人出庭应诉工作意见》和《关于加强行政机关落实反馈司法建议工作意见》。

（徐　静）

【组织培训活动】 7月10日至11日，11月3日至5日，组织两期依法行政专题研讨班。全区58家单位百余名领导干部学习了行政执法和应诉主要问题、行政审批制度改革、行政执法自由裁量权规范、政府信息公开、规范性文件制定、十八届四中全会精神等内容。

（徐　静）

【建立行政执法特邀监督员制度】 9月25日，召开行政执法特邀监督员聘任会，聘任门头沟区第一期特邀监督员12人（包括人大代表、政协委员和退休法制人员），参加行政执法监督工作。

（徐　静）

【行政处罚案卷评查】 9月，组织全区行政处罚案卷评查，抽查21个行政执法部门的41本案卷。评查结果，优秀40卷，合格1卷。

（徐　静）

【加强依法行政组织工作】 年内，制定《门头沟区2014年全面推进依法行政工作要点》；完成《门头沟区行政执法专项调研报告》和《北京市门头沟区人民政府依法行政调研报告（2004－2014）》；召开依法行政考核联席工作会，修订《门头沟区依法行政考核办法》，制定2014年度依法行政专项考核细则。

（徐　静）

【规范行政执法自由裁量权】 年内，召开规范行政处罚自由裁量权专题工作会；组织相关培训和预防职务犯罪警示教育基地参观活动；制定关于整治执法监管部门以罚代管滥用自由裁量权随意罚款问题工作方案；开展行政执法自由裁量权专项检查；审核行政审批事项法律依据。

（徐　静）

【落实领导会前学法制度】 年内，制定《门头沟区政府2014年度学法计划》，区政府常务会上学习了《中华人民共和国商标法》、《北京市大气污染防治条例》等16部法律法规。

（徐　静）

【行政复议案件审理】 年内，区法制办收到行政复议申请21件，受理20件，不予受理1件（已作信访答复）。审结20件，其中维持19件，终止1件。接待群众有关行政复议方面的咨询百余人次。

（徐　静）

【文件审核】 年内，审核各类涉法文件，出具法律意见80件。其中，合同47件，通告15件，其他文件18件；反馈区政府部门征求法律意见31件；反馈市政府规章草案征求意见14件；联合区商务委，组织全区集中清理在市场经济活动中实行地区封锁规定工作。

（徐　静）

【行政处罚情况统计】 年内，全区44个具有行政处罚职能的部门作出行政处罚决定13.66万起，罚没金额3206万元，较2013年上升2.75%。

（徐　静）

人力资源和社会保障

【概况】 年内，在区委、区政府的领导下，围绕“民生为本、人才优先”工作主线，坚持“上水平强服务、固基础求创新、转作风树形象”工作要求，开展就业创业，拓展人才引进渠道，推进人事制度改革，抓好劳动维权执法，推进“亲民、便民、惠民”服务活动，完成全年目标任务。

单位名称：门头沟区人力资源和

社会保障局

地　　址：门头沟区中门寺16号
电　　话：69842701
邮　　编：102300

（张　董）

【建设民生服务大厅】　5月，区民生服务大厅正式投入使用，区人保局、民政局等家单位入驻。民生大厅围绕人民群众“生命全周期”的服务需求，采取多项措施优化服务。一是加强窗口管理。搭建一套包括4大部分24项工作制度的工作体系。在大厅推行经办“八步服务法”，推行“亲人式”服务。二是实行错时上下班制度，每天多为群众提供一小时的服务；建立重点企业预约服务，为大企业提供延时和加班服务。民生大厅自投入使用，已办理社保业务4.1万人次，职介中心接待1.75万人次。三是档案工作整合完成，清理2010年前积压档案211箱，共计8440卷，2014年通过医保、社保业务档案达标验收，获得优秀等级。

（张　董）

【就业工作】　年内，城镇新增就业8755人，完成城乡劳动力就业6660人，实现就业困难人员就业4371人，年末城镇登记失业率4.26%。开发绿色就业岗位393个，安置城乡劳动力334人。培训各类人员1642人。完成职业技能鉴定1423人。

（张　董）

【社保工作】　年内，社会保障制度建设加快推进，参保人数持续增加，待遇水平稳步提高，社会保险基金运行总体平稳。截至12月底，区职工养老、失业、工伤、生育和医疗保险的参保人数分别达到20.61万人、14.25万人、13.28万人、11.49万人、20.97万人，五项社会保险基金累计收入23.34亿元、支出33.83亿元，各项基金收缴率达98%以上。城乡居民基本养老保险缴费22228人，收缴保费2432.02万元，享受待遇共9786人，支付金额5215.86万元。

（张　董）

【落实就业政策】　年内，落实就业政策，提高政策帮扶针对性。一是推进城乡一体化就业格局进程，根据山区特点，加大对农村就业扶持力度，将小额担保贷款工作向农村倾斜，通过与北京银行门头沟区支行、北京首创担保公司沟通协作，采取质押20%现金的担保方式解决抵押物缺乏情况，促进农村劳动力创业就业。二是跟踪落实市促进就业政策，出台区落实方案。结合市人力社保局制定的《社会公益性就业组织》相关文件，对全区由政府出资购买的“护林员”、“农村防疫员”等公共服务岗位进行调研，完成全区社会公益性就业组织工作实施方案。三是简化操作流程，抓好各项政策的落实。出台《跨区就业补贴政策》，人均月补贴200元至300元，惠及近700名劳动力。落实市区各项就业政策，共申请、拨付就业资金1.52亿元，惠及全区劳动力1.2万人。

（张　董）

【提升就业服务水平】　年内，一是多措并举，提升就业服务水平。开发“门头沟区基层城乡劳动力信息服务系统”，全区城乡劳动力数据已全部录入，实现就业数据实时查询。二是提升数字化服务水平，完成1.6万份档案的数字化加工，为数字化传输档案奠定基础；结合全区“智慧社区”建设，为全区社区、村连通职业介绍系统。三是利用社区（村）LED显示屏、微博、短信等各种媒体，向求职者传送岗位信息，累计发送信息31482条。四是巩固和深化现有招聘活动，增加招聘会举办频率，由双周举办调整为每周一次，共组织招聘会48场，提供岗位11313个。五是强化“手拉手工作信息共享平台”，加大与协作区在岗位采集、求职推荐、职业指导等方面的合作，与西城区、海淀区等区县通过“手拉手”活动协调岗位5866个，进一步满足了群众求职需求，弥补了我区岗位短缺的现状。

（张　董）

【构建职业培训工作体系】　年内，构建职业培训工作体系。一是立足实际、抓好顶层设计，确定职业培训总体思路，即搭建以区人力社保局负责统筹规划、区职业能力建设指导中心负责过程监督指导为管理层面；区职业技术学校、北京轻工技师学院门头沟分院、北京科技高级技术学校、区中等职业技术学校以及区内各所民办职业技能培训机构为实施层面，结构科学、运行高效的门头沟区职业培训工作体系。二是以外部优质职业教育资源的引入为切入点提升我区职业培训的综合实力。区政府与市人力社保局、北京一轻集团三方签署协同推进区高技能人才开发工作协议，与北京轻工技师学院合作办学，在区内建立北京轻工技师学院门头沟分院，与市民政局所属第一福利院达成养老护理员师资资源合作意向。三是适应市场发展需要，推进改革，转变职能。完成区属鉴定机构改革，理顺高技能人才培养评级工作体系；完成区职业技术学校职能转变，加挂区职业能力建设指导中心牌子，完善区技能人才培养质量监督工作体系。

（张　董）

【保障民生】　年内，努力化解历史遗留问题。老有所养、病有所医是北岭地区征地转居人的希望。在区委、区政府的领导下，在永定镇的支持下，区人保系统争取市人力社保局政策支持，通过人员摸底、政策解释、数据测算等程序，区委区政府筹措资金2.06亿元，为北岭地区征地转居的1264人补缴社会保险，解决自1989年起25年，转居人员未参保、生活无保障问题。

（张　董）

【各项惠民政策落实到位】　年内，支付各项社保待遇。核准退休职工待遇3425人。全年共认定工伤1551人，完成工伤职工工伤保险关系转移4823人。同时，为2684名工伤职工进行伤残等级鉴定。按时准确、汇总上报各险种支付情况，保证离退休人员基本养老金、失业人员失业保险金、工伤人员工伤待遇、生育人员生育待遇、城乡无社会保障老年居民福利养老金待遇按时足额支付。完成养老保险退休待遇等10项待遇的调资工作，保障退休职工权益。对个人医疗费用负担过重，影响家庭生活的19名城镇职工和154名城镇居民进行医疗费用救助，共支付救助金167.06万元。

（张　董）

【提升经办效能】　年内，采取多种手段提升经办效能。一是以便民为目标，优化工作流程。区社保中心率先在全市实现邮寄方式办理部分登记类业务和社保卡业务；建立大型企业、社保所专岗等服务窗口，对业务量比较大的单位固定在特定窗口，实行预约服务；推行网上办公，将失业人员岗位补贴和社会保险补贴等与群众日常生活密切相关的政务服务事项纳入网上办理和预审范围。二是加强与相关部门及基层单位沟通，改进工作方式。建立《社保中心主任联系社保所制度》，定期召开社保所及企业联席会议，听取群众意见。会同区安监分局、区卫生局卫生监督所和区劳鉴中心到矿区为职工进行工伤以及劳动能力鉴定方面的宣传，并现场解答相关政策咨询。

（张　董）

【确保基金安全】　年内，替老百姓管好社保基金，是社保部门第一要务。2014年，社保基金收支总额近60亿元，确保基金安全责任重大。强化社保基金监管、规范数字证书管理，充实基金监督预警指标，制定保险补贴经办管理办法，严把提前退休审批，保障基金平稳运行。为使各级社会保险工作人员提高基金安全风险意识，实行要情“月报告”管理制度。创新日常稽核工作方式，采取“分级分类法”开展日常稽核工作，完成对153户21071人的日常稽核。加强数据分析，全年监控医保基金8985人次，追回11人7.7万元费用。

（张　董）

【人事人才工作】　年内，人才工作围绕全区经济社会发展需要，做好人才引进、培养和使用工作，做到把人才引进来、留得住、用得好。

（张　董）

【人才引进】　年内，组织开展引进人才专项需求调查，引进紧缺急需人才，共引进外埠高层次人才14人，引进非京生源应届高校毕业生152人，选聘“村官”73人。招录公务员93人，招录事业单位工作人员208人，全年完成各类人事考试17项，服务考生2.4万人次。

（张　董）

【完善约束激励机制】　年内，开展2014年绩效考核办法修订及2013年绩效考核工作，在与市政府绩效考核工作对接的基础上，突出强调重点部门职能调整、产业结构转型、公众评价等特点。完成68家单位2920人的个人年度考核备案及695人的奖励审批工作。继续开展事业单位工作人员分类考核制度，鼓励各单位结合行业实际制订具体实施细则，并在提高优秀等次比例的基础上进一步向单位主体岗位和一线岗位倾斜。将各单位干部教育培训工作完成情况与单位年度督查考核相挂钩，实行个人年度培训学时不达标、考核评优一票否决制度。对全区68家党政群机关针对检查评比和“一票否决”事项展开调查摸底，并进行清理和规范。组建区级公务员申诉公正委员会，保障公务员合法权益。联合区委组织部开展机关、事业单位科级干部超职数配备自查工作，在保障全区科级干部整体不超配的情况下，对个别超配单位采取交流轮岗或自然退休减员。

（张　董）

【注重人才培养工作】　年内，加强人才能力培训培养工作。实施专业技术人才知识更新工程，成功申报两项市级高级研修班。开通北京市干教网门头沟分中心，组织开展公务员培训班13期，培训4007人次。健全选拔任用机制，优化人才发展环境。完善科级领导干部选拔公共科目统一笔试制度，依据统一考试成绩，提拔科级干部 134 人。在全区开展科级公务员交流轮岗工作，依据文件规定，全年对 17 人进行交流轮岗。在科级事业单位开展管理岗位七、八级职员试点工作，全区 219 家科级事业单位设置 78 个七级职员岗，151 个八级职员岗。开展中关村高端领军人才职称评审直通车申报推荐工作，其中 1 人通过教授级高级工程师评审。

（张　董）

【劳动关系工作】 年内，劳动合同签订率 100%，续订率 89.5%。贯彻落实集体合同攻坚计划，有 857 户建会企业签订集体合同，843 户建会企业签订工资集体协商协议书。为 1096 名劳动者追欠工资 1064.28 万元。

（张　董）

【建立劳动保障体系】 年内，建立劳动保障监督管理体系，成立以局局长为组长，区维稳办、住建委等 21 家单位为成员的劳动保障行政执法监管领导小组，在劳动保障监督管理领域形成齐抓共管的工作格局。落实市民主党派支持区发展暨“8+1”行动，引入律师事务所，建立劳动人事争议预防调解中心，推进基层调解工作规范化建设，对在企业、事业、镇街等单位建立的 70 家劳动调解委员会，加强帮助和业务指导，从源头防止和减少矛盾纠纷。全年受理劳动争议案件 663 件，同比增长 65.75%，结案率 100%。

（张　董）

【维稳工作】 年内，加大劳动监察执法力度，累计检查用人单位 2504 户（次）；受理举报 236 件，立案查处 106 件，结案率 100%；处理突发事件 13 起，涉及农民工 544 人。

（张　董）

【完善劳动合同履行情况】 年内，完善劳动合同履行情况监控制度，发挥街道、镇监察协管员的作用，以监察网格化管理数据为基础，扩大企业监控范围，以行政处罚案例为例对监察队伍进行培训，并制定案卷定期自查制度，提高行政执法水平和案卷制作水平；贯彻落实新修订的劳动合同法，劳务派遣用工不断规范；落实最低工资等待遇标准，实现全年城镇居民人均可支配收入同期增长 8%。

（张　董）

【推进机构改革和职能转变工作】 年内，推动“大部制改革”，做好与市政府机构改革的衔接，完成卫生和计划生育委员会组建工作，对职业卫生监管和生猪屠宰监管职责进行调整。加快政府职能转变，牵头搭建区公共服务工作体系，启动区、镇（街）、村（社区）“三级联动”公共服务工作体系的运行机制；为方便群众办事，梳理直接面对群众的公共服务事项，并分别将 115 项、85 项公共服务事项下沉到镇（街）、村（社区）基层，建立基层“代办员”制度，实现公共服务的规范、高效、便捷。强化体制机制创新的前瞻性研究，开展石龙开发区与永定滨水商务区联动发展战略、城市管理体系等调研工作，为区委、区政府中心工作提供体制机构和机构编制保障。

（张　董）

【推进行政审批制度改革】 年内，牵头对区政府行政审批事项进行的清理和规范，并向社会公布区第一批取消（25 项）和承接（51 项）的行政审批事项。向社会公布年度行政审批事项汇总权力清单（384 项，其中：行政许可 216 项、非许可行政审批 168 项）。同时，加强规范管理，督促各相关部门执行清单。对区政府已取消事项，逐一督促相关部门制定并落实后续监管的措施和办法；对区政府各部门承接市政府下放的事项，逐一督促承接部门主动与上级业务部门沟通，制定管理办法，逐项明确办理条件等，开展工作。

（张　董）

【落实事业单位分类改革任务】 年内，深化事业单位分类改革，根据全市统一部署基本完成全区事业单位分类工作，并向市编办上报备案区行政类事业单位，推进生产经营类事业单位改革。重点对区 6 个处级自设事业单位进行清理，对 6 个培训中心（事业机构）进行整改，通过撤并整合的方式，减少处级自设事业机构 5 个，6 个培训中心全部予以撤销，统筹盘活事业单位机构编制资源。同时，加强对事业单位法人治理结构、政府购买服务的研究，结合区医院法人治理结构试点工作，探索研究公益二类事业单位编制备案制管理，逐步转变机构编制管理方式。

（张　董）

【严控和创新机构编制管理工作】 年内，落实中央关于财政供养人员只减不增的要求，启动机构和人员编制核查工作，实现“四清两对应”；严肃机构编制纪律，强化组织、机构编制、财政、人力社保等相关部门综合约束机制和制度建设，集中清理“吃空饷”、在编不在岗和编外大量用工；拟定《北京市门头沟区控编减编工作方案》，对超职数配备领导干部进行整改，从源头控制机构编制规模；推行实名制管理，做到定编、定岗、定人，防止超限额设置机构、混用编制、超编进人、在编不在岗等现象，规范“一口进一口出”人员管理流程，实现对机构编制事项的常态化、动态化管理。

（张　董）

【党建工作】　年内，围绕业务工作抓党建工作。一是在党的群众路线教育活动中突出加强组织建设，完善党组织管理制度、学习制度，推进人力社保党建工作制度化、规范化、程序化。二是抓好思想建设。局党组落实好理论中心组学习制度和会前学法制度，督促全局干部职工学习，加强思想教育，把人力社保党员干部的思想集中到中央、市、区重大决策部署和各级相关议精神上，全年共撰写学习心得体会280余篇，编撰出版《铭悦集》，并印发全局促进学习交流。三是抓好作风建设。以党的群众教育实践活动为重点，重点加强窗口部门作风建设，推进为民服务，阳光服务，廉洁服务和科学服务。四是抓好载体建设。开展“接通线、捅破纸、拆掉墙”大讨论活动、“骑行沙龙”、“摄影沙龙”、“演讲沙龙”、“读书沙龙”等机关文化创建活动；开展“人保政策百村（居）行”等主题社会实践活动。

（张　董）

机关事务管理

【概况】　年内，在区委、区政府的领导下，学习贯彻党的十八大及三中、四中全会精神，围绕区委、区政府的中心工作和总体部署、要求，以深入开展党的群众路线教育实践活动为契机，坚持“服务、保障、管理”的工作主线，开展好机关后勤的各项服务保障工作。

单位名称：北京市门头沟区机关后勤服务中心

地　　址：北京市门头沟区新桥大街36号

电　　话：69829929

邮　　编：102300

（史宝倩　安腾）

【维修与保障工作】　年初，对应急指挥中心会议室、值班室和警卫室的墙面、门窗进行维修更换，并对南楼区委办公室、北楼部分办公用房和应急楼道进行粉刷；2月，对应急三层会议室办公家具及音响视频系统进行更换；6月，对北楼办公用房进行局部调整，协调区农委、商委、人事局等单位搬出，区民防局、国资委等单位搬入，并在5层设置一间容纳50人的会议室；8月，先后对北楼、旅游局楼、应急楼、食堂楼、南楼等办公室及公共设施实施维护及修缮；9月，对人大政协楼和政法委楼部分房间的墙砖、地砖进行拆换。（史宝倩　安腾）

【安全保卫工作】　2月，举办消防安全知识讲座，完成机关各部门的消防知识培训及消防器材的使用演练；10月，开展消防检查工作，排查存在的安全隐患。

（史宝倩　安腾）

【机关食堂工作】　6月，邀请食品药监局对机关食堂进行卫生检查并对全体员工进行卫生知识讲座和现场指导，严格《食品安全法》的贯彻落实。

（史宝倩　安腾）

【美化和绿化工作】　年内，栽种丹麦草800平方米，协调相关单位使用吊车栽植、修剪树木，并定期由专人对树木进行灌溉。

（史宝倩　安腾）

【车辆管理工作】　年内，根据《厉行节约　反对浪费条例》的有关规定对驾驶员发放了《关于加强车队车辆管理、禁止公车私用的通知》。

（史宝倩　安腾）

群众性精神文明创建活动

【概况】　年内，围绕区委、区政府中心工作，以深入开展群众路线活动为主线，以建设国家生态文明示范区为主题，以各类文明活动为载体，精神文明建设工作稳步开展。

单位名称：北京市门头沟区精神文明建设委员会办公室

地　　址：北京市门头沟区新桥大街36号

电　　话：69843219

邮　　编：102300

（高学雷）

【开展清洁空气蓝天行动】　4月，开展清洁空气蓝天行动“三绿一志愿”主题实践活动。在全区机关、企业、学校、部队开展全覆盖“文明餐桌”宣传，制作宣传画500套、桌牌1万个。与教委联合通过开展交通文明、垃圾分类、文明礼仪等八项系列活动，在中小学中全面普及生态环保教育；与妇联合作在全区家庭中开展寻找“生态文明家庭”活动，在422户申报生态家庭中，最终评选出30户绿色生态示范家庭。

（高学雷）

【宣传工作】 6月，在全区区域内开展社会主义核心价值观宣传活动。在主要大街过街天桥、建筑围挡建设主题公益广告墙2000平方米、张贴标语横幅300幅等；运用120社区电子屏及精神文明LED显示屏滚动播放宣传标语；制作发放宣传品3万个，宣传画3000张。在主题广场设置宣传展版20块，主题社区布置文化楼门21个，橱窗展板210块，覆盖率达到90%。同月，在棚改新区开展文明入住主题宣传活动，通过改编传唱歌曲、创作文艺作品、张贴主题墙画、制作播放公益广告、刊发文明专版、开设文明大课堂等多种形式，倡导文明习惯的养成和行为示范的引导。

（高学雷）

【推荐首都精神文明创建先进单位】 8月，开展2012年至2014年度首都精神文明工作先进单位推荐工作。推荐各类文明先进120个，通过自测申报、审核验收、社会公示、一票否决等评选程序，推荐首都文明单位83个（含标兵12个，单位36个，社区25个，风景旅游区10个）、首都文明村镇37个（含镇4个，村33个）。

（高学雷）

【基层站所、服务窗口表彰】 12月8日，召开创建“人民满意的基层站所、服务窗口示范点”总结表彰暨典型经验交流会，区地税局第一税务所、区档案局接待大厅等10家单位获“人民满意的基层站所、服务窗口示范点”；10名同志获“人民满意的基层工作者”称号；10名同志获“人民满意的基层工作者”提名奖。

（高学雷）

【对第四届国家级文明单位复查】 12月10日，完成区第四届全国文明村镇、文明单位和对现有全国文明村镇、文明单位复查工作，推荐妙峰山镇、斋堂镇马栏村为全国文明村镇，检察院，教委为全国文明单位。保留供电公司、潭柘寺镇、大峪街道峪园社区全国文明村镇、文明单位荣誉称号。

（高学雷）

【成立区志愿服务联合会】 12月19日，召开区志愿者服务联合会第一次会员代表大会。大会审议通过《北京市门头沟区志愿服务联合会章程》，选举产生第一届理事会及其机构。

（高学雷）

档案史志工作

【概况】 年内，在区委、区政府的领导下，区档案史志局深入开展党的群众路线教育实践活动，以作风建设为抓手，以提升档案服务能力为目标，通过立行立改，突出解决“四风”问题，建立健全各项制度，提升干部队伍素质和工作水平，使档案史志各项工作呈现新亮点。

年内，通过市新农村档案工作互测互评；机关档案测评工作通过验收，参与测评的9家单位全部被评为“北京市区县机关档案工作市级优秀单位”；对区内涉及的53项政府投资1000万以上工程项目进行实地检查；创新开展区政府重点项目档案监管；完成对30余家立档单位的执法检查工作；针对档案人员的实际需求，开展岗位资格培训、执法联络员培训、新农村档案培训、社区档案培训，创新宣传形式，以法制漫画宣传活动为抓手，在全区开展法制宣传漫画作品征集活动；不间断开展日常指导工作，2014年，共指导134次，接待来人来电237起次，完成各类业务培训17次570人次。以创建“人民满意的服务窗口示范点”为抓手，规范服务行为，接待查档群众3570人，调阅3385卷，复印7289页，拍照1183张，出具证明1787份，共接收政府信息公开纸质文件916件，有143人进行了查询利用。完成1963年至1964年保管期限年满50年的910卷到期档案鉴定工作，其中630卷档案失去保存价值，18卷保管期限调整为永久保存，262卷延长50年保存。对计划内的34家立档单位2003年至2005年的永久、长期档案进行接收，共接收文书档案以件为单位归档文件50206件、以卷为单位的案卷2415卷，会计档案133卷，总排架长度66.34米。至此馆藏档案已达到88692卷、108912件。馆藏档案全文数字化总页数3409196页，占馆藏档案38.2%。区档案馆作为党史教育基地和爱国主义教育基地，被区委列为党的群众路线教育实践活动参观学习目的地之一，接待40家单位，近3000人次。举办“国际档案日”暨北京市第六届“档案馆日”宣传周活动，接待参观、咨询群众1500余人，发放各类宣传材料1200余份，接受档案捐赠400余件。二轮修志进入总纂阶段，对《门头沟区志》正文逐段、逐行、逐句、逐字地进行修改、梳理、增补编辑，完成志书80余万字。《门头沟区志》大事记完成第三遍修改，修订稿为3.5万余字，400余条，并整理、补充

《门头沟区志》彩页。完成《2014 北京门头沟年鉴》。完成《北京年鉴》门头沟部分约 6000 余字的编写，门头沟档案史志局被市地方志办公室评为北京市年鉴工作先进单位。编写完成《中国共产党北京门头沟区历史大事记（2001 - 2013）》初稿。完成《纪念邓小平同志诞辰 110 周年》学术论文的撰写。完成《门头沟区组织工作史概述》的修改工作。编辑完成 3 万余字的“2013 年门头沟区历史大事记”（初稿）。

单位名称：北京市门头沟区档案史志局
地　　址：北京市门头沟区石龙北路 31 号
电　　话：60804795
邮　　编：102308

（赵立冬）

【档案业务】 1 月 14 日，古道民俗专家无偿捐赠个人珍贵档案资料包括《永定河文化研究文集》和《斋堂文化丛书》共 16 种 48 册。28 日，“灵山赋”书法作品入藏档案馆。2 月，启动 2014 年国际档案馆日作品征集活动。3 月 12 日，一张记载妙峰山庙会的 1948 年 6 月 4 日出版的《渤海日报》征集入馆。24 日，提前一周完成 2013 年度档案统计年报工作。4 月 17 日，区文明办、纪委监察局、人大、政协对档案馆档案查阅大厅创建“人民满意的基层站所、服务窗口示范点”进行工作检查。检查团通过听取汇报、问询等方式，对窗口的环境、制度、作风和服务等情况进行指导检查。5 月 19 日，局机关干部到武警森林指挥部机动支队二大队四中队，为部队官兵捐赠图书文史资料。6 月 9 日，开展以“走进档案”为主题的“国际档案日”暨北京市第六届档案馆日户外宣传活动，拉开为期 1 周的档案集中宣传活动序幕。12 日，15 名档案爱好者携捐赠物品到局内，共庆“国际档案日”暨北京市第六届“档案馆日”，参加以“人文与记忆”为主题的档案捐赠活动。此次，共征集到历史文化手稿 395 件，图书等文史资料 143 余册，光盘 10 张，桥式照片放大器一件，还有市红叶鞋厂建厂 40 周年纪念盘、老胡同的门牌号和指路牌等老物件。12 月 16 日，齐鸿浩先生捐赠龙泉务窑考古照片及底版资料仪式在馆内举行，这是馆首次征集到文物考古类资料。

（安宏清）

【地方志工作】 1 月 25 日，《门头沟区志》第二稿完成编审工作。2 月，指导完成区《水峪嘴村志》编纂工作。3 月，在 2015 年《北京年鉴》编纂工作中，被市地方志编纂委员会办公室评为先进集体。6 月初，门头沟区志大事记完成第三遍修改。修订稿为 3.5 万字，400 余条。9 月 18 日，《北京地名大辞典（门头沟部分）》编辑部的同志到局内，将已完成的《北京门头沟大辞典（门头沟部分）》修改稿取走。自 4 月 26 日接到此项工作后，通过相关科室人员核对、返聘人员核对、基层镇、办事处等相关人员 4 轮审核，基本完成近 50 万字的补充修改工作。10 月 16 日，《北京门头沟年鉴 2013》荣获北京市地方志办公室举办的“北京市首届年鉴综合质量评比三等奖”。《北京门头沟年鉴 2013》囊括 80 余万字，百余张照片。12 月 16 日，《门头沟区志（1996 - 2010）》（送审稿）印制成书。

（尚显英）

【帮扶工作】 1 月 26 日，局领导走访慰问对口帮扶村——雁翅镇高台村，为 5 户贫困家庭送上新年的问候与祝福。5 月 16 日，召开局党组会、全体机关干部会，动员部署农村帮扶工作。6 月 3 日，按照区委“关于做好在职党员到村报到为群众服务”的工作要求，局党员干部一个月内第 4 次到定点帮扶村——雁翅镇高台村报到，以帮扶低收入户为重点，同雁翅镇包村干部和村领导班子成员进行情况对接，并到村民家中，访民情听民意，努力为帮扶群众解决实际问题。

（史可华）

【档案行政管理】 1 月，由市社保中心领导带队，和市档案局一行人对区社会保险业务档案进行调研，区档案局陪同参加调研。13 日，面向全区下发了《门头沟区档案史志局关于加强区政府投资建设项目档案管理登记表》。2 月 26 日，局印发《门头沟区档案史志局关于开展 2014 年机关档案工作测评的通知》，区 2014 年度机关档案测评工作正式展开。11 日，局参加由区政府、区经济信息化委员会联合召开的行政审批事项梳理工作部署会。是月，政府投资建设项目档案工作稳中求进；转发《北京市查处档案管理违法违纪行为程序暂行规定》。3 月，局对韭园新型农村社区的建设情况进行调研。4 月 8 日，局 2014 年档案人员上岗培训班正式开班，90 名全区 62 家单位的基层档案室的专（兼）职档案人员参加培训。同时，借助档案人员上岗培训平台，对全区 117 名新档案员和执法联络员进行档案法制工作培训。9 日，借助档案人员上岗培训平台举办档案摄影培训班，全区 90 余名档案员参加培训。21 日，组织召开区新农村档案工作测评准备会。25日，派工作人员参加区教育系统干部培训，并进行档案专题讲座。5月6日，由北京市档案局、市民政局、朝阳档案局、通州档案局和大兴档案局等5家单位组成的市新农村档案工作互测互评小组对区2012至2013年的新农村建设档案工作进行测评。6月26日，区村级档案培训班正式开班，来自全区9个镇的92名村级档案人员参加培训。27日，局举办2014年社区档案管理培训班。参加培训的有88名社区档案员。8月，按照市档案局相关要求和局培训工作计划，组织开展档案人员网络培训工作。9月11日，局领导和区政协、区法制办等一行到妙峰山镇进行档案镇村级专项检查。23日，市医保中心、市档案局组成的医疗保险业务档案达标验收小组，完成对区社保中心医疗保险业务档案达标验收。经达标验收小组现场查看和听取汇报并现场评分，确认区社保中心医保业务档案达到优秀等级。截至10月底，完成2014年度档案行政执法检查重点抽查部分工作。11月28日，业务指导科的同志受潭柘寺镇邀请，为各村大学生村官及档案管理员进行村级文书档案整理培训。12月初，在区人大的监督指导下，完成2014年度机关档案测评工作。至此，全区共完成9家单位的机关档案测评工作，其中包括3个乡镇、5个区直单位和1个市属单位。12月4日，局参加以“弘扬宪法精神，建设法制中国”为主题的法制宣传活动。23日，下发2014年度档案行政执法检查通报。

（贺健松）

【党建工作】　2月17日，召开中层以上干部会，贯彻落实全区党建工作会议精神。4月30日，与区教委共同举办“五四”新团员宣誓活动。5月4日，局团支部组织青年召开“用阅读点亮中国梦”的读书交流活动。7月，为庆祝中国共产党建党93年，启动“有梦想、有行动、有明天”的主题系列活动：组织机关全体党员干部参观《门头沟区档案史志局党的群众路线教育实践活动展览》；发挥“爱国主义教育基地”功能，在“七·一”当天接待区广电中心、葡东小区党支部参观群众100余人。

（朱　倩）

【领导调研】　2月，区委组织部部长到局内就“党的群众路线教育实践活动”进行调研，听取活动筹备情况，并对如何开展活动提出要求。5月15日，区领导到局内就党的群众路线教育实践活动进行实地调研，听取基层单位和群众的意见建议，聚焦“四风”查摆问题，指导群众路线教育实践活动深入开展。在建党93周年前夕，由云南省祥云县委、县常委宣传部部长带队一行5人，到局内进行考察学习。9月3日，市地方志办公室领导到区内调研二轮修志进展情况。9月8日，市地方志办公室领导一行6人考察区古村落四合院。10月9日，新疆阿勒泰地区史志办领导，到局内调研二轮修志工作。

（徐　妍）

【党史工作】　3月，完成《中国共产党北京门头沟区历史大事记》（2001－2013）编写方案。4月，按照门头沟区国家保密局关于征集红色保密故事的函的文件精神，上报的《严守机密　宁死不屈——石裕民烈士传》文稿被市保密局选中，已上报国家保密局。5月，收到市党史研究会关于修改报送组织工作经验材料函的文件，在全市60家单位上报材料中有32份被选中，《门头沟区组织工作史概述》为被选中之一。5月，按照市委党史研究室关于纪念邓小平同志诞辰110周年学术研讨会征文的通知要求，完成《纪念邓小平同志诞辰110周年》学术论文的撰写及上报工作。该学术论文包括内容摘要、目录、正文和参考文献四部分。6月11日，与《法制晚报》记者、区委宣传部工作人员，为迎接建党93周年《法制晚报》专刊——平西抗日根据地，实地走访区内的部分党史遗址和党史教育基地。10月17日，机关工作人员投稿的《改革开放以来门头沟区深化经济体制改革的回顾与展望》，入选“北京经济体制改革的经验与启示”研讨会。

（朱晓梅）

【口述史工作】　4月17日，区领导带领一行6人，到原北京市市长、中共宛平县长焦若愚家中进行看望采访，围绕焦老在宛平抗战时期的生活故事和战斗经历展开口述史录制。5月13日，局领导带队到斋堂镇西胡林村，对从区内走出的老革命家、长期在河北省开展革命工作的一位老人进行口述史录制。29日，局领导带队走访慰问参加过解放战争、抗美援朝战争的退伍老兵，针对其革命经历以及对抗美援朝战争中的经历进行口述史录制。

（徐　妍）

【档案编研】　9月，会同区农委，围绕区“险村搬迁、旧村改造”项目，启动档案记忆工程。10月9日，就“险村搬迁、旧村改造”记忆工程，到妙峰山镇即将开工建设的禅房村进行村容村貌、生活场景的抢救性记录，留存照片档案200余张，影像档案30余分钟。12月，面向全区100余家行政、企事业、社会团体开展的档案编研成果征集工作结束。共征集到76家单位上报的编研资料文字类478册，共计5400万余字；图片类170册；声像类129个，总时长3469分钟。12月，由局主要领导及相关科室人员组成工作组，分别走访清水镇、斋堂镇、雁翅镇、王平镇、妙峰山镇5个乡镇，进行“险村搬迁，旧村改造”记忆工程的布置以及档案影像资料拍摄、征集、整理等工作的指导与交流。

（史可华）

区政府外事办公室

【概况】 年内，在区委、区政府的领导下，开展党的群众路线教育实践活动，围绕全区发展大局，严格因公出访管理审核，服务中心工作优化发展环境，拓宽渠道服务保障外事活动，完成各项工作任务。一是把开展教育实践活动与落实党的十八大和十八届三中全会精神结合起来。二是年初制定因公出访计划征求意见表，严格因公出访审核工作，收集整理并制作了《门头沟区2013年因公出访团组考察报告汇编》。三是为区经济社会发展服务。主动引导并帮助区内外向型企业申办APEC商务旅行卡；专人负责跟踪区重点涉外项目进展情况；年初启动并完成6期《外事参考》的编写工作；将《北京市民日常英语宝典》和APEC英语手册发放到相关单位；完成旅游地图等材料的翻译；对区内2000余个英语标识牌进行对比检查。四是拓宽渠道，服务保障外事活动。完成赴斯里兰卡举办“北京周”文化交流活动，完成中东海湾投资集团，韩国永登浦区议会代表团以及APEC期间蒙古国总统及夫人的接待任务；协助北京大峪中学开设“印加之路”文化课堂系列活动。

单位名称：北京市门头沟区政府外事办公室
地　　址：北京市门头沟区新桥大街36号
电　　话：69843657
邮　　编：102300

（白宇飞　李丹青）

【颁发首张APEC商务旅行卡】 3月18日，北京益普索市场咨询有限公司亚太区总裁刘立丰先生领到门头沟区第一张APEC商务旅行卡。三年内，该持卡人，可凭有效护照和APEC商务旅行卡而无须办理入境签证自由往来于已批准入境的各APEC经济体之间，且每次在外停留可达2个月，方便了该企业与APEC各经济体之间的商务合作。

（白宇飞　李丹青）

【秘鲁大使访问大峪中学】 4月30日，秘鲁驻华大使贡萨洛·古铁雷斯先生来访区大峪中学，参加该校与印加之路文化学院合作开设的“印加之路”课堂，并与学生代表就秘鲁自然地理和人文风情等进行交流座谈。

（白宇飞　李丹青）

【中东海湾投资集团到访门头沟】 5月16日，中东海湾投资集团代表团到访门头沟，与区政府就中东海湾金融贸易中心项目合作展开会谈，区政府外办承担会谈翻译保障工作。

（白宇飞　李丹青）

【举办斯里兰卡“北京周”活动】 10月16日至20日，由区人大领导率队，大峪中学“山谷”舞蹈团、市传统民间艺人、厨师组团，代表北京市赴斯里兰卡举办“北京周”文化交流活动。代表团与当地友好人士就缔结姊妹学校和友好城市进行座谈，并带去了文艺演出以及泥塑、蝴蝶画、泥塑京剧脸谱、剪纸等民间手工艺和厨艺展示。

（白宇飞　李丹青）

【韩国议会代表团来访】 11日4日，韩国首尔特别市永登浦区议会代表团在议长朴贞子的带领下到区访问，区人大领导罗斌接见了代表团，双方就深化两区之间的友好合作进行了交流。

（白宇飞　李丹青）

【蒙古国总统及夫人来访】 11月10日，区政府外办协助接待蒙古国总统及夫人一行到潭柘寺景区参观。

（白宇飞　李丹青）

【斯里兰卡代表团来访】 12月17日，斯里兰卡斯中社会文化合作协会主席英德拉南达·阿贝斯克拉一行到区内访问。阿贝斯克拉先生感谢了门头沟区对斯里兰卡“北京周”活动的大力支持，并就大峪中学与斯里兰卡瑟斯坦完校建立姐妹学校以及推进门头沟区与斯里兰卡科伦坡市瑟塔瓦卡区建立友好区县等事宜进行交谈。

（白宇飞　李丹青）

政协北京市门头沟区委员会

【概况】 中国人民政治协商会议北京市门头沟区委员会（简称区政协），机构设有提案委员会、经济科技委员会、环境与人口资源委员会、学习与文史委员会、社会法制与民族宗教委员会、教文卫体委员会。办公机构设办公室、研究室、专委会工作一室、专委会工作二室、专委会工作三室、专委会工作四室、专委会工作五室、专委会工作六室，政协办公室下设文秘信息科和委员联络科。截至年底，第九届委员会共有委员189名，常务委员会组成人员29名。

年内，在中共门头沟区委的领导和市政协的指导下，依靠各界委员，履行政治协商、民主监督、参政议政职能，发挥人民政协作为协商民主重要渠道的作用。全年组织专题协商、对口协商、界别协商、提案办理协商等各种形式的协商会27次；组织开展调研、视察、考察、基层走访等实践活动85次；组织知情通报、辅导培训等各类学习教育活动22场次；以《建议案》《协商意见》《专报》《社情民意》等形式向区委、区政府报送意见建议共24篇；累计提出提案148件。

一、服务全区工作大局

常委会完成对南水北调水源保护地的考察，形成《关于湖北神农架林区的考察报告》。各专委会、区属各民主党派、工商联等重要参加单位和各界委员，相继完成《农村物业化管理探究》《关于加强我区特约监督员工作的建议》《关于加强城市管理，疏解我区停车难的建议》《关于促进我区非公经济健康发展的建议》等25篇调研报告和大会发言材料。加大对居民生活用水、住房、出行以及教育、医疗、就业、养老等重大民生问题的视察频次。立足及时反映具有全局性、苗头性、倾向性的问题，及时引导各界委员提出具有“深、重、新”特点的意见建议。《关于加快推进新农合市级统筹工作的建议》《关于协调解决鲁家山垃圾焚烧发电厂有关问题的建议》等多篇信息被市委、市政府、市政协主办的《北京信息》《昨日市情》《诤友》《联合调研专刊》采用。《关于加大永定河两岸环境治理的建议》《关于家庭过期药品回收常态化的建议》等多篇信息。市、区主要领导对区政协信息作出了25次重要批示。

二、协商民主工作

在调研的基础上，形成《充分发挥人民政协协商民主重要渠道作用的探究》调研报告，提出加强政协协商民主建设的常委会建议案。以《以协商年度工作计划为抓手，切实发挥人民政协作为协商民主重要渠道作用》为题在市政协理论研究会上进行重点发言，《北京日报》将其作为市政协理论研究“智库”的一个重要观点刊出。率先在全市政协系统内提出“在政协开展民主协商工作的基本流程”，《北京观察》杂志以《门头沟：规范协商流程》为题推广经验和做法。开展了“北京市中低速磁悬浮交通示范线（S1线）西段景观方案”等专题协商，安全生产、污染防治等问题对口协商，“关于协调解决王平电厂两条高压线有关事宜的建议”等提案办理协商。“争创国家生态文明示范区，加快推进煤改电进程”专题协商，《人民政协报》以《北京市门头沟区政协专题协商会聚焦农村“煤改电”——让农民花得起、用得好、能持久》为题在新闻版头条进行报道。

三、廉洁高效的工作作风

机关坚持开门搞活动，征集意见建议87条，查摆“四风”问题109条，制定整改措施97项。针对服务意识弱化、运行环节缺失、标准有待规范等突出问题，按照“接通线、捅破纸、拆掉墙”和“党组织和在职党员到农村报到为群众服务”的要求立行立改。加强提案工作，创新成立提案线索征集小组，提案分析小组，力促办理质量进一步提高。加强政协宣传工作，密切与中央、市区属媒体的联系合作，改版升级政协网站。加强政协文史工作，编辑完成《日下传闻录·门头沟卷》，《门头沟文史》第23辑和《京西花会》等六部书籍。改进联络各界委员的方式和服务方式。规范各类会议以及调研、视察工作，精简文件简报，开展“节约微行动”，压减一般性支出等，将中央八项规定和市委十五条意见以及区委二十二条实施意见落在实处。

单位名称：中国人民政治协商会议北京市门头沟区委员会
地　　址：北京市门头沟区新桥大街36号
电　　话：69843038
邮　　编：102300

（杨艳侠）

【召开全体委员会议】 1月7日至9日，召开全体委员会议。会议听取并审议主席张冰所作的常务委员会工作报告和副主席所作的提案工作报告；列席区第十五届人民代表大会第四次会议开幕式，听取并讨论区长政府工作报告；听取区属六个民主党派、人民团体和政协界别代表大会发言；通过政治决议；表彰优秀提案。市政协副主席出席开幕式，区委、区人大、区政府领导出席开、闭幕式。区领导韩子荣在闭幕式上讲话。区属部委办局和镇街的部分领导列席大会。

（杨艳侠）

【专题协商】 1月26日，召开S1线西段景观方案专题协商会，与会人士就区政府《关于北京市轨道交通S1线西段工程桥梁景观、栏杆形式、车站景观设计方案征求意见的函》进行专题协商，提出建设中应采用低碳环保材料等意见建议。4月16日，召开“争创国家生态文明示范区，加快农村煤改电进程”专题协商会，与会人士就百姓在“煤改电”中怎样才能“使得起”、“用得好”、“能持久”三方面提出意见建议。

（杨艳侠）

【常务委员会会议】 2月27日，召开九届常委会第11次会议。学习传达市政协十二届二次全会精神，听取区2013年党风廉政建设责任制推进和落实情况通报，审议通过区政协第九届委员会2014年工作要点、年度协商计划和“委员基层日”活动的实施意见，政协各专门工作委员会2014年工作计划，通报区政协党的群众路线教育实践活动有关情况。3月28日，召开九届常委会第12次会议。审议通过界别组组长的调整决定，各专门工作委员会主任、副主任的调整决定，协商决定增补政协委员事项。9月26日，召开九届常委会第13次会议。学习传达习近平总书记在庆祝人民政协成立65周年大会上的重要讲话精神，通报区政协党组开展党的群众路线教育实践活动整改方案和调整各专门工作委员会联系界别组分工的决定。审议通过秘书长会议工作规则、任命副秘书长的决定、关于充分发挥协商民主重要渠道作用的建议案、关于加强政协特约监督员工作的建议案、关于加强政协特约监督员管理工作的制度。表决通过撤销张××常务委员职务和委员资格的决定。12月9日，召开九届常委会第14次会议暨第七次议政会。听取2014年重点工程任务完成情况、为民办实事情况和区委、区政府关于提案办理的有关情况；听取各专门工作委员会工作情况汇报，通报2014年度优秀提案名单。审议区政协工作报告（草案）和提案工作情况的报告（草案），审议通过关于加强委员联系工作的意见和15名委员不再担任委员的决定，接收中共门头沟区委、门头沟区各民主党派和各人民团体关于政协门头沟区第九届委员会增补委员人选的联合建议书和关于政协门头沟区第九届委员会常务委员会增补委员人选的联合建议书，通过关于增补委员的决定和关于增补常务委员会委员人选的建议。

（杨艳侠）

【内部协商】 2月20日，政协主席班子到区工商联调研，征求工商联对政协党组的意见和建议。25日，区政协党组带领政协综合委室走访区属各民主党派，征求对政协党组改进工作作风方面的意见，就党派关注的发展领域与问题和调研方向开展内部协商。9月11日，召开党派协商会，就《区政协秘书长会议工作规则》和区政协九届四次全会大会发言及党派提案进行内部协商。

（杨艳侠）

【党的群众路线教育实践活动】 3月3日，机关召开开展党的群众路线教育实践活动动员部署会。会上传达区委党的群众路线教育实践活动部署会议的精神并作动员讲话。政协党组书记，主席提出关于深入开展党的群众路线教育实践活动的“五个始终”要求。4月8日，张冰以《坚持党的群众路线 努力培养优良作风》为题，为机关全体党员干部、离退休老同志讲党课。11日，召开开展党的群众路线教育实践活动学习交流会。12名处级干部分别围绕加强学习、树立正确的群众观、坚定理想信念、加强作风建设、做好群众工作等方面作交流发言。28日，召开“接通线、捅破纸、拆掉墙”密切联系群众大讨论活动部署会。5月21日，机关党总支启动“到群众中去”（在职党员到农村报到）部署动员会。22日，机关党总支同清水镇梁家铺村党支部联合开展“合力发展 服务群众”主题党日活动，双方进行座谈交流，机关党员干部入户走访了解该村低收入户情况。6月10日，召开开展党的群众路线教育实践活动转段动员会，传达区教育实践活动二级班子第二环节动员部署会议精神，就机关第二环节工作进行安排。7月14日，召开政协党组专题民主生活会情况通报会。政协党组在对照检查遵守党的政治纪律、贯彻落实中央八项规定和市委十五条意见两方面6条问题的基础上，对照

"三严三实"要求和"四风"表现，坚持"四个为镜"，通过"自己找"、"对照找"、"集体议"，查摆出18条突出问题，对这些问题坚持从理想信念、宗旨意识、党性修养、政治纪律等方面做了剖析，并从5个方面制定了整改措施。

（杨艳侠）

【"委员基层日"活动】 3月27日，部分政协委员就百姓关注的看病难等问题到基层征求意见，带着百姓的诉求到医院，与院方进行交流座谈。9月2日，部分政协委员就解决"停车难"问题到北京鑫华源机械制造有限责任公司调研，并建议政府有关部门研究解决好停车问题。11日，部分委员就北岭、北四历史遗留问题实地到军庄镇北四已安置居民居住区调研，就加快解决历史遗留问题提出意见建议。26日，医药卫生界委员与区红十字会走进斋堂镇敬老院，开展"同心·助老"重阳节慰问、义诊活动。30日，部分委员就中门寺安置房遗留问题进行调研，就存在的问题提出意见建议。12月9日，全体委员实地视察龙泉湾项目、铅丝厂公租房项目、黑山安置房项目、中门寺安置房项目、大峪一小和石龙开发区建设情况。

（杨艳侠）

【学习培训】 3月28日，组织政协部分委员、机关干部听取国家开放大学社会工作学院院长关于《学习创新与协商民主》的专题报告。4月24日，组织区属民主党派参加纪念"五一口号"发布66周年暨植树种绿活动，重温了"五一口号"，并在景观大道旁栽种松柏百余株。8月29日，组织政协全体委员、文史撰稿员、机关干部听取国防大学战略部孙科佳教授关于国家安全形势和军事热点问题的专题报告。9月28日，组织全体政协委员到中国政协文史馆，参观《开天辟地——中华人民共和国国旗国歌国徽诞生珍贵档案展》，庆祝中华人民共和国和人民政协成立65周年。12月12日，召开新任政协委员培训会，对新任委员进行政协组织、政协事业、政协履职等方面的知识培训，并颁发了政协委员证书。

（杨艳侠）

【对口协商】 4月9日，社会法制与民族宗教委员会就交通执法问题与区交通局协商，对综合执法体系建设、交通规划布局等问题提出意见建议。7月18日，经济科技委员会就进一步推进区农村发展基金项目运行与区发改委、农委、驻区商业银行等部门和单位进行协商，对增加直接投资项目，促进经济发展等问题提出意见建议。9月19日，政协主席班子就全区电梯安全运行监管工作与区质量技术监督局协商，对落实监督主体责任，加大监督执法力度等问题提出意见建议。

（杨艳侠）

【提案办理协商】 4月15日，就"关于创办《男旦戏红楼》——门头沟区原创文化创意产业项目的建议"和"关于协调解决王平棚改项目中王平电厂两条35kv高压线停电事宜的建议"两份提案，与文明办、发改委、文委等部门协商。23日，就《关于在全区重点镇、旅游区域推广农村社区物业化管理的建议》的提案，与农委办理协商。6月20日，就《关于对视力不足（近视）人群上升干预的建议》的提案，与卫生局、教委办理协商。8月20日，就《关于在全区重点镇、旅游区域推广农村社区物业化管理的建议》的提案，对提案委员进行走访协商。9月18日，就区属六个民主党派"关于落实十八届三中全会精神践行协商民主的建议"的联合提案，与区委统战部对参政议政、党派经费、提案督办、参加活动、发挥特约监督员的作用等问题交流协商。

（杨艳侠）

【提案委员会工作】 4月18日，就提案分析工作、提案办理协商及提案交流考察活动等事宜召开会议，协商成立提案线索工作小组和提案委活动小组。10月30日，召开提案办理情况通报会，区委办、区政府办负责人分别通报政协九届三次会议提案办理情况，九届三次会议期间，共交办142件提案，其中区委12件，区政府130件，提案全部办复。11月28日，召开2014年提案工作会，审议通过2014年提案工作报告（草案）、提案办理质量分析报告和提案委员会2014年工作总结；推荐出15件年度优秀提案。

（杨艳侠）

【社会法制与民族宗教委员会工作】 4月23日，组织部分政协委员实地视察城子水厂、黑河沟水系景观，听取关于全区水资源现状及管理情况的通报，对安全饮水、节约用水管理、用水意外事件应急反应能力等问题提出意见建议。8月14日，组织部分政协委员视察民生大厅，了解劳动力就业情况，听取关于城乡劳动力就业情况的通报，对农民返乡就业、农村经济合作组织发展等问题提出意见建议。10月16日，组织部分政协委员实地视察大峪办事处南路二居委会、龙门新区养老照料中心和龙泉镇养老管理服务中心，听取关于居家养老工作情况的通报，对养老服务用房规划，养老政策引导等养老问题提出意见建议。29日，组织部分政协委员实地视察大台街道黄土台社区、社保大厅及全程服务大厅，听取关于街道体制改革工作情况的通报，对街道职责划分、社区组织协商等街道体制改革工作提出意见建议。12月24日，组织部分委员对石门营新建社区电梯运行情况进行实地视察，与相关部门就如何解决电梯安全运行存在的问题进行现场协商，提出解决问题的办法和建议。

（杨艳侠）

【教文卫体委员会】 4月29日，组织部分委员对区医疗卫生改革工作进行视察，实地视察绮霞苑社区卫生服务中心、妙峰山镇水峪嘴村卫生室和妙峰山镇社区卫生服务中心，听取关于改革发展及基本运行情况的介绍，对建立吸引、留住人才机制，提升社区卫生服务站服务水平等医疗卫生改革工作提出意见建议。5月7日，组织部分委员就群众关切的优质教育资源、人才的引进、教育均衡化等问题视察学校教育改革情况，对加快教育组团式发展，加大实用人才培养和乡土文化教育等教育改革工作提出意见建议。8月21日，组织文化体育界委员就大台地区的公共文化开展情况及煤业文化收集工作进行实地视察，对保护煤业生产实物，收集影像资料，加快培育旅游主导产业等问题提出意见建议。10月29日，组织文化体育界委员视察区小学生课外文化体育活动开展情况，现场观摩龙泉小学的课外活动和形体健康展示以及实验二小永定分校的课外文化和社团建设情况，对设置国学、乡土课程，健全完善学校教育、社会教育和家庭教育“三位一体”教育体制等问题提出意见建议。12月11日，教育界、医药卫生界以全区中小学生健康教育工作为主题开展联组活动，对建立健全中小学生健康教育工作机制等问题提出意见建议。

（杨艳侠）

【学习与文史委员会工作】 5月5日，“首都文史集萃”征编出版座谈会在区政协召开，门头沟、海淀、丰台、石景山、房山5区政协就征编工作进行交流。10月21日，组织区“三胞”亲属到台湾会馆参观台湾主题展览。年内，共征集文稿156篇，80万字，编辑出版《门头沟文史第23辑》与《京西花会》等六部书籍。

（杨艳侠）

【审议新老政协委员联谊会】 5月15日，召开一届二次会议，审议通过新老政协委员联谊会理事会工作报告和监事会工作报告。10月24日，联谊会古道小组到京西古道王平口关城至玉成桥路段实地考察，对“复修十里八桥”提出意见建议。

（杨艳侠）

【市、区领导调研】 5月15日，市政协主席吉林等一行到区内调研指导工作。听取区政协按照门头沟区四套班子运行规则，进一步推进政协制度体系建设和工作体系建设，以及履行职能、创新工作和开展党的群众路线教育实践活动的汇报。吉林对门头沟区四套班子运行规则、政协“委员基层日”活动以及委员服务与管理等工作给予肯定，并就如何推进协商民主广泛多层制度化建设作出明确指示。11月4日，区领导到区政协调研，听取政协党组关于政协组织概况、政协履职成效以及工作体系的介绍，就2014年全区经济运行情况、重点工程和为民办实事项目进展情况以及发展中面临的问题和未来地区转型发展的基本思路交换意见。

（杨艳侠）

【经济科技委员会工作】 6月10日，组织部分政协委员视察区农村产权交易及信托管理工作，听取有关工作通报，对《促进门头沟区农民专业合作社发展的实施意见》政策进行了解读。委员们就加强合作社培训、农业发展基金的管理和使用提出意见建议。

（杨艳侠）

【环境与人口资源委员会工作】 6月12日，组织视察北京首钢生物质能源科技有限公司运行情况，就社会关注的问题提出意见建议。8月5日，组织部分委员实地视察九龙路建设现场，听取关于市政重点工程建设总体情况的通报，就如何做好市政重点工程建设提出意见建议。7日，组织部分委员实地视察石泉砖厂AB地块安置房项目，听取棚改工作总体情况的通报，并就进一步推进和完善相关工作提出加强招投标合同管理，推进现代物业管理等意见建议。

（杨艳侠）

【特约监督员工作】 7月9日、16日、24日，分三次召开特约监督员座谈会，了解特约监督员的履职情况及收集的社情民意，并听取对特约监督员工作的意见和建议，就如何履行特约监督员职责、加强特约监督员工作进行探讨。

（杨艳侠）

【举办暑期读书班】　7月27日至31日，举办政协常委暑期读书班。学习习近平总书记到北京考察调研时的讲话精神、市委书记郭金龙“努力建设国际一流的和谐宜居之都”的讲话精神，市政协主席吉林在市政协2014年政协委员暑期读书班上的讲话精神。听取神农架林区副区长所作的经济社会发展状况及发展规划的报告，实地考察了神农架林区南水北调源头保护及湿地保护涵养情况、神农架地质状况及植被生长等情况，就两区政协工作进行了座谈。8月15日，举办2014年委员暑期读书班，实地视察高家园西山艺境、区少年宫、华润润西山、心血管研究所、长安壹号等全区重点工程建设情况，听取政府关于上半年经济社会发展情况和下半年工作安排的报告和政协2014年上半年工作情况和下半年工作重点的报告。

（杨艳侠）

【召开秘书长会议】　10月15日，召开第一次秘书长会议。交流习近平总书记在庆祝中国人民政治协商会议成立65周年大会上的讲话的心得体会，并就各党派、工商联在区政协第九届委员会第四次全会上的大会发言进行了研讨。

（杨艳侠）

政法 军事

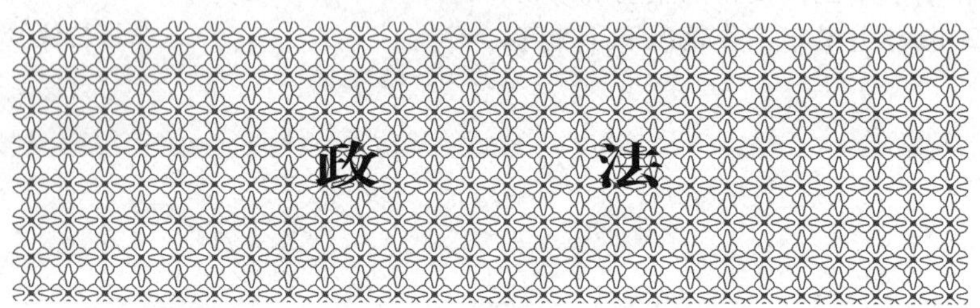

政 法

政法工作

【概况】 年内，在市委、区委领导下，区委政法委以习近平总书记系列重要讲话为统领，以党的群众路线教育实践活动为主线，以党的十八大、十八届三中、四中全会精神为指引，健全维稳长效机制，坚持维稳定期会商、完善重大决策社会稳定风险评估、固化维稳信息通报等措施，发挥“大维稳”、“大调解”机制作用，及时排查、化解社会不稳定因素，妥善处置突发事件，完成全国“两会”、建国65周年、APEC会议、党的十八届四中全会等重点时期安保维稳任务；坚持对“法轮功”、“全能神”等邪教组织高压态势，提高打击防控能力、教育转化与巩固帮教能力，强化网上网下涉外斗争，压缩邪教组织生存空间；坚持人口规模调控总方向，加强流动人口与出租房屋管理工作，优化、创新流管体制机制建设，全面提升流管员队伍整体素质，清理低端产业，确保人口调控工作合理运行；坚持党要管党、从严治党总要求，强化党员干部思想教育工作，实施“双百”培训工程，加强协管干部与优秀干部、优秀人才培养选拔、典型推树工作，结合党的群众路线教育实践活动，解决服务群众“最后一公里”问题；坚持公正执法理念，开展执法监督检查工作，预防冤假错案发生，营造公平正义司法环境。

单位名称：中国共产党北京市门头沟区委政法委员会
地　　址：北京市门头沟区新桥大街46号
电　　话：69866310
邮　　编：102300

（王兴斌）

【治理违法出租】 1月6日起，开展违法出租专项治理工作。共开展区级联合执法检查50余次，镇街级联合执法检查280余次，针对发现问题开展专项整治62次；审查涉嫌违法出租房屋当事人2600余人次，查处违法出租案件18起、26人；发现重点人15人，拘留19人，批评教育1400余人；停止违法出租房屋24户，整改各类安全隐患1200余处、劝退租住人员152人，返还房屋租金约11万元；处罚不履行治安责任出租房屋当事人9人；引导群众自行纠正违规行为32起；联合住建委清理核查全区168户房地产经纪机构，对未开展经营活动的8户中介核减经营范围；排查每户居住5人以上涉嫌群租房96处，核查整改群租房7处。3月3日，开展年内流动人口和出租房屋基础信息采集登记及房屋违法出租问题调查摸底工作。4月1日，会同公安分局、住建委、民防局治理503处地下空间场所。5月20日，启动地下空间场所治理工作，逐一建立配有实景照片的工作台账，并印发《门头沟区关于进一步加强地下空间场所安全使用管理的通告》、门头沟区新居民服务卡、《法规手册》等10类宣传品约12万份。8月8日，开展出租大院及低端产业流动人口清理整治工作，在帐大院变更为196户。9月11日起，集中开展出租房屋秩序治理专项行动，共开展出租房屋秩序治理专项行动100余次，清查出租房屋1万余户，发现并整改消防安全隐患120余处、建筑安全隐患8处。

（丁伟　王兴斌）

【完善流管体制】　1月7日，召开工作会议，研究流管员队伍管理体制。4月4日，调整区流管委成员单位和部分领导成员，调整后共有成员单位38个，领导成员42人，其中主任1人，副主任4人，成员37人。4月29日，召开基层流管站和流管员队伍建设工作专题会，印发《关于进一步加强流管站和流管员队伍建设工作的意见》、《关于进一步加强基层流管站及管理员队伍建设工作的实施方案》。5月13日，建立全区基层流管站及流管员队伍配置制度。28日，在山区镇实行流管员集中管理工作机制。7月16日，配发流管员新式制服，印发《门头沟区流管员制式服装着装管理办法》。8月9日，开通流管系统短信平台，建立流管员QQ群。

（丁伟　王兴斌）

【风险评估】　1月15日，召开潭柘寺镇供热项目社会稳定风险评估专题会，对该项目社会风险进行研判。11月25日，召开鲁家山垃圾焚烧发电厂残渣暂存厂风险评估专题会，研讨该项目风险评估报告。12月4日，召开京煤集团总医院改扩建工程社会稳定风险评估专题评审会，听取专家意见并对风险评估报告修改完善。

（马力　王兴斌）

【西北热电保护性施工】　2月19日至25日，启动西北热电工程保护性施工工作，组织公安、城管、大峪街道等单位共计1000余人，协助施工单位做好秩序维护工作，确保市重点工程顺利实施。

（马力　王兴斌）

【全国两会安保维稳】　2月24日至3月15日，启动全国“两会”安保维稳日会商机制，召开会议21次，部署会议期间矛盾排查、化解以及重点人管控工作。期间，社会面平稳有序，实现双零指标。

（马力　王兴斌）

【召开防范和处理邪教工作会】　3月12日，召开防范和处理邪教工作会议，传达中央、市委工作会议精神，总结2013年工作，部署年内工作任务。

（徐彬　王兴斌）

【培训工作】　3月28日，举办春季干部培训班，对处级及后备干部进行反邪教业务培训。4月至11月，对全区50余个村居妇女进行反邪教知识专题培训。6月10日，编印全市首部培训手册《门头沟区流管工作培训手册》。13日，举办全区流管工作培训班，围绕流管工作形势和业务知识，对600余人进行培训。9月19日，举办秋季干部培训班，开展反邪教警示教育暨反邪教斗争形势培训。9月，实施百名政法干部、百学时教育“双百”培训工程，举办两期政法干部党性修养专题培训班，组织政法干部到延安、井冈山进行党性教育和群众路线实践锻炼。12月23日，召开各镇街维稳工作培训会议，围绕矛盾排查化解、应及处突等重点工作，对300名学员进行专项培训。

（徐彬　王兴斌
丁伟　殷顺凤　马力）

【书记授课】　4月1日，区领导以《坚持党的群众路线　全面提升政法工作》为题作党课报告，全区政法各单位主要领导、主管领导、部分中层干部及区委政法委全体机关干部140余人参加报告会。

（殷顺凤　王兴斌）

【法律研讨】　4月2日，召开打击处置邪教人员法律适用问题研讨会，研究防范处理邪教工作中法律适用问题。

（徐彬　王兴斌）

【召开队建工作会】　4月9日，召开政法队伍建设工作会，总结上一年工作，部署年内重点工作任务。区政法各单位主要领导、班子成员、中层以上干部和干部干警代表，以及政法委全体机关干部共计300余人参加会议。

（殷顺凤　王兴斌）

【召开流管委全会】　4月11日，召开流管委全会，总结去年工作，分析当前形势，部署年内工作任务。

（丁伟　王兴斌）

【为民办实事】　4月16日，征集年内为流动人口办实事项目。围绕流动人口最关心、最直接、最现实的民生需求，从劳动就业、社会保障、子女教育、计划生育、卫生防疫、法制教育、法律援助、居住生活、社会救助等方面，征集为流动人口办实事项目26个。

（丁伟　王兴斌）

【召开执法监督工作会议】　4月25日，召开执法监督工作联席会，总结上一年工作，部署年内工作任务。

（王兴斌）

【专项整治工作】　4月至8月，针对“法轮功”利用钱币传播邪教思想行为，开展反宣币专项整治行动，共回收兑换反宣币10万余元。

（徐彬　王兴斌）

【典型推树】　4月至10月，组

织开展政法系统“最美北京人”百姓宣讲活动。成立由13名政法干警组成的政法系统“最美北京人”宣讲团，制作政法系统“最美北京人”活动宣传册1000份，到政法各单位、社区、军队等进行宣讲。

（殷顺凤　王兴斌）

【流管站管理】　5月8日，调整全区流管站站点，撤销流管站15个，新建12个，调整站点辖区30个，调整站点人员配备数量45个。经调整，站内工作人员增加34人，驻站比例为85%，比调整前上升11%。8月1日，建立区、镇街、社区（村）三级动态监测体系，在13个镇街设立22个重点监测点。

（丁伟　王兴斌）

【制定防冤制度】　5月，制定并向公安分局、检察院、法院下发了《门头沟区关于在刑事案件中切实防止冤假错案的若干规定》。

（王兴斌）

【开展执法检查】　6月9日至7月11日，区委政法委执法检查组对公安分局、检察院、法院、司法局的8个窗口单位，开展为期1个月的执法监督检查工作。

（王兴斌）

【污泥清运】　6月30日，协调公安、水务、国土、环保、清水镇等单位，对清水镇张家庄背子沟污泥清运进行协调部署，严防污染事件恶化，同时启动司法追究问责机制，对涉案人员依法处理。

（马力　王兴斌）

【防范成果】　6月至9月，针对“全能神”邪教组织开展“百日会战”专项整治行动，打掉一个聚会窝点。

（徐彬　王兴斌）

【流管员队伍管理】　7月11日，组织298名流管员参加业务考试。25日，印发《门头沟区流动人口和出租房屋管理员招考录用细则》，规范流管员招聘程序。8月22日，首次面向社会公开招聘流管员，年内招录17名。9月2日，建立流管员绩效考核机制，印发《门头沟区流动人口和出租房屋管理员绩效考核及奖惩办法（试行）》。9月，启动流管员月、季、年绩效考核工作。12月15日，开展流管员公益性岗位考核工作，核定优秀57人，合格249人，基本合格2人。

（丁伟　王兴斌）

【督导检查】　7月17日，市联席办第三督查组督查非正常上访治理工作，对维稳工作表示肯定。9月25日，市联席办领导视察安保维稳工作，对维稳工作部署表示肯定。11月5日，市政府领导再次视察安保维稳工作。12月3日，市维稳办领导调研社会稳定风险评估工作，并在全市转发区维稳办社会稳定风险评估调研报告。

（马力　王兴斌）

【文体活动】　7月，组织开展“我心中的工作标准”演讲比赛、“书香七月”读书月等文化活动，开展徒步大会、足球、篮球等体育活动。

（殷顺凤　王兴斌）

【阳坡元项目保护性施工】　8月16日、20日，先后召开潭柘寺镇阳坡元项目保护性施工现场勘查专题会、潭柘寺阳坡元项目保护性施工专题会，同时组织公安、城管、潭柘寺等单位200余人，协助施工单位做好秩序维护工作，确保施工正常进行。

（马力　王兴斌）

【反邪宣传】　8月29日，组织区内各家银行及反邪教志愿者，开展以“抵制邪教反宣币、不传不用、自觉兑换”为主题的宣传活动。12月4日，组织各镇街开展反邪教警示教育宣传活动。

（徐彬　王兴斌）

【维稳反恐演练】　9月12日，召开人民防空演习工作部署会。同日，对群体性事件演练现场实地勘验并提出相关意见建议。

（马力　王兴斌）

【国庆安保维稳】　9月17日、23日、30日，先后召开国庆65周年安保维稳工作专题部署会、国庆安保驻派干部工作专题会、卫生系统国庆安保维稳工作专题会，听取参会单位矛盾排查、化解情况，部署维稳工作任务。9月30日至10月7日，召开国庆安保维稳日会商会8次，部署矛盾排查化解任务与重点人管控工作。期间，社会面平稳有序，实现双零指标。

（马力　王兴斌）

【为民工讨薪】　9月22日，召开建筑领域国庆安保维稳专题会。10月9日，召开农民工讨薪联席会。12月23日，召开中扶建设农民工讨薪专题会。年内，组织执法检查2049户次、涉及农民工98623人次，行政处罚28件、罚款33.9万元，为783名农民工讨回工资821.47万元。

（马力　王兴斌）

【区领导调研】 9月24日，区主管领导到征收办、公安分局调研安保维稳工作。10月11日，到法院调研四中全会前安保维稳工作。10月14日，维稳办到潭柘寺镇、妙峰山镇调研四中全会安保维稳工作。

（马力 王兴斌）

【学生斗殴事件处置】 10月10日，召开大峪中学学生斗殴专题协调会，组织公安、教委、大峪中学等部门，协调处置该校学生斗殴事件，维护正常教学秩序。

（马力 王兴斌）

【四中全会安保维稳】 10月16日，召开四中全会安保维稳工作专题会，听取各单位矛盾排查化解情况，部署四中全会前及会议期间维稳工作。11月1日，启动十八届四中全会安保维稳工作，对会议期间各单位维稳工作进行统一调度，确保会议期间社会矛盾平稳可控。

（马力 王兴斌）

【APEC安保维稳】 11月5日，启动APEC期间安保维稳工作，对重点镇街进行实地调研，对各单位维稳工作进行统一调度，确保会议期间社会矛盾平稳可控，实现双零指标。

（马力 王兴斌）

【重点矛盾化解】 年内，化解重点矛盾50余件，先后解决刑满释放人员冯某某、陈某某安置、金春时代二期违法施工、龙泉镇涉拆历史遗留、东辛房中小河道强拆、王平镇等农转非信访、德露苑小区私装地锁整治、城子蓝龙液化气站迁改、黑山选房秩序维护、新建小区冬季供暖等问题。

（马力 王兴斌）

【维稳例会】 年内，推进“大维稳”机制建设，定期召开维稳例会，部署矛盾化解工作，处置各类突发事件。年内，召开维稳例会51次，部署矛盾化解工作100余项，化解矛盾80余起。

（马力 王兴斌）

【专项调研】 年内，针对司法实践中的难题，组织政法机关开展“法治新风杯”专项调研，共评出一等奖2名，二等奖3名，三等奖4名。

（王兴斌）

【文件汇编】 年内，对调研文章、部分法律法规等规范性文件进行整理汇编。一是对2013年的8篇获奖调研文章进行整理，编印《2013年度法治新风杯调研报告集》，下发政法各单位150册；二是对涉及未成年人的法律、规章、司法解释等文件进行整理，编印《门头沟区未成年人刑事案件规范性文件汇编》，下发政法各单位、团区委等部门400余册；三是对涉及私挖盗采、非法倾倒垃圾渣土的法律、法规、规章、司法解释等文件进行整理，编印《打击非法采矿倾倒垃圾渣土法律法规摘编》，下发政法各单位、各镇街等92册。

（王兴斌）

社会治安综合治理工作

【概况】 区社会管理综合治理委员会办公室（简称区综治办）按照首都综治办总体部署和区委、区政府工作安排，以“平安门头沟”建设为主线，以“大综治”工作体系为依托，以综治提升年创建活动、社会治安重点地区整治、打击劣质燃煤、打击非法倾倒渣土、打击非法盗采和铁路护路为重点，推进平安创建工作，完成年内工作目标。围绕全区基层平安创建工作中的重点难点问题，创新工作方式方法，开展“‘零刑事发案’社区、和谐无讼村、综合治理示范大街、示范医院、示范工地、平安校园和平安市场”的综治工作提升年创建活动。围绕铁路护路、群防群治队伍建设工作，强化督导检查，完成全国“两会”和十八届四中全会、APEC会议期间的社会面防控工作任务。围绕生态涵养区环境治理，开展打击劣质燃煤、打击非法倾倒渣土、打击非法盗采工作，不断强化技防、人防和处罚措施。围绕社会治安重点地区整治工作，强化督导协调，开展取缔西北环线非法市场、规范剧场东街早市、清理小园地块非法“集装箱式”出租房屋、清理河道等行动，解决影响居民生活的城市顽疾。年内，区群众安全感满意度全市排名第三。

单位名称：北京市门头沟区社会管理综合治理委员会办公室
地　　址：北京市门头沟区新桥大街46号
电　　话：69851674
邮　　编：102300

（张金涛）

【制度建设】 4月10日，向全区各单位印发《关于对提供社会不稳定情报信息人员进行奖励的规定》。

（张金涛）

【召开综治委全会】 4月11日，召开综治委第一次全体（扩大）会议，总结上一年综治工作，部署年内重点任务。

（张金涛）

【重点地区整治】 4月23日，召开区挂账重点地区整治工作会，部署工作任务。年内，共计破获盗窃自行车案件28起，抓获嫌疑人26名，其中，刑事拘留8人，行政拘留18人。

（张金涛）

【召开综治提升年启动大会】 4月25日，召开综治工作提升年创建活动启动大会，部署以“零刑事发案”社区、和谐无讼村、综合治理示范大街、综合治理示范工地、综合治理示范医院、平安市场和平安校园为载体的综治工作提升年各项创建活动。

（张金涛）

【环境综合整治】 4月29日，组织相关部门对德露苑、绮霞苑、区医院南侧、物美大卖场东北角等地区存在的4辆冒牌鑫维康早餐车予以暂扣。组织联合打击道路遗撒违法行为执法行动，检查过往运输车辆130辆次，处罚无准运证件运输、运输车辆泄漏遗撒等违法行为6起，罚款2.3万元。依法取缔永定镇惠润家园门前上园路两侧便道上22个“集装箱式”出租房屋。对门城地区无照经营、占道经营、非法夜市等各类违法行为开展联合执法专项整治活动，共查扣烧烤盒子19个，铁板2块，暂扣电动三轮车6辆，清理无照及露天烧烤等违法行为109起。依法取缔德露苑一家无照餐馆，要求食药、工商加大监管力度。组织交通支队、城管、交通局开展永定地区违法停放大型工程车辆专项整治工作。

（张金涛）

【治安志愿者培训】 9月12日，就如何开展好新形势下群防群治工作、反邪教、志愿者保险、服装、奖励办法、在线学习等内容，对200名治安志愿者骨干进行培训。12月5日，围绕群防群治工作，邀请首都综治办处长，对镇街、社区（村）综治干部、志愿者骨干等600余人进行培训。

（张金涛）

【打击盗采】 年内，在王平、永定、潭柘寺等重点地区开展集中打击专项行动，查处非法开采案件5起，刑事拘留1人，行政拘留13人，收缴叶腊石百余吨，收缴矿灯、背篓、镐、锹等开采工具26件。

（张金涛）

【打击乱倒渣土】 年内，在卧龙岗桥、108国道、黑尖水库等渣土倾倒重点路段共查获违法乱倒渣土车辆12辆。

（张金涛）

【打击劣质燃煤】 年内，会同区农委制定《不使用劣质煤承诺书》。联合区农委、公安分局等相关单位开展打击劣质燃煤联合执法行动9次，取缔非法煤厂7处；约谈非法煤厂负责人12人次，处罚2起，罚款1.6万元。

（张金涛）

【宣传工作】 年内，开展铁路护路宣传，共计悬挂横幅20条、铁牌标语20块，滚动播放《铁路安全管理条例》宣传片累计时常180分钟，发放《铁路安全知识教育》画册3000余本、宣传画800张、《致广大居民的一封信》1000余份、《铁路安全管理条例》1100余本等相关宣传资料。

（张金涛）

【河道整治】 年内，依法取缔永定河沿岸陈家庄、陇驾庄、斜河涧、水峪嘴、丁家滩、担礼和下苇甸7个村的河道及河岸两边违法经营行为，对违法建设现场予以拆除，清理河岸沿线总长10公里，共拆除凉棚等违法建设15处，拆除违章建设面积3500平方米，拆除浮桥2座，清理游船16只，采取设立防护网、路面铺装、栽植花灌木等方式堵路口5处。

（张金涛）

【综治提升年平安创建】 年内，在全区开展综合治理示范大街、示范工地、示范医院等7项创建活动，通过在重点地区和重点领域开展源头治理和综合治理，不断提升群众安全感和满意度。一是开展“零刑事发案”社区创建活动，协调相关部门为创建活动社区新建19处自行车棚；在新建社区加装或维修监控探头，加强技防工作；清退9处违规出租物业用房、2处地下空间。二是开展和谐无讼村创建活动，每月不定期开展法律服务工作，进行普法宣传和矛盾纠纷调处；建设法庭、镇、村三级信息联动平台，将矛盾纠纷化解在当地。三是开展综合治理示范大街创建活动，查处无照经营238起，罚款1.39万元；整治违规广告牌匾49处；解决“门前三包”脏乱41起；清理路边“僵尸车”10余辆；拆除违规电子显示屏152块；拆除违规地锁、地桩134个。四是开展综合治理示范工地创建活动，围绕劳务企业实名制备案、务工人员安装使用管理系统等工作内容，会同住建委、维稳、人保等部门对8个示范工地开展督查54次，查出隐患和问题共337条，已责令相关企业全部整改完毕。五是开展综合治理示范医院创建活动，清理医院无理滞留人员1名，消除院内施工隐患5处，清理周边无照商贩60余次、清除小广告100余处；新增驻派民警4名，新增保安10名，组织消防应急演练1次、消防设施大排查2次、更换灭火器700余个。六是开展平安市场创建活动，新增摄像头8个，更新摄像头7个；增设公平秤4个、硬化市场路面200平方米、增设垃圾箱1个、垃圾桶5个，清理无照游商40余处。七是开展平安校园创建活动，共检查校园周边工地、餐饮、文化场所544户次，查处、处罚各类违法行为3172起，清理违法车辆320辆，收缴非法报刊22份，罚款4.24万元，取缔无照经营商户2户。

（张金涛）

公安工作

【概况】 年内，围绕深化“两最”和“平安门头沟”建设目标要求，全局先后完成国际山地徒步大会、环京职业公路自行车赛、“纪念抗日战争胜利69周年宛平抗日烈士公祭”、“第八届永定河文化节游园会”等重大勤务21项52场，完成市领导、全国政协考察团到区考察等15次警卫勤务。实现市局下达的打击破案升幅7个10%的刚性目标，全局破案数量同比上升5.4%，命案破案率100%；刑拘、治拘数量同比上升10.3%和16.9%，经过12项指标的综合评定，实现全区治安状况十年来的最好水平。全年，110刑事治安类警情数量同比下降16.8%。坚持“防恐重于反恐”的思路，开展涉恐情报线索排摸，加大反恐防恐宣传力度和广度，举办“做自己的首席安全官”安全防范进校园活动，向在校师生宣传反恐防恐和安全防范知识。先后开展3次大规模反恐防恐专项检查；分2次对宾馆、网吧、五金商店进行对抗式检查，发现整改问题7件，宣传教育从业人员900余人。按照“一分钟处置”、“三分钟控制”要求，确定区级反恐重点点位2个、派出所重点点位6个，研究制定巡警、特警、武警“三警”联勤联动工作方案，固化“备中训”、“战中训”工作机制，先后完成30个单位的600余名警力培训，开展反恐处突综合演练9次，百余次重点地区、治安乱点及行业场所、“三无三非”、流动人口聚集区集中打击和联合整治，实现出租房屋、行业场所重大刑事案件“零发生”。推进巡警01车组武装巡逻，强化快反处置各项措施，发挥武装巡逻组打击犯罪、快速处置极端行为的作用。争取区政府支持，建立警犬基地，启动主要大街、重点时段携犬巡逻模式。全年，全区街头案件同比下降9.6%；可防性案件同比下降19.8%，入室盗窃案件同比下降21.5%。开展“解民忧、保平安、送温暖”主题服务、“警营开放日”、110宣传等爱民实践活动，发放防范宣传材料12万余份。贯彻民生警务走访活动，收集民情民意423条、化解矛盾纠纷322起，帮扶困难群众家庭220户。践行党的群众路线教育实践活动成果，推行户政、出入境等16项网上网下便民利民措施，组织开展志愿服务41次，发放便民服务卡6万余份，服务户政办理1.52人次、出入境证件30627件，未发生群众投诉举报问题。深化“警意主导政工”理念和“两欠”意识，投入资金71.1万元，完成18件爱警实事，对困难和生病民警、保安以及家属进行慰问6000余人次。

单位名称：北京市公安局门头沟分局
地　　址：北京市门头沟区新桥大街45号
电　　话：69842494　69860110
邮　　编：102300

（吴世芳　王朝香）

【完成景区元旦秩序维护工作】 1月1日零时，戒台寺景区在景区内举办“新年祈福敲钟”活动，现场有800余名游客参与祈福敲钟活动；潭柘寺景区接待游客9000余人。为确保两个景区治安，分局主要领导带领民警到景区，现场指挥“新年祈福敲钟”活动和燃香秩序维护工作。

（吴世芳　王朝香）

【组织开展专项宣传活动】 1月10日，开展以“110守护您的平安”为主题的宣传活动。分局领导带领民警，在区体育馆前的中心宣传点，向过往群众发放了宣传材料；期间，出动警力10余人次，发放宣传材料5000余份，宣传群众500余人，解答群众咨询100余人次，征求意见建议20余条。8月29日，分局组织警力51人，在双峪路口、双峪农贸市场、月季园路等10个重点路口、7个路段设立宣传站点，区委和分局领导走上街头参加集中宣传活动；发放《致广大燃油两轮摩托车电动（燃油）三轮车驾驶人一封信》1.5万余份，提示卡5000余张，粘贴不干胶车贴450个，教育提示两类车驾驶人3600余人。6月，针对5月发生电信诈骗案件突出的情况；分局集中开展了为期1个月的防范电信诈骗犯罪集中宣传月活动，共出动警力2720余人次，设立宣传站点280个、展板156块、悬挂横幅170条，入户走访宣传2.6万余户，向群众发放购物袋1.8万余个、宣传材料20万余份，受教育群众达20余万人；当月全区电信诈骗案件降至16起，环比下降59%、同比下降57%。

（吴世芳　王朝香）

【连续破获两起涉毒案件】　1月上旬，分局连续破获两起涉毒案件，抓获涉毒犯罪嫌疑人2人，缴获毒品冰毒和麻古共计243.16克。3日，分局禁毒中队获取线索，有一名重庆籍男子将携带大量冰毒到区贩卖，经过开展工作，并于当日15时许，在丰台区新发地长途汽车站将涉嫌非法运输毒品的犯罪嫌疑人黄某抓获，当场起获冰毒及麻古241.68克。1月7日，分局侦查员根据线索，于15时许，在滨河路迪亚公馆停车场门口将正在贩卖毒品（冰毒及麻古）的犯罪嫌疑人王某抓获，并当场起获冰毒0.57克，后在其暂住地又起获冰毒0.91克。

（吴世芳　王朝香）

【开展集中排查整治工作】　1月16日，组织各方面力量，集中开展全区商市场、宾馆饭店、公共娱乐场所、出租房屋等消防领域排查整治行动。共出动160个检查组，检查社会单位431个，出租房屋369家，发现火灾隐患501处，督促整改火灾隐患493处，填发《公安派出所日常消防监督检查记录》675份、《责令改正通知书》621份；开展消防防灭火常识的宣传教育136次，发放消防宣传材料2630份，受教育930人；发动群防群治2168人次；清理消防车通道43条；清理可燃杂物104吨。23日，组织开展以重点单位、商场超市、建筑工地等内保系统为主的集中排查整治行动；出动警力366人次，辅警力量158人次，街、镇、单位力量174人次，检查单位共计426家，填写检查记录400份；发现各类隐患32处，当场整改26处，下发限期整改通知书6份，提出指导整改意见25项。

（吴世芳　王朝香）

【破获合同诈骗案】　1月21日，侦破一起合同诈骗案。2009年8月至2010年4月间，犯罪嫌疑人朱某某以北京东鑫精作装饰有限公司名义，在无发包权的情况下，与对方当事人签订合同，将首都世界展贸金融中心拆除工程先后发包给北京活力多彩拆迁有限公司、海南南疆建筑工程有限公司北京建乐分公司和郝辉个人，骗取质保金共计人民币40万元后逃匿。1月21日，分局将其抓获归案。

（吴世芳　王朝香）

【区领导带队检查安全】　1月27日，区委领导带领区安监、工商、商务委、公安分局、消防支队等部门，对全区自来水公司、雨润发超市、三家店烟花爆竹销售点、城子变电站等单位进行安全情况大检查。2月27日，区委领导，到分局检查指导全国“两会”安保落实情况。

（吴世芳　王朝香）

【区领导慰问分局民警】　1月30日，区委领导韩子荣等一行先后到消防支队和三家店派出所进行慰问，并送去慰问金。8月14日，区领导到分局交通支队慰问一线交通民警和协警队员。11月6日，区委领导先后到芹峪口检查站、杜家庄卡点检查指导APEC安保外围防控工作，慰问执勤民警、武警、保安和民兵，并送去慰问品。区武装部、雁翅镇、清水镇等领导一同参加检查慰问。

（吴世芳　王朝香）

【开展节前安全大检查】　1月，围绕春节安保工作，先后组织发动警力471名，对全区涉爆单位、要害部位“人防、技防、物防”安全措施落实情况开展安全大检查，共确定检查重点部位86处，其中，分局领导带队检查19处、职能部门领导带队检查22处、派出所领导带队检查45处。悬挂横幅78条，检查涉危涉爆单位47家次、查重点单位572家、行业场所287家次、公园景区16个次，排查整改各类安全隐患18件。

（吴世芳　王朝香）

【开展警察家属日慰问活动】　2月14日，组织开展首都警察家属日慰问活动。分局及政治处主要领导、局属各单位政工领导以及困难民警家庭代表参加会议；活动中，分局领导对困难民警家庭表示了慰问，并送上慰问金。

（吴世芳　王朝香）

【开展流动人口出租房屋清查】　2月27日，采取分局机关警力、专业警种与派出所警力联合行动方式，集中开展流动人口和出租房屋清查行动；出动警力236人，出动协警力量296人，清查查出租房屋4628间，清查流动人口8462人，核查录入流动人口744人，发现并消除出租房屋安全隐患74件。4月16日，集中开展摸排打击利用出租房屋卖淫嫖娼违法活动清查行动；共出动警力226人、协警力量284人，清查出租房屋3628间，清查流动人口7242人，核查录入流动人口664人，新增登记办证流动人口268人，查获以站街招嫖方式卖淫人员1人。5月22日，开展流动人口和出租房屋清查行动；出动警力238人，出动协警力量294人，出动政府职能部门执法人员36人，出动其他力量236人，清查清查出租房屋3642间，清查流动人口6634人，核查录入流动人口896人，发现并消除出租房屋安全隐患38件。

（吴世芳　王朝香）

【开展区域警务合作联席会】　2月27日，门头沟分局与河北省怀来县、涿鹿县、涞水县、官厅公安局召开环京检查站开展区域警务合作联席会，公安分局、怀来、涿鹿、涞水县和官厅公安局和周边检查站领导及分局有关处队、派出所等单位领导参加会议。联席会上，双方就联勤指挥、处突互援、情报共享等重点工作进行了交流，就完善细化方案预案、情报信息每日通报、突出情况实时会商、警务合作运行模式等工作达成共识。9月29日，召内开“护城河”联席会。门头沟区委，张家口市政府、市公安局，怀来县政府、县公安局，涿鹿县政府、县公安局等领导及相关部门领导参加会议。区委领导对进一步做好国庆65周年安保提出了工作意见。

（吴世芳　王朝香）

【“文明交通示范岗”工作机制】　年内，为落实全市交通秩序大整治工作，改善辖区交通环境秩序，区交通安全委员会办公室、交通支队联合区精神文明办、教委、社工委、团委及城管大队、交通局等单位开展了“文明交通示范岗”活动。3月4日活动启动当天，区委宣传部、区交通安全委员会办公室领导以及相关单位负责人、交通协管员、公共文明引导员、城管协管员、各类志愿者代表共计150余人参加挂牌活动。

（吴世芳　王朝香）

【召开优秀女民警标兵表彰会】　3月6日，召开优秀女民警标兵表彰大会。分局领导、局属各相关部门政工领导、优秀女民警标兵等共20余人参加会议。会上，分局领导宣读《关于表彰2014年门头沟分局“优秀女民警标兵”的决定》，对在2013年度工作中表现突出的11名女民警进行表彰。

（吴世芳　王朝香）

【开展春季民警长走健身活动】　4月18日，在门城湖公园组织开展运动健身季系列活动开幕式暨春季长走健身活动，分局全体党委成员、200余名民警、文职辅警参加活动。

（吴世芳　王朝香）

【完成高考和中考安全保卫工作】　6月7日、8日举行2014年全国高考；门头沟区大峪中学共设27个考场，考生706名；高考期间，分局出动警力58人次，警车36辆次，保安员16人次，内部保卫人员22人次；城管、工商等部门50人次，到考场及周边维护治安秩序，为考生及家长提供便民服务80余次。24日至26日，2014年中考和高中毕业会考举行；区内设3个中考考点，共计41个考场，涉考考生1222人；设1个高中毕业会考考点（育园中学），84个考场，涉考考生1074人。出动警力114余人次，车辆60余辆次，保安员48人次，内部保卫人员32人次，城管、供电、工商等部门工作人员30余人次，到考点及周边维护治安秩序。

（吴世芳　王朝香）

【开展反恐处突拉动演练】　6月18日，在中门寺公交总站组织反恐处突检验性拉动演练。分局巡警支队、驻区特警大队、办公室、督察大队、勤务指挥处、信通处、门城6个派出所等单位40余人参加演练活动。

（吴世芳　王朝香）

【“两排一清”专项工作】　上半年，开展“深入排查重点事，深入排查重点隐患，拉出问题清单”专项工作。开展“拉网式”整治行动24次，检查行业场所1656家次；当场发现整改问题56件，罚款2.99万元；抓获网上在逃人员21人；查处黄赌案件17起、非法开采案件5起，打掉涉黄涉赌窝点6个，抓获违法犯罪嫌疑人56人，收缴叶腊石13吨。期间，共查获涉枪、涉刀、涉爆案件19起；查扣各类枪支48把、子弹1132发、管制刀具56把、黑火药2.6公斤、非法烟花爆竹643箱；抓获作拘留以上处理违法犯罪人员24人。

（吴世芳　王朝香）

【召开纪念建党93周年大会】　7月1日，召开纪念建党93周年大会。分局党委班子成员，局属各单位党支部书记以及受到表彰的“先进党支部”、“优秀共产党员”集体和个人参加会议。会上，全体参会党员重温入党誓词，宣读《门头沟分局关于表彰先进党支部、优秀共产党员的决定》。与会分局领导为受到表彰的先进党支部和优秀共产党员颁发奖牌和证书。

（吴世芳　王朝香）

【开展旅店业安全大检查】　7月

5日，在全区范围内开展旅店行业大检查。组织投入警力58人次，检查旅店48家次，重点就旅店执行实名登记入住制度、落实安检措施、敏感人员及可疑人员入住登记报告情况进行检查。

（吴世芳　王朝香）

【完成治安状况民意大走访活动】 7月10日至16日，分局所属14个派出所和69名驻区民警全部完成向群众报告2014上半年工作活动，并对当前治安状况进行民意调查走访。期间，向群众作报告83场，参加报告会群众4443人，走访普通群众3583人，走访人大代、政协委员、警风监督员53人，走访案件事主65人，征求意见建议38条，制定整改措施31条。

（吴世芳　王朝香）

【召开新闻发布会】 7月25日，举行"向市民汇报工作"新闻发布会，向媒体记者和市民代表汇报上半年全区治安和公安工作情况。分局及相关职能部门主要领导，北京晚报、京郊日报、门头沟电视台等新闻媒体，以及政府部门、行业单位、内部单位、街镇干部、警风监督员、群众代表等社会各界代表50余人参加发布会。会上，分局领导介绍上半年全区社会治安状况，通报分局上半年工作情况、存在的问题和下一步工作措施。

（吴世芳　王朝香）

【傅政华到分局安检岗位检查工作】 8月5日，公安部副部长傅政华在特警总队领导的陪同下，到分局APEC北京宫主会场驻地安检岗检查指导工作，并慰问执勤民警。

（吴世芳　王朝香）

【开展清查、宣传专项行动】 8月21日，在全区集中开展以防范入室盗窃为主要内容的"一周一行动"清查、宣传专项行动；出动警力190余名，出动协警210名，清查出租房屋1100余间，清查流动人口2500余人，搜集违法犯罪线索1条；发放宣传材料1700余份，宣传群众3500余人，入户走访未安装防护栏的住户138户。9月11日，开展"一周一行动"内保领域反恐防恐安全专项检查行动；检查单位188家，其中银行28家，学校44家，企业单位53家，政府部门20家，事业单位18家，建筑工地23家，发现隐患问题36件，当场整改29起，下发整改通知书7份，提出各类指导意见50余项。12月11日，开展"一周一行动"冬防专项清查行动；出动警力457人，出动协警力量589人；检查居民住宅房屋1124间，清查出租房屋2638间，清查网吧6家，废品收购点12家；审查流动人口5632人；发现并消除出租房屋存在的防盗、防火、防煤气中毒安全隐患68件；新登记流动人口127人。

（吴世芳　王朝香）

【做好开学校园秩序维护工作】 9月1日，全区中小学校、幼儿园正式开学；约2.3万余名学生儿童集中返校。为达到"一校一警"要求，从早7时开始，分局启动超常规高峰勤务等级，抽调机关警力到门城地区各学校维护秩序；出动警力120名，校园各类保卫力量564名，群防群治力量1200余名。

（吴世芳　王朝香）

【整治景区周边治安秩序】 9月16日，会同区综治办、城管、工商等部门，出动执法力量20人，对潭柘寺公园周边秩序进行集中整治。发现处置僵尸车2辆，劝离沿街乞讨1人，查处追逐游客兜售商品摊贩5人，收置流浪犬5只，查处黑车运营2人，现场批评教育违法违规人员6人。

（吴世芳　王朝香）

【完成徒步大会安保工作】 9月19日至21日，"中坤杯"第五届北京国际山地徒步大会斋堂站总决赛在门头沟区斋堂镇举行。期间，共有来自国内和其他26个国家的1.5万余名国内外运动员、徒步爱好者，分别参加100公里专业比赛和10公里、20公里、30公里健身休闲徒步走活动。期间，组织安保力量1100余人次，其中民警400人次，到现场维护治安秩序，完成此项活动的各项安全监管和勤务工作。

（吴世芳　王朝香）

【开展安防知识进校园活动】 9月26日，组织民警到辖区大峪中学和实验二小永定分校，以"做自己的首席安全官"为主题，开展安防知识进校园活动，面对面向师生进行安全防范宣传教育。分局领导带领办公室、交通、消防、内保、特警、网安等部门民警与中小学生进行交流沟通，并向师生、学生家长发放安全防范宣传品。学生观看由分局制作的安防教育多媒体宣传片。交通民警向学生讲解交通安全知识；消防支队武警战士讲解火灾逃生自救技能；特警大队民警展示警用装备和车辆。现场民警向师生、学生家长发放安防知识宣传折页和《致学生家长的一封信》。

（吴世芳　王朝香）

【区领导调研】 9月30日，区

领导韩子荣等到交通支队调研辖区交通管理工作。区委办、财政局等有关单位领导陪同参加调研。

（吴世芳　王朝香）

【完成烈士公祭活动勤务工作】 9月30日，区政府在宛平抗日烈士纪念公园，举行纪念抗日战争胜利69周年宛平抗日烈士公祭活动。区领导韩子荣等区四大部门的领导和全区各委办局、武警部队、斋堂中心小学的学生，共计200人参加公祭活动。活动期间，分局组织治安支队、交通支队、特警大队和斋堂、雁翅、清水派出所14名执勤警力，维护公祭活动现场的治安和交通秩序，确保活动安全。

（吴世芳　王朝香）

【完成中秋节安全保卫工作】 9月，全区各景区共接待游客24766人次（其中外宾164人次），车辆8455辆次，分局共出动警力1268人次上岗执勤。期间，全区共接报刑事警情8件，同比少3件，下降27.3%，接报秩序类警情6件，同比少1件，下降14.3%。

（吴世芳　王朝香）

【完成公路自行车安监工作】 10月13日，2014环北京职业公路自行车赛第四赛段门头沟段60.5公里比赛和终点颁奖仪式在区内举行。有18支国内外职业公路自行车顶级车队的152名运动员参赛。期间，共组织安保力量3814人上岗执勤，确保门头沟赛段的安全。

（吴世芳　王朝香）

【完成各项警卫工作】 10月20日，原全国人大副委员长华建敏，在市、区相关领导的陪同下，考察潭柘寺景区；分局组织治安、交通、巡警支队和潭柘寺派出所12名警力，全力维护考察现场的治安秩序和交通秩序，确保考察活动绝对安全。11月10日，蒙古国总统携夫人一行，到潭柘寺公园参观游览；分局抽调的80名执勤民警在29个点位开展警卫勤务工作。12月18日，由民进中央教育委员会与中国教育学会高中教育专业委员会联合主办的“2014年基础教育改革座谈会”在大峪中学举行；全国人大常委会副委员长、民进中央主席严隽琪，全国政协副主席、民进中央常务副主席罗富和等领导出席会议；期间，分局成立现场警卫勤务指挥部，组织治安支队、交通支队、内保大队和月季园派出所的10名民警全力维护现场及周边治安交通秩序，确保了此次会议的绝对安全。同日，市委书记郭金龙，在相关市区领导的陪同下，先后到门头沟区北京精雕科技有限公司、东辛房街道石门营新区社区综合服务中心、石泉砖厂A10地块5号楼和龙泉宾馆沙盘展示馆开展调研活动；分局组织203名执勤民警，维护领导行车路线、调研现场及周边的治安秩序、交通秩序，稳妥处置了3起可能涉及警卫工作安全的突发事件。

（吴世芳　王朝香）

【破获抢劫案】 10月21日，在市局有关部门的支持下，在北京西站将企图乘坐火车外逃的陈某某等4名涉嫌抢劫的犯罪嫌疑人抓获归案。

（吴世芳　王朝香）

【危爆物品监管工作】 年内，本着“查堵非法、管住合法、确保安全”的工作思路，在全区范围内开展“缉枪治爆管刀”专项行动，落实刀具销售安全管理制度。对全区16家危爆物品存储使用单位，开展安全大检查，签订安全责任书，督促落实管控措施和责任。全年，共查扣各类枪支54把、子弹1132发、黑火药2.6公斤。

（吴世芳　王朝香）

【下属单位（局外办公）情况】

单位名称： 交通支队
地　　址： 北京市门头沟区滨河路62号
电　　话： 69866800
邮　　编： 102300

单位名称： 巡警支队
办公地址： 北京市门头沟区石龙北路22号院
电　　话： 69866810
邮　　编： 102300

单位名称： 特警大队
办公地址： 北京市门头沟区石龙北路22号院
电　　话： 69806982
邮　　编： 102300

单位名称： 经侦大队
地　　址： 北京市门头沟区滨河路62号
电　　话： 69835982
邮　　编： 102300

单位名称： 消防支队
办公地址： 北京市门头沟区体北路91号院
电　　话： 61865084
邮　　编： 102308

单位名称： 大峪派出所
办公地址： 北京市门头沟区黑山大街16号
电　　话： 69857914
邮　　编： 102300

单位名称： 东辛房派出所
办公地址： 北京市门头沟区东辛

房大街 92 号
电　　话：61893025
邮　　编：102300

单位名称：城子派出所
办公地址：北京市门头沟区龙泉务兴隆街 6 号
电　　话：69842390
邮　　编：102300

单位名称：月季园派出所
办公地址，北京市门头沟区月季园 20 楼
电　　话：69857554
邮　　编：102300

单位名称：三家店派出所
办公地址：北京市门头沟区三家店水闸路 32 号
电　　话：69857547
邮　　编：102300

单位名称：永定派出所
办公地址：北京市门头沟区永定镇石龙西路 58 号
电　　话：69800519
邮　　编：102308

单位名称：潭柘寺派出所
办公地址：北京市门头沟区潭柘寺鲁家滩大街 50 号
电　　话：60862462
邮　　编：102308

单位名称：军庄派出所
办公地址：北京市门头沟区军庄镇军温路 12 号
电　　话：60811733
邮　　编：102300

单位名称：妙峰山派出所
办公地址：北京市门头沟区妙峰山镇陇家庄大街 107 号
电　　话：61881737
邮　　编：102300

单位名称：色树坟派出所
办公地址：北京市门头沟区王平地区王平大街 25 号
电　　话：61859139
邮　　编：102301

单位名称：大台派出所
办公地址：北京市门头沟区大台路 6 号
电　　话：61870338
邮　　编：102303

单位名称：雁翅派出所
办公地址：北京市门头沟区雁翅镇雁翅公路北 176 号
电　　话：61830195
邮　　编：102305

单位名称：斋堂派出所
办公地址：北京市门头沟区斋堂镇东斋堂村
电　　话：69816084
邮　　编：102309

单位名称：清水派出所
办公地址：北京市门头沟区清水镇下清水中街 3 号
电　　话：60855478
邮　　编：102311

检察工作

【概况】　年内，区检察院在区委、市检察院的领导下，在区人大及其常委会的监督下，贯彻落实党的十八大、十八届三中、四中全会精神和习近平总书记系列重要讲话精神，围绕区域工作大局，坚持严格公正规范司法，履行宪法和法律赋予的职责。

依法履行批捕、起诉职责。全年共批准逮捕各类刑事犯罪案件 111 件 134 人，提起公诉 228 件 255 人，依法作出不批捕 26 人，不起诉 27 人。惩处破坏生态资源犯罪，依法办理社会关注的“偷排酸液污染环境案”、清水地区倾倒污泥系列案件。树立精细化办案理念，把握审查逮捕标准和审查起诉标准，无捕后、诉后无罪判决案件。建立健全附条件不起诉观护制度。规范附条件不起诉观护机制，建立“扬帆观护基地”，接收全市 12 名轻罪未成年人进行帮教考察，形成一套操作性强的帮教考察机制。探索非京籍帮教对象观护机制，获得中国法学会、中央综治办、团中央“未成年人健康成长法治保障创新事例奖”。

查办和预防职务犯罪。全年共立案侦查职务犯罪案件 19 件 20 人，其中贪污贿赂犯罪案件 12 件 13 人，渎职侵权犯罪案件 7 件 7 人，大要案 8 件 9 人，挽回直接经济损失 1151.8 万元。办理原北京市国土资源局门头沟分局副局长董某某犯玩忽职守罪、原北京市门头沟区人民政府国有资产监督经营委员会副主任魏某某犯滥用职权罪等案件，集中力量查办“8·28”专案和国家卫生部医院管理研究所阎某贪污案等上级交办案件。推进职务犯罪预防工作，举办医药卫生领域预防职务犯罪图片展览，推动全区招投标工作全部纳入廉洁准入机制。

依法监督、规范监督，维护司法公正。全年共监督公安机关立案 3 件 5 人，追捕 3 人，追诉 2 人，发出纠正违法通知书 5 份。开展减刑、假释、暂予监外执行专项检察活动，对 5 起案件开展禁止令执行情况检查。对 5 名犯罪嫌疑人发出羁押必要性审查建议书，均被采纳。

规范司法行为，坚守防止冤

假错案底线。在区委政法委领导下，制定《门头沟区关于在刑事案件中切实防止冤假错案的若干意见》，建立了防止冤假错案工作机制。规范职务犯罪侦查行为，严格遵守讯问职务犯罪嫌疑人全程同步录音录像规定，进一步规范查封、扣押、冻结、处理涉案财物，建立电子台账对涉案财物实行全流程管理。强化案件管理和监督制约，建立执法办案基本情况分析机制，开展“检察人员行为规范”专项督察，为司法办案部门配备执法记录仪。

深化检务公开，促进公正廉洁执法。依托人民检察院案件信息公开网，将法院生效判决案件的起诉书、刑事抗诉书、不起诉书在互联网上公开，建立重大案件信息发布平台和案件程序性信息查询平台。开通“门里门外”和“门检在线”微信群。

单位名称：北京市门头沟区人民检察院
地　　址：北京市门头沟区滨河路21号
电　　话：59908182
邮　　编：102300

（王　珏）

【荣获创新事例奖】 1月2日，区检察院申报的《创建附条件不起诉义工帮教基地》事例，在“未成年人健康成长法治保障”大型主题征文和创新事例征集活动中荣获创新事例奖。该活动由中国法学会、中央综治办、共青团中央联合主办，在全国范围内评选，北京市检察系统共有4家单位获奖。

（王　珏）

【设立特困干警帮扶基金】 1月6日，设立特困干警帮扶基金，用于帮扶因罹患重大疾病等三种情况致家庭经济状况显著恶化的院内干警。基金的使用采取一事一议方式，按照一定程序和标准确定帮扶数额。

（王　珏）

【区人大会议全票通过区检察院工作报告】 1月9日，区第十五届人民代表大会第四次会议召开第三次全体会议，区检察院工作报告获得151名与会人大代表的全票通过。

（王　珏）

【向良乡监狱发出检察建议促整改】 1月，在办理一起贪污案件中，就北京市良乡监狱在公车修理和速通卡管理方面存在的漏洞发出检察建议，要求整改。监狱高度重视，立行整改，制定《北京市良乡监狱公务用车管理规定》，并将此案件作为典型案例教育全体干部职工，堵塞职务犯罪漏洞。

（王　珏）

【三项调研成果获奖】 3月，区检察院干警撰写的《检察机关服务区域经济发展推进社会管理创新的路径探索》一文获首都综治工作重点调研成果二等奖。《修改后民事诉讼法209条对民事检察工作的影响研究》获北京市人民检察院2013年度重点调研课题优秀成果奖。《“侦查二处现象”值得思考》一文被市检察院反贪局评为2013年度优秀调研文章。

（王　珏）

【中标两项市检察院重点调研课题】 4月4日，市检察院公布2014年度重点调研课题评标结果，区检察院申报的两项课题中标。至此，区检察院已连续7年在市检察院重点调研课题竞标中取得成功。

（王　珏）

【推进“青少年权益工作创新”试点工作】 4月21日，区检察院就门头沟区被确定为全国“青少年权益工作创新”试点后的推进工作与团区委领导座谈，围绕建立社会化维权体系、建立权益状况监测研究体系等方面征求意见，并安排阶段工作任务。

（王　珏）

【举办检法青年干警执法交流活动】 5月19日，举办“成长中的分享——检法青年干警执法交流活动”。区检察院和区法院的52名青年干警通过参观区检察院办案区、分组开展文体竞赛、畅谈心得体会等环节，分享成长感悟。

（王　珏）

【举办“电子侦查设备使用”培训】 5月19日，举办“电子侦查设备使用”培训，邀请北京瑞源文德有限公司工程师为干警讲解利用电子侦查设备提取手机信息、恢复被删除数据、克隆硬盘数据等技术。职务犯罪侦查部门和检察技术部门干警参加培训。

（王　珏）

【查办农村基层组织人员拆迁渎职案获刑】 5月，区检察院将本院查办的两起农村基层组织人员拆迁渎职案提起公诉，一审法院分别以滥用职权罪判处两名被告人有期徒刑3年、缓刑4年；有期徒刑3年、缓刑3年。

（王　珏）

【制定侵害未成年被害人案件工作办法】 9月28日，区检察院制定《北京市门头沟区人民检察院办理侵害未成年被害人案件工作办法（试行）》，立足于全面保障未成年被害人的合法权益，首次系统规范办理侵害未成年被害人案件的工作制度和程序，办法包括31条9方面内容。

（王　珏）

【召开党的群众路线教育实践活动总结大会】　10月22日，区检察院召开党的群众路线教育实践活动总结大会。区委第十督导组组长、副组长和督导组其他成员，以及院领导班子成员和全体党员参加了会议。

（王　珏）

【组织学习党的十八届四中全会公报】　10月24日，院党组及全体干警传达贯彻十八届四中全会精神，集中学习《中国共产党第十八届中央委员会第四次全体会议公报》，并结合实际对会议精神开展讨论。

（王　珏）

【实施“检务接待工作规定”】　10月30日，区检察院正式实施《北京市门头沟区人民检察院检务接待工作规定（试行）》，立足于服务群众，保障规范、文明、公正执法。

（王　珏）

【宣布领导干部调整决定】　12月5日，市检察院党组书记、检察长池强，区领导韩子荣等到区检察院宣布领导干部任免决定：经门头沟区人大常委会决定，任命杨淑雅同志为门头沟区人民检察院党组书记、副检察长、代检察长，免去许晓闽同志门头沟区人民检察院党组书记职务。

（王　珏）

【向市人大代表通报履职情况】　12月17日，市检察院与区检察院联合举办北京市检察机关工作情况通报会，全面听取市人大代表对检察机关依法履行职能的意见和建议。门头沟区人大常委会主任罗斌等领导及区部分市人大代表出席会议。市检察院副检察长高祥阳向人大代表通报了2014年北京市检察机关履职情况。罗斌代表北京市十四届人大代表门头沟代表团对全市检察机关立足检察职能、服务首都改革发展稳定的突出贡献给予高度评价。

（王　珏）

【区检察长调研“扬帆军检观护基地”】　12月25日，区检察院检察长到院附条件不起诉“扬帆军检观护基地”看望基地观护员。检察长参观了基地军训场所、学习场所，听取区检察院与部队、区图书馆开展附条件不起诉监督考察工作情况的介绍，对做好基地工作以及未成年人刑事检察工作提出要求。

（王　珏）

【召开检察业务竞赛总结交流座谈会】　12月26日，区检察院召开以“谈竞赛、说能力、话发展”为主题的第五届检察业务竞赛总结交流座谈会。院党组成员、检委会专职委员、中层干部、35周岁以下青年干警以及参加竞赛人员参加座谈。

（王　珏）

审判工作

【概况】　年内，在区委领导、区人大及其常委会监督、区政府和社会各界支持以及上级法院指导下，区法院围绕“让人民群众在每一个司法案件中都感受到公平正义”的目标，坚持司法为民、公正司法，履行宪法和法律赋予的职责，为区经济社会发展营造和谐稳定的社会环境和公正高效的法治环境。全年受理各类案件6532件，同比上升23.25%；办结案件6242件，同比上升20.29%。收结案数量创历史新高，全院人均结案数同比上升18.04%，法官人均结案数同比上升13.01%。审结刑事案件233件，判处罪犯270人，结案数量同比增加14.22%。其中，审结危险驾驶、故意伤害、抢劫、盗窃等危害公共安全和群众生命财产安全的案件116件，判处罪犯123人。审结涉及棚户区改造、重点工程建设等领域的贪污贿赂、渎职等职务犯罪10件，判处罪犯11人。审结生产销售有毒有害食品罪4件、非法采矿罪2件。贯彻宽严相济的刑事政策，对9名社会危险性较高的被告人依法决定逮捕，对63名犯罪情节较轻、认罪态度较好的被告人依法适用缓刑。审结民商事案件4240件，同比增加20.8%。其中，审结婚姻家庭纠纷620件、物业服务合同纠纷524件、交通事故责任纠纷282件、劳动争议112件。健全法院、卫生局、保险机构协同参与的医疗纠纷调处机制，及时、妥善化解纠纷。推进“和谐无讼村落”创建，在雁翅、清水、王平等地新增5个示范村，设立“法官服务室”，加强诉讼咨询和指导民调，将纠纷化解在诉前。依法审理涉及土地收储上市、农村土地流转等合同类案件，加强对合同合法性及履行情况的审查。联合区经信委建立支持中小企业发展工作机制，提示法律风险，营造公正高效的司法环境。审结行政案件68件，同比增加51.11%。

按照保护行政相对人合法权益、监督行政机关依法行使职权的要求，依法审理涉及国有土地房屋征收、集体土地拆迁、西北热电工程规划建设等行政案件。注重行政争议实质性解决，促进行政机关完善行政行为，经协调14.71%的案件行政相对人主动撤诉。制发行政审判年度报告，梳理并反馈发现的行政执法问题，推动建立行政机关负责人出庭应诉和司法建议督促落实两项工作机制。全年执结案件1701件，同比增加18.95%。针对追索劳动报酬、医疗损害赔偿、工伤赔偿等涉民生案件开展专项集中执行活动，执行到位金额365万元。加大执行威慑力度，对205名不自觉履行生效裁判的失信被执行人进行信用惩戒，促使11人主动履行义务；对17名被执行人依法采取司法拘留、罚款、限制出境等强制措施。针对群众反映集中的问题，推行网上预约立案，设立公告送达代办窗口，建成12368人工语音诉讼服务平台和执行指挥中心。在全市法院审判质量排名中，综合指数位居第二，公正指数位居第一。区法院被授予第一届“北京市模范法院”荣誉称号，未成年人案件审判庭获评“全国法院少年法庭工作先进集体”，两位同志被评为“北京市模范法官”，另有12个集体、21名同志获得区级以上表彰或奖励。

单位名称：北京市门头沟区人民法院
地　　址：北京市门头沟区滨河路74号
电　　话：61868000
邮　　编：102300

（齐志超）

【接受人大、政协监督】　1月6日，党组班子成员到区政协机关走访座谈，介绍法院工作情况，听取政协机关意见建议。10日，区第十五届人民代表大会第四次会议审议并全票通过法院工作报告。4月，向区人大常委会专项报告落实人民陪审员制度情况。12月，邀请8位市人大代表到院座谈，听取意见建议。全年邀请人大代表视察工作、旁听案件审理、监督执行活动41人次，落实并及时回复人大代表提出的议案、建议。

（齐志超　孙　燕）

【深化司法公开】　1月10日，制定《关于上网公布裁判文书的工作要求》，明确裁判文书上网的范围和时限，全年依法及时公开裁判文书856份。全年组织庭审网络直播、微博直播85次，接待旁听群众2381人次。

（齐志超）

【加强人民法庭建设】　1月21日，最高法院民一庭副庭长到院调研人民法庭工作，并到王平村法庭视察。3月11日，与王平镇南涧村、南涧社区签署和谐无讼村落创建协议，“和谐无讼村落”创建示范村增至6个。6月13日，最高法院民四庭党支部与斋堂法庭、王平村法庭联合党支部签署《支部共建协议》，决定设立斋堂法庭为最高法院民四庭教育实践基地和青年法官体验生活培训中心，以定期组织疑难案件法律讲座和基层典型案件座谈研讨、共同为山区群众提供法律服务等活动为载体开展长效共建。6月25日，市高院党组书记、院长到斋堂法庭调研指导工作，对人民法庭诉前调解、巡回审判、人才培养、基础建设等工作提出要求。12月19日，协调区公共工程服务中心安排专业公司完成建设岩土工程勘察，法庭改建项目进入施工环节。12月，协调落实王平村法庭、斋堂法庭业务周转用房，完成房屋功能改造、安全监控设置、网络线路调整等工作。

（齐志超）

【开展纪律作风建设】　1月21日，召开特邀监督员座谈会，向特邀监督员通报工作情况；全年邀请特邀监督员对审判执行活动开展明察暗访50人次，建立“特邀监督员微信群”，实时反馈监督信息和工作动向。5月20日，出台《2014年审务督察工作方案》，对干警履行职责、遵章守纪、执法作风进行常态督查，全年组织现场审务督察30次、视频检查53次，通报问题25项。7月，开通违纪违法网络举报中心。8月，启动向每位案件当事人发放廉政监督卡工作，由纪检监察部门跟踪、核查信息线索，全程接受当事人及代理人的廉政监督。10月，启动“正风肃纪”主题教育活动，专项整治违反工作纪律的行为。12月22日，召开治理“人情案、关系案、金钱案”专题宣讲会，就“三案”问题进行专题宣讲。

（齐志超）

【开展审判质量“观评查”活动】　1月21日，成立案件评查领导小组，监督指导、统筹部署案件评查中发现重要问题的梳理解决和案件评查中所发现好经验、好举措的表彰推广。5月21日，部署副庭长庭审观摩活动，针对10名副庭长办理案件的审理程序、实体审查、裁判文书、庭审笔录、卷宗5个部分进行评查，提升审判骨干办理精品案件的意识和能力。10月13日，部署初任法官案件评议活动，对21名初任法官案件审理和文书制作等情况进行专项评议，帮助初任法官在独立办案之初养成规范意识。全年，案件评查领导小组评查各类案件498件，查找影响审判工作的普遍性问题。

（齐志超）

【审判管理工作】 1月24日，单独建制的审判管理办公室正式运行，负责全院审判业务管理工作，每月通报审判数据指标考核、统计数据、司法公开等情况，及时总结审判管理经验，为审判工作的开展提供参考。2月25日，部署统计数据质量专项检查活动，开展规范数据填报集中培训，加强对审判数据的监督检查和统计分析。6月25日，在全市法院案件数据质量专项检查中，电子数据抽查情况排名全市第二，卷宗抽查情况排名全市第四。9月30日，制定《关于规范审限扣除若干问题的意见》，规范扣除审限的事由、时限、程序。12月，在全市法院审判质量考核中，综合指数位居第二，公正指标位列第一。

（齐志超）

【开展涉民生案件专项执行活动】 1月，针对追索劳动报酬、医疗损害赔偿、工伤赔偿等十类涉民生案件开展以“暖冬执行”为主题的专项活动；14日，组织两个专项执行组分别在北京、河北两地为23名农民工发放案款。2月25日，组织“案款集中发放、传递司法温暖”活动，集中为38名申请人发放执行案款72.26万。共执结涉民生案件188件，执行到位金额365万元。

（齐志超）

【加强新媒体舆论引导】 1月，开通“门头沟法院”新浪官方微博，全年发布工作动态、诉讼指导、普法知识等信息1093条。2月17日，在全市法院率先开通未成年人法制教育官方微博微信，全年推送青少年法制教育信息996条。7月30日，举办法院微博应用与管理工作培训会，提高自媒体应用能力。

（齐志超）

【未成年人保护工作】 2月10日，召开合适成年人暨社会观护员培训会，对20余名合适成年人与社会观护员进行培训；全年发挥社会观护员在涉未成年人权益民事案件中的背景调查、参与调解、监督执行方面的作用，促成4件探视权、抚养权纠纷达成调解。3月，在全区中小学校开展“我的法制梦”征集活动，收到29所学校的330篇稿件，评出52篇优秀稿件和6个组织单位优秀奖。11月，指导区内10所中小学的师生开展模拟法庭。12月，审理的李某诉孙某变更抚养关系纠纷案和张某抢劫、寻衅滋事案两篇案例入选全国98起未成年人审判工作典型案例。

（齐志超）

【人民陪审工作】 3月17日，区人大领导一行到院调研指导人民陪审工作，听取人民陪审工作报告，观摩普通程序案件庭审，与人民陪审员座谈交流。12月4日、5日，召开人民陪审员培训会，对全区71名人民陪审员进行集中培训，评选表彰10名优秀人民陪审员。全年人民陪审员参与案件审理714人次，案件陪审率达99.2%。

（齐志超）

【司法调研和学术讨论工作】 4月11日，举办“调宣工作”主题法官论坛，部署2014年调研工作，组织调研骨干和学术研讨重点作者交流座谈。8月14日，召开“关于合同继续履行问题的调研”重点课题专家论证会，邀请专家学者就课题成果进行专家论证。9月4日，举办案例工作座谈会，提高案例工作效果，全年有9篇案例被《中国法院年度案例》《中国审判案例要览》《审判前沿》采用。28日，申报的“北京市农村土地流转的法律规制”课题中标北京市法学会2014年市级法学研究一般课题，成为承担市法学会市级法学研究课题的唯一一家基层法院。12月，在全国法院系统第二十六届学术讨论会上，有6篇文章获奖，被授予组织工作先进奖。

（齐志超）

【党组织建设】 4月28日，司法职能型党小组创建工作在全国法院基层党组织书记培训班上作经验介绍。7月1日，召开机关党员大会，选举产生新一届机关党委委员。

（齐志超）

【“服务窗口示范点”争创活动】 4月，推行网上预约立案，利用信息化手段减少当事人往返法院的次数。6月，针对法医、物证、声像资料三类司法鉴定，采取随机确定鉴定机构的模式，跟踪督促工作进展，促进案件快速审结。8月，设立公告送达代办窗口，针对被告下落不明的案件，协助当事人及时办理相关法律手续，全年共代办公告送达案件77件。10月，建成12368人工语音诉讼服务平台并试运行，设专席接线员和咨询法官接听群众来电，保证诉讼咨询有人答、联系法官有人找、投诉举报有人管，共接听群众来电75人次。全年接待群众2.6万人次，评价满意率达98%。

12月，立案诉讼服务大厅被评为全区“人民满意的基层站所、服务窗口示范点”。

（齐志超）

【举办“门法讲堂”】 4月，邀请国家法官学院徐继军教授举办法学研究与法学论文写作专题讲座。5月，邀请最高法院何帆法官举办法院系统学术讨论会专题讲座。7月，邀请北京大学教授举办婚姻、家庭财产分割法律问题专题讲座。10月，邀请北京大学法学院教授举办法官审判思维专题讲座。

（齐志超）

【推进审委会工作机制改革】 5月，被市高院确定为审判委员会工作机制改革试点单位。6月，制定《关于健全审判委员会工作机制的实施方案》，并经市高院批复同意实施。7月，邀请最高法院、北京大学、清华大学的专家学者召开专家论证，围绕明确审判委员会的职能定位、限定审委会讨论案件范围、建立有效的案件过滤机制及审判委员会履职考评机制等问题进行讨论。全年召开审判委员会12次，完成刑事、执行工作质效专项评议等宏观指导事项15项，审判委员会的职能逐步实现从“个案把关”向“裁量示范”转变。

（齐志超）

【医疗纠纷联动调处机制】 8月，市高院、市卫计委到专题调研医疗纠纷联动调处机制。全年立足全区医疗纠纷现实情况，通过引入诉前调解、拓展调解主体、引入专家论证等工作，建立法院、卫生局、医疗保险机构共同参与的医疗纠纷联动调处机制，开展医疗纠纷定性、定责、定损工作，医疗纠纷案件调撤率达64.5%。

（齐志超）

【开展“宪法日”主题宣传活动】 12月4日，开展“树立宪法权威、弘扬法治精神”系列宣传活动。组织全区150余名中小学师生及家长参加“树学法用法新风向，做遵纪守法好少年”法院开放日活动，利用“@青春护航”双微平台在全区开展法律知识竞答活动，走进社区、走上街道向群众发放《宪法》《法庭内外》《诉讼指南》等普法材料3000余册。全年组织主题组织普法宣传56次，指导区内10所中小学校开展模拟法庭活动，通过各类媒体发表普法稿件1923篇。

（齐志超）

【下属单位情况】

单位名称：北京市门头沟区人民法院斋堂人民法庭
地　　址：门头沟区斋堂镇斋堂大街10号
电　　话：61868285
邮　　编：102309

单位名称：北京市门头沟区人民法院王平村人民法庭
地　　址：门头沟区王平镇王平大街9号
电　　话：61869616
邮　　编：102301

司法行政工作

【概况】 年内，区司法局机关内设行政科室8个，即办公室、政工科、法制宣传科、基层工作科、公证律师管理科、法律援助指导科、社区矫正与帮教安置科、法制科。机关公务员编制28个，实有29人，机关工勤3人；基层司法所13个，司法助理员编制46个，实有42人；参照公务员管理事业单位1个，即法律援助中心，编制5个，实有5人；全额拨款事业单位1个，即阳光中途之家，编制7个，实有6人；自收自支事业单位1个，即北京市华夏公证处，编制8个，实有8人。

法治宣传工作。年内，成立全市首支普法电影流动宣传队，创新未成年人普法模式，聘请全区51名中小学老师建立“校园法治教员”队伍；设计开发“青春成长大冒险”普法游戏，到学校、社区以真人秀游戏、趣味运动会等形式开展“普法嘉年华”活动。开展首个国家宪法日系列宣传活动，举办“弘扬宪法精神 推进依法治国”法治文艺专场汇演。继续打造《法治一刻》《法治季风》《法治播报》及《京西时报》“苗苗”普法专栏“四大品牌”，从电视、杂志、广播、报纸等多角度拓宽普法宣传阵地。在《法治播报》进农村的基础上，编制依法行政和未成年保护案例录制音频，开展法治广播进机关和进校园活动。与市司法局联合制作《北京司法行政》第一本区县专刊——门头沟专刊。围绕城市管理、未成年人保护、环境保护等热点，制作展板、书籍、图册等宣传资料，走进农村、新建小区、学校、工地、集市、军营等地开展主题法治宣传300余场，累计发放法治宣传品、资料13万余份，培训基层普法骨干1500余人次。

人民调解工作。年内，成立区人民调解协会，统筹人民调解资源，指导、规范、监督和创新调解工作。成立全区首个景区调委会即北京爨柏景区调委会，主要调解游客与景区、游客与游客之间的矛盾。稳步推进司法行政基层建设三年行动计划，各镇街司法所办公及业务用房面积达到或超过120平方米有8个司法所，斋堂、永定司法所完成AAA司法所申报。完成“1带x”调委会规范化建设，除18个调委会因需迁址暂不具备创建条件外，其余272个调委会均完成创建。年内，全区人民调解组织调解成功2839件，涉及当事人6309人，涉及金额297.31万元。

社区矫正和安置帮教工作。年内，组建社区矫正执法察分队，开展社区矫正业务培训，以随机抽查的方式对各司法所“九清楚”掌握情况进行专项考核。招聘社区矫正协管员8名，优化社区矫正队伍。组织43人参加国家心理咨询师资格培训，28人获得国家获得国家资格认证。打造特殊人群心理健康服务工程，联合社会专业资源为社区服刑人员出具心理综合评估意见，实现心理干预“矫前、矫中、矫后”三阶段全覆盖。与外省市司法局建立衔接配合机制，强化非京籍社区服刑人员管控，赴黔川等地开展实地调查11例。首创社区服刑人员社区服务公益平台，建立考核和经费、风险保障机制。年内新接收社区服刑人员80人，开展社会调查56次、居住地核实52次，给予警告处罚15人，收监执行2人。涉嫌违法和再犯罪各1人，低于全市平均水平。

法律援助工作。年内，开展针对妇女、未成年人、老年人和农民工四类人群的法律援助维权季活动，全年共接待法律咨询2602人次，受理法律援助案件1954件。加强农民工维权工作站建设，全年受理农民工讨薪案件1878件，为1182名农民工挽回损失894万余元。结合法律援助申请条件、程序和申请审批中常见问题，以及群众关心的相邻关系、宅基地等内容，对全区273名法律援助联络员、13名法律援助初审员进行业务培训。对已办结归档案件的受援人进行回访，满意度达100%。被北京市司法局指定为北京市法律援助案件跟踪办理唯一郊区试点单位，年内，跟案35件，其中全程跟踪办理16件。在北京电视台生活频道《2014》栏目《大家帮助大家》板块，分别以《一段黄昏恋　惹来大麻烦》《七旬老人三婚　幸福何寻?》为题，对区法律援助案件进行跟踪报道。

公证律师工作。实行村居法律顾问制度，聘请律师到各村居解答咨询、举办讲座、参与纠纷调处。联合律协组建律师团加强西北热电信访事件诉讼引导工作。组织律师参与信访矛盾化解，免费为居民提供法律服务。年内，新设立北京范翔律师事务所、北京周玉顺律师事务所，全区现有律师事务所6家，注册律师53人，各律师事务所全年接收各类案件1674件。北京市华夏公证处拓宽公证服务领域，在出生、无犯罪、亲属关系证明等领域开辟公证业务，办理涉外公证411件。强化公证法律宣传，开展公证法律服务“进农村、进社区、进企业”活动，在区光荣院、石门营新区等举办法律讲座7场；制作《法治一刻》公证专题节目、《门头沟法治季风》专刊、《京西时报》专版。年内，共接待来电、来访咨询1万余人次，服务群众2万余人，办理公证案件2138件。

队伍建设工作。年内，组织开展党的群众路线教育实践活动，通过实地走访、发放问卷、座谈交流等方式征求群众对司法行政工作的意见建议226条，出台《区司法局下基层调研制度》《谈心谈话制度》《典型培养工作意见》等队伍建设制度4项，采取外派学习、岗位练兵等形式强化执法实务培训成效，选派12名执法干警赴区人民法院进行为期3周的笔录制作、案卷归档等执法实务操作培训。全年组织干警集中学习、交流16次。年内招录公务员3人，外单位调入1人，通过竞争上岗选拔任命6名中层干部。加强作风建设，组织34名中层干部参加廉政知识测试，制定惩治和预防腐败相关配套制度5个。

单位名称：北京市门头沟区司法局
地　　址：北京市门头沟区增产路大街46号
电　　话：69842353
邮　　编：102300

（张士春）

【培训班工作】　3月25日至26日，举办全区人民调解员培训班。讲解人民调解工作技巧、侵权法律责任、析产继承、民间借贷纠纷、婚姻家庭法律问题等相关内容。各街道（镇）人民调解委员会、各社区（村）人民调解委员会调解主任，部分专业性、行业性人民调解委员会人民调解员，以及全体专职人民调解员共310名人民调解员参加培训。

（张士春）

【举办专题党课】　3月28日，局党组书记讲授以“服务群众　追求卓越”为主题的专题党课，课程结合党章和司法行政工作实际，讲解党员追求卓越的重要性及具体要求。

（张士春）

【举办司法行政开放日活动】　4月11日，举办以“司法行政暖民心”为主题的开放日活动。活动采取“走出门”的方式，分别到京西紫金新园小区、区职业学校，通过讲解、多媒体展示、现场互动等方式，介绍司法局职能、机构设置及近年来的亮点工作，征求对司法行政工作的意见建议。活动还设置公证、律师咨询台为群众解答法律咨询，组织150余名居民、学生观看《法治一刻》，并发放《法治一刻》文集汇编和光盘合集、《门头沟法治季风》等普法宣传材料400余份。

（张士春）

【建立社区矫正社会调查工作机制】　4月16日，联合区公安分局、人民检察院、人民法院共同出台《门头沟区拟适用社区矫正社会调查工作规则》，对公、检、法、司在社会调查中的职责权限做了明确规定，并从调查流程、完成时限、调查内容等方面规范社会调查工作。

（张士春）

【举办青年论坛活动】　4月18日，举办以“如何与群众打交道”为主题的青年论坛活动。论坛以看漫画、谈心得的方式，围绕“如何与群众打交道”进行交流。区委第十督导组出席活动，局领导班子成员、青年干警共40余人参加。

（张士春）

【社区法律图书阅览室投入使用】　4月18日，区石门营小区和承泽苑小区法律图书阅览室正式面向居民开放，共投资30余万元，购买法律图书200余种，近两万册。法律图书室配有电脑、电视及桌椅，居民可浏览、查询资料，观看法制题材作品，还可办理借阅。

（张士春）

【召开社区服务工作部署会】　4月25日，召开社区服务工作部署会。会上下发《门头沟区社区服务试点实施方案》和《门头沟区社区服刑人员社区服务工作规范》，明确选取劳动项目的原则和组织开展社区服务活动的流程，规范劳动服装的发放、管理，并将潭柘寺、永定、龙泉、王平等4个基础好、辖区社会资源多的司法所作为社区服务试点司法所。

（张士春）

【召开法制宣传教育领导小组会】　4月29日，召开区2014年法制宣传教育领导小组工作会，会上调整充实领导小组办公室成员单位，总结2013年全区法治宣传工作，明确2014年法治宣传工作考评体系。区领导与区委组织部、区委宣传部等43家成员单位签订了2014年度法制宣传工作责任书。

（张士春）

【区领导韩子荣调研阳光中途之家】　4月30日，区领导韩子荣到区阳光中途之家调研，察看区阳光中途之家建设情况，并听取区司法局关于机关文化建设、法律服务、法制保障等相关工作开展情况的汇报。

（张士春）

【举办“五四”心理知识讲座】　4月30日，邀请心理专家组织开展以“放松与情绪管理”为主题的心理知识讲座，通过问卷调查、案例解读、自我剖析的方式和摆沙盘等互动游戏，查找青年干警自身的压力与问题，并传授解压技巧。

（张士春）

【召开工作推进会】　6月26日，门头沟区召开司法行政基层建设3年行动计划工作推进会，各镇镇长、街道办事处主任参加。

（张士春）

【成立校园法治教员队伍】　7月10日，区内成立全市首支校园法治教员队伍。队伍成员51人，均通过问卷调查、法律知识测试等方式，从全区40余所中、小学校教师中选拔聘任。校园法治教员主要负责校园法治授课、法律服务联络员等职责，推动校园普法常态化发展。

（张士春）

【召开社区矫正工作座谈会】　7月24日，联合区人民法院、人民检察院和公安分局就社区矫正执行过程中遇到的具体问题进行研讨。区司法局结合具体案例剖析社区矫正工作中存在的问题，与会单位就社会调查、居住地核实、法律文书送达时限等环节进行了研讨并达成一致意见。

（张士春）

【举行签约仪式】　8月1日，与区看守所签订“法律援助进驻看守所合作协议”，根据协议规定，建立法律援助工作站，派驻值班律师为在押人员提供免费法律咨询，为符合条件的提供法律援助服务。

（张士春）

【成立移动电影普法小分队】　8月28日，成立全市首支移动电影普法小分队。小分队采取政府购买服务的方式，由区义工联合会选派义工组成，定期到全区13个镇街280余个村、居开展法治微电影放映活动，每年放映不少于200场次。

（张士春）

【召开行政执法工作现场会】 9月16日，市行政执法工作现场会在区内召开。市司法局法制处、各区县司法局主管领导参加。会上围绕推动行政执法规范化建设和创新发展进行座谈。

（张士春）

【成立社区矫正执法督察队】 11月6日，区社区矫正执法督察队成立。执法督察队的工作职责主要为督察社区矫正规章制度执行和工作落实情况，督察社区矫正专项工作落实情况，负责社区矫正电子监管的指导、监督和管理，督察社区矫正工作典型做法和先进经验以及发掘基层社区矫正工作典型做法和先进经验。

（张士春）

【举办法治文艺演出】 12月3日，区内举办“弘扬宪法精神 建设法治中国”主题法治文艺演出。区相关领导出席，区法制宣传教育领导小组成员单位及镇街代表、中小学校法治教员等600余人观看演出。

（张士春）

【开展“12·4”法制宣传日活动】 12月4日，区内开展以“弘扬宪法精神，建设法治中国”为主题的法制宣传活动，全区45个单位500余名干部参与主会场法律宣传咨询活动，13个镇、街同时在辖区设立分会场。活动当天，发放法制宣传材料和宣传品320余种共计12万余份，展出法律知识展板110余块，解答法律咨询200余人次。

（张士春）

【成立社区矫正管理支队】 12月17日，经区编办批准成立“北京市区司法局社区矫正管理支队”，并在社区矫正和帮教安置科加挂牌子，具体负责社区矫正指导管理工作。

（张士春）

【召开人民调解协会会员代表大会】 12月25日，第一届门头沟区人民调解协会会员代表大会召开，66名人民调解员代表参会。会议表决通过《北京市门头沟区人民调解协会章程》《北京市门头沟区人民调解协会选举办法》，依法选出区人民调解协会理事、会长、副会长、监事、监事长。

（张士春）

【下属单位情况】

单位名称：北京市门头沟区大峪司法所
地　　址：北京市门头沟区滨河路72号院
电　　话：69827922
邮　　编：102300

单位名称：北京市门头沟区城子司法所
地　　址：北京市门头沟区城子西街1号院
电　　话：69827440
邮　　编：102300

单位名称：北京市门头沟区东辛房司法所
地　　址：北京市门头沟区西辛房大街50号
电　　话：69842867
邮　　编：102300

单位名称：北京市门头沟区潭柘寺司法所
地　　址：北京市门头沟区潭柘寺镇政府
电　　话：60860689
邮　　编：102308

单位名称：北京市门头沟区龙泉司法所
地　　址：北京市门头沟区中门寺街35号
电　　话：69839436
邮　　编：102300

单位名称：北京市门头沟区永定司法所
地　　址：北京市门头沟区永定镇政府石龙西路58号
电　　话：59260241
邮　　编：102308

单位名称：北京市门头沟区军庄司法所
地　　址：北京市门头沟区军庄镇政府
电　　话：60810545
邮　　编：102300

单位名称：北京市门头沟区妙峰山司法所
地　　址：北京市门头沟区妙峰山镇政府
电　　话：61880021
邮　　编：102300

单位名称：北京市门头沟区王平司法所
地　　址：北京市门头沟区王平大街东路9号（王平镇政府）
电　　话：61857275
邮　　编：102301

单位名称：北京市门头沟区雁翅司法所
地　　址：北京市门头沟区雁翅镇政府
电　　话：61839750
邮　　编：102305

单位名称：北京市门头沟区斋堂司法所
地　　址：北京市门头沟区斋堂

镇大街45号
电　　话：69818200
邮　　编：102309

单位名称：北京市门头沟区清水司法所
地　　址：北京市门头沟区清水镇政府
电　　话：59260153
邮　　编：102311

单位名称：北京市门头沟区大台司法所
地　　址：北京市门头沟区大台路8号（大台街道办事处）
电　　话：61870462
邮　　编：102303

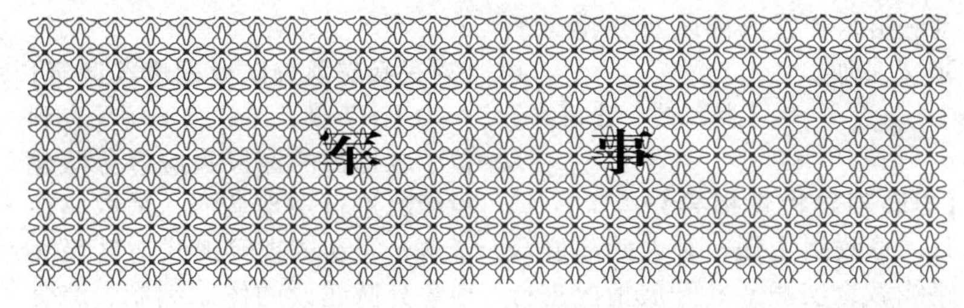

人武部工作

【概况】　年内，区人武部在卫戍区党委和区委、区政府的领导下，完成政治教育、民兵整组、军事训练、民兵执勤、年度征兵、后勤保障等各项工作任务。

单位名称：中国人民解放军北京市门头沟区人武部
地　　址：北京市门头沟区中门寺街18号
电　　话：61892306
邮　　编：102300

（张统兴）

【迎接综治检查】　1月8日，卫戍区保卫处领导对区社会管理综合治理工作进行检查考评，区综治办主任、民政局副局长以及驻区853部队政委、492弹药仓库、911油库驻区部队等一起参加座谈。检查组一行对区平安建设、涉军维权、涉军造假工作给予的肯定和表扬。

（王爱宾　张统兴）

【组织野营拉练】　1月16日，区人武部抓住恶劣天气的时机，组织所属干部在京郊陌生复杂地域进行野营拉练。针对天气寒冷、路途较长、条件艰苦、环境复杂、课目较多的实际，部党委突出安全重点，在拉练开始前及早筹划，预想情况，反复演练，拉练过程中加强领导，严格管理，每日小结，确保冬季野营拉练顺利完成。

（牛振科　张统兴）

【慰问退休老干部】　2月11日，政工科同志代表部领导对部4名老干部进行走访慰问，为老干部们送去慰问金。

（王爱宾　张统兴）

【召开民兵工作会】　2月21日，召开2014年度民兵工作会议，区领导韩子荣等领导出席会议，区有关委办局的主要领导，驻区企业分管武装工作的领导，各镇（街道）党（工）委书记，国动委各办公室领导，各镇（街道）和京煤集团武装部长、专武干部，部分企业单位的武装部长等60余人参加会议。会上，妙峰山镇、雁翅镇工委书记、武装部第一部长分别进行党管武装工作述职，其他单位党（工）委书记、第一部长在会上交流书面述职材料。

（赵兰陵　张统兴）

【军区司令视察指导工作】　2月24日，军区司令员在军区机关领导的陪同下，对部进行视察指导，看望全体干部职工，并与全体干部合影留念。

（张统兴）

【开展“清明祭扫”活动】　3月28日，组织驻区部队、中小学生到宛平革命烈士陵园，开展“缅怀革命先烈继承革命传统”为主题的各式纪念活动。

（王爱宾　张统兴）

【参与处置中门寺山区火情】　3月30日，龙泉镇中门寺山坡发生火情。值班领导迅速启动应急预案，组织民兵应急分队集结赶赴现场，组织灭火指挥。同时，协调周边部队做好出动准备，最终，火情被全部扑灭，没有造成人员伤亡和大的财产损失。

（赵兰陵　张统兴）

【召开基层武装部规范化现场会】　4月16日，根据年度军事工作计划安排，在军庄镇召开全区基层武装部规范化建设现场会，全区各镇（街）、企事业单位的基层武装部部长及干事共40余人参会。会前，组织大家进行观摩和实地参观，对有关建设情况进行现场解说，会上，军庄镇武装部部长作经验介绍，镇党委书记和区委常委、区武装部部长分别讲话。

（牛振科　张统兴）

【召开双拥暨迎检工作部署会】4月16日，门头沟区召开2014年双拥工作暨迎检工作部署会，人武部部长参加大会并讲话。区民政局局长总结2013年度双拥工作，并部署2014年度双拥要点。

（王爱宾　张统兴）

【参加防灾减灾主题日宣传活动】5月8日，组织进行“5.12”防灾减灾主题日宣传活动，全区以主题宣传日活动为契机，开展应急管理进学校、进社区、进农村、进企业、进机关、进部队系列宣传活动。区人武部协调驻区部队参与，配合相关活动，以实际行动参与地方建设。

（王爱宾　张统兴）

【组织驻区部队参加科普展】5月23日，在科委统一组织下，协调军区卫生干部培训中心和911油库各30名官兵到农展馆参观科普展览。

（张统兴）

【征兵工作】7月17日，区征兵工作领导小组根据工作计划安排，组织召开2014年度夏秋季征兵工作动员大会，区领导及相关委办局领导及各镇街、企事业单位武装部长、干事及各镇街的村委会、居委会主任200余人参会。会上，宣读区2013年度夏秋季征兵命令，总结区2013年夏秋季征兵工作，对2014年度夏秋季征兵任务进行部署；表彰《2013年夏秋季征兵工作先进单位和先进个人通报》，并进行颁奖。9月5日，召开2014年夏秋季新兵欢送大会，区领导韩子荣等参加会议，区征兵领导小组成员单位，各镇、街道书记，武装部长，新兵家长等一同参加。

（赵兰陵　张统兴）

【“绿色军营”创建活动】7月25日，由区文明办、武装部、民政局牵头，组织参加军（警）民共建活动暨“绿色军营”创建活动。组织各驻区部队及共建对子36人参加。

（赵兰陵　张统兴）

【总政领导检查指导】8月13日，总政副主任，对人武部群众路线教育实践活动开展情况进行调研指导，听取工作汇报，并对下步教育情况提出要求。

（张统兴）

【开展“军政主官看家乡”活动】8月22日，联合区双拥办，组织驻区17家营以上部队，近40名军地领导开展以“军政主官看家乡”为主要内容的地方一日活动。活动中，先后参观石门营棚改安置房建设基本情况、石龙开发区发展情况、石门营主题公园建设情况。

（王爱宾　张统兴）

【卫戍区司令视察指导工作】8月26日，卫戍区司令员到区内视察指导工作，司令员对人武部基础设施进行视察，听取部长的工作汇报，对工作给予肯定，并提出要求。

（赵兰陵　张统兴）

【参加“中坤杯”山地徒步大会】9月20日，按照区委部署，联合区文明办，协调驻区8支部队，共161人，参加中坤杯第五届国际山地徒步大会，完成了20公里行程路线。

（张统兴）

【参加烈士纪念日公祭日活动】9月30日，区武装部协调驻区3支驻区部队，共30余人，参加由区委、区政府共同组织的门头沟区烈士纪念日公祭日活动，区领导韩子荣等参加。

（张统兴）

【对民兵应急分队建设情况调研】10月17日，区武装部领导，到位于雁翅镇的区民兵应急分队建设情况进行实地调研，采取座谈了解、问卷调查等形式对区民兵应急分队建设的体制编制、综合保障、人员管理等方面进行调研，制定对策措施，形成调研报告，为协调区委、区政府解决实际问题提供依据。

（牛振科　张统兴）

民防工作

【概况】年内，在区委、区政府和市民防局的领导下，坚持以党的十八大精神为指导，学习习总书记系列讲话精神，着眼民防事业创新发展，围绕“抓作风，强素质，求突破，促发展”的工作思路，改进作风，争先创优，完成全年各项工作任务。

单位名称：北京市门头沟区民防局
地　　址：北京市门头沟区新桥大街36号
电　　话：69842578
邮　　编：102300

（张文翠）

【上级检查】1月27日，主管副区长带领联合检查小组，对区民防应急物资储备库进行了安全检查。4月9日，市民防局领导检查区防空防灾宣传教育体验馆建设工作。听取局领导介绍情况，对区防空防灾宣传教育工作提出确指示。6月6日，韩子荣带队检查人防工程防汛工作并视察民防宣教指挥中心。听取人防工程防汛应急准备工作汇报，询问人防工程防汛预案、应急物资准备情况，并对局人防工程管理和民防应急指挥宣教中心开放使用工作提出要求。

（张文翠　刘媛媛　雷平）

【培训工作】　2月25日，参加了市民防局在区内举办的人防工程建设管理培训班。培训内容包括：人防工程的特点、结构、设备的功能应用；人防工程建设、管理和施工现场检查中应注意的问题等。3月，组织相关人员，对通信系统等进行检修和培训。4月14日，参加市民防局为期一周的跨区拉动演练驻训活动。28日，组织参加市民防局举办的警报维护管理人员培训。5月6日，组织指挥通信技术骨干参加北京民防系统组织的实操跨区域，长距离，复杂陌生环境条件下的拉动演练。8月至11月，完成2014年通讯训练任务。配合市局及兄弟区县开展联通联训，历时3个月的训练，完成全市年度训练任务。

（张文翠 艾建顺 罗强 刘燕新）

【开展主题宣传教育活动】　2月28日，开展“民防与社会的安全文化”主题宣传活动，发放宣传资料2000余份。5月8日，同区应急办等29家单位在新桥路中学共同组织开展了“5.12”防灾减灾主题宣传日活动。活动内容分为：校园地震灾害应急疏散演练；专业队伍分列式表演；“5.12”防灾减灾主题宣传展览。

（张文翠　张国庆）

【领导调研】　4月16日，市民防局领导就人防建设、管理、使用和地下空间综合整治情况到区内进行调研。调研组听取了在人防工程管理、建设、地下空间综合整治和民防体制、资金等方面工作情况汇报。询问了相关工作，并提出具体要求。

（张文翠　苑拥军）

【执法检查】　4月29日，联合区安监局、住建委等8个部门对北京龙锋物业管理有限公司（倚山嘉园小区）进行综合执法检查。检查倚山嘉园人防工程出入口、应急疏散通道、消防设备、设施配置情况及各种应急预案、安全制度的落实情况等。5月下旬，对梧桐苑小区等新建人防工程的防汛应急措施、防护门的开合密封情况，风机房的正常运转情况、消防设备设施完善情况等进行了检查指导。

（张文翠　艾建顺　刘纪荣）

【为民办实事】　4月，按照年度计划，通过筹集资金，实地勘察，协调施工单位，对早期回填工程进行整体布置，派遣抽检人员配合监理单位在整个工程中严把质量关，完成早期人防工程回填任务。9月，与东辛房街道协商，将惠泽家园20号楼人防工程交由街道进行公益性使用管理，作为社区活动中心投入平时使用，缓解社区公益用房的不足。

（张文翠　周　彭）

【应急疏散演练】　4月，组织新桥路中学700名师生开展应急疏散演练。

（张文翠　刘欣磊）

【召开地下空间综合整治工作会】　6月9日，召开“区地下空间综合整治工作协调小组工作会”。传达市地下空间综合整治工作精神，部署区地下空间综合整治执法检查实施方案。针对区地下空间现况，提出要求。

（张文翠　周　彭）

【召开防汛工作会】　6月10日，召开全区人防工程防汛工作会并组织演练。会上总结了2013年人防工程防汛工作，传达了市、区防汛会议精神，部署2014年人防工程防汛任务，提出具体要求。并分别与镇（街）及人防工程使用单位签订人防工程防汛责任书。随后，开展防汛抢险演练。

（张文翠　张　柯）

【应急抢险】　7月10日，东辛房街道市场街32号院内出现早期防空洞塌陷，致使室内出现裂缝的问题，威胁当地群众的生产生活安全。区民防局接收通知后立即组织相关人员赶赴事故现场，同东辛房办事处共同进行现场勘查和处置。11日，由民防局出资，由办事处组织施工，对该处早期人防工程进行处理，消除安全隐患。

（张文翠　刘纪荣）

【鸣放防空警报】　8月26日，召开全区人民防空袭演习协调会。会上宣读“门头沟区人民防空袭及防空警报鸣放方案”，征求相关单位意见建议，提出工作要求。9月15日，发布“北京市门头沟区人民政府防空警报鸣放通告”。内容包括：警报鸣放时间、鸣放范围、鸣放区域、音响规定等方面内容。按照《北京市人民防空袭演习总体方案》工作部署，20日，参加“京盾－2014”北京市人民防空袭演习，并与房山区、延庆县共同承担防空警报鸣放任务。此次防空袭演习警报鸣放，是区内第一次完整的鸣响三种防空警报信号。9时整，全区所有防空警报器全部按时鸣响，11时30分警报鸣放结束。

（张文翠　张柯　雷平）

【人防工程安全检查】　9月22日，开展节前人防工程安全检查。检查龙世源度假村和京煤集团综地公司院内等早期人防工程的回填情况，并提出工作要求。11月2日，开展APEC会议期间人防工程安全检查工作，对梧桐苑小区、永兴嘉园小区和石龙开发区等人防工程进行安全隐患、人防工程各项应急预案的准备落实和人防工程设备设施的工作运行安全情况进行检查，并提出相关要求，确保APEC会议期间区人防工程安全运行。

（张文翠　刘纪荣　罗强）

【举办社会宣传月启动仪式】　10月31日，举办北京市“纪念新中国人民防空创立64周年”社会宣传月启动仪式。邀请国家人防办领导、市民防局领导、区领导张贵林出席活动并讲话。

（张文翠　张柯　宋健）

农业与农村经济

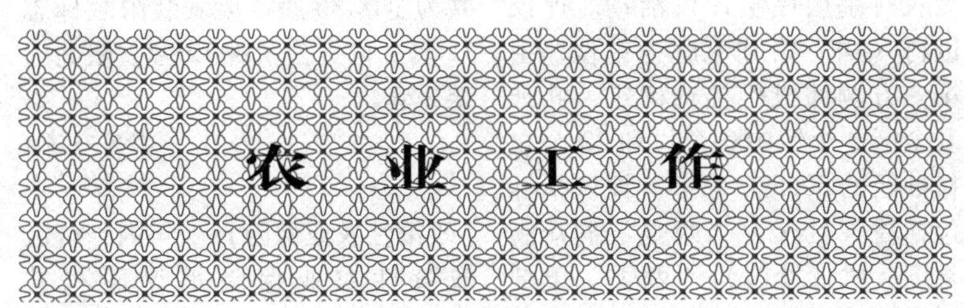

农业工作

单位名称：中共北京市门头沟区委农村工作委员会
北京市门头沟区农村工作委员会
地　　址：北京市门头沟区石龙北路33号农林大厦
电　　话：69842675
邮　　编：102300

（符乃清）

【概况】　年内，全区广大农村干部群众贯彻落实党的十八大、十八届三中、四中全会和习近平总书记系列重要讲话精神，按照高标准、大尺度、深层次推进农村改革的要求，坚持改革创新，锐意进取，扎实工作，推动农业农村经济较快发展和农民稳步增收。

年内，全区农村经济总收入实现90.8亿元，比上一年同期的86.5亿元增加4.3亿元，增长5%。全区农林牧渔业总产值为35335.3万元，同比下降33.7%。其中，农业产值为10863.5万元，同比下降4%；林业产值为9757.4万元，同比下降65.6%；牧业产值为13849.2万元，同比增长8.2%；农林牧渔服务业产值为865.2万元，同比增长5.6%。全区农民人均纯收入18861.46元，同比增长8.3%。其中工资性收入12127.66元、家庭经营收入2369.36元、财产性收入713.5元、转移性收入3650.94元。全区农民人均所得实现13680元，比上一年同期的12605元增加1075元，增长8.5%。全区农村劳动力总数是45647人，同比减少1468人，减少3.1%，主要是农户转居、转工所致。全区1.12万户低收入农户人均可支配收入实现10397元，同比增长10.2%，其中已脱贫10058户，脱贫率89.8%。

全区都市型现代农业发展平稳，种业、设施农业、观光休闲农业呈“一增一平一减”态势，共实现收入16786.4万元，同比增长1.9%。其中种业实现收入2006.7万元，同比增长93.8%。设施农业实现收入3990.5万元，同比基本持平。观光休闲农业实现收入10789.2万元，同比下降5.7%。其中，观光园收入4996.9万元，同比下降20.6%；民俗旅游收入5792.3万元，同比增长12.3%。

全区果园面积达2.17万亩，比上年的2.20万亩减少0.03万亩，主要是潭柘寺镇部分村拆迁造成的。全年水果产量达2768.1吨，比2013年增加124.1吨，增长4.7%。水果产值为5011.3万元，同比增长10.6%。

【培训工作】　3月24日，举办农村发展基金培训班，邀请区发改委领导针对农村发展基金申报所涉及的直接投资、银行贷款担保、贷款贴息、担保费补贴、保费补贴五种政策类型进行讲解。全区各镇农业科、经济科和经管站共32人参加培训。4月2日，联合中国网库公司举办全区农业企业电子商务培训班。区内涉农企业、农民专业合作社、种养殖大户及各镇主管人员共计75人参加。7月15日至17日，第一期村党组织书记培训班在龙泉宾馆小剧场举行。全区各村党组织书记、区委选派第一书记及各镇党委副书记参加培训。区委书记韩子荣参加活动并讲话。

（符乃清）

【市领导调研】　4月1日，市委副秘书长到区内调研，听取区农委、区经管站“新三起来”相关工作汇报，与清水镇、斋堂镇主要领导进行座谈，并实地察看北京腾达乡村旅游联合社运行情况、土地流转情况和斋堂镇杨家峪古村落规划建设情况。22日，市统战部部长到区内调研，实地察看王平镇韭园新型农村社区建设、安家庄村土地流转以及全区农村产权交易平台、“三资”监管平台运行等情况，并听取相关工作汇报。

（符乃清）

【区人大视察新农村】 7月25日，区人大主任带领150名区人大代表视察全区沟域经济发展情况，听取区农委关于沟域经济发展情况汇报，并实地察看雁翅镇南石洋大峡谷开发及休闲旅游观光产业发展情况。11月27日，区人大组织人大代表对新农村建设及主导产业培育情况进行专题视察，听取区农委相关情况汇报，实地视察王平镇东马各庄村和妙峰山镇水峪嘴村。

（符乃清）

【低收入农户精准帮扶】 截至12月，全区各镇正在进行精准帮扶统计的农户为152户，包括助老帮扶68户，助学帮扶84户。其中，已通过区级审批95户，包括助老帮扶57户、助学帮扶38户。累计发放帮扶资金共计10.29万元，其中助老帮扶资金8.01万元、助学帮扶资金2.28万元。

（符乃清）

【党的群众路线教育实践活动】 年内，以落实中央八项规定和市委、区委实施意见为切入点，制定工作实施方案和学习计划，组织学习，开展批评与自我批评，坚持边查边改，突出立行立改，整改“四风”方面存在的突出问题和服务群众“最后一公里”问题。活动自2月启动，历时八个月时间，区农委机关党支部21名党员干部全部参加教育实践活动。

（符乃清）

【农村基层民主评议】 年内，开展农村基层民主评议活动。评议以村（居）常住家庭为单位，由第三方测评机构抽选确定，共涉及全区9个镇160个村和22个农村社区的5065户家庭。评议指标包括村（社区）“两委”群众满意度、村（社区）“两委”干部群众满意度、镇党委镇政府群众满意度、群众生产生活满意度、群众的意见与建议、对2013年“问需于民”情况进行反馈等6个方面。

（符乃清）

【险村搬迁】 年内，通过建立联席会议制度，召开专题会、现场会和培训会，组织各镇村学习斋堂镇法城村和王平镇东马各庄村险村搬迁工作经验，全区14个险村有10个村实现动工建设，其余4个村已完成搬迁方案。

（符乃清）

【一事一议项目】 年内，推进一事一议项目。共涉及全区8个镇29个村，总投资2187.5万元。项目范围主要包括以村民一事一议筹资筹劳为基础，目前支农资金和转移支付资金没有覆盖的村内水渠（灌溉区支渠以下的斗渠、毛渠）、堰塘、桥涵、机电井、小型提灌或排灌站等小型水利设施，村内道路（行政村到自然村或居民点）、田间道路和环卫设施、植树造林等村级公益事业。

（符乃清）

【乡村公路】 年内，共实施乡村公路大修工程28.45公里，其中乡级公路7条、村级公路6条。共为全区36座桥梁安装限载标志72套、信息公示牌72套、限高门架2套。

（符乃清）

【政策性农业保险】 年内，全区政策性农业保险承保面积共5238.66亩，总保额2090.548万

（符乃清）

【农村土地确权登记颁证试点】 年内，试点镇雁翅镇共完成19个村土地承包档案资料清理及承包地登记基本信息录入工作。其中，芹峪村、跃进村、饮马鞍村、太子墓村4个村已完成外业实测工作。

（符乃清）

【减煤换煤清洁空气行动计划】 年内，建成12个型煤销售网点并投入使用。完成优质燃煤煤炉更换952台。6个煤改电工程试点村完成外线工程。开展打击劣质燃煤联合执法。加大宣传力度，在区电视台播出优质型煤的购买流程和相关政策，每日滚动播放“减煤换煤清洁空气　自觉抵制劣质燃煤”字幕。

（符乃清）

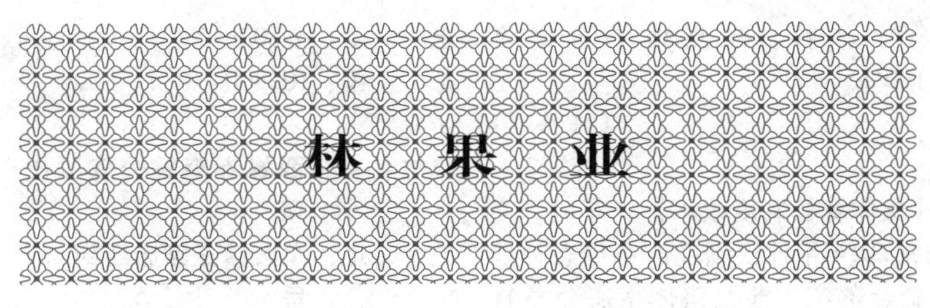

林果业

【概况】 年内，在区委、区政府的领导和市园林绿化局的支持下，区园林绿化局、区绿化办围绕建设生态涵养发展区和首都西部综合服务区的功能定位，推进绿化美化生态工程建设，全年共实施各项园林绿化工程20个，其中重点建设项目7个，建设总投资24470.14万元。（全区森林总面积达到89.62万亩，森林覆盖率达到41.18%，林木绿化率达到64.27%，园林绿地面积达到1486.46公顷，绿地率达到39.9%，城市绿化覆盖率达到41.95%。）

单位名称：北京市门头沟区园林绿化局
地　　址：北京市门头沟区石龙北路33号农林大厦
电　　话：69842575
邮　　编：102300

（陈嘉迎）

【林地保护工作】 1月10日，组织色树坟森林公安派出所、西峰寺森林公安派出所，联合对永定镇北岭地区私挖盗采情况进行突击检查。出动森林公安民警5人，应急救援队员20人，车辆4部。

（陈嘉迎）

【宣传工作】 3月2日，开展“保护野生动植物－建设绿色新家园”和“绿色森林你我共享－森林火灾你我共防”两个主题宣传活动。发放野生动植物各类宣传册2000余份，森林防火宣传册1000余份。

（陈嘉迎）

【公益林管护】 3月25日，为全区176.4062万亩生态公益林正式投保北京森林综合险，保险时间为2014年3月25日零时至2015年3月24日二十四时，保险为期一年。森林保险事故不设立免赔率，每亩保险金额为1200元，总保险金额达到21亿1687.44万元，保险费率为2‰，总保险费423.37488万元，保费补贴按照中央、市级二级补贴形式，其中市级财政补贴50%，申请中央财政补贴50%。

（陈嘉迎）

【义务植树工作】 3月29日，启动“弘扬生态文明，建设美丽门头沟”为主题的春季义务植树活动。植树地点设在永定河森林公园和中门寺山坡，面积共计110亩。有10余家单位1200余人参加活动，共栽植国槐、香花槐、侧柏等树木1400余株。

（陈嘉迎）

【区绿化美化工作】 4月9日，“市花月季进社区”正式启动。初步选择大峪街道月季园社区、城子街道132院、东辛房街道石门营六区作为试点开展。发放市花月季相关知识折页、义务植树、碳汇折页、碳中和计算罗盘、环保购物袋等宣传材料1000余份。

（陈嘉迎）

【成立区绿化基金会】 5月15日，“北京市绿化基金会－门头沟绿化工程专项办公室”正式批准成立。

（陈嘉迎）

【区绿地建设代征工作】 5月，对石门营、石泉两个棚户区代征绿地、规划绿地实施景观绿化提升工程，总面积12.427公顷，其中绿化面积约9.094公顷。

（陈嘉迎）

【退耕还林工作】 6月15日，完成2013年退耕还林验收工作，总验收面积为38971.29亩。根据《退耕还林条例》等相关政策，退耕农户每年每亩地补助生活费20元，补助资金共计779425.8元。

（陈嘉迎）

【应急避险工作】 6月20日，7个公园被列入北京应急避难场所，总面积62万平方米，可容纳人数19.4万人，其中最大的滨河世纪广场面积为35万平方米，可容纳10万人。

（陈嘉迎）

【有害生物防治工作】 8月5日，启动飞机防治林业有害生物工作。出动飞机100架次，防治面积6万余亩，重点区域是永定镇、龙泉镇、潭柘寺镇3个镇前脸山，莲石路、滨河路、109国道、108国道、六环路等重点公路两侧的绿化带。

（陈嘉迎）

【公园养护管理工作】 11月起，对各公园采取冬季养护管理，布置无纺布67捆、竹竿508捆、铁丝128捆、火烧丝22捆、木杆、塑料保鲜膜等材料，出动车辆50余次，人员260余人次。

（陈嘉迎）

【野生动物保护工作】 12月18日，根据实地调查统计，全区共有7个镇的农作物、家禽家畜受到野猪和猛禽等野生动物不同程度的破坏，损失共计57.7218万元，按80%进行补偿。

（陈嘉迎）

【古树名木保护工作】 12月18日，因大风暴雨造成古树折枝情况，有些砸坏群众房屋，共涉及3个镇，补偿古树折枝砸房修缮费等共计9.578万元。

（陈嘉迎）

【京津风沙源治理工程】 年内，累计造林107.12万亩，生态服务功能价值达400多亿元，全区森林覆盖率达41%。中央财政贴息项目共计贷款610万元，申请2014年度项目贴息资金36.6万元。植被恢复工程吸收项目所在地8个镇16个村，共栽培区优质果树山杏、山桃、苹果、樱桃等近3万株。

（陈嘉迎）

【森林防火工作】 年内，各森林公安派出所开展防火巡逻检查146次，出动警力310人次，车辆巡逻累计6000余公里。共检查林区承包经营单位、施工单位256家，生态管护员1505人次。

（陈嘉迎）

【果蜂产业工作】 年内，向北京市食用林产品质量安全监督管理事务中心和北京市农林科学院林业果树研究所分时段送检果品和蜂产品共计80份，每份3公斤，9个品种，检测结果合格率100%。

（陈嘉迎）

【集体林权制度改革】 年内，完成2014年林权制度改革生态补偿资金落实。涉及集体生态公益林面积为161.59万亩，向全区9个镇167个村3.9万户7.3万林权股民（人）兑现生态补偿金3878.22万元。

（陈嘉迎）

【平原造林工程】 年内，平原造林工程建设总任务1718亩，分布在三个镇，其中军庄镇259亩、龙泉镇1285亩、永定镇174亩。共组织9支施工队伍245人进行春季造林任务，已栽植面积85.84亩，栽植苗木3168株，其中落叶乔木664株，常绿乔木936株，亚乔木1220株，花灌木348株。

（陈嘉迎）

【下属单位情况】

单位名称：小龙门林场
地　　址：清水镇小龙门林场
电　　话：61827665
邮　　编：102311

单位名称：清水林场
地　　址：清水镇清水林场
电　　话：60855454
邮　　编：102311

单位名称：马栏林场
地　　址：斋堂镇马栏林场
电　　话：69816704
邮　　编：102309

单位名称：西峰寺林场
地　　址：永定镇冯西路临1号
电　　话：69802612
邮　　编：102300

单位名称：西峰寺森林公安派出所
地　　址：龙泉镇三家店西街137号
电　　话：69800648
邮　　编：102300

单位名称：百花山森林公安派出所
地　　址：清水镇清水林场院内
电　　话：60855814
邮　　编：102311

单位名称：色树坟森林公安派出所
地　　址：王平镇王平大街东路16号
电　　话：61859437
邮　　编：102300

单位名称：小龙门森林公安派出所
地　　址：清水镇小龙门林场院内
电　　话：61827399
邮　　编：102311

单位名称：林业工作站
地　　址：门头沟区石龙北路33号农林大厦10层
电　　话：61864246
邮　　编：102300

单位名称：园林服务中心
地　　址：门头沟区滨河路22号
电　　话：69858419
邮　　编：102300

（陈嘉迎）

水资源开发利用

【概况】 年内，习近平总书记在视察北京工作和中央财经工作会上发表重要讲话，从不同角度就水安全问题进行论述，并为以后工作指明方向。随后，市、区先后召开专题会议，分析水务面临的形势，部署下一阶段工作。面对经济社会发展中水务日趋严峻的形势，在区委、区政府的领导下，全局干部职工以艰苦奋斗的精神践行科学发展观，稳中求进、创新发展，为地区经济社会发展提供水务支撑和保障。全年共实施及启动重点工程项目30项，包括承担政府目标任务书项目19项，涉及总投资15亿元。全区年总用水量控制在5500万方以内，节水目标完成率达到目标值，全区年处理污水1038万吨，年利用再生水508万立方米，完成各项考核任务。

单位名称：北京市门头沟区水务局
地　　址：北京市门头沟区石龙北路33号7层
电　　话：69842049
邮　　编：102300

（董　博）

【重点建设工程】 3月20日，为缓解区新城供水紧张局势，启动实施城子水厂改扩建工程，总投资16076万元。厂外水源井已完工；厂内主体结构完工，在进行二次结构施工和设备采购、安装，全部工程7月底完工。

（董　博）

【节水宣传】 3月22日，在门城湖公园开展以“水与能源”、“加强河湖管理，建设水生态文明”为主题的世界水日宣传活动。在活动期间组织发放节水宣传材料、节水宣传画500余张，开展水务知识有奖问答，以“汇聚青春正能量，共护首都母亲河”为主题珍惜水、保护水签名活动，设水务宣传板20块。9月1日，来到潭柘寺中学进行“节水优先进校园”宣传，“节约用水”作为学生开学第一课、《中小学节水知识读本》为开学第一本书，同时向全区中小学生发起开学第一个倡议“节约用水从我做起”等活动，将9月定为“节水优先进校园活动”宣传月。

（董　博）

【领导调研】 3月22日，团市委组织海淀社区青年汇到区龙凤岭水土保持科技示范园参观。3月26日，市人大调研区内水土保持工作。5月5日，水利部副部长一行到区永定河门城湖调研流域水生态治理工作。6月12日，市防汛检查组区防汛工作进行突击检查。检查组实地查看山洪泥石流易发区、采空区，危旧房屋，永定河沿河农家乐及门城湖。并对地区群众避险转移准备情况，防汛安全责任制签订落实情况及防汛预案编制情况等进行检查。9月10日至11日，水利部海河水利委员会到区内督导检查国家水土保持重点建设工程。

（董　博）

【建立健全工作体制】 4月，根据《关于健全完善我区水务管理体制的批复》（门编委字［2014］3号），经中共门头沟区委第十一届第54次常委会议和区编委研究决定，对区级水务职责，机构、编制和人员进行调整。

（董　博）

【提闸演习】 5月7日至8日，区防办联合应急办、王平镇、雁翅镇、防汛应急抢险大队、京西发电有限责任公司，先后开展落坡岭、珠窝水库人工提闸演习。

（董　博）

【召开安全迎汛工作会】 5月29日，召开2014年防汛工作动员会，各专项分指、成员单位等参加会议。指挥部领导韩子荣等出席会议。

（董　博）

【发布公报】 7月29日，区水务局向社会发布《门头沟区水土保持公报（2013）》。

（董　博）

【重点建设工程】 8月31日，城子水厂改扩建工程如期具备通水运行条件，使门城地区的日供水能力新增4.3万立方米，日供水总能力达到8.6万立方米。12月27日南水北调水源正式进京，经过3天的置换，城子水厂于30日开始使用南水。

（董　博）

【法制宣传日】 12月4日，组织相关工作人员在区税务局前广场开展法制宣传日活动。活动主题是“弘扬宪法精神，建设法治中国”。通过发放宣传单，发放《北京市节约用水办法》，现场答疑等方式对群众进行节水相关法治宣传，发放材料500余份，受教育人数近千人。

（董　博）

（梁　晓）

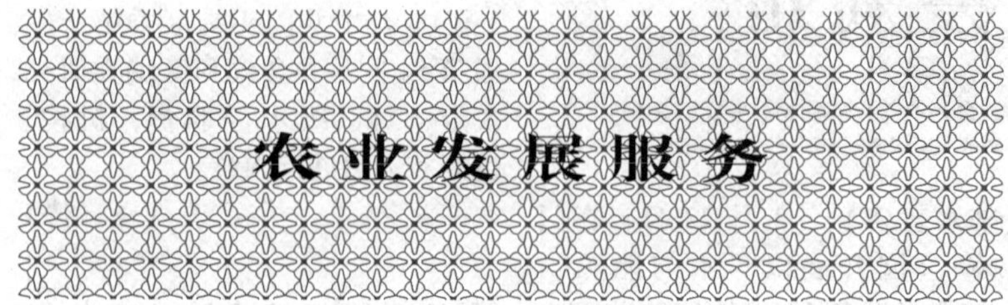

农业发展服务

【概况】 农业局下设农业综合服务中心、动物卫生监督所、动物疫病预防控制中心和农业执法队4个单位（各下属单位与农业局机关合署办公）。年内，贯彻落实各项强农惠农富农政策，在区委、区政府的正确领导及上级业务主管部门的支持与帮助下，贯彻落实科学发展观，把握全区“三农”工作落实“新三起来”，加快都市型现代农业发展的阶段性特征，服务旅游文化休闲主导产业发展，促进农游深度融合，认真履行自身职能，完成四项区政府折子工程，加强农业服务、农产品质量安全、动植物防疫三大体系建设。

单位名称：北京市门头沟区农业局

地　　址：北京市门头沟区石龙北路33号

电　　话：69843135

邮　　编：102300

（梁　晓）

【景观农业发展】 年内，景观植物种植达到6320亩，其中万寿菊5113亩，百日草等其他景观植物1207亩，种植范围涉及全区8镇1街（潭柘寺、永定、龙泉、妙峰山、王平、雁翅、斋堂、清水及大台街道）。

（梁　晓）

【农业废弃物处理及综合利用】 年内，开展全区规模养殖场污染治理，继续推进7处规模养殖场及2处种养基地治理任务。

（梁　晓）

【推进京津风沙源治理】 年内，推动种植黄芩1100亩，具体为清水镇600亩，潭柘寺镇200亩，雁翅镇300亩。配合区发改委完成京津风沙源项目二期规划（农业部分）。区农业部分规划任务为人工种草1.5万亩、暖棚建设1亩、饲料机械20台。落实全部规划任务地块，并配套地块地形图。确定人工种草地块共计1500亩，具体为妙峰山镇700亩、清水镇600亩、王平镇200亩。

（梁　晓）

【农业服务下乡入户】 年内，累计向各镇村供应玉米、豆类、谷子等种子1万余公斤，肥料13.2万公斤，生物农药1700余公斤。开展农机年检送检下乡工作，到全区9个镇，对全部年检农机车辆实施检测、喷漆喷号、代办保险、填发检验合格证等“一条龙”服务，全年累计检验车辆356台，发放荧光条2136条，代上保险330份。做好全区太阳能路灯维修养护工作，加大运行情况巡查和配件保养力度，确保全区农村8125盏太阳能路灯完好率在95%以上，全年累计维护太阳能路灯2786盏次，更换电瓶1687块、控制器985个、光源1606个。

【推动基层农业技术推广】 年内，开展基层农技推广体系改革与建设补助项目，围绕肉鸡养殖、景观农业建设，以及杂粮、鲜食玉米、食用菌、中草药和茶菊种植等特色产业，在全区打造7处农业科技示范基地，在重点产业村培育科技示范户70户，推进农资物化补贴、优良品种引进及技术指导工作。依托田间学校、“阳光工程”项目，开展种养殖、农田节水、动物防疫、农机操作等农业技术及农业法律法规培训，惠及农民920余人次。

（梁　晓）

【土壤信息监测】 年内，推动农产品产地污染综合防治工作，完成全区102个土壤监测点位的土壤样品原状土取样及GPS轨迹定位。落实基本农田长期定位监测，做好5个监测点（妙峰山镇黄台村、军庄镇东山村、龙泉镇的龙泉务蔬菜种植园、妙峰山镇龙凤岭、军庄镇孟悟生态园）土壤重金属及PH值监测。

（梁　晓）

【落实惠农补贴】 年内，按程序落实包括粮食直补、农资综合补贴、生态补贴等各项补贴资金共146万余元，发放政府补贴农机具102台套（市补50%，农户自付50%）。继续实施500亩基本菜田建设，通过补贴（每亩1000元）引导种植户施用有机肥，加强菜田管理，提升蔬菜产量与质量。启动清水镇500亩口粮田建设项目，通过施用有机肥、修缮畦埂，提高土地综合生产能力，巩固退耕还林成果。以“菜篮子”建设项目为依托，对3个肉鸡养殖小区进行生产设施提升改造及环境优化。

（梁 晓）

【宣传工作】 年内，启动5家农产品生产单位无公害认证，继续对区内“三品认证”单位给予奖励扶持政策（全区符合认证条件的相关单位共21家，已认证10家）。组织申报全国及市级名特优新农产品，区京白梨、纸皮核桃已入选2013年全国名特优新农产品目录。组织6家涉农单位参展中国国际农交会。

（梁 晓）

【重大动植物疫病防控】 年内，针对禽流感、口蹄疫、猪瘟、蓝耳病、新城疫五种重大动物疫病，集中强制免疫畜禽461.45万头、只、次，采集血样1332份，检测样品1761份。对全区150个养殖场户开展流行病学调查340次，未发现重大动物疫情病例。落实狂犬病防控工作，不断强化组织、扩大宣传、加强监督，完成免疫登记注册犬8306条。实施小反刍兽疫疫苗免疫接种，发放小反刍兽疫疫苗2.6万头份。

（梁 晓）

【京路口检查及官方兽医室建设】 年内，累计完成动物产地检疫283万头/只，动物产品检疫1.53吨，检查过境动物7.83万头/只，检查消毒过境运输动物及动物产品车辆143车次，芹峪口、清水、潭柘寺官方兽医室共开具动物临床健康检查证明947张。

（梁 晓）

【开展无主动物收容】 年内，依法同辖区5家动物诊疗机构签订《门头沟区无主动物收容暂存场所委托协议》，发放登记表，开展相对人培训，并提供收容暂存工作所需笼具、饲料用品及相应标志，公示收容举报电话。

（梁 晓）

【农田灭鼠】 年内，防治任务覆盖9个镇，包括农田4.21万亩，农业设施400亩及畜牧养殖场2个，养殖户3000户，水产养殖场315亩，累计发放鼠药4.22吨，鼠夹200支，按月做好鼠情监测统计。

（梁 晓）

【检查检测工作】 年内，区镇两级农产品质量安全监管部门到生产单位（农户）进行现场检查840人次，对95家重点监管对象检查覆盖率达到100%，累计完成蔬菜、畜禽类产品、水产品等快速检测样本10040个，定量检测样本262个。

（梁 晓）

【渔业放流】 年内，落实渔业增殖放流任务，向珍珠湖、斋堂水库等2400余亩渔业水域增殖11万尾鲢、鳙鱼种。先后2次全程监督宗教团体依法开展鱼类放生活动，限定放生品种及地点。

（梁 晓）

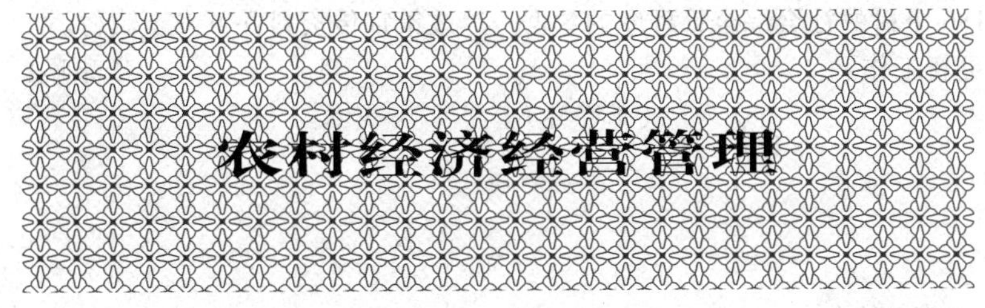

农村经济经营管理

【概况】 年内，在区委、区政府的领导下，在市农经办的指导帮助下，贯彻落实党的十八大及十八届三中、四中全会精神，围绕全区改革发展大局，推进“五讲、五树、九推进”工作目标，完成100项目标管理任务，以“新三起来”为中心，以加强农村集体“三资”监管为重点，以强化农村经管基础工作为根本，以党的群众路线教育实践活动为动力源泉，努力推进农村经管工作取得新进展。

单位名称：北京市门头沟区农村合作经济经营管理站
地　　址：北京市门头沟区新桥大街36号
电　　话：69844255
邮　　编：102300

（张晔晖）

【农民专业合作社】 年内，研究制定《关于促进门头沟区农民专业合作社发展的实施意见》；推荐上报国家级示范社6个；北京清水腾达乡村旅游联合社全国首创建立了教授工作站；12月25日，召开区农民专业合作社联合会成立大会，选举产生了联合会和监事会成员。

（张晔晖）

【农村产权交易】 年内，农村产权交易实现28个项目挂牌，15个项目签约，成交总额5814万元。落实斋堂镇柏峪村土地集中流转项目，拨付292.6亩土地集中流转资金186万元。研究制定《门头沟区农村土地集中流转专项资金使用管理意见（试行）》及《门头沟区农村土地承包经营权流转费指导参考价调整意见》。

（张晔晖）

【富民系列资金信托】 年内，实施“富民5号”和“富民7号”信托工程，将永定镇11个村5.45亿元和龙泉镇16个村3.11亿元资金进行信托。经测算，区富民系列信托（富民1号、2号、5号和7号）累计投入资金17.36亿元，每年收益为1.6亿元，共惠及3镇39个村2.3万人。

（张晔晖）

【“三资”监管平台】 年内，通过平台共查看668个村次、20448笔账目，发出预警128次，预警金额4.98亿元。

（张晔晖）

【“三资”监管定期检查】 年内，完成80个村的“三资”监管定期检查工作。

（张晔晖）

【农村村干部经济责任审计】 年内，完成91个村的村干部任期和离任经济责任审计工作。其中，离任审计5个，任期审计86个。

（张晔晖）

【农村集体经济合同租金催缴】 年内，开展78份农村集体经济合同租金催缴工作，收缴64份合同租金共计241.66万元。

（张晔晖）

【农村经济统计分析】 年内，全区农村经济总收入完成90.8亿元，比上一年同期增收4.3亿元，增长5%。农民人均所得完成13680元，比上一年同期增加1075元，增长8.5%。

（张晔晖）

【低收入农户监测】 年内，全区1.12万户低收入农户人均可支配收入实现10397元，比上一年同期增加963元，增长10.2%。全区低收入农户共脱贫10058户，占89.8%；未脱贫1142户，占10.2%。

（张晔晖）

【农村管理信息化】 年内，完成2013年度8.2万人、4.5万个劳动力、2.7万份家庭资料数据和186个村的社会综合管理库的数据更新工作。

（张晔晖）

【村级财务公开】 年内，对7个镇16个村的村级财务公开工作情况进行检查。

（张晔晖）

【农村产权制度改革回头看】 年内，对王平、永定、军庄及清水4镇8个村集体经济组织产改工作进行抽查。

（张晔晖）

【农民负担监督管理执法检查】 年内，按照市农村负担监督管理领导小组办公室的统一部署，组织开展春、秋两季农民负担监督管理执法检查工作。

（张晔晖）

【培训工作】 年内，举办农村“新三起来”、“三资”管理、集体经济组织财务、低收入农户监测等培训班15期，培训2200余人次。

（张晔晖）

【加大政策宣传力度】 年内，编印农村产权交易、农民专业合作社、农村经管工作集萃、经管志等政策宣传资料并下发至镇村。

（张晔晖）

工　业

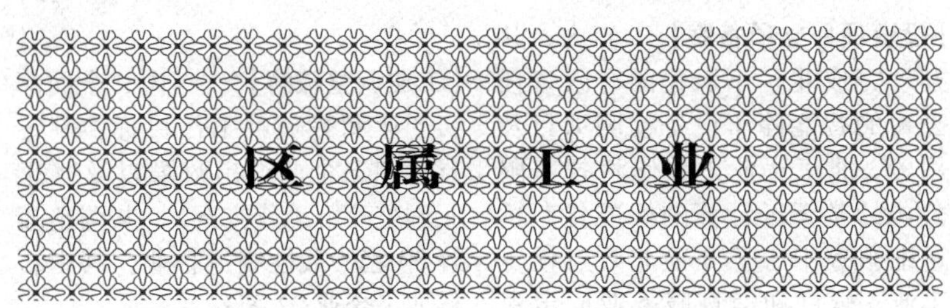

区属工业

【概况】　年内，区经济和信息化工作以群众路线教育活动为契机，贯彻落实习总书记到京考察时的讲话精神；坚持一切服从于“政治中心、文化中心、国际交往中心、科技创新中心”功能定位和建设国际一流的和谐宜居之都的工作目标，围绕促进地区转型发展，加快工业结构调整和改革创新的步伐。产业淘汰疏解、工业燃煤压减、中小企业创新服务、惠民型煤供应和智慧城市创建等工作取得成效。

（一）注重提质增效，经济运行平稳

前3季度，精雕科技完成产值26.9亿元，同比增长215.6%。在重点企业带动下，前3季度全区规模以上工业产值增速达到19.6%。

（二）下决心“舍”，加快落后产能淘汰疏解

区内研究制定《工业调整疏解工作方案》，方案明确不再新建和扩建工业项目，已经完成包括石料加工企业在内的22家工业企业退出。

（三）促进工业低碳发展，稳步推进工业燃煤压减

对两家工业企业的燃煤锅炉实施天然气锅炉改造，压减燃煤2100吨。

（四）提升服务水平，激发中小微企业活力与创造力

年内调整完善中小企业支持政策，推动中小企业转型升级、调整结构，与区法院签订合作备忘录，开通中小企业之友微信服务平台，与北京农商行门头沟支行签订战略合作协议，并定期组织银企对接会。年内促成中小企业融资2亿元左右。

（五）推进石龙经济开发区产业转型，培育服务型、总部型、平台型经济发展

年内12个重点企业项目已开工建设，引导企业转型发展楼宇经济，鼓励有条件的企业建立小企业创业基地，加快低效用地“腾笼换鸟”。

（六）加强信息化建设，助推地区经济和社会发展

一是加强信息化基础设施建设。二是推动信息化在各领域的应用。三是进行“智慧城市”试点申报工作。10月编制门头沟区智慧城市申报材料，申报国家第三批智慧城市试点。

（七）落实“清洁空气”行动计划，做好清洁型煤全覆盖工作

制定完成2014年度惠民清洁型煤供应方案，实现了全区供煤“一个价”，达到全覆盖的要求。

（八）加强已关闭煤矿巡查，多措并举、打击私挖盗采行为

加大对已关闭煤矿的巡查力度，防止关闭煤矿死灰复燃现象。利用信息化的手段，实现从单纯人防到技防与人防相结合的转变。

单位名称：北京市门头沟区经济和信息化委员会
地　　址：北京市门头沟区新桥大街46号
电　　话：69864877
邮　　编：102300

（梁　玉）

【推进信息化基础设施提升工作】　年初，制定区宽带北京任务目标，推进区信息化基础设施建设。全年新建3G基站29个，4G基站183个，基本实现4G信号对门头沟中心城区的有效覆盖。在公共场所加大无线局域网（WLAN）建设，新增WLAN热点10个，AP点113个。加快光网城市建设，新增光纤入户1万余户，光

进铜退7000余户，年内完成“铜改光”工程。

（刘　力）

【开展信息化培训及宣传工作】6月，与中国移动北京公司城区三分公司联合举办以“绿色生活，和你同行”为主题的基站科普知识宣传活动。7月，联合区科协开展第十一届“北京百万家庭数字生活技能大赛”的培训工作。9月，网上政务服务大厅系统上线前，开展网上政务服务大厅系统培训会，全区39个委办局和13个镇街参加培训。10月，向全区各相关单位开展电子政务系统升级后的培训工作，并进行现场演示。12月，开展软件正版化培训工作，由市版权局有关领导和专家对《政府机关使用正版软件管理办法》进行解读，就检查相关事宜、正版软件采购流程、软件资产管理、正版软件知识进行培训。

（刘　力）

【开展全区各委办局政府网站评比】　9月，《2014年门头沟区政务网站考评实施细则》发放到参评单位。11月，召开考评工作会，区政府办、区人大等评分单位参加。会上对《实施细则》考评方式中的考评主体、考评内容、分值权重进行讲解。评审过程包括专家评审、网站投票等方式，对全区各委办局、镇街共41个单位围绕网站内容、网站安全、网站建设技术水平和网站运行管理四个方面进行综合考评工作。

（刘　力）

【工业】　年内，全区规模以上工业实现总产值97.7亿元，同比增长21.5%；实现营业收入90.2亿元，同比增长6.4%；实现利润13.2亿元，同比增长16.9%；完成出口交货值16.9亿元，同比减少6.5%。

（梁　玉）

【企业技术改造】　年内，北京九发药业有限公司投资1200万元的丸膏剂GMP车间技术改造项目完成。

（梁　玉）

【投资项目立项备案】　年内，共办理完成北京京煤集团有限责任公司的智能停车设备检测项目及用房、北京竞业达数码科技有限公司的基于云计算的标准化考场运维服务中心等8项非政府投资工业、软件和信息服务业固定资产投资项目的备案，项目固定资产投资共计1.8亿元。

（梁　玉）

【企业技术中心】　年内，北京鑫华源机械制造有限责任公司通过北京市第十七批企业技术中心认定。

（梁　玉）

【小企业创业基地】　年内，北京利德衡环保工程有限公司着手建设小企业创业基地，基地总建设面积8794平方米。

（贾岩琦）

【中小企业融资服务】　年内，解决中小企业融资难题，组织2次银企对接会，促成中小企业融资2亿元左右。与北京农商行门头沟支行签订战略合作协议，为区内中小企业提供5亿元的意向性融资服务。推动集合信托、集合票据、融资租赁等创新融资方式，促成北京大源非织造有限公司等中小企业融资1.3亿元。

（贾岩琦）

【微信公众平台】　年内，开通“中小企业之友”微信公众平台，共发布400条左右政策、融资、就业等信息。

（贾岩琦）

【企业安全生产】　年内，根据新安全生产法要求，加强工业、软件和信息服务业的安全监管，建立和完善安全监管机制，落实行业监管责任。

（梁　玉）

【工业调整疏解】　年内，全面落实产业调整疏解工作目标，制定石料加工企业退出政策以及《工业调整疏解工作方案》，共调整疏解30家一般性制造企业，其中石料加工企业22家。

（梁　玉）

【重污染日应急】　年内，按照区清洁空气行动计划以及《门头沟区工业领域空气重污染应急预案》要求，5家重点企业在重污染期间严格落实停产或减排30%的措施。为保障2014年亚太经济合作组织会议（APEC会议）期间的空气质量，减少工业领域的污染物排放，制定《亚太经济合作组织会议（APEC会议）期间门头沟区大气污染物排放重点工业企业停产限产方案》，自11月3日0时至11日24时，对区内9家重点工业企业实施停产或限产减排30%污染物的措施并进行现场检查。

（梁　玉）

【压减燃煤】　年内，制定出《2014年门头沟区工业领域淘汰落后产能和压减燃煤工作方案》，退出（或生产环节退出）北京文治超硬材料制品厂、北京榕东活动房有限公司等6家高污染企业。

（梁　玉）

【惠民清洁型煤供应】 年内，为有效应对雾霾等恶劣天气，做好大气污染防治工作，按照区减煤换煤清洁空气行动计划要求，做好惠民清洁型煤的供应工作：一是推进全区清洁型煤“一个价”工作，在惠民清洁型煤供应方案的制定过程中，考虑到全区居民、农民的购买能力以及购买诉求，制定全区统一的价格标准；二是加大对辖区内型煤加工企业的监督检查力度，以及对进入区的各类煤制品的检查力度，确保市场销售的型煤符合清洁型煤标准，实现优质燃煤的替代工作；三是做好供煤过程中的监督管理工作，在供煤的过程中规范供煤网点财务管理、煤卡使用等方面管理，保障供煤的规范有序。

（王　亮）

【推动信息化在各领域的应用】 年内，推动信息化在各领域的应用。在政务服务领域，开展OA系统功能升级完善、全区行政办公互联网网络带宽扩容、基层数据采集平台、身份认证平台、财政集中核算管理系统、区电子监察平台、区档案馆馆藏档案数字化共8个项目建设，用信息化手段创新政府服务能力；在社会服务领域，开展城市网格项目及人保大厦信息系统集成项目建设，实现以网格化为载体、以信息化为支撑。

（刘　力）

【完善区网上政务服务大厅建设】 年内，开展区网上政务服务大厅的升级建设，完成“全网全流程”网上办公的升级改造，系统于9月份正式上线运行。截至12月，网上服务大厅系统共运行服务事项1662项。网上审批事项426项，占全部事项的25.6%。网上预审事项604项，占全部事项的36.3%。网上公示办事指南的事项632项，占全部事项的38.1%。

（刘　力）

【推进区软件正版化工作】 年内，成立区政府使用正版软件工作领导小组，制定并下发《门头沟区党政机关计算机正版软件管理办法（试行）》。5月，区召开正版软件迎检工作会，区经信委汇报区正版软件使用情况，并配合市正版软件工作检查组对办公电脑进行实地检查。年内，分别于4月和12月开展正版软件自查工作，对区政府组成部门、各镇街道、党委系统和群团系统等单位正版软件使用情况进行检查，并向各单位下发《政府机关软件正版化工作责任落实表》《台账及清查表》等文件。检查内容包括计算机台数、操作系统、办公软件、杀毒软件等。

（刘　力）

【开展智慧城市试点申报工作】 年内，按照住建部、科技部创建国家智慧城市（区、镇）试点的要求，编制门头沟区智慧城市申报材料，申报国家第三批智慧城市试点。区智慧城市建设内容包括城市公共信息平台、城市公共数据库、智慧社区、智慧石龙等重点建设项目。11月15日，召开区申报智慧城市试点评审工作会，专家组实地参观和考察智慧照明综合应用、居家智慧养老、潭王路生态修复远程监测系统、应急指挥中心和为民服务中心等，并听取区智慧城市试点申报工作情况的汇报，对区智慧城市试点申报工作提出建议。

（刘　力）

【推进“智慧门头沟”建设工作】 年内，智慧门头沟的建设内容包括网上行政审批、城市化网格系统、智慧旅游、一站式公众服务平台、地理信息平台、招商引资平台、物联网基础平台、数据中心、平安城市等部分。区经信委已组织专家对智慧门头沟项目进行评审，相关技术方案正在完善，同时争取市发改委资金支持。

（刘　力）

【保障网络与信息安全】 年内，做好全区网络信息安全工作。一是规范和提高区政务外网的管理和运维水平，制定并下发《门头沟区电子政务外网接入单位互联网出口使用管理规定》和《门头沟区电子政务外网使用管理办法》。二是为加强和规范区无线基站的建设管理，制定并下发《门头沟区无线基站建设协调机制》。三是转发市通信保障和信息安全应急指挥部办公室和首都之窗运行管理中心的信息安全通知，同时在节假日和重要节点前向全区各单位下发安全通知，要求各单位按照通知内容做好保障措施，确保全区重要网络信息系统、网站的安全。

（刘　力）

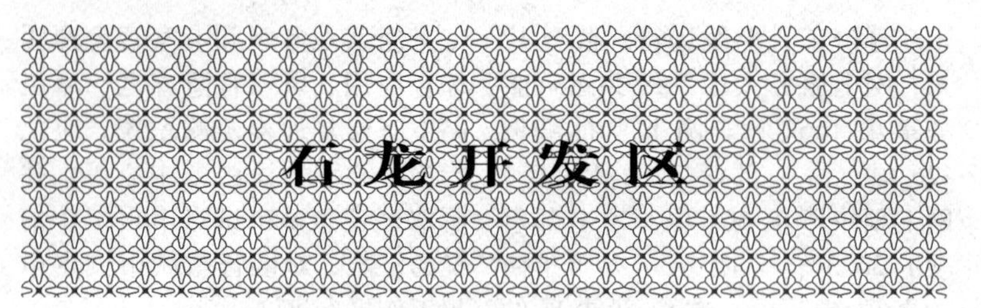

石龙开发区

【概况】　北京石龙经济开发区始建于1992年1月，位于门头沟新城南部，年内有国家级高新技术企业61家，中关村高新技术企业86家；已形成以数控装备、生物医药、仪器仪表、机械等行业为主体的产业集群，北京精雕科技有限公司、北京凝华科技有限公司、北京科星瑞特电磁兼容工程技术有限公司等为代表的数控装备制造产业主导着石龙经济开发区的产业形态，且有上千家涵盖房地产、商业物流、信息技术、电子商务、现代服务等诸多行业的注册挂靠企业，有北京立思辰科技股份有限公司等多家上市公司。石龙经济开发区为入区企业提供了完备的“九通一平”基础设施和税务、邮政、电信、银行、工商、会展中心、物业服务等系列配套设施。“十一五”后期建成的石龙产业孵化中心，成功引进了一批有房屋产权企业入驻，使入区企业找到了集约利用土地，转型升级的路径，已有12家企业在原有土地上开始了企业总部基地建设。年内，园区完成技工贸总收入273.86亿元，上缴税金39.15亿元，区财政留成11.75亿元，工业总产值98.59亿元，固定资产投入4.2亿元。自1992年建区至2014年底开发区共上缴税收225.51亿元，仅近4年区财政收入42.33亿元，就业人员达到5663人。

年内，招商引资截至2014年，共招商引资4087家企业，注册资金95.47亿元。其中，亿元以上企业17家，千万元以上企业130家。3月起工商注册改革实行认缴制后，招商引资工作同比增长262%。大批重点企业进驻石龙，其中，中石化易捷销售有限公司注册资金10亿元，北京住总众邦地产有限公司10亿元，中东海湾（北京）信息咨询有限公司1.2亿元。北京中泰创盈企业管理有限公司2亿元，北京森林河投资有限公司1亿元，碳谷科技有限公司1亿元。北京翼力奇科贸有限公司2.6亿元。远津绿洲（北京）投资基金管理有限公司1亿元。门头沟园按照产业集群化发展，资源集约化利用的思路进行建设，在建的总部大厦项目涉及12家企业，总建筑面积55.8万平方米，总投资27.69亿元。其中：2012年开工的7个，2013年开工的5个。

单位名称：北京石龙经济开发区
地　　址：北京市门头沟区永安路20号
电　　话：69803404
邮　　编：102308

（亢　建）

【获环境保护技术成果鉴定证书】　3月19日，中国环境保护产业协会，在北京组织召开北京利德衡环保工程有限公司研发“LOA湿式氧化吸收联合脱硫脱硝工艺及成套装备”成果鉴定会。与会专家听取工作报告及技术报告，审阅相关的技术文件资料以及该技术在西安高新区热力有限公司2台75t/h燃煤工业锅炉上实际运行情况的视频，经质询和讨论认定项目为燃煤工业锅炉同时脱硫脱硝提供了一种实用的新技术，适合国情，总体达到国内先进水平。

（亢　建）

【精雕科技公司生产基地外迁】　北京精雕科技有限公司于1994年入驻石龙经济开发区，从事数控装备制造生产，主要研制和生产数控机床－精雕CNC雕刻系统。该公司在石龙开发区两期受让土地100亩，建筑面积6万余平方米。截至到2013年8月，精雕廊坊生产基地一期工程，建筑面积72660平方米的高档厂房竣工验收。10月公司开始向廊坊生产基地搬迁相关生产机械与流水线，年底精雕科技有限公司在石龙开发区的生产设备基本搬迁完毕。2014年4月原石龙开发区860名产业技术工人整体转移到廊坊生产基地，已经正式投入生产运营。廊坊新址生产的产品由石龙开发区精雕总部统一销售并与客户直接进行货款结算以及提供销售后服务。结算中心和销售中心始终留在石龙开发区。

（亢　建）

【开展安全生产条件普查工作】　5月22日，根据安监局关于生产经营单位安全生产条件普查工作方案的统一部署及工作要求，石龙管委启动生产经营单位安全生产条件普查工作。

（亢　建）

【B2#主楼成功定制】　6月20日，江泰保险经纪股份有限公司（下称江泰公司）与区政府就入驻区内的发展规划签署《战略合作框架协议》，同时与北京石龙经济开发区投资开发有限公司就石龙开发区产业孵化中心二期 B2#主楼签署《综合楼合作开发合同书》，至此孵化中心二期的定制项目签约。

（亢　建）

【签署银政合作协议】 6 月 30 日，北京石龙经济开发区管理委员会与北京农村商业银行股份有限公司门头沟支行签订《银政合作协议》。石龙管委主任及相关领导，北京农商银行门头沟支行行长等人员参加会议。会上，双方就支持企业发展，防范和化解金融风险，共筑投融资平台等问题进行相互交流并最终达成共识。随后，双方领导在《银政合作协议》上签字。

（亢　建）

【举行“中国梦　石龙情”消夏晚会】 8 月 28 日“中国梦　石龙情”第二届消夏晚会在开发区管委会院内举行。由北京石龙经济开发区管委会、石龙开发区工会主办的来自园区各企业及区总工会金辉艺术团的 80 余名文艺爱好者参加演出，园区各企业工会干部、职工等 400 余名观众观看演出。区总工会、区委组织部、区委宣传部等单位的领导到场观看了晚会。

（亢　建）

【领导调研】 10 月 15 日，区领导带领区政府办公室、发改委、财政局等相关委办局领导一行 20 余人到北京石龙经济开发区进行调研。会上，石龙工委领导介绍了石龙开发区的发展历史，并对 2014 年石龙开发区的工作成果、以后发展面临的问题和发展方向进行了汇报。随后，各委办局代表分别汇报今年经济工作情况并对工作中遇到的问题、相互协调合作需要等进行意见交流和讨论。11 月 25 日，区领导带领相关委办局领导到石龙开发区北京利德衡环保工程有限公司调研指导工作。会上，利德衡环保公司总经理首先汇报企业的发展情况、总部大楼建设招商情况，并提出在企业发展中遇到的电力、招商宣传、研发资金短缺、建立博士流动站等问题。随后，双方就利德衡提出的问题进行交流和探讨。12 月 18 日，市委书记郭金龙等到区入区企业北京精雕科技有限公司调研。区领导韩子荣等陪同调研。

（亢　建）

【宣传活动】 11 月 19 日，借助“119”消防宣传月活动的契机，石龙管委联合区防火委在石龙广场共同举办石龙开发区第三届“石龙杯”消防技能竞赛活动，20 余家入区企业共 200 余名运动员参加活动。

（亢　建）

【冠群驰骋投资管理有限公司分公司成立】 12 月 1 日，冠群驰骋投资管理（北京）有限公司门头沟分公司在石龙经济开发区石龙高科大厦内举行开业典礼。冠群驰骋投资管理（北京）有限公司构建民间资金出借与借款服务平台，为中小微实体企业提供多样性资金需求解决方案、相关风险评级和法律咨询等服务，到企业调查并打造“冠群 1 + 1”资金解决方案的工作模式，是提供互联网民间资本出借与借款咨询服务的企业。公司在全国建立 500 家以上的分支机构。

（亢　建）

商贸 旅游

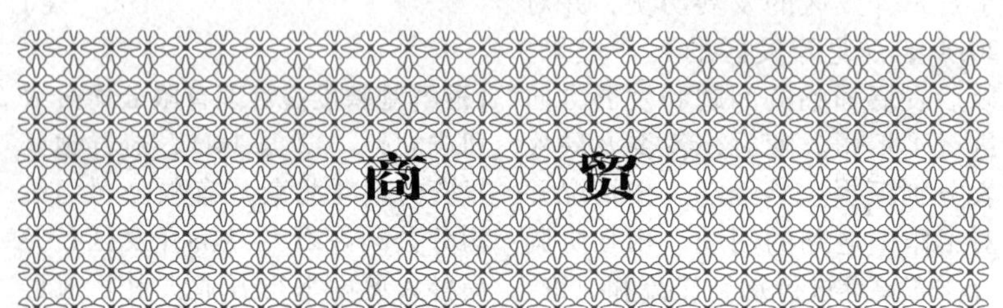

商 贸

【概况】 年内，按照区委、区政府的工作布署，围绕“惠民生，保稳定，促发展”的工作思路，以服务民生、服务企业、服务经济和社会发展为指导思想，克服区经济总量小、商业体系不健全等诸多不利因素，从服务全区拆迁大局出发，多措并举拉动内需，加大服务民生力度，优化投资环境，提高应急处置能力。全区累计实现零售额52.8亿元，同比增长8%，全区商业流通领域发展稳中有进。受到市商务委表彰及专项资金奖励。按照“商业聚集打造区级中心、社区配套以便民为先”的原则，编制门城地区商业网点规划。做好新建和老旧社区配套商业设施建设工作，石门营地区的6个社区便民菜店建设完工，便民菜店的委托经营企业已选定，2家菜店已投入使用。完善早餐工程建设工作，门城地区累计设置便民早餐车57辆。推进再生资源建设工作，在石泉地块、小园地块建成6个再生资源回收站点。按照“月月有活动，节日有促销，百姓得实惠”的工作目标，以情人节、妇女节、母亲节、父亲节等节庆日为抓手，组织企业开展促销活动。构建商旅结合消费新模式，挖掘和宣传区域特色饮食文化及农副产品，先后组织京西特产协会进入丰台小屯城乡超市开展为期4天的展卖活动、名店名菜活动、农超农餐对接、流动超市菜车、年货大集、送货下乡等多场促销活动。强化粮食应急管理，保障供应平衡，完善应急体系建设，重新修订《门头沟区粮食供给应急预案》，增加了粮食应急预警级别。加大安全执法检查力度，及时消除各种安全隐患，全力完成全国两会、APEC峰会等重大活动安全维稳任务。优化贸易投资环境，年内实际利用外资额为805万美元。进出口5.73亿美元，同比增长30.08%。其中出口3.54亿美元，同比增长44.54%；进口2.19亿美元，同比增长12.01%。进口、出口增速均为全市第一。积极筹备参加第三届中国（北京）国际服务贸易交易会（京交会），宣传推介门头沟区首都西部综合服务区（WSD）的特色功能区。做好企业引进和扶持工作。协调相关部门帮助国泰百货做好开业前后的各项工作。帮助企业申请总部经济资质，区内有3家企业入选第一批北京市重点总部企业。鼓励外贸企业利用多种渠道开拓国际市场。完成了2013年外经贸专项资金项目审核工作，为10家企业的24个项目申请资金100余万元，组织符合条件的企业进行2014年项目申报，获得扶持资金57.61万元。

单位名称：北京市门头沟区商务委员会
地　　址：北京市门头沟区双峪路39－1
电　　话：69842571
邮　　编：102300

（石蕾蕾）

商业流通

【为民办实事工程】 年内，完成区政府为民办实事项目：全年组织开展5次“送货下乡及进社区活动”。

（石蕾蕾）

【推进便民利民工程】 年内，完成9个便民菜店的建设任务（石门营6个，石泉3个）并逐步投入运营。

（石蕾蕾）

【完善早餐工程建设】 年内，完善早餐工程建设工作，加强规范管理，提高从业人员素质，定期组织开展业务培训，不定期抽查日常经营情况，确保食品安全。现有57辆早餐车覆盖全区门城主要交通枢纽和社区，基本可以满足城镇居民早餐需求。

（石蕾蕾）

【增强应急保障能力】 年内，加强生活必需品市场监测和三级联动应急机制，提前做好应急物资储备工作。与区相关企业签署应急物资调运、存储责任书。

（石蕾蕾）

【完成再生资源回收站点建设】 年内，完成石泉地块A4区、A7区、B9北区以及小园二地块、三地块、七地块6个回收站点建设任务。在行业企业和百姓中开展“垃圾减量，垃圾分类”和“光盘行动”等主题活动，开展再生资源宣传日活动，营造“反对浪费，低碳环保”氛围。

（石蕾蕾）

【加大流通发展资金扶持力度】 年内，开展2013年市级商业专项资金核查工作，对获得支持的鑫维康、灵之秀、鑫源市场3家企业开展项目绩效考核，考核情况良好。完成2014年市级商业专项资金项目申报及资金争取工作，推进区市场的升级改造和企业特色创意项目发展，三个项目共92万元扶持资金已拨付到位。完成2014年批发企业发展资金申请，市级50万专项资金已拨付企业。完成2015年市级商业专项资金项目申报工作。“2014年度促消费、保增长”奖励资金管理办法制定、公示已完成。

（石蕾蕾）

【行业促进工作成效显著】 年内，根据年初工作计划，组织促消活动，组织年货大集（大台办事处、清水镇、雁翅镇）、京西特产协会进丰台小屯超市展卖等多主题促销活动，印制相关的宣传用品。连续五年组织“食在门头沟”餐饮比赛活动。据统计，规模以上餐饮企业分别从负增长实现小幅正增长。组织“鲜花入膳”菜肴制作推广活动，现场教授玫瑰入膳菜肴的制作。举办“2014年门头沟区收银员技能比赛”，检验收银员实操技能，进行岗位练兵。

（石蕾蕾）

【重点流通企业信息监测工作】 年内，剔除已停业样本企业6家，新增重点流通样本企业1家，现样本企业54家。全年开展报送总结和信息员培训3次，评选出优秀信息员5名，全年月报报送率达到百分之百。

（石蕾蕾）

【完成商贸流通业统计报送工作】 年内，组织区40家企业完成季报4次，年报1次。召开培训总结会2次。

（石蕾蕾）

【完成直销企业网点确认及核查】 年内，完成对3家直销企业（北京北方大陆生物工程有限公司、保罗生物科技园股份有限公司、宝健（中国）日用品有限公司）在区内的设立直销网点的确认及地址变更核查工作。

（石蕾蕾）

【产业调整疏解工作】 年内，根据区三产疏解办公室职能，协调各成员单位开展区第三产业调整疏解工作。全年第三产业共计列出拟疏解企业15家，接待咨询56次，疏解外来人口307人。

（石蕾蕾）

【做好行业安全工作】 年内，根据市区两级安全生产工作部署，推进安全生产标准化建设，安全执法检查共出动310余人次，检查规模以上商业企业、餐饮企业270余家（次）。发现安全隐患33处，全部整改完毕。

（石蕾蕾）

【加强监督检查】 年内，贯彻落实食品安全责任制，加强对酒类流通、食盐市场监督检查力度，食品安全执法累计检查190余人次，共检查各类食品经营户600余家次。配合区疾控中心完成2个乡镇，8个村居委会，120户村居民食用盐入户抽样调查，均达到全市碘盐食用合格率。

（石蕾蕾）

【做好安全防范工作】 年内，会同区消防支队、安监局在石龙大厦开展消防演练，并组织区各商务行业单位安全生产负责人进行现场观摩。组织召开区商务行业安全生产工作观摩及座谈会，组织区31家规模以上商务行业单位安全生产负责人对物美大卖场安全生产工作进行观摩，并召开座谈会。

（石蕾蕾）

【八一拥军慰问活动】 年内，组织区粮油军供站开展“八一”拥军慰问活动。一是走访区66282和66446部队，通过召开座谈会，了解部队军粮供应的现状，解决军粮供应的难题。二是向部队赠送微波炉、大米、食用油等物品。

（石蕾蕾）

【全国爱粮节粮宣传周活动】 年内，开展“节约一粒粮 我们在行动”为主题的世界粮食日和全国爱粮节粮宣传周活动，采取悬挂横幅、发放宣传资料、张贴宣传画、现场讲解等多种形式，宣传爱粮节粮、合理膳食、科学营养方面的知识。

（石蕾蕾）

对外经贸

【加强对外宣传】 年内，筹备参加第三届中国（北京）国际服务贸易交易会（京交会）。围绕京交会北京馆“北京服务、全球共享”的主题，以“绿色、生态、发展”的形象亮相京交会，宣传推介门头沟区首都西部综合服务区（WSD）的特色功能区，以文字、图片、视频等形式进行宣传推介。

（石蕾蕾）

【帮扶企业发展】 年内，搭建融资平台，助力企业发展。完成2013年外经贸专项资金项目审核工作，为10家企业的24个项目申请资金100余万元，为符合条件的企业进行2014年项目申报，20个项目获批，获得扶持资金57.61万元。

（石蕾蕾）

京门良实

【概况】 年内，公司在京粮集团的领导下，贯彻落实科学发展观，围绕“改革、调整、创新、规范、高效”的主题主线，结合自身发展实际，以改革创新为引领，以项目建设为契机，以规范管理为抓手，抢抓机遇，攻坚克难，团结奋进，实现年度经营目标超额完成。年内，公司资产总额30112万元，实现营业总收入4.29亿元，实现利润741万元。储备粮存储总量14.1万吨，安全储粮率达到100%。军粮供应完成军粮销售1363吨，实现销售678万元。退耕还林补助粮食供应工作完成1306吨。职工基本工资人均增长12.14%。

单位名称：北京京门良实国有资产经营管理公司
地　　址：北京市门头沟区滨河南路3号
电　　话：69842491
邮　　编：102308

（张希瑶）

【召开工作会】 1月26日，召开工作会议，确定2015年工作重点，签订经营目标责任书和安全责任书，并对先进企业、先进班组、先进个人代表进行表彰。

（张希瑶）

【安全检查】 1月29日，京粮集团安保部到三家店粮库进行春节前安全检查。2月18日至3月5日，公司对各单位所有有限空间进行安全排查，共排查仓房49个、消防水池2个、各类管道（沟）3条、各类井13个，未发现安全隐患。6月5日，京粮集团副总经理到斋堂粮库进行安全检查，对应急加工车间、储粮仓房、物料库和防汛物资进行了重点检查。8月26日，京粮集团副总经理到三家店粮库检查指导安保工作，主要查看库内钢板仓机道、提升机房、砖仓出入粮口、本乡馒头车间和本乡面粉加工车间。

（张希瑶）

【领导调研】 4月1日，京粮集团党委副书记到公司就企业发展、党的建设情况调研。

（张希瑶）

【清仓查库】 4月9日至10日，区商务委、财政局等相关部门，对公司储备粮实物、账务及财政补贴等项目进行联合检查。经检查，储备粮管理账账相符、账实相符。

（张希瑶）

【防汛工作】 5月22日，召开防汛工作会，做好安全迎汛的各项准备工作。一是建立防汛组织，明确岗位责任；二是进一步修订防汛应急预案；三是落实防汛物资；四是对各粮库防雷设施进行安全检测；五是对各老旧危破的房屋进行安全排查，确保汛期储粮安全和人员财产安全。

（张希瑶）

【退耕还林补助粮食供应工作】 5月23日至6月25日，2014年退耕还林补助粮供应工作完成。总计供应粮食1306吨，其中大米756吨，面粉550吨。

（张希瑶）

【培训工作】 6月27日，举办中层领导干部培训班，40人参加培训。培训涉及中层干部素质教育及财务管理、储备粮规范管理相关内容。年内，组织职工9人参加区档案人员上岗培训，全部取得档案工作人员岗位资格证书。

（张希瑶）

【风险防控检查】 7月10日，京粮集团第五检查组到公司进行风险防控检查。重点检查资金的审批和收付、实物的入库和出库工作。

（张希瑶）

【确定下半年工作重点】 7月18

日，召开上半年工作会议，确定下半年工作重点。一是推进企业改革；二是开展粮油贸易；三是做好重点工程建设；四是提升仓储精细化管理水平；五是做好不动产经营；六是拓展经营企业；七是提高管控水平。

（张希瑶）

【仓库清查工作】 7月15日至25日，公司对未用于装粮的粮仓情况进行专项清查。完好空置粮仓仓容28360吨，需维修空置仓仓容4860吨，死角仓仓容5903吨。

（张希瑶）

【仓储考核】 7月30日，三家店粮库、杨坨粮库、斋堂粮库仓储主任、业务科长以及全体保管员共25人进行上半年仓储知识考核，全部考试合格。

（张希瑶）

【储备粮轮换入库工作】 8月1日至9月11日，杨坨粮库完成市储备小麦18304吨轮换入库任务。年内，粮食出入库总量11.6万吨，损耗控制在规定标准以下，实现仓储行业经济效益。

（张希瑶）

【召开党代会】 年内，公司第一次党代会胜利召开，会上明确未来三年党建工作的指导思想、主要任务、主要目标，选举产生新一届两委委员。

（张希瑶）

【仓储工作】 年内，仓储工作重点：一是加强降耗增效的储备粮管理；二是提高业务人员素质水平；三是创新储备粮库存管理工作；四是开展吨粮保管费用管理；五是做好东北异地储备粮监管工作。

（张希瑶）

【中储粮检查】 年内，做好中央储备粮仓储管理工作，在中储粮库存“四查”工作中，三家店粮库和斋堂粮库分别得分97分、98分。

（张希瑶）

【储备粮异地监管】 年内，做好黑龙江省建三江农垦京门良实米业有限公司和前进第二粮库代储的北京市储备粮稻谷异地监管工作。一是健全组织，成立异地监管领导机构；二是建立北京市储备粮保管台帐，货位专卡；三是建立市储备粮保管半月报制度；四是加强度夏期间的粮情监管；五是建立代储库信息资料档案；六是代储粮食检查及抽查；七是实行监管检查登记制度。

（张希瑶）

【粮油贸易】 年内，调整经营思路，转换经营方式，扩大经营规模，完成粮油贸易经营总量15.5万吨，实现营业收入3.72亿元，利润100万元。

（张希瑶）

【工程项目建设】 年内，京门良实米业有限公司东北基地三期工程建设项目全部完工，建设钢结构平房仓一栋，仓容3.5万吨及配套设施。截至年底，东北基地建设项目全部完工，项目总投资总额5800万元，总建筑面积1.6万平方米，总仓容4.5万吨。石门营粮库还建项目总建筑面积为26698平方米，总投资1.77亿元，完成选址论证报告。斋堂粮库地下仓改扩建工程，拟扩建一栋装粮高度16米的高大平房仓，设计仓容5.4万吨，共计投资约4800万元，完成环境评价、初步可研。

（张希瑶）

【消防演习】 年内，三家店粮库、杨坨粮库、斋堂粮库进行防汛演练，提高了职工的应急处置能力和自我保护意识。

（张希瑶）

【内控体系建设】 年内，健全业务流程管理制度，修订完善业务流程管理办法，完成内控手册初稿。共涵盖内控业务流程九大类，涉及一级流程18个，二级流程64个。

（张希瑶）

【劣势企业退出】 年内，做好劣势企业退出工作，完成北京稻谷香粮油食品销售中心、北京市粮隆贸易公司、北京门头沟石门营粮食收储库三家企业税务清算工作。

（张希瑶）

【法务工作】 年内，法务工作“五个到位”：一是推进人员到位，定期进行法务知识培训；二是推进制度建设到位，加强公司规章制度、各类合同、重要决策等法律审核的制度建设；三是推进工作措施到位，创新工作方式，加强法务工作与经营管理的有效融合；四是推进“向基层公司延伸”到位，形成企业法律风险防范工作的闭环式链条；五是推进法治文化建设到位，培育企业合规文化，增强全员法律风险防范意识。

（张希瑶）

【加强印章管理】 年内，加强印章管理与使用。一是增强印章管理的责任意识与风险意识；二是修订与完善印章管理办法；三是强化执行用印审批和登记制度。

（张希瑶）

【机动车检测】 年内，针对机动车检验制度改革，门头沟机动车检测场采取新举措。一是力争周日检测；二是提高职工素质和服务质量；三是合理安排验车流程；四是改善验车司机休息室的服务设施；五是新增、新划场区停车、行车和各种提示标识。

（张希瑶）

商业网点

【概况】 年内在区委、区政府的领导下，围绕全年工作目标和任务，开展工作，完成各项工作和任务。全年收入209万元，上一年为199万元，同比期增长10万元，增加5%。费用支出206万元，上一年为212万元，比上一年同期减少6万元，减少2.8%。人事编制隶属商业网点管理处的区商业联合会和区饮食服务修理旅店业行业协会完成各项工作指标。

单位名称：北京市门头沟区商业网点规划建设管理处

地　　址：北京市门头沟区双峪路35号1号楼A1007室

电　　话：69843983

邮　　编：102300

（陈　娇）

【续签合同】 12月，对2014年底承租单位商业用房合同到期的9户承租户进行续签合同工作，2015年房租比2014年增加8万余元。

（陈　娇）

【调查统计工作】 年内，完成商务委交给的40家养殖、56家非国有粮店、10家机关食堂、30家餐饮企业的粮油销售、加工转化的调查统计工作。

（陈　娇）

【审计工作】 年内，配合区审计局完成对单位从2005年至2014年9月经营活动审计工作。

（陈　娇）

【鲜花入膳】 年内，区商联会联合妙峰山镇政府，举办门头沟区餐饮行业“鲜花入膳”制作推广活动。活动邀请到市餐饮协会及“中华老字号”饭庄便宜坊烤鸭店的大厨到现场讲解鲜花入膳菜肴的制作，区规模以上餐饮企业员工及妙峰山镇农家乐员工20余人现场观摩并学习制作。

（陈　娇）

【食在门头沟】 年内，商联会组织第五届“食在门头沟”餐饮行业大赛，经过比拼，冀湘汇、百年食府、晨光饭店等企业分获一、二、三等奖。

（陈　娇）

【收银员技能比赛】 年内，区商务委、妇联、商联会共同举办“2014年门头沟区收银员技能比赛”活动。比赛分为备用金捻点和收银扫码两个环节，主要考核选手的仪容仪表、手眼配合、收银规范、礼貌用语、收银正确率等项技能。通过比赛物美双峪环岛店获得团体第一，物美新隆店获得团体第二，京客隆新桥店、京客隆黑山店、雨润发超市获得团体第三。

（陈　娇）

供销合作社

【概况】 区供销合作社是集体所有制合作经济组织。现有3个基层单位即基层社联社（包括斋堂供销社、雁翅供销社、妙峰山供销社、军庄供销社、永定供销社、潭柘寺供销社）、贸易大楼、生产日杂公司和物资回收公司（包括清水供销社）保留原各基层供销社单位名称，截至年底，有在职职工171人。

营业收入总额完成1283.1万元，完成年计划1200万元的106.9%，同比增加2.6万元，增幅0.2%。利润总额完成3.3万元，完成年计划2万元的165%，同比减少0.7万元，减幅17.5%。利润净额完成2.7万元，同比增加0.3万元，增幅12.5%。

营业外收入完成885.5万元，同比减少24.1万元，减幅2.6%。三项费用合计1706.8万元，增幅4.8%。上缴税金总额118.2万元，同比减少29.6万元，减幅20%。资产负债率66.19%，同比减少5.77个百分点。资产总额11626.9万元，同比减少2130万元，减幅15.48%。负债总额7695.6万元，同比减少2204.5万元，减幅22.27%。所有者权益3931.3万元，增加74.5万元，增幅1.93%。全员工资增加483918元，同比增加5.5%，在岗职工工资增加720794元，同比增加6%，实现连年持续增长。

单位名称：北京市门头沟区供销合作社

地　　址：北京市门头沟区新桥大街2号

电　　话：6984.2992

邮　　编：102300

（苏卫国）

【检查烟花鞭炮安全】 1月9日，北京市供销合作总社领导检查烟花鞭炮安全工作。

（苏卫国）

【领导检查】 1月9日，区国资委纪委到社检查党风廉政建设工作。2月12日，国资委领导到社督促检查绩效考核任务指标。

（苏卫国）

【交流考察】 1月15日，天津市静海县供销社一行7人就再生资源体系建设到社进行交流和实地考察。天津市供销社合作指导部、静海县人民政府、县农委及供销社与北京市供销总社合作指导部、门头沟区供销社的领导进行座谈交流，实地到清水涧分拣中心考察。

（苏卫国）

【世欣瑞达小额贷款公司开业】 5月14日，世欣瑞达小额贷款公司投入使用，区供销社作为其中主要股东之一，放贷业务进展顺利。

（苏卫国）

【党员进社区工作接洽】 5月28日、29日，主要领导带队分别到城子街道向阳社区、龙泉镇中门花园社区接洽党员进社区活动事宜。

（苏卫国）

【举行消防演习】 6月24日，举行消防演习。职工和商户共计103人参加，使用灭火器16具。

（苏卫国）

【新建6家收购站点】 上半年，在石泉社区A7、A4、B9地块儿、汇润家园2、3、7地块儿建设6家再生资源收购站点，至2014年底已完成收购站点56个。

（苏卫国）

【参观焦庄户地道战遗址纪念馆】 7月3日，组织所属单位的党员、入党积极分子44人参观地处北京顺义区龙湾屯镇的焦庄户地道战遗址纪念馆。

（苏卫国）

【组织职工体检】 7月16日，组织机关人员到京煤集团医院体检。

（苏卫国）

【召开理论中心组学习会】 8月1日，召开了理论中心组（扩大）会，学习传达贯彻习近平总书记、李克强总理对供销社工作的重要批示和汪洋副总理在纪念全国总社成立60周年大会的重要讲话及纪念大会精神。

（苏卫国）

【调整组织机构】 10月27日，调整组织机构。将贸易大楼与日杂公司两家直属公司合署办公，保留日杂公司的牌子。将斋堂供销社、妙峰山（军庄、永定、雁翅）供销社、潭柘寺供销社合并重组为基层社联社，任命选聘新的领导干部。

（苏卫国）

【加强安全保卫资金投入】 年内，安全保卫工作资金总投入额合计153275.03元。

（苏卫国）

【分拣中心收购量增加】 年内，分拣中心实现收购4192吨，金额近664万元，销售量4163吨，金额730万元。

（苏卫国）

【下属单位情况】

单位名称：基层社联社
地　　址：门头沟区承泽苑二号楼底商
电　　话：69845044

单位名称：贸易大楼、生产日杂公司
地　　址：门头沟区新桥大街2号
电　　话：69842971

单位名称：物资回收公司
地　　址：门头沟区绿岛家园8楼会馆三层
电　　话：69842685

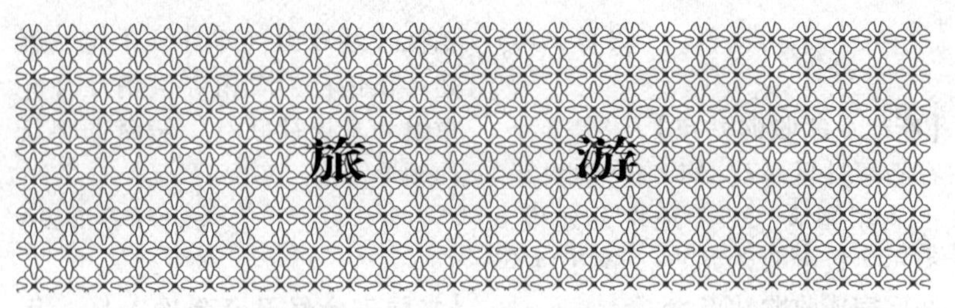

旅游

【概况】 年内，贯彻十八大、十八届三中全会和习近平总书记重要讲话精神，践行“市场主导、政府有为、企业主体、社会参与”的发展思路，深化政府职能转变，在产业升级改造、服务品质优化、旅游市场开拓、人才队伍建设方面开展工作。全年接待游客397万人次，旅游综合收入20.26亿元，同比分别增长15.6%和5.4%。旅游景区、旅游村庄、旅游新业态加快建设，旅游与农业、文化、体育等多元要素融合发展格局深化，旅游主导产业发展空间拓展；传统媒体与新兴媒体宣传、“引进来”与“走出去”战略相结合。环境秩序整治和公共服务设施改造取得实效，旅游接待质量有所提升。

单位名称：北京市门头沟区旅游发展委员会
地　　址：北京市门头沟区新桥大街46号
电　　话：69862525
邮　　编：102300

（安新颖）

【检查假日旅游市场秩序】 1月22日，市、区假日办检查区春节假日旅游市场秩序，区公安、消防、交通、旅游等部门陪同，实地检查潭柘寺和戒台寺景区，听取旅游企业关于春节旅游接待准备工作的汇报，要求企业加强假日服务接待和安全保障工作，要求各执法部门落实监管责任。9月16日，市国土局牵头会同市水务局、市气象局组成市假日旅游工作小组对区国庆假日旅游接待准备、安全保障、市场秩序等工作进行督查，检查了潭柘寺景区燃香区域、停车场配备、导览标识设置等情况，听取区假日办及潭柘寺景区“国庆”接待准备汇报，要求企业做好服务质量、环境秩序、文物保护、交通分流等工作。

（安新颖）

【假日旅游接待情况】 春节期间，全区接待游客8.96万人次，实现旅游收入839.62万元，同比分别增长18.9%和26.9%。五一假期（4月29日至5月1日），全区接待游客9.52万人次，实现旅游收入547.75万元，同比分别增长15.98%和5.45%。端午假期（5月31日至6月2日），全区接待游客7.27万人次，实现旅游收入461.64万元，同比分别增长18.13%和19.13%。中秋假期（9月6日至8日），全区接待游客7.43万人次，实现旅游收入469.62万元，接待人数同比持平，旅游收入同比下降15%。国庆假期（10月1日至7日），全区接待游客21.4万人次，实现旅游收入1613.9万元，同比分别下降了5.6%和13%。

（安新颖）

【市旅游委专项调研】 3月11日，市旅游委主任带队到区内考察旅游产业发展情况，实地考察斋堂镇灵水村、灵岳寺，听取斋堂镇旅游开发情况、全区旅游产业发展情况的汇报，并对门头沟区旅游工作提出要求。13日，市旅游行业协会汽车露营旅游分会及奇创旅游景观规划设计院组成专家组，到区内调研汽车露营行业发展情况，实地踏勘了潭柘寺镇桑峪村房车露营地项目，为区汽车露营行业发展提出意见和建议。5月21日，市旅游委领导到定都峰景区调研，听取了京投银泰关于景区项目进展及未来发展规划的汇报，要求推动项目手续办理，建设全区范围内的示范性旅游项目。7月10日，市旅游委专家组到区内考察特色旅游美食，先后考察嘉福宾舍的养生素斋、赵家台村的饺子宴、百花人家水岸店的猪头压肉等京西乡土菜品，研究了美食的文化内涵、故事背景、养生作用、烹调特点、地方特色等。12月16日，市旅游委对潭柘寺镇、斋堂镇等旅游小镇开发情况进行调研，考察了潭柘寺镇定都峰景区、斋堂镇灵水景区等地，对潭柘寺镇打造高端度假特色旅游小镇工作及斋堂镇打造旅游集散度假小镇工作给予肯定。

（安新颖）

【潭柘寺举办二乔玉兰节】 3月29日至4月13日，潭柘寺举办第六届二乔玉兰节。此届玉兰节以“古寺寻兰　茗香悟道”为主题，游客除了欣赏被世人称为“二乔玉兰”的白紫双色玉兰，还可参与景区活动。

（安新颖）

【参加京津冀旅游推介活动】 4月2日，参加由北京市旅游委、天津市旅游局、河北省旅游局共同主办的“2014京津冀红色旅游联合推介活动”，重点推介潭柘寺、戒台寺、妙峰山、定都峰等旅游景区，发放《门头沟旅游图》、《门头沟2013徒步旅游导航手册》等资料近10000份，接待游客2000余人次。

（安新颖）

【戒台寺举办丁香节】　4月12日，戒台寺第十八届“古韵戒台　香溢满园”丁香节系列活动开幕。

（安新颖）

【区域旅游交流活动】　4月20日，湘潭昭山示范区一行到区实地调研旅游文化休闲产业发展情况，重点考察调研区内国家步道项目建设情况，实地踏勘妙峰山镇水峪嘴古道景区，并就国家步道的规划设计、发展思路、开发模式等内容进行交流。9月19日至22日，湖北省神农架林区赴区内考察国际山地徒步大会，实地体验斋堂镇至爨柏景区10公里徒步线路，走访潭柘寺、爨柏、灵水举人村、马栏村等旅游景区，并围绕徒步大会组织形式及运营管理、特色旅游项目开发进行了座谈研讨。12月19日至22日，区旅游委、体育局一行赴湖北省神农架林区考察“2014·神农架第十届冰雪旅游节开幕式系列活动”，重点调研旅游节雪地漂流、奇装异服滑雪赛、动漫滑雪表演秀、第一届冬季摄影大赛、神农架滑雪、赏雪、过大年旅游产品体验等活动内容。

（安新颖）

【区领导调研】　4月22日，区领导韩子荣带队调研，听取2014年旅游重点工作汇报，区委办、区委宣传部等相关单位围绕推动旅游文化休闲产业培育进行了座谈。

（安新颖）

【举办山地旅游文化节】　4月26日，区山地旅游文化节在永定楼广场举办。此次活动由区旅游委主办，以第五次国际山地徒步大会为契机，以徒步为主题，设立旅游形象展示区、景区宾馆饭店展示区、旅游商品展示区、文艺表演区、房车展示区、民间艺术品展示区6个板块，通过图片展示、实物陈列、现场讲解、文艺表演、游客互动等形式展示区内丰富的旅游文化资源。

（安新颖）

【举办妙峰山庙会】　4月29日至5月13日，举行第22届妙峰山传统民俗庙会。庙会除完整保留明清时期香客朝顶、香会酬山，施粥、布茶、舍馒头等传统形式外，还增加民俗展示、文艺演出等新内容。

（安新颖）

【开展旅游咨询服务】　5月19日，组织山水旅行社、环境国旅等多家旅行社在双峪环岛旅游咨询中心开展中国旅游日活动，推出特色旅游活动及惠民措施8项，接待游客400余人，发放宣传资料3000余份。9月27日，区旅游委组织区内14家景区、宾馆以及旅游商品企业到海淀区华润橡树湾社区，发行门头沟旅游会员卡，多家旅游商品企业和景区宾馆推出了各类优惠活动。30日，参加全市旅游咨询日活动，推介近期旅游活动以及对外开放的景区活动，现场接待游客6000余人，向来往市民发放景区景点宣传折页、门头沟区旅游地图等各类旅游资料5000余册。

（安新颖）

【参加北京国际旅游博览会】　6月27日至29日，组织18家旅游企业参加由市旅游委主办的“第十一届北京国际旅游博览会”，围绕“交流、合作、发展、共赢”的活动主题，推介了全区重点历史文化旅游资源，发布多条精品旅游线路，并对黄芩茶、玫瑰系列产品等特色旅游商品进行现场展卖，活动期间，接待旅游咨询1万余人，免费发放旅游宣传资料1.5万余份，并荣获“最佳展台奖”的称号。

（安新颖）

【市区专家把脉民俗旅游发展】　7月至10月，根据市旅游委统一部署，组织开展京郊旅游专家入户诊断式培训，涉及全区7个镇15个行政村300余名民俗户。培训专家组根据各村培训需求，由各院校教授、旅游规划公司专家、专业技能人员以及区内优秀代表组成。培训采取专家组入村到户现场体验、现场指导、现场培训的方式，对已发展或计划发展民俗旅游产业的行政村进行培训，了解该村（户）的旅游发展现状、管理模式、主要优势、存在瓶颈，从产品开发、餐饮服务、提档升级等方面提出具体解决对策及未来发展思路。

（安新颖）

【培训工作】　8月14日，组织召开智慧旅游项目推广培训会。全区各景区负责人、各镇旅游主管领导参加培训。会上强调智慧旅游的发展形势、发展路径、发展意义，并邀请相关单位介绍虚拟景区的作用和发展情况、旅游微营销等微信服务的开发模式和功能运用、电商平台及O2O模式等电子商务营销的功能及优势等。9月2日至4日，组织开展京郊旅游“百千万”村长培训，59个行政村的100名村官代表参加培训。培训特邀旅游业内专家，结合全市旅游业发展趋势和区京郊旅游存在的问题，从京郊旅游组织与管理、农村产权交易和民俗村旅游开发与营销等方面进行了理论讲授，并实地参观通州发展成熟的新业态。10月16日，区科委、知识产权局、联合组织召开全区旅游文化休闲产业知识产权保护培训会。全区相关旅游景区景点、各镇、中国传统村落50余人参加培训。培训邀请国家商标行政管理总局商标局、市第一中级人民法院知识产权专家主讲，通过政策解读、案例分析、互动交流等形式，就旅游景点商标注册、商标申请分类与使用、知识产权保护策略等进行重点讲授，促进旅游景区景点知识产权相关工作的开展。10月30日至11月1日，组织各镇旅游主管领导参加全市京郊旅游“百千万”镇长培训班，学习有关京郊旅游与城乡一体化建设、京郊旅游现状与转型发展、京郊旅游标准化建设、京郊旅游带动力的提升等方面的内容，并实地参观朝阳区蓝调庄园。12月11日，举办全区旅游宣传人员培训班。培训邀请北京第二外国语学院教师讲授旅游营销及智慧旅游技术应用的课程，全区各镇、各景区、各旅游企业的40余名宣传人员参加培训。12日，区旅游委举办全区旅游咨询人员培训班。培训邀请永定河文化研究会的老师，讲授门头沟永定河文化和古村古道文化的相关知识。全区6个镇的近50名旅游咨询一线人员参加培训。

（安新颖）

【参加国际礼品、赠品及家庭用品展览会】 8月14日至17日，联合灵之秀茶文化有限公司等11家区内企业参加“第30届中国——北京国际礼品、赠品及家庭用品展览会”，现场推介灵之秀黄芩茶、琉璃精美摆件、绿纯科技京西白蜜、妙峰山精品玫瑰精油等多种特色旅游产品，现场销售额近10万元，接待洽谈客户群体70余次。

（安新颖）

【参加北京国际旅游商品博览会】 9月10日至13日，组织灵芝秀、瓷茗缘等13家旅游企业参加由北京市旅游委主办的“第三届北京国际旅游商品博览会”，现场展出各类具有地区历史文化特色的旅游商品，展会期间接待游客8万余人，发放宣传品5万册，实现产品营销11万元，达成可靠合作意向11笔。

（安新颖）

【组织徒步大会商品展卖】 9月20日至21日，组织灵之秀、瓷茗缘等11家旅游企业参加第五届国际山地徒步大会特色商品展区活动，为徒步爱好者推介特色旅游产品，发放门头沟旅游地图，进行旅游商品展卖。活动期间，旅游企业共接待1万人次，发放各类宣传品8000余册，实现旅游营销5万余元。

（安新颖）

【争取市级扶持资金】 年内，有3个旅游文化休闲产业项目申请市旅游委专项扶持资金。其中玉河古道旅游配套服务设施改造提升项目已下拨补贴资金1800万；桑峪村房车营地建设项目通过评审；灵山公共服务设施改造提升项目通过初审。

（安新颖）

【发挥贷款贴息政策杠杆作用】 年内，与北京农村商业银行门头沟支行、中国邮政储蓄银行北京门头沟支行2家银行签订战略合作协议。自2013年出台贷款贴息政策以来，与4家银行建立战略合作关系，向58家单位和个人发放约80笔贷款，涉及农业合作社、乡村旅游经营者和景区饭店等，贷款总额约2.77亿元，已向12家单位拨付贷款贴息补助资金56.91万元。

（安新颖）

【旅游产业项目建设情况】 年内，开发地区旅游文化资源，推进产业项目建设，打造热点景区和旅游新业态。重点产业项目持续推进，“京西商旅古道基础设施建设一期工程”重新调整了项目可研报告及实施方案，处于完善立项资料及审查阶段；妙峰奇石-龙翔凤和文化旅游综合服务基地项目完成三栋建筑的主体工程，已进行外立面的设计。提升现有旅游景区品质，灵山景区整体提升改造项目形象进度超过30%。新兴景区建设步伐加快，灵水景区完成游客接待中心、举人文化广场、文昌阁、魁星楼等工程，正式对外开放并推出6大主题旅游产品及两条旅游路线；南石洋景区门景区、部分景观、游客服务中心内装修等工程完工，编制完成景区标识系统和基础设施设计方案。完善精品旅游村庄基础设施，法城村旅游基础设施提升改造工程完成方案编制；阳坡园旅游山地度假村项目主体工程完成75%，一期工程完成60%，开工面积5000平方米。开拓旅游新业态，龙泉镇玉河古道旅游配套服务设施改造提升项目形象进度40%以上，完成部分游览步道及生态停车场改造、休憩亭等工程建设；桑峪村汽车露营地工程形象进度达65%，完成木屋连廊、餐厅、蚕茶禅茶馆、步行道路铺设等项目建设。

（安新颖）

【深化旅游产业融合发展格局】 年内，制定2015年至2020年区农村薄弱地区（雁翅镇、斋堂镇、清水镇）发展规划，将观光休闲农业、乡村旅游业列为重点发展方向；加快达摩沟海棠文化旅游区、田庄国际化沟域、妙峰山玫瑰谷沟域建设，培育以玫瑰产业为特色的景观农业；推动京白梨等特色农业，开展在线果品试点销售，将农产品采摘与观光旅游相结合，加快旅游与文化融合，启动《门头沟区文化创意产业发展规划（2014－2020年）》编制工作，加快妙峰奇石文化创意产业园、桃园村香会博物馆等重点项目落地建设；组织爨柏景区民俗旅游文化驻场演出，深化文游合一、农游合一的发展格局。

（安新颖）

【旅游公共服务设施建设工作】 年内，完成厕所标识牌改造项目建设工作，潭柘寺景区、戒台寺景区、十八潭景区、百花山景区、南石洋景区、马栏村、碣石村、韭园村的10个厕所、5套标识系统改造项目通过验收。针对京津冀交界处道路旅游交通标志牌设立需求情况、全区旅游厕所改进需求情况进行了摸底统计。联合区委统战部，与全国红十字会合作，推进潭柘寺、灵山等景区“幸福天使红十字救护站”项目申报工作。

（安新颖）

【提升智慧旅游服务水平】 年内，开展智慧旅游项目建设，构建智慧旅游服务体系。完成面向山区旅游的应急救援系统建设与示范应用项目，实现景区应急救援人员和旅游委之间的超短波无线通信功能，荣获“全国智慧旅游优秀案例奖”。完成虚拟现实3D漫游项目，实现A级景区的全景视图漫游系统及潭戒两寺的虚拟3D漫游互动系统，制作完成全区旅游景区的宣传片以及潭戒两寺3D宣传片。

（安新颖）

【旅游标准化建设工作】 年内，落实旅游行业标准，完成区内12家三星级及以下星级饭店复核工作，9家单位通过复核验收，林美宾馆、潭柘嘉福饭店、教师培训中心3家饭店被取消星级资格。新增神泉峡1家3A景区，新增涧沟村1处“全国休闲农业与乡村旅游示范点”，新增北京孟悟度假村、亨美利嘉（北京）农家乐生态观光园、北京叠石岛采摘园等7家京郊旅游新业态，京郊旅游特色业态达6类40家。

（安新颖）

【安全监管工作】 年内，明确旅游企业安全主体责任，签订安全生产责任书，联合区安监局加快推进28家旅游企业安全生产标准化创建工作。加大安全物力投入，组织有地质灾害隐患点的13个景区统一安装警示标牌，为旅游企业发放安全生产横幅、《公共安全与旅游安全知识读本》《旅游突发事件应急手册》等宣传用品。组织潭柘寺、戒台寺、珍珠湖等重点景区开展防火、防汛、弃船救生等应急演练活动，监督旅游企业不断完善应急预案、健全应急管理队伍。抓好春节、“十一”黄金周、山地旅游文化节、APEC会议等重大节假日及活动的安全管理。全年抽查企业153家次，出动检查人员459人次，下达检查文书76张，排查隐患55处，全区未出现重大旅游安全事故。

（安新颖）

【旅游环境秩序整治工作】 年内，牵头建立全区旅游环境整治检查督查机构，通过重点巡查、专项整治、建立台账、定期通报等各项措施，监督景区落实辖区管理责任，开展旅游景区环境卫生督查工作，加强春节、“十一”、徒步大会、环京自行车赛等重要时期的环境保障。联合公安、城管等相关部门针对景区周边非法一日游、黑车、黑导游等扰乱旅游市场秩序的行为进行专项整治。联合区民政局、公安、统战部等部门，对潭柘寺、戒台寺、妙峰山三家宗教旅游场所开展私设功德箱、私人会所等专项清理整顿工作。

（安新颖）

【依托各类媒体开展旅游宣传】 年内，建立媒体信息数据库，与《北京日报》《北京晨报》《旅游》《京郊日报》、北京电视台等重点媒体建立战略合作伙伴关系。通过中央电视台、北京电视台等主流媒体对山地旅游文化节、妙峰山庙会等活动进行专题报道；投资177.39万元，由北京人民广播电台、地铁传媒、《请您欣赏》《旅游》杂志播报区内旅游资讯；与区委宣传部合作，投资40万元，在首都机场T3航站楼举办“文化国门·美丽北京”门头沟风光图片展。发挥新媒体传播优势，利用官方网站、微信、微博等平台发布各类信息1400余条，与北京旅游网、周末去哪玩儿、艺龙旅游网等网站合作，宣传区旅游资源。

（安新颖）

综合经济管理

发展改革工作

【概况】　区发展改革委是负责全区国民经济和社会发展统筹协调、经济体制改革综合协调的区政府工作部门。现设有办公室（监察科）、规划发展科（区国防动员委员会国民经济动员办公室）、经济体制改革办公室、基础设施发展科、经济社会发展科（区域经济合作办公室）、固定资产投资科、法规稽查科、物价管理科、金融工作办公室、电力管理办公室、产业发展科、区物价检查所12个科室。区政府采购中心（参公）、区重大项目建设指挥部是区发展和改革委员会直属事业单位。年内，根据北京市委市政府关于“严格控制特大城市人口规模”的相关要求制定并落实《门头沟区严格控制人口规模工作方案》，各成员单位分别制定细化方案，与各镇街签订人口调控工作责任书，明确各镇街权责及考核目标。截至年底完成常住人口规模控制在30.6万人以内、常住外来人口控制在4.9万人以内的市级调控指标。年内，完成全社会固定资产投资267.8亿元，同比增长16.4%，超额完成全年投资任务258亿元，增速居全市第一，房地产开发投资增速居全市第一，完成投资额居生态涵养区第一。

单位名称：北京市门头沟区发展和改革委员会
地　　址：北京市门头沟区新桥南大街甲28号
电　　话：69842187
邮　　编：102300

（陈　亮）

【区金融商会成立】　2月28日，区金融商会成立。区领导韩子荣指出，金融商会的成立是全区经济社会及金融产业发展到一定阶段的产物，希望通过商会平台建立互动研讨、信息发布等机制，促进各金融机构掌握门头沟的发展方向与思路，帮助门头沟解决发展中的资金瓶颈问题，以后要大力支持商会建设，切实为金融机构服务，促进区域金融产业快速发展。

（陈　亮）

【鑫融公司企业债券发行】　4月24日，北京京西鑫融投资管理有限公司取得国家发展和改革委员会《国家发展改革委关于北京京西鑫融投资管理有限公司发行公司债券核准的批复》（发改财金［2014］790号），获准发行总额为10亿元、期限为7年期的2014年北京京西鑫融投资管理有限公司企业债券，5月30日首发成功，6月9日募集资金足额到账。

（陈　亮）

【领导调研】　5月16日，市发改委领导带队到区内调研。听取区相关项目情况的汇报，并提出意见。

（陈　亮）

【高压线迁改工作】　年内，新城、S1线高压线迁改工程门头沟区内全部完成；西北热电至温泉、聂各庄220KV送出工程已竣工发电；东辛称C地块涉及高六一二线临时迁改工程7月完工；西北热电至永定送出工程已全部竣工，11月4日正式发电。

（陈　亮）

【获得5亿元市级资本金补助】　8月，获得北京市发改委补助的5亿元资本金，此项资金到位为门头沟区棚改及安置房地块外延道路和联络线道路的征地拆迁投资以及采空区特殊地段的地基处理资金的融资工作提供了保障。

（陈 亮）

【参加北京国际金融博览会】 10月30日至11月2日，第十届北京国际金融博览会在北京展览馆开幕，门头沟区以“京西互联网产业中心”为主题亮相金博会。集中展示了金融发展情况、金融支持实体经济特别是小微企业和“三农”的政策落实情况，以及互联网金融的发展规划。

（陈 亮）

【京津风沙源治理】 截至12月底，完成人工造林20000亩，爆破造林600亩，封山育林8.8万亩，小流域治理20平方公里，暖棚建设2000平方米。

（陈 亮）

【产业调整和疏解工作】 年内，起草了《门头沟区推进非首都核心功能产业调整解工作方案》，拟定《不符合门头沟区功能定位的产业目录》，以产业发展部门联席会议为平台，统筹部署一、二、三产管理办公室，以对全区产业彻底清盘为目标，对全区552家工业企业进行摸底调查，按照“清理淘汰一批，升级改造一批，调整疏解一批”的原则，重新构建“高精尖”的产业结构。

（陈 亮）

【安置房地块取得立项批复】 年内，区新增100万平方米定向安置房项目共计8个地块，市发改委支持区棚户区改造，对区采空棚户区小园3A地块定向安置房项目、采空棚户区小园8号地块定向安置房项目、采空棚户区城子村委会周边地块定向安置房项目、采空棚户区小园4、5地块定向安置房项目及采空棚户区曹各庄A地块5个项目进行核准批复。

（陈 亮）

【编制京津风沙源治理规划】 年内，编制区京津风沙源治理二期工程规划。规划时间为2013年至2022年，二期工程主要建设内容包括林业工程、水利工程、农业工程、易地搬迁、综合示范区、效益监测体系建设等六个方面。

（陈 亮）

【农村取暖“煤改电”改造】 年内，“煤改电”工程涉及4镇，总户数1226户。其中雁翅镇230户；王平镇130户；斋堂镇516户；清水镇350户。已取得市发改委立项批复，完成入围招标工作。

（陈 亮）

【开展对口协作工作】 年内，与对口支援的新疆、内蒙古、西藏等地区开展合作。与神农架林区开展对口协作工作，完成框架协议签订，开展对口交流，布置四小结对工作。

（陈 亮）

【价格监督检查】 年内，开展专项价格检查12项，受理价格举报69件，查处价格违法案件2件，罚款600元，协调退款46元。

（陈 亮）

工商行政管理

【概况】 年内，在市局、区委和区政府的领导下，履行职能，完成了各项任务。采取措施，确保改革红利的释放。制订了《门头沟区关于进一步支持产业优化升级加强业态调整促进经济发展方式转变的实施方案》和《门头沟区推进非首都核心功能产业调整疏解工作方案》等负面清单式措施，从制度上保障产业结构不断调整优化。为重点项目引进开展定制服务。对纳税前200名的企业建立重点企业帮扶联系人制度。实施“中小微企业成长工程”。支持、引导经营能力强的个体工商户依法向生产经营规模化、组织形式企业化发展。开展商标兴区、合同助农、红盾护农活动，服务新农村建设。启动首届门头沟区知名商标认定工作。组织开展农业经纪人培训工作；与各镇配合建立和完善多个合同管理站；创制京白梨收购合同，规范了相关农产品的销售行为。以种子、化肥等农业生产资料为监管重点，保护农民切身利益。

坚持依法行政，为辖区社会建设做出贡献。一是为构建区行政执法监督管理机制提供了职能支撑。牵头建立行政执法监督工作机制，整合了工商、食药、安监、环保、人力社保等执法职能，以解决权责交叉、多头执法、缺位越位问题。二是以网格对接为切入点，参与和促进社会管理工作。完成工商管理网格与全区278个社会网格的有效对接。三是参与社会综合治理工作，维护良好区容区貌。牵头组织、参与无证无照经营整治、环境整治、非法出租房屋整治、电动（燃油）三轮整治、打击假冒伪劣、保护知识产权等专项整顿行动。四是加强法制工商建设，规范内部执法行为。加强内部规范，清理各类不规范文件；加强内部监督，施行执法办案负责制，梳理执法服务依据。

加强队伍建设，提升履职能力。一是开展专业技能培训。根据不同年龄段干部的知识结构和业务能力素质提升的需求，制订知识培训需求菜单。确定以六大业务系统为重点的专业技能培训计划，并贯穿于全年，进行全员考核。二是建立和逐步完善分局荣誉制度体系，增强干部对工商事业的认同感、对工作单位的归属感、对个人奋斗的成就感。三是发挥纪检监察作用。加强督查考核、加强作风建设，在落实“八项规定”和反对“四风”上做到“两个重点”“三个坚持”，党组成员按标准腾退了办公用房，中层以上干部签订了不出入会所承诺书。

单位名称：北京市工商行政管理局门头沟分局
地　　址：北京市门头沟区滨河路70号
电　　话：69869749
邮　　编：102300

（陈凤友　郑　霜）

【市场主体发展情况】　与区棚改中心、区住建委等相关部门沟通后，草拟并上报区政府《关于解决楼盘商业设施办理营业执照问题的请示》，经1月3日第十五届人民政府第43次政府常务会研究讨论后，同意分局的请示。使新建楼盘底商办照难的问题得以解决。自3月1日起，正式实施注册资本登记制度改革。3月3日，北京中艺汇枫园林绿化工程有限公司办事人员领取到区首份新版营业执照。7月18日，组织开展了2014年企业登记注册审查员和个体登记核准人资格考试，内容涉及新修改的《公司法》《公司登记管理条例》及《个体工商户条例》等多部法律法规。共20名登记注册工作人员参加并通过考试。8月1日，开展个体登记系统培训。利用多媒体教学方式，向参加培训的各工商所核准人、受理员集中展示了如何操作登记系统。8月11日至15日，邀请专业服务公司入驻，开展了为期1周的提升服务品质培训活动。共计30余名前台服务人员参加培训。8月，开展个体档案培训，指出个体档案存在目录填写不规范、未盖归档章、各所档案盒不统一等问题。逐个点评各工商所个体开业档案，讲解领照日期的计算、房产证签字盖章等问题。并采取集中抽查方式检验整改落实效果。自9月10日起，对申请从事属国务院决定由前置审批改为后置审批事项的，按照统一的经营范围用语核定经营项目，并在颁发营业执照时，发放《后置审批事项办理告知书》，提醒申请人在取得工商登记后依法到相关许可部门办理许可手续。经营范围中属于后置许可或后置备案的项目，在颁发营业执照时发放《照后审批或备案事项提示单》，提醒申请人在取得工商登记后依法到相关许可部门办理审批或备案手续。12月30日，参加市局“先照后证”改革工作视频会议，学习《“先照后证”事项经营范围登记暂行规范》，及时做好前置审批事项改为后置审批后的登记工作。上报区政府信息——《我区招商引资工作存在的问题及相关建议》，获区领导韩子荣批示。年内，新成立市场主体6178户，同比增加124.74%。其中，内资非私企业318户，同比增长165%，新设内资企业注册资本总额90.52亿元，同比增长148.41%；内资企业5607户，同比增长137.28%，新设内资企业注册资本总额184.69亿元，同比增长183.86%；外资企业11户，同比减少21.43%，注册资本总额0.93亿元，同比减少64.35%；农民专业合作社13户，与上一年同期持平；个体工商户229户，同比减少4.18%。累计实有市场主体32679户，同比增长20.94%。其中，私营企业18847户，同比增长40.58%；内资非私企业2798户，同比增长8.58%；外资企业112户，同比增长9.80%；农民专业合作社281户，同比增长3.69%；个体工商户10641户，同比减少0.22%。3月，区内新增企业5438户，同比增长135.92%。

（陈凤友　郑　霜）

【商标广告监管】　1月24日，颁布《门头沟工商分局关于认定鑫华源等30件商标为2013年度门头沟区知名商标的通知》，认定鑫华源等30件商标为2013年度门头沟区知名商标，自认定之日起有效期为3年。4月23日、24日，为王平、斋堂地区的近百户农家乐经营户进行商标知识培训。28日，围绕新《商标法》的实施对门头沟电视台等5家主要媒体所开展的送法律送服务活动。全年围绕新《商标法》实施，宣传商标战略为重点，进行培训、走访20余次。6月17日，促成雁翅镇政府与北京同茂堂知识产权代理有限公司举行了商标委托签约仪式在雁翅镇政府举行。自8月15日至9月31日，北京市著名商标申报工作有11个商标权利人报送著名商标申报材料（其中1个商标权利人报送了复审材料），经过分局初审对符合申报条件及要求的10套申报材料报送市局审核。其中，高新技术类企业3个、文化创意类企业5个。年内，查处销售侵犯注册商标专用权的商品案5件，案值26.6万元，罚款29.5万元。没收侵犯注册商标专用权商品793件。完成经营性户外广告登记109个，监测录入电视广告30331条，审核杂志44本，录入监管系统杂志广告内容112条，受理《广告经营许可证》变更登记1份。开展“互联网重点领域广告专项行动”、“非法小广告专项治理”、“电视购物专项整治”、“房地产经纪机构违法经营行为专项整治”、“地名命名和使用情况专项清查”、“食品安全专项整治”、“消防器材专项检查”等专项整治工作，对虚假违法内容广告及信息进行重点检查。全年查处广告违法案件总计20件，结案20件，罚款363864元。其中虚假宣传案件16件，罚款274160元；药品广告案件2件，罚款40500元；户外广告案件2件，罚款49204元。

（陈凤友　郑　霜）

【财务后勤管理工作】　1月，做好食品监管资产划转工作。在资产划拨上，仔细核对实物数量、品牌、完好率、使用状况等，完成划拨实物310件，价值441万的固定资产移交工作，同时完成划转资产核销、资金减值工作。对分局的领导干部超标占用办公用房进行了清理，对于超标公用房进行了分隔。2月23日，按照北京市政府关于空气重度和严重污染会议通知精神，采取强制减排应对措施停驶80%公务车，并倡导分局干部职工尽量乘坐公共交通工具绿色出行。自6月23日开始至8月30日，就违反财政收入管理规定、违反财政支出管理规定、违反财政国库管理制度、违反资产管理规定等情况进行自纠自查。未发现违反上述五个方面20项检查的内容。6月27日，组织部门负责人和内勤人员开展财务知识培训。学习《北京市党政机关差旅费管理办法》《北京市市级党政机关事业单位会议费管理办法》等文件，在工作中按照新规定新标准执行。6月、9月，军庄工商所、王平工商所维修改造工作全部完成，验收合格交付使用。

（陈凤友　郑　霜）

【信息档案工作】　1月，完成食品流通档案与食药分局的全部交接工作。共移交食品流通档案2299户。其中个体流通档案1798户、企业流通档案501户。其中开业397户，变更74户，其他26户，注销4户，合计501户。4月，向区档案局移交2003年至2005年度的会计、文书（永久、长期）全部档案。共移交文书档案421件（其中永久268件、长期144件），会计档案9卷（永久）。年内，共向区委、区政府送阅《数据分析》5期。共免费接待公检法司及企业法人、办事人档案查询近万余人次，与去年同期5280人/次相比增长41%；用纸136627张，与去年同期65798张相比增长108%。

（陈凤友　郑　霜）

【合同监管工作】　截至2月，完成区5家优秀企业的推荐并上报市局审核。4月24日，协同北京市经纪人协会组织区第一期农村经纪人培训工作。通过工商所推荐、自愿报名、《京西时报》宣传报名招收49名人员，并聘请中国农业大学经济管理学院教授授课。通过考试，49名学员获得农业经纪资格证书。4月，经市局初审、复审、征求相关部门意见等环节，最终确定北京利德衡环保工程有限公司、北京立思辰科技股份有限公司为“守合同重信用企业”。6月，经过国家工商局网上注册、申请、申报材料后，在国家工商局网站上正式进行公示，公示期为2年。年内，开展餐饮业六条不公平格式条款整顿工作。整顿分为自查自纠阶段和行政执法阶段。期间，对53户重点大中型餐饮企业进行了行政指导；指导纠正存在问题企业23户；企业自我纠正问题20户。到军庄镇、王平镇进行工作调研、征求梳理10户种植企业不同意见、征求专家律师、人民法院的合理化建议，制定了《门头沟京白梨产销合同》区域性推荐合同文本。全年共计调查摸底163户（含外资2户）；其中，专营机构128户、兼营机构35户。开展房地产经纪活动75户、未开展房地产经纪活动31户、查无57户、加盟数量0户、经营场所二层楼以上数量11户。工商备案数量125户、未备案38户。从业人员总数3863户，其中，执业人数427户、持证人数380户、无证人数3056户。群租房套数0户、投诉为0。纠正不按规定悬挂营业执照15户；在整顿中不开展经营活动提示办理注销登记2户；不开展经营活动责令核减经营范围5户（已核减2户）；共计立案4起，罚款7.5万元。年内，在冯村商业街开展合同监管指导工作。重点对合同格式条款进行梳理指导，建立合同监管台帐，构建业务科、属地工商所、商业街物业三级协调联系机制。全年共对34户主体进行了检查，指导规范合同格式条款及店堂告示45条，对34份房屋租赁合同签订情况进行了抽查。全年共办理动产抵押登记10件，抵押物价总价值9.97亿元，实现为企业融资6.76亿元。比2013年增加为企业融资减少0.5亿元。

（陈凤友　郑　霜）

【法制建设】　3月14日，全区新《消法》宣讲会在区北涧沟社区礼堂召开，会上对新《消法》的七大亮点进行了解读。4月24日，在中坤山庄组织了“斋堂地区民俗旅游专业户食品安全培训会”，爨柏景区50多个民俗旅游专业户负责人参加了培训。5月11日，结合新修订的《消费者权益保护法》《商标法》及门头沟区商标战略，由区私个协会和工商分局在龙世源会议中心组织召开了新法宣讲培训会，各镇街负责人、会员代表共300余人参加。全年共举办以新消法、新商标法、新公司法及登记制改革为主要内容的宣传活动共65次。23日，举办分局“新法规知识竞赛”请注册科、商广科、和消保科根据新法规的知识点模拟出题180道，作为复习范围，供全局干部职工学习；采取A、B卷的答题方式进行考试，共有98名干部职工分两场参加了比赛答题。评选出6名先进集体和16名先进个人。9月18日，经全员范围随机抽签，对10名一线执法干部进行行政执法案件系统操作考试。请市局相关处室领导担任考核监督，作为评委现场指导分局案件系统操作考试。参加考试的干部全部通过考试。12月4日，在滨河路，组织开展了第一个“国家宪法日”暨“12.4”法制宣传日活动。此次法制宣传日活动，共发放15类宣传资料约2000余份，并悬挂“弘扬宪法精神，建设法治国家”条幅。年内，以围绕系统实际操作能力提升、新法律法规学习、重点案件剖析、邀请专家讲课为重点，组织办案部门负责人、法制员、办案人员及青年学习小组成员，先后举办了七期法制培训班，全年共组织案审会6次；共清理各类不规范文件33件；加强内部监督，施行执法办案负责制，规范执法行为，梳理了各类执法服务依据1008项。经过调查研究和广泛征求意见，起草了《门头沟分局关于调整行政处罚自核案件流程的指导意见》。每月安排一名科长讲解最新颁布或修订的法规，指导一线执法干部学好法用好法，提升全体干部行政执法水平。全年围绕新消法、注册资本登记制度改革内容、新商标法等，共开展讲法12次。

（陈凤友　郑　霜）

【企业与私营个体经济监管】　3月，完成了工商管理网格的调整，并全部实现了与全区278个社会网格的有效对接。对接以来，共开展综合执法、消费者维权、走访听增及“两送”活动1200余次；由社会网格排查、纠正的违法经营行为370余件，社转案件13件，罚没款10万余元。8月14日，召开2014年区无证无照经营行为治理工作联席会，公布《2014年门头沟区治理无证无照经营行为控制目标实施方案》，和《2014年度门头沟区治理无证无照经营　维护市场经营秩序工作考评细则》。9月11日，组织业务骨干、工商所所长、副所长，参加市局企业信息公示暂行条例解读培训班。从改革理论与监管实操两个层面进一步加深对《企业信息公示暂行条例》及相关5个规章的理解。采取广播、张贴通告、电话通知、短信通知、上门走访、微信推送消息等形式进行年报宣传，指导企业个体完成年报公示工作。截至年底，个体工商户年报率43.9%，内资企业年报率42.9%、外资年报率64%。建立分局内部“横向协同、上下贯通、运转高效、有利于职能履行”的组织运行体系。29日，局长办公会通过《门头沟工商分局指挥调度平台建设方案》，按此方案开发了一款手机APP软件，挖掘移动执法终端和办公系统潜能。10月15日，对分局调度指挥中心的移动执法模块进行了测试，提出了一些意见和建议，经过调整，22日，再次组织应急演练，对移动执法模块进行了测试。移动综合调度指挥平台已基本测试完毕。年内，共组织召开了两次全区无证无照经营行为治理工作联席会，挂账346户，销账177户，销账率56%。11月6日，根据区无证无照治理联席会第二次会议所制订的方案，区无证无照治理联席办公室组织各成员单位对无证无照餐饮经营户进行联合执法，解决了居民楼内开设无照餐厅及油烟扰民问题。牵头建立行政执法监督工作机制，制定了《门头沟区行政执法监督管理指挥平台工作方案》。分局提供了全区企业信息，建立了全区企业台账，组织各部门对行政执法资格、执法依据、评定标准及自由裁量权进行梳理，形成了《行政执法标准化手册》。牵头组织、参与无证无照经营整治、环境整治、非法出租房屋整治、电动（燃油）三轮车整治、打击假冒伪劣、保护知识产权等共50余项专项整顿行动，出动执法人员4400余人次。累计清理取缔无证无照经营户512户，端掉制假售假窝点5个。结合《北京工商网络经济监管系统正式运行》要求，组织开展网络虚假宣传案件查办技巧培训，对重点商务网站进行了集中检查，重点检查网站164个，发现涉嫌保健品广告虚假宣传1起，主体资格被吊销网站1个。全年共立案办理涉网案件17件，其中初始1件、结案5件、完全通过9件、销案2件。

（陈凤友　郑　霜）

【私营个体经济协会工作】　4月11日，举办2014年度法律法规培训班。对协会理事、分会小组长、分会会长及分会秘书进行工商登记注册的商事改革、《商标法》及区内推广的商标战略、新《消法》等内容的培训活动。年内，为15户会员完成个体转企业。结合工商登记制度改革等举措，组织会员参加了中个协为北京市会员举办的“注册资本登记制度改革知识”培训班。加强与邮储银行和区珠江村镇银行合作，全年邮储银行为23户会员发放贷款，贷款额1350万元，珠江村镇银行为105户会员发放贷款，贷款额2.96亿元。

（陈凤友　郑　霜）

【市场监管工作】　4月11日，对农机具、种子、农药、化肥等农资经营户进行检查，通过检查农资经营户经营主体资格以及“两帐、两票、一卡一书”制度的落实情况，并与经营者签订责任书。全年共开展红盾护农行动21次。积极响应“迎五一国际劳动节，创建干净整洁城乡环境”为主题的清洁活动，开展辖区有形市场环境卫生大扫除活动。要求各市场及时组织人员对市场内进行卫生大清扫，清理卫生死角。通过卫生清理共清理各种垃圾13吨，清理白色污染50公斤，清除非法张贴小广告120余张。结合市级诚信市场及区平安市场的创建活动，8月7日组织12家有形市场负责人召开创建区级诚信市场动员会，10月，接受市局组织的考核。年内，开展流通领域成品油商品质量抽检工作，对区内13个加油站及3个撬装加油站经营的35个批次的油品质量进行了抽样检验，完成全年抽检任务的130%，未发现不符合标准的经营行为。对市场内13个销售燃煤炉具商户进行检查，对商户的营业执照、所售炉具的进货票据、合格证、检验报告，对商户提出要求，做好保留好进货票据，做好销售记录。年内，全区有形市场总数为12个，没有新建或取消市场，各类数据与上一年基本持平。其中营业的10家，2家未从事市场经营活动。根据《北京市工商行政管理局关于加强北京市商品交易市场分类分级管理工作的意见》，结合区有形市场实际情况，进行了有形市场类和级的评定工作。通过自评、辖区工商所核实评定两个步骤，区内有形市场均达到了B级标准，完成了2015年前全区市场达到B级的目标。

（陈凤友　郑　霜）

【党风廉政建设】　4月25日，开展以“落实注册资本登记制度改革要求，优化服务方式提升服务效能，营造首都良好营商环境”为主题的“工商开放日”活动。针对当前登记制度改革出现的热点问题与登记科负责人进行交流和咨询。参观了分局行政服务审批大厅工商窗口，观摩工商机关网上登记信息化系统、智能登记信息化系统及企业信用平台建设。10月28日，在石龙经济开发区举办了以“进园区、促发展、深化宣传年度报告公示”为主题的第二次“工商开放日”活动。就《企业年度报告公示制度》意义、分局落实企业年度报告公示制度工作情况向与会代表介绍，并通过屏幕现场为一户企业示范年报公示操作过程。12月下旬，各工商所开展述职述廉工作。各工商所从基本情况，工商所依法履职情况，创新服务思路情况，市场监管情况，市场秩序风险防控等方面进行汇报。在座谈交流中，代表们对工商所执法工作提出意见和建议。共发放门头沟工商分局政风行风评议工作征求意见表150余份，满意度为100%，共梳理了具有建设性的建议10余条。年内，完善落实“三重一大”集体决策制度，坚持廉政和监管“两个风险”同时防控管理的模式，将风险防控与业务规范同步起来，增强整体推进工作的合力。对人财物管理权、行政执法权、行政审批权开展权力梳理，进行清权确权并进行公示，对党组成员工作分工进行重新调整，党组书记、局长不再直接分管人财物。建立干部廉政谈话制度，坚持教育预防为主，对分局新任命的6名正、副科级领导干部进行任职前集体廉政谈话。

（陈凤友　郑　霜）

【打击传销规范直销管理】　5月，与辖区饭店、宾馆、农家乐等便于集会的场所，签定了行政提示书，特别提示，拒绝接待传销、非法集资等会议活动。加强对直销企业的日常监管。将直销服务经营网点，包括销售直销产品的各类专营店等纳入巡查范畴。

实行现场监督、规模控制。同时，通过电话联系、日常走访、约见企业负责人等方式，加强对直销企业的沟通指导和监管。开展“打击传销宣传周”活动。10月14日，开展以“严厉打击传销、维护市场秩序”为主题的打击传销宣传活动，发放《禁止传销条列》、《谨防受骗　远离传销》等宣传材料1500余份，蔬菜包250个、扑克牌200副。现场接待咨询60多人次，为居民讲解如何防范传销和发现传销向谁举报等知识。16日，在大峪中学分校为初一年级的同学们讲解如何防范传销的基本知识。

（陈凤友　郑　霜）

【反不正当竞争与反垄断执法】 6月30日，在网络巡查中发现，北京中原房地产经纪有限公司在网络媒体上宣传项目名称为“西山艺境”的楼盘，涉嫌存在虚假的内容，欺骗误导消费者，扰乱了房地产经纪市场秩序。违反了《中华人民共和国反不正当竞争法》第九条第一款的规定，属于经营者利用其他方法，对商品作引人误解的虚假宣传的行为。分局对其立案调查，责令当事人停止违法行为，消除影响，并罚款5万元。此案件，被国家工商总局评为红盾网剑专项行动10大典型案例，成为北京市工商局唯一入选案例。年内，查处案件89件，罚没款总额102.15万元，实际执行89件，执行率100%。案件总数较2013年度的150件减少了61件，减少40.67%，罚没款总额较2013年度的208.24万元减少了106.09万元，减少50.95%。

（陈凤友　郑　霜）

【干部队伍建设】 9月，开展对新中国成立前参加革命工作的老战士、老同志、老干部、老党员开展走访慰问。向老干部颁发了由分局制作的“献身工商事业”纪念章。年内，制定《分局科级干部选拔任用方案》，按照方案程序，通过民主推荐、组织考察、任前公示等环节。起草制定《关于对取得与工作有关的专业资格认定的鼓励办法（试行）》。开展制度规范年建设，结合实际制定《门头沟工商分局考勤请假管理暂行规定》，编制《门头沟分局制度汇编目录》，整理规范各项制度74个，采取事先不打招呼、不听汇报，实地检查、现场查看资料等形式进行督导检查。强化干部日常学习、培训，全年共开展业务培训30余次；通过北京市干部在线学习网站，进行网上培训，确保处级不少于50学时、科级及以下不少于80学时，全年通过率为100%。

（陈凤友　郑　霜）

【消费者权益保护】 年内，开展以学生用品、服装、小家电、民用燃煤炉具等为重点的商品质量监测14次，共涉及商品19类278组，抽检不合格商品87组，对销售不合格商品主体进行立案查处18件，罚没款225043.1元，行政指导5件。通过对辖区内企业的走访调研，在大中、苏宁两户商业企业中建立了小额消费无障碍退换货工作机制；成立了“门头沟区永定冯村商业街商业（食品）企业消费争议快速解决绿色通道联盟”；继续深化消费纠纷人民调解委员会作用；成立了“消费维权志愿者队伍”，已有17名同志成为志愿者。通过进社区、进农村、进学校、进工地、进景区、进军队，宣传消费维权法律、法规和消费常识。全年组织26次宣传活动，共计发放宣传材料9万余份；组织相关企业培训18次，培训人数1045人次；精品课堂进社区活动4次，发布消费提示36条；与区教委联手组织开展了“小手拉大手”消费课堂走进灵溪教育基地，将消费维权等相关知识进行普及宣传。以“3.15”为契机，开展系列宣传活动，并联系区有线电视台和《京西时报》两大媒体及村、镇广播，制作电视专题和专栏，宣传消费维权法律、法规和消费常识，同时针对不同的消费主体，采取不同宣传载体和手段，提升百姓的消费观念。期间共组织6次宣传活动，共计发放宣传材料5000余份。5月，就某消费者投诉某婚庆公司终止合同后不退还预定款一案，召开合同纠纷行政调解会。按照《消费者权益保护法》和《合同争议行政调解办法》等法律法规，提出由婚庆公司退还消费者6000元预订款，双方所签婚庆服务合同即日起予以撤销的调解意见，双方对调解意见表示认可，并最终达成和解协议。8月5日，由永定冯村商业街内商业企业和区私个协会联合发起成立了“门头沟区永定冯村商业街商业（食品）企业消费争议快速解决绿色通道联盟”。9月，就某消费者与某公司签订了技术培训、服务合同后发现该公司存在网络虚假宣传涉嫌欺诈而产生的纠纷案，进行行政调解。因合同双发均存在违约责任，根据相关法规为当事人挽回经济损失1.4万元。对该公司予以立案查处。全年共组织召开“绿色通道”企业培训会6次，参训200余人次，发放宣传资料700余份；2014年“绿色通道”企业新增9家，现有“绿色通道”企业43家，其中，2户企业被评为2013年度市级绿色通道示范企业。全年绿色通道企业处理消费纠纷

96件、和解96件，为消费者挽回经济损失56547.2元。新消法实施后，通过走访景区、大型商场等重点地区进行指导、开展系列主题普法宣传活动、开办社区消费课堂、青少年教育基地消费教育课堂等形式，进行行政指导综合服务。共举办各类主题宣传活动63场，设立宣传咨询点27个，接待咨询1200余人次，展出宣传展板20块，宣传横幅18面，发放各种宣传材料67500余份，发放各种宣传品9.6万余个。12315投诉举报平台共接咨询电话1280个；投诉155件，比上一年增加了66件，增加了43%，调解成功113件，调解成功率75%。为消费者挽回经济损失8.2万元，其中申诉转立案1件；举报87件，比去年减少7件，经查属实26件，其中发责改12件，其他行政行为10件，立案查处4件，罚没款10432元。

（陈凤友　郑　霜）

【下属单位情况】

单位名称：门城工商所
地　　址：新桥南大街47号
电　　话：69869753
邮　　编：102300

单位名称：永定工商所
地　　址：石龙南路甲12号
电　　话：69802734
邮　　编：102308

单位名称：城子工商所
地　　址：三家店新建路25号
电　　话：69869772
邮　　编：102300

单位名称：军庄工商所
地　　址：军庄镇
电　　话：60811024
邮　　编：102300

单位名称：王平工商所
地　　址：王平大街东路7号
电　　话：61859467
邮　　编：102301

单位名称：斋堂工商所
地　　址：斋堂大街53号
电　　话：69816729
邮　　编：102309

（陈凤友　郑　霜）

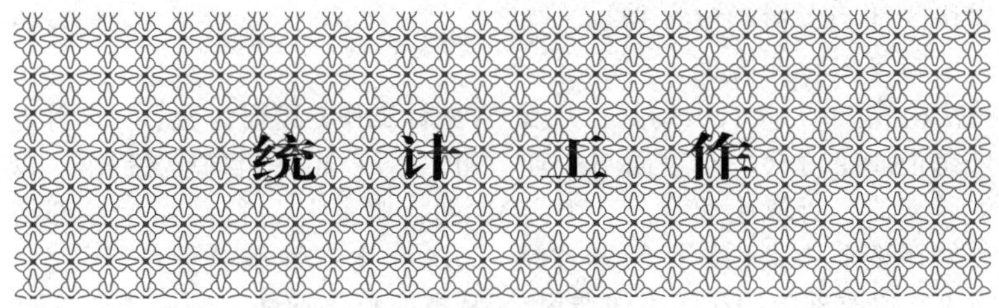

统　计　工　作

【概况】　年内，局队不断推进统计改革和建设，服务于区域经济社会发展。发挥统计职能，完成重点工作任务。一是组织完成三经普各项工作。坚持多层面开发经济普查资料，形成调研报告，为区委、区政府宏观决策及经济社会发展中长期规划等提供参考依据。在2014年全市被访普查对象对三经普的知晓率中，区法人单位的知晓率为96.9%，居全市第一名，个体经营户的知晓率为74.0%，居全市第五名。二是建设统计统一管理平台。区统计统一管理平台项目数据采集模块、协同办公模块已开发完成并上线试运行，实现部门统计数据的网上采集，区内其他部门通过网络实现统计数据的采集上报。三是开展人口监测研究，改版月度资料，直观反映全区人口变动情况；强化动态研究，掌握门头沟区常住人口的新情况。立足改革创新，为区域经济社会发展提供优质统计服务。一是加强数据监测，局队不断调整监测频率，适时发布相关信息，为区委区政府判断经济运行形势、科学决策提供可靠依据。在此基础上，加强重点领域监测，关注旅游文化休闲产业，建立城乡居民收入监测体系和住户动态监测体系，开展妇女儿童监测等工作，服务区域民生改善。二是加强课题分析研究。局队参与市区两级重点课题研究工作，制定18项重点课题研究方向。在市统计建模选拔赛中，获得优胜奖第一名的成绩，并代表北京进入全国统计建模比赛总决赛并取得二等奖，创造全国统计建模比赛的历史最好成绩。三是加强基层统计基层建设。为全区178个村统计站配备电脑网络硬件设施，并分类分批进行业务培训，确保源头数据质量。年内，局队共检查企、事业法人单位199家，完成全年执法检查任务的105%。

单位名称：北京市门头沟区统计局、北京市门头沟区经济社会调查队
地　　址：北京市门头沟区中门寺街16号
电　　话：69842503
邮　　编：102300

（刘怡杉）

【领导调研】　1月2日，区三经普领导小组组长到普查登记一线，

与普查员一同对普查对象进行登记工作。3日，国家统计局北京调查总队巡视员到潭柘寺镇调研村级统计站运行情况。2月27日，市经普办督导检查组到区内开展经济普查集中督导检查工作并到基层统计机构进行实地考察。4月29日，市局领导到妙峰山镇统计所就群众路线教育实践活动、经济普查进展和村统计站建设开展调研，并征求对市局总队和区局队的意见和建议。11月2日，市统计局领导到区内检查指导年度人口抽样调查工作。

（刘怡杉）

【专项调查工作】 1月上旬，在全区77家机关、事业单位及街道居民中开展绩效管理专项调查。5月26日起，对区内部分行政机关进行专项重点检查，掌握行政机关统计人员持证情况、原始记录及统计台账建立健全情况等各项统计基础工作。6月18日，门头沟局队完成遥感项目核查工作。16日至20日，走访企业开展企业信息化情况调研。7月18日，到区民俗旅游重点村斋堂镇法城村，就新农村建设、农游融合发展和村统计站建设情况展开调研。9月上旬，开展“金九银十”商品房销售统计工作。下旬，开展农作物灾情专题调研，了解灾情影响程度，分析全年农业生产情况。10月14日，完成2014年“准规模”单位调查任务。11月5日，完成新设立小微企业跟踪调查工作。19日，局队完成城镇居民家庭用水器具情况调查。12月下旬，开展燃煤户数调查，确保居民生活能源消费核算结果的真实性和准确性。

（刘怡杉）

【民主生活会】 1月13日，召开领导班子及领导干部民主生活会，区第二直派纪检组领导等参加会议。7月28日，局队党组召开党的群众路线教育实践活动专题民主生活会。7月31日，召开班子专题民主生活会情况通报会。

（刘怡杉）

【统计调查诚信单位评选】 1月17日，召开2013年度“统计诚信单位”总结表彰会，对北京精雕科技有限公司等4家“统计诚信单位”进行授牌表彰。

（刘怡杉）

【统计执法检查工作】 1月18日，召开2014年业务科室执法培训会，部署2014年督导及催报等统计执法检查工作，启动全年统计执法工作。2月中旬，立足基础工作，从“提高思想认识、扎实执法能力、树立服务理念、强化法制宣传”四方面，启动统计执法检查。4月1日，局队召开受处罚企业座谈会，面对面与企业沟通交流，听取企业意见。引导受处罚企业讲真话、摆问题、提意见，以改进统计部门工作作风，提升统计服务质量。22日，召开统计执法检查技能培训会。5月4日，完成2014年度区内统计调查单位督导检查工作。9月中旬，圆满完成2014年统计执法专项检查工作。10月底，完成全年执法检查任务，共检查企、事业法人单位199家，其中常规督导检查113家，常规检查52家，集中检查10家，专项检查24家。计划完成190家，超额完成9家，完成全年执法检查任务的105%。11月底，门头沟局队完成全年执法案件后期处理。

（刘怡杉）

【召开统计工作会】 1月24日，局队领导班子成员、全体科所长参加全市统计工作视频会。会后，落实会议精神，对2014年统计工作的开展提出要求。3月11日，局队召开2014年统计工作会暨党风廉政建设工作会。7月8日，召开综合考评整改工作部署会。围绕2013年度区县政府统计工作综合考核评价结果查找不足，开展综合考评整改工作。

（刘怡杉）

【统计监测工作】 2月初，分门别类，完成住户动态监测体系构建，更加真实准确地反映城乡居民收入状况。3月下旬，局队建立《住户家庭从业与收入信息台账》，动态监测居民家庭收支、人员就业、政策落实等变动情况。8月下旬，搭建中秋节旅游监测平台，关注节日期间旅游接待状况。

（刘怡杉）

【统计工作专题研讨会】 2月上旬，围绕2014年中心工作，以“创新服务”为行动指南，部署2014年生产性服务业统计工作。从把握总体形势、制定工作实施办法、布局学习培训安排三方面入手，研究部署2014年重点课题研究工作。6月11日，召开农村统计工作研讨会，落实全市农村统计工作会议精神，谋划村统计站长效运行机制。8月13日，召开人口调控监测工作专题会。9月10日，完成辖区内所有行政村2013年和2014年上半年主要数据自查工作。11日至12日，组织开展2013年和2014年上半年郊区统计台帐互查工作。月底，完成固定资产投资价格数据质量自查工作。

（刘怡杉）

【统计月报、季报和年定报工作】

2月上旬，结合三经普和年报工作，开展报表单位事先督导，提高普查及年报数据质量。3月18日，完成2013年基本单位年报数据的全面评估。8月20日起，开展联网直报中违法违规和不规范报送行为专项整治行动。

（刘怡杉）

【第三次经济普查工作】　3月4日，向辖区内14个街镇普查办以EMS的方式发出近百份《北京市门头沟区第三次全国经济普查单位限期登记通知书》，以确保普查登记工作完成。14日，召开第三次全国经济普查登记工作推进会，第三次全国经济普查领导小组组长主持会议并提出要求。20日至21日，市经普办专项检查组到区城子街道桥南东街社区对经济普查登记工作开展专项检查。4月上旬，转移经普工作重心，主攻数据质量验收。7月中旬，完成三经普建筑物定位坐标编辑工作。

（刘怡杉）

【统计基础工作】　3月28日，完成全区178个村统计站电脑安装检测工作。5月12日至16日，分类分批开展首次村统计站人员业务培训。12月初，经区机构编制委员会办公室批准，区统计局成立科技园区统计所。

（刘怡杉）

【召开统计专业知识培训会】　10月14日、15日，召开人口抽样调查业务培训会，区13个街、镇，33个村（居）委会，57个调查小区共200余人参加会议。12月17日，举办Excel基本函数培训会。12月29日，组织学习新《行政诉讼法》。

（刘怡杉）

【普法宣传工作】　12月4日，围绕“全面推进法治统计建设”的主题组织开展“12.4”普法宣传活动。

（刘怡杉）

【统计资料】　12月上旬，完成《北京市门头沟区统计年鉴－2014》编印工作。

（刘怡杉）

质量技术监督

【概况】　年内，在市局和区委、区政府的领导下，学习贯彻习近平总书记系列重要讲话精神和党的十八届三中、四中全会精神，按照局党组提出的“两贴近、两加强——贴近区情、贴近民生，加强宣传、加强干部队伍建设”的工作思路，以全面提高产品质量、保障人民生命健康安全、促进地区经济发展为目标，围绕年初确定的各项目标任务和重点工作，转变作风，创新思路，强化服务，完成年度工作目标任务，成效显著。全年完成执法责任制的各项任务，全局行政执法活动起数为853起，罚没款86140元，其中查处立案件9起，结案9起，现场处罚20起，出动执法人数2000余人次。接转投诉举报41起，接转率和回复率均为100%。2014年完成检定计量器具18563台件，同比去年增长65.7%，特种设备法定检验1196台件，同比去年增长48%。

严把特种设备安全关，保障民生安全，制定《2014年门头沟区质监局安全生产重点执法检查计划》，保证质监安全工作稳步开展、整体推进。做好全国“两会”、安全生产月、APEC会议期间等重大活动的安全保障。突出电梯安全监管。加强“五一”“十一”游乐设施安全检查，开展演练，提高救援能力。落实企业产品质量主体责任，维护消费者权益。做好工业产品生产许可证监管工作，抓好重点产品监管，结合“农资打假”、“质监利剑”、“双打”等活动，组织开展产品质量监督检查。作为确保首都农产品质量安全任务的协办单位，履行职责，开展有机产品认证的监管工作。落实区内《清洁空气行动计划》任务，从源头抓煤质，建立企业质量风险档案，对区注册的76家煤炭生产加工、销售企业及使用单位建立企业档案管理制度；加大煤炭抽样监测和执法力度，抽取样品147个，对不合格样品局及时通报型煤生产单位，责令及时整改。围绕地区发展，发挥标准化服务保障作用，助推区申报国家养老服务业改革试点区；与区为民服务中心信息平台共同推进行政服务业标准化建设；指导妙峰山镇蜂产业国家级农业综合标准化示范区的建设，通过年度考核。同时发挥标准化领导小组办公室作用，召开全区标准化工作会议，提出落实《首都标准化战略纲要》工作安排。开展“计量惠民生”活动。开展计量监督检查，组织眼镜制配行业、医疗卫生单位、加油站及对定量包装商品、热量表等专项执法检查。强化服务平台，增强技术支撑能力，建立全市质监系统第一条具有全站仪、GPS接收机和测距仪检定能力的检测基线场，在区政府支持下，选定永定河军庄段大堤为观测点，建立观测墩，为区开展基础性科学研究和工程建设提供检测服务。开展“五型机关”文化活动建设，巩固党的群众路线教育成果，在局党组的领导下，党总支以“五型”机关建设为抓手，通过开展“一把手”讲党课活动、“我为质监发展进一言”“质监人”论坛等活动，建设学习型、服务型、创新型、节约型、和谐型“五型”机关，同时积极组织开展在职党员到社区（村）报到活动，为群众提供法律法规咨询和安全常识、免费进行计量器具等的检测服务。

单位名称：北京市门头沟区质量技术监督局
地　　址：北京市门头沟区新桥大街60号
电　　话：69842304
邮　　编：102300

（孟　超）

【重大节日专项检查】　元旦期间，开展系列专项检查。对辖区加油站内检定周期到期的加油机进行计量检定，先后对11个加油站，共计72台加油机的计量检定工作。对辖区内部分大型超市、集贸市场和加油站在用计量器具进行专项执法检查。检查单位11家，在用计量器具88台件，出动执法人员22人次，并向各单位积极宣传“关注民生、计量惠民”有关精神。对辖区内人员密集场所以及危险化学品场所进行特种设备的安全监察。对辖区内3家食品相关产品生产企业监督检查。1月2日，对供销社三家店日杂销售店等3家烟花爆竹销售点所销售的烟花爆竹执行DB11/358－2013《烟花爆竹安全　级别　类别和标识标注》标准实施情况进行检查。14日至15日，对辖区内加油站集中进行专项监督检查，共检查加油站8家，加油机38台，确保辖区加油站计量准确。20日，对辖区内大型超市、集贸市场以及餐饮单位在用计量器具进行专项执法检查。检查单位14家，检查在用计量器具180台件。23日，对辖区内各大超市、商场、居民住宅区、医院等人员密集场所和锅炉供暖场所、燃气充装站进行特种设备安全检查。共计检查特种设备使用单位18家，检查各类特种设备131台/件，经检查未发现安全隐患。28日，在区委的组织下，与区安监局、消防支队等部门开展春节前安全生产检查工作，此次检查由区委书记韩子荣带队。检查组一行先后到辖区农贸市场、加油站、公交加气站等人员密集场所和安全重点防控单位，对各单位的在用特种设备、计量器具、消防设施进行重点安全检查。4月28日，对辖区内大型超市、餐饮、加油站等单位在用计量器具进行专项执法检查。共检查17家单位，检查在用计量器具105台件。同日，对门头沟区灵山风景区以及双龙峡景区游乐设施进行安全检查。5月27日，对全区销售的粽子开展计量专项监督检查。抽查5个品种、5个批次的粽子，净含量均符合要求，检查在用计量器具73台件，均在检验周期内。9月2日，对区雨润发综合超市和龙泉宾馆等场所开展中秋节计量专项检查。此次活动共检查大型超市及宾馆5家，检查月饼4个品种，4批次。检查在用计量器具65台件，均在检验周期内。9月22日至24日，对辖区内大型超市、餐饮、加油站、集贸市场等在用计量器具进行“十一”专项执法检查。共检查单位18家，检查在用计量器具300余台件。29日，开展“十一”节前有机产品认证检查，出动执法人员17人次，检查共涉及6家有机产品生产销售企业及2家大型连锁超市。10月3日，对清水镇灵山景区的客运架空索道进行安全检查。

（孟　超）

【召开座谈会】　1月14日，召开行风监督员座谈会，征求社会各界对质监工作的意见和建议，发挥行风监督员作用，提升质监工作服务质量。3月26日，召开医疗卫生系统计量器具的监督管理和检验工作座谈会，全区16家医疗卫生单位参加座谈。9月23日，与北京天马轴承有限公司召开能源计量工作座谈会。总结推广先进的经验和作法，并向该单位积极宣传贯彻市质监局相关文件精神。12月23日，组织召开2014年医疗卫生单位座谈会。区质监局分管局长、计量科和计量所负责人及辖区15家医疗卫生单位的相关负责人参加会议。24日，区计量检测所邀请华源热力管网有限公司、北京万辉双鹤药业有限责任公司、天马轴承集团等10余家企业代表进行座谈交流。29日，召开全市计量技术机构发展座谈会，市质监局计量处、市计量院、区监局、各区县计量负责人及相关同志参加会议。会后，与会人员到计量测绘检测基线场进行实地考察。

（孟　超）

【走访慰问帮扶村生活困难党员】 1月21日，局领导班子到结对帮扶的对象——雁翅镇松树村，走访慰问村中生活困难的老党员，为他们送去了米、面、油等生活必需品。

（孟　超）

【开展消防应急演练】 1月22日，开展消防应急演练，提高全体人员消防安全保护意识和扑救初起火灾的能力。5月28日，会同区安监局、燃气办、交通局等部门观摩区液化气站开展的液化气储罐阀门漏气应急抢修演练。6月10日，联合区安监局、燃气办、交通局组织北京天龙燃气有限公司开展安全事故应急救援演练。6月20日，组织区医院开展电梯困人应急救援演练。区质监局、区卫生局以及区医院相关领导现场观摩。7月16日，在灵山景区开展高空索道事故救护演练，清水镇领导及景区负责人现场观摩。

（孟　超）

【参加电视专题片拍摄活动】 1月22日，与区公安、安监等部门共同参加门头沟区广电中心组织拍摄的烟花爆竹安全标准电视专题片拍摄活动。

（孟　超）

【走访慰问离退休老党员、老职工】 1月24日，局领导走访慰问离退休的老党员和老职工，送去新春祝福。

（孟　超）

【局领导走访代码中心】 2月7日，局领导班子成员到代码中心服务窗口慰问代码全体工作人员。

（孟　超）

【开展惠民清洁型煤工作】 2月11日，联合区经信委对全区11个惠民型煤销售网点和型煤生产企业开展监督检查抽样工作。共检查12家单位，出动执法人员48人次，抽取样品7个。2月15日，市“减煤换煤、清洁空气”行动领导小组对区内减煤换煤工作进行检查，并听取了质监局汇报。2月17日，质监局配合区新农办开展入户监测工作，为区“减煤换煤、清洁空气”工作提供数据支持。10月15日，会同区经信委，对北京西宝惠民型煤有限公司进行联合检查。现场抽取2个样品进行送检。

（孟　超）

【到企业现场指导计量工作】 2月12日，执法人员到北京万辉双鹤药业有限责任公司现场指导计量工作。

（孟　超）

【参与会前说纪讲法】 2月12日，局长在区政府第44常务会议上做了《中华人民共和国特种设备安全法》的专项法律宣讲。5月21日，局长在区政府第51次常务会议上做《北京市组织机构代码管理办法》的专项法律宣讲。

（孟　超）

【加强供暖结束前的管理工作】 2月17日，执法人员对区内大型集中供暖单位华源热力管网有限公司门头沟分公司进行安全检查。执法人员分别对公司两个位置的锅炉房进行实地检查，此次检查未发现安全隐患。

（孟　超）

【助推区养老服务业标准化工作】 2月20日，与区民政局拟定区养老服务业标准化实施项目及工作计划。3月11日，与区民政局召开区养老服务机构建设工作座谈会，就双方在养老服务机构建设方面加强合作进行沟通。4月8日，邀请市标准化院专家到区指导养老服务业标准化建设工作。5月5日，邀请中关村标准创新服务中心的多位专家与区民政局就全区养老服务业标准化建设工作开展研究座谈，拟定全区养老服务业标准化工作具体方案，同时完成标准化相关材料的起草准备工作，为推进养老服务业标准化建设工作提供专业的技术支持。

（孟　超）

【市、区领导指导调研】 2月25日，区领导到局内对计量所的煤质检测实验室和特检所的检测设备开展调研。5月27日，北京市组织机构代码管理中心管理部高级工程师吴建群一行，到门头沟区质监局开展组织机构代码专题调研活动。6月10日，市质监局计量处领导一行到局内调研指导计量工作，并对北京华源热力管网有限公司门头沟分公司调度中心进行现场考察。8月26日，市质监局副巡视员一行到区特种设备制造单位鑫华源机械制造有限公司进行走访调研。9月19日，区政协主席张冰带队到局内进行电梯安全监管工作的调研。24日，区政协领导及政协各界人士一行检查指导区政务服务大厅建设与运行情况。26日，区领导到局内指导电梯安全工作。

（孟　超）

【重视代码推广】 3月中旬，经区政府研究决定，全区事业、机关、社团、民非等相关单位的使用数据以质监局代码中心提供的数据为准。

（孟　超）

【召开特种设备安全工作会】　2月26日，召开特种设备安全工作会，全区特种设备使用单位负责人与镇街代表100余人参加。大会还对北京京西灵山景区及门头沟区液化气站等5家特种设备使用先进单位进行表彰奖励，局领导与企业负责人现场签订特种设备安全管理责任书。

（孟　超）

【参加反恐工作电视电话会】　3月3日，质监局与区市政市容委以及辖区内各液化石油气站点，在质监局分会场参加全市的液化石油气场站反恐工作电视电话会。

（孟　超）

【开展“两会”期间检查】　3月4日，联合斋堂镇镇政府安全部门共同对所属供暖锅炉进行检查。4日至6日对辖区内加油站集中开展专项监督检查。共检查9家单位39台加油机。

（孟　超）

【开展比对活动】　3月4日至5日，配合市计量院对辖区内医疗卫生单位开展能源计量审查和能效计量比对活动。对区妇幼保健院、区医院等4家医疗单位进行检查。

（孟　超）

【培训工作】　3月10日，召开全区锅炉管理人员培训班，共计60家企业单位70余人参加。4月4日至8日，组织开展锅炉水质化验人员培训班，有20余家企业30余人参加。5月20日，举办桥门式起重机司机培训班，有7个单位的70名学员参加培训。安全生产月期间，举办为期5天的压力容器操作人员培训班，30余家相关单位，60名学员参加培训。3月27日，应邀参加京煤集团安全知识培训，宣贯《中华人民共和国特种设备安全法》。参加培训共计80余人，并在现场免费发放《中华人民共和国特种设备安全法》手册。7月7日至9日，举办为期3天的起重机械安全管理人员培训班，全区30多家单位管理人员计37人参加培训。21日至25日，举办压力管道作业人员培训班，有28人参加培训并完成考核。30日至8月1日，举办电梯安全管理人员培训班，辖区65家单位的104名电梯安全管理人员参加。9月1日至5日，举办叉车司机培训班，全区36人参加培训。所有学员完成理论和实际操作学习并参加考核，通过率达到了97%。18日至19日，分别召开机电类设备与承压类设备安全法培训班，共计300余人参加。10月10日，邀请中关村标准创新服务中心专家，对区为民服务中心开展行政服务标准化专题培训。区为民服务中心全体员工、区质监局标准化工作人员参加。

（孟　超）

【专项检查】　3月11日，对辖区内机动车检测场检验工作进行了专项检查，未发现违规行为。18日，开展特种设备安全检查。对辖区内气站、供暖锅炉房以及小区物业等11家单位进行检查。26日，对辖区内石龙工业区企业在用计量器具进行专项监督检查。共检查单位13家，检查在用计量器具386台件，出动执法人员26人次。同日，在市条码质量监督检查站配合下，质监局组成检查组，对辖区内商场、超市开展商品条码专项检查。对个别涉嫌违法的商品，执法人员依照法定程序进行了抽样，检验结果出具后，执法人员将对不合格的产品依法予以处理。5月29日，开展家用电器产品能效标识专项执法检查。此次专项行动共检查家电销售企业10家，检查产品121件。6月10日，对全区医疗卫生单位开展计量器具专项检查，此次活动共检查单位8家，检查在用计量器具566台件。12日，对门头沟机动车检测场有限公司检验资格认可证书、所有在用计量器具进行执法检查。16日至17日，对全区眼镜制配行业、视力康复保健中心及医院眼科门诊等单位组织开展计量器具专项检查。此次活动共检查10家眼镜制配单位，检查在用计量器具30台件，受检率、合格率均为100%，未发现问题。7月22日，开展定量包装商品生产企业市级专项监督抽查。共抽查白酒、调味品等2类商品，抽查定量包装商品生产企业2家，6批次，经检验均合格。8月5日，对管辖区内12家眼镜制配单位开展眼镜制配行业专项检查。共检查在用计量器具36台件。受检率、合格率均为100%，没有发现违规行为。6日至7日，对雁翅、斋堂、清水等地区加油站进行了专项突击检查。检查加油站6家，加油机18台。在受检加油站中，未发现计量违法行为。7日，组织开展学生校服生产企业的专项监督检查。29日，对辖区内的涂料生产企业进行执法检查。9月17日，联合经信委对门头沟区燃煤供应企业－北京西宝惠民型煤有限公司开展了专项检查工作。11月18日，对辖区内烧结砖生产企业进行执法检查。21日，对辖区的北京华源热力管网有限公司门头沟分公司进行监督检查。针对存在问题，及时组织该单位燃煤质量负责人召开专项约谈会。12月22日，开展热量表计量专项监督检查。对北京国信恒望热力有限公司和北京华源热力管网有限公司门头沟分公司2家供热企业958块热量表进行检查。

（孟　超）

【党团工作】　3月18日，团区委领导一行到局调研团支部工作，与局团支部进行座谈。4月4日，参加区直机关单位义务植树活动，完成植树任务。12日，组织全局户外运动爱好者开展“踏青赏花——寻找美丽的春天”徒步活动。25日，组织代表队参加区第三届“职工杯”乒乓球比赛。5月4日，开展五四青年节“青年文明岗·志愿星期天”活动，到双峪菜市场东侧人行横道处维护交通秩序。门头沟团区委书记一行到服务站点，慰问局交通文明志愿者。6月6日，区质监局召开第六届团支部换届会议，完成选举。

（孟　超）

【参加区政府综合执法检查】　3月20日，会同区安监局、区公安分局、区食药监局等部门对门头沟区熙旺中心大厦内使用特种设备的两家单位进行检查。4月25日，会同区安监局、区公安分局、区市政市容委等部门对辖区内即将开业的北京国泰银安百货有限公司开展联合检查。质监局执法人员对商场内使用的特种设备进行检查。29日，会同区安监局、区工商分局、区食药监局等部门对门头沟区倚山嘉园进行联合检查。局执法人员对小区内特种设备进行检查，发现安全隐患。30日，会同区食药监管局、安监局、住建委、消防支队对区住宅建筑工地进行联合检查。6月4日，区领导带队，组织质监局、住建委、消防支队等多部门对石门营回迁房地区安全进行检查。10月28日，与区安监局、工商分局、消防、公安、龙泉镇等部门组成检查组，对辖区重点地区的危险化学品经营单位及烟花爆竹零售单位开展联合检查。

（孟　超）

【指导区国家级农业标准化示范区工作】　3月28日，指导妙峰山镇的绿纯（北京）生物科技发展中心制定完成“蜂产业综合标准化示范区”项目方案。6月16日，对区第八批国家农业综合标准化示范区项目开展服务指导工作。7月9日，市质监局标准化工作督导组一行到区内，对全国第八批农业综合标准化示范区——绿纯（北京）生物科技发展中心，就示范区项目进度开展情况进行督导检查，区质监局工作人员陪同检查。12月9日，市质监局组织专家对区内承担的第八批农业综合标准化示范区进行年度考核。门头沟区通过验收。

（孟　超）

【食品产品企业通过许可证核查】　3月27日，区内一家生产食品包装材料（容器）企业通过了北京市许可证办公室派出生产许可证现场核查评审组的审查。局委派观察员参加现场核查工作，保证现场评审工作的公平公正。

（孟　超）

【进行联合执法检查】　4月1日，产品科和计量科组成联合执法检查组，按照各自职责，对北京剑江制衣集团生产企业进行联合检查。

（孟　超）

【工作交流】　4月15日，平谷区和密云县代码中心主任带领其主要工作人员到区代码中心学习、交流并研讨先进工作经验。23日，到延庆局学习，就如何进一步做好计量工作进行交流。7月31日，到房山区质监局进行工作交流，重点对产品监管和稽查执法进行交流。11月3日，召开电梯检验技术交流座谈会，邀请朝阳、丰台、石景山特种设备检测所电梯检验技术人员进行技术交流。月28日，举办锅炉能效测试技术交流会，特检中心等能效测试机构及相关锅炉使用单位参加会议。

（孟　超）

【召开审查工作会】　4月9日，召开重点用能单位能源计量审查工作会，对全区2014年重点用能单位能源计量审查工作进行部署。

（孟　超）

【督促整改落实工作】　4月10日，对北京华融瑞源包装厂不合格项整改情况进行现场核实。经核实5个不合格项按要求全部整改完毕，符合整改要求。

（孟　超）

【企业送锦旗】　4月16日，北京万辉双鹤药业有限责任公司领导代表企业送来一面绣着“热情服务，公正执法”的锦旗，以此表示对质监局到企业服务指导计量工作的感谢。10月15日，北京奥和物业管理有限公司（石门营项目部）负责人专程将一面绣有“心系企业公正执法，服务社区鼎力相助”的锦旗送到门头沟区质监局，以感谢区质监局在特种设备安全管理方面的服务指导。12月9日，北京创通建设集团有限公司和北京市宏达锅炉管道安装工程公司赠送锦旗，对质监局特检所在锅炉安装工程中的监检表示感谢。29日，中铁房地产集团北京顺捷金海置业有限公司将一面绣有“热情服务、清正廉洁”的锦旗送到门头沟区质监局，表达对特种设备安全管理服务指导的感谢。

（孟　超）

【召开电梯使用单位安全会】 4月23日，召开电梯使用单位安全会，22家电梯物业单位的法人和主要负责人参加会议。

（孟　超）

【召开审查工作会】 4月26日，组织召开2014年工业产品生产许可证获证企业年审工作会，辖区内15家获证企业的负责人参加会议。会上向企业发放《北京市工业产品生产企业产品质量主体责任告知手册》。

（孟　超）

【开展证后监督检查】 5月7日，对北京富根智能电表有限公司、北京东西分析仪器有限公司两家制造计量器具获证企业开展监督检查。

（孟　超）

【开展电梯定期检验工作】 5月7日，到倚山嘉园小区电梯开展定期检验工作。

（孟　超）

【完成质量监督抽查工作】 5月20日，根据市质监局下达的工业产品质量监督抽查计划，对涉及生产食品用塑料包装、容器3家企业开展产品质量监督抽查工作。

（孟　超）

【宣传活动】 5月20日，开展计量宣传活动，到东辛房社区，举办主题宣传活动。在计量日宣传期间，发放宣传材料1500余份，免费检测血压计25台件，接待群众咨询160人次。6月16日，参加了由区安委会组织的“安全生产月”集中宣传活动，发放宣传材料300余份。18日，联合城管部门、居委会、小区物业在石门营小区和龙门小区组织开展“电梯安全知识进社区”宣传活动。此次宣传共悬挂横幅两条，展出展板14块，发放各类安全知识手册800余份。9月2日，联合区产品质检所和区经信委召开燃煤生产、销售、使用单位的煤炭质量法律法规和地方标准宣贯会。40余家煤炭相关企业参与，参会人员60余人。11月下旬，“减煤换煤”系列宣传活动。一是联系媒体跟踪报道；二是主动邀请群众实地参观，协助斋堂镇政府组织群众参观型煤企业；三是组织业务骨干到企业宣传答疑，共计对34家单位张贴100余份煤炭质量安全宣传页。24日至25日，开展集贸市场公平秤地方标准发放工作。执法人员走访了辖区内8家集贸市场，出动执法人员16人次，检查在用计量器具235台件，检查公平秤8台。12月4日，开展了以“弘扬宪法精神，建设法治中国”为主题的宪法宣传活动。活动发放计量、特种设备等宣传资料1000余份。4日至5日，对市政府质量奖的评选工作细则向辖区内的企业进行现场宣贯。

（孟　超）

【召开住宅电梯使用与维保会议】 6月11日，召开住宅电梯使用单位与维保单位的专项会议。全区共计50余家单位参加会议。

（孟　超）

【在职党员到社区（村）报到活动】 6月16日，组织开展45名在职党员到社区（村）报到活动，将全体党员分成两组，分别到雁翅镇松树村、永定镇侯庄子村报到，与所在村党支部进行座谈交流。30日，结合工作职能，组织部分党员及团员志愿者到侯庄子村开展在职党员进社区服务群众活动。免费为群众检测血压计15台，普及血压计的使用方法。

（孟　超）

【开展强制性认证产品检查】 6月18日，对生产低压成套设备的北京华电新明电器有限公司进行检查。

（孟　超）

【获证企业年审实地核查工作】 6月18日，区生产商用电开水器、餐具洗涤剂2家生产企业的实地核查。对存在的部分轻微缺陷，责令企业限期整改。

（孟　超）

【走访活动】 6月下旬，区质监局到区民政局、军庄镇、潭柘寺公园等单位开展走访活动，了解掌握区相关单位落实《首都标准化战略纲要》任务分解工作开展情况。

（孟　超）

【召开专题会】 7月9日，召开区2014年标准化工作会议，区落实首都标准化战略纲要领导小组组长、市质监局副局长出席会议，全区各委办局、标准化示范单位及相关企业共51家单位负责人参会。会上对军庄镇政府、潭柘寺景区旅游公司等4家标准化示范单位进行表彰。23日，召开锅炉节能监管清洁空气计划工作会，33家锅炉使用单位负责人参加会议。

（孟 超）

【参与区“菜篮子”项目验收考评】 8月4日，与市农业局、市质监局及区农业局组成检查组，对区军庄镇孟悟村股份经济合作社、门头沟天盛养鱼场等5家农业标准化生产基地“菜篮子”工程项目建设情况开展检查验收工作。

（孟 超）

【通过两项计量标准立项考核】 8月28日，区质监局计量所医用超声诊断仪超声源和医用诊断x射线辐射源2项计量标准通过市质监局考核。

（孟 超）

【召开特种设备安全工作座谈会】 9月4日，与辖区内特种设备使用单位进行的交流座谈。全区有31个单位的50余名代表参加，参会人员就区特种设备安全管理工作模式进行探讨。

（孟 超）

【开展“京白梨”专项检查工作】 9月中旬，联合区相关部门开展“京白梨”地理标志产品专项检查工作。对区“京白梨”地理标志保护范围的10个生产种植专业合作社进行检查。

（孟 超）

【检查城子供热厂锅炉安装质量】 10月13日，对城子地区集中供热厂锅炉安装工程开展专项检查。现场会议后，工作人员到施工现场进行查看。

（孟 超）

【学习首届中国质量大会精神】 10月17日，召开第35期质监人论坛，组织全局干部职工学习贯彻国务院李克强总理和总局局长在首届中国质量大会上的重要讲话精神。

（孟 超）

【与国标主编单位座谈】 11月25日，与辖区企业——绿能新风环境科技（北京）有限公司人员座谈标准化工作。由该单位主编的《中华人民共和国国家标准：水蒸发冷却空调机组（GB/T30192－2013)》，获得了北京市质量技术监督局评审下发的2014年度北京市标准制修订补助资金，补助金额为2万元。

（孟 超）

【会同大兴质监局开展联合执法】 12月8日，会同大兴质监局对迁址企业开展联合执法检查，执法人员在现场未发现该企业生产加工行为。

（孟 超）

【开展重点用能单位能源考核工作】 12月9日至10日，配合怀柔能源检测站技术人员，对辖区内重点用能单位开展能源计量评价考核工作。

（孟 超）

【通过考核】 12月19日，市质量技术监督局产品处和稽查大队组成督查组对区质监局的产品质量监督和“双打”工作进行年度考核，区质监局顺利通过考核。

（孟 超）

【参加石门营电梯安全联合检查】 12月24日，门头沟区政协主席张冰带队，联合区质监局、东辛房街道办事处以及物业等单位区石门营棚户区改造回迁房地区电梯安全进行检查。此次主要是根据前期到区质监局调研电梯监管工作的情况以及对街道办事处反映曾经出现过问题的电梯进行检查。

（孟 超）

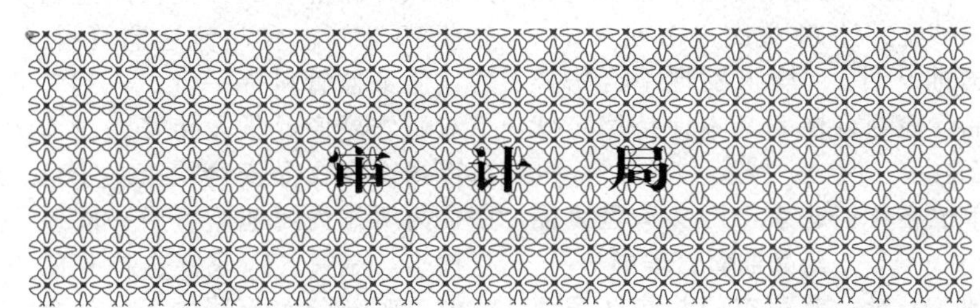

审计局

【概况】 年内，以科学发展观为指导，坚持“依法审计、服务大局、围绕中心、突出重点、求真务实”的工作方针，围绕区委、区政府的工作部署，以“推进法治、维护民生、推动改革、促进发展”为工作目标，提升审计服务质量，切实履行审计监督职能，服务全区经济社会发展大局。

单位名称：北京市门头沟区审计局
地　　址：门头沟区滨河路72号
电　　话：69842121
邮　　编：102300

（刘皓楠）

【团支部活动】 5月7日，组织全体青年进行素质拓展活动，参加人数23人。

（刘皓楠）

【内审协会培训】 10月21日至23日，市内部审计协会与局联合举办区内部审计人员业务培训暨继续教育培训。通过培训，促进内审人员业务水平的提高。

（刘皓楠）

【审计工作】 年内，从四方面创新政府投资建设项目综合管理模式。一是构建联动组织机构。二是建立八项工作机制。三是梳理工作流程，明确责任主体。四是突出政府投资跟踪审计监督服务。

（刘皓楠）

食品药品监督管理

【概况】 年内，把履职效能工作作为检验队伍行政执法能力建设的重要标准，实现了各项工作的高效化。全年，完成日常监管及各类专项行动共出动16109人次，5356车次，累计检查食药主体4060家，在全区范围内开展学校、托幼食堂专项整治、肉制品、烘烤食品、餐具消毒、活禽市场、魔爽烟、白酒、饮用水、香油、芝麻酱、食品标签标识等专项检查；开展食品标签标识专项检查和乡村民俗旅游户食品安全专项检查行动；开展医疗器械“五整治”专项行动等，检查覆盖率达100%。

年内，根据食药监管工作的需求，研究制定《大型活动期间食品药品安全保障工作方案》（以下简称“大保方案”），并在具体监管工作中加以实施。在《大保方案》的框架下，启动了应急值守机制，开展了节日期间的食品安全整治及保障工作。全年共接待各类咨询7826人次，许可受理838件；行政处罚73起（一般程序案件56起，简易程序案件17起），罚款292629.33万元，已立案未做出行政处罚8起；接到群众投诉举报、12331、区政府批转投诉举报共计349件，核实349件，办结338件。涉及药品16件、医疗器械7件、保健食品7件、化妆品4件、食品315件。食品快检2945件，疑似不合格47件，经送检不合格4件，合格率99.86%，比上半年提高1.39个百分点。食品样本抽检2321件，不合格63件［其中，食品流通领域1257件（市抽567件，不合格27件；区抽690件，不合格13件），不合格40件；餐饮服务领域774件（市抽289件，不合格17件；区抽485件，不合格2件），不合格19件；食品生产领域290批次（均为区抽），不合格4件］，总合格率为97.29%；药品和药包材抽检165件（均为市抽），医疗器械、保健食品和化妆品抽验共计74批次（市抽65件，国抽9件），均未发现不合格样品，检测合格率基本保持稳定状态。

单位名称：北京市门头沟区食品药品监督管理局
地　　址：北京市门头沟区滨河路87号
电　　话：69848954
邮　　编：102300

（任海鹏）

【专项检查】 1月，雁翅镇食药监所、安全科、综治办和林业办组成专项检查组对辖区雁翅村、田庄村和淤白村开展关于安全生产的专项整治行动。王平食药所对部分重点单位进行监督检查，检查的重点是食品原材料的进货渠道是否正规合法，餐厅及厨房环境卫生是否达标，食品从业人员是否取得健康合格证明及生熟食品是否分开存放等内容。是月，根据国家食品药品监督管理总局《关于进一步加强白酒质量安全监督管理工作的通知》和市局的工作部署，针对辖区内白酒生产企业状况开展监督检查。开展为期2周的“魔爽烟”专项摸排排查工作。是月，对辖区部分食品生产企业进行重点监督检查。对辖区大中型商场超市便利店进行节前食品安全专项检查。采用突击检查、日常监管与行政许可现场检查相结合的方式，开展医疗器械、保健食品、化妆品市场和医疗器械使用单位安全检查，共检查医疗器械、保健食品、化妆品经营企业10家次。食品流通监管科、餐饮服务监管科等一行5人到北京双峪农副商品批发市场，对节日市场进行食品安全检查。龙泉镇食药所作为属地监管所一同进行检查。是月，采取突击检查的方式，对部分医疗器械、保健食品、化妆品经营企业进行检查。对辖区内重点地区的1家药品批发企业和10家药品零售企业进行节前检查。2月，潭柘寺镇食品药品监督管理所开展学校食堂食品安全监督检查。雁翅食药所、雁翅镇安全科等相关部门对雁翅村进行“两会”之前的食品药品的专项检查。妙峰山镇食药监管所对辖区农家乐经营单位进行专项检查。3月3日是第15次全国“爱耳日”，对辖区内2家助听器经营企业进行监督检查。3月，开展了直接面向公众销售医疗器械经营行为专项检查。联合区教委对辖区内64家中小学校及托幼机构展开为期1周的春季学校食堂食品安全专项检查，出动检查人员192人次，检查车辆64车次。根据《关于开展奥妙可婴幼儿配方奶粉清查工作的紧急通知》要求，军庄、大台、永定食药监管所，对辖区内经营婴幼儿乳粉的超市和商店开展奥妙可婴幼儿配方奶粉专项清查工作。由区安监局牵头，区食药监管局、工商分局、质监局、消防等部门组成联合检查组对位于北京市双峪路的熙旺中心进行安全检查。食品流通监管科主要负责熙旺中心一至四层物美大卖场食品流通环节的监督检查。4月，开展医疗器械生产、使用环节集中整治工作，对辖区各医疗器械生产企业开展检查工作。开展辖区内的豆腐及豆制品的专项检查。5月，对辖区内4家瓶桶装饮用水生产企业及经营企业开展专项监督检查。对辖区具有人用狂犬疫苗接种资格的医疗机构进行全覆盖监督检查。开展“端午节”节前专项检查，对辖区内销售粽子的重点商户进行专项监督检查。组织行政执法人员开展对香油、芝麻酱、牛羊肉等食品生产企业的专项检查。区食品药品安全委员会组织成员单位和各镇街召开夏季食品安全工作会，部署夏季食品安全专项整治。端午节、儿童节双节前，开展为期1周的保健食品化妆品节前大检查，对10家经营单位的40种产品进行现场检查，主要检查的场所为经营保健食品化妆品的综合商店及专营店等。5月，对辖区1家医疗器械生产企业开展了安全生产检查。6月，开展对香油、芝麻酱、牛羊肉等食品质量专项整治工作。6月至7月，开展为期1个余月的乡村民俗旅游食品安全专项检查，出动执法人员601人次，执法车辆245车次，对辖区内284家乡村民俗旅游户的食品安全管理工作进行检查。7月，联合属地食药监管所对区旅游产业发展较快、乡村民俗旅游户较为集中的清水镇、斋堂镇的5家乡村民俗旅游户进行监督检查。对深山区的食品经营商户进行流通环节食品安全监督抽检工作。对辖区内有经营婴幼儿配方乳粉的经营主体严格开展专项监督检查。对大峪、大台辖区11所学校食堂进行专项检查。8月，大台食药所对使用过期食品原辅料生产加工食品和销售过期食品行为进行专项检查。9月，对辖区重点餐饮企业、学校及托幼机构食堂的食品安全进行专项监督检查。10月，清水食药监管所重点加大对辖区内小食杂店、小型餐馆等食品经营单位的监管力度，查处制售假冒伪劣食品。大台食药所联合门头沟区教委工作小组对大台中心小学、大台中心幼儿园食堂进行了联合检查。11月，大台食药监管所开展秋冬季节食品药品安全专项检查。12月，大台食药所开展对辖区内市场，餐饮单位，芽菜、腐竹类的专项检查。

（任海鹏）

【领导调研】 1月，宣传部领导到局内调研并指导工作。4月，市人大常委会委员到区内调研永定镇食品安全行政执法工作。9月，市局领导到区双峪农副产品批发市场，就国庆节前食品市场安全情况进行视察。9月，市局领导到龙泉所检查指导工作，在视察工作、听取汇报的基础上，对基层所建设工作提出指导性意见。10月，国家总局药品化妆品监管司领导一行3人到区内，就疫苗监管工作进行调研。

（任海鹏）

【党风廉政建设工作】 1月，按照党组成员、中层干部和基层干部三个层面，签订党风廉政建设责任书，把“谁主管、谁负责，一级抓一级，层层抓落实”的工作原则，将反腐倡廉工作任务分解到各科室、各部门，明确责任内容，落实具体责任人。

（任海鹏）

【食药组织领导体系组建工作】 1月，设立市、区、镇（街）三级食品药品安全委员会，局开展各项组织建设工作，13个镇街食品药品安全委员会已正式授牌。

（任海鹏）

【印制便民服务卡、服务监督卡】 1月，印制了3000张“便民服务卡”和150张“服务监督卡”，并组织监管人员到各社区，上门发放《服务卡》。

（任海鹏）

【食品药品安全监察员招录工作】 1月，通过笔试、面试、体检等环节，统一招录分配到各职能部门的39名食品药品安全监察员已全部上岗。

（任海鹏）

【培训工作】 年内，全局共开展

各类培训41场次，累计受训人数达3300余人次。一是坚持将课堂集中培训、现场检查培训和“科带所”培训相结合，集中开展全局人员的综合知识培训；二是聘请专业工程师和餐饮监管人员授课，以“我主讲、大家评”为培训形式，开展实操演练；三是落实党的群众路线教育实践活动，举办以系统核心职业价值观为主题的全员党课教育。四是利用每月局务会时间，针对“行政处罚程序规定、关于公职人员操办宴席事宜的暂行规定”等法律法规和相关政策文件，开展“会前学法”活动。年内，分别邀请区委党校、区讲师团成员、科室“小教员”担任讲师，就公共礼仪、食品药品日常监管、行政审批、公文写作等内容，对食品药品监察员进行分期培训。1月，开展“我主讲、大家评”讲师团培训活动。是月，组织39名监察员开展了为期2天的岗前培训。联合司法所等部门到社区开展安全教育宣传活动。3月，组织机关及乡镇食药所全体员工开展食品突发事件应急处置培训。4月，全局工作人员进行新闻知识写作培训。组织全体职工进行餐饮服务食品安全监督量化分级管理专题培训。7月，召开新文书案卷制作培训会。

（任海鹏）

【工会工作】 年内，区局工会相继成立篮球队、健美操队、摄影小组、棋牌小组、乒乓球兴趣小组，并利用业余时间组织活动。1月，在市局举办的文艺汇报演出中，局选送的《明天会更好》被指定为两个参演区县中的一个。3月，在“三·八”国际劳动妇女节，为全体女职工举办“秀出美丽”发型设计和梳理知识讲座。6月，在工委系统组织的“歌唱门头沟、共筑中国梦”合唱比赛中，取得第二名。

（任海鹏）

【特殊药品监管工作】 1月初开始，对辖区内麻醉药品、精神药品、医疗用毒性药品使用单位进行面检查。

（任海鹏）

【对行政相对人的培训】 2月，门头沟区食品药品监督管理局餐饮服务监管科、食品流通科监管科及龙泉所联合对市场内的餐饮服务、食品流通环节的40家商户进行餐饮服务许可办理及食品安全法规培训。4月，组织辖区内医疗器械经营企业召开新修订《医疗器械监督管理条例》宣贯培训会，辖区内126家企业的法人或负责人参加会议。邀请北京市药品不良反应监测中心老师，对辖区一级以上医疗机构的相关医护人员和医疗器械生产企业相关人员进行医疗器械不良事件监测方面知识的培训。全区共23家医疗机构和17家器械生产企业的247人参加培训。5月，对辖区内建筑工地食堂负责人和食品安全管理人员进行了食品安全知识培训。区食药监局、工地食堂负责人和食品安全管理人员等140人参加培训。组织召开餐饮服务许可业务工作培训会。局领导、餐饮服务监管科、辖区各食药监管所相关工作人员共30余人参加培训。组织召开局2014年食品交易市场管理制度培训会。6月，开展“明确要求　清晰责任　共保安全”为主题的食品安全培训活动，辖区内90余家餐饮、食品流通经营单位的企业负责人138人参加培训。召开学生食堂食品安全知识培训会，全区各学校的食品安全主管领导、食堂管理员、食堂从业人员等129人参加培训。是月，组织辖区内药品零售企业召开药品零售企业GSP认证答疑培训会，辖区内41家企业的法人和质量负责人共计61人参加会议。6月，会同斋堂食品药品监督管理所和清水食品药品监督管理所对两个乡镇的50家餐饮服务企业的食品安全负责人开展了餐饮服务食品安全知识培训。7月，组织辖区食品生产企业开展食品标签标识专题培训暨部署会，辖区33家生产企业60余人参加会议。组织辖区33家食品生产企业召开年度报告审查工作培训暨通报会。12月，组织辖区医疗器械经营企业召开北京市医疗器械经营监督管理办法实施细则宣贯培训会。

（任海鹏）

【以示范建设推民俗旅游工作】 年内，以川底下村为民俗旅游示范村，打造“五个统一”（即：统一的食品安全规范，统一的标识，统一的制度，统一的服务标准，统一的服装制式）于一体的乡村民俗旅游。2月，相关科、所人员到斋堂镇川底下村，实地调研该村民俗旅游户餐饮服务经营情况。

（任海鹏）

【“两打两建”专项工作】 2月，完成对药品安全“两打两建”专项行动的行政效能监察工作。

（任海鹏）

【稽查工作】 2月，接到群众举报反映有人非法加工元宵，销往节日市场。接到举报后，派稽查大队和食药监所执法人员联合公安、属地政府到现场进行检查。

（任海鹏）

【召开食品生产监管工作会】 3月，组织辖区食品生产企业召开食品生产监管工作会。对年度报告审查、委托生产管理、企业责任等重要章节做讲解。通报前一阶段监督检查中发现的问题，强调检查重点和下一步的工作要求与具体工作安排。

（任海鹏）

【食品卫生安全工作会】 3月，联合区教委召开2014年春季学校食品卫生安全工作会，全区58家中小学校和托幼机构的86名食堂负责人和食堂管理员以及3家送餐企业负责人参加会议。

（任海鹏）

【宣传工作】 年内，局结合“食药安全进学校、进深山、进社区、进军营、进机关、进工地”主题，开展形象建设，营造社会氛围。全年累计发放宣传资料37126册，宣传品40752份，直接受众人数25263人，使宣传工作落到实处。一是利用食品安全宣传周、宣传月等，普及食品安全科学知识；开展以“尚德守法，提升食品安全治理能力”为主题的食品安全宣传周活动，13个镇街同步宣传，并现场进行自律签名活动。二是加强对食药主体的培训，建立单位负责人约谈制，对其不良信用及时向社会曝光。三是各基层所相继开展公示食药所职能、假药识别、校园安全志愿者及工地食堂负责人培训、营养食品标签讲解，以及餐饮服务、食品采购、索证索票等内容的宣传活动；四是加强与区电视台、京西时报等媒体的联系，开展健康知识讲座、制作专题片、动画片等宣传食药知识。五是巩固“今天我主讲”等品牌宣传活动，以品牌效应带动宣教工作的社会化。3月，局团支部社区开展学雷锋食药安全宣传活动，为社区居民讲解了用药安全知识。7月，在石门营新区一区社区开展以“暑假安全”为主题的食品药品知识讲座。

（任海鹏）

【3.15食药安全系列活动】 3月，在龙泉务社区、东南街社区、新桥社区等开展食药宣传活动。主要就食品药品安全方面相关法律法规、如何购买食品、药品的常识和技巧、科学健康的饮食用药及食品添加剂等知识进行宣传教育，现场参加活动人数达140人次。对辖区重点餐饮、食品、药品、保健食品等经营单位共计39家进行检查。部分保健食品经营单位供应商资质索取不全，已要求限期整改。发放安全饮食用药宣传材料，帮助龙泉所居民做好过期药品回收工作。宣传重点为“关注食药安全　享受健康生活”，发放宣传品200余套，回收药品60余种150余件。

（任海鹏）

【确保两会安全】 3月，全国人大、政协“两会”期间，加强食药监管工作，检查企业47家，其中：保健食品经营企业9家，化妆品经营企业20家，工地食堂2家，学校食堂1家，餐饮企业15家。

（任海鹏）

【党务工作】 3月，召开发展预备党员大会。7月，组织全局63名共产党员到雁翅京西第一党支部，开展主题党日活动。

（任海鹏）

【化妆品监管工作】 3月，通过从制度上规范企业的经营行为、加强对重点企业和重点地区的监管、开展抽验等方式加强对化妆品经营企业的管理。

（任海鹏）

【联合执法】 4月，区城管大队牵头组织区工商分局、公安局、商务委、食药局、鑫维康公司等多部门对黑山大街、金春时代商城、石门营A5、石门营A7和冯村工业园五个地区的便民早餐车进行了联合检查。4月，通过联合区建委、城管、安监、消防等部门，对辖区内门头沟新城MC09－004地块一级开发项目和门头沟新城MC04－149地块F3其它类多功能用地项目两家工地5户食堂进行监督检查。5月，联合综治办、工商、城管、派出所等部门对永定、龙泉辖区内的出租房屋进行检查。7月，联合组织区食药、消防、工商、质监、等10个部门开展对“7号院东北菜馆”经营行为的综合执法检查。

（任海鹏）

【医疗器械监管工作会】 4月，召开医疗器械“五整治”动员部署会，辖区医疗器械生产企业的负责人、一级以上医疗机构的负责人、区食药监管所的所长共62人参加会议。召开“2014年体外诊断试剂使用专项监督检查部署会”。各食药监管所常务副所长、一级以上医疗机构器械科科长40人参加会议。

（任海鹏）

【保健食品化妆品企业座谈会】 4月，召开保健食品化妆品生产企业座谈会，辖区5家保健食品生产企业、1家化妆品生产企业企业负责人参加。

（任海鹏）

【调研课题工作】 4月，召开2014年调研课题开题评审会。《首都医药》杂志社社长担任评审会主席，局领导担任了课题评审员，课题组相关负责人出席汇报会。

（任海鹏）

【制作便民服务小册子】 4月，统一制作各种具体服务事项小册子，共计五类32种用于受理窗口一次性告知。小册子内容方便实用，涉及许可流程、提交材料目录、示范例图、布局要求及温馨提示等。

（任海鹏）

【向职工家属致发勤廉监督信】 5月，制作《致门头沟区食药监管局全体干部职工家属的一封信》，在工作8小时外要求食药监干部职工家属协助监督配偶或子女严格遵守“十二条禁令”。

（任海鹏）

【执法监察和效能监察】 5月，针对辖区医疗器械生产企业突击抽检工作进行了执法监察和效能监察。

（任海鹏）

【食品药品安全监控中心正式挂牌】 6月30日，区食品药品安全监控中心正式挂牌。

（任海鹏）

【应急演练工作】 6月，区食药安委组织区食药、卫生、工商、质监等成员单位开展年度食品突发事件应急演练；9月，开展国际徒步大会食品突发事件的应急演练。

（任海鹏）

【档案行政执法检查】 7月，市食药监管局信息中心领导一行3人，对门头沟区食药监管局进行2014年度档案行政执法检查。

（任海鹏）

【食品安全事件调查处置研讨会】

8月，组织区食药监局、卫生局召开食品安全事件调查处置研讨会。

（任海鹏）

【APEC峰会食药安全保障工作】

年内，采取措施，开展APEC峰会前夕食品药品安全各项保障工作。一是制定保障方案。二是延伸科所职能强化峰会保障。从10月下旬至11月5日，局各部门累计出动486人次，238车次，检查食药企业675家次，会议期间，从11月2日起，每天对全区13个镇街的餐饮服务单位展开食品安全检查。

（任海鹏）

【开展“12.4”法制宣传活动】

12月4日，组织法制宣传小组在门头沟影剧院主会场开展“12.4”法制宣传活动，下辖13个镇街食药监管所也在辖区开展“六进”普法宣传活动。

（任海鹏）

【绩效考核工作】 12月初，进行绩效考核工作。考核指标中，25大类、107项一级指标、395项二级指标，均落实，完成率达100%，通过市局的年度考核。中旬，区局组织各业务科室，根据考评细则对各基层所进行考核打分。

（任海鹏）

【督查考核食品药品安全工作】 12月5日，由市食药安委、市食药监管局领导带队，组织市食品药品安全委员会、市食品药品监督管理局的相关领导对区食品药品安全委员会及区食品药品监督管理局各项工作进行了联合督查考核。

（任海鹏）

【档案划转工作】 年内，按照市局关于做好机构改革档案工作划转的要求，完成行政审批档案的划转工作，共划转行政审批档案2299户。

（任海鹏）

【受理许可工作】 年内，共接待各类咨询7826人次，许可受理838件。

（任海鹏）

【示范所建设工作】 年内，选取龙泉、永定两个食药所为试点，以“统一标识、统一制度、统一档案、规范管理”为尺码，开展示范所建设工作，从硬件设施建设、制度建设、队伍建设等方面为其他各所的快速、有序发展树立了榜样。

（任海鹏）

【假日及特殊时期的食安保障】 年内，累计出动2059人次，742车次，开展了元旦春节、元宵节、“两会”、五一、端午、中秋、国庆期间的食品安全整治工作，开展第五届北京国际山地徒步大会、十八届四中全会以及APEC峰会期间食品安全的保障工作。

（任海鹏）

【建立食药行政执法体系】 年内，初步建立了由区食药监管局为牵头、其他16个执法部门为成员单位的食品药品行政执法专项体系，制定《门头沟区食品药品行政执法专项体系实施方案》，开展对所辖企业的风险分级，并牵头组织各成员单位，针对红色预警企业开展每月 1 次的综合检查。

（任海鹏）

【下属单位情况】

单位名称：北京市门头沟区食品药品安全监控中心
地　　址：北京市门头沟区大峪南路6 号
电　　话：69832041
邮　　编：102300

单位名称：北京市门头沟区食品药品稽查大队
地　　址：北京市门头沟区滨河路87 号
电　　话：69828800
邮　　编：102300

单位名称：北京市门头沟区大峪街道食品药品监督管理所
地　　址：北京市门头沟区滨河路72 号
电　　话：69847155　69827628
邮　　编：102300

单位名称：北京市门头沟区城子食品药品监督管理所
地　　址：北京市门头沟区门头沟路24 号综地公司院内城子办事处
电　　话：010－61898177
邮　　编：102300

单位名称：北京市门头沟区东辛房街道食品药品监督管理所
地　　址：北京市门头沟区西辛房大街50 号东辛房街道办事处内
电　　话：61893135
邮　　编：102300

单位名称：北京市门头沟区大台街道食品药品监督管理所
地　　址：北京市门头沟区大台街道大台西桃园火车站老办事处院内
电　　话：61875286
邮　　编：102303

单位名称：北京市门头沟区潭柘寺镇食品药品监督管理所
地　　址：北京市潭柘寺镇政府1 层112 室
电　　话：60860667
邮　　编：102308

单位名称：北京市门头沟区永定镇食品药品监督管理所
地　　址：北京市门头沟区永定镇石龙西路58 号永定镇政府院内201 室
电　　话：010－60850130
邮　　编：102308

单位名称：北京市门头沟区龙泉镇食品药品监督管理所
地　　址：北京市门头沟区中门寺街35 号
电　　话：010－69839472
邮　　编：102300

单位名称：北京市门头沟区军庄镇食品药品监督管理所
地　　址：北京市门头沟区军庄镇人民政府院内西跨院2 层203
电　　话：60810748
邮　　编：102300

单位名称：北京市门头沟区妙峰山镇食品药品监督管理所
地　　址：北京市门头沟区妙峰山镇政府大院南楼一层108 室
电　　话：010－60815674
邮　　编：102300

单位名称：北京市门头沟区王平镇食品药品监督管理所
地　　址：北京市门头沟区王平镇王平大街东路18 号镇政府院内208 室
邮　　编：102301
电　　话：61857115

单位名称：北京市门头沟区雁翅镇食品药品监督管理所
地　　址：北京市门头沟区雁翅镇付家台村镇政府大楼110 室
电　　话：010－61839311
邮　　编：102305

单位名称：北京市门头沟区斋堂镇食品药品监督管理所
地　　址：北京市门头沟区斋堂镇镇政府南楼四层
电　　话：010－69812630
邮　　编：102309

单位名称：北京市门头沟区清水镇食品药品监督管理所
地　　址：北京市门头沟区清水镇镇政府二层
电　　话：010－59260281
邮　　编：102311

（任海鹏）

财税　金融　保险

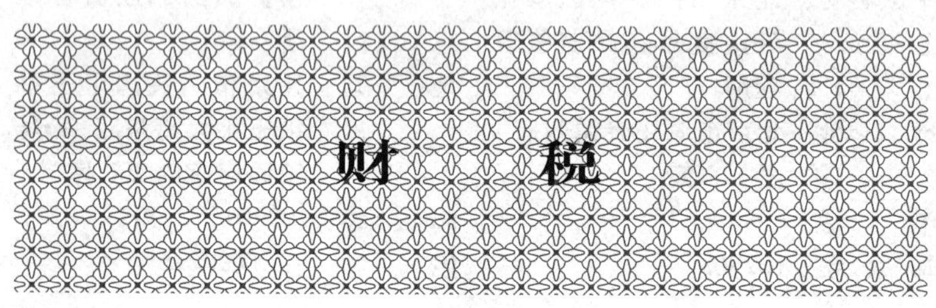

财税

财　政

【概况】　年内，全区各部门贯彻落实区委重大决策和工作部署，执行门头沟区十五届人大四次会议批准的预算及相关决议，围绕地区转型发展目标规划，深化财政管理体制改革，发挥财政政策与资金的统筹保障作用，财政收支执行情况总体平稳。全年总财力预计为271.75亿元，较上年决算数147.37亿元增加124.38亿元，同比增长84.4%。全区财政支出预计完成204.20亿元，较上年决算数102.21亿元增加101.99亿元，同比增长99.8%；安排预算稳定调节基金3.01亿元，加结转下年使用资金64.54亿元，支出合计271.75亿元。财政总体实现收支平衡。

单位名称：北京市门头沟区财政局
地　　址：北京市门头沟区滨河路56号
电　　话：69844680
邮　　编：102300

（吕　娜）

【支持全区安全稳定】　1月，支持全区安全稳定工作：一是拨付51.64万元，用于保障区食品药品安全工作。其中安排31.64万元用于安排便民义务食品检测及食品安全消费知识宣教活动；拨付20万元用于药品安全“千百万”工程，深入开展食品药品进社区、进军营、进农村宣教活动，支持食品经营人员培训、检测食品安全及安全检查整治等工作。二是拨付313.28万元用于预防居民煤气中毒，按照60元/台的标准对全区燃煤自采暖户安装一氧化碳报警器进行补助，补助资金300万元；对738户新增城乡燃煤自采暖低保、低收入家庭进行免费安装一氧化碳报警器，共补助资金13.28万元。三是安排58.08万元，用于社区矫正人员开展社会调查和矫正教育管理。依托阳光社区矫正服务中心，鼓励社会专业力量参与社区矫正人员教育。四是拨付74万元用于加强普法宣传工作。安排经费74万元在全区新设立法制宣传橱窗28块，在石门营新区建立法制图书阅览室2个，法律援吧1个。五是安排专项资金105.01万元，用于建设集中收治流浪犬及无主动物暂存基地。

（梁媛媛）

【慰问资金】　1月，财政拨付“两节”慰问专项资金1，045.32万元。其中：走访慰问残疾人困难家庭5370户，拨付专项资金369.9万元；走访慰问优抚对象、低保对象、社救对象等困难家庭共计7654户，拨付专项资金551.52万元；走访慰问失业人员、社会化退休人员共计2476人，拨付专项资金123.9万元。

（高　雅）

【养老金发放】　3月，保障居民社会养老资金按时足额发放，自1月1日起，全市城乡居民社会养老保险基础养老金由每人每月390元提高至每人每月430元；城乡居民老年保障福利养老金由每人每月310元提高至每人每月350元。为确保全区享受人群足额按时领取养老金，财政局筹措资金，年内安排居民社会养老金9,538万元，其中：基础养老金4,334万元，福利养老金5,204万元。

（马　骏）

【支持“门头沟绿色银行”】 3月，拨付资金100万元支持全国首家“绿色银行”——“门头沟绿色银行”建设。

（张　琪）

【新型农村合作医疗筹资缴费】 截至4月20日，全区已完成2014年度新型农村合作医疗筹资缴费工作，全区有44，040人参合，筹资4，404万元，其中：政府补助3，963.6万元、个人缴费440.4万元。所筹资金全部纳入社会保障基金财政专户管理，以保障参合人员的利益。

（张学敏）

【支持社区垃圾源头治理】 5月，财政拨付资金1，131.12万元支持门城地区77个社区和2个农村小区垃圾分类工作。

（梁媛媛）

【文物及历史文化保护专项资金】 截至5月底，安排市级文物及历史文化保护区专项资金5，136.44万元，支持全区31项文物保护项目，包括：文物修缮项目12个、安全技防项目16个、保护规划项目2个和文物发掘项目1个。

（孟孜琦）

【支持学前教育】 截至5月底，市、区两级财政累计投入资金3，998.5万元,用于支持全区学前教育事业发展,其中市级资金2，777.6万元,区级资金1,220.9万元。

（刘益铭）

【提前完成养殖小区污染治理】 5月，财政局拨付专项资金256.4万元，重点支持清水、雁翅、潭柘寺等镇的聚兰、九河沟、芹峪、仙谭珍禽等8个规模化养殖场粪污治理项目，共铺设污水处理管道2，230米，新建污水处理井119个，污水处理池6个，粪便收集池14个，小区混凝土道路361平方米，通过对规模养殖场污染源进行治理，有效改善环境质量，同时变废为宝，为全区优质林果业和种植业发展提供肥料。至此，16个规模化养殖场的粪污处理项目全部完成。

（田景文）

【旅游文化休闲项目贷款贴息】 6月，针对首批已拨付的300万元区旅游产业相关项目贷款贴息补助资金，联合区旅游委、区农委等相关部门，对截至2014年2月底已产生还息行为的22个旅游文化休闲产业项目进行补助资金评审，涉及企业及个人22家，贷款金额7，586万元，已还息133.58万元，拉动社会投资4.6亿元。

（梁媛媛）

【出台办法】 6月，为规范和加强基层公共文化建设专项资金管理，促进全区文化事业发展，区财政局制定《门头沟区基层公共文化建设补助资金管理办法（试行)》，原《门头沟区文化事业发展专项资金管理办法（试行）(门财文［2009］161号)》同时废止。

（孟孜琦）

【强化财政监督】 6月，财政监督三个同步：一是坚持监督与预算编制同步，着力加强事前监管。二是坚持监督与预算执行同步，加强事中监管。三是坚持监督与整改落实同步，加强成果转化。

（李　丹）

【基层党组织换届选举】 6月，财政局党总支及所属党支部完成换届选举工作。此次换届选举工作严格做到“三个到位”：一是组织领导到位；二是上届各支部书记（扩大）会，对换届选举工作进行动员部署，宣传换届选举的重要意义、指导思想、组织学习换届选举工作方案，并要求以支部为单位层层传达贯彻，为换届选举工作营造了浓厚的氛围。三是程序步骤到位。

（陈　杰）

【行政审批事项清理工作】 7月，“四个精确”做好行政审批事项清理工作：一是精确行政审批事项管理范围，根据北京市及区深化行政体制改革，加快转变政府职能的要求，对财政局原纳入行政审批管理范围的15项事项进行清理，确认保留行政审批6项，调整9项。二是精确行政审批事项法律依据，对确认保留的行政审批事项法律依据进行逐一审核，准确核定全部审批事项的法律名称、具体条款，确保行政审批依照法定权限、范围、条件和程序进行。三是精确行政审批实施主体，梳理明确本级行政审批事项，避免本级与上级审批事项混合一起、权限不清的现象，按要求做好市级对口部门下放行政审批事项的承接工作。四是精确行政审批事项执法流程，制作行政审批事项运行流程图，规范行政审批受理、审查、签批、盖章、送达等各个环节。

（郝鑫岐）

【完成彩票公益金项目申报】 7月，联合区民政局、教委，共同开展全区2014年彩票公益金项目申报工作。向市财政局申报彩票公益金项目11个，报审项目资金共计980万元，其中：用于社会福利的彩票公益金项目6个，主要包括民政局下属儿童福利院和老年护理学校、镇敬老院维修改造和设备购置等项目；用于教育的彩票公益金项目5个，主要包括少年宫、中小学校、教育基地设备购置和设施建设等项目。

（王琳红）

【基层财政农业项目资金管理】 7月，从四方面加强基层财政农业项目资金管理工作：一是对财政支农资金建立镇级报账制度进行重点培训，以当年实施的14个村的财政支农项目、1个财政扶贫项目、22个村的一事一议项目等为重点，加强资金规范管理，要求各镇建立专帐和工程建设辅助账，规范报账程序、审核内容、相关手续等，并对日常财务管理和业务流程进行重点梳理。二是对国家、地方农业综合开发项目资金进行县级报账培训，对当年实施的8个村国家农业综合开发、17个村地方农业综合开发的县级报账的各项制度、办法、规定和报账流程进行学习，整改并完善农业综合开发项目报账中存在的问题，细化资金报账流程，审核报账票据和手续。三是加强与项目监理人员的配合，与监理人员进行工作沟通，资金报账时，根据项目监理人员核定的工程量和工程进度资金完成情况意见表，严格审核报账手续，及时支付报账资金，为项目建设提供资金保障。四是现场检查各镇专帐建立情况并进行业务指导，转发财政部、市财政局农业综合开发资金管理办法、报账制文件材料，明确报账中的注意事项，并对进一步加强档案管理等方面提出具体要求。

（连春玲）

【强化政府债务管理】 7月，采取措施强化政府债务管理：一是加强政府债务管理日常统计管理，夯实债务数据基础。二是深化政府性债务风险预警机制，防范财政支付风险。三是实行政府性债务规模控制和审批管理，严格控制新增债务。四是设立政府性债务偿债准备金，确保偿债安全。

（李　飞）

【创新民防经费管理】 8月，创新民防经费管理工作：一是调整市级补助经费划拨方式。二是摸清历年民防项目资金结余。三是严格申报经费程序。四是及时保障区级配套资金。

（梁媛媛）

【争取市级彩票公益金】 8月，争取市级彩票公益金，推动区体育设施设备升级，三年，累计投入资金2，940万元，完善体育基础设施建设及设备配备。一是投入1，638万元对区体育馆进行改造升级，实施场馆整体改造、购置新型体育健身器材，二是投入906万元为新建社区安装健身器材，针对棚改安置房具体情况，因地制宜对室外场地空间有限、健身预留地不足的小区，安装室内健身器材，对公园等部分老旧器材进行更新，满足区群众体育多元化健身需求。三是投入396万元夯实区竞技体育设施设备配备，根据《门头沟区青少年体育人才培养计划》《门头沟区青少年“三大球”发展计划》等文件精神，恢复了体校训练，以业余体校为主体，选8所学校为分点，扩大招生，购置射击、皮划艇、赛艇及其辅助训练器材43类；篮球、足球、排球等训练器材51类。

（张桂玲）

【支持农业综合开发生态建设】 截至10月，财政拨付3千余万元专项资金支持区农业综合开发生态建设，重点支持清水、妙峰山等5镇13个村的国家农业综合开发生态小流域综合治理工程。此项目共完成生态小流域综合治理面积2万亩，通过对山、水、林、田、路实施治、改、蓄、保、植等综合治理。

（连春玲）

【绩效评价过程控制】 10月，多项措施加强财政支出绩效评价过程控制：一是组织专家开展区情培训，邀请区发改委、旅游委、农委等职能部门围绕评价项目的规划支撑、政策定位、发展现状、困难问题及建议向绩效专家进行详细介绍，使绩效专家对区财政资金综合保障体系形成宏观认识，为绩效评价工作提供依据和需求。二是明确第三方机构的工作标准和程序规范并加强审核，提高技术服务水平。绩效评价实施过程中，要求评价专家全程介入，为评价工作开展提供专业助力。三是增强评价工作透明度，主动邀请区人大、区审计参与评价项目的专家评价会，形成内部监督和外部监督的联动合力。

（成利霞）

【国庆期间慰问资金保障】 10月，做好国庆期间慰问资金保障工作，2005年中国第一个法定烈士纪念日实施之年，拨付慰问金80余万元，保障对全区1004名优抚对象及建国前参加工作的老工人走访慰问活动。

（马　骏）

【支持林业有害生物防治工作】 截至11月，已安排林业有害生物防治资金579万元，为区林业有害生物危害得到有效控制提供了重要保障。一是加大灾害预防投入，投入了20万元用于实施91.9万亩美国白蛾、405亩红脂大小蠹等危险性林木有害生物的普查工作。二是加大防治物资投入，投入125万元用于购置各类防治药物16.9吨、打药机设备130台等防治物资。三是加大飞机防治投入，投入57万元在潭柘寺、永定、龙泉等镇实施了飞机撒药防治美国白蛾等食叶害虫，飞机撒药面积6.5万亩，飞行100架次。四是加大应急防治投入，共投入377万元用于全年在区内发生重大危害的双条杉天牛和柏肤小蠹等有害生物的防治，其中：安排了197万元对5个国有林场及公园社区近32250亩实施食叶和蛀干害虫防治工作，安排了180万元用于各镇落实属地原则购买各类防治设备药品物资的防治经费。

（董大鹏）

【加大生态环境建设投入力度】 截至11月，投入6757.34万元，主要对区108、109国道沿线及龙泉湾实施景观提升工程，景观提升总面积达85万平方米，为打造全域景区化的百里画廊提供了重要支撑。二是加大落实平原造林任务。三是加大森林植被恢复力度，投入1150.98万元，在全区8个镇实施2000亩植被恢复工程。

（董大鹏）

【排污费收缴入库】 截至11月底，环保局排污费开单金额共计518.67万元，根据排污费划缴比例50%缴入区级国库，实际已入库金额为257.8万元。

（尹翠君）

【支持清洁型煤供应】 截至11月底，拨付795万元保障全区惠民平价型煤供应工作顺利开展，全区12个销售网点共销售给山区农民平价型煤7083吨。

（陆 宽）

【粮食直补和农资综合补贴完成】 11月，全区共计6个镇81个村3858户农民享受粮食直补政策，81个村种植玉米10716.15亩，根据北京市补贴标准，全区发放粮食直补和农资综合补贴93.23万元。

（乔永民）

【支持居家养老事业】 12月，投入居家养老院专项资金130万元，用于提供老年帮助、生活照料、家政服务、精神关怀等基本服务。

（高 雅）

【专项资金补助政策性农业保险】 12月，拨付政策性农业保险补助专项资金59万余元，用于全区2014年8个品种5000余亩农林作物保险补助，涉及参保农户600余户。

（田景文）

【落实公交惠民政策】 截至12月底，财政局拨付公交客运专项补贴资金2200万元，同比增长37.5%，其中：公交票价折扣补贴1600万元、门头沟新城社区公交线路票价补贴600万元。

（陆 宽）

【公共财政预算收入管理】 12月，采取措施强化公共财政预算收入管理：一是完善收入预控机制，加强对重点房地产业企业销售情况的信息及时把握；关注企业外迁收入变动，关注制造环节外迁企业对近期收入和中长期收入的影响变动分析；对采矿业经营及收入结构进行动态分析，提高收入预判的准确性。二是盘活财政存量资金，加快支出进度，激活潜在税源，坚持加快财政支出进度，加大对棚户区改造、节能环保、公共服务业、城市基础设施和促进消费等方面的投入，通过加快财政支出刺激有效需求，释放内需潜力，促进地区经济稳增长，形成财政投入－需求释放－收入增加的内循环。三是发挥非税收入的调节平衡作用，非税收入作为公共财政收入的重要组成部分，对财政收入起到积极补充与拉动作用。四是提升财政收入科学管理水平，强化财政、税务、工商等经济部门在政策落实、数据交换、措施联动等方面的配合；发挥石龙开发区、各镇街的组收主体责任，合力提升组收成效。

（罗方续）

【存量债务清理】 12月，多项措施推进全区存量债务清理工作：一是落实财政部关于《地方政府存量债务纳入预算管理清理甄别办法》，对政府性存量债务进行清理、核实、汇总，对债务单位上报政府性债务及分类进行甄别、锁定、监控。二是健全政府性债务偿还机制，按照保民生工程、保重点工程、保经济社会发展的顺序，分步化解现有政府性债务。三是建立债务风险预警及化解机制，设立偿债准备金，根据新增债务率、偿债率、预期债务率的指标来评估债务风险状况，强化债务限额管理。

（崔 颖）

【“营改增”试点改革工作】 12月，多举措持续推进“营改增”试点改革工作：一是围绕深化财税体制改革中心任务，跟踪分析税收结构性调整对区域经济增长带来的改革效应，准确把握改革工作动向，持续关注试点纳税企业税负变化趋势，保持财政工作的前瞻性。二是顺应改革发展趋势，服务试点纳税企业，扩大和提升政策认知度，规范实施财政扶持政策，维护区域发展环境，鼓励企业创新经营，促进试点行业转型发展，保证试点过渡的平稳性。三是强化预算资金监管职能，总结改革实践经验，改进完善财税协作机制，衔接工作节点，严密工作执行程序，筹划2014年度试点过渡性扶持资金清算准备工作。

（苏　斌）

【规范大额专项资金管理】 12月，多项措施规范大额专项资金管理：一是单独编列大额专项资金预算，按照预算管理要求，实行大额专项资金预算与部门预算同步编制，由业务主管部门按照统一的、特定的大额专项资金申报文本单独编制预算，反映大额专项资金的资金规模、使用方向和绩效目标，提高预算的完整性。二是建立大额专项资金跨年度平衡管理机制，科学调控全区财力，合理配比大额专项资金使用时序、节点，促进各相关项目单位对接。三是加强专项资金体系管理，建立大额专项资金“负面清单”制度，划出7种行为红线，作为大额专项资金予以调整或撤销的重要依据，保障资金的合理高效运用。四是完善绩效评价指标体系，对所有大额专项资金项目进行绩效评价，同时有针对性地选取部分大额专项资金项目开展绩效自评，根据评价结果，采取有针对性的措施进行整改，强化资金管理责任。五是强化预算执行效能管理，探索实施全过程“无缝”绩效监督，综合采取事前评估、绩效跟踪、绩效评价、财政监督、信息公开等多种监督管理手段，发挥人大监督、审计监督、财政监督合力，建立财政资金监管体系，提高大额专项资金运行的实际效果。

（罗方续）

【促进监督成果转化】 12月，从四方面入手促进监督成果转化；一是对财政监督成果进行资源整合、总结归纳，通过书面形式、网上公开等方式及时通报工作中发现的问题，使被查单位和相关科室对财务管理中存在的问题有一个系统全面的了解，进一步提高管理和服务水平。二是与主管科室、被查单位主管局联系，形成监督合力，对被查单位存在的问题进行有针对性的督促整改，并定期回访评价，做到“检查一家、规范一家”。三是注重针对监督检查中发现的普遍性、倾向性的问题，从体制、制度、宏观经济决策的高度提出加强管理、完善制度和政策、深化改革、理顺体制的意见和建议，发挥财政监督职能，为上级决策提供参考。四是根据检查中发现的薄弱环节提出培训建议，对财务人员进行财会知识培训，提高人员素质。

（李　丹）

【强化城乡低保资金投入和管理】 12月，从四方面强化城乡低保资金投入和管理：一是提升城乡低收入人群保障水平，全年全区财政投入城乡低保资金6，933万元，同比增长25%。二是强化低保资金管理，低保资金实行国库集中支付管理，专款专用，由财政部门直接支付到镇街金融网点，直接存入低保对象的银行账户，低保对象凭存折按月领取。三是推进低保工作的规范化和精细化，实行区、镇（街）、村（居）三级审查制度，严格审批程序；实行三次公示制度；实行三级建档制度；实行分类救助制度，对不同类别的低保对象按照相应系数进行分类救助。四是逐步缩小城乡低保差距，根据区社会经济发展水平，在北京市公布农村低保的标准基础上，适时调整全区农村低保标准，逐步缩小城乡低保标准差距。

（马　骏）

【支持惠民文化演出】 年内，财政将投入464.9万元支持惠民文化演出活动的开展。

（孟孜琦）

【农业综合开发】 年内，投入资金4，458万元支持实施农业综合开发生态治理工程，涉及全区9个镇39个村，完成生态综合治理面积2.2万亩，控制水土流失面积20平方公里，项目区内共解决农民劳动力就业800余人，生态综合治理措施效果显著，开发荒山、荒地、荒坡600余亩。

（连春玲）

【投资评审工作】 年内，财政投资评审中心完成委托项目314项共计390个分项工程，各类评审项目总报审金额75,877.33万元。1. 报审工程预（结）算项目233个共309个分项工程，报审金额49,426.94万元;审定金额42,701.8万元,审减金额6,569.21万元,审减率13.61%。(其中:工程预算项目199项共266个分项工程,报审金额44,914.5万元，审定金额38,464.3万元,审减金额6,450.2万元,审减率14.36%;工程结算项目34项共43个分项工程,报审金额4,512.44万元,审定金额4,237.5万元,审减金额274.94万元,审减率6.1%。)2. 报审设备购置项目43项,报审金额8,005.63万元,审定金额6,583.03万元,审减金额1,422.6万元,审减率17.77%。3. 报审科技项目评审2项,报审金额694.16万元,审定金额674万元,审减金额20.16万元,审减率2.9%。4. 报审其他综合项目评审(文化活动、信息化)24项,报审金额9,816.75万元,审定金额8,265.78万元,审减金额1,550.97万元,审减率15.8%。5. 报审竣工财务决算评审12项,报审金额7,933.85万元,审定金额7,933.85万元。

(赵玉花)

【国有资本经营预算】 年内,全区38家纳入国有资本经营预算试点单位,国有资本经营预算支出240万元,其中:资本性支出预计157.96万元,费用性支出52.04万元,其他支出30万元。

(孙立军)

【加大投入支持三馆免费开放】 年内,加大投入力度,保障博物馆、公共图书馆、文化馆(站)免费开放。一是区级财力投入64万元,优先保障"三馆(站)"运行维护经费。二是拓宽资金来源渠道、筹措中央、市级资金399.5万元,全面支持"三馆(站)"无障碍、零门槛进入,公共空间设施场地全部免费开放。三是优化资金投入结构,向基层公共文化设施建设倾斜,提升"三馆(站)"公共服务能力。投入资金3,566万元,支持23个农村文化活动中心、文化活动改扩建工程提升基础设施硬件。

(孟孜琦)

【加大投入美丽乡村建设】 年内,继续加大对农村公益事业建设的投入力度,推进一事一议财政奖补工作,助推一事一议美丽乡村建设。三级财政合力奖补1750万元,带动村民筹资筹劳等自筹资金437.5万元,实施了8个镇29个村一事一议财政奖补项目,重点改善了农村基础设施、村庄环境等环境设施。

(董大鹏)

【政府采购】 年内,完成政府采购预算67,373.69万元,实际采购金额65,362.64万元,同比增长28.6%,节约资金2,011.05万元,节约率为2.98%。公开招标金额为64,631.17万元,占实际采购金额比例98.9%。

(李　宁)

【竞技体育后备人才培养资金投入】 年内,加强对竞技体育后备人才培养资金投入。安排市区两级资金1142万元,占体育项目总投入的53%。

(张桂玲)

国家税务

【概况】 年内,北京市门头沟区国家税务局实有干部、职工271人,内设机构12个科室(另设机关党委办公室)、直属机构1个(稽查局:内设6个科)、事业单位3个、派出机构共6个税务所,所辖纳税企业20166户。

年内,在北京国税局党组和门头沟区委、区政府的领导下,领导班子带领全局干部职工,积极开展工作,努力实践聚财为国、执法为民的服务宗旨,积极应对新的机遇和挑战。通过加强税收调研分析,强化组织收入措施,优化纳税服务手段,推进风险管理,加强队伍建设、开展党风廉政建设。全年累计完成各项税收收入217233万元,区级税收累计完成34816万元。

单位名称: 北京市门头沟区国家税务局
地　　址: 北京市门头沟区新桥南大街39号
电　　话: 69865090
邮　　编: 102300

(曹凤昊)

【教育培训工作】 1月8日,实地走访与问卷调查相结合,了解培训需求切实提高教育培训工作水平。23日,开展机关公文考核办法培训。3月24日,教育科制定《学习卡使用规定》,发放至干部手中。8月6日,开展青年公务员考试封闭式培训。

(曹凤昊)

【党风廉政建设】 1月28日,组织干部观看警示教育片。3月6日,召开门头沟国税局2014年工作会议暨党风廉政建设工作会议。26日,组织观看反腐倡廉警示教育片《权位误区——李学元受贿案警示录》。4月9日,邀请10名新聘特约监察员召开座谈会。7月10日,组织部分科级领导干部参加区直机关系统"预防职务犯罪"讲座。16日,门头沟国税局召开党组专题民主生活会情况通报会。

(曹凤昊)

【市、区两级领导调研】 2月17日,区领导到局内调研指导工作。21日,北京国税局副局长到局内就基建工作调研。3月18日,北京国税局财务处领导到局内调研指导工作。4月1日,北京国税局纪检组长到局内调研。2日,北京国税局副局长到基层调研教育培训工作。7月8日,北京国税局副局长、党的群众路线教育实践活动第五督导组组长全程指导门头沟国税局党组专题民主生活会。8月7日，北京国税局纪检组长到局内调研。12日，北京国税局总审计师到局内调研。12日，北京国税局纳服处、北京地税局纳服处调研联合办税工作。9月19日，北京国税局局长到局内调研，区领导韩子荣等参加调研。11月15日，北京国税局总经济师到门头沟区调研。12月31日，区领导韩子荣带领区四大班子主要领导到局内慰问。

（曹凤昊）

【召开工作会】 3月6日，召开2014年工作会议。局党组书记、局长作了题为《抢抓机遇 团结奋进 努力开创门头沟国税工作新局面》的工作报告。

（曹凤昊）

【税务文化】 3月7日，联合地税局开展学雷锋志愿服务活动。21日，门头沟国税局荣获2014年区全民健身表演赛广播操比赛一等奖。4月27日，组织青年干部进行“徒步健身行”活动。8月1日，召开“庆八一 忆军旅 践行党的群众路线教育实践活动”主题座谈会。9月29日，组织开展“道德讲堂”活动。10月22日，门头沟国税局羽毛球队参加区“羽协杯”羽毛球比赛，荣获2014年第六届门头沟区“羽协杯”羽毛球比赛混合团体机关组第四名。

（曹凤昊）

【税收征管改革】 3月28日，门头沟国税局受理第一份纳税人从网上办税服务厅申请的变更税务登记事项。4月16日，门头沟国税局“最高”的山区税务所在山下再设办税点，服务纳税人。5月1日，门头沟国、地税正式实现联合税务登记。

（曹凤昊）

【税务稽查工作会议】 4月4日，门头沟国税局稽查局召开2014年稽查工作会议。

（曹凤昊）

【税收宣传】 4月9日，门头沟国税局、地税局联合推出“mtgsw（门头沟税务）”微信平台。12月4日，门头沟国税局开展法制宣传活动，帮助群众解决涉税疑难问题。

（曹凤昊）

【下属单位情况】

单位名称：门头沟国税局第一税务所
地　　址：门头沟区石龙工业区雅安路9号
电　　话：60803707
邮　　编：102300

单位名称：门头沟国税局第二税务所
地　　址：门头沟区石龙工业区雅安路9号
电　　话：60803723
邮　　编：102300

单位名称：门头沟国税局第三税务所
地　　址：门头沟区石龙工业区雅安路9号
电　　话：60803719
邮　　编：102300

单位名称：门头沟国税局第四税务所
地　　址：门头沟区斋堂大街50号；门头沟区石龙工业区雅安路9号（第二办公区）
电　　话：69816731；60804546（第二办公区）
邮　　编：102309；102300（第二办公区）

单位名称：门头沟国税局第五税务所
地　　址：门头沟区石龙工业区雅安路9号
电　　话：69806941
邮　　编：102300

单位名称：门头沟国税局第六税务所
地　　址：门头沟区石龙工业区雅安路9号
电　　话：60803717
邮　　编：102300

单位名称：门头沟国税局稽查局综合科
地　　址：门头沟区石龙南路25号
电　　话：69803310
邮　　编：102300

单位名称：门头沟国税局稽查局综合选案科
地　　址：门头沟区石龙南路25号
电　　话：69804071
邮　　编：102300

单位名称：门头沟国税局稽查局检查一科
地　　址：门头沟区石龙南路25号
电　　话：69804076
邮　　编：102300

单位名称：门头沟国税局稽查局检查二科
地　　址：门头沟区石龙南路25号
电　　话：60803181

邮　　编：102300

单位名称：门头沟国税局稽查局审理科
地　　址：门头沟区石龙南路25号
电　　话：60803150
邮　　编：102300

单位名称：门头沟国税局稽查局执行科
地　　址：门头沟区石龙南路25号
电　　话：69804079
邮　　编：102300

单位名称：门头沟国税局票证中心
地　　址：门头沟区石龙工业区雅安路9号
电　　话：60803709
邮　　编：102300

地方税务

【概况】 北京市门头沟区地方税务局（简称区地税局）有干部职工250人，设置14个职能科室、1个稽查局、10个税务所和1个机关后勤服务中心。主要负责辖区内28703户税源户的税收征管工作。年内，组织各项税费收入35.66亿元，同比增收2.62亿元，增长7.9%。其中地方公共财政预算收入27.99亿元，同比增收1.48亿元，增长5.6%；区级地方公共财政预算收入（含代征车船税3399万元）14.58亿元，同比增收0.28亿元，增长2.0%。年内，有4467户小微企业享受营业税优惠政策，减免营业税380万元；2708户小微企业享受企业所得税优惠政策，减免企业所得税626万元。邮政业、电信业“营改增”后营业税减收2805万元。稽查局全年共检查109户，入库税款2092.60万元，在市地税局考核的9项指标中，两项指标居第一，7项指标高于市局平均水平。核实异常税务登记信息，清理异常信息21项1164条。探索个人出租房屋委托代征，做好发票日常管理工作，推行网上授权，清理非国标税控装置，完成旧版印花税销售凭证缴销工作。在第23个税收宣传月中，与区国税局联合开展“税收微信平台启动仪式暨A级企业话税收演说会”活动，推出“门头沟税务”微信公众号，利用新媒介的优势为纳税人提供高效、优质、便捷的掌上纳税服务。分两批次完成涉税事项前移服务厅工作，实现132项涉税事项在办税服务厅受理。不断优化办税服务环境，启用自助办税终端，规范大厅功能区设置，更新窗口硬件设备，为每个窗口配备触屏评价器、高清摄像头及录音设备，保障纳税人合法权益的同时降低干部执法风险。与区国税局共建纳税人学校，拟定《纳税人学校管理办法》，开展纳税人应知应会100问知识培训，普及税收知识，提高办税效率。全年累计开展集中辅导26场次，辅导2722人次。开展税收规范性文件清理工作，共清理税收规范性文件737份。共作出行政处罚600起，收缴罚款253.7万元，无发生行政复议、诉讼、听证等案件。制订《门头沟区地方税务局建设工程项目跟踪审计实施细则》，规范督察内审行为，推进依法行政工作的有效开展。完成对14名科级领导干部经济责任审计。对契税征收和减免政策执行情况进行督察。完成全国税收执法自查工作，对包括组织收入等10大项77小项的税收执法行为进行自查，查补税款1800万元。开展“送税法进景区”“送税法入社区”活动，解答税收征管工作中的常见问题。利用互联网、电子显示屏、法制课堂等平台，开展税法宣传。重视网站宣传基地，开设依法行政专栏。学习市、区两级党风廉政建设会议精神，制定党风廉政建设工作计划，逐级签订党风廉政建设责任书。完善“三重一大”制度，细化决策事项目录。加强建章立制，完善《领导干部经济责任审计办法》等8项制度，切实巩固党风廉政建设成果。年内，干部交流工作稳步推进。修订山区税务所干部岗位交流办法，有序推进干部岗位交流，全年交流干部52人，其中科级领导干部30人。探索干部交流培养长效机制，制定“门头沟区地税局选派优秀税务干部赴区挂职锻炼三年工作规划”和《门头沟区地税局干部挂职锻炼工作实施方案》。开展税收业务知识岗位大练兵、组织科级干部任职培训、更新知识培训和职称考试专项培训，提升干部业务水平和综合素质。局内干部在北京地税系统业务知识竞赛中获得第4名，在系统业务知识抽考中行政岗和税收业务岗分别取得第4名和第7名，开展办公用房清理工作，腾退办公用房38间合计754.04平方米。建立健全资产管理制度，开展全局固定资产清查。对外宣传成果显著，在《人民日报》等主流媒体刊登专题报道12篇。公文管理、信息公开、档案管理工作有序推进，档案测评工作荣获市级优秀单位称号。

单位名称：北京市门头沟区地方税务局
地　　址：北京市门头沟区滨河路52号
电　　话：69848224

邮　　编：102300

（禹珊瑚）

【收征管工作】　1月3日，召开2014年企业所得税考核工作布置会。会上，介绍2014年企业所得税考核指标，明确税务所开展工作具体方法。2月11日，召开2014年工作会议暨深化税收征管改革动员会，副局长就深化税收征管改革工作作动员部署，纪检组长就稽查局机构调整工作进行安排部署。24日，召开落实深化税收征管改革工作会。征管改革领导小组办公室介绍各小组前期工作开展情况，研究确定2014年深化税收征管改革的重点工作以及工作安排。5月，召开深化税收征管改革第二次工作会议，学习传达市局文件精神，并对第一批依纳税人申请涉税事项前移服务厅等相关工作进行部署。

（禹珊瑚）

【领导调研工作】　1月7日，市局党组书记、纪检组长带领机关党委领导一行，到局内纳税服务大厅，看望工作在纳税服务窗口一线的税务干部。市局领导详细了解大厅纳税服务工作和“创先争优”活动的开展情况。2月26日，市地税局纳税服务处、科技信息处领导到门头沟地税局指导纳税服务工作，重点调研自助办税终端的使用、办税服务厅录音、录像设备的完善等情况，并针对征管改革工作进行指导。3月5日，市地税局营业税处处长带队到门头沟地税局就棚改中心采空棚户区改造项目涉税问题进行政策指导。4月18日，区人大财经委委员和部分人大代表专题听取组织收入情况的汇报。4月，市地税局总经济师带领第六督导组到门头沟地税局进行督导检查，听取关于推进税收现代化建设、落实征管改革工作以及清理腾退办公用房工作情况的专题汇报，查阅涉及重点工作项目的各类会议纪要，与部分科所长进行座谈，并到税务所检查办公用房和文件学习情况。12月31日，区领导韩子荣、张贵林一行慰问门头沟地税局干部职工并听取工作汇报。

（禹珊瑚）

【信息化建设】　1月22日，举办新税务综合办公信息系统上线培训会。办公室、信息科相关人员，就该系统的文件管理、信息采编、督查督办三个模块的功能运用、流程运转、操作要领及系统设置等内容进行讲解与演示，并就有关上线问题、操作问题进行现场解答。5月29日，召开无税申报、减免税申报系统培训会，介绍无税申报、减免税申报新系统的调整情况，对下一步的无税申报、减免税申报、减免税调查等工作进行布置。

（禹珊瑚）

【慰问帮扶活动】　1月23日，副局长带队到北空某旅绝石梁雷达站，慰问担负首都空中防卫任务的雷达兵。24日，与石景山局一起到结对帮扶村——上清水村进行节日慰问，到贫困农户家中走访慰问。8月，组织干部为云南鲁甸地震灾区捐款。

（禹珊瑚）

【地税文化建设】　2月25日，邀请区龙泉医院心理科专家，举办以“心理健康的自我维护”为主题的地税讲坛。28日，团总支组织第一期“青年读书月”活动。副局长以《青春正能量，文化素养与健康》为题与广大团员青做交流。3月25日，以“2014年政府工作报告解读——我国改革发展趋势及政策走向”为题举办2014年第二期地税讲坛，邀请国家发改委经济研究所发展战略与规划研究室主任授课。重点围绕中国经济改革发展的形势，以及行政机关在深化改革中的目标任务，对政府工作报告进行解读。

（禹珊瑚）

【服务区域发展】　2月27日，副局长带队走访区采空棚户区改造建设中心，听取棚改中心相关人员介绍后提出具体要求。

（禹珊瑚）

【提升内部效能】　2月27日，召开精简整合基层税务所报表材料工作会，清理需税务所定期报送的各类报表材料，将原有的62项简并至40项，减少22项。3月，召开2014年度办公室业务培训会，培训采取结合实例、现场答疑的方式，重点就政府信息公开、信息、保密、公文处理、行政审批梳理等工作的有关要求、处理方法、注意事项进行讲解。

（禹珊瑚）

【党建工作】　2月27日，召开2014年党建工作会。会上，总结2013年党建工作，部署下一阶段重点工作，各支部进行工作汇报和经验交流，票选出先进党支部及结对共建先进党支部。3月4日，召开2014年党风廉政建设工作会。会上总结2013年党风廉政建设和反腐败工作，并对2014年党风廉政建设工作进行部署。7月1日，组织召开庆祝建党93周年暨七一表彰大会。8月20日，机关党委与上清水村支部“共建党员活动室”在该村村民文化活动中心揭牌。

（禹珊瑚）

【召开特约监督员座谈会】 3月20日，召开2014年首次社会特约监察员座谈会。纪检组长就2013年工作和群众路线教育活动开展情况向社会监察员进行汇报。双方就如何进一步改进纳税服务、加强作风和效能建设等问题进行交流。

（禹珊瑚）

【培训工作】 3月21日，举办2014年第一季度纳税人例会。邀请业内资深会计师，就2013年度企业所得税汇算清缴政策要点、热点、难点进行全面讲解，400余名纳税人参加培训。3月，举办“纳税人应知应会100问系列暨2013年企业所得税汇算清缴培训班”，参加培训的人员主要有税务学会企业会员和市、区两级重点户共268户。4月16日，与市国际税收研究会组织2014年一季度新办企业纳税辅导，参会纳税人100余户。培训内容涵盖纳税人权利和义务、税务登记、申报与税款缴纳、税收优惠等办税人员基本税收知识。6月，联合北京市国际税收研究会围绕个人所得税、企业所得税、地方税、营业税4个主题，举办4场专题纳税辅导，300百余纳税人参加培训。8月，对门头沟区行政事业单位进行个人所得税政策培训。培训内容包括个人所得税法中关于代扣代缴的规定以及工资薪金征税范围的一般规定、不征税、免税补贴、津贴和标准等。10月22日，举办“2014年纳税辅导培训会”，参加培训财务人员438名。12月，组织召开完善固定资产加速折旧政策纳税人专题辅导会，200余户纳税人参会。

（禹珊瑚）

【税收宣传月活动】 4月18日，与国税局在第23个税收宣传月，联合举办“税收微信平台启动仪式暨A级企业话税收演说会”活动，40名A级企业代表、主办单位等参加活动。活动以“便民办税春风行动”为主题，以深入落实市局18条便捷高效服务措施为抓手，创新税收宣传平台，联合推出“门头沟税务”微信公众号。

（禹珊瑚）

【获奖情况】 4月，在北京市地税系统第三届“友谊杯”桥牌比赛中获得冠军。5月，在区总工会、区体育局主办的第三届“职工杯”乒乓球比赛中，获得男子团体第五名。5月，门头沟地税代表队在北京市地税系统业务知识竞赛中荣获优秀奖。10月，在北京市地税系统第八届运动会上荣获“优秀组织奖”。11月，荣获“北京市区县机关档案工作测评市级优秀单位”称号。12月，第一税务所被区文明委授予“人民满意的基层站所、服务窗口示范点”。年内，在区直机关工委通报表彰的优秀党建创新项目中，局内申报项目分别被评为一、二、三等奖。举办“税月如歌”征文活动，制作《税月如歌》纪念文集。在市地税局组织的“中国梦地税魂”演讲比赛和纪念建局20周年书画展活动中分获三等奖。被评选为首都文明单位候选单位，北京市“学习型党组织建设示范点”，第一税务所还获评全区“人民满意的基层站所、服务窗口示范点”。计划财务科被授予“北京市三八红旗集体”荣誉称号。

（禹珊瑚）

【与区国税局建立协作机制】 8月，与区国税局召开第一次联席会议，明确五大项工作协作机制：一是建立联合分析机制，二是建立便民办税联合服务机制，三是建立数据共享工作机制，四是建立联合税务稽查工作机制，五是建立联席会机制。10月22日，与门头沟区国税局召开第二次联席会议，两局就统一税务行政处罚自由裁量权、共建“纳税人学校”、建立联合信息报送机制等具体问题达成一致意见，并就2015年协作规划事项交换意见。12月，与区国税局联合召开纳税服务工作协调会，就深化国、地税协作，协调同厅办税工作做交流和探讨。

（禹珊瑚）

【涉税事项前移工作】 10月8日，经梳理确认的涉税事项176项全部前移至大厅，在多项措施的共同作用下，办税服务工作运转正常。

（禹珊瑚）

【开展全国法制宣传日活动】 12月4日，组织开展以“弘扬宪法精神，建设法治中国”为主题的“12·4”国家宪法日暨全国法制宣传日活动，设立宣传站点、悬挂宣传横幅、摆放宣传展板、解答涉税问题、提供咨询服务，发放法制宣传资料400余份，宣传手册600余册，同时针对法律法规、税收政策、涉税事项及相关工作职责进行宣传和解答。

（禹珊瑚）

【成立纳税人学校】 12月18日，与区国税局联合举办的“纳税人学校”揭牌，市国地税纳服处和主办单位领导、国际税收研究会培训部领导及近300户新办企业办税人员参加仪式。仪式结束后开展第一期培训，培训内容为新办企业办税人员应知应会、“一税两费”委托代征及税务登记联办等。

（禹珊瑚）

【捐赠税收文物】 12月，将与农业税有关的清代“永远免夫交界碑”和与煤税有关的清代“豁免煤税碑”2块仿制品及相关税收文物，捐赠给市地税局博物馆。

（禹珊瑚）

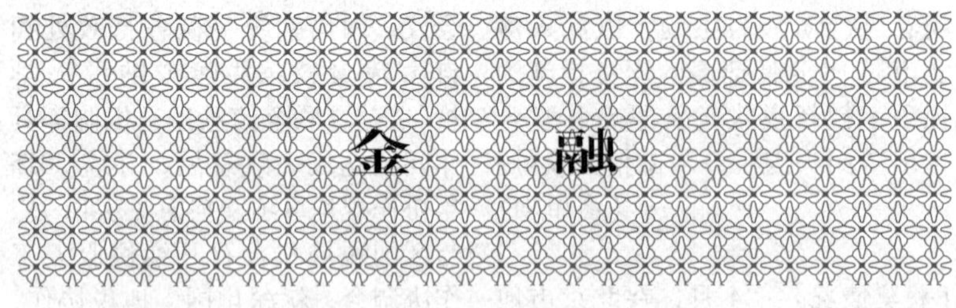

金　　融

工商银行

【概况】 年内，工商银行门头沟支行贯彻总、分行党委经营战略决策和金融监管要求，按照稳中求进的总基调，围绕中心目标，抓好经营管理各项工作，全行继续呈现出盈利较快增长，信贷结构趋向优化，区域优势得以巩固，资产质量稳步提高的良好发展态势，实现新常态下的健康平稳发展，取得较好的经营成果。全年本外币拨备前利润完成全年任务指标的96.59%，同比增幅3.23%，继续保持增长势头；存款优势持续巩固，全部人民币存款总额较年初增幅6.82%，全年存款日均余额较上年同期增幅7.16%；经营转型成效明显，全部中间业务收入较上年同期增幅15.45%；信贷经营量质并举，各项贷款余额增幅26.38%。应对经济金融形势变化对各项业务发展的影响，坚持业务发展与风险防范统筹兼顾，将风险管理贯穿于经营管理全过程，业务运营风险“屡查屡犯”专项治理取得良好的压降效果，内控案防工作的针对性、有效性进一步增强。全年无案件事故发生。全行把教育实践活动整改落实作为贯穿党建及经营工作的主线，推动深化整改和改进作风。坚持人才优先发展战略，提升员工业务素质和优化员工岗位配置，引导中后台员工、网点柜员充实到营销队伍。开展面向各类员工的多层次培训，倡导全行员工投身“五新”实践，强化人才对改革发展的支持和保障作用。实施员工关爱计划，推进职工之家建设，丰富员工业余生活，加大对困难员工的帮扶救助力度，营造和谐温馨的家园氛围。全行贯彻中央和总分行党委关于党的群众路线教育实践活动工作会议精神，开展各项工作，加强基层党组织建设。发挥人力资源效力，加强中层干部队伍建设和培养锻炼力度，提倡员工投身“学习新知识、接受新事物、推广新产品、开办新业务、开拓新市场”的实践中。充分发挥党政工团组织优势，全面实施员工关爱计划，加强思想教育，帮助员工解决困难，增强支行可持续发展的动力和后劲。

单位名称：中国工商银行股份有限公司北京门头沟支行
地　　址：北京市门头沟区新桥大街16号
电　　话： 69838898　69857880
邮　　编： 102300

（贺　卉）

【短途竞赛】 年初，开展“开门红”短途竞赛。

（贺　卉）

【宣传活动】 3月，开展金融消费者主题宣传教育活动。

（贺　卉）

【知识竞赛】 5月，举办“踏着青春脚步前行——青年员工汇报展示暨知识竞赛活动”。

（贺　卉）

【关爱健康】 6月，举办“关爱员工关注健康”主题沙龙活动。

（贺　卉）

【信用体系宣传】 8月，开展“加快社会信用体系建设，促进征信市场健康发展”为主题的征信宣传活动。

（贺　卉）

【警示教育】 9月，开展“自觉抵制诱惑合规从我做起”警示教育活动。

（贺　卉）

【网络安全宣传】 11月，组织开展国家网络安全宣传周活动。

（贺　卉）

建设银行

【概况】 年内，门头沟支行贯彻总、分支行提出的“三争当，一打造”的要求，以建设“一流支行”，成为“区域排头兵”为目标，推进“三大一高”战略落地实施，全面开展“能力提升年”活动，苦练内功，各级各类人员的能力得到有效提升，业务发展和经营管理均取得进步。截至年底，支行全口径存款98.45亿元，占比20.96%，区域9家金融机构排名第二，比年初新增5.65亿元，新增占比9.22%。其中对公存款49.93亿元，区域9家金融机构排名第二，比年初增加3.62亿元，新增占比6.92%；个人存款48.52亿元，区域9家金融机构排名第三，比年初增加2.04亿元，新增占比22.58%。支行贷款余额15.58亿元，区域排名第四，其中对公贷款余额12.15亿元，个人贷款余额3.42亿元。年内，获得北京市分行三星先进集体荣誉称号。获得总行级第四届文明单位荣誉称号。年内成为北京分行获得总行级“平安建行”创建活动先进集体荣誉称号的三家支行之一。纪检监察工作，支行通过开展“正风肃纪　勤业守廉”“诚实守信　合规经营”主题教育活动，深化作风建设和案件防控工作。党委党务公开工作，支行发扬党内民主，完善党务公开制度，在总行纪检监察工作培训及分行党委党务公开推广会上做经验交流与汇报。

单位名称：中国建设银行股份有限公司北京门头沟支行
地　　址：北京市门头沟区双峪路22号
电　　话：69832674
邮　　编：102300

（张　悦）

【召开年重大投资项目推介会】 1月6日，门头沟支行重点客户——北京京煤集团有限责任公司在金泰海博大酒店召开“京煤集团2014年重大投资项目推介会”。

（张　悦）

【召开座谈会】 3月7日，召开“争一流佳绩　展巾帼风采”女员工工作经验暨能力提升交流座谈会。支行领导班子及各部门各网点女员工代表出席会议。7月22日，与区民政局、武装部，驻区部队共同开展庆“八一”建行军警客户座谈会。分行机构业务部副总经理及门头沟支行领导班子全体成员共同参加。

（张　悦）

【开展宣传活动】 4月28日，在门头沟滨河社区组织开展“送金融下乡”宣传活动。5月29日，举行防范电信诈骗公益宣传。警示民众要做好金融安全的防范，不要轻易相信电话或网络的汇款要求，遇到类似诈骗情况一定要及时与警方取得联系。9月4日至5日，参加以“金融知识进万家”为主题的金融知识宣传活动。活动由支行副行长带队，综合管理部、业务管理部、个人金融部、公司业务部、住房金融部等多个部门配合，并成立宣讲员队伍。

（张　悦）

【践行社会责任】 6月28日，支行党委到北京市顺义区赵全营镇太阳村基地开展“博爱在建行”主题党日活动。各位行领导以及40余名党员参加活动。

（张　悦）

农村商业银行

【概况】 年内，北京农商银行门头沟支行在总行党委领导下，根据总行2015年改革发展研讨会确定的全行下一步改革的总体目标，部署改革的关键步骤。实现资产规模90亿元，各项贷款余额15.7亿元。以深化分支机构改革为契机，加强精细化管理，推进主辅业分离工作。开展“Made for you－对公客户分层营销活动”、与商委、旅游委签订战略合作协议，建立新型战略银企合作伙伴关系。组织开展公众教育服务日、普及金融知识万里行活动，进企业、进乡村、进社区宣传活动共67次。加强安保人员队伍的建设，促进保安队伍年轻化、专业化，确保全行营业网点安全运营。

单位名称：北京农商银行门头沟支行
地　　址：北京市门头沟区滨河路115号滨河大厦一层、十二层
电　　话：69835548
邮　　编：102300

（郝　晶）

【组织召开年度工作会】 1月20日，组织召开2014年度工作会，领导班子成员、各部门正副经理、网点支行负责人和客户经理共41人参加。会议明确2014年工作目标和重点。

（郝　晶）

【开展节前会计运营安全夜查】 1月28日，在分管副行长的带领下，支行财务会计部经理及相关人员对辖内滨河分理处进行夜查工作。检查小组成员严格按照《北京农商银行会计运营安全夜查工作底稿》逐项进行检查。

（郝　晶）

【开展地方企业金融需求调研】 3月4月，支行领导带领客户经理走访清水镇北京腾达旅游专业联合社。该联合社由清水镇的11个专业合作社组成，资产规模约1000万元，主要从事农作物种植、销售，养殖、畜牧及当地观光旅游等。

（郝　晶）

【开展宣传活动】　3月15日，在龙门新区进行消费者金融权益宣传活动。发放金融知识宣传折页1500余份，印有行内LOGO的宣传袋300余个。5月3日，到石门营安置房小区开展“金融服务进社区”宣传活动。此次活动发放宣传材料200余份，填写调查问卷67份。

（郝　晶）

【开展演讲比赛】　4月2日，组织召开“我的农商梦”主题演讲比赛。比赛分为个人演讲和才艺展示两部分。最终，6名员工分别获得比赛一二三等奖。

（郝　晶）

【韩子荣书记一行调研】　7月15日，门头沟区委书记韩子荣等，区发改委、区国土局、区农委等相关委办局负责人到门头沟支行调研，与北京农商银行党委书记等进行座谈。

（郝　晶）

【签订银政合作协议】　9月24日，门头沟支行、门头沟区旅游发展委员会举行银政合作协议签订仪式。会上，区旅游发展委员会主任对全区旅游资源、旅游产业的发展情况及未来规划进行简要介绍。支行行长对支行内的发展及行内提供的特色金融服务进行阐述。

（郝　晶）

【开展现场调研工作】　10月23日，到市级优秀社区及“社区E服务”体验店开展现场调研工作。调研队伍到北京市西城区广内社区，与广内街道相关人员开展交流，并参观广内街道全响应网格化社会管理指挥分中心，现场观看广内街道社区网格化管理的建设与应用过程，并就“智慧社区”建设工作进行沟通。

（郝　晶）

【工作调研】　年内，上级单位领导到支行调研共12次。分别就年度工作会议精神落实、农村信用环境建设、授信业务、安全维稳等方面进行具体指导，要求支行明确目标，狠抓落实，行政、按照经营两手抓的双轨道路，实现门头沟支行的可持续发展。

（郝　晶）

【培训工作】　年内，共组织网点转型、保险理财、安全保卫、机构信用代码发放、远程集中授权、会计业务等培训24次，参加培训达338人次。

（郝　晶）

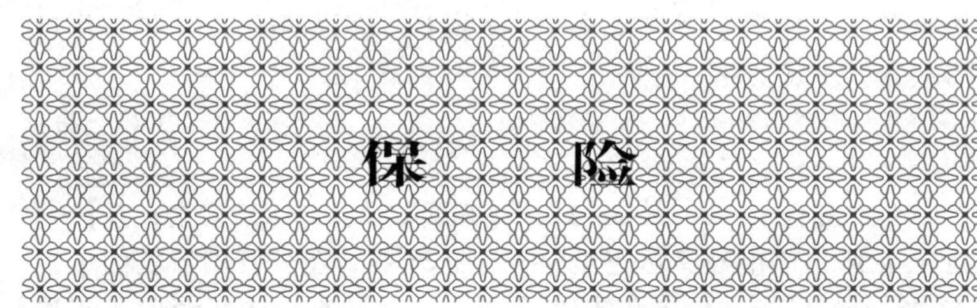

保　险

财产保险

【概况】　年内，门头沟支公司围绕分公司党委、总经理室的战略部署，贯彻并执行“139经营管理操作方案”，围绕“以市场为导向、以客户为中心”的总体思路，坚持“从规模增长到效益增长”的转型，提升发展品质，保持市场地位稳定，经营效益稳步增加，管理模式日益完善，综合竞争力和发展后劲显著增强，经过不断努力，为公司的可持续发展创造了良好的内外部环境，确保公司业务稳步快速提升，年内，公司结合实际，坚持以发展为第一要务，有效益的发展为主基调，抓住公司转型发展的战略机遇，拓宽服务领域、强化服务手段、提高服务水平的工作思路。

单位名称：人保财险门头沟支公司
地　　址：北京市门头沟新桥大街18号
电　　话：6984.3284
邮　　编：102300

（高　娜）

【加大与区政府合作的力度】　自2012年开始，加大与区政府合作的力度，2013年8月14日，人保财险北京分公司与门头沟区政府在区政府会议楼完成战略合作协议的签署工作。2014年，签订行政区域公众责任险，实现全区公众责任险信统保，风险保障2000万元。

（高　娜）

【服务好门头沟区三农建设】　12月5日，区政府、农委在军庄镇孟悟村村委会组织召开《2014年门头沟政策性农险理赔现场会》。此次会议内容主要针对“7.16冰雹造成果树受损赔偿的兑现”，共赔偿给受灾农户250万元。门头沟区电视台进行全程现场报导。年内，完成民生保险工程，“7.16”冰雹造成果树受损时，公司内通过对受灾区域及时查勘、定损、理赔工作所体现出的工作态度及工作能力，受到区农委、受灾农户及各级政府的肯定及认可。

（高　娜）

【业务经营指标】　截至年末，实现保费收入12042万元，保费增速21.58%，超额完成全年任务，并在支公司经营的历史上，首次保费突破一亿元。其中，车险保费的收入10726万元，同比增长17.19%；非车险实现保费收入1316万元，同比增长75.12%，全年累计赔款近万元。

（高　娜）

【服务门头沟区经济建设】　年内，公司参加区金融商会，并成为常任理事。同时，公司向区民政局捐赠5万元，用于向80岁以上老人各项补贴。

（高　娜）

人寿保险

【概况】　年内，中国人寿保险股份有限公司北京市门头沟支公司结合地区内实际制定以持续发展为主题、以提高效益为中心、以深化改革为动力、以强化内控为保证的工作策略，各项业务持续、快速、健康发展，个险部、团险部、银行保险部三大业务部门全面完成分公司下达的保费任务。

截至年底，实现保费收入12837.18万元，其中新单保费收入6775.35万元，续期保费6061.83万元。全年新单保费由团体部实现保费收入303.57万元，银行保险部实现保费收入5227.81万元，营销业务部实现保费收入1243.97万元；全年总保费包括：健康险保费收入200.5万元，意外险保费收入250.95万元。全年短期健康险赔款185.35万元。

单位名称：中国人寿保险股份有限公司北京市门头沟支公司
地　　址：北京市门头沟区滨河路64号
电　　话：69866673
邮　　编：102300

（刘　瑜）

【老年人意外伤害保险业务启动】　1月10日，团体部参加市分公司2014年度老年人意外伤害保险业务新闻发布会，全面启动全市老年人意外伤害保险业务。

（刘　瑜）

【银保部业务情况】　1月，银保部以全市第一，全面达成开门红趸交任务。3月底，超额达成开门红趸交任务。

（刘　瑜）

【管理层工作调整】　4月，支公司班子成员进行工作调整，支公司班子成员共3人，其中新调入2人，调整岗位1人。

（刘　瑜）

【业务拓展】　5月，安欣无忧再次全员进行培训，推出方案进行销售。

（刘　瑜）

【社区代表招募】　6月，社区代表招募，共招募16位社区代表，建立9个宣传栏。

（刘　瑜）

【内外装修工作】　7月，公司投资287万元，启动外立面装修改造工程，全面改造位于滨河路64号的中国人寿营业楼外观。12月，公司再次投资320万元，启动内部装修工程，全年装修改造共投入607万元。

（刘　瑜）

【客户经营活动】　7月、8月，重点搭建客户经营平台，利用市公司送门贴活动等拜访方案，结合国寿小画家活动，个险部组织多次十渡客户游览幼儿绘画亲子活动，组织多次泰国游，陪同客户200人次到泰国游览，利用此机会和客户进行交流，韩国豪华游轮旅游的前期准备工作到位，共有240位客户报名业务员陪同参加韩国旅游。

（刘　瑜）

【开展“全员营销、全程服务”推拉门贴推广竞赛活动】　8月，开展“全员营销　全程服务”推拉门贴推广活动，个险伙伴全员举绩共张贴门贴360套。取得全市第六的好成绩。

（刘　瑜）

【会销工作】　9月中旬，会销举办13场报告会，邀约客户500余人，到会客户近400人，承保10期保费近330万，完成必保10年期任务目标，以200%达成市公司下达的任务目标。

（刘　瑜）

【扩大理财规划师队伍】　9月，银保部同业引进5位理财经理，开始全市的会销“鑫易宝”项目，保费达到48万。10月，成功引进同业理财经理2位，在鑫易宝销售中利用片区经营取得保费51万。11月12月，银保渠道年底冲刺为“双确保”的顺利达成，银保部继续沿用会销模式进行鑫易宝产品销售，两个月取得70.2万的保费，同时引进理财经理7位，4个团队架构初步形成。

（刘　瑜）

【合作商户招募】　10月，个险部通过合作商户招募39人。

（刘　瑜）

【个险部业务情况】　年内，个险部完成长险首年期交保费1160万元，达成1300万元任务目标的89%，同比正增长36%，完成10年期及以上首年期交保费871万元，达成600万元任务目标的145%，同比增长62.3%，排名全市21家单位的第十位；标准保费达成702万，预算完成率117%；短期险完成149万，短期意外险完成62万。全年达成人力发展指标累计新增85人，同比增长9%，月均增员率4%，召开4期新兵营，合计入营109人；月均综合举绩人力86人，达成任务目标的92%，月均长险举绩人力57人，达成任务目标的104%。

（刘　瑜）

【团险部业务情况】　年内，计生险业务保费收入84万元，其中家庭意外险59万元，妇女两癌险25万元，学平险共收保费70万元。

（刘　瑜）

【柜面直销】　年内，北京市分公司启动“书写传奇全员创富”柜面直销工作，门头沟客服全员参加，体验营销、体验服务，增进对业务发展和市场情况的了解，增强大局意识、协同意识、服务意识，全员通过代资考，并完成下达的全年趸交任务。

（刘　瑜）

【全面实现综合柜员制】　年内，客户服务部全体柜员实现集契约、理赔、保全、收付费于一身的综合柜员制服务，实现综合叫号，为客户提供优质服务。

（刘　瑜）

【开展客户信息收集活动】　年内，开展“悦沟通·畅服务”客户信息收集活动，获得“2014年客户资料信息收集优秀组织奖”。

（刘　瑜）

【获奖情况】　年内，举办柜员技能大赛。客户服务部荣获技能大赛团体二等奖。综合柜员获得总公司2014年服务体验活动“优秀征文”奖。年内，门头沟客户服务部调查每一笔需要调查的理赔案件，连续两年调查出阳性件，被市公司评为优秀调查集体。年内，门头沟客户服务部获得柜面先进集体荣誉称号。

（刘　瑜）

城 乡 建 设

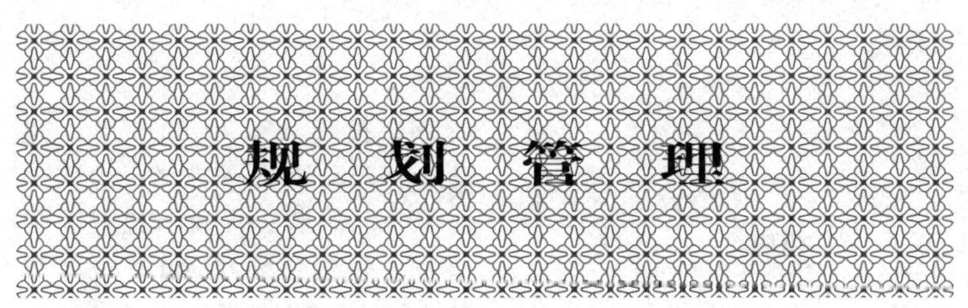

规 划 管 理

【概况】 北京市规划委员会门头沟分局是北京市规划委员会的派出机构（正处级），内设机构有办公室、综合业务科（全程代理）、规划科、建设工程管理科与建设用地管理科合署办公、市政交通工程管理科共一室四科，行政编制20人；门头沟区规划监察执法队为所属执法机构，执法编制8人；下属事业单位北京市门头沟区城市建设档案信息中心，事业编制6人；成立北京市门头沟区规划研究中心，为市规划委门头沟分局所属正科级全额拨款事业单位，事业编制10人。

单位名称：北京市规划委员会门头沟分局
地　　址：北京市门头沟区新桥大街51号
电　　话：69843398
邮　　编：102300

（蒋晓姣）

【畅谈我的“中国梦”】 7月1日，组织开展以“喜迎党的生日，畅谈我的‘中国梦’”为主题的党员座谈活动。在座谈会上，全体党员重温了入党誓词。

（蒋晓姣）

【规划建设门头沟新城】 年内，规划分局首次建立专家智囊团队，并制定《门头沟区规划建设专家智囊团工作管理办法》；采取“政府组织、专家领衔、部门合作、科学决策”的工作模式，首次对包括保障性房、上市等重点项目实行由院士等顶级专家组成的“专家评议会制度”；首次成立“设计单位库”，采取公开招标形式，向全市范围招纳高水平规划编制、建筑和市政工程设计、测绘单位，确保设计品质。首次委托中建设计集团对《导则》开展实施评估工作。年内，与市规划委、区政府及相关部门，针对新增100万棚改项目、安置房项目、商业项目以及重点项目组织召开专家论证会、项目协调会、技术审查会等约数十次。

（蒋晓姣）

【各类规划审查及报批】 年内，完成《门头沟新城21街区控规深化方案》《城子大街国有资源整合改造地块控规》《苛萝坨整体地块控规及三定三限安置房地块控规》等多项，并覆盖街区层面、深化方案和地块控规多层面的各类城乡规划的批复及备案工作。此外长安街S1线沿线、景山学校等区重点项目地块控规审查批复工作也取得实质性进展。同时，针对采空棚户区改造、石龙产业园区等重点功能区域，加大力度，并经请示市政府同意，相应规划深化方案备案及整体规划研究成果已获批复。

（蒋晓姣）

【助推旅游文化休闲产业高端发展】 年内，配合各相关镇政府陆续编制了军庄绿色休闲文化产业启动区、潭柘寺镇中心区D地块等多个控规，并经区政府审查通过，上报市规划委审查批复。陆续完成清水镇西达摩村、军庄镇孟悟村等多个村庄规划审查批复工作。

（蒋晓姣）

【市级重点基础设施工程建设】 年内，与市区相关单位配合，对轨道交通S1线、长安街西延线、109国道改造、石龙路工程、南水北调河西支线及环六环路天然气管线西北段工程等市重点项目高度重视，多次参加市、区相关单位组织有关会议及现场勘查活动。年内，轨道交通S1线及车站方案已上报区委区政府并获得同意，环六环路天然气管线西北段工程线位已初步确定，南水北调河西支线、长安街西延线等其他重点工程也正在稳步推进。

（蒋晓姣）

【规划监督】　年内，加强规划监督服务。一是明确乡村建设工程类规划监督暂时按照城镇建设工程类报件办理，解决了此类工程的规划验收问题；二是通过请示市规划委，明确对没有申报规划验线且已经竣工的建设工程，如果各项建设指标符合要求，可直接进行规划验收申报，工作效率显著提高。年内，共完成规划监督20件，包括：规划验线17件90.5万平方米；规划验收8件48.7万平方米，其中服务定向安置房两项。

（蒋晓姣）

【规划监察执法】　年内，对两项建设工程下达责令停止建设通知书，并分别交主责单位进一步查处，共处罚金5.6万余元，有效维护区域规划管理的严肃性。

（蒋晓姣）

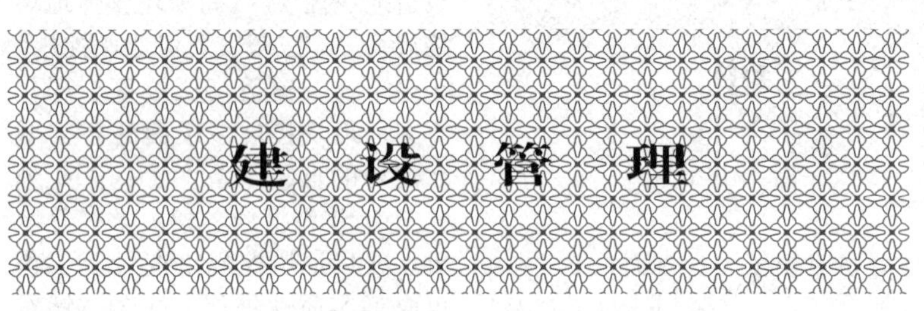

建　设　管　理

【概况】　年内，全.区房屋施工面积490.15万平方米，同比增长22%，竣工面积56.17万平方米，同比下降58%；投资金额87.24亿元，同比增加79%，建设规模286.05万平方米，同比增加73%；商品房供应面积为63万平方米，全年销售面积184213平方米，同比下降21%，销售金额20亿元，同比增长5%；其中住宅销售面积14万平方米，同比下降了35%，住宅销售均价26815元/平方米；存量房方面，1月至12月交易面积73606平方米，同比下降49%，交易金额9亿元，同比下降31%；其中住宅交易面积666258平方米，同比下降51%，交易金额8亿元，同比下降36%，交易均价17064元/平方米，同比增长46%；权属档案查询7800人次28806卷，利用率为去年同期的2.5倍以上。同时，推进保障性住房建设管理分配、建筑节能及抗震节能型农宅工作，加大棚户区改造工程安全质量监管力度。

单位名称：北京市门头沟区住房和城乡建设委员会
地　　址：北京市门头沟区滨河路18号院
电　　话：69852655　61801940　69842910
邮　　编：102300

（郎晨子）

【工程安全质量监管】　年内，全区开复工工程162项，开复工面积706.6万平方米，开展安全质量检查1288次，出动安全质量检查人员5796人次，检查隐患3045条，下发责令改正通知书85份，进行行政处罚32起、罚款62.4984万元。通过短信平台传达各类安全、应急信息6万余条。

（王海梦）

【招标投标工作】　年内，受理建设工程招投标项目101项，投资金额87.24亿元，建设规模286.05万平方米，道路里程10.05千米。其中，国有投资项目85项，投资金额79.63亿元，建设规模235.56万平方米，道路里程10.05千米（含政府投资项目72项，投资金额60.66亿元，建设规模176.56万平方米，道路里程10.05千米）。共查处3起招投标案件，处罚款106.84万元，对开发企业、企业负责人及项目负责人分别累计计3分。共禁止6家施工单位、2家监理单位、5名项目经理、1名现场负责人及2名总监在列管期内进入区内有形建筑市场。开展全区招投标培训1次，共29家单位115人参训；提供企业单独培训2次。负责“转包违法分包等违法行为专项检查”共查处工程17项目，建设规模63.92万平方米。

（朱　凡）

【保障性住房建设与管理】　年内，保障房开工4800套，其中永定镇冯村何各庄地区（A地块）定向安置房项目500套、中门寺定向安置房项目916套、小园3A号地块定向安置房项目968套、小园8号地块定向安置房项目978套、曹各庄A地块定向安置房项目638套、门头沟新城MC16－073等地块住宅混合公建、商业金融、托幼及医疗卫生用地（配建限价商品住房）项目（配建100

套限价房)、MC08－014/015(北旅广场)项目(配建100套经适房)、永定镇MC00－0020－0031、0049地块F1住宅混合公建用地(门头沟东辛称C地块东区)项目(配建200套经适房)、潭柘寺中心区一级开发项目C地块(配建100套经适房)、冯村何各庄地区土地一级开发项目A地块(配建300套公租房)。竣工2010套:分别是铅丝厂公租房项目1416套、新城冯村地区(一期)居住项目配建限价房1号、2号楼594套。截至年底,全区经济适用房轮候家庭435户,限价房轮候家庭125户,公租房轮候家庭1557户,全年配售限价房124套。

(王鹏　董珺)

【物业企业及人员管理】 截至年底,全区注册备案的物业服务企业53家,绝大部分在区外经营。在区内从事经营服务的物业服务企业共31家,其中10家为异地经营企业,管理的小区或服务项目共53个(其中居住小区41个),共计436.85万平方米,从业人员约1500人。

(谭　笑)

【房屋权属登记】 年内,完成国有土地上各类登记业务7111件、建筑面积181.55万平方米,其中初始登记38件、56.10万平方米;转移登记3421件、29.83万平方米;变更登记86件、12.85万平方米;注销登记860件、21.29万平方米;抵押权登记2585件、60.11万平方米;预告登记73件、1.02万平方米;其他登记48件、0.36万平方米。

(李　萌)

【房屋安全鉴定情况】 年内,共受理房屋安全鉴定申请84件,总建筑面积为2603平方米。其中低保户(困难户)房屋安全鉴定4件,建筑面积为156平方米;廉租房房屋安全鉴定77件,建筑面积为2374平方米;依据产权人申请进行的房屋安全鉴定3件,建筑面积为73平方米,经鉴定后的房屋无一例得到投诉,鉴定结果得到群众的一致好评,群众满意率100%。

(池宝全)

【抗震节能综合改造】 年内,改造区属产权住宅楼18栋楼,共计5万平方米。改造内容:楼栋本体外墙面保温、屋面保温层和防水层改造、楼道单元门窗更换、住户外窗更换,热计量改造。截至年底,有7栋住宅楼房尚未完成抗震加固工作,5栋简易住宅楼尚未完成改造。

(史卫东　韩少伟)

【房屋安全普查】 年内,共检查房屋619.09万平方米,其中楼房1303栋,533.72万平方米;平房30104间,85.37万平方米;城镇私房4856间,806户。此外,组成2个查房小组对直管公房进行检查,动用工日360个,共检查楼房68栋、平房812间,总计11.60万平方米。

(韩少伟)

【城镇低收入家庭危房治理】 年内,经各镇、街调查评估、公示,最终核定年度内危房城镇居民低保家庭10户,21间,297.32平方米;需由区财政给予危房治理资金补贴,共需资金77.04万元。

(韩少伟)

【汛期房屋安全管理】 年内,组建3支抢险队集结上岗值班122次,上岗值班278人次。雨中巡查房屋650间次,出动巡视人员200余人次,出动车辆20车次,抽排水3处9次,清通水道2处。汛期共修复平房漏雨230处,楼房20处。

(韩少伟)

【信访维稳与信息公开】 年内,共受理来信来访134件次,其中,市住建委转办28件,区信访办转办6件,市信访办转办10件,其它4件,市长信箱65件,群众来访21次。信息公开12件次,接到为民服务平台转办案件1505件,办结率100%。

(杜　凯)

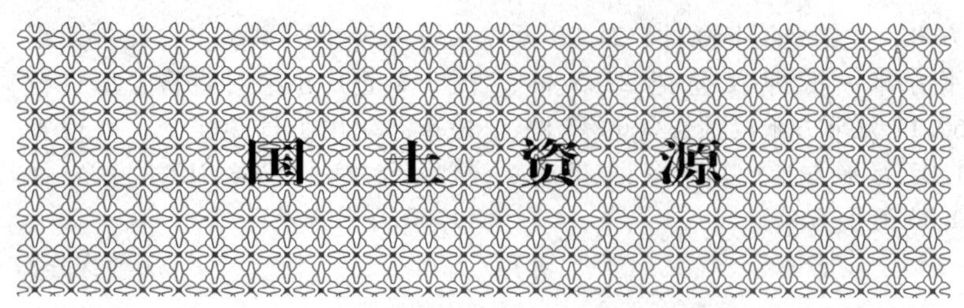

国土资源

【概况】 北京市国土资源局（以下简称市局）门头沟分局（以下简称分局）是市局的派出机构，在市局的领导下，按照管理权限，负责组织实施行政区域内土地、矿产资源行政管理工作。按照市局批复的新“三定”方案，分局设置6个内设机构，即：综合科、地籍科、耕地保护科（土地利用科）、地质矿产科、办公室（财务科）、政工科，另设纪检监察科。所属8个事业单位：北京市土地整理储备中心门头沟区分中心、北京市门头沟区国土资源执法监察队、北京市门头沟区土地权属登记事务中心、北京市门头沟区土地利用事务中心及北京市国土资源局门头沟分局第一、第二、第三、第四4个国土资源管理所（办公地点分别设在永定、军庄、王平、斋堂），现有干部职工82人。

年内，全力推进土地储备开发工作，完成开发面积91.10公顷，完成投资15.85亿元。完成保障性住房供地36.96公顷，完成经营性供应土地126.35公顷，实现土地收益139.21亿元。认真落实地质灾害防治责任制，启动应急响应7次，全区未发生因地质灾害引发的人员伤亡事故。加强国土资源执法监察，履职尽责到位率100%。开展土地综合整治，完成土地开发整理项目验收1个；完成土地开发整理项目工程2个；在施土地开发整理项目1个。扎实推进农村集体土地确权工作，完成集体土地所有权确权登记871宗，完成调查率100%、宗地确权登记率96%。加强地质环境恢复治理，完成西部山区百花山地区废弃煤矿矿山地质环境治理示范工程一期验收，开展西部山区百花山地区废弃煤矿矿山地质环境治理示范工程二期建设。稳步实施地质灾害防治项目，实施地质灾害治理工程项目10个。

单位名称：北京市国土资源局门头沟分局
地　　址：北京市门头沟区新桥大街48号
电　　话：69856773　69829676
邮　　编：102300

（梁　旭）

【联合整治检查】 1月2日，区综治办与打非督导组牵头，组织国土、公安、安监、园林、交通、工商及属地镇政府对潭柘寺镇阳坡元村老虎山地区开展“突击十号”专项执法行动。发现该地区的盗采紫石行为。清理老虎山地区石料，消除盗采隐患。5月8日晚22时至9日凌晨1时，区综治办牵头，组织区公安、国土、安监、交通、经信委、园林、潭柘寺镇、永定镇等单位组成联合检查组，对潭柘寺镇阳坡元老虎山、永定镇北岭北坨及瓜草地南区果园等盗采重点区进行突击夜查。期间，出动人员24人，车辆12台，检查中未发现非法盗采行为。8月3日，区综治办牵头，组织区公安、国土、安监、园林、交通及永定镇政府等相关单位，对永定镇北岭南区果园进行联合执法突击夜查。期间，发现非法盗采叶腊石隐患点一处。

（梁　旭）

【土地招拍挂】 1月16日，区S1线区域组团02地块部分地块国有建设用地使用权在市土地交易市场挂牌成交。其中门头沟新城MC00－0017－6007等地块（S1线区域组团02地块东北侧地块）商业金融及社会停车场库用地，位于永定镇，土地总面积约7.36公顷，其中建设用地面积约2.92公顷，建筑控制规模97949平方米，最终由华润置地（北京）股份有限公司和深圳市润鑫四号投资合伙企业（有限公司）联合体以193000万元取得；门头沟新城MC00－0017－6005等地块（S1线区域组团02地块中间地块）商业金融及医疗卫生用地，位于永定镇，土地总面积约13.6公顷，其中建设用地面积约6.35公顷，建筑控制规模24.2699万平方米，最终由北京远坤房地产开发有限公司以382000万元取得；门头沟新城MC00－0017－6010等地块（S1线区域组团02地块西南侧地块）商业金融及社会停车场库用地，位于永定镇，土地总面积约4.98公顷，其中建设用地面积约3.40公顷，建筑控制规模11.029万平方米，最终由北京融创恒基地产有限公司和北京瑞丰华成房地产开发有限公司联合体以182000万元取得。10月17日，永定镇冯村、何各庄地区土地一级开发项目A地块部分地块南区、北区在市土地交易市场完成入市交易。南区总用地面积18.88公顷，其中建设用地面积9.91公顷，建筑控制规模23.83万平方米，该宗地全部居住规模均配建自住型商品住房，限价2.2万元/平方米。最终由北京保利兴房地产开发有限公司和北京市首都开发股份有限公司联合体以33.8亿元竞得，溢价8.8亿元；北区总用地面积14.18公顷，其中建设用地面积9.90公顷，建筑控制规模20.17万平方米，该宗地配建公共租赁住房1.8万平方米，另配建自住型商品住房11.3万平方米，限价2.2万元/平方米。最终由北京城建兴云房地产有限公司以25.9亿元竞得，溢价7.4亿元。21日，潭柘寺中心区C地块在市土地交易市场完成入市交易。该地块总用地面积40.67公顷，建设用地面积23.62公顷，建筑控制规模27.97万平方米。该地块由北京京投置地房地产有限公司和北京市基础设施投资有限公司联合体以42亿元取得。该地块配建经济适用房6000平方米，销售限价8000元/平方米。

（梁 旭）

【区领导调研】 1月20日，区领导到分局调研。重点听取分局关于2014年拟供应经营性用地项目情况，以及拆迁、规划、市政等方面意见和建议的汇报。区领导对分局2013年土地储备工作完成情况给予肯定，并就2014年工作提出要求。6月10日，区领导到分局就土地入市工作进行调研。分局领导汇报2013年供地完成情况及2014年全区拟供地项目情况，提出了拆迁、规划、市政、考古等方面的问题和建议。9月3日，区领导带队到分局就开展“四风”突出问题专项整治工作进行检查指导，分局局长分别从坚决纠正损害群众利益行为、坚决遏制违法用地和违法建设、整治“形象工程”和“政绩工程”专项行动、整治工程建设领域管理制度执行不力问题等方面汇报牵头任务和协办任务的落实情况。10月23日，区领导带队到市局，就门头沟新城04－08街区规划实施方案有关事宜与市局领导座谈。会议议定：一是该街区规划实施要充分结合土地利用总体规划；二是针对项目采取集中预留产业用地的征地补偿方式要加强制度设计，保障被征地村民生活水平不降低，长远生计有保障；三是项目实施过程中应按有关政策规定实现耕地占补平衡；四是要尽快启动压覆矿储量核查工作；五是要严把政策关，加强项目成本控制。12月23日，区领导到分局就土地入市工作进行调研。听取关于S1线区域组团05地块（部分）地块、城子大街国有资源整合改造升级地块土地一级开发项目、原住建委地块及7平方公里项目进展情况的汇报，以及规划、市政、考古等方面存在的问题和建议。

（梁 旭）

【市领导调研】 2月12日，市土地储备中心主任带队到分局，就2014年区土地储备工作进行专题调研。会上，区储备中心介绍2014年全区土地储备计划供地、投融资、资金回笼、计划新增及计划完成开发等相关情况，提出三定三限三结合定向安置房相关问题。市中心领导逐一听取区计划供应及计划新增项目具体情况，并详细询问各项目现阶段进展及存在问题，对分中心提出的问题进行解答。3月4日，市局副局长带领地籍处、登记中心和市颁证办一行8人到区内，就宅基地调查工作进行专题调研。分局汇报全区开展宅基地调查工作的背景、目的、技术路线、取得的成果以及存在的主要问题。作业单位汇报数据库建设思路、总体框架以及进展情况。调研组与分局、作业单位分别从测量标准、权属依据、档案收集等方面进行探讨。5月13日，市局副巡视员带队到，就区宅基地地籍调查和集体建设用地使用权确权登记颁证工作进行调研。听取分局相关工作情况汇报，并就宅基地的法定面积、主体确定、数据库建设等方面提出意见建议。28日，市储备中心领导到区专题调研永定镇苛萝坨、秋坡、石佛3村地质环境综合整治项目。听取分局相关情况汇报，并对项目方案提出具体修改意见。6月26日，市局副局长到区调研土地储备工作。市局领导介绍市关于土地市场的最新政策及市政府关于房地产调控的相关会议精神，区储备分中心汇报区土地储备项目面临的相关问题，市局领导对门头沟区提出的问题进行解答，并指出解决思路。10月23日，市局领导师领市储备中心各部门负责人到区，就土地储备工作进行调研。分局汇报2014年土地储备工作完成情况，2014年至2015年土地供应计划情况，土地储备开发项目存量情况，以及存在的问题。

（梁 旭）

【地质灾害防治】 2月27日，接到斋堂镇王龙口村村民刘某反映其房屋存在崩塌地质灾害隐患问题后，分局立即组织专家并会同斋堂镇政府赶到现场开展排查。经查，该处已列入地质灾隐患点台账，隐患无明显发展变化，情况相对稳定。3月初，启动为期一个月的地质灾害隐患排查工作。完成清水镇17个村、430户、1181人的28个地质灾害隐患点的排查工作。4月30日，组织实施的清水镇洪水口村、李家庄村2个泥石流地质灾害除险工程开工。工程治理后，将有效减轻泥石流隐患对李家庄村26户68人137间房屋的威胁，以及对灵山景区公路的威胁。4月，完成全区各镇涉村涉户地质灾害隐患排查工作。其中：涉及行政村99个，涉及住宅2241户，受隐患威胁人员5668人。经排查，一是通过采空棚户区改造受威胁人员已全部异地搬迁，受威胁房屋已基本拆除。二是各隐患点相对稳定，未发现明显变化迹象。三是地质灾害警示牌保存基本完好，避险路线和避险场所比较固定。5月14日，召开2014年度地质灾害防治工作会。会上总结2013年地质灾害防治工作，全面部署2014年度地质灾害防治工作。区突发性地质灾害应急指挥部向各成员单位移交区《突发地质灾害详细调查报告》和《地质灾害隐患避险路线及避险场地（所）调查评价》，与成员单位签订区《突发性地质灾害防治工作责任书》。6月12日，组织召开2014年全区地质灾害群测群防员培训会，全区9个镇4个街道办事处及涉村涉户隐患群测群防员等230余人参加培训。21日，会同市局及市地质灾害应急调查队到王平镇西王平，就特大型地质灾害隐患点进行实地检查。期间，检查组与该镇主要领导就隐患点汛期防范工作交换意见，并提出建议。9月12日，会同市地灾应急队、斋堂镇政府，采取事先不通知的方式，在斋堂镇向阳口村举行突发性地质灾害应急演练。随着警报声响起，村干部和包户党员按预案带领3片区域受威胁的42户70名群众沿避险路线快速撤到避险点，各小组长清点人数后向村长进行汇报，群测群防员带领应急专家对3处隐患点进行排查。12月15日，由市局地环处和财务处组织的专家组对分局承担的清水河流域特大型地质灾害防治工程进行竣工验收。该工程分清水镇李家庄村泥石流、洪水口泥石流、斋堂镇柏峪村泥石流、雁翅镇田庄不稳定斜坡与泥石流和大台王平崩塌5个治理区。分局、监理单位、设计单位和施工单位分治理区逐一进行汇报，专家组分别进行现场检查、内业资料核查。经评审，专家组一致同意5个治理区通过竣工验收。清水河流域特大型地质灾害防治工程的实施，可减轻地质灾害隐患的威胁，直接保护当地281户539名村民以及灵山景区公路和部分村级公路过往行人的生命财产安全。

（梁　旭）

【土地开发整理】 2月，清水镇塔河村、妙峰山镇涧沟村、斋堂镇火村3个土地开发整理项目规划设计获市局批复。其中塔河村、涧沟村项目为市财政投资，建设规模共530余亩，拟新增耕地30余亩；火村项目为区财政投资，建设规模700余亩，拟新增耕地260余亩。6月24日，斋堂镇火村等两个村土地整理项目工程开工建设。该工程由区财政投资，预算投资1975万元，总建设规模700余亩。26日，区政府组织分局、农业局、水务局、审计局、财政局对清水镇黄安坨等2村土地开发项目进行验收。该项目由区财政投资，项目总投资为1077万元，总建设规模730.74亩。验收组认为项目区建设符合规划设计及其设计变更要求，新增耕地符合要求，项目通过验收。

（梁　旭）

【廉政建设工作】 3月14日，召开2014年党风廉政建设工作会。会议总结2013年度党风廉政建设工作情况，并就2014年度工作进行安排部署。传达中纪委、国务院，以及市委、区委和市局党组有关会议精神。逐级签订2014年党风廉政建设责任书。3月，结合实际工作，研究制定分局2014年党风廉政建设和反腐败工作任务分工，将任务落实情况作为年度考核和绩效管理的重要依据。确定分局党风廉政建设和反腐败工作要点。11月24日，组织对4名拟任职的科级干部进行任前廉政法规考试。分局将“任前考廉”作为科级干部的第一堂廉政教育课。

（梁　旭）

【打击非法盗采专项工作】 3月27日，召开打击非法盗采工作专题会。区领导到会并指出，打击非法盗采要与森林防火等其他工作有机结合，特别是打击非法盗采监控平台要与全区信息化建设工作相结合。会议就下一步工作提出要求。

（梁　旭）

【地质灾害治理】 3月，清水镇塔河、斋堂镇柏峪、永定镇西峰寺3处泥石流除险工程已开工建设；清水镇洪水口和李家庄、雁翅镇田庄3处泥石流及大台街道灰地崩塌除险工程在进行招投标前期准备。

（梁　旭）

【矿山地质环境治理】 4月2日，启动石灰石岩质边坡植被恢复试验，试验选择军庄镇灰峪村废弃石灰石矿为试验地点，采取轻基质网桶植生袋、人工造穴种植、挂网种植等方法，探索不同工艺、植被对岩质边坡的适宜性，进而选择适宜的植被恢复树种、土壤等。4月，市国土局组织专家对西部山区百花山地区废弃煤矿矿山地质环境治理示范工程二期（门头沟治理区）勘查设计方案进行专家评审。专家组经过现场踏勘、听取汇报、查阅资料和质询答疑后，同意该工程勘查设计方案。该工程由中央财政投资，总计3500万元。

（梁 旭）

【市检查组检查】 5月7日，由市局执法总队牵头，会同监察处、财务处等有关领导组成检查组到分局检查2013年度国土所标准化建设工作。检查组对各国土所逐一进行现场核查，在听取相关工作情况汇报、查阅档案、与分局和镇主管领导及国土所人员座谈交流后，检查组认为：分局高度重视，严格落实规范化建设标准，管理规范有序，各项工作依法履职到位，档案资料整理齐全，能够结合辖区特点，创新工作方法，切实发挥基层国土资源管理所的前沿阵地作用。6月5日，市局副总规划师带队到区，就汛期矿山安全生产工作进行检查。检查组在听取潭龙鑫磊矿业公司防汛工作汇报、查阅防汛工作预案、实地察看矿山后，对完善预案、隐患排查、职工培训、应急演练和物资准备等防汛措施提出了要求。7月1日，市局执法总队到区，就2014年国土部矿产卫片核查处理情况进行检查指导。此次矿产卫片涉及区图斑5块，其中妙峰山镇2块，清水镇、斋堂镇、潭柘寺镇各1块。检查组听取分局内外业核查处理情况汇报，对涉及的图斑进行实地察看。12月5日，市局执法总队到区，就2014年第二季度违法用地整改查处情况进行检查验收。检查组对区违法用地整改查处情况予以肯定。

（梁 旭）

【国土部领导调研】 5月22日，国土部储量司监督管理处处长带领部经济研究院工作人员到昊华集团木城涧煤矿，就矿山储量动态管理工作进行调研。市局储量处有关领导陪同调研。

（梁 旭）

【全国土地日宣传】 6月25日，分局及4个国土所以“节约集约利用土地，转变土地利用方式”为主题，同步开展第24个“土地日”现场宣传活动。期间，共悬挂横幅6条，发放宣传材料2000余份，接待群众咨询30余人次

（梁 旭）

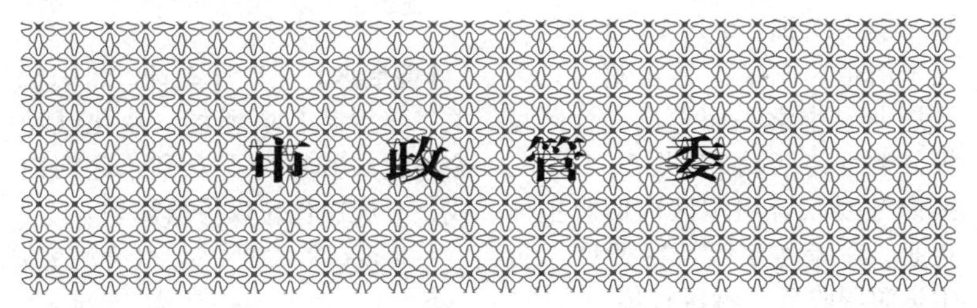

市 政 管 委

【概况】 全年重点工程、重点工作任务20项。其中市政道路工程7项，棚户区改造市政配套工程7项，供热工程4项，配合办理征地手续2项，全年累计完成固定资产投资18.64亿元。

年内，完成3项道路工程，分别为锅炉厂南路西延道路工程、黑江路改造工程及苛园路（三石路南延）道路工程，共计8.5公里；在施4项，主要包括九龙路改造、黑山大街北延等工程，共计33.1公里。完成区内11个老旧小区供热管网改造，城子地区集中供热厂主体工程完工并投入使用。另外，组织实施城子地区集中供热暨资源整合热网工程、潭柘寺镇利用鲁家山垃圾焚烧厂余热供热工程等2项重点工程。年内，承担市政配套工程7项，分别为中门寺南坡安置房地块市政配套、曹各庄地块安置房市政配套、长安街西延（门头沟段）管网配套、小园安置房市政配套、黑山安置房地块市政配套、高家园地块市政配套、东辛秤、白庄子土地一级开发市政配套工程。年内，制定《门头沟区建筑垃圾、土方、砂石运输管理工作实施方案》及《门头沟区渣土运输企业规范要求》，对符合标准的运输车辆进行更新改造，不符合标准的坚决予以淘汰。完成为民服务平台系统建设及与市级平台对接工作。年内，区内现有燃气企业8家，液化气用户4.57万户，天然气居民用户4.99万户，公服用户61家，工业用户4家。自2009年开始实施送气下乡工程，现已覆盖清水、斋堂、雁翅、王平、妙峰山、大台5镇一办，惠及128个村（居）的3.2万户居民。年内，完成对全区道路的普查，健全管理基础工作台账，对道路及市政设施发现的病害及时进行修复。其中沥青路面维修1676平方米；步道维修7879平方米；路缘石维修582米；雨污水井盖更新96套，加固50套；雨水篦子更新138座，清掏检查7988座。

单位名称：门头沟区市政市容管理委员会

地　　址：门头沟区双峪路39－1号
电　　话：69854076
邮　　编：102300

（肖　霄）

【大气污染治理】 2月11日，启动空气重污染应急黄色预警指令，并参照橙色预警级别落实。机关用车按要求停驶，责令所有市政工地停工。联合区城管大队在确保街面环境秩序良好地基础上，采取措施加大对扬尘、遗撒、露天焚烧（垃圾、树叶、秸秆）等污染源执法检查力度，并要求辖区内已开工的所有施工工地停止作业，包括建筑拆除工程及渣土车、砂石车等易扬尘车辆的运输，减少环境污染。26日，区市政市容部署重度污染日环境整治工作。组织9镇4办、环卫中心等相关部门，针对重污染天气通报市长电话要情第12期、第26期、第140期、区县露天非法焚烧重点整治区域等相关文件，并要求坚决杜绝污染环境的行为发生，全面提升区内空气质量。

（肖　霄）

【扫雪铲冰】 2月17日，区扫雪铲冰办公室及时部署，第一时间及时向各相关单位发出扫雪铲冰通知，要求立即启动扫雪铲冰方案。

（肖　霄）

【区垃圾无害化处理】 3月4日，组织全体干部员工开展向雷锋同志学习暨环境整治和白色垃圾清理活动。9月30日，区垃圾无害化处理中心开展安全生产教育工作，组织全体员工进行安全生产培训，培训主要采取悬挂安全生产警示标语的形式进行宣传，并组织员工观看安全生产的警示视频。

（肖　霄）

【安全生产、消防】 3月11日，接报新桥家园20层一户居民家中着火后，主管领导及燃气办负责人立即到现场，及时启动应急预案。华油燃气公司对失火的整栋居民楼切断天然气气源，确保火灾扑救安全。火灾扑救工作结束后，协调天然气专业工作人员对该居民楼进行检测，同时进行打压试验。检测合格后，在当晚对该居民楼恢复供气，确保市民正常生活。

（肖　霄）

【垃圾分类】 3月20日，与东辛房街道办事处在石门营一区活动室联合组织垃圾分类指导员进行业务培训。4月17日，区市政市容委带队，组织全市各区县集中到区王平镇参观垃圾分类经验学习推广培训。6月11日，联合城子街道、龙泉小学在龙门三区开展龙泉小学在职党员进社区垃圾分类宣传活动。7月16日，与区商务委联合组织区内回收主体企业，在绿岛家园社区开展“再生资源回收日”社区宣传。

（肖　霄）

【雨污水管道管理】 4月17日，采取四项措施，进一步加强雨污水管道管理。

（肖　霄）

【道路改造工程】 4月29日，曹各庄地块规划八路及上园路北延铺设底层油。5月28日，实施石龙开发区道路升级改造工作，在道路改造的同时，新改建雨水、污水、给水、中水、燃气、电力、电信、热力等市政管线。

（肖　霄）

【垃圾渣土管理】 5月21日，组织区国资委、永定镇、龙泉镇等相关单位参观新型建筑垃圾运输车辆样车，听取建筑垃圾运输车辆改造更新进展情况汇报。

（肖　霄）

【市区领导调研】 6月12日，市安全专项治理协调小组到区内检查地下管线安全专项治理工作落实情况。市安全专项治理协调小组协同市发展改革委（电力处）、市安全监管局、市水务局、市市政市容委燃气办、供热办、安全应急处等组成专项检查组，对门头沟区地下管线安全专项治理工作情况进行检查，听取区内管线权属单位关于沟通联络机制、隐患点台账等工作汇报。检查组对门头沟区的工作给予肯定，并就下一步的工作安排进行指导部署。

（肖　霄）

【环境治理】 7月2日，组织机关、养护队、填埋场、液化气站全体党员和部分群众到永定河沿线，开展白色垃圾捡拾活动。

（肖　霄）

【征地手续办理】 8月7日，冯村华润地块市政配套工程征地结案展开，冯村华润地块市政配套征地款已全部拨付到位，待农转非工作完成后可办理征地结案。12月21日，锅炉厂南路西延征地结案工作开展。锅炉厂南路西延最后一笔转非安置补偿款拨付到位，已经拨付至永定镇，待农转非工作完成后即可办理征地结案。

（肖　霄）

【燃气工作】 10月15日，华油燃气公司接管荣升达源公司经营的滨河东区天然气站，对供应管理工作进行交接，居民供气暂时使用压缩天然气。

（肖 霄）

【城市住宅供暖工作】 年内，区内现有住宅供热单位30个，锅炉房54座。其中：燃煤锅炉房49座，燃油锅炉房2座，燃电锅炉房3座。根据市市政市容委要求，各供暖企业11月13日零时点火试运行，全区供暖工作准备就绪，15日正式供暖。

（肖 霄）

【信访工作】 年内，共接到市长信箱信件17件、北京市信访综合办公系统来信件10件、群众来访15件35批次86人次，其中集体访2件7批65人次，为民服务中心平台接收案1483件，未发生集体访、越级访。全部按信访程序予以答复办理，办复率100%。

（肖 霄）

【下属单位情况】

单位名称：北京市门头沟区市政市容服务中心
地　　址：北京市门头沟区侯庄子村215号
电　　话：69854076
邮　　编：102308

单位名称：北京市门头沟区住宅锅炉供暖管理办公室
地　　址：北京市门头沟区侯庄子村215号
电　　话：69854076
邮　　编：102308

单位名称：北京市门头沟区垃圾无害化处理中心
地　　址：北京市门头沟区永定镇焦家坡
电　　话：60804382

单位名称：北京市门头沟区市政设施养护队
地　　址：北京市门头沟区侯庄子村215号
电　　话：69854076
邮　　编：102308

单位名称：北京市门头沟区市政市容施工队
地　　址：北京市门头沟区侯庄子村215号
电　　话：69854076
邮　　编：102308

单位名称：北京市门头沟区垃圾渣土管理所
地　　址：北京市门头沟区侯庄子村215号
电　　话：69854076
邮　　编：102308

（肖 霄）

公 共 事 业

供 水

【概况】 北京市自来水集团有限责任公司门头沟分公司位于北京市门头沟区城子大街128号，1953年由北京市自来水公司兴建，原名城子水厂，2001年公司改制后更名为北京市自来水集团门城自来水有限公司，2009年由子公司变更为分公司。

公司占地5.3万平方米，一期设计生产能力4.32万立方米每日，二期设计生产能力8.64万立方米/日，供水人口约19万，供水面积约31平方公里，主要供水区域包括：门城镇地区及石景山的广宁、麻峪、五里坨、黑石头等地区，并承担相应的给水管道安装、维护、修理和水费查收工作。公司地处郊区，采用树状独立管网，管网总长度约377千米，源水依托“东水西调给水工程”，由团城湖经玉泉山、杏石口、麻峪三级泵站送至城子水厂。年底，随着南水进京，开始使用南水北调原水。净水工艺采用常规的处理流程加深度处理工艺，即：混凝、沉淀、过滤、活性炭吸附、消毒。现有14座加压泵站，15口补压井，每个加压泵站及井室内都安装了远程数据传输监视装置，终端设在门头沟分公司中控室。公司下设管理、多经、营销、生产、工程5个班组，在职职工总数109人。

单位名称：北京市自来水集团有限责任公司门头沟分公司
地　　址：北京市门头沟区城子大街128号
电　　话：69842649
邮　　编：102300

（罗亚巍）

【确保供水安全】 5月，高日供水量已超出公司6.02万吨的日供水能力，公司成立高峰供水保障领导小组，与区政府对接，提出错峰使用绿化用水；在出现用水高峰时，以保居民用水为前提，采取局部降压供水措施。建立供水分级预警机制，向门头沟区政府发布19次高峰供水预警。全年有59天供水量超过正常条件下供水能力，最高日供水量达到6.76万立方米。完成保两会、APEC等重大活动和法定节日的供水工作。

（罗亚巍）

【党建与精神文明】 6月，召开“战酷暑，聚力新建设。迎高峰，供水保安全”为主题的党团员誓师大会，促进保障高峰供水安全以及城子水厂改扩建工程建设按期完成。年内，分公司党支部落实党的群众路线教育实践活动整改方案。全部完成领导班子11个方面26条整改方案。年内，根据市文明单位的创建标准，结合公司实际制定2014年文明创建计划，完成首都文明单位申报工作。

（罗亚巍）

【城子水厂改扩建工程】 6月，两座新建清水池投入运行为水厂增加调蓄能力8000立方米/日。通水后，在原水充足的情况下，可以满足一段时期内门城地区的自来水供水需求。8月31日，城子水厂改扩建工程形成8.64万立方米/日的地表水处理能力，使门城地区供水能力达到10万立方米/日。工程新建机械加速澄清池、V型滤池等14座构（建）筑物；改造配水泵房、预沉池等8座构（建）筑物及8条厂区管道。

（罗亚巍）

【经济指标】 年内，完成供水量2025.94万立方米，售水量1523.42万立方米。高日供水量发生在8月26日，达到67568立方米。全年生产耗电量1048.24万千瓦小时。管网水质合格率100%，管网修漏及时率100%，水费回收率99.3%。

（罗亚巍）

【南水进京准备工作】 年内，门头沟分公司编制水质保障方案、工艺运行调度方案、管网水质保障应急抢修方案等工作方案。对公司所属的老旧灰铸铁管进行管道内喷涂处理。完成喷涂管线22公里，更换管线5.5公里，更换闸门、阀门等设备4009个。进行双水源联调试验。购置相应的设备、仪表、工具、材料等设施。完成与门头沟区、石景山区区政府、水务局的对接工作，为应对可能出现的管网水黄问题做好各项准备，在2个小区进行南水的应用试验，南水进京后，工艺处理运行良好，出水水质合格，工作人员每日取水检测，确保用户喝上合格、放心的自来水。

（罗亚巍）

【供水工程】 年内，配合区棚改中心完成石门营A4地块等小区的建设工作；配合区市政管委完成锅炉厂路上水管线通水等工作；完成九龙路、城子大街西延等供水管道安装工程建设。完成石龙、梧桐苑地区的调压工作；完成桃园小区管线改造、水源切换工作和加压泵站运行工作；三家店地区调压泵的安装、调压工作。

（罗亚巍）

【精细化管理】 年内，做好改扩建工程安全管理工作。规范安全检查记录表的检查内容，明确施工、监理、甲方的管理权限和管理责任，增加公休日项目部人员的值守和检查。开展各种安全检查346次，安全培训20次。完成全厂技防监控系统改造，增设业务柜台和厂区的监控摄像。对厂区监控基本实现全覆盖。开展安全生产标准化创建工作，成立门头沟分公司安全委员会，建立安全生产目标的管理制度，完善操作规程，通过供水企业安全生产标准化二级评定。

（罗亚巍）

供　电

【概况】 年内，国网北京门头沟供电公司全面贯彻党的十八大精神、十八届三中全会，认真落实国网北京市电力公司各项决策部署和区委、区政府各项要求，深入开展党的群众路线教育实践活动，全体干部员工团结协作、狠抓落实，完成国网北京市电力公司下达的各项指标和工作任务。年内，公司完成售电量91284亿千瓦时；实现主营业务收入5.71亿元，同比增长2.16%；完成固定资产投资26405万元；累计线损率7.04%；城网供电可靠率完成99.9860%；当年电费回收率达到100%。

单位名称：国网北京市电力公司门头沟供电公司
地　　址：门头沟区滨河路66号
电　　话：69844354
邮　　编：102300

（安莉莉）

【地区工程建设】 1月7日，在妙峰山镇大沟村开展分换装变压器工作，保障春节期间辖区电网安全可靠运行。3月4日，与区发改委、社会办、龙泉镇、大峪街道办事处等单位就输电通道网格化管理工作各项事宜进行会商讨论。18日，开展110千伏城子变电站二次设备停电改造工作。4月25日，检查妙峰山镇水峪嘴村股份经济合作社光伏并网项目施工现场建设情况。6月30日，门头沟地区首座智能变电站——灰峪110千伏输变电工程开工建设。7月10日，灰峪110千伏输变电工程举行启动仪式，公司经理、相关部门负责人及区相关委办局负责人出席。8月15日，完成区自来水公司配电室增容改造工程。31日，完沟区大峪第一小学送电工程。9月14日，灰峪110千伏变电站主厂房建设完成封顶工作。

（安莉莉）

【服务地区】 1月10日，在辖区所有行政村集中开展现场售电。27日，向辖区43户重要客户赠送新春贺信。29日，公司相关人员走访区各镇政府，送去节日祝福。2月18日，到石龙工业区排查安全隐患。4月21日，向北京基础设施投资有限公司介绍客户用电工程集中建设（简称“147”模式）。7月14日，启动学校用电安全隐患大检查活动。11月12日，完成斋堂镇高堡村煤改电工程。15日，公司负责实施的2014年“煤改电”外电源工程全面竣工。28日，完成保障性住房黑山地块第5个配电室的送电任务。12月25日，完成为区公租房燕保小区提供电源的燕保2#配电室送电工作。

（安莉莉）

【完成各项保电任务】 1月10日，完成会考保电工作。2月7日，公司完成2014年春节保电工作。4月2日，部署清明节防火保电工作。6月8日，完成2014年高考门头沟区考点保电任务。9月3日，完成抗日战争纪念馆供电保障工作。9日，完成中秋节保电任务。10月8日，完成国庆保电任务。11月13日，完成APEC供电保障任务。

（安莉莉）

【督导检查联合行动】 1月17日，区发改委对公司安全生产工作进行督导检查。6月24日，与区安全监管局、公安消防支队、市政市容委、质监局等单位，针对施工工地、人员密集场所等重点领域，开展电气安全暨“双打”联合执法行动。9月4日，联合区电力办、公安局联合开展反窃电专项行动。

（安莉莉）

【共产党员服务队活动】 1月24日，共产党员服务队为峪园社区楼道灯检修更换灯泡或灯座。2月18日，为区特殊教育学校维修旗杆。3月5日，荣获“首都学雷锋志愿服务岗”荣誉称号。21日，公司党委书记带队到峪园社区征求供电服务意见。4月3日，到区法院，帮助客户解决用电难题。17日，开展汛期重要客户专项检查行动，保障区内防汛指挥部、河湖水闸、雨水泵站等客户汛期供电稳定可靠。23日，公司在石龙工业区开展电力设施反外力破坏宣传。5月4日，完成三家店水文站、三家店拦河闸以及落坡岭大坝等防汛重要客户的安全用电检查工作。16日，队为月季园一区社区居民宣传讲解安全用电常识。22日，开展供电服务进乡村便民缴费日活动。28日，共产党员服务队在石龙南路街头开展反外力宣传活动。30日，到区特殊教育学校，陪学校的孩子们度过节日。6月16日，在区永定河公园永定楼前设立安全用电咨询台解答用电安全问题。27日，到区幼儿园，为孩子们讲解用电安全知识并赠书。7月22日，为北京实验二小永定分校进行用电安全隐患排查。9月29日，共产党员服务队为三家店小学的老师们讲解用电常识。11月6日，为华源热力公司工作人员提供石龙热力站内热力设备问题咨询。

（安莉莉）

【区领导慰问检查】 1月27日，区领导到公司检查春节期间保电工作。30日，区人大常委会主任一行到公司慰问干部员工。3月19日，区领导韩子荣一行到公司调研指导。7月15日，韩子荣一行到公司，就地区重点电力工程项目建设工作进行对接座谈。

（安莉莉）

【为全国“两会”保电服务】 2月26日，公司对涉及重要客户的开闭器、电缆分支箱等一次、二次设备进行测试，确保全国“两会”召开期间电网的安全稳定运行。3月5日，公司加强辖区输电线路设备的巡视、检查和看护，做好“两会”期间安保反恐工作。

（安莉莉）

【表扬表彰】 3月21日，北京国信嘉业房地产开发公司副总经理向公司赠送一封感谢信及5面锦旗。5月7日，门头沟区居民张思聪向公司员工赠送锦旗。5月20日，峪园社区主任一行赠送锦旗，为公司彻底解决社区楼道灯用电难题表示感谢。10月24日，区教育委员会副主任将赠送“电力贴心服务，助力校园安全”锦旗，感谢公司解决学校用电安全隐患。12月1日，北京市自来水集团门头沟分公司赠送“电耀门城促发展情暖水企保民生”锦旗，感谢公司对企业配电室增容改造工程给予的帮助和支持。8日，公司员工作为“人民最满意的基层工作者”参加了区文明委召开“人民满意的基层站所、服务窗口示范点”活动总结及典型经验交流会，并接受区文明委的表彰。

（安莉莉）

【召开行风监督员座谈会】 3月27日，召开行风监督员暨大客户座谈会，听取社会各界对公司优质服务、行风建设工作的意见和建议。

（安莉莉）

【应急及迎峰度夏、度冬工作】

4月10日，巡视所辖线路、设备，为迎峰、防雷做准备。6月6日，部署雷电天气黄色预警工作。26日，公司在北京市城市河湖管理处某管理站配电室进行应急发电车使用预演。9月1日，采取措施应对暴雨预警三级应急响应。12月18日，开展2014迎峰度冬应急联合演练。

（安莉莉）

【公众开放日活动】 5月17日，联合区公安分局、联通分公司、驻地某部队等相关单位共同开展以保护“三电”（电力、电信、广播电视）设施为主题的为民服务宣传活动。10月14日，举办“弘扬社会主义核心价值观——爱岗敬业”道德讲堂活动。同日，区委宣传部领导、区文明办、区电视台及共建单位峪园社区等12名代表参加公司公众开放日活动。12月22日，请区采空棚户区改造建设中心、北京国信嘉业房地产开发有限公司等大客户代表到营业大厅体验供电服务。

（安莉莉）

【全国文明单位创建】 6月13日，启动全国文明单位创建工作。7月10日，首都文明办主任一行到公司调研指导。

（安莉莉）

【参加区活动】 6月26日，公司纪委书记一行到峪园社区，参加“同心向党、携手共进”迎七一联欢晚会活动。8月13日，参加区“道德讲堂”系列讲座活动。9月16日，参加区组织的“学习雷锋精神，促进社会主义核心价值观”道德讲堂活动。20日，公司23人参加了第五届北京国际山地徒步大会。

（安莉莉）

【军企共建】 8月1日，公司经理、党委书记带领共产党员服务队为共建部队——某器材研究所送上节日祝福和问候，并现场指导用电设备检查。同日，公司和共建部队举行迎“八一”篮球友谊赛。

（安莉莉）

【下属单位情况】

单位名称：国网北京门头沟供电公司永定供电所
电　　话：69804934

单位名称：国网北京门头沟供电公司龙泉供电所
电　　话：69844654

单位名称：国网北京门头沟供电公司潭柘寺供电所
电　　话：60861465

单位名称：国网北京门头沟供电公司妙峰山供电所
电　　话：61881412

单位名称：国网北京门头沟供电公司雁翅供电所
电　　话：61830371

单位名称：国网北京门头沟供电公司斋堂供电所
电　　话：69819754

单位名称：国网北京门头沟供电公司清水供电所
电　　话：60855075

（安莉莉）

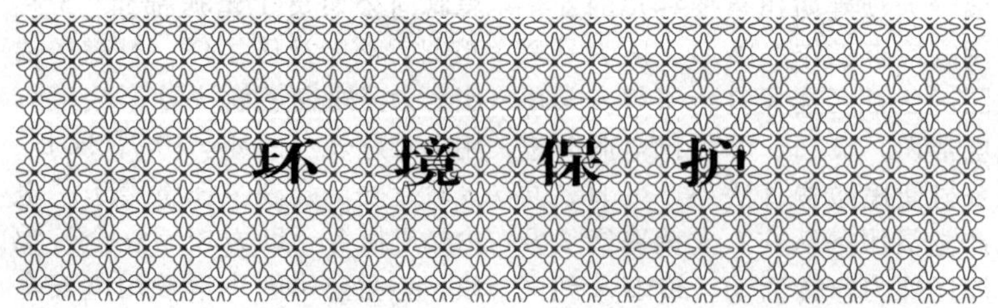

环境保护

【概况】 年内门头沟区环保局编制完成《门头沟区2014年国家生态文明示范区建设指标》和《门头沟区2014年建设国家生态文明示范区重点工程任务》，并通过区政府第十五届45次常务会议和区委第十一届53次常委会审议：确定36项考核指标，成立由区四大部门主要领导任组长，相关区领导为成员的国家生态文明示范区建设工作领导小组；小组办公室设在区环保局，明确主要任务34项，均已完成。

按照市政府全面提前完成“十二五”时期污染物总量减排任务要求，制定《门头沟区2014年度主要污染物总量减排工作计划》。关停多家企业，完成各农业减排项目，通过市环保局预验收。

截至12月31日，全区PM2.5累计浓度为84微克/立方米，同比下降7.7%，完成市政府下达的相应任务。《门头沟区2014年清洁空气行动计划重点任务分解方案》在“压煤、控车、降尘、治污”4个方面，确定57项重点工作任务，并已完成。完成削减燃煤1.5万吨任务；超额完成年度40蒸吨燃煤锅炉改造任务；搭建起覆盖全区6个山区镇街128个村3.2万户的平价液化气供应体系；建立覆盖全区9镇4街的11个优质煤销售网点；建成城子燃气供热锅炉房，实现联片供热，替代分散燃煤锅炉房4座。

门城地区划定黄标车禁行区域并设定标志；2014年共淘汰老旧机动车6632辆，完成目标任务的127.5%。检查机动车尾气排放37.6万辆次，罚款19.37万元，完成任务的114%。抽测加油站全覆盖。

严格执行各项审批规定，完成项目环保验收审批137件。提前一年完成北京市下达的“十二五”落后产能淘汰任务，调整退出10家不符合首都功能定位的污染企业。加强重点行业挥发性有机物治理，减少排放量21吨。完成1家企业的清洁生产审核。每月通过在线监测系统对2家国控污水处理厂排放情况进行监督，未见异常。自3月起，将每月第一周确定为大气污染专项执法周，通过整合力量，联合执法，开展燃煤锅炉、印刷、干洗等行业及施工扬尘、露天烧烤等专项执法检查。出动执法人员2084人次，检查883家次，处罚41家，罚款53.2万元。严格执行企业二氧化硫、氮氧化物排污费新标准，全年申报登记单位共410家，征收排污费521万元。

年度降尘量同比2012年下降29.2%，超额完成市政府下达的目标任务。空气重污染天气启动蓝色预警4次，黄色预警5次，橙色预警2次。

单位名称：北京市门头沟区环境保护局
地　　址：北京市门头沟区剧场东街11号
电　　话：69842681
邮　　编：102300

（崔建红　吕　瑶）

【召开环保特约监督员工作会】 1月15日，召开环境保护特约监督员会议。年内聘请社区、学校、企事业单位环境保护特约监督员11位。会上，区环保局汇报2013年工作总结和2014年工作计划。各位环境保护监督员对门头沟完成市政府下达的空气质量和主要污染物总量减排目标任务表示肯定，纷纷结合自身工作和身边环境问题建言献策。

（崔建红　吕　瑶）

【帮扶工作】 1月27日，局领导带领机关工作人员到对口帮扶村——沿河口村走访慰问。沿河口村党支部书记通报了该村的基本情况和2014年工作思路。并走访慰问了6户老党员、五保户、低保户，给他们送去米和油等慰问品。

（崔建红　吕　瑶）

【应急工作】 2月20日，由区启动空气重污染应急黄色预警，对重点污染企业和燃煤锅炉开展执法检查，并联合城管大队、区住建委对高家园、体育场建设施工工地进行联合检查；对机动车尾气排放情况进行路查、入户、夜查，有效减少大气污染。21日，对重点单位橙色预警启动和落实情况进行检查。22日，环境监察支队派出3个检查组，分别由局长、副局长带队检查燃煤锅炉，出动检查人员32人次。3月26日，重污染日加强机动车尾气检查，协同城管、交通、市政管委在卧龙岗桥下开展联合执法夜查工作，检查车辆30辆。10月11日，联合城管执法局、区住建委、区市政市容委督查空气重污染橙色预警施工工地停工落实情况，曝光小白楼二期危改异地安置房重污染日违规实施土方作业。11月8日，收到市空气重污染应急指挥部重污染“黄色”预警和9日“黄色”升级成“橙色”预警通知后，立即通过政府OA平台和短信平台向相关委办局和9镇4街共计28个成员单位发出通知，启动相应级别的应急预案，落实“四停”政策。区环保局、政府督察室、区城管等部门组成督察检查组每天2组，对各成员单位应急措施的组织落实情况进行抽查。11日在施工工地抽查中，发现部分工地重污染日仍在进行土方作业、工堆料堆苫盖不到位、施工机械车辆尾气超标。相关部门责令立即整改，并将依规从严从重进行处理。11月25日，启动黄色预警后，立即向全区31个单位发布预警信息，要求各成员单位加强预警三级措施执行力度，落实相应应急措施。

（崔建红　吕　瑶）

【执法检查】 2月21日，区长带队对物美地块工地、高家园地块工地、石门营集中供热厂等重点地块、重要单位橙色预警启动和落实进行检查。3月1日，分3组，共17人，开展“零点行动”执法检查，按照3月1日新颁布实施的《北京市大气污染防治条例》，严厉查处并全程曝光区内燃煤锅炉烟气超标排放违法行为。25日起，区机动车排放管理站对辖区内部分施工工地进行突击检查，主要检查非道路移动机械的排放达标情况。截至到4月15日共检查施工工地16家，备案非道路施工机械11个，所有受检的施工机械尾气排放均达标。4月1日至4日，出动52人次，检查16家单位，其中包括2家洗浴单位、8家餐饮服务单位、1家矿山开采企业、1家砖厂和4家工业企业。15日，接到市民来信，反应门头沟沥青厂粉尘污染。环保局立即责成监察人员到现场调查，要求该厂立即进行全面整改，该厂18日已将整改措施实施方案制定完毕，并按照整改方案积极进行整改。8月4日，区机动车管理站执法人员对北京九龙驾驶技术学校内部加油站整改情况进行复查，该单位已进行了整改，即已停止违法行为。28日，环境监察支队联合机动车排放管理站对两家未按照限期要求备案相关企业进行现场检查，拟对其进行行政处罚。9月4日，机动车排放管理站执法人员对位于北京市门头沟区龙泉镇城子村工程项目工地进行检查，在检查中发现该工程项目工地施工现场正在使用的非道路用柴油机械中一台在工作过程中有明显可见烟度，拟对其立案处罚。9月1日至5日，大气污染专项执法周检查重点在于印刷、干洗等行业。期间出动执法人员71人次，检查了31家单位，其中干洗企业20家，印刷企业4家，其他企业7家。10月8日至13日，以餐饮、煤场、加油站等重点行业为执法重点开展10月大气专项执法周行动。12月1日至5日，大气污染专项执法周检查重点是燃煤锅炉、施工工地等重点行业。共出动执法人员83人次，检查37家单位，其中燃煤锅炉13家，施工工地10家，餐饮6家，其他企业8家。经查4个单位燃煤锅炉污染物浓度超标，已处罚曝光。

（崔建红　吕　瑶）

【创建国家生态文明示范区】　2月21日，召开门头沟区生态文明建设工作例会。会议通报2013年区内国家生态文明示范区建设进展情况，部署了2014年工作任务，讨论并确定《门头沟区2014年国家生态文明示范区建设指标》和《门头沟区2014年建设国家生态文明示范区重点工程任务》。3月6日，区环保局向第十五届人民政府第45次常务会议作了《2013年门头沟区国家生态文明示范区建设完成情况及2014年工作重点的汇报》。会议讨论并通过《门头沟区2014年国家生态文明示范区建设指标》和《门头沟区2014年建设国家生态文明示范区重点工程任务》。20日，区委第十一届53次常委听取《2013年门头沟区国家生态文明示范区建设完成情况及2014年工作重点的汇报》。会议讨论并通过了《门头沟区2014年国家生态文明示范区建设指标》和《门头沟区2014年建设国家生态文明示范区重点工程任务》。4月29日，召开专题会议，研究如何发挥国家生态文明示范区建设工作领导小组办公室职责，做好生态文明示范区创建的协调、督促、检查、考核等各项工作，整体推进行动计划各项任务落实。5月5日，区委书记韩子荣主持召开国家生态文明示范区建设2014年行动计划专题调度会。6月，军庄镇全面达到国家生态文明建设示范区“国家级生态乡镇”的考核指标要求，被授予国家级生态乡镇的称号。

（崔建红　吕　瑶）

【区领导检查工作】　2月24日，门头沟区区长到区环保局调研。听取了区环保局2013年主要工作完成情况和2014年工作安排及重污染“橙色”预警落实情况的汇报。12个部门参加。12月10日，副区长带领区环保局、区质监局对区燃煤锅炉房进行检查。现场检查中发现京煤集团门城物业中心锅炉房煤堆未苫盖，已进行曝光，区环保局对其将进行立案查处。

（崔建红　吕　瑶）

【联合执法】　2月25日，联合区公安分局开展“两会”前辐射安全专项检查工作。3月26日，协同城管、交通局、市政管委在卧龙岗桥下开展联合执法夜查工作，共联合执法检查车辆30辆（其中包含渣土车）。此次检查未发现尾气不合格现象。3月25日，我局联合水务、永定镇政府、园林绿化局到西六环石门营出口处检查。经现场检查，该沙石堆位于西六环石门营出口右侧、西峰寺沟和冯村沟交汇处，两沟内施工接近收尾，边坡上有平整完的裸露地面，面积约为两个足球场大小。3月至12月，联合区水务局开展水环境专项执法检查。4月1日，联合区工商局、城管大队等8个相关部门，在辖区内双峪市场、坡头市场、鑫源市场开展“拒绝销售购买使用塑料产品祭扫，倡导文明环保祭奠”宣传和联合执法检查活动。10日，区综治办牵头组织区环保局、质监局、经信委、工商分局、区公安分局等部门对区内重点煤炭堆场开展联合执法检查。8月28日，联合农业局对2014年度重点减排项目的雁翅镇大村2家肉鸡养殖小区进行现场检查。10月11日，联合区城管执法局、住建委、市政市容委对小白楼工地进行抽查，大部分施工工地已停止土石方和建筑拆除施工、停止渣土车、砂石车等易扬尘车辆运输。

（崔建红 吕 瑶）

【开展环保宣传教育活动】 3月1日，在永定河文化公园，区环保局开展大气污染防治主题宣传活动。5日，在绿岛社区举行“科学应对雾霾天气”主题宣传活动。活动向社区居民发放《北京市大气污染防治条例》宣传手册、环保购物袋等宣传品，开展捡拾白色垃圾公益活动，并利用宣传展板普及大气污染防治知识和应对雾霾天气的小常识。4月1日，针对清明节期间，塑料花等塑料产品严重影响环境卫生质量的现象。联合区工商局、城管大队等8个相关部门，在辖区内双峪市场、坡头市场、鑫源市场开展“拒绝销售购买使用塑料产品祭扫，倡导文明环保祭奠”宣传和联合执法检查活动。发放宣传产品2000份。6月5日，开展“六·五”世界环境日宣传周活动，悬挂条幅10条，布设展板12块，发放《北京市大气污染防治条例》《建设生态文明做讲法制守秩序的好市民》等系列宣传材料6类5000份，宣传布袋5000个。9月15日，与剧场东街、绿岛、峪园、葡东、月季园及桃园等多个社区合作，在社区宣传栏张贴《北京市老旧机动车淘汰更新申领政府补助和汽车企业奖励凭证车主办理指南（2013－2014）》，保证市民第一时间了解宣传信息。与银行、联通、移动和汽车保险公司合作，现场发放《北京市老旧机动车淘汰更新申领政府补助和汽车企业奖励凭证车主办理指南（2013－2014）》手册10000余份，通过多种渠道使市民及时了解老旧机动车淘汰政策。12月4日，首个国家宪法宣传日，在区体育馆门前开展宣传活动。在活动现场悬挂横幅，发放环保法律法规及环保知识等宣传材料5种2500余份并开展环保咨询服务活动。

（崔建红 吕 瑶）

【党风廉政建设工作】 3月3日，召开2014年党风廉政建设工作部署会。机关全体党员干部参加会议，区直派纪检三组领导参会。4月30日，组织召开廉政教育工作会，全体党员干部参加会议。会上传达区委《关于深入学习贯彻习近平总书记兰考讲话精神在全区党员干部中开展“接通线、捅破纸、拆掉墙”密切联系群众大讨论活动的实施方案》、区纪委《关于“五一”期间加强领导干部廉洁自律工作的通知》及区直派纪检三组工作例会会议精神等。

（崔建红 吕 瑶）

【市领导视察】 3月12日，市环保局监察队队长带队对北京首钢生物质能源科技有限公司进行调研，听取北京首钢生物质能源科技有限公司对生物质能源项目试生产情况的介绍。20日，北京市环保局污防处副处长等一行到区内针对《北京市清洁空气行动计划》中工业开发区燃煤锅炉改造工作进行了调研，并到石门营集中供热厂及北京剑江制衣有限公司实地检查了锅炉情况。4月19日，国家环保部环评中心和中日友好环境保护中心等有关领导到区内清水镇小龙门村参加植树活动。6月12日，北京市机动车排放管理中心主任带队到机动车排放管理站调研并指导相关工作。会上，听取了站内上半年度的工作汇报，并就站内工作中存在的一些问题，给与具体的指导。9月9日，北京市环保局减排重点项目现场检查小组，听取对2014年减排工作的汇报后，抽取门头沟再生水厂二期、北京恒兴亚建材有限公司、北京银河恒星建材有限公司以及北京仙谭珍禽养殖场4个项目作进行现场检查。10月29日，市环保局、市农委组织专家对区内2009年度获得市级生态文明村命名的斋堂镇西胡林村、火村和妙峰山镇陇驾庄村进行复查。检查组听取了各村的工作汇报，查阅了申报文件和技术资料，实地检查了村容村貌、减煤换煤、厕所改造、垃圾收集、污水处理等方面的情况，对区内近年来农村生态创建工作取得的积极成效给予了肯定。11月3日，市环保局和实地检查北京东方龙泉装饰砖有限公司、北京龙泉华泰建材有限公司、北京天瑞祥食品加工中心和北京埃姆毛纺有限公司等停限产企业，经查各停限产企业全部能够按照相关要求对企业实施停产、限产措施，企业负责人也表示将在APEC会议期间遵守规定，不违规生产。

（崔建红 吕 瑶）

【组织职工参观活动】 3月13日，区环保局一行15人参观中国科学院大气物理研究所。听取关于大气边界层物理和大气化学国家重点实验室的介绍和对2月份北京市“雾霾”源的解析。5月20日，组织华源热力有限公司门头沟分公司就黑山、石门营集中供热厂中控、在线系统总量减排电子档案的制作及整理工作到京能石景山热电厂学习。热电厂介绍了脱硫、脱硝系统的日常维护及电子台帐的制作。并参观热电厂的中控、在线系统。6 月 9 日，局组织干部职工参观在北京展览馆举办的主题为“节能低碳，清洁空气”第八届中国北京国际节能环保展览会。13 日，到五里坨污水处理厂参观调研。

（崔建红　吕　瑶）

【召开工作会、协调会】　3 月 25 日，区住建委会同区规划分局、环保局召开“建筑节能环保技术导则协调会”。28 日，区环境监测站召开 2014 年监测质量保证工作会，明确 2014 年监测质量保证工作要求。31 日，与区城管大队主要领导就 2014 年大气污染防治重点开展专项联合执法行动进行座谈。4 月 16 日，与农业局负责减排工作负责人进行座谈。5 月 20 日召开整治违法排污专项行动部署会。9 月 18 日，与市政、发改，华源热力、华油燃气公司召开 2014 年压减燃煤第四次协调会，城子集中供热厂配套管网工程 10 月 15 日开标，中标一周后进行施工。年底前完成城子集中供热厂、配套管网和换气站建设，拆除城子集中供热厂所替代的分散燃煤锅炉。与市政、发改商定，尽最大努力，替代分散燃煤锅炉，尽可能完成 2014 年压减燃煤 1.5 万吨任务。28 日，召开 2014 国庆假期安全维稳工作会议。通报前三季度各项工作完成情况，并对下一阶段工作提出工作要求。

（崔建红　吕　瑶）

【业务培训】　7 月 1 日，监测站组织人员参加市环境监测中心举办的有机污染物监测质量保证和质量控制暨电感耦合等离子发射光谱仪理论与应用培训班。集中学习实际监测过程中如何保证有机污染物的监测分析质量，并就元素分析仪器 - 电感耦合等离子体光谱仪进行具体讲解。

（崔建红　吕　瑶）

【APEC 会议期间空气质量保障工作】　10 月 15 日，门头沟区制定出台《门头沟区 APEC 会议空气质量保障方案》及环保局空气质量保障工作部门方案。28 日，召开全区干部大会暨 APEC 期间安保维稳动员部署大会。就全力抓好 APEC 会议期间空气质量保障工作做出部署。30 日，组织相关管辖单位召开做好 APEC 会议期间做好施工工地扬尘控制工作会议。11 月 2 日起，环保局全员停休，进入“战备”状态。人员重新分工，全力保障 APEC 期间空气质量工作。成立了 17 个督察检查组；在机动车、工业企业、扬尘控制、燃煤、监察执法、减煤换煤 6 个方面，依托“大气专项执法周”，严厉打击大气环境违法行为，对污染超标排放企业进行高限处罚。9 日，召开门头沟区 APEC 空气质量保障工作紧急会议，对全区 9 日至 10 日 APEC 空气质量保障作出部署。9 日至 11 日，对“冒”“扬”“烧”现象开展反复拉网式检查。APEC 会议期间，全区共出动保障人员 2 万余人，9 镇 4 街落实属地责任；行政事业单位公车停驶 831 辆；加强对常年运行的锅炉进行检查，会议期间 8 家常年运行的锅炉，2 家停炉，6 家采取措施减少 30% 以上的污染物排放。加大机动车尾气检查力度，每日派出 9 组监察人员。其中进京口设立 2 组人员，24 小时值守。重点路段 22：00 - 次日 2：00，联合交管部门开展夜查工作。11 月，遥感监测、路检路查、夜查、入户、进京口检查机动车共计 19862 车辆，处罚 2 辆，其中进京口检查机动车 664 辆，劝返 44 辆。检查加油站 39 座次，抽测 19 座次，加油站密闭性、液阻、汽液比全部合格。每日派出 4 组监察人员，依托大气专项执法周加强对 6 个煤场、6 家印刷企业、19 家一二类汽修企业、30 家餐饮企业、139 项工地进行循环检查。

（崔建红　吕　瑶）

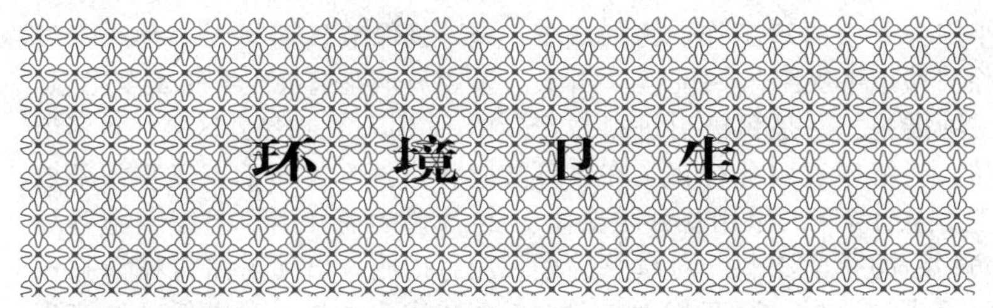

环 境 卫 生

【概况】 环境卫生服务中心共有在编干部、职工168人。中心机关下设六个科室，分别是办公室、财务科、政工科、业务科、设备科、安监科；下设六个正科级专业作业单位，分别为环卫中心一队、环卫中心二队、环卫中心三队、门头沟区生活垃圾转运站、门头沟区斋堂环卫所、门头沟区粪便无害化处理厂（委托北京隆润公司管理）。环卫中心担负着门城地区道路清扫保洁、垃圾清运、粪便清掏、垃圾压缩转运任务以及承担本区域内的环境卫生技术性、事业性工作。年内，完成262万平方米干路清扫任务。每天按时普扫，白天保洁到位，清扫保洁率100%。主要大街使用机械作业，洒水降尘。垃圾清运做到日产日清日转完，环卫设施遍及全区，全年共无害化处理垃圾8.21万吨。完成211座厕所清淘、清运及保洁工作，粪便清掏量为8.59万吨。完成《2014年门头沟区人民政府目标管理任务书》（蓝皮书）中，涉及环卫中心的各项工作，完成绿化、信息、计划生育、献血及区委、区政府和市政管委下达的其它工作任务。

单位名称：北京市门头沟区环境卫生服务中心

地　　址：北京市门头沟区冯村西里

电　　话：69843036

邮　　编：102308

（周　莹）

【假日清扫保洁】 元旦期间，下属各队、站、保洁公司对管辖的垃圾箱果皮箱、垃圾站、垃圾楼、交通护栏等环卫基础设施进行粉刷；加大干路清扫保洁力度，加强日常保洁；加强公厕日常管理。出动人员2621人次，各类车辆921车次，完成282座公厕保洁，233万平方米道路清扫保洁。三天里共清运垃圾655.31吨，转运垃圾321.4吨，清掏粪便487.9吨。春节期间，出动人员7345人次，出动车辆3096车次，累计清扫道路面积达1834万平方米，清运垃圾2754吨，清掏粪便1086.66吨，清理烟花爆竹残留物126.6吨。五一期间出动人员3147余人次；作业车及检查车984部次；每天清扫、保洁干路262余万平方米；负责257座公共卫生间的保洁。国庆节期间，出动人员4331人次；作业车及检查车2328部次；每天清扫、保洁干路262万平方米；负责211座公共卫生间的保洁；共清运垃圾1460.37吨；转运垃圾1301.82吨；清掏粪便1606.56吨。APEC会议期间，出动作业人员8010人次；作业车及检查车2169部次；每天清扫、保洁干路262万平方米；负责211座公共卫生间的保洁；共清运垃圾1357.48吨；转运垃圾1185.9吨；清掏粪便1276.58吨。

（周　莹）

【慰问活动】 1月15日，北京籍青年演员到环卫一队，对一线的环卫职工进行慰问。28日，区总工会任领导班子成员到环卫二队厂区，对保洁一线的环卫职工进行春节前的关心慰问。3月6日，区妇联徐家湛主席及班子成员一同来到我区环卫一队厂区，对一线的环卫女职工进行节前的关心和慰问。8月13日，区领导一行到环卫二队厂区，对保洁一线的环卫职工进行了关心慰问。为一线环卫职工带来260件保温杯、雨伞等生活用品作为慰问品。

（周　莹）

【扫雪铲冰】 2月7日凌晨，区内普降中雪，中心紧急启动扫雪铲冰应急预案，成立5个检查组，对道路积雪情况进行巡回检查。并出动各类作业人员560人，出动多功能除雪车5辆，洒水车10辆，步道扫雪车14辆，撒拨器5台，及其他各类融雪、清雪设备30余台；使用除雪物资融雪剂80余吨。8日，中心继续启动应急预案，全力做好雪后环境恢复工作。出动各类作业人员285人，洒水车、护栏清洗车、清扫车等机械作业车辆21辆，对区城市主干道路，石泉、石门营居住区等出入人口较为密集地区，进行多方位、全覆盖的雪后清理工作。中心派出专员，对积雪清理情况进行巡回检查，并将检查情况及时上报中心指挥部，根据实际情况，随时做出人员及设备上的调整。

（周　莹）

【业务工作】 2月20日，在接到区空气重污染应急指挥部发布的空气重污染黄色级别通知后，中心紧急启动应急预案。各作业单位按照各自职责分工和预案要求，迅速启动空气重污染城市道路清扫保洁作业程序，组织实施各项应急措施，出动道路机械清扫设备和作业人员，对单位责任区城市道路及时开展扬尘污染控制工作所需作业服务。重点做好市控空气监测子站区域、重要地区和城市主干道的清扫保洁作业。2月21日12时，全市空气重污染黄色预警级别提升至橙色预警级别。中心按橙色预警响应级别增加作业频次1次，减少城市道路扬尘污染。空气重污染升级到橙色级别后，出动作业人员240人，1490人次，喷雾降尘车辆4辆，48车次，道路清洗车辆7辆，84车次，清扫车6辆，72车次，喷洒面积180万平方米，用水450吨，检查人员20人，检查作业9次。4月29日，结合环境卫生综合整治月工作方案，联合下属各分队及保洁公司，成立6个检查小组，按计划对区域范围内的258座公厕、29座垃圾楼及主要干路两侧的卫生环境，进行地毯式的全面检查。5月29日，区内连续出现高温天气，中心紧急启动应急预案，一是要求各基层单位严格执行国家颁布《防暑降温措施管理办法》各项规定，按照夏季气温变化规律调整作业时间，在保证环境建设质量的同时，避开高温时段作业。二是按照《防暑降温措施管理办法》规定，保证各项高温补贴发放到位，有效提高福利机制。三是全力加强服务一线保障，要求各基层单位积极做好后勤工作，及时采购、发放藿香正气胶囊、风油精等防暑降温必备药品，每日为一线职工提供冰镇绿豆汤、酸梅汤等降温饮品，做好一切服务一线工作。6月13日，组织21名基层单位在职党员，配合东新房街道矿建社区开展环境卫生综合整治活动。出动自卸车2车次，收集清理生活垃圾2.5吨。9月19日，开展小广告专项治理工作。为彻底根除“城市牛皮癣”，中心努力开展三项措施，一是积极引进科技产品，创新环卫服务标识。在市环卫协会引导下，采用一种防涂抹、防粘贴的化学漆料，对阜石路辅路门头沟路段，至双峪大街、新桥大街等城市主干道沿线的果皮箱、公厕、照明设备、指示牌、配电箱、天桥、电话亭等环卫设施、市政设施进行了油刷粉饰，涉及面积5000余平方米。二是设立清理站点，坚持做好日产日清。在区内主干道路过街天桥、公交车站等小广告泛滥区域设立清理站点，由专人负责看守，发现问题，及时治理。三是成立专项治理小组，坚持治理工作标本兼治。成立专项治理小组，对城乡结合部区域、城市主干道路，每天进行巡回治理，对不愿配合治理工作的街边商贩疏通劝导。29日，开展各项环境保障工作，联合下属各分队及保洁公司成立检查小组，对区域内的285座公厕、24座垃圾楼及主要干路两侧的卫生环境，各单位厂区，进行了地毯式的全面检查。检查中，严格按照北京市环境卫生专业作业检查考评办法的现行标准高度落实，主抓环境卫生，强调安全生产，对辖区内负责清扫的保洁公司，各公厕保洁员，垃圾楼工作人员，根据实际工作情况，严格打分，对考评不合格者，严重违规操作人员，一经发现，坚决撤换。环卫中心还要求各下属单位做好厂区内卫生清理工作和门前“三包”工作，各垃圾楼、公厕保洁员坚决落实“三包”责任制度。清理杂物，环境加湿，检查食堂天然气使用情况及各类用水、用电设施，确保节日期间无因刮风天气及燃放烟花炮竹产生的安全隐患。10月10日，在接到区空气重污染应急指挥部发布的空气重污染橙色预警的通知后，组织实施各项应急措施，出动道路机械清扫设备和作业人员，对责任区城市道路迅速开展城市道路扬尘污染控制工作所需作业服务。重点做好市控空气监测子站周边（9平方公里范围内）城市道路、重要地区和城市主干道的道路清扫保洁作业。除此之外，环卫中心重点加强喷雾降尘、清洗和吸尘式机械清扫保洁作业，按“橙色”预警响应级别增加作业频次，减少城市道路路面交通扬尘污染。同时，区环卫中心成立检查组，对道路作业情况进行巡回检查。门头沟区环卫中心空气重污染日清扫保洁应急保障共出动人员220人，420人次，出动喷雾降尘4辆，12车次，出动道路清洗车辆16辆，18车次，出动清扫车18辆22车次，喷洒面积60万平方米，用水120吨，出动自查人员10人，检查2次。

（周　莹）

【业务培训】　6月25日，组织业务检查现场培训会。北京市市容环境卫生协会副理事长到会。会上，副理事长分别到区西北环线沿线路段、公厕及垃圾楼进行了实地查看，并针对各项业务的考核办法、管理细则，就如何高效促进环卫业务水平问题，向区环卫中心、下属基层单位及保洁公司到会的业务人员，进行现场辅导。

（周　莹）

城市管理监察

【概况】 4月25日，门头沟区城市管理监察大队正式更名为：门头沟区城市管理综合行政执法监察局，集中行使包括市容环境卫生、城市规划管理（无证违法建设处罚）、工商行政管理（无照经营处罚）、市政管理、公用事业管理、城市节水管理、停车管理、园林绿化管理、环境保护管理、施工现场管理（含拆迁工地管理）、黑车、黑导游、市人民政府决定由城管执法机关集中行使的其他处罚权等14个方面职能的综合行政执法机关。

年内，查处违法行为4.2万起，处罚650起、罚款100.96万元，及时办理群众举报6855件，牵头办结市级监管通知单27件，向相关镇街派发区级监管通知单286件，组织志愿者清理大街、社区小广告3.6万处。

单位名称：北京市门头沟区城市管理综合行政执法监察局
地　　址：北京市门头沟区龙泉花园D座1单元
电　　话：69861597
邮　　编：102300

（张　华）

【环境保障】 1月2日，开展集中执法7次，走访单位、商户478家次，规范各类违法行为150余起次。完成两会期间环境秩序保障任务。1月20日起，联合社区居委会进行节日安全宣传，到居民楼进行检查，并协助居民排查乱堆易燃物品等安全隐患；加大无照经营查处力度，取缔违规售卖烟花爆竹行为。除夕、初一、初五、十五安排18个车组对门城及潭柘寺地区16个重点点位进行盯守，全力维护烟花爆竹燃放秩序，共排查安全隐患112处，协助清理杂物130处，纠正各类违法行为500余起次。3月，检查走访工地、单位、商户700余家，纠正各类违法行为250余起，排查少数民族商贩11人次，并妥善处理群众举报50余起，确保全国两会期间安全稳定。五一期间，对门城主要大街、108、109国道、重点景区周边等主要地区重点路段进行盯守巡查，严厉查处堆物堆料、占道经营、无照经营、乱设广告牌匾，门前三包脏乱等违法行为，规范门前三包落实不到位行为110家次，纠正无照经营行为42起、店外经营15起、露天烧烤15起，拆除违规户外广告牌匾6块，宣传服务市民群众600余次。端午节期间，加大主要大街、车站、市场等人流密集区及国道沿线巡查力度，出动执法人员564人次，车辆312台次，走访工地、商户200余家次，检查过往运输车辆58台次，纠正露天烧烤违法行为24起次，制止非法散发小广告行为4起，没收违法印刷品100余份。6月2日至8日，加强考点周边巡查力度，杜绝占道经营、“门前三包”落实不到位等影响考生出行的违法行为。严格工地管理，开展走访宣传，并以短信形式将防尘降噪要求发放至各工地负责人。高考期间，在大峪中学门前设置城管高考爱心服务站，为备考的考生以及考生家长提供饮用水、小扇子等避暑用品。期间共纠正占道经营、乱堆物料、夜间施工等扰民扰序行为213起，纠正非法散发广告行为3起，没收广告300余份；服务考生及家长1200人次，赠送湿纸巾、扇子、报纸等2000份。9月20日，对门城重点地区进行拉网式检查走访，严查无照经营、店外经营、非法散发广告等违法行为，并责令改正霓虹灯断亮现象。对全区重点景区周边农家乐、农产品营销点等进行走访，建立管理台账，纠正占道经营、乱堆物料、违规设置灯箱牌匾等违法行为，强化施工工地扬尘控制，加强道路遗撒、露天焚烧等污染源执法检查频次，确保环境秩序良好。国庆节期间共走访单位、商户551家次，发放宣传折页2000余份，服务群众500余人次，纠正各类违法行为379起次。9月，完成山地徒步大会环境保障工作。会同相关镇街和职能部门，排查大会沿线生态环境、视觉环境和生活环境存在的有关问题，进行挂账限期整改。走访大会沿线村庄和社会单位，加强共建联系，对美化市容开展行政指导，引导群众自觉开展环境清洁活动。在重点区域设置宣传站点，发放相关宣传资料，号召全体市民共同维护良好市容环境。按照109沿线各点位情况，优化人员配置，确保比赛期间沿线环境秩序良好。期间，清理规范无照经营175起，店外经营234起，清理堆物堆料79处，清除非法设置广告牌匾灯箱37块。完成APEC会议期间各项环境保障工作。11月7日起，共出动执法人员700余人次，执法车辆230台次，规范门前三包商户及单位78家次，规范无照经营、店外经营等违法行为124起，规范户外广告37处，检查施工工地60余家次。

（张 华）

【开展扬尘污染防治】 2月17日至20日，开展扬尘污染防治工作，对扬尘污染管理台账单位进行实地走访，采取逐一面对的形式进行宣讲，并与相关责任人逐一签订责任书。加大监管力度，重点检查施工工地地面硬化及扬尘污染防治情况，在22时至次日6时的高峰作业时段，落实定人、定时、定岗、定责，严查车辆带泥驶出工地。利用指挥中心短信平台发放通知，做好预防扬尘工作。在重点路口设置渣土运输车辆联合执法站，从严查处运输车辆遗撒、乱倒乱卸垃圾渣土等行为。此次整治活动共走访辖区施工工地26家，运输企业6家，发放宣传材料50余份，教育相关责任人70余人，签订责任书32份。

（张 华）

【小志愿者清理路边非法小广告】 3月5日，黑山小学35名城管小志愿者在黑山大街及校园周边道路两侧开展非法小广告志愿清理活动，共清理非法小广告300余条。

（张 华）

【联合检查管制刀具销售】 3月11日，区公安、城管、工商派出联合检查组对区内主要大街沿线、双峪菜市场内管制刀具销售情况进行检查，未发现非法销售管制刀具行为。

（张 华）

【取缔冒牌早餐车】 4月16日，由城管、公安、工商、商务委、食药局、交通支队等多部门执法人员组成的联合执法组，联合开展对门城辖区内无照早餐车的集中清理，共出动执法人员35人，车辆15台，查扣无照早餐车3辆，各部门依据各自职责依法对相关人员进行处理。

（张 华）

【城管执法监察局成立】 4月25日，召开城管执法监察局成立大会，区领导韩子荣等相关区领导及市城管局副局长出席。会议宣读撤销区城市管理监察大队党组、成立区城市管理综合行政执法监察局党组和相关人事安排的决定。

（张 华）

【打击道路泄漏遗撒违法行为】 4月，联合区交通支队，对108国道潭柘寺段隧道路口至鲁坨路一线进行重点管控，检查过往运输车辆130台次，处罚无准运证件运输、运输车辆泄漏遗撒等违法行为6起，罚款2.3万元。

（张 华）

【召开2014年工作部署会】 5月5日，城管执法监察局召开2014年工作部署会，城管执法监察局全体队员、协管员参加。

（张 华）

【防灾宣传检查】 5月8日至12日，开展工地走访检查，规范检查户外广告牌匾设置及门前三包落实情况，告知商户按规定设置户外广告牌匾，如遇大风天气需要排查户外广告、牌匾、横幅等悬挂物，防止坠落、倒塌，并清理门前三包责任区。开展专项整治，加大露天烧烤、露天焚烧、泄漏遗撒等违法行为查处力度，防控空气污染。开展“防灾减灾日”集中宣传活动，号召广大市民共同抵制露天烧烤、道路遗撒、乱堆物料等违法行为。期间共走访工地、商户、门前三包责任单位350余家次，规范各类违法行为29起，宣传动员社会群众1000余人次，发放各类宣传品2000余份。

（张 华）

【打击河道违法经营】 5月20日，区城管、综治、公安等部门配合妙峰山政府对永定河沿岸7个村庄的河道及河岸两边违法经营行为进行依法取缔，拆除凉棚等违法建设15处，拆除违章建设面积3500平方米，拆除浮桥2座，清理游船16只。

（张 华）

【领导调研】 6月11日，区领导韩子荣到城管局针对随意倾倒渣土问题进行调研，并提出具体要求。11月17日，区领导带领相关委办局负责人到城管局调研指导工作。会上，听取了城管局2014年主要工作、特点及亮点、城管工作中的重点难点问题以及2015年工作思路的汇报。

（张 华）

【城管执法协调领导小组工作启动】 6月18日，召开区城市管理执法协调领导小组会暨工作启动会。会上，部署相关工作，相关镇、街和职能部门代表进行了表态发言。

（张 华）

【成立清理小广告志愿服务队】 6月23日，举行“向非法小广告宣战”城管志愿者小广告清理服务队启动仪式，购置2台专业清理小广告电动车，并联合区义工联组建20人的志愿服务队，义务协助相关镇街和重点社区开展小广告清理活动。

（张　华）

【打击随意倾倒渣土违法行为】
7月1日起，协调区建委、市政等部门，在制定科学的土方价格前提下，统一使用资质的运输企业，统一车辆标准、固定运输车辆、固定运输路线，解决运输“纰漏”问题。并在各镇街招募看护队，对辖区内易倾倒的地区，实现24小时看护。综治办、城管、交通、环保、公安等部门，加强联合执法，在重要路口、重点道路、重要区域进行巡查执法，对违法行为进行高限处罚。同时，制定群众举报奖励机制，公布热线电话，发动社会群众监督举报。期间，共开展联合夜查行动10次，检查大型运输车辆245台次，查处违法车辆19台，罚款4.15万元。

（张　华）

【集中整治】　8月12日至14日，城管执法监察局联合住建委、公安治安支队、公安交通支队、大峪办事处、国信物业公司等相关单位，对滨河西区底商门前地桩、地锁集中整治，逐一入户发放《至滨河西区底商的一封信》，责令限期拆除违规设置的地桩、地锁，12日、13日，商户自拆11个。14日，开展集中强制拆除，共拆除地锁53个，地桩58个。9月9日至10日，城管、大峪街道办事处、公安、交通支队、小区物业等多部门联合拆除德露苑社区内违规设置的地锁350余处。

（张　华）

【渣土车监测系统安装】　年内，安装渣土车监测系统。系统主要功能有：一、入区主要路段实时监测。在莲石路、六环军庄路出口、六环卧龙岗出口、三家店路口等6个入区方向路口架设监测设备，对道路进行24小时实时监测。二、违法车辆抓拍。对监测过程中出现的除公交车、小型轿车外全部车辆，车头、车身、车尾、车牌进行抓拍，人工筛选后作为日后处罚证据。三、特殊时间段违法行为报警。在执法部门设卡或集中整治时，可开启报警功能，出现违法车辆，城管指挥中心报警提示，并弹出包含违法车辆车牌号、出现路段、违法现象、运行方向的合成图片，以供指挥中心值班人员通报相关单位准确信息。四、生成违法行为证据链。将抓拍到的违法车辆信息（车头、车身、车尾、车牌特写）以田字形或一字型进行合成，形成一张完整的车辆违法行为证据链。

（张　华）

【开展四项治理行动】　年内，一、开展主要大街、重点地区“洗脸行动”。坚持日常巡查监管，严控全区范围内无照经营、占道经营、“门前三包”落实不到位、堆物堆料等违法行为，共拆除示范大街LED牌匾140块。二、开展小广告精细治理“提升行动”。在对主要大街非法小广告进行巡查、反馈和执法的基础上，充分发挥小广告志愿者清理队的作用，坚持每周开展两次志愿服务活动，对背街小巷、社区盲角进行辅助治理。三、开展渣土车辆整治“高压行动”。直属执法队与地区执法队联动配合，开展高频次专项执法，8月共检查运输车辆270余台次，规范各类违法行为30余起，立案8起；渣土监控系统每日抓拍照片万余张，一经发现违规渣土车辆立即移交相关执法队处理。四、开展“特殊”区域“服务行动”。规范新建小区周边露天市场及小区内临时市场管理，杜绝占道经营、扰民扰序行为，并责令清理经营废弃物，确保周边环境秩序良好。

（张　华）

【环境整治】　年内，开展校园周边商户走访检查，督促做好门前三包卫生、清理违规广告牌匾、清理乱堆物料，保持校园周边环境整洁。联合工商局、食品药品监督局等相关部门对学校周边餐饮商户进行检查，确保食品安全。在上下学高峰时间段，调整工作时间，对重点中小学周边进行定点盯守，对无照经营、散发非法小广告等行为进行严厉查处。2月15日至20日，共走访商户、工地330余家次，规范无照经营、店外经营、散发广告等违法行为79起，收缴非法小广告300余份。3月24日起，联合相关部门发放城乡环境综合整治告知书，告知认真履行“门前三包”责任，禁止从事无照经营、露天烧烤等扰民行动，禁止违章停车。加强执法检查力度，纠正店外经营、堆物堆料、乱设广告牌匾等违法行为，严厉查处露天焚烧垃圾等污染大气的违法行为。到社区开展法规宣传及环境清理活动，并就便民市场管理征求群众意见，协调解决群众困难。此次整治行动共走访商户并发放告知书359家次，纠正各类违法行为500余起次，帮助清理堆物堆料10余处。8月27日至9月1日，出动执法力量350余人次，走访学校20余家，纠正各类违法行为300余起，完成开学期间环境秩序安保任务。

（张　华）

交通 邮电

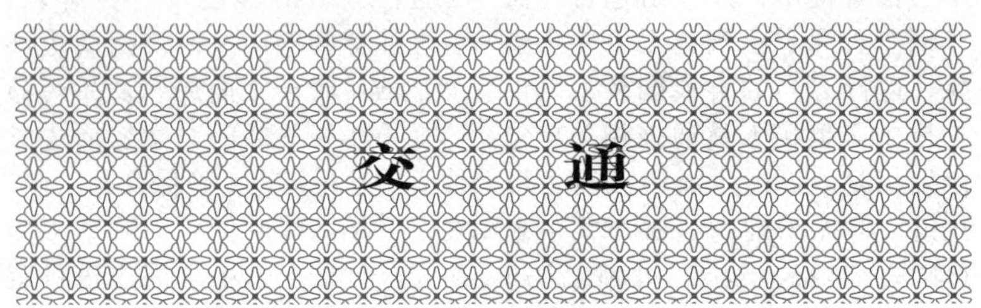

公路建设

【概况】 北京市交通委员会路政局门头沟公路分局，是北京市交通委员会路政局在门头沟区的派出机构，行使门头沟区域内县级及以上公路的规划、建设、养护、安全、应急、路政执法、高速公路路政管理以及农村公路的监督、指导等职能。公路分局为参照公务员管理全额拨款事业单位，下设11个机关科室和1个直属路政大队。截至2014年底，分局在编人员73名，其中党员54名，参公人员57名，工勤人员16名。辖区内公路总里程1002.8公里，公路密度69.13公里/百平方公里。按行政等级分：国道里程131.27公里（其中国家高速18.83公里），省道69.353公里，县道276.84公里，乡道352.05公里，村道164.29公里，专用公路9.04公里。按技术等级分：高速公路18.83公里，一级公路32.51公里，二级公路212.29公里，三级公路332.15公里，四级公路407.06公里。国道中二级以上等级道路里程比率100%，省道中二级以上等级道路里程比率76.86%。其中：门头沟公路分局管养里程458.64公里，按行政等级分：国道里程112.44公里，省道69.353公里，县道276.84公里；按技术等级分：一级公路32.51公里，二级公路187.01公里，三级公路233.54公里。

全年计划内公路建设、养护、尾款清理计划总投资1.7288亿元，实际完成投资1.7320亿元，完成年度投资计划的100.2%。其中：新改建项目完成投资0.45亿元；养护类项目完成投资1.24亿元；尾款清理完成投资0.04亿元。潭王路铁路涵洞改造工程，12月进场施工；实施石担路大修4.18公里和百花山路大修7.96公里；完成G109韭园桥、G109防洪1#桥、塔岭沟旧桥、杨家村桥、达洪小板桥、塔河口1#桥、水闸旧桥七项旧桥改造项目。

单位名称：北京市交通委员会路政局门头沟公路分局
地　　址：北京市门头沟区龙泉花园1号楼
电　　话：69828999
邮　　编：102300

（曹　惠）

【城子公铁立交桥区雨水泵站工程】 2013年9月开工，2014年5月建成完工。泵站位于石担路公铁立交北侧，福亭公园东南角，占地面积457平方米。此工程被列入交通委路政局2013年国省干线公路水毁恢复重建工程计划项目之一。主要工作内容为新建泵房、泵站设备购置安装、管线铺设、雨水检查井、路面恢复、绿化工程等。

（曹　惠）

【领导检查、调研及慰问】 1月6日，路政局检查组对公路分局2014年度整体工作进行年终千分制检查考核。13日，区领导到公路分局调研，汇报年度重点工作及项目前期工作难点。4月25日，市交通委纪检组组长带队到分局调研，听取分局党委书记就贯彻落实八项规定暨党风廉政建设工作情况汇报。29日，分局党委书记带领政工人事科的同志到分局离休老干部和劳动模范的家中进行走访慰问。5月27日，路政局副局长带队到分局调研2014年计划执行情况。29日，路政局副局长带队到分局调研新改建项目进展情况。6月5日，路政局副局长带队调研公路分局工程技术档案管理工作。10日，路政局副局长带队调研公路分局工作，对109国道、潭王路公路沿线地质灾害易发区、多发区，潭柘寺隧道运营以及108国道辅线路面病害情况进行实地查看。7月4日，路政局党委书记一行到清水道班看望慰问全体员工，送去慰问品，对荣获“2013年交通运输部最美养路工”的高玉爱表示祝贺。21日，由北京公路学会理事长、秘书长等组成的专家组一行5人对区内乡村公路养护技术管理情况进行调研。9月17日，市交通委副主任带队到石担路联络线水闸旧桥大修工程进行实地考察。24日，分局领导一行到离休干部及退休劳模家中慰问。10月14日，路政局养护处到分局进行隧道养护工作调研。27日，山东省青岛市公路管理局由纪委书记带队到分局调研。

（曹 惠）

【安全、应急、防汛工作】 1月10日，分局路政大队外勤人员巡查至109国道K40+600处发现路面因积水结冰，影响交通出行安全。巡查人员在现场引导行人车辆的通行，及时联系相关责任人对此管线进行修补，并通知养护部门清除路面上的结冰，待路面恢复后，路政人员方离开现场。21日，组织节前养护工作检查。同日，对石担路公铁立交城子泵站项目工地进行全面检查。22日，对分局机关办公楼、路政大队办公楼、青工宿舍及自管家属楼进行全面检查。3月3日，对重点路线、桥下空间、隧道桥梁、应急物资等进行安全检查。11日，检查108国道鲁家滩新桥桥下空间和潭柘寺隧道视频监控中心，现场听取安全落实情况的汇报。11日，开展安全检查。5月22日，市路政局检查组到分局检查指导防汛准备工作。26日，组织召开2014年第一次安委会（扩大）会议暨“安全生产月”、防汛工作会。29日，召开北京市道路养护工程平安工地标准宣贯会。6月3日，在下安路上举行2014年公路沿线山体塌方防汛演练。6日9时至14时，门头沟地区普降中雨，分局立即启动汛期应急预案，全力做好雨情应对，出动备勤340人，车辆18辆、机械33台，出动巡查车5辆、15人。10日，召开门头沟区公路行业安全生产警示会。16日，联合北京路桥瑞通养护中心八处举办“安全宣传咨询日”活动。9月17日，检查分局“安全生产专项活动落实、国庆节行业安全保障”的工作情况。22日，分局办公室对分局机关办公楼、路政大队办公楼、青工宿舍进行全面检查。23日，开展消防安全宣传教育活动。26日，组织检查国庆节和环京赛保障准备情况。10月30日，组织排除109国道K72+700处崩塌隐患。31日，组织召开新《安全生产法》宣贯会暨专项知识考试。11月4日，分局工程管理科、安全质量监督科联合对韭园桥等在施工程进行专项安全检查。6日，在G109国道韭园桥大修工程施工现场，举行2014年公路桥梁在施工程应急救援演练。月28日，检查指导雪天保障准备工作。12月11日，召开2014年第二次安全生产委员会工作例会。

（曹 惠）

【行政执法】 1月14日，分局路政大队内业人员与监理对三温路热力、污水管线安全隐患排查整改情况进行现场检查。22日，对辖区内六环桥下空间及三温路许可工程进行安全检查。3月7日，路政大队在芹峪口综合检查站和六环高速路收费口，向过往大货车发放“治理超限超载”宣传页，出动执法车2辆，执法人员8名，发放宣传单200余份。9月4日，路政大队与区交通局、交通队、环保局、国土局等10个部门，对清水镇开展“减煤换煤，清洁空气”联合执法检查。此次行动检查车辆45辆。5日，联合瑞通八处对石担路、G108、G108辅线及G109沿线擅自设置的非公路标志进行集中专项拆除。此次行动出动执法车辆2台，吊车1台，执法人员6名，清理非公路标志20块。10月11日，门头沟区第三季度治超工作会在芹峪口综检站召开。30日，联合瑞通八处在109国道、108国道、石担路等干线公路及旅游线路，开展清理违法非公路标志专项治理行动。此次行动出动路政及养护巡查人员8人次，执法车辆2辆，拆除违法非公路标志21块。11月14日，组织召开高速公路管理座谈会。路政大队内业人员、首发安畅分公司路产五大队、七大队负责人参加会议。26日，召开门头沟公路分局社会监督员座谈会。门头沟区各镇、交通支队、交通局、规划分局、城管大队、市政管委等相关单位负责人参加了此次会议。

（曹 惠）

【职工活动、教育及培训】 3月6日，分局为全体职工举办了《人际沟通与职场和谐》讲座。4月21日，门头沟分局组织全体职工干部采取集中学习的方式进行为期3天的全员教育培训。4月30日，门头沟公路分局组织开展了绿色“五四”青年活动，组织35岁以下青年干部前往109国道芹峪口进行植树活动。5月5日，门头沟公路分局召开2014年青年职工座谈会。8月11日，门头沟公路分局举行了新人入职见面会。9月30日是国家设立的首个烈士纪念日，门头沟公路分局认真组织了全体党员干部收看烈士纪念日献花仪式电视直播。10月14日，组织全体人员进行《北京市交通委员会路政局考勤管理暂行办法》培训和学习。12月4日，组织召开门头沟区2014年度乡村公路总结会暨养护管理人员技术培训会。

（曹　惠）

【养护工作】　4月14日，组织召开2014年第一季度养护工作会。20日，组织召开南雁路地质灾害治理工程设计方案讨论会。5月15日，召开路政管理业务协调会。6月17日，组织召开2014年5月养护工作会。30日，由养护管理科组织，针对养护巡查人员、路政巡查人员及养护监理进行全员培训。

（曹　惠）

【水闸新桥中修工程】　4月下旬开工，水闸新桥位于石担路联络线K0+552处，桥梁全长259米，桥面全宽25米，是连接109国道与石担路的重要交通节点。工程共完成压力灌胶210延米，环氧砂浆修补3立方米，延长排水管道42米，修补桥面302平方米，同时对破损伸缩缝进行修复、更换。土建工程完工后，对全桥进行混凝土防腐蚀涂料涂刷2.4万平方米。

（曹　惠）

【大修工程】　7月15日开工，2014年9月30日完工。门头沟水闸旧桥始建于1921年，位于石担路联络线中心桩号K0+570处，桥梁全长253米，该桥是中国修建的第一座大跨径钢筋混凝土拱桥。由于该桥为近百年古桥，被列为区级文物。百花山大修工程7月15日开工，11月6日完工。百花山路全长16.56公里，为县级公路，道路起点接于109国道K98+200处（K0+000），终点位于百花山风景区（K16+560）。此次大修项目路段（K8+000～K15+959）长7.959公里，设计时速30Km/h，路面主要病害为车辙、沉陷、龟裂、纵横缝等。此次大修采用8cm泡沫沥青冷再生+5cm温拌沥青混凝土WAC－16C结构，是泡沫沥青冷再生技术在门头沟山区公路的首次应用，并采用温拌沥青新材料，为新技术、新材料的推广应用提供借鉴与参考，实现旧路材料的全部回收利用。韭园桥大修工程8月8日开工，11月25日完工。109国道韭园桥建于1976年，位于门头沟区王平镇，现况桥梁全长76米，为109国道（原下安路）通往深山区的必经之路。石担路大修工程8月15日开工，9月30日建成通车。石担路位于门头沟东南部永定镇、龙泉镇内，是区内重要的过境交通线路和中心城区主干路。大修项目分为两段，道路技术等级包括一级公路和二级公路两种，设计车速40Km/h，路面设计荷载BZZ－100。第一段：设计起点石门营环岛，西主路设计终点至葡萄嘴环岛，两侧辅路设计终点至双峪路口。西主路设计路线长2.98公里，两侧辅路设计路线长4.86公里；第二段：设计起点陈家庄桥，设计终点野溪新桥，长约1.2公里。大修工程实现旧路材料的全部回收利用，并采用温拌沥青新材料。杨家村桥、达洪小板桥、塔河口1#桥，防洪1#桥大修工程8月底开工，11月初已全部完工通车。杨家村桥位于门头沟区军红路桩号K7+156处，达洪小板桥位于门头沟区达洪路桩号K2+100处，塔河口1#桥位于国道109（京拉路）桩号K96+800处，防洪1#桥位于G109（京拉线）K51+410处。

（曹　惠）

【最美乡村路】　7月25日，分局领导以及养护科、宣传科等相关部门负责人到妙峰山路，市交通委和路政局联合组织的寻找“最美乡村路”集体采风活动。在第一次集体采访活动中，组织中央媒体和重点市属媒体的30余位记者到区妙峰山路现场采访，并通传《北京寻找“最美乡村路”活动启动》和《妙峰山路：追梦人的圆梦之路》新闻素材，门头沟公路分局组织相关民俗专家、道路建设者等10余人接待记者采访。9月30日，交通运输部副部长为分局领导颁发“中国100条最美乡村路”特等奖，妙峰山路成功入选全国100条最美乡村路。

（曹　惠）

运输管理

【概况】　年内，在市交通委和区委、区政府的领导下，围绕市、区中心工作，按照“重服务、保安全、交通畅、民满意”的工作目标，结合全区交通运输行业实际，以推进区内交通事业快速发展为动力，振奋精神，把握机遇，积极进取，扎实工作，各项工作任务稳步推进。全区共有客运公交企业3家，中心站、首末站和五级客运站51个，公交线路30

条，配车809部，日均发车班次5140班次，日均运送乘客47.22万人次。出租汽车企业1家61辆车，个体出租21辆，运营车82辆，从业人员107人。货物运输企业1274户，总车数5770辆；危险化学品运输企业5户6家，车辆86辆。机动车维修企业48家，其中，一类汽车维修企业7家，二类汽车维修企业17家，三类汽车维修企业24家。监管铁路道口10个，道口监护人员84名。水域游船单位4家，其中自航船舶17艘、非机动船舶54艘；机动船驾驶员21人，救生员27人，相关从业人员200余人。

单位名称：北京市门头沟区交通局
地　　址：北京市门头沟区滨河路60号
电　　话：69842840
邮　　编：102300

（王元媛）

【**调整延长公交线路时间**】 2月26日，门城环线891路公交车延长绕行至龙门新区内。调整后具体运营情况为：891路（河滩－河滩）；首站：河滩，营运时间：6：00－21：00；末站：河滩，营运时间：6：00－21：00。路长11.8公里，设29站，执行单一票价；线路配车11部，全天发车176班次，平均发车间隔12分钟。965路公交车由中门寺生态园站至梧桐苑站，延长到近临华联、万达商圈的石景山区京原路东站。调整后具体运营情况为：965路（中门寺生态园－京原东站）。首站：中门寺生态园，营运时间：6：00－20：00；末站：京原东站，营运时间：7：00－21：00。路长23公里，设32站，执行分段计价。线路配车16部，全天发车126班次，平均发车间隔16分钟。6月17日，931路（潭柘寺－地铁苹果园站）运营时间由原来的：地铁苹果园站6：15－19：00，潭柘寺6：00－18：00，调整为：地铁苹果园站6：00－19：30，潭柘寺6：00－18：10。9月1日，门城环线891路公交线路随首班车调整，由原来的葡萄嘴环岛掉头改为经葡萄嘴环岛向东，延伸至体北路后向北，绕行峪中路，增设惠康嘉园北口、大峪中学两站，原来的葡东小区站移至滨河小区，撤销葡山公园站。（河滩内环：首车时间6：00，末车21：30；河滩外环：首车时间6：00，末车21：30）11月30日，941路公交车，由原来的首末站：滨河小区－北京西站南广场，调整为首末站：石龙西公交场站－北京西站南广场。同时增设：大峪中学、侯庄子新村、梧桐苑、石龙西公交场站，调整后线路长度35公里。营业时间：石龙西公交场站5：00－20：30，北京西站南广场6：00－22：00；线路设置：由北京西站南广场发出，沿原路行驶至滨河小区后，经峪中路、X019、美安路至石龙西公交场站。941线路调整后，可方便梧桐苑小区、侯庄子村、永安等小区居民出行及换乘轨道交通，从而解决了X019道路4.5公里有路无车问题。

（王元媛）

【**市、区领导调研**】 4月9日，区政协领导到交通局调研交通运输执法工作。9月16日，区政协领导到交通局调研指导工作。11月20日，市交通委副主任、运输管理局局长到区交通局进行调研。

（王元媛）

【**开展演练**】 4月10日，在北京鑫三通汽车维修服务中心组织汽车维修企业开展机动车维修行业消防安全应急演练。演练内容包括消防器材的使用、如何扑灭初起火灾、车辆转移、各项应急预案启动、如何逃生等。4月29日，协调区安监局、旅游委、雁翅镇、斋堂镇及水域游船企业的工作人员、游船驾驶员、救生员等，在珍珠湖景区水域开展水上故障船只弃船、救生专项应急演练。演练模拟“珍珠二号”游船在航行中突遇大风，船舶驾驶员为确保游客安全，采取紧急措施。5月21日，协调公交总队苹果园派出所组织八方达河滩分公司，共100名管理人员和司售人员在石龙西公交场站开展消防应急演练。现场模拟公交车辆起火、乘客突发疾病、公交场站停车场内车辆着火，并针对“运营中司乘人员遇突发事件的十八个怎么办”应采取的应对措施进行培训。6月10日，组织北京星雨恒春汽车维修有限公司开展机动车维修行业消防安全应急演练。演练分为初起火灾灭火器实射演练、消防沙袋灭火操作演练、火灾逃生演练三个过程。11日，交通局组织北京圣洁明科技有限公司及LNG加气站的全体员工在BRT龙泉西公交场站开展LNG管线破裂泄漏着火消防应急演练。演练活动模拟LNG管线破裂泄漏、着火，现场工作人员发现险情后，第一时间进行应急处置。11月19日，组织门头沟液化气站开展处置突发事件消防安全演练。区安监局、区消防支队等相关部门人员共同进行观摩，参演人员40余人。演练现场模拟驾驶员驾驶液化气运输车辆在途中发生液化气罐泄漏事故，驾驶员、押运员第一时间进行应急抢险处置。

（王元媛）

【石龙西临时公交中心站运营】 4月22日，石龙西临时公交中心站建设完成。年底，981路公交车驻场，车辆维修车间投入使用，为门头沟区八方达河滩分公司400余部车辆的高保作业任务、20余小项的总程修理以及150部车辆低保作业任务提供保障。

（王元媛）

【开展营运证件换发工作】 5月9日，联合市公交分局出租支队对辖区内的建银出租汽车公司和21家个体出租进行年度换证综合检查。全区21户个体出租经营者和银建出租公司的61辆出租车全部通过检验。

（王元媛）

【第一条商务班车开通运营】 5月12日，协调八方达河滩分公司试运营开通首条商务班车－梧桐苑小区商务班车。起始点为梧桐苑小区，终点为地铁1号线玉泉路口西站，途径卧龙岗桥－龙林路－莲石西路－莲石东路－莲芳东桥－鲁谷东街－地铁八宝山站－地铁玉泉路口西站，线路长度13.7公里，单程票价8元，每日早7点发车1次，行程30分钟

（王元媛）

【公交车开通运营】 5月26日，994路公交车开通运营，首末站为河滩至地铁园博园站，共22站，线路长度16.9公里；营业时间为：河滩站6：00－8：30，15：30－18：00；地铁园博园站：6：40－9：10，16：10－19：00；执行无人售票，单一票制，票价1元。计划配车4部，配班4组（替班1组），日计划发车24次，日运营历程将达405.6公里。7月1日，892路公交车正式通达清水镇西达么村和斋堂镇张家村。发车时间为西达么早6：45发车，晚18：05回村；张家村早7：20发车，晚18：10回村。

（王元媛）

【高考日加大运力保障考生出行】 6月7日、8日，门头沟区大峪中学为高考考点，根据941路、960路途径高考高点和实际运营情况，结合考试时间，确定960路早高峰7：00－8：00期间，增加10车次；中午11：00－14：30期间，增加20车次；下午17点开始加密间隔，增加10次。941路早高峰加密北京西站南广场至卧龙岗的车次，缩小发车间隔，按照考试前、考试后，加密车次16次。

（王元媛）

【换发道路运输从业资格证件】 自7月1日至12月31日，办理新版道路运输从业资格证件换发共3011个。

（王元媛）

【依法拆解违法改装车辆】 7月28日，局治超办组织违法改装车辆的车辆所有人在丰台区大灰厂，依法对擅自改装车辆进行拆解。执法人员宣读《关于依法拆解违法改装车辆决定书》后，依法对先行登记保存的京AL5775号货车车厢擅自加高部分实施切割拆解，并对车辆所有人处以相应的处罚。

（王元媛）

【专61路更换新型LNG公交车】 8月19日，北京客四分公司第十一车队将专61路（龙泉西——龙泉西）公交车，更换为新型LNG公交车。此次更换的新型LNG公交车，以液化天然气为燃料，车辆长12.5米、宽2.55米，有27个座位，配备逃生锤、灭火器等相关配套安全设备。

（王元媛）

【开展专项夜查行动】 9月25日，区交通局联合区交通支队、区公路分局路政大队开展大货车非法运输专项夜查行动。主要对军庄路口和卧龙岗桥下的非法运输车辆进行查处。当晚共查扣涉嫌非法改装大货车3辆，执法人员当场对违法车辆进行先行登记保存，对车辆所有人开具谈话通知书，并对驾驶员进行批评教育。此次行动，出动交通执法人员10名、交通民警2名、公路路政执法人员2名，执法车辆5台。12月22日，开展治超治限打击渣土运输车专项执法行动，查扣涉嫌非法营运、非法改装的渣土运输车辆3台。

（王元媛）

【团支部开展活动】 9月29日，局团支部开展“悦”动青春系列活动——共享阳光 快乐成长活动。组织团员、青年到北京光爱学校，为孩子们送去足球、篮球等体育用品和儿童书籍、画笔等学习用品，同时还为孩子们带去文艺表演。

（王元媛）

【联合治理工作】 10月17日，北京芹峪口综检站与河北省涿鹿县岔道检测站沟通协调，并邀请河北岔道检测站到芹峪口综检站研讨省级区域联合治超工作。围绕“京津冀抱团发展，交通一体化先行”这一主题展开讨论，并达成共识：一是加强治超工作交流，定期召开两站工作联席会。二是加强日常信息沟通，建立信息畅通渠道。三是积极探索应急反应合作机制。最后，双方签署《河北省涿鹿县岔道检测站与北京

芹峪口综检站携手共建友好治超站协议书》。

（王元媛）

【机关档案测评工作】 11月18日，区档案局对交通局机关档案工作进行测评。听取区交通局关于档案工作的自查报告，对区交通局档案室及相关资料实地检查。按照《北京市机关档案工作测评标准》，区交通局被评为“北京市区县机关档案工作测评市级优秀单位”。

（王元媛）

【业务办理窗口迁至新址】 12月1日，门头沟区小客车指标申请等业务办理窗口正式移至区招商引资服务大厅。

（王元媛）

【开展法制宣传活动】 12月4日，开展以宣传交通运输法规和常识为重点的普法宣传活动。摆放展板2块，悬挂宣传横幅1条，发放各类宣传材料2000余份，有宣传标语的无纺布购物袋600余个，出动工作人员15名。

（王元媛）

【地方海事执法工作】 年内，地方海事处出动执法人员207人次，检查游船单位84户次，发放各种宣传材料200余份，除了在通航期每周一次例行检查外，还在暑期、汛期、重点节假日和APEC会议期间，到珍珠湖、双龙峡进行重点巡查。其中，珍珠湖景区增加码头渡板护链、安装防滑垫、增设安全警示牌3块；加固两码头浮筒50余节，清理排水道100余米，有效确保全区通航水域水上交通安全无事故。

（王元媛）

【开展在职党员为群众服务活动】 年内，交通局第一党支部全体在职党员到斋堂镇龙门口村，对入村前公路两旁开展以“美丽乡村”为主题的义务拔草活动；第二党支部组织党员对区中门家园小区周边的杂草、果皮纸屑、垃圾和卫生死角进行清理；第三、第四党支部，针对门口村的具体情况，组织全体在职党员为该村困难户进行捐款。

（王元媛）

【开展反腐倡廉主题教育活动】 年内，开展“正风肃纪转作风，求真务实促廉洁”反腐倡廉主题教育活动。一是处级干部侧重廉政理论学习，以局理论中心组学习为载体，，每季度至少组织一次廉政理论学习。二是科级干部侧重廉政法规测试，引导科级干部学习《中国共产党党员领导干部廉洁从政若干准则》《中共党员纪律处分条例》《中央八项规定》等党纪法规。三是全体职工侧重廉政宣讲活动，以“廉政大讲堂”和“党支部廉政电教活动”为载体，组织全体职工开展廉政教育。

（王元媛）

【全面推进安全生产标准化工作】 年内，在客运、货运、汽车维修企业中全面推进安全生产标准化工作。1家公交企业祥龙一分公司已考核通过，被评为二级达标企业，5家维修企业已经通过交委督查中心组织的现场考评。

（王元媛）

【做好APEC会议期间交通运输行业安全维稳】 年内，对辖区内公交、出租、汽车租赁企业进行全覆盖的专项安全检查。检查危化企业15户次，出动执法人员30人次；检查普货企业9户次，出动执法人员20人次；检查维修企业68户次，出动执法人员145人次。与珍珠湖景区沟通，APEC会议期间该景区14艘游船全部停航，同时加强对双龙峡景区的安全检查。

（王元媛）

【依法行政工作】 年内，全程办事代理服务大厅办理各类行政许可、备案手续2376件，接待经营者咨询5000余人次。在所有的许可事项办理过程中，未出现超时审批、违规审批、刁难怠慢经营者的情况，未出现一例投诉事件，经营者满意率100%。

（王元媛）

【完成企业年度质量信誉考核工作】 年内，通过对企业经营资质、安全生产、维修质量和企业管理等各方面的综合评价，评出优良AAA级企业6户，基本合格A级企业21户，不合格B级企业1户。

（王元媛）

【监管铁路道口工作】 年内，交通局所监管的10处铁路道口，共安全迎送列车94502列次，其中货车75579列次、客车18923列次，实现全年道口零死亡，零伤亡，零事故的“三零”目标。

（王元媛）

【受理小客车指标申请业务】 年内，共受理各种小客车指标申请业务1992件。其中个人新申请897件、单位新申请45件、更新指标申请194件、编码延期及变更信息828件、被盗抢车辆申请指标及摇号28件。

（王元媛）

【“双超”治理工作】 年内，落

实治超主体责任，与相关执法单位配合全面开展治理超限、超载工作。其中，芹峪口综检站治超检测车辆4033辆，超限9辆，卸载83.15吨；此外，开展流动治超151次。

（王元媛）

【加强日常安全监管】 年内，累计出动执法人员2900余人次，到全区客运、货运、机动车维修、水域游船企业进行安全检查590户次，对所监管的10处铁路道口进行检查790处次，组织各类应急演练14次。

（王元媛）

【加大运政执法力度】 年内，共查处违法行为151起，罚款344600元。

（王元媛）

【办理为民服务中心转办案件】 年内，共接收“区为民服务中心”网上转办的有关交通运输行业投诉案件218件，收转的218件投诉案件全部按规定进行回复，群众满意率100%。

（王元媛）

【培训工作】 年内，货运驾驶员从业资格培训16期6044人，出租汽车驾驶员从业资格培训4期72人，旅客运输驾驶员从业资格受理23人，汽车驾驶员等级培训66人。

（王元媛）

【废弃机油回收和无害化处置】 年内，回收废弃机油15960公斤，签订回收协16份。

（王元媛）

【基层党组织换届工作】 年内，根据交通局党员人数，实际党建工作情况，经请示区直机关工委，局机关党总支改设为机关党委，设书记1人、副书记1人、组织、宣传、纪检、青年、文体、生活、学习委员各1人。6个机关党支部重新划分，按规定时间完成换届选举工作。

（王元媛）

【五型机关创建工作】 年内，提出创建“示范服务型机关”。一是提高认识，服务为先，转职能、转作风、提高服务能力。二是履职职能，为民办事，重服务放在首要位置，落脚点在提高服务能力、多办利民实事。三是规范服务，建章立制，通过制定相关制定，在工作中形成有效机制。

（王元媛）

【获奖情况】 年内，荣获2014年北京市安全生产月活动优秀组织奖。2014年北京市无偿献血先进单位。2014年度先进管理区县。2014年度门头沟区安全生产工作先进单位。2014年“五型”机关创建活动服务型达标单位。区直机关系统2014年“廉政文化进机关”PPT展评一等奖。

（王元媛）

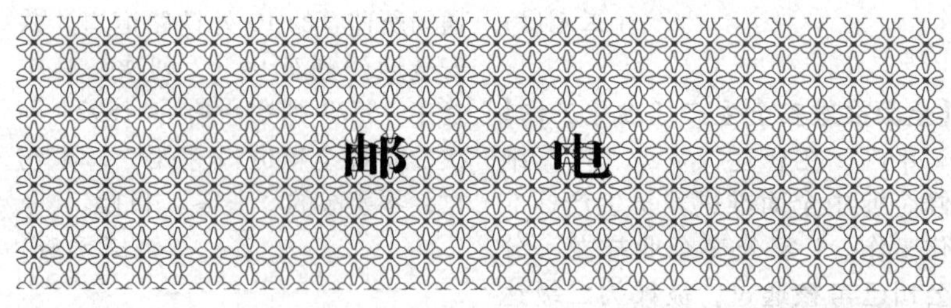

邮　电

·邮　政

【概况】 年内，机构设置为4部（人力资源部、计财财务部、监督检查保障部、市场经营部）一室（办公室）4个专业局（商函分局、代理业务分局、分销业务分局，报刊发行分局）一个专业公司（集邮公司）。分支机构共3个支局13个邮政所。全局职工298人，其中正式工176人，劳务工122人。邮路：全局有9个局所带有投递功能，截至2014年12月三级网优化全面完成，全局共设有投递道段45条，其中城镇地区20条，农村地区25条。三级网实施后汽车投递段14条，高端商函投递段2条，电动三轮车投递道段8条，电动二轮车投递道段21条，日投递总里程为1388.6公里。邮运趟车邮路3条，日里程为278公里。

单位名称：北京市门头沟区邮政局
地　　址：门头沟区河滩路2号
电　　话：69842560
邮　　编：102300

（李　阳）

【制定“两会”期间安保措施】 年初，进行自查，两会期间对网点进行抽查，检查重点是车辆、设备，收寄安全等。

（李　阳）

【召开七届五次职代会】　2月25日，召开门头沟局七届五次职代会。会上，对2014年的工作做出部署。

（李　阳）

【完成空白网点补建工作】　3月6日起，妙峰山邮政所对外开业，建成后的妙峰山邮政所将履行邮政普遍服务职责，业务范围有信函、包裹、特快专递、邮政汇兑等主营业务以及代收水电费等便民服务。门外安放有存取款一体机一台。

（李　阳）

【举办宣传服务活动】　4月12日，在冯村举办“门邮献真情、服务惠万家”邮政业务宣传活动。此次活动由市场部牵头，电商分销局，各专业及石龙支局参与宣传服务活动，活动主要包括：金融保险理财等业务宣传推广；重点报刊宣传、订阅；贺卡明信片等函件类业务宣传营销；个性化邮票介绍和集邮品展示销售。活动现场，代理局准备免费小礼品现场发放，各专业公司人员现场宣传、讲解，介绍摆售品。

（李　阳）

【领导调研】　7月3日，市公司副总经理带领相关部门领导一行5人来门头沟局检查三级网优化建设及安全防汛工作，先后到大峪支局、王平村邮政所现场实地考察。在与该局领导班子座谈时提出具体要求。4日，市公司党委书记一行到大峪支局投递组看望投递人员，送去慰问品。17日，市公司副总经理带领企发部、计财部、审计部等人员到门头沟局进行网点建设工作调研，在实地查看网点形象标准试点、接收统配新装修网点建设后，对下一步的工作提出要求。

（李　阳）

【集邮文化季大众品鉴活动】　9月6日至8日，在潭柘寺举办为期3天的“尊享集邮品鉴，探寻古刹文化”暨“集邮文化季”大众品鉴活动。活动邀请潭柘寺的主持常道大和尚对集邮品进行开光嘉福仪式，房山区集邮协会和石景山集邮协会的会员共同参与，在活动现场同期举办集邮展览。

（李　阳）

【《元曲》特种邮票首发仪式】12月1日，《元曲》特种纪念邮票首发仪式暨门头沟旅游风光展活动在门头沟永定河文化博物馆举行。此次活动由北京邮政与门头沟区委宣传部、门头沟邮局共同举办。

（李　阳）

【龙泉邮政所开业】　12月17日，龙泉邮政所正式开业。营业厅面积499平方米，是该区营业面积最大、功能设施最完善的综合性邮政营业、储蓄网点。为当地2.4万居民及区域内企事业单位提供各类邮政和代理金融服务。

（李　阳）

【获得荣誉情况】　12月，被市交通安全委员会评为“2014年度市级交通安全先进单位”。被评为北京邮政公司2014年度“先进工作单位”。在市邮政公司举办的《平安邮政交通安全竞赛》中被评为“2014年度交通安全先进单位”。

（李　阳）

【经营服务情况】　年内，业务收入完成市公司下达预算进度的102%；利润完成市公司下达预算进度的100.97%。成本支出进度的98.8%。用户满意度、质量指标达到市公司规定。未发生重大安全事故。

（李　阳）

【召开营销经验介绍会】　年内，组织召开营销经验介绍会。会上，外拓经理介绍经验：一是要通过自我介绍和真诚问候先赢得用户信赖；二是要学会赞美别人，不要吝啬称赞的语言；三要保持微笑；四是要脸皮厚。

（李　阳）

【评为十大“北京榜样”候选人】　年内，由市委宣传部、首都文明办主办，北京广播电视台、北京人民广播电台承办的“2014北京榜样”大型主题活动中，门头沟邮局王自殿被评选为“2014年度十大北京榜样”“敬业奉献篇”候选人。

（李　阳）

【职工之家建设】　年内，职工之家建设中积累和搜集材料，开展活动，如读书、乒乓球比赛等活动。关注职工生产生活，推进局务公开和民主管理，减少误解、化解矛盾。

（李　阳）

【职业鉴定】　年内，有69名员工参加职业鉴定考试，涉及7个工种，全局岗位持证率达到92.24%。

（李　阳）

【劳务工管理】　年内，按邮政聘用工管理，转聘制度，3名理财经理业绩突出，通过选拔推荐转聘为合同用工B类人员，有10名劳务人员转聘为合同用工B类人员，截至2014年度共转聘劳务用工13

人。

（李　阳）

【下属单位情况】

单位名称：大峪支局
地　　址：门头沟河滩路 6 号
电　　话：6984.2515
邮　　编：102300

单位名称：军庄所
地　　址：门头沟军庄镇（大峪支局管辖）
电　　话：6081.1504
邮　　编：102300

单位名称：三家店所（大峪支局管辖）
地　　址：三家店水闸路 11 号
电　　话：6984.2177
邮　　编：102300

单位名称：承泽苑所
地　　址：滨河居住区承泽苑 2 号楼一层
电　　话：6186.4313
邮　　编：102308

单位名称：妙峰山所（大峪支局管辖）
地　　址：妙峰山镇担礼村村委会西南 800 米
电　　话：6188.3414
邮　　编：102399

单位名称：西辛房所（大峪支局管辖）
地　　址：6 月 27 日拆除
电　　话：6984.2484
邮　　编：102300

单位名称：石龙支局
地　　址：门头沟石龙北路 62 号
电　　话：6980.4026
邮　　编：102308

单位名称：双峪路所（石龙支局管辖）
地　　址：门头沟大峪南路 2 号
电　　话：6984.2523
邮　　编：102300

单位名称：潭柘寺所（石龙支局管辖）
地　　址：潭柘寺镇鲁家滩村
电　　话：6086.2394
邮　　编：102308

单位名称：龙泉所（石龙支局管辖）
地　　址：龙门居住区三区七号楼底商 3－4 门
电　　话：6983.3126
邮　　编：102300

单位名称：斋堂支局（斋堂支局管辖）
地　　址：斋堂镇西斋堂
电　　话：6981.6804
邮　　编：102309

单位名称：王平村所（斋堂支局管辖）
地　　址：王平镇西村
电　　话：6185.9647
邮　　编：102301

单位名称：大台所（斋堂支局管辖）
地　　址：大台矿内
电　　话：6187.0374
邮　　编：102303

单位名称：木城涧所（斋堂支局管辖）
地　　址：木城涧玉皇庙
电　　话：6187.2380
邮　　编：102304

单位名称：清水所（斋堂支局管辖）
地　　址：清水镇上清水
电　　话：6085.5495
邮　　编：102311

单位名称：雁翅支局（斋堂支局管辖）
地　　址：雁翅镇雁翅村
电　　话：6183.0189
邮　　编：102305

（李　阳）

·电　信

【概况】　年内，北京联通门头沟区分公司干部员工，贯彻落实北京联通公司“四为”工作理念，按照“六有”工作要求，全面落实北京联通公司“变革执行、创新发展”的工作精神，以“找差距、夯基础、强执行、练内功”为工作重点，扎实推进各项工作，稳定员工队伍，挖掘各方潜力，不断提升公司经营业绩和管理水平，全力完成各项生产任务。

单位名称：中国联合网络通信有限公司北京市门头沟区分公司
地　　址：北京市门头沟区新桥大街 4、6、8、10 号
电　　话：69842616
邮　　编：102300

（高　欢）

【市场经营工作】　年内，完成年度业务收入目标，业务收入完成全年计划的 103.77%，在五小郊区县中排名第一。

（高　欢）

【客户服务工作】　年内，北京联通门头沟区分公司的客户服务工作“围绕一个中心、坚持两个强化，提升三项能力”，即：以提升客户感知为中心，强化服务监督检查，强化服务问责考核，提升

投申诉管控能力，提升客户接触点服务能力，提升 VIP 客户维系能力，做优服务提升感知，以优质服务推动业务发展。

（高　欢）

【网络维护及建设工作】　年内，完成汛期、重大政治活动、重要节日的通信保障任务。作为北京联通“网络瘦身工程”试点，推进全区范围内的“光进铜退”网络升级改造工作。完成“去铜换光”的工作任务，实现门头沟区联通网络通信全光化。被联通集团授予第一批“中国联通全光网地市级分公司”的称号。

（高　欢）

科技　教育

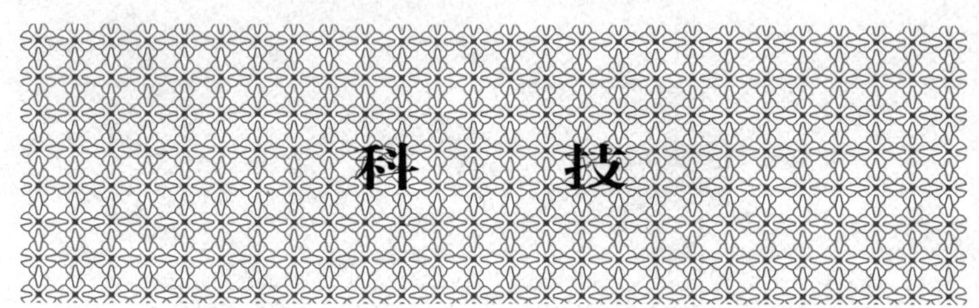

科　技

科技工作

【概况】　门头沟区科学技术委员会（简称区科委）是门头沟区人民政府主管全区科技工作的综合职能部门，负责全区的科技管理和科技服务工作。

年内，积极创建国家可持续发展实验区，专家组实地考察同意推荐区内参加实验区部门联席会议评审。区人大常委会通过《北京市门头沟区创建国家可持续发展实验区规划》（2014－2019）。开展群众路线教育实践活动。组织实施各类科技计划项目25项。完成玫瑰、黄芩产业科技示范等7项课题验收。发挥科技创新资金引领，提高区内企业发展实力，推进2013年科技创新项目的实施工作，投入资金500万元，实施科技创新项目15项，涉及农业、医疗等多个领域，专利奖励14家企业45项专利。强化科技企业服务，做好高新技术企业的管理与服务工作，完成2013年度高新技术企业统计工作。完成2013年度全国科普统计工作，全年24期电子科普行活动，先后到62351部队和区消防支队开展科普进军营系列活动。

单位名称：北京市门头沟区科学技术委员会
地　　址：北京市门头沟区新桥大街40号
电　　话：69843260
邮　　编：102300

（王亚娟）

【开展各类调查研究工作】　1月16日至3月17日历时两个月，区科委抽调骨干力量13人，组成3个调研小组。对区煤改电项目改造的7个村以及王平镇政府办公楼，共8个区级试点区域以及西城区和昌平区王庄村两个市级试点区域的工程进展情况、家庭电采暖费用、外围电力保障措施等具体情况进行调研。通过走访住户、采集相关数据资料、现场查看电采暖设备运行情况以及听取有关部门和居民代表的意见建议等调查研究活动，基本完成《门头沟煤改电项目试点调研报告》。4月14日，组织相关单位和有关专家对煤改电调研报告进行研讨。首都经济贸易大学、中国社科院农村发展研究所、北京第二机床厂的专家和区政协、区发改委、区农委、区经信委、区财政局、区供电局等相关单位就区煤改电项目实施及煤改电调研报告提出建议。4月21日，北京市市政市容管委青年干部，到妙峰山镇水峪嘴村，就“山区村落人居环境生态基础设施改建关键技术集成与示范”项目农村污水处理、农村住宅建筑节能、太阳能技术综合利用、农村生活垃圾处理等技术设备与设施的运行情况、技术措施进行调研。完成废旧厂矿普查野外勘测工作，积极开展山区各镇驻地企业调研。通过对摸底调研成果的分析总结，根据废旧厂矿的可利用面积、交通便利情况以及是否复垦等因素，从第一阶段调研统计的全区205处废旧厂矿地块中筛选出需要实地调研的重点地100处，并全面完成对该类地块调研工作的野外勘测部分，并整理出门头沟区废旧厂矿可利用资源汇总表（初稿）和门头沟区全区及各镇废旧厂矿可利用资源分布图（初稿）等调研成果。

（王亚娟）

【多项课题通过验收】 1月24日,"门头沟区玫瑰、黄芩产业科技示范"课题通过验收,该课题通过引进新品种、开展无公害种植、改进加工技术、以文化为根基开辟旅游线路等产业化建设与示范。"门头沟区特色果业(樱桃、京白梨)精准化管理关键技术集成与示范"顺利验收。该课题以增加农民收入和生态保护为目标,利用3S精准农业技术和装备,优化组装樱桃、京白梨特色果业高产优质高效管理的关键技术;构建包括环境因子的动态监测、营销过程信息化、农民自主学习平台等7个子系统的综合应用系统,编制樱桃、京白梨精准产业化技术体系各一套;建立樱桃、京白梨精准化管理示范基地共1000亩,辐射2000亩。3月19日,"灾后重建及应急科技支撑体系建设"两项子课题通过验收。课题从门头沟区灾后重建应急支撑体系建设的顶层设计角度出发,结合门头沟区在应急响应方面的指挥、会商、整合和预警四方面需求,完善与提升应急平台体系,实现视频监控整合、应急响应处理升级,利用统一整合接入的公安、园林、水务、交通等委办局的视频数据,可以支持视频监控和视频会议。同时通过选择大台、秋坡村(戒台寺)及西王平村3个重点区域开展的面向地质灾害风险源灾情的监控,在原有系统的基础上,完善危险源的标注、提供可视化分析工具,完善了风险源监控与预警信息系统。3月26日,"基于物联网的老年人健康与安全服务管理平台研究与示范"课题通过验收。经过一年多的课题实施,完成了课题任务书规定的各项考核指标。课题成果在绿岛家园社区、蓝龙家园社区选取50位老年人进行示范应用,对老年人的身体健康状况进行有效的监控与提示,同时对老年人走失进行有效的防范及寻求救助的途径。5月8日,"定都阁公路生态修复技术集成与示范"课题通过验收。课题实施从2011年至2013年为期两年。完成了定都阁景区1万平方米公路边坡生态修复,边坡植被景观已初步形成,在植物多样性方面形成了乔灌草立体生态修复植物群落,经历了2012年7.21特大暴雨未发生边坡塌陷滑落事故,稳定生态群落结构基本形成,得到市科委及区领导的肯定。课题集成了现有土壤基质、植被群落组成及护坡、资源废弃物综合利用等方面技术,形成北京山区公路边坡技术指南,建成技术集成示范区和试验区各一个。12月30日,"门头沟区特色精品果树产业化开发课题"通过验收,课题在龙泉镇龙泉雾村、斋堂镇杨家峪和东岭村、斋堂镇军响村和清水黄安村等地,分别建立特色精品果树无公害优质高产高效示范基地,香白杏50亩、火村红杏100亩和核桃200亩,将京白梨、樱桃等特色果品高产优质高效关键技术优化组装形成综合配套技术体系。"2013年门头沟区科普能力建设项目"通过结题验收。通过该项目的实施,区科委举办2013年门头沟区科普工作者培训班2期,每期培训40人;组织区科技工作者、社区居民、解放军战士共近200人到北京科技周主会场参观;完成2012年度的科普统计工作,参与统计单位70家。2013年6月至2014年5月区科委完成"2013年门头沟区科普能力建设项目"各项工作任务,已通过结题验收。

(王亚娟)

【市、区领导调研科技工作】 4月10日,召开门头沟区互联网经济产业发展座谈会。市科委副主任,市科委高新处、电装处、技术交易促进中心等相关领导,区领导,区发改委、科委、经信委、石龙管委,光环新网、竞业达等从事互联网经济及相关服务业的重点企业代表参加座谈。会上就门头沟区互联网经济发展、信息化产业发展、高新技术企业情况、开发区情况及下一步发展思路等方面进行座谈,市科委处室负责人分别从企业科技创新度、成果转化能力、参与国际合作等方面对企业未来发展建设问题提出意见和建议。7月2日,区领导听取了区科委"门头沟区地质科普景观建设(109国道沿线)"项目的方案。

(王亚娟)

【开展科普活动】 4月16日,联合区消防支队共同举办2014年门头沟区消防科普知识培训班。全区36个委办局、14个镇街、公安分局相关单位及各派出所主要负责同志100余人参加培训。会上通报了全市及门头沟区国民消防安全常识知晓率调查结果,并以理论知识讲解和参观体验等方式,详解如何报警、初期火灾扑救等知识。5月6日,组织相关专家到区龙泉务社区开展"科普基地科普行——话说雾霾"主题科普讲座,社区居民及社区工作人员60余人参加。专家向社区居民讲解了雾霾的危害、雾霾的主要监测指标PM2.5,针对社区老年及幼儿等敏感人群讲解了雾霾的自我防控,并通过播放《走出雾霾》科普宣传片的方式指导社区居民在雾霾天气里如何保护好自己,同时以自己的行动,践行绿色出行,减少机动车污染。23日,组织公众近200人参观北京科技周主会场。6月19日，联合市科委、团区委到清水镇清水中学开展“口腔科普知识”讲座，并为近80名学生义诊。8月8日，邀请科普专家先后到62351部队和区消防支队开展科普知识讲座，为部队官兵提供科普知识、科技常识、职业技能等方面的培训，并为他们赠送了科普书籍、光盘等慰问品。12月9日，举办2014年门头沟区科普工作者培训班。参加培训的有区科普联席会议成员单位、镇街、科普教育基地等多家单位的科普工作者共50人，培训班内容包括开班仪式、科普知识讲座和参观中关村国家自主创新示范区展示中心。

（王亚娟）

【国家可持续发展实验区创建】 5月14日，“北京市门头沟区国家可持续发展实验区建设规划（2014年－2018年）”通过第50次政府常务会审议。8月7日，“北京市门头沟区国家可持续发展实验区建设规划（2014年－2018年）”通过第63次区委常委会审议。11月19日，门头沟区申报国家可持续发展实验区，通过科技部与市科委组织的专家现场考察与推荐。考察组对永定河门头沟段生态治理工程、采空棚户区改造建设、妙峰山镇水峪嘴村新农村建设进行实地考察，并到石龙经济开发区和区为民服务信息平台进行座谈。12月4日召开创建国家可持续发展实验区工作专题会。听取了国家可持续发展实验区创建情况的汇报，宣读了门头沟区创建国家可持续发展实验区工作领导小组名单及成员单位任务分工。12月28日，参加国家可持续发展实验区联席评审会。此次联席评审会由科技部会同国家发改委等19个国家部委共同召开，对门头沟区等29个申报国家可持续发展实验区的省级实验区进行评审，其中门头沟区是北京市唯一参加此次评审的区县。相关委办局主要领导一同参加。按照新区评审程序，播放区内创建国家可持续发展实验区专题片，区长张贵林代表区委、区政府对门头沟区创建国家可持续发展实验区进行申报陈述。从门头沟区创建国家可持续发展实验区的重大意义、目标任务、保障措施三个方面进行介绍。同时联席评审会成员就实验区建设工作中涉及相关问题提出了质询，并对我区建设国家可持续发展实验区提出建议。此次评审的结果将由国家可持续发展实验区办公室统计汇总后，由科技部发文予以批复。

（王亚娟）

【学习交流】 5月16日，组织相关单位科技工作人员参观第十七届中国北京国际科技产业博览会，从工作实际需求出发，学习最新科技成果、交流前沿理念、促成项目合作，激发科技工作人员的工作、学习积极性。15日，对全体员工进行公文写作和调研报告撰写专题辅导，系统学习有关理论。年内，组织全区部分科技协调员50余名赴昌平农业嘉年华参观考察学习现代观光农业及先进农业科学技术。

（王亚娟）

【召开区科普工作联席会议】 5月19日，召开区科普工作联席会议暨全民科学素质行动计划纲要工作推进会。48家单位参会。会议对区2013年科普工作进行总结，部署了2014年科普重点工作任务，并对2014年《全民科学素质行动计划纲要》推进工作进行了安排。

（王亚娟）

【科技课题立项】 5月20日，市财政科普专项《门头沟区地质科普景观建设（109国道沿线）》《科普教育基地科普设施改造与提升》立项，市可持续发展实验区建设专项“门头沟区水源地保护区农村生活污水物化处理示范工程”课题立项。6月18日，北京市科委组织专家对2014年可持续发展实验区建设专项“门头沟区水源地保护区农村生活污水物化处理示范工程”课题实施方案进行论证并立项。针对门头沟山区已建村级污水处理设施的建设、运行及管理情况，计划通过调研、分析、总结，引入一种物化处理方法，进行工程示范。2014年区县科技基础专项“门头沟区新优品种引进与开发利用”课题正式立项。10月24日，“山区农村地源热泵供暖制冷系统技术集成与示范”课题实施方案通过专家立项论证。

（王亚娟）

【知识产权相关工作】 12月4日，门头沟区科委（知识产权局）开展法制宣传日活动。活动主要宣传知识产权法和科普法，努力营造尊重知识、尊重创造、全民科普、保护知识产权的文化氛围。过往群众发放知识产权宣传折页、中国知识产权报等宣传品200份。2014年全年专利技术交易额1200万元，增长率500%，专利申请量304件，其中发明114件，授权179件申请量增长23.91%，授权量增长9.52% TCT（国外申请专利）三件，实现零的突破。

（王亚娟）

【实施各类科技项目】 年内，实施医疗协同平台研发及应用。建设覆盖全区的区域医疗影像平台，为居民提供远程会诊服务，有效缓解和解决地区居民看病难的实际问题。已完成区医院、中医院等二级医院及各社区中心系统部署环境基本建设；课题的硬件设备陆续到位，并完成硬件、软件安装调试。实施棚改安置社区精细化管理平台建设及老年服务开发与示范。在石门营新区开展社区管理信息化建设试点，运用科技手段创新老年服务模式，提高服务水平。完成平台开发和设备采购合同的签订，明确系统开发的主要技术指标；完成社区三维地图开发数据采集、社区服务资源管理模块测试版开发以及社区舆情服务模块测试版开发。实施灵山亚高山草甸生态修复。灵山景区生态修复工程主体完工，修复实际完成生态修复面积2.13余万平方米，植被修复1.87余平方米，选用植物种11种，成活率达80%以上，植被覆盖率当年达到50%；改造侵蚀沟段约2600平方米，水土流失治理度达95%、沟蚀治理率98%。实施牡丹、芍药景观植物产业化关键技术研究与示范，将牡丹、芍药特色景观植物进行产业化栽培示范，进一步提高生态产业科技含量。在大台、潭柘寺和戒台寺等种植牡丹、芍药约50亩。

（王亚娟）

【区高新技术企业通过基地认定】　年内，区奥普科星技术有限公司、光环新网科技股份有限公司分别被认定为“高温集热管自动化成套装备”、“综合云计算服务平台”北京市国际合作示范类基地。企业被评为国际科技合作基地后，将获北京市科委和相关部门国际科技金融资源、外专系统项目资源、国家国合专项资源、再创新资源支持。

（王亚娟）

【全国科普统计调查工作】　年内，在全区范围内组织开展“2013年度全国科普统计调查”工作。此次科普统计工作历时1个月，统计范围涉及区内相关委、办、局、镇、街、中小学、医院，以及区内10家市级科普教育基地，共计70家单位；统计内容涉及科普人员、科普场地、科普经费、科普传媒、科普活动等。

（王亚娟）

【完成2013年高新技术企业统计】　年内，通过认定高新技术企业18家，至此门头沟区高新技术企业总数70家（驻区企业22家）。根据国家高新技术企业科技统计数据显示，截至年底，全区高新技术企业总收入达90.16亿元。企业自主研发投入6.24亿元，企业人员总数18822人。区内高新技术企业规模以上企业41家，较去年增长17.1%，亿元以上企业13家，其中北京昊华能源股份有限公司、北京精雕科技有限公司总收入已超10亿元。

（王亚娟）

【完成区内高新技术企业年度备案】　年内，区70家高新技术企业2013年度获得发明专利授权22项、实用新型138项、外观设计26项、软件著作权145项。大专以上学历人员数7885人，占从业人数39.51%；从事研究开发人员达3107人，占职工总数达15.57%。高新技术产品（服务）收入79.58亿元，占企业销售收入93.52%。

（王亚娟）

【完成科技创新项目评审】　年内，完成2013年15项区科技创新项目结题与审计工作，科技专项资金支持472.27万元，项目实施后年增收5883万元，带动就业349人，申请专利26项。推进2014年15项区科技创新项目实施与结题工作，涉及电子信息、高端装备制造、节能环保和现代农业等领域，项目总额379.49万元。落实区专利奖励政策，年内企业专利奖励44项，其中发明4项，实用新型40项，奖励资金10万元。

（王亚娟）

【下属单位情况】

单位名称：北京市门头沟区科技开发服务中心
地　　址：北京市门头沟区新桥大街40号
电　　话：69865984
邮　　编：102300

单位名称：北京市门头沟区国家生态修复科技综合示范基地
地　　址：北京市门头沟区新桥大街40号
电　　话：69855030
邮　　编：102300

单位名称：北京市门头沟区科技开发实验基地
地　　址：北京市门头沟区石龙北路33号
电　　话：60801599
邮　　编：102308

单位名称：北京山地生态科技研究所
地　　址：北京市门头沟区清水镇双塘涧村
电　　话：69840480
邮　　编：102300

·地震工作

【概况】 年内，围绕市防震抗震领导小组会议精神，以区委、区政府的中心工作为依据，贯彻落实各项防震减灾工作任务，探索改进防震减灾工作长效机制，搭建与全区人口及社会经济实际状况相适应的业务运行平台，加强科普宣传与防震减灾助理员队伍建设，推进监测预报、震灾防御、应急救援三大体系建设。履行震情跟踪制度和监测预报管理制度，确保观测数据真实、及时、有效。加强“群测群防、专群结合”的工作机制，建立覆盖全区的宏观观测网络，规范化管理地震宏观观测台站。严格抗震设防管理要求，推进行政审批事项纳入全区绿色通道网上办理体系。强化防震减灾助理员队伍建设，组织专业培训，促进防震减灾工作在基层的发展。完善科普教育基地与防震减灾示范学校建设，完成新桥路中学区级防震减灾示范学校授牌活动。加强地震应急避难场所规划建设，完成斋堂镇文化公园应急避难场所的设计与施工。

单位名称：北京市门头沟区地震局
地　　址：北京市门头沟区新桥大街40号
电　　话：69842450
邮　　编：102300

（杨　芸）

【应急处置】 3月14日，大台发生ML2.5级地震、9月6日，河北逐鹿ML4.6级地震对区内的影响，地震局有效地应对。联系市地震局确认地震要素信息，了解会商意见，全体工作人员坚守各自岗位，密切做好震情跟踪，并及时向有关部门报告震情及相关工作开展情况，避免群众恐慌，维护社会稳定。

（杨　芸）

【防震减灾科普示范学校建设】 5月8日，联合区应急办、区民政局在新桥路中学举办以“城镇化与减灾”为主题的防灾减灾日综合演练与防震减灾科普示范学校授牌活动。至此，全区已建成包括首师大附中永定分校和西辛房中学在内的示范学校3座。

（杨　芸）

【地震安全社区建设】 10月，临镜苑、依山嘉园和石门营五区3座社区的应急预案编制、组织机构建立、避难场所建设、志愿者队伍建立与培训、应急疏散演练等创建工作，并于为“门头沟区地震安全社区”的授牌仪式。

（杨　芸）

【防震减灾宣传】 年内，以“5·12”主题宣传、“平安中国”“7·28”防震减灾法制宣传周、地震知识下乡4个重大宣传专项为核心，先后在各学校、街道乡镇、重点企事业单位组织培训活动近20场、电影播放活动6场、宣传活动40余场、演练活动2场、收益人数近3万人次，发放各类宣传材料5万余份。

（杨　芸）

【防震减灾科普基地建设】 年内，门头沟区防震减灾科普教育基地建成。位于区公共安全馆内，该馆建筑面积1500平方米，馆内地震科普展览面积900平方米，包括地震模拟震动台、倾斜小屋、门头沟区应急避难场所分布图、地震安全教育主题墙、空中翻书电子设备、触摸屏以及公共安全多媒体培训教室等。年内共接待集体参观学习3次，主要接待对象为小学师生，累计参观人数达500余人。

（杨　芸）

【地震应急疏散演练】 年内，组织不同层级、不同形式的地震应急演练4次，包括区桌面应急演练、“5.12”新桥路中学和铁路中学防灾演练、军庄镇综合防灾演练，累计参与的学生和居民达4000余人。同时，全区所有学校将地震应急演练纳入教委年度综合评比中，做到每季度进行一次地震应急疏散演练。

（杨　芸）

【应急避难场所建设】 年内，完成斋堂镇文化公园应急避难场所的设计及施工，该场所总面积约1.5万平方米，可利用疏散面积约1.2万平方米，可紧急疏散约6000余人。撤销立思辰公园应急避难场所1座。至此，区内应急避难场所9座，总疏散面积约33.9万平方米，可疏散人员约16.95万人。

（杨　芸）

【地震应急救援队伍建设】 年内，全区有地震应急救援队伍11支，其中专业救援队伍2支，分别为门头沟应急救援大队和地震灾害应急救援队；志愿者队伍9支，分别为门头沟区地震应急志愿者队、绮霞苑地震应急志愿者队、绿岛家园地震应急志愿者队、德露苑地震应急志愿者队、滨河西区地震应急志愿者队、月季园东地震应急志愿者队、临镜苑社区地震志愿者队、石门营五区社区地震志愿者队、倚山嘉园社区地震志愿者队，注册人数690人。同时，在业务创新开展网络地震知识培训，通过网络平台发布地震培训知识 2 次，拓宽地震志愿者参与地震知识学习的渠道。

（杨 芸）

【防震减灾助理员队伍建设】 年内，对防震减灾助理员举办 6 次业务培训，其中到社区 5 次，集中培训 1 次，共 210 人次参与。

（杨 芸）

【规范化管理地震观测台站】 年内，对全区地震观测台站调研，通过与相关单位多次沟通，在理清台站隶属关系的基础上，与各台站及主管单位签订三方工作协议，明确各方责任，首次建立属地管理原则。

（杨 芸）

【严格执行会商制度】 年内，严格执行周、月、年中、年度、加密和紧急会商制度，着重做好元旦、春节、五一、十一长假期间的震情会商工作，制定《门头沟区全国两会期间震情跟踪方案》和《门头沟区 2014 年 APEC 领导人非正式会议地震安全保障工作方案》，全年组织会商 54 次，及时、广泛地分析处理数据资料，并按时将会商意见上报至市局监测预报中心。严格执行 24 小时震情值班制度，确保信息畅通。

（杨 芸）

【区内震情】 年内，经观察，门头沟辖区内共发生地震 29 次，最大为 9 月 10 日 3 时 36 分，东经 115° 52′，北纬 39° 57′，发生 Ml2. 7 级地震。

（杨 芸）

【获得荣誉情况】 年内，撰写的《首都圈地区二〇一四年年中度地震趋势研究报告》和《首都圈地区二〇一五年度地震趋势研究报告》获得北京市 2015 年度地震趋势研究报告评比第二名；齐家庄台获得上年度形变学科压磁应力三等奖；沿河城台获得上年度流体学科人工观测优秀奖。

（杨 芸）

·气象工作

【概况】 门头沟区气象局是北京市气象局和区委区政府双管事业单位，下设门头沟和斋堂 2 个国家一般气象观测站、灵山等 31 个区域自动气象观测站、3 个人工影响天气基地、1 个土壤水分自动观测站、1 个 100 米高梯度测风塔、1 个电离层 D 吸收区空间天间监测站。全局现有在职职工 12 人，离退休职工 13 人，主要负责全区的地面气象观测、天气预报、气候分析、预警信息发布、气象行政许可与执法、气象探测环境保护、气象服务、防雷装置安全监管、人工影响天气等工作。年内，完善了全区气象观测站网体系和气象灾害防御体系，完成“中坤杯”第五届国际北京国际山地徒步大会、APEC 会议等气象服务保障工作；精神文明创建、党风廉政建设、气象服务、基础业务建设、政府信息公开和全程办事代理等各项工作协调发展，保持了“首都文明单位标兵”称号。

单位名称：北京市门头沟区气象局
地　　址：北京市门头沟区滨河路22号
电　　话：69804766
邮　　编：102300

（付 磊 邓中婷）

【市局领导指导检查慰问工作】 1 月 8 日，北京市气象局纪检组长带队到气象局考察指导工作。23 日，市气象局局长带队检查工作并对工作在一线的工作人员进行慰问。

（付 磊 邓中婷）

【参观反腐倡廉警示教育基地】 2 月 17 日，局党组带领全体干部职工参观北京市反腐倡廉警示教育基地。

（付 磊 邓中婷）

【纳入城乡建设工程管理体系】 2 月 27 日，区政府制定《门头沟区城乡建设重点工程综合管理体系工作方案》，区气象局的防雷检测和验收工作纳入该体系的工作流程。

（付 磊 邓中婷）

【召开气象现代化建设专题会】 3 月 6 日，召开 2014 年气象现代化建设专题工作会，宣布更新门头沟区气象局气象现代化工作领导小组，传达中央领导对气象工作的批示及市局下发的 2014 年重点任务、实施方案及相关批示等文件，同时传达区委、区政府党建、党风廉政建设、重点任务等文件，结合市、区两级重点任务，分解落实局内气象现代化工作重点。

（付 磊 邓中婷）

【市局领导区领导座谈】 3 月 18 日，市气象局局长一行与区领导就门头沟区加快实现气象现代化有关工作进行会谈。

（付 磊 邓中婷）

【气象科普进校园、进课堂】 3 月 21 日，围绕 2014 年世界气象日“天气和气候：青年人的参与”的主题，开展“3. 23”世界气象日宣传活动——进校园、进课堂。

（付　磊　邓中婷）

【市局领导验收三农项目】　3月24日，市气象局副局长带队的专家组，对区2013年三农项目工作进行验收，专家组通过对项目的完成情况、资金使用情况、建设的情况等进行实地考察和质询，一致同意通过验收。

（付　磊　邓中婷）

【参观气象局】　3月26日，京西时报雏鹰小记者到局内参观，近距离学习、感受气象。4月15日，黑山小学五年级的老师和同学们到局内参观学习。

（付　磊　邓中婷）

【培训工作】　4月14日至18日，组织全体人工影响天气作业人员开展为期一周的上岗培训，邀市人影办法规科科长、延庆炮械师对炮手进行理论和实操培训。全体作业人员均通过考核，取得上岗资格。5月29日，召开汛前气象协理员培训会。10月15日，开展消防安全知识培训，讲解消防安全管理、建筑防火、灭火器的使用、火灾逃生等消防知识。11月14日，邀请市气象局执法办副主任到局内，对执法人员进行执法工作实务培训。11月19日，组织召开2014年气象信息员培训会，公布2014年市、区两级优秀气象信息员获奖名单。

（付　磊　邓中婷）

【推进区内实现气象现代化】　4月30日，区政府召开第48次常务会，审议通过《北京市门头沟区率先实现气象现代化工作实施意见》，并成立率先实现气象现代化领导小组。

（付　磊　邓中婷）

【宣传工作】　5月8日，到新桥路中学参加区政府举办的“5.12”防灾减灾日宣传活动。向各界领导、社区居民和学校学生发放《门头沟区气象灾害防御手册》《北京气象灾害防护指南－霾》《气象灾害防御明白卡》和气象宣传袋等宣传材料。28日，与国家局气象出版社一行6人，到区双峪社区进行气象防灾减灾知识宣传。6月16日，在永定河公园参加由区安委会组织的安全生产月宣传咨询日活动。8月12日，参加区住建委举办的全区安全质量工作例会，并就防雷安全管理知识进行宣传。12月4日，开展国家宪法日暨法制宣传日宣传活动，现场讲解《中华人民共和国气象法》《气象灾害防御条例》，并发放《门头沟区气象灾害防御手册》《气象灾害明白卡》、气象宣传袋等宣传材料。

（付　磊　邓中婷）

【汛前检查】　5月9日，市气象局副局长带领局办公室、减灾处和观测与预报处领导一行5人到局内检查汛前各项工作的准备情况。

（付　磊　邓中婷）

【召开汛前动员会】　5月30日，召开汛期工作动员会，副局长传达区防汛工作会议精神，同时布置汛期工作重点。

（付　磊　邓中婷）

【气象观测站迁建工作】　6月12日，与北京市麻峪工贸中心共同签署“门头沟国家气象观测站迁建”协议。7月18日，市气象局巡视员和副处长就门头沟观测场选址问题到门头沟局进行实地调研。8月1日，区政府召开气象观测场选址和人影工作专题会，副区长协调相关部门解决局内拟建气象观测场选址问题。11月5日，区政府组织召开气象观测站选址推进部署会，会上，就推进气象观测站选址工作进行了部署。15日，召开专题会，与观测场选址所在地的永定镇行政主要领导协商，由永定镇政府与白庄子村协调用地事宜。28日，区政府召开观测场选址工作专题会，讨论观测场占地方式，提议征地划拨指标，拟将此事提交区长办公会决议。12月3日，区政府召开区长办公会确定将采取征地方式，并向市规委申请用地指标，用地补偿由区政府协调永定镇解决。

（付　磊　邓中婷）

【部门联动发布预警信息】　6月20日，组织业务人员到区防汛办座谈，就入汛以来预警信息发布情况、发布手段及信息共享等方面进行沟通。6月27日，北京市观象台业务人员到局内参观交流。

（付　磊　邓中婷）

【召开气象工作专题会】　7月4日，区政府召开气象局工作专题会，研究气象会商系统资金落实事宜和气象观测场选址方案。

（付　磊　邓中婷）

【专题民主生活会】　7月7日，门头沟区气象局党组召开专题民主生活会。16日，召开党组专题民主生活会情况通报会，向全体职工通报局党组专题民主生活会情况。

（付　磊　邓中婷）

【主汛期工作部署】　7月16日，召开主汛期工作部署会，传达市局《关于做好当前防汛减灾气象服务工作的通知》文件精神，并提出要求。

（付　磊　邓中婷）

【纳入区安委会】　7月17日，区安委会正式发文，将气象纳入区安委会，并明确承担的工作职责。

（付　磊　邓中婷）

【党支部大会】　7月22日，党支部组织召开党员大会，选举产生新一届支部委员会。选举党支部书记1名，党支部委员会委员4名。选举大会结束后，新一届党支部委员召开第一次全体会议，明确新当选委员的分工。

（付　磊　邓中婷）

【部门联动、信息共享】　7月24日，邀请区旅游委到局商谈合作，促进门头沟区旅游、气象部门信息共享和技术合作，发挥部门优势，为区内旅游景点和旅游者提供及时、精准的气象预报预警服务。8月20日，与区旅游委正式签订《关于提升旅游气象灾害防御能力框架协议书》。10月29日，与区广播电视中心正式签订防灾减灾合作框架协议。

（付　磊　邓中婷）

【检查工作】　8月14日，北京市人影办领导到门头沟区人影作业点进行安全检查，排查隐患，预防和杜绝安全事故的发生。9月16日，联合北京市气象局执法办、区安监局对区在建项目进行防雷安全执法检查。9月29日，中国气象局第四检查组到门头沟检查“三农”气象服务专项工作。

（付　磊　邓中婷）

【制发安全社区认证工作实施细则】　8月27日，区气象局、区社会建设工作办公室、区突发事件应急委员会办公室三家单位联合印发《门头沟区社区气象灾害应急准备认证（安全社区认证）工作实施细则》，推进区内安全社区认证工作。

（付　磊　邓中婷）

【气象行政审批工作】　9月1日，气象行政审批工作在区政务服务大厅窗口正式启动。

（付　磊　邓中婷）

【工作调研】　9月5日，联合区社会办就气象安全社区推进等工作到社区进行实地调研。

（付　磊　邓中婷）

【印发气象灾害防御规划】　9月10日，结合门头沟区气象灾害防御工作实际，在征求各相关单位意见基础上，经区政府审批同意，与区发改委正式印发《门头沟区气象灾害防御规划（2014－2020年）》。

（付　磊　邓中婷）

【市局领导慰问离休干部】　9月26日，北京市气象局纪检组长到门头沟慰问离休干部、老党员。

（付　磊　邓中婷）

【召开离退休职工座谈会】　9月28日，召开离退休老干部座谈会，转达了北京市气象局领导的关怀，并向各位离退休老干部送上节日祝福。

（付　磊　邓中婷）

【节前安全工作部署会】　9月30日，召开节前安全工作部署会，部署国庆期间安全工作，传达中发7号文件精神，以及气象现代化工作进展情况通报会精神。

（付　磊　邓中婷）

【增设增雪烟炉】　10月13日，在北京市人工影响天气办公室的支持下，在妙峰山镇禅房村建立增雪烟炉，并进行试燃放。

（付　磊　邓中婷）

【召开APEC期间工作部署会】　10月30日，召开APEC期间工作部署会，传达市局、区政府关于加强APEC期间有关工作的要求，并就单位工作进行部署。11月5日，开展APEC期间施放气球情况大检查，对区域内重点场所进行施放气球活动大检查。同日，到门头沟区东山人影作业点进行检查，保障APEC期间人影作业点安全。

（付　磊　邓中婷）

【帮扶工作】　11月7日，到扶贫对口村斋堂镇青龙涧村进行实地走访调研，协助村里开展贫困帮扶人员资格审定，调查气象灾害防御需求，配备气象灾害防御书籍，在青龙涧村建起首个村级气象信息服务站，配备计算机、宣传栏，普及气象科普常识和防灾减灾知识，提升人员整体素质，提高新农村建设整体科技含量和防灾减灾能力。

（付　磊　邓中婷）

【斋堂站观测场完成标准改造】　11月15日，斋堂站观测场完成标准化改造。

（付　磊　邓中婷）

【安全社区认证评审】　11月21日，组织召开2014年气象安全社区认证评审会，由市局减灾处、区应急办、区社会办、区农委组成评审专家小组，共评选出31个气象安全社区。

（付　磊　邓中婷）

【气象科普进各级政府】　11月

28日，为区政府、防灾重点单位、各镇街订阅《中国气象报》和《气象知识》，实现《中国气象报》和《气象知识》在门头沟区各镇街的全覆盖。

（付　磊　邓中婷）

【年度气候评价】　年内，全区平均气温为14.1℃，较常年平均值（12.5℃）偏高1.6℃。全年除2月较常年偏低0.5℃外，其余各月均较常年偏高，其中3月份平均气温较常年值偏高3.6℃，其次是1月份，较常年值偏高3.1℃。年极端最高气温为41.3℃，出现在5月29日，年极端最低气温为-12.3℃，出现在2月10日。年度内降水总量为264.3毫米，较常年降水量（568.0毫米）偏少303.7毫米，降水主要集中在5月至9月，降水量为231.9毫米。汛期（6月1日至9月15日）的降水量为173.8毫米，比常年（437.1毫米）偏少约60.2%；主汛期（7月16日至8月15日）57.4毫米，比常年（183.6毫米）偏少约68.7%。年度内一日最大降水量为28.7毫米，出现在7月30日。年内日照时数为2297.6小时，较常年（2275.2小时）偏多22.4小时。全年出现的主要天气现象包括大风21次、雨68次、霾104次和轻雾142次。故年内天气气候综合评价为：气温偏高、降水明显偏少、日照接近常年。

（付　磊　邓中婷）

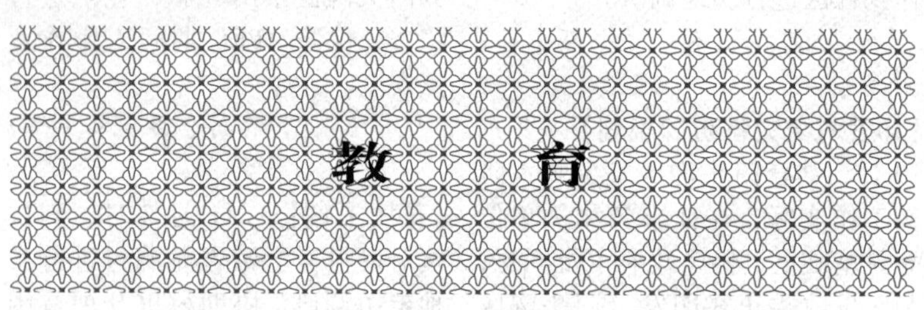

教　育

【概况】　年内，门头沟区小学23所，开设教学班379个，毕业1836人，招生2180人，在校生11314人，在校生中北京市户籍学生7362人；教职工1195人，其中，专任教师944人。中学14所，开设教学班235个（初中166个、高中69个），毕业2036人（初中1330人、高中706），招生2437人（初中1720人、高中717人），在校生7191人（初中4844人、高中2347人），在校生中，北京市户籍学生5917人；初中入学率100%，巩固率93.62%，毕业及格率100%，升学率98.43%，高中应届毕业生高考录取率92.93%。教职工1266人，其中，专任教师840人。特殊教育学校1所，毕业生4人，招生12人，在校生65人，教职工25人，其中，专任教师21人。校外教育单位5个，教职工143人，其中，专任教师87人。工读学校1所，教职工34人，其中，专任教师21人。全区中小学专任教师学历合格率100%，高级技术职务教师775人（小学552人、中学223人）。中小学占地面积56.76万平方米，建筑面积31.28万平方米，图书馆藏书101.29万册，固定资产总值54425.91万元。全年教育经费总投入163123.4万元。其中：财政补助159351.6万元，非财政补助3771.8万元。

单位名称：北京市门头沟区教育委员会
地　　址：北京市门头沟区新桥大街65号
电　　话：69842564
邮　　编：102300

（周文涛　许中山）

【开展主题教育实践活动】　1月3日，门头沟区“小手拉大手文明一起走”主题教育实践活动启动暨首批“八好文明新家”挂牌仪式在龙泉小学举行。活动由区教委、区文明办、团区委、区委社会工委等单位联合开展，社区居民代表150余人参加活动。

（王　艳）

【名师工作站工作】　1月5日，特级教师李卫东、陶昌宏工作站门头沟分站在教师进修学校召开了中期总结会。北京市大兴、顺义区的初中语文教研员和部分语文教师以及门头沟区初高中各校语文、物理教师共260余人参加。年内，多次开展陶昌宏、李卫东名师工作站教研活动，充分发挥两位名师的专业引领作用，在首师大附中永定分校、西辛房中学、王平中学、军庄中学等学校相继召开区级教学研讨活动，全区物理、语文教师课堂教学行为得到有效优化，在各级赛事中成绩显著。教师进修学校以聘请客座研修员、初中助理研修员等形式充实研修员队伍。召开区高中研修工作调研会，坚定信念，统一思想，激励研修员开展基于区内实践情况的研修工作。

（邵　华）

【召开总结表彰会】　1月16日，召开总结表彰会，表彰优秀教师，交流先进经验和好的做法。下半年，开展门头沟区中学学科教师教学基本功培训与展示评比活动暨“春蕾杯”“百花杯”竞赛，重点打造中青年教师，着力促进中青年教师学科专业素养提升。

（邵 华）

【荣获综合考评奖和特色工作奖】 1月22日，经北京市教育工会委员会常委和专家评审，教育工会荣获2013年综合考评奖和特色工作奖。

（王国平）

【绘制教育新地图】 1月，门头沟区在全市率先发布了区域教育新地图。新地图的绘制保持一个镇一所小学一所幼儿园，中学相对集中；城镇按照北部地区（棚户改造重点地区）、中部地区（行政核心区）、中南部地区（高新技术及住宅重点开发区）和南部地区（棚改安置区）的整体规划，各区域都形成了从幼儿园、小学、初中、高中“一条龙”式教育服务链。根据教育新地图适时调整了小学入学划片范围和初中入学方式。

（许中山）

【实施家校社会协同教育工程】 1月，启动学校家庭社会协同教育工程。

（许中山）

【培训工作】 1月，教委利用寒假时间组织25名中学英语骨干教师到美国纽约进行为期28天的培训学习；组织22名校长和农村中小学骨干到美国进行为期10天的学习交流，实地体验翻转课堂等先进的教育理念。3月18日至19日，BDS课程资源建设项目组带领部分名师到龙泉雾小学和大峪一小，通过实地授课对所到学校干部教师开展从课程到课堂全方位互动式培训，实现名师同步课程资源与学校课堂教学和教师教研深度融合。

（范 兵 李 执）

【移动云课堂项目启动】 2月27日，“移动云课堂”项目启动仪式在门头沟区龙泉小学召开。北师大专家及区内干部教师30余人参会。会上，北师大专家播放了移动云课堂项目研究的短片并做了“课堂网络环境下的高效教学－移动云课堂促进思维发展”的讲座，介绍先进教学技术带来的教学思考以及对传统教学带来的冲击，并且就“移动云课堂”项目进行了简要介绍。

（李 执）

【完成2013年财政决算】 2月，完成2013年财政决算和全国教育经费报表工作。决算确认，区财政教育经费总拨款159351.6万元，比上年111337.5万元增加48014.1万元，增长43.12%。其中：教育事业费73221.1万元，基本建设拨款1369万元、教育费附加27337.9万元（区级附加6044.5万元，市级附加21293.4万元），地方教育费附加29702.1万元、离退休经费15463.3万元，科研拨款5.3万元，地方基金12252.9万元。全年预算外总收入3771.8万元，其中：事业收入3578.6万元，其他收入193.2万元。教育经费总支出134499.5万元，比上年96362.7万元，增加38136.8万元，增长39.58%。其中，人员经费支出62426.6万元，占总支出的46.41%，公用经费总支出72072.9万元，占总支出的53.59%。

（吕 萍）

【开展各类比赛活动】 3月10日至20日，由门头沟区教委主办，新桥路中学、大峪中学青少年体育俱乐部协办的2014年门头沟区中小学生篮球比赛。共有来自全区20所学校、30支球队、近500名中小学生参与比赛。大峪中学、新桥路中学、北京实验二小永定分校分别荣获了篮球比赛高中男子组、初中组男子组、小学男子组冠军；大峪中学分校、黑山小学分别荣获篮球比赛初中女子组、小学女子组冠军。3月24日至4月11日，区中小学生足球比赛在新桥路中学、首师大附中永定分校田径场举行。全区32支球队近500人参赛，小学男子甲组大峪二小第一；小学男子乙组育园小学第一；小学女子组黑山小学第一；初中男子组新桥路中学第一；初中女子组新桥路中学第一；高中男子组大峪中学第一。4月19日，区中小学生跆拳道比赛在实验二小永定分校体育馆举行。全区350余名学生参赛。大峪中学分校获初中组团体总分第一；实验二小永定分校获小学组团体总分第一。20日，区中小学生乒乓球比赛在实验二小永定分校体育馆举行。全区300余名学生参赛。大峪中学分校获初中组团体总分第一；实验二小永定分校获小学组团体总分第一。20日，区中小学生乒乓球比赛在实验二小永定分校体育馆举行。全区200余名学生参赛。大峪中学获象棋项目初中组团体总分第一；圈门小学获象棋项目小学组团体总分第一。大峪中学分校获围棋项目初中组团体总分第一；育园小学获围棋项目小学组团体总分第一。11月22日，区中小学生跳绳比赛在新桥路中学体育馆举行。全区38所学校，近1200名中小学生参与比赛。新桥路中学、龙泉小学、清水中心小学分别荣获了跳绳比赛初中组、小学组、中心校组团体冠军；东辛房小学获了花样跳绳比赛一等奖。

（王　曦）

【召开党风廉政建设专题报告会】 3月20日，召开党风廉政建设专题报告会。教委机关全体党员干部及教育系统各单位党政领导干部听取了由北京市教育纪工委书记作的《党风廉政建设专题报告》。教育系统200余人参加了会议。

（王　曦）

【推行课外活动计划】 3月24日，制订《门头沟区中小学生课外活动计划的实施方案》，并在全市率先推行课外活动计划，分三个层次落实。通过政府“购买社会服务”的形式，集中聘请了专业师资队伍，在全区各中小学统筹安排了网球、棒球、舞蹈和DI4个区级引导项目，逐步形成区内课外活动的区域特色。

（王　曦）

【举办第十七届学生艺术节】 3月29日，举办第十七届学生艺术节。艺术节以“阳光下成长”为主题，涵盖了合唱、舞蹈、朗诵、戏剧、室内乐等艺术表现形式。此届艺术节动态表演类和静态作品类参与学生总人数为3658人次，覆盖了全区100%的中小学校。

（王　曦）

【构建德育工作体系】 3月，举办中学德育管理论坛，以改进德育工作条块分割、不成体系的现状。会上，中教科负责人解读《门头沟区中学育人目标统领下学校德育工作体系构建工作方案》，德育专家以案例的形式，与大家分享了区域、学校、年级、班级等各级德育工作体系构建的理论、模型及实践经验。各中学教育教学干部40余人参加论坛。

（王　艳）

【开展安全教育日活动】 3月，定为全区的安全教育月，各学校开展形式多样的安全教育活动。3月31日，区实验二小永定分校作为北京市唯一的分会场，全体师生参加了此次演练。

（王冬冬）

【举办优秀表彰交流活动】 4月10日，在首师大附中永定分校召开2014年优秀中学生、单项标兵表彰交流会。包含中等职业学校在内的17所学校34名学生被评为区级优秀中学生，188名学生被评为文明礼貌、关心集体、立志勤学等单项标兵，其中的4名优秀学生代表分享了自己的成长事迹。区教委、进修学校、中学、中职、小学300余名师生参加了此次活动。4月22日至5月12日，以“德育活动课程化的探索与实践”为主题，开展2014年中学德育观摩交流周系列活动，包括中小衔接课程研讨、学科德育优秀课例展示与交流、生涯规划课程展示与交流、法制安全教育课程研讨交流等四类课程研讨活动。

（王　艳）

【研讨工作】 4月11日，召开“山区学校学习方式变革思考与实践研讨会——门头沟区减负提质系列活动走进斋堂中心小学”。会上，展示了校本课程和课外活动，体现了学校“三段合一”整体教学模式、“移动云课堂”、信息技术课与专题教育有机整合。全区干部教师60余人参会。30日，由北京市教研中心主办，区教委、进修学校承办的“北京市小学语文减负提质研讨会”在龙泉小学召开。会上，展示了区内研修员“基于学情的监控评价与课堂教学有机结合”研修活动，体现了对以教研为核心，融课程、德育、科研、培训等为一体的研修模式与路径的思考。兄弟区县教研员和教师140名、区内61名学校干部教师在现场参加了此次研讨活动。同时全区25所小学的干部教师在本校通过“远程数据互动处理系统平台”观摩了研讨活动。6月20日，“我的成长之路——门头沟区2014年中学生综合素质评价成果展示与工作研讨会”在大峪中学初中部举行。展示《成长与分享》《让快乐伴我成长》《印章背后的故事－成长ing》和《社团、快乐、成长》四个主题活动，学校做了《让学生在成长之路上起飞》的发言，介绍了“成长之路”卡片的设计，是利用学生自评、同伴评价、教师评价，促进学生综合素质不断成长。区教委、各中学德育干部及班主任代表50余人参加活动。7月6日至8日，第一届全国技术支持下的优质学习学术研讨会在门头沟举行。会议由首都师范大学现代教育技术重点实验室举办，北京市门头沟区教育委员会承办，共有来自全国各地的400余位代表参加。会上，分别在门头沟区教委和甘肃省兰州市教育局设立分会场，进行现场转播。主题为：技术支持下的优质学习。会议围绕主题展开对话与研讨，分为主题工作坊、专家讲座、现场课展示和互动论坛四个版块，邀请全国各地学者、教育工作者、一线教师及校长、教育技术学博士与硕士研究生就有关信息技术支持下的优质学习的理论成果与实践经验探讨和交流，共享经验，共谋发展。中国教育报刊社、现代教育报、中小学信息技术教育报等多家媒体以及特邀专家、教育行政部门领导、一线学校领导及教师和来自全国13个省、自治区及直辖市的220名代表以及分会场近230名代表参加会议。10月16日，门头沟区西辛房小学、城子小学联合举办“翰墨寄情中国梦，书法育人西小魂”的书法课程建设研讨会。研讨会上，与会人员观看了学生软笔、硬笔书法的现场展示及书法长廊的书法作品。语文教师的书法基础训练课及书法教师的书法练习课。教委教工委领导、教师进修学校领导、全区小学教学主任、书法教师、家长代表60余人参加了此次研讨会。11月21日，育园小学开展“践行社会主义核心价值观培养有志气的中国人”立志教育研讨交流会。会上，听了学名人、小志向、阅读欣赏等13节精品课，并通过观看专题片《做有志气的中国人》、听校长汇报及师生访谈节目，全方位了解了学校践行社会主义核心价值观，打造立志教育课程体系。市区教委领导、进校领导、北师大及北京市课程中心专家及区各校干部140余人参加活动。25日至26日，北京第二实验小学教育集团第三届“大爱杯”课堂教学研讨活动在实验二小永定分校举行。来自全国26所成员校及区内中小学干部教师200余人参与此次活动。活动共有数学、语文、英语、音乐、体育五个学科的20节课。27日，在三家店小学召开了关于利用互动技术改变学习方式的教学实践研讨会。全区学习方式变革专题实验校干部教师30余人参加。研讨会上，学校对项目的实践进展情况进行介绍并利用移动终端（ipad）互动教学技术进行课堂展示。12月16日，城子小学、龙泉雾小学、琉璃渠小学、斋堂小学联合开展了“以美德修身 与文明同行”——培育和践行社会主义核心价值观共同体研讨活动。研讨活动4所学校分别展示以“文明”为主题的校本课程和班会课并通过现场汇报学生展示了快板、古诗诵读、情景剧、模特秀及健美操等。随后，4所学校以访谈的形式来展现了各自的德育工作特点及共同体践行社会主义核心价值观的做法。区教委领导、进校领导及学校师生、家长代表共200余人参加此次活动。19日，城子小学和西辛房小学共同开展“运用思维规律，提升师生学习力”项目研讨活动。项目研讨活动分别呈现了两节二年级数学思维训练课、两节四年级直接思维训练课。课后，围绕课堂教学开展教学研讨。北师大教授分别点评了两节思维训练课，并围绕如何更好培养学生思维品质提出了指导性意见。项目组指导专家及全区干部教师50余人参加了此次活动。24日，在大峪中学初中部召开2014年门头沟区初中课程综合性研讨会。活动分为观摩听课和交流研讨两个环节。在观摩听课环节，从社会学科间整合、语文学科三级课程建设融合、中华优秀传统文化从课内阅读走向课外阅读等维度展示了五节精彩课例。在交流研讨环节，校长做了《用课程建设引领学校发展》的工作汇报，从课程理念、课程结构、课程整合等三个方面介绍了峪中初中部的课程建设工作。市教科院基教研中心副主任、课程中心副主任等专家对此次活动给予了肯定，并分别对课例和峪中初中部的课程建设工作做了点评。

（裴军　王娜　李执）

【举行“五四”集体入团宣誓仪式】 4月30日，来自全区各中学350名新团员到爱国主义教育基地－门头沟区档案馆，举行了新团员集体入团宣誓仪式。韩子荣等区领导和区政府办、区教委、区档案局、团区委等单位负责人参加了活动。

（殷冉冉）

【特级教师评审】 4月至5月，开展特级教师评审工作，共计评审推荐7人，经过市级评选，最终通过7人，通过率100%，居全市第一。

（范　兵）

【组织开展防灾减灾活动】 5月8日，在新桥路中学举行大型地震应急疏散演练活动及公共安全与防灾减灾系列宣传活动。区应急委、区地震办、区教委、公安分局、消防支队等25家单位及新桥路中学师生近千人参加了此次活动。

（王冬冬）

【通报审计情况】 5月23日，区委教工委、区教委领导听取了审计部门关于2013年对26名校长离任经济责任审计情况的汇报，并将审计情况以教委通报形式印发基层单位。这是区教委自开展校长离任经济责任审计工作以来首次向全系统通报审计结果，打破了以往审计结果只在小范围知情的局面，做到了审计结果公开、透明，推动了审计结果的利用。

（封　帆）

【举办学生体质健康标准测试赛】 5月24日，在新桥路中学体育馆举办2014年门头沟区国家学生体质健康标准测试赛。测试赛项目以最新《国家学生体质健康标准解读》为标准。包括身高体重、肺活量、跳绳、立定跳远、坐位体前屈、引体向上、50米、正常视力检出率、标准体重检出率等内容。测试对象为小学四五年级、初一年级、高一年级的在册学生。大峪中学获高中组团体总分第一；三家店铁路中学获初中组团体总分第一；王平村中心小学获小学组团体总分第一。全区中小学近6000名学生参赛。

（王　曦）

【开展家庭教育专题报告会】　5月27日，与区妇联联合举办家庭教育专题报告会。中国专业人才库少儿考评专家做了“孩子，你的天赋妈妈懂”专题讲座。此次活动为家长们带来了全新的亲子教育理念，向家长传递了亲子教育的智慧和方法。全区近200名儿童家长参加活动。

（李　执）

【开展红十字手拉手活动】　5月27日，西城区红十字会和区红十字会联手，玉桃园小学与区龙泉雾小学开展手拉手活动。

（王　曦）

【举办“六一儿童节”庆祝演出】　5月29日，门头沟区“健康快乐伴成长，畅想京西少年梦”六一儿童节庆祝活动在门头沟区少年宫内举办。750余名少年儿童代表与区领导韩子荣等共同参加了此次活动。活动在入队仪式中展开，区领导为新少先队员代表佩带红领巾，并向全区少年儿童致以节日的问候和祝福。随后，领导们与孩子们共同观看了文艺演出，并走进教室与多所小学的20余个社团的孩子们互动活动。

（般冉冉）

【启动智慧教育项目】　5月30日，与北京联通公司和北京盛学成长科技有限公司合作，在全市率先启动智慧教育项目。召开“智慧门头沟移动新教学——智慧教育应用项目启动会”。会上，区教委向全系统教职员工发放移动智能学习终端3700余部，实现每人一机全覆盖。移动新教学的应用，为教师发展与提升提供了有效地途径，对于门头沟区山区质量提升具有极大地推动作用。北京电视台、京华时报、京郊日报等媒体均报道了“移动平台助力山区教育”的内容。

（宣传部）

【规范小学初中入学工作】　5月，区教委规范小学初中入学工作。结合区内实际，小学实施免试就近入学，中学按照特长生、大派位、住宿生和对口直升四种方式对区内适龄学生进行录取，对于棚改区改造所带来的招生特殊情况，制定贴心的特殊政策，拆迁居民的适龄入学子女，可根据自己实际情况，选择在户口所在地就读或在棚改安置房所在的片内学校就读，门头沟区整个招生过程平稳有序。

（许中山）

【规范干部管理】　5月，区教工委、区教委下校考察55个单位，共谈话中层以上领导干部350余人，发放民主测评表1800余张；创新干部考核方式，组织37名试用期干部集中述职；制定《关于深化干部谈心谈话工作的办法》，开展干部谈心谈话，加强对干部的了解和日常思想政治教育。

（伏建琮）

【新、翻建工程】　6月1日，雁翅中小学素质教育基地翻建工程竣工并交付使用。该工程新建建筑面积5585.84平方米，其中综合楼建筑面积2142.89平方米，宿舍楼建筑面积3442.95平方米，总投资1970万元，其中市政府固定资产投资共计278万元。8月8日，新建小园小学工程开工建设。该工程占地面积29000平方米，建设规模18580.7平方米，36班，批复总投资9739万元，其中由市财政地方教育附加经费支持资金6575万元。12日，新建八中门头沟校区工程开工建设。该工程占地面积73370平方米，建设规模60994.12平方米，54班，新增学位2160个，批复总投资36214万元，其中市级支持资金26004万元，包括市政府固定资产投资13002万元，以及市财政地方教育附加经费支持资金13002万元。9月1日，迁建大峪一小工程正式竣工并交付使用。该工程占地面积22700平方米，建设规模13391.35平方米，24班，批复总投资7915万元，其中由市财政地方教育附加经费支持资金4935万元。12月底，三家店铁路中学翻建工程竣工。该工程用地面积16190平方米，新建建筑面积12252平方米，改造建筑面积7434平方米，36班，包括24班初中，12班小学，可容纳学生1440人，批复总投资6150万元，均由市政府安排固定资产投资。

（基建科　张晓巍）

【召开小学主题班会总结表彰会】　6月12日，门头沟区小学主题班会展示活动总结表彰暨培训会在教师进修学校召开。上半年，区教委联合教师进修学校开展小学主题班会设计与展示活动，走进24所小学，到课堂听班会展示，最终评出12节优秀班会。表彰会上，一等奖获得者以说课的形式分别展示了他们的班会设计与实施，进校德育研修员从班会的价值、内驱力、境界等方面进行了实效性培训和专业引领。区教委领导和教师进修学校相关负责人、全区小学德育干部以及在职班主任老师共200余人参加了此次活动。

（王 娜）

【创新安全教育形式】 6月，成功申请加入了由国家教育部授权，中国教育学会主办的安全教育实验区项目，成为北京市首个加入该项目的区县。依托安全教育实验区的网络平台，由学校教师按照每两周1课时进行安全课堂教学，从幼儿园至高中所有学生通过登陆安全教育网络平台，系统的学习安全知识和技能，实现全区学校安全教育标准化、系统化、规范化、制度化，构建有效的安全教育管理机制和安全教育体系，提升师生安全防范意识和技能水平。

（王冬冬）

【开展师德标兵评选活动】 上半年，在全系统开展“师德标兵评选活动”，大峪中学等101名教师被评为门头沟区师德标兵，在教师节大会上受到表彰。大峪中学、新桥路中学和龙泉小学教师荣获北京市师德先进个人称号。

（王国平）

【参加教学基本功比赛】 上半年，组织参加北京市初中教师教学基本功比赛。所选派的18位参赛教师全部获奖。其中，获得一等奖9个，总体成绩在全市名列第四。

（许中山）

【培训工作】 7月，举办“门头沟教育系统工会主席持证上岗培训班”。全系统有24个基层工会变更工会主席。7月，全体新招聘及转岗幼儿教师参加幼儿教师第一阶段培训，共170人参加培训（小学转岗教师110人、应届毕业及社招人员60人）。8月，启动“儿童健康指导”研修培训项目，参训幼儿教师137人。9月28日，开展小学三级课程整体建设培训会，全区小学干部64人参会。会上，市级专家解读相关文件要求，并对学校三级课程整体建设的意义、方法和实施进行了理性的梳理。与会专家肯定了区内小学课程管理干部工作的积极性，同时指出亟待研究和改进的问题。9月至12月，组织第二、三阶段培训，未开园小学所属单位的40人、已开园并从事教育教学活动62人参训。9月至12月，开展全区融合教育系列培训。培训分别围绕随班就读干部教师及资源教师工作中的困惑，邀请北京市特教中心特聘专家为中小学、幼儿园教师讲解了北京市融合教育工作相关政策、理论及实践方面的知识。全区中小学幼儿园干部教师200余人参加。10月24日，召开新版小学生综合素质评价手册培训会。专家围绕北京市小学生综合素质评价试行方案，从“指导思想”“评价目的”“基本原则” “评价指标”“评价方式” “评价结果的呈现与应用”“评价的组织与实施”7方面为老师们进行了解读。全区干部教师130余人参与了此次培训。12月18日，与教师进修学校联合召开区教育科学“十二五”规划2014年度立项课题开题培训会。全区2014年度158项立项课题负责人及干部教师近200人参会。会上，介绍了的区级大课题《区域家长教师协会运行机制的实践研究》开题过程，与会专家给予点评并进行开题报告撰写的专题讲座。25日，召开2014年教育系统宣传思想工作总结培训会。会上，对2014年15个宣传思想工作集体和30名宣传思想工作个人进行表彰。教工委与北京教育新闻中学合作，邀请中国传媒大学专家以及《中国教育报》记者为教育系统宣传人员做培训，培训内容包括《新形势下中小学舆情应对及危机管理》《摄影基础课程》和《与通讯员谈新媒体时代教育新闻的认识与采写》，教育系统主管宣传思想工作的领导和通联员共120余人参加培训。

（范兵 王国平 赵盈春 李执 王娜 李执）

【落实“两个责任”】 8月18日至22日，利用新学年第一次机关大会、第一次两委会、第一次教育干部暑期工作会，就如何抓好“学习落实两个责任，推进党风廉政建设工作”的贯彻落实，进行了专题学习和部署。

（王 峰）

【中高考成绩大幅提升】 8月，3所高中校取得高考好成绩，全区一本上线率再次超过100人，本科上线率较2013年提高了17%；中考高分段学生较去年提升17%，优秀率较去年提升16.8%，中高考总体成绩均实现大幅提升。

（许中山）

【下发廉政公开信】 9月1日，通过“爱教通移动教育终端”和门头沟区教育信息网向全区教育工作者下发“自尊自律·廉洁从教——致全区教育工作者的一封公开信”。倡议老师们“自尊自律，做廉洁从教的模范”。

（王　峰）

【培育和践行社会主义核心价值观】　9月9日，门头沟区在全市第一个出台区级《培育和践行社会主义核心价值观实施方案》，在全区构建“五维联动、六大工程”立体格局。区级层面和各校开展主题活动。10月25日，举办“门头沟区小学生成语英雄大会”，以优秀民族文化引领学生践行社会主义核心价值观。10月，全区开展“门头沟少年好声音——社会主义核心价值观讲唱汇”比赛和文艺汇演。

【召开庆祝教师节大会】　9月9日，召开庆祝第三十个教师节暨优秀教师、优秀教育工作者表彰大会。会上，授予171名同志“优秀教师”“优秀教育工作者”荣誉称号，授予10名同志“魅力教师”荣誉称号；授予人大附小京西校区数学教研组等5个团队“卓越团队”荣誉称号。区委、区政府、区人大、区政协、各委办局领导及教育系统共400余人参加。

【召开启动会】　9月9日，召开全系统培育和践行社会主义核心价值观启动会。教委领导对《门头沟区中小学培育与践行社会主义核心价值观实施方案》进行了解读，明确要强化“五维联动”，实施“六项工程”，即建立市区校承接、校内外协调、家校社协作、课内外并重、知情意行统一的五维联动机制，实施人人熟知、课程渗透、主题实践、文化引领、榜样引路、协作育人等“六项工程”，全面系统构建推动全区培育和践行全区社会主义核心价值观的立体格局。教工委教委领导、部分科室人员、各基层单位负责人共300余人参加会议。

（王　艳）

【模拟联合国大会活动获奖】　9月13日至14日，北京市第四届中学生模拟联合国大会在一零一中学举行，大峪中学作为门头沟区代表队参加活动并获得最佳组织奖、联合国大会第三委员会立场文件奖、最受欢迎节目奖等多个奖项，指导教师刘明作为全市指导教师代表在大会闭幕上发言。

（王　艳）

【举行心理健康教学基本功大赛】　9月23日，门头沟区首届中学心理健康“春蕾杯”“百花杯”教学基本功大赛在教师进修学校举行。13名中学心理教师参加比赛，2名教师获得一等奖，5名教师获得二等奖，6名教师获得三等奖。

（王　艳）

【开展教学融合工作】　9月24日、10月15日、29日、11月14日、19日、12月24日，在大峪中学分校、军庄中学等学校开展多次培训、研究课、观摩课和研修员示范引领课。提升学生思维品质和语文教师学科素养。其中，大峪中学分校老师的语文课《范进中举》在“创新学习方式　促进教育变革”论坛中作为实验课展示，获得好评。

（邵　华）

【举行小学语文知识竞赛】　9月25日，在琉璃渠小学举行首届“京萌杯”语文知识竞赛，来自通州、丰台、顺义和门头沟的12所语文主题单元研究联盟校的干部教师及学生共300余人参加此次活动。此次语文知识竞赛分设了3－5年级的个人和小组赛，形式有口答、笔答，着重考察了学生课内外积累的古诗、成语、基础知识和基本技能。

（李　执）

【召开总结表彰会】　9月26日，召开区中学教师基本功培训与展示总结表彰会，对历时两年的市区中学教师基本功培训与展示工作做了梳理与总结；表彰了在2014年北京市初中教师教学基本功、实验教师和实验员实验技能基本功及网管教师基本功培训与展示活动和区级培训与展示活动中取得优异成绩的教师代表。共有243名教师获得市级奖项。

（邵　华）

【开展责任文化展示交流活动】　9月29日，东辛房小学在建校百年之际召开以“百年育人承责任，世纪文化启征程”为主题的责任文化展示交流活动。此次活动中，各位来宾通过观看“百年教育责任在肩”学校专题片、聆听校园形象天使的校园文化讲解、参观5个各具特色的展室，对东小有了更为全面的认识。活动展演环节中，通过师生的葫芦丝演奏、踢踏舞表演、太极扇和武术表演……都让所有来宾深切感受到学校责任文化的力量。区教委教工委领导及各校校长、友邻单位代表、老校友代表及师生共100余人参加了此项活动。

（王　娜）

【开展调研工作】　9月，联合区教师进修学校中学开展以“开学第一课，你准备好了吗？”为主题的行政业务协同调研活动。采取汇报、座谈、听课等形式，督促学校强化顶层设计，构建智慧课堂，落实核心价值观。活动涉及区域内所有中学。9月，区教委结合秋季收费，对全区学校外包食堂财务管理情况开展调研并形成调研报告。调研报告建设性意见纳入教委有关食堂建设发展管理规划中。9月至10月，门头沟区社会大课堂办公室完成34家资源单位的调研工作，并推选5家区级资源单位参加第五批市级资源单位申报。12月27日，在全区中小学开展体育学科课堂教学情况调研工作。该项工作涉及小学五、六年级，中学初二、高二年级，项目有跨越式跳高、仰卧起坐、健身拳、女生仰卧起坐、男生引体向上。由区教委聘请北京体育大学专家组成专家小组完成调研工作，工作涉及到现场测试、现场初步反馈，后期统计、最终评价报告、全体体育教师课堂教学专项培训。

（邵华　封帆　王曦）

【完成阳光体育联赛评估奖励】 9月，完成阳光体育联赛评估奖励。2013学年度——2014学年度阳光体育联赛共颁发奖金59.79万元，共38所学校获奖，最高奖励5.1万元。

（王　曦）

【初中学科教师脱产轮训】 9月，面向全区初中学科教师开展脱产轮训项目，制定并印发《门头沟区初中学科教师脱产轮训项目规划》《2014－2015学年度门头沟区初中学科教师脱产轮训项目实施方案》。此项目周期为六年，2014年33名初中学科教师参加首轮培训。

（范　兵）

【开展中小学田径运动会】 10月11日，由区教委主办，区少年宫承办，大峪中学协办的2014年门头沟区中小学生田径运动会。共有全区所有中小学近1500名中小学生参与了开幕式阳光体育运动展示。有近1000名运动员参与了比赛，大峪中学荣获高中组团体总分第一；大峪中学分校荣获初中组团体总分第一；实验二小永定分校荣获小学组团体总分第一；潭柘寺中心小学荣获中心校组团体总分第一。

（王　曦）

【开展编写活动菜单及活动纲要】 10月11日，召开“2014年中小学生综合实践体验圈运行管理研讨会”，启动各教育基地活动菜单及活动纲要编写工作。经过梳理活动、专家引领、印刷校对三个阶段，形成涵盖三大领域、11个门类、53项主题、134项活动的活动菜单及活动纲要。

（王　曦）

【召开教职工运动会】 10月19日，召开2014年教育系统教职工运动会。运动会设9大类20个运动项目，以趣味性为主，竞技性为辅，教职工参赛率达到了58%。

（王国平）

【成立班主任工作室】 10月23日，举行2013－2014中学优秀班主任表彰交流活动暨青苗、名优班主任工作室成立仪式。表彰交流环节，北京市紫禁杯优秀班主任、北京市学生喜爱的班主任、北京市基本功展示活动获奖班主任等一大批优秀班主任受到表彰。工作室成立仪式上，教师进修学校校长宣读了45名青苗班主任、24名名优班主任名单。主管副校长解读了工作室方案，明确了培养目标和培养计划。区教委、进修学校领导和各中学班主任代表160余人参加活动。

（王　艳）

【开展单位法人经济责任审计】 10月24日至12月31日，对年内调整的5名校长开展离任经济责任审计。审计部门组织兼职审计人员开展审计工作，审计金额共计1.2亿元，重点审计单位内部控制执行情况和经费管理使用效益。

（封　帆）

【召开现场会】 10月28日，在新桥路中学召开门头沟区创新人才培养与课程建设现场会。开幕式上，新桥路中学做“构建以创新人才培养为核心的课程体系，促进学生全面而有个性的发展”的主题发言。课程展示环节，涉及国家、地方、校本三级课程的19节精彩的课堂展示涵盖了语文、数学等10个学科。研讨交流环节，市青少年创新人才培养学院办公室主任、台湾国立台南大学、昆山科技大学、中华医事科技大学、台湾实践大学等6位教育专家均对学校的创新人才培养课程体系给予了高度评价，一致认可学校全面而有特色的课程建设工作。

（邵　华）

【召开家长教师协会工作推进会】 10月30日，门头沟区家长教师协会市级课题研讨会在大峪二小召开。会上，学校负责人向参会人员介绍了学校办学理念及家校协会课题研究推进方案并提出了课题研究过程中的困惑及困难；专家对学校在家教协会课题研究过程中所取得的成绩给予肯定，对学校、班级两个层面的研究方案进行指导，并就班主任提出的困惑和困难进行解答，为实验学校明确了工作方向。北京教科院专家、区进校德育研究员及大峪二小教师代表参加了此次会议。

（王　娜）

【参与首都文明单位评比活动】10月，在首都文明办开展的“2012－2014年度首都文明单位（标兵）评选”活动中，区教委、大峪一小、大峪二小被评为首都文明单位标兵称号，实验二小永定分校、大峪中学、大峪中学分校、新桥路中学、东辛房小学被评为首都文明单位称号。

（宣传部）

【完成基层党组织换届选举工作】10月，完成56个基层党支部的换届选举工作，做到了选举前认识统一，组织有序；选举中程序严谨，过程规范；选举后培训到位，分层分类。

（伏建琮）

【完善干部选任工作机制】10月，组织完成装备站副主任的全系统竞争上岗的工作和区幼儿园、保健所副职领导的校内竞争上岗工作，以竞争上岗的方式选拔了3名副校级干部。

（伏建琮）

【开展发放书包活动】11月4日，三家店小学举行“感受关爱，传递温暖”书包发放仪式。学校运用北京外交人员服务局的捐资助学款为每一名学生精心设计、制作了书包。活动中，家长和学生代表发表了感言，学生谈到了自己激动和感恩的心情，家长谈到了对教育的信心和支持。校长表达了对社会和政府以及友邻单位的最诚挚的感谢和敬意。北京外交人员服务局、门头沟区教委领导及600名师生、家长参与活动。

（王　娜）

【举办讲唱汇活动】11月13日，举办“门头沟少年好声音——社会主义核心价值观讲唱汇暨庆祝中国少先队建队65周年”活动。节目是从全区中小学中评选出的优秀原创作品，学生们用合唱、情景剧。

（殷冉冉）

【举办展示活动】11月19日，在首师大附中永定分校举办2014年中学生瞭望杯时事论坛展示活动。论坛主题聚焦“环境治理与公民责任”，来自首师大附中永定分校、雁翅中学等学校的8名学生分别演讲《还你一片蓝天》《保护母亲河，我们在行动》等。在场领导向获奖学生和指导教师颁发奖状，《中学时事报》主编进行了点评。全区各中学德育干部、学生300余人参加活动。

（王　艳）

【召开自主合作学习现场会】11月19日，在黑山小学召开北京市“自主合作学习”现场会。北京市基础教育研究院专家以及来自朝阳、通州、房山的“合作分享学习”课题实验校及区内干部教师60余人参会。会上，播放了学校研究历程短片并进行了课堂展示。与会专家对区内的研究工作给予肯定，同时也提出改进建议。

（李　执）

【开展同课异构课堂教学研究】11月24日，联合首师大重点实验室在龙泉小学召开“给予大数据时代、基于数字校园的教学实践”课堂教学观察活动。门头沟区龙泉小学和东城区一师附小2名教师分别利用电子白板互动反馈和翻转课堂等技术手段，执教人教版三年级数学《周长的认识》一课。Cop团队进行了课堂观察数据汇报，课堂转化率、教师时间占有率、对话深度、四何问题等进行数据链证明。同时指出了进一步研究和改进的方向。全市各项目实验学校及外省市干部教师共40余人参与此次活动。

（李　执）

【开展听评课展示活动】12月2日，在首师大附中永定分校举行理科组听评课展示。10日，在新桥路中学举行文科组听评课展示。全区15所中学共23位教学干部参与了此次活动。

（邵　华）

【举办论坛活动】12月6日，由北京师范大学和门头沟区教育委员会主办，松果阳光（北京）教育科技有限公司承办的“创新学习方式　促进教育变革”论坛在门头沟区举办。国家教育咨询委员会委员、国家总督学顾问、联合国教科文组织协会世界联合会副主席、亚太地区联合国教科文组织协会联合会名誉主席，清华大学副校长，北京师范大学副校长，首都师范大学副校长，《中国教育报》总编辑，北京市教委副主任，门头沟区委书记等领导参加论坛。在场近600人观看了《提升思维能力构建高效课堂》的宣传片。会上，做了项目总结报告，介绍了近年来门头沟教育改革创新发展的成效以及“运用思维规律，提升师生学习力”项目的探索、推进、创新、提升及展望。大峪二小副校长、北京工业大学实验学校校长、陈经纶中学嘉铭分校副校长作了典型发言。大峪二小和大峪中学分校向大家生动展示了数学和语文课在运用思维训练后取得的成果。专家名人进行现场点评发言。在区少年宫、大峪一小、首师大附中永定分校设立分会场，进行教学展示和现场点评。谢维和为全体参会人员做了专题报告。北京教科院课程教材发展研究中心主任作了总结发言。来自云南、陕西、河北等省市、北京其他区县约150名教育同仁以及区内400余名教学干部和教师参加活动。

（邵　华）

【举办教育变革论坛】　12月6日，在门头沟区少年宫举办由北师大和区教委主办的“创新学习方式促进教育变革”论坛。门头沟教委做了项目总结报告，部分学校领导及专家学者在会上进行发言。区少年宫、大峪一小、首师大附中永定分校作为为主、分会场展示了语文等学科在运用思维训练后取得的成果。来自外省市及北京其他区县约150名教育同仁以及区内400余名教学干部和教师参加活动。

（李　执）

【小学班主任成长工作室启动】　12月19日，与进修学校联合召开“门头沟区小学班主任成长工作室启动大会”。会上，解读《门头沟区小学班主任工作室工作方案》《课程规划》研修手册使用要求并布置第一阶段工作计划；接着进行了初始年级班主任征文表彰；颁发了区级指导教师聘书和学员研修手册。区级指导教师和学员代表分别发言。进修学校领导及各学校德育负责人、班主任代表75人参加会议。

（王　娜）

【修订《经济责任审计实施办法》】　12月，针对2008年实施的《门头沟区教育系统单位法人经济责任审计实施办法》进行了修订、完善。区教工委、教委领导讨论通过了《门头沟区教育系统领导干部经济责任审计实施办法（试行）》。

（封　帆）

【召开改革发展实施方案答辩会】　12月，召开“学校三年改革发展实施方案专家答辩会”。北师大教育学部11位教授组成的专家团队、两委领导及相关科室的科长以及全区43所中小学、幼儿园、中等职业学校和特殊教育学校的校长参加。

（伏建琮）

【建成学校健身房】　12月，为全区中小学配备了室内健身设备。该批设备有动感单车、椭圆机、腹肌板等400余套器材，同时还配备了室内空气净化设施，解决了室内锻炼空气质量问题。

（王　曦）

【规范引进学校管理】　12月，教工委教委主要领导带领人事科、小幼科、职成科等相关科室对龙泉大地、金色摇篮、京师实验三所委托办园和人大附小京西校区、京师实验小学两所小学通过听取汇报、查看资料、现场听课、座谈等形式进行了考核诊断，对引进校（园）在办学理念、办学思路、管理规范等方面表示肯定，同时指出办学中存在的不足，敦促学校和幼儿园加以改进。

（许中山）

【举办高端论坛活动】　12月，举办“创新学习方式，促进教育变革”论坛研讨活动。通过工作报告、课例观摩、专家讲座等系统总结、展示交流基于教育领域综合改革背景下学习力项目的实践成果，得到与会领导和专家的一致认可。

（许中山）

【特级教师评选】　12月，区内7人参评北京市特级教师全部入选，通过率100%。截至目前，区特级教师数达16人。其中包含年内引进的外省市高级人才5人。

（范　兵）

【“综合实践体验圈”课程建设】　下半年，6个教育基地根据各自功能定位梳理完成体验圈的活动菜单和活动纲要。雁翅基地作为综合实践体验圈的接待和服务中心，基础设施建设完成，可同时接待师生1000人。

（许中山）

【教师人事制度改革】　年内，教育系统实施了教师人事制度改革。小学和幼儿园实施全员岗位竞聘，涉及教职工1500余人，110人平稳转岗分流到幼儿园，有效保障了新建幼儿园开园的师资补充；针对中学教师结构性超编的实际，实施学科教师轮岗培训，利用六年时间对全区中学教师培训一轮，提高教师的专业素质，首批33人轮训班已经启动。通过人事制度和分配制度改革解决了小学长期超编和中学结构性超编的状况，初步探索了教职工由“单位人”向“系统人”转变的可行性。

（许中山）

【引进优秀教育人才】　至年底，共引进外省市高级人才5人，其中特级教师4人，省级骨干教师1人。

（许中山）

【开展群众路线教育实践活动】　至年底，区委教工委、区教委和教育系统58家单位按照统一部署、分层推进、压茬进行的原则，完成学习教育听取意见，查摆问题开展批评，整改落实建章立制三环节的工作任务，实现了“受教育、转作风、强组织、解难题、提士气、促发展”的目标。教工委教委召开的全系统会议同比减少 25%，下发文件数量减少 13%；两委领导 2014 年下基层调研同比增加 98%。

（许中山）

【推进教科研和研训一体改革】 至年底，区教委推进教科研和研训一体改革。创新区级教科研管理，从区域重大课题、一般课题和青年专项课题发布《课题指南》，鼓励研修员和学校教师积极申报课题，开展课题研究专题培训，指导学校通过课题研究推进教研、科研工作，解决教育实际问题，提升教师研究能力和实施智慧教育的能力，促进学生实现优质学习。

（许中山）

【实施体育导师制】 至年底，区教委在全区中小学实施“体育导师制”。由体育老师和校医根据学生体质为每一个学生开具个性化的“运动处方”，班主任和科任教师担任学生的体育锻炼导师，监督指导学生平时的锻炼，加强与家长沟通。

（许中山）

【落实党风廉政建设】 至年底，区委教工委加强党风廉政建设，强化两个主体责任，在全系统开展党风廉政建设专题培训，强化领导干部廉政意识，履行纪检监察职责，严格监督执纪问责，构建廉政风险防控“五大体系”，推进教育系统廉政风险防控管理科学化、规范化、制度化，促进门头沟区形成风清气正的教育环境。严格执行财务制度，确保教育经费高效合理使用。加强内部审计工作，对 7 个单位领导干部进行了经济责任审计，开展秋季收费检查工作，并将审计以及收费检查中发现的问题反馈给基层单位，使各基层单位加强依法行政、依法治校的意识。

（许中山）

【完成小学人事制度改革】 至年底，完成小学人事制度改革。此次改革涉及 24 所小学 1500 名教职工，既解决了小学超编 150 余人的问题，完成 2014 年新建幼儿园的师资保障工作，同时优化小学校级绩效工资分配方案。

（李　娜）

【教师招聘】 至年底，进行 2 次招聘，共招聘新教师 110 人，其中研究生学历 42 人，本科学历 26 人，专科学历 42 人，本科以上学历占招聘总数的 61.8%，研究生学历占招聘总人数的 38%，创造历史最高纪录。

（李　娜）

【多项措施提高校园安保能力】 至年底，投入 369 万元对区中小学、幼儿园视频监控设备进行了升级改造；为全区所有学校安装一键式快速报警装置。

（王冬冬）

【干部全员培训格局基本形成】 至年底，开展干部培训工作。开设各类干部培训班 7 个，培训党员干部 370 余人次。

（伏建琮）

【法制教育取得新成果】 至年底，组织全区师生参加教育部第一届法制教育多媒体课件征集活动，北京市教育工委、市教委组织的中小学模拟法庭教育优惠课例征集活动、中小学生学法守法心得撰写大赛、教师法律知识竞赛等活动，多人获得一、二、三等奖和优秀组织奖等。

（王冬冬）

【成立法制教员队伍】 至年底，成立由 51 名教师担任的法制教员队伍，根据学生的身心特点，由经过法制培训的老师为学生讲解法制课程，在全市教育系统尚属首次。

（王冬冬）

【完成创新人才培养项目审计】 至年底，区教委对 2012 年、2013 年北京市基础教育阶段创新人才培养项目专项资金管理和使用情况进行了专项审计，审计资金 152 万元。针对审计中存在的问题，召开了专题汇报，对结存资金进行了重新分配，扩大了项目实验学校数量，并对专项经费使用情况进行了统一要求，规范了对各学校项目资金的管理。

（封　帆）

【“家校社协同教育研究”课题开题】 年内，北京市教育规划“十二五”重点课题“社会、学校、家庭协同教育研究”门头沟区子课题开题论证会在教师进修学校召开。市教科院专家、西城教科所专家、门头沟区教委、进校相关负责人以及 4 所实验校课题负责人 30 余人参加开题论证会。大峪二小、大台中心小学、新桥路中学、王平中学 4 所实验校分别陈述了子课题开题报告，专家从“概念界定”“文献综述”“研究目标”“研究内容”等方面进行了指导。

（王　艳）

【开展教育科研课题申报研究】 年内，制定、颁布、实施《门头沟区教育委员会关于印发＜门头沟区教育科学“十二五”规划2014年度课题指南》的通知》《北京市门头沟区教育科研课题管理办法》及《门头沟区教育科学规划2014课题经费管理办法》等文件。12月18日，召开门头沟区教育科学“十二五”规划2014年度立项课题开题培训会，组织基层单位进行申报，共确立了231项课题，现资助经费已经到账，进入实质研究阶段。

（邵　华）

·教育督导

【概况】 年内，区政府教育督导室围绕全区教育发展总体目标，开展教育督导工作，坚持依法督导，加强督导队伍建设，优化督导方式，完善督导工作体系，全面提高督导水平。重点确保上级工作任务的完成，及时监控热点难点问题，努力推动热点难点问题逐步解决。

（陈菊新）

【做好义务教育均衡发展达标验收】 1月2日，召开教委相关部门迎接国家级义务教育均衡发展达标验收工作动员会。25日，核查数据，如实准确按时上报市教委。3月，相关科室及装备、房管部门组成督评小组，按照“横向到边、纵向到底、不留死角”的思路，对全区37所义务教育学校8项办学条件指标进行严格检查，督促各学校确实做到硬件达标、使用充分、管理到位。通过核查整改，全区学校办学条件基本达标，保证了全区义务教育均衡综合差异系数在国家规定范围之内（小学为0.4642，中学为0.393）。4月4日，召开全区校长会对义务教育均衡发展迎接国家督导作动员部署。5月9日，审核各科义务教育均衡发展档案材料。

（陈菊新）

【38所学校实现100%挂牌督导】 1月25日，按照每5所学校配备1名督学的要求，为全区38所学校配备责任督学，在校门口公示了责任督学的工作内容、照片、联系方式、邮箱。门头沟区38所中小学实现100%挂牌。

（杜红霞）

【召开责任督学挂牌督导工作会】 2月20日，召开第一次责任督学挂牌督导工作会。会上，解读《门头沟区人民政府教育督导室关于建立督学责任区落实中小学校挂牌督导制度的实施方案（试行）》，明确落实督学责任区挂牌督导制度的重要意义，确定挂牌督导工作的工作程序、工作任务及督学责任区考核细则，并依据工作需要对参会的责任督学及督学联系人进行了相关培训。8位责任督学及我区中小学校督学联系人共40余人参加了此次会议。

（陈菊新）

【做好学前教育督导自查工作】 2月26日至28日，会同相关科室实地走访了全区8所企业及社会办幼儿园，了解了幼儿园幼儿在园学习、生活以及幼儿园收费、园所安全等情况。

（陈菊新）

【完成学前教育督导工作】 3月13日，北京市教育督导室对区内落实学前教育三年行动计划情况开展督导检查。督导组肯定了区内学前教育取得的成绩。

（陈菊新）

【完成教育满意度调查】 3月21日，为时3个月的全区教育满意度调查结束。此次调查有督导室实施，主要采取问卷形式，对象包括全区37所中小学的部分家长、学生，教师问卷作为参考。内容包括对学校教育教学工作、教师师德情况、教育行政部门引进优质资源、开展教育改革等的满意度测评和意见建议。共收集了针对每所学校和教育行政部门的意见建议7548条。通过汇总，家长对全区综合满意度为81.69分，其中家长对优质资源引进力度和效果、教师师德情况以及对学校安全工作满意度较高；对学校周边环境满意度相对较低；学生综合满意度为86.87分，其中对学校开展的教育活动满意度和班主任关心自己的程度满意度最高，对课业负担情况满意度最低。调查结果上报教育行政部门，作为改进以后工作的参考。

（陈菊新）

【制定下发教育督导评价方案】 6月至9月，重新修订的《北京市区县政府、教委、学校（教育机构）全面实施素质教育评价方案》，制定《门头沟区中小学（教育机构）全面实施素质教育督导评价方案》。10月8日，下发到全区中小学幼儿园及教育机构。

（陈菊新）

【检查办学条件达标情况】 7月1日至3日，分成三组对全区农村学校办学条件达标状况进行实地检查，并将发现的问题及时登记上报，督促相关部门及时解决。

（陈菊新）

【完成优质资源状况调查】 9月

19日至25日，对全区优质资源数量、分布状况，以及引进效果开展全面调研。全区有高中3所，其中示范高中1所，优质高中1所，占比66.6%；普通初中及九年一贯制学校11所，其中名校办分校3所，区传统优质学校1所，占比36.3%；小学23所，其中名校办分校2所，高校合作办学1所，区传统优质学校6所，占比39.1%；总体占比达到占比40.5%。

（陈菊新）

【完成教育督导评估】 12月3日，北京市人民政府教育督导室一行18人组成的北京市区县政府全面实施素质教育督导评估小组到区内开展了为期一天的督导检查。督导组听取了门头沟区政府向督导组做的题为《举全区之力锐意改革推进区域教育优质均衡发展》的全面汇报。汇报结束，督导组分别召开了相关委办局、教委各科科长以及部分学校校长（园长）座谈会，查阅了相关档案资料。对王平中学、大台中心小学、育园小学附属幼儿园，以及王平镇进行了实地考察。

（陈菊新）

·语言文字

【概况】 年内，门头沟区语言文字工作围绕贯彻十八大和十八届三中全会精神，认真落实《北京市实施＜国家中长期语言文字发展规划纲要＞的意见》，依照北京市语委2014年工作计划，做好国家语言文字法律法规宣传和优秀中华传统文化的传承工作。向全区人民“讲述好中国故事，传播好中国声音”，提升服务和管理社会语言生活的能力，为全区社会文明水平的提升、全民语言能力的提高、和谐语言生活的构建做出新的贡献。

（陈菊新）

【完成语音发音人遴选工作】 1月10日，遴选的4位“语音发音人”完成最后录音任务。至此，历时两年的北京市语音发音人遴选工作宣告结束。自2012年开始接受这项工作以来，区语委全程参与，认真组织获得市专家的好评，认为区内组织工作专业、到位，遴选结果令人满意，大大提高了遴选效率。

（陈菊新）

【举办成语英雄大会】 10月25日，举办首届“门头沟区小学生成语英雄大会”，全区22所小学、158名选手参加了比赛。英雄大会分为笔试和现场竞赛两部分。通过笔试，在22队中选拔出12队选手参加现场竞赛，以淘汰赛方式最后决出优胜队。最后城子小学、三家店铁路小学、人大附小京西分校的参赛队名列前三名，获得“英雄团”称号，育园小学、大峪一小、大峪二小的参赛队分别获得“英雄连”称号，实验二小永定分校、斋堂中心小学、三家店小学、黑山小学、大台中心小学、军响中心小学的参赛队分别获得“英雄排”称号。通过成语英雄大会竞赛，学生重温了“三顾茅庐”“凿壁偷光”“明修栈道，暗度陈仓”“卧薪尝胆”等生命力很强的成语，激发了小学生对传统民族文化的热爱，促进了优秀语言文化的传承，以优秀民族文化引领学生践行社会主义核心价值观。

（杜红霞）

【完成汉字应用水平测试工作】 11月4日，召开2014年汉字应用水平测试工作动员会，全区各级各类学校共42个单位主管教学副校长或主任参加了会议。会上，区语委办、语言文字测试分中心工作人员分别就北京市汉字应用水平测试工作进行了讲解和具体布置。全区专任教师1519名教师报名参加，占全区专任教师总数的近58%。12月13日，考试工作完成。

（陈菊新）

【组织汉字听写大赛选拔活动】 年内，在全区初中阶段语言文字示范学校当中推荐西辛房中学学生参加“第二届中国汉字听写大会”初赛以及相关活动。其中，情景剧《十四岁的雨季》获得了北京市三等奖，《夸父逐日》获得漫画三等奖。

（陈菊新）

·学前教育

【概况】 年内，门头沟区有幼儿园27所，开设教学班196个。离园幼儿1099人，入园幼儿1759人，在园幼儿5241人。教职工812人，其中专任教师460人。学前三年教育普及率91.16%。全区一级园4所，市级示范园1所，北京市早教基地8所，北京市特殊教育基地4所。

（何　苗）

【第三所政府委托办园开园】 2月10日，区第三所政府委托办园——京师实验幼儿园开园。京师实验幼儿园位于石门营小区，占地面积4526平方米，9个班规模。

（何　苗）

【学前教育获得肯定】 3月13

日，北京市学前教育专项督导组一行到区内，检查验收实施2011年——2013年学前教育三年行动计划成果。督导组首先查看了区内实施学前三年行动计划以来的工作材料，接着分别与相关委办局、教委相关科室负责人、各类型幼儿园园长进行座谈；到城子幼儿园、新星幼儿园、新世纪幼儿园、大台街道办事处与大台幼儿园、龙门新区三区及龙泉大地幼儿园进行实地考察。督导组专家肯定区内学前教育发展的成果。

（何 苗）

【启动年度学前双优评比活动】 4月18日，正式启动年度学前双优评比活动。开展区幼儿园教师双评优活动，邀请北京市级专家对户外体育游戏和语言教学活动进行了专题培训。参评的教师人数达到共85名教师参加，最终有52名教师分获一、二、三等奖。

（何 苗）

【开展培训工作】 4月、12月，分别开展《北京市幼儿园分级分类验收标准》解读、规范幼儿园管理材料等专题培训，并联合教研部门、区妇幼保健院对区6所申报上级上类的幼儿园进行专项视导和评估。9月17日，早期阅读研究专家到区内进行“绘本与幼儿园课程”的专题培训，从“为什么要把绘本引入幼儿园课程、要把什么样的绘本引入幼儿园课程、如何将绘本引入幼儿园课程”三个方面进行阐述，同时通过绘本示范讲读、活动案例展示及解析的形式，给老师们演示了如何使用绘本组织阅读活动、区域游戏、主题活动。

（何 苗）

【社区儿童早教示范基地】 6月5日，自区幼儿园、城子幼儿园、东辛房幼儿园、斋堂幼儿园、新星幼儿园、智慧摇篮倚山幼儿园、中科幼教绿岛幼儿园等幼儿园通过北京市社区儿童早教示范基地后，大台中心小学附属幼儿园成为区内第8所北京市社区儿童早教示范基地。

（何 苗）

【举行学前教研展示活动】 6月17日，门头沟区学前教研展示活动在城子幼儿园举行，教师进修学校相关负责人以《合力推进整合功能研训导向 促进发展》为题汇报了区内学前教研工作开展情况，城子幼儿园组织以“基于幼儿学习与发展需求的支持策略的研究”为主题的园本教研活动，与会人员围绕“提高主持人的教研组织能力，扎实做好园本教研工作，提高园本教研的实效性”开展研讨。北京市早教所的专家、各区县教研员到现场指导。

（何 苗）

【用传统文化教育润泽幼儿心灵】 9月至12月，区内各类幼儿园通过开设专门课程、主题活动、创设环境等形式开展传统文化教育。京师实验幼儿园开展“传统文化欢乐节”活动，邀请联合国非物质文化遗产大师到幼儿园，让家长及幼儿欣赏到非物质文化遗产的魅力。龙泉雾小学附属幼儿园进行“传承国学精髓 打造园所文化”的系列活动，教师们发挥各自的特长，采用了丰富多彩的形式对《三字经》进行诵读；斋堂中心小学附属幼儿园开展“我想怎么过大年”“我的压岁钱怎么花” “我设计的新年衣服”“我制作的新年礼物” “我的祝福”“我要感谢您”等系列我的新年我做主的主题活动。

（何 苗）

【启动干部教师双向交流活动】 10月31日，召开区内公办幼儿园与民办幼儿园干部教师双向交流活动启动会。作为此次活动试点城子幼儿园和新世纪幼儿园园长分别介绍了交流帮扶方案和学习方案。方案中明确了在交流期间，两所园分别派驻一名管理干部、一名骨干教师到对方园所挂职，挂职时间为一个月。派驻管理干部在挂职学习期间要做好“四个一”工作，即：一次教学工作观摩、一次教研活动、一次专题讲座或区域活动观摩、一份交流活动总结；派驻骨干教师也要做好“四个一”工作，即：一次教育活动示范、一次专题讲座、一次示范教研活动、一份挂职工作总结。

（何 苗）

【成立学前领域课程研究共同体】 至年底，制定《门头沟区学前五大领域课程研究项目实施方案（2014－2017年》，正式组建了艺术领域、科学领域、健康领域研究共同体，推进学习型团队建设，以项目研究推动全区幼儿园课程建设。各共同体确立了明确的研究主题，并制定了相关领域的三年研究方案，通过收集研究资料、小组观察学习、实践观摩研讨、专题培训等形式开展研究活动。

（何 苗）

·中等职业学校

【概况】 年内，门头沟区中等职业学校是该区唯一一所职业学校。开设中餐、幼儿教育、汽车运用与维修等6个专业，13个教学班。毕业生340人，就业率95%，职业资格证书取证率85%。毕业

340人，招生22人，在校生182人。教职工142人，其中，专任教师84人、教辅人员49人。专任教师中高级专业技术职务22人、中级40人。学校占地面积2.23万平方米，产权校舍建筑面积1.94万平方米。固定资产总值6268.13万元，其中，教学、科研仪器设备总值2302.89万元。图书馆藏书4.46万册。全年教育经费投入3542万元，其中，国家拨款3487万元、自筹经费55万元。高等成人教育学校1所（北京广播电视大学门头沟分校），开设专业14个，学历教育在校生1500人。教职工33人，其中，专任教师16人。外聘教师57人。教育经费投入761万元，其中，国家拨款400万元、自筹经费361万元。社区学院教职工52人，其中，管理人员7人，专任教师39人，工人6人。全年教育经费投入1048.89万元。

（范　千）

【参与京西职教交流协作组】 3月，海淀、西城、石景山、丰台、门头沟、房山、大兴等区县自愿联合成立京西职教交流协作组蒙古自治区，促进区际之间教育教学、教育科研、教师培训、职业技能竞赛以及服务区域发展等方面的交流与合作，进一步推动区域职业教育事业创新、可持续发展。区中等职业学校组队参加首次“京西杯”职业高中校学生技能竞赛，参加了八大类专业比赛项目中的三类共5项内容。取得了3个一等奖，4个二等奖，6个三等奖的优异成绩。

（范　千）

【推广芽苗菜种植培训】 5月29日，召开北京市“阳光工程杯”有机蔬菜家里种技能大赛暨“农艺入户”工程经验交流与项目推进研讨会。此项工作作为农艺入户工程的重要内容在全区推广，在4个街道7个镇开设40个培训班，培训近1万人次。同时与爨柏景区合作，在种植基础上，进行芽苗菜销售和经营芽苗宴的尝试。

（范　千）

【实施进社区下农村工程】 7月3日，社区学院艺术团管弦乐团与北京市交响乐团签订合作协议，依托市交响乐团的优质资源，为学院的乐团提供专业指导和帮助。全年在斋堂、妙峰山、王平、军庄、龙泉、永定等镇和大峪街道组织文艺演出近20场。

（范　千）

【研究课题获得国家级项目立项】 7月，北京开放大学门头沟分校申报的《港澳台青少年传统价值观认同研究》课题，获国家社科基金资助项目立项。门头沟区获得的首个国家社科基金项目，也是国家开放大学、北京开放大学系统唯一获批的国家社科立项课题。

（范　千）

【开办综合高中班】 8月，中等职业学校开设综合高中班，开设汽车运用与维修和学前教育两个专业，招生人数为14人。与大峪中学进行战略合作，在教育教学、教育科研、学生交流、实践活动享等方面进行合作，形成资源共享、学生互利、教师互助等工作机制。

（范　千）

【实施新型职业农民培育工程】 11月5日，启动新型职业农民培育工程，围绕生产经营型、专业技能型、社会服务型培养要求，全力推进专业大户、家庭农场主、农民合作社带头人等170人和农村经纪人、全科农技员、林果“乡土专家”等30人的新型职业农民培育工作。

（范　千）

【建立职成教双研修站】 12月，与进修学校中青年教师和骨干教师建立职成教双研修站，发挥三校中青年、骨干教师潜能，开发课程，编写教材，进行教学研究。

（范　千）

【组建职成教服务集团】 至年底，成立门头沟区职成教服务集团。

（范　千）

【开展中小学生职业技能体验】 至年底，开展中小学生职业技能体验。共开设烹饪、茶艺、插花等6项体验课程，全年共接待中小学体验学生1942名，其中包括韩国及英国学生71人。

（范　千）

【开办老年电大】 至年底，在军庄镇、石门营新区开办老年电大，开展中老年培训，培训内容包括国画、计算机应用基础及软笔书法，共培训137人，与军庄镇联合举办了老年电大国画作品展，展示培训成果。

（范　千）

【实施新市民综合素质提升工程】 至年底，在市民总校开设17个市民兴趣培训班，新建社区（如石门营新区）更多地开展健康知识、安全厨房、自救互救、心理健康等培训。开设绘画、摄影、书法、器乐等到健康急救、安全厨房、心理调适等，共开设112

个市民培训班，受众近2万人次。
（范 千）

·门头沟区幼儿园

【概况】 年内，北京市门头沟区幼儿园为教育部门办园类别，为日托制。园所占地面积6340平方米，校舍建筑面积3780平方米，体育场地面积1600平方米。固定资产796万元，全年教育经费投入8413万元。有幼儿图书室1个，教师图书室1个，藏书2.3万册，拥有计算机39台，教学一体机9台，电子白板5台，建立图书图书馆1个，拥有多媒体教室、音体厅和图书室、会议室等专用教室5个，普通教室13个。教室内设有电子白板、实物投影仪、计算机、电视、图书架、玩具柜等教学设施齐全；中大型玩具100余种，小型玩具360种。2014年9月，现有教学班16个，满额招生达到480名。成立分园小班部，（原大峪一小新桥大街81号），6个班，招生幼儿125名，变成一园两址。有大班4个班，中班6个班，共有幼儿360名。现有正式教职工61人，平均年龄38岁，其中干部9人，小评中高1人，小学高教师27人，专任教师45人，党员22人，市骨干1人，区级骨干4人，园级骨干4人；研究生2人，本科20人，大专23人。
（刘秋红）

【成立市级骨干教师工作室】 2月，成立市级骨干教师“冯艳飞青年教师工作室”。启动仪式上，工作室负责人以《教育重在日常》为主题进行了发言。随后，园长为工作室5名青年教师全体成员颁发了聘书，并提出了具体要求。
（崔颖侠）

【开展师德演讲比赛】 3月8日，开展以“爱心滋润童心”师德演讲比赛。
（崔颖侠）

【开展环保宣传活动】 3月16日，开展以“保护环境，还孩子们一片蓝天”环保宣传活动。大班幼儿当做小小环保宣传员，制定倡议书，宣传展板，胸前贴着自己制作的“环保小卫士”绿色爱心胸牌，向家长和行人用稚嫩的声音宣传环保口号，介绍环保知识，分发环保倡议书，积极主动邀请爷爷奶奶、叔叔阿姨观看宣传展板，在倡议书上签字。
（崔颖侠）

【召开支教总结大会】 3月28日，召开“手拉手”支山送教总结大会。
（崔颖侠）

【开展“心灵手巧变废为宝”活动】 3月，开展第三届“心灵手巧变废为宝”主题活动。活动中，家长和教师共同制定评比标准，成立“心灵手巧变废为宝”评选小组，上交136种共350件，评出“最佳实用性、趣味性、安全性”自制作品共39件，包括投掷、掷准、举重、跳跃、舞龙等自制玩教具在全园进行推广、制作。
（崔颖侠）

【组织亲子远足活动】 4月11日，开展“亲亲大自然，我们踏春去”亲子远足活动。近300名幼儿和家长完成了近4000米的远足活动。徒步活动结束后，幼儿以班级为单位开展各具特色的主题活动。大班开展了“美丽的春天写生”活动，中班开展“亲亲大自然放风筝”活动，小班开展“亲子同乐探秘春天”亲子游戏。
（崔颖侠）

【举办体育节】 5月9日，举办第五届体育节，有340多名幼儿及300余名家长参加了活动。小运动员们还在现场表演了跳绳、抖空竹、网球掷远、拍皮球、双脚跳接力赛，家长们表演了推铁环等体育项目。
（崔颖侠）

【开展六一庆祝活动】 5月27日至30日，开展“快乐六一”为主题的系列的庆祝活动。首先，孩子们将自己的艺术作品进行展示。接着，食堂的师傅们为孩子们制作了节日的自助餐，共有14钟食物供幼儿选择。还请了杂技团的演员们为小朋友们表演了杂技。29日至30日，幼儿园分小班和中大班分别开展庆六一文艺汇演，有舞蹈、合唱、歌表演、环保时装秀、打击乐，中大班幼儿进行了武术表演。还特别邀请武术教练为幼儿表演了舞狮和武术等。
（崔颖侠）

【召开专题组织生活会】 8月24日，分别召开专题组织生活会和民主评议党员工作。园长做了领导班子对照检查材料发言，其他干部做了个人对照检查材料发言，其他党员干部都提出了批评意见。
（崔颖侠）

【开展最美教师主题活动】 9月5日，开展“最美教师”为主题的庆祝活动。活动中，以我们的幼儿园25岁了——祝福；一路走来，真情相伴——庆教龄；最美区幼人——表彰先进教师；青蓝携手，共同成长——师带徒结对子仪式等内容庆祝。

（崔颖侠）

【体能课题获奖】 9月，《家园共育开展幼儿体能教育的实践研究》的课题研究取得丰硕的成果。该课题荣获北京市教育学会“十二五”教育科研课题研究成果三等奖。教师撰写的2篇论文在《门头沟教育》2014年第5期发表，1篇论文获得北京市一等奖，4篇论文获得北京市二等奖，6篇论文获得北京市三等奖。同时，2节录像课获得门头沟区一等奖，1节活动获得二等奖，1节活动获得三等奖。

（崔颖侠）

【党支部委员换届选举】 10月20日，党支部召开了全员党员大会，进行新一届党支部委员的选举工作。大会采取党员无记名投票的方式，严格选举程序，选举产生了新一届3名正式支部委员。

（崔颖侠）

【组织早教宣传活动】 10月22日，到龙泉花园社区，为社区群众送去了0-3岁教育指导和健康食谱。为家长讲解了0-3岁婴幼儿的生长发育指标、家庭护理策略、开展教养问题咨询，发放“0-3岁家庭指导游戏”“健康营养食谱”和“健康知识宣传”材料600余份。开展义诊、咨询及常见病的预防和早期幼儿教养知识的宣传。

（崔颖侠）

【推进交互式白板课题研究】 10月，在“交互式白板在集体教学活动中的应用”竞赛活动中，有一篇论文获得全国一等奖、一篇获得三等奖。全市一等奖2篇、二等奖2篇、三等奖2篇。课件获奖方面有全市一等奖1个、二等奖3个、三等奖15个。全区二等奖5个，三等奖：35个。录像课全市三等奖1个，全区二等奖1个。11月，全国新媒体新技术录像课评比共上报11个作品；门头沟区“三优”评比，论文8篇、课件62个，课例28个。

（崔颖侠）

【巧思法课题研究成果】 12月21日，在人民大会堂召开“第四节中国幼儿创造力邀请赛”。幼儿园有3幅绘画作品“城市建筑师”“电梯高架桥”“自救轮船”获二等奖，2名教师评为“最佳指导奖”，幼儿园被评为“最佳指导奖”和“创造力示范基地称号”。

（崔颖侠）

【开展亲子活动】 12月26日，大班小朋友和家长一起到京客隆超市开展亲子活动。教师为孩子们准备了5项购物卡，用家长为每位幼儿准备的30元钱，独立完成任务卡上的5项任务；家长负责孩子的安全，全程都不能帮助，只是做个摄影师记录孩子的整个过程。

（崔颖侠）

【举办赛诗会活动】 12月，组织第五届“读书节”系列活动之一，“弘扬传统文化，经典诵读赛诗会”活动。活动中以欣赏诗歌、诵读古诗、朗诵表演、《弟子规》经典古诗竞赛为主。

（崔颖侠）

·大峪第一小学

【概况】 年内，北京市门头沟区大峪第一小学占地面积2.27万平方米，建筑面积13391.35平方米，体育场面积7911平方米。图书馆藏书3.45万册。固定资产总值1282万元。全年教育经费投入1966万元，国拨1966万元。学校信息化经费投入15.2万元，拥有计算机268台，多媒体教室座位180个，校园网出口总带宽100M，“信息技术”课程2课时/周。普通教室26个、专用教室19个。教职工111人，包括副高级职称4人、中级职称68人，专任教师93人，本科以上学历88人。开设教学班25个。网址：58.117.146.4。

（高瑞红）

【成立附属幼儿园】 1月，大峪第一小学增设了附属幼儿园。幼儿园位于门头沟区曹各庄地块，占地面积为9391.63平方米，其中建筑面积7181.1平方米，绿地面积2818平方米，班级活动空间为112平方米，园内还配有音体、游戏、阅读等6个专用活动室。校领导参与前期工程建设规划，合力创建优质园所环境。这是区内迄今为止最大规模的幼儿园，内设18个教学班，可提供540个生位。

（李红霞）

【举办文化节】 5月30日，召开主题为“知行之间 分享快乐”第一届文化节展示活动。学校以“让每个孩子都是活动的参与者”，各班家长教师协会的代表也穿上了印有“知行之间 分享快乐”主题LOGO的文化衫，走进校园、走进课程、参与管理，使家长进一步了解了学校的课程建设特色，学校的办学形式也更加开放。

（吕建华）

【推行人事制度改革】 7月13

日，历时一个学期的人事制度改革。原有在编在岗教职工 87 人，教委核编数为 75 人，经过分流到附属幼儿园 13 人，小学在编在岗 74 人，完成改革任务，推动了学校的发展。

（吕建华）

【新校园落成】 8 月 1 日，大峪一小新校园建成。新校园从 2013 年 8 月开工，到 2014 年 8 月历时一年完工。新校园位于葡萄嘴环岛东南侧上元路，占地面积 22700 平方米，总建筑面积 13391.35 平方米。校园建有教学楼两座，普通教室 26 间，面积 72 平方米，综合楼 1 座，专用教室 19 个，面积 101 平方米。风雨操场及食堂，建筑面积 2259.34 平方米。学校操场跑道为 200 米标准跑道，铺设人工草皮，是五人制足球比赛场地。学校的信息技术水平也得到了改变，所有教室都安装了 75 寸的触控电视。学校的所有教室、办公室均安装了新风系统，不仅降低能耗，而且有效改善教室的控制质量。

（吕建华）

【举办百年校庆】 9 月 1 日，举行“百年传薪火今朝续新篇”新校园落成庆典暨新学期开学典礼。2014 年建校百年。开学典礼上，校长、教师、老教师、校友、家长和社区代表进行了火炬传递活动。

（吕建华）

【打造“和以修能”课程文化】 9 月，校内构建“和以修能”的定峰课程体系，建立以国家课程为基础性课程、以地方和校本课程为拓展性课程、以社团课程为特长课程的“身心与健康、语言与阅读、科技与思维、艺术与审美、生活与实践、人文与社会”六大类立体课程结构，使三级课程成为一个有机整体。学校开发了 36 门多样化的校本选修课程和 85 个社团课程。教师全员参与学校课程的开发与实施，家长参与管理，学生自主选择课程，体现了“授课教师全员化、必修课程诵经典、选修课程多元化、社团课程精品化”四个特点，从而促进学生健康、个性化发展。

（王消冰）

【举办读书节活动】 10 月 21 日，举行“阅读梦·书香情”主题读书节暨班级书社成立启动仪式。各年级围绕学校读书节活动主题确定了年级内读书活动主题，成立了 25 个班级书社，每个学生都参与到班级书社的建设中来，实现好书共享，现每个班级书社藏书量 600 本 - 800 本。学校还为每位学生印制了《我的读书成长册》和阅读小书签；有每天早晨的“十分钟经典诗文诵读”；每节课前的 2 分钟“说”书；每班的“小小书友会”：还有 1 年级 - 3 年级讲故事比赛；4 年级 - 6 年级读书演讲比赛和成语高手选拔赛，以及全校师生的“经典名句”书法大赛。教工委、教委领导、区图书馆馆长和 50 名家长代表参加了启动会。

（刘晓欣）

【成立“和之家”讲堂】 11 月 4 日，成立“和之家”讲堂。学校迁入新址后，家长教师协会委员会依托新的环境资源，特聘任 5 位老领导、老模范、老教师和关心学校发展的领导作为协会的顾问，指导学校工作，更好的促进学生和谐发展，并建立“和之家”讲堂。学校、家庭、社会合作，共同打造和谐育人文化，促进学校内涵发展。启动仪式后，160 余名家长听了《如何培养孩子良好的读书习惯》的讲座。

（潘宏琳）

【表彰最美一小人】 12 月 12 日，召开“践行社会主义核心价值观，争做最美一小人”颁奖仪式暨校级志愿服务基地揭牌仪式。表彰了 50 名“最美一小人”，颁发了奖杯和证书，特别奖获得者宣讲了她坚持五年到区福利院做志愿者的事迹。学校少先队大队授予四（1）中队“志愿服务中队”称号。全校 180 名师生，最美一小人获得者，区最美北京人代表，以及区福利院老师和孩子参加活动。

（吕建华）

【丰富课程内容】 至年底，学校与社会各界单位，团体沟通，研讨，达成共识。以普及课程打基础，多彩社团养兴趣，精品社团推人才的目标规划课程。学校在每个年级都开设了 1 - 3 门特色普及校本课程。成立了 85 个社团，并采取学生自主选择的方式，走班制实施，700 余名同学在社团课程中培养着兴趣。又积极与体育局、少年宫联系专业技能过硬的师资，成立了 5 个精品社团，招募了 115 名特长生接受更加专业的训练。

（潘宏琳）

·龙泉小学

【概况】 年内，北京市门头沟区龙泉小学占地面积 13465 平方米，建筑面积 12004 平方米，体育场面积 4162 平方米。图书室藏书 21211 册。固定资产总值 1562.23 万元。全年教育经费投入

2108.9996 万元，全部为国家拨款。学校信息化经费投入 520 万元，拥有计算机 311 台，多媒体教室座位 88 个，校园网出口总带宽 1000 Mbps，数字资源量 10GB，“信息技术”课程 2 课时/周。普通教室 26 个，专用教室 20 个。教职工 73 人，包括副高级职称 2 人，中级职称 50 人，初级职称 16 人，职员 2 人，工人 3 人。专任教师 53 人，其中本科 42 人，专科 9 人，高中学历 2 人。开设教学班 19 个。网址：http://www.mtglqxx.bjedu.cn。

（刘振春）

【召开随笔化作文研讨会】 3 月 14 日，召开随笔化作文研讨交流会。会上，观摩了龙泉小学三节随笔化作文基本课型课：情景作文课《特意功能》，读悟课《月光曲》，评改课《撕纸团》。课后，参与活动的领导和老师就随笔化作文中的优势及困惑进行了交流和研讨。

（王　鑫）

【开展消防疏散演练活动】 3 月 31 日，开展消防疏散演练活动。演练历时 2 分 55 秒，全校师生 680 人参加。演练前，德育主任讲解了消防疏散的注意事项以及火灾逃生技巧，保证了演练的快速、安全、有序。

（闫仲名）

【参加第七届全国白板大赛】 3 月至 5 月，19 位教师参加了第七届全国白板大赛。19 位教师全部获奖，7 位教师获一等奖，其中三位教师被组委会邀请参加现场课和说课比赛，获得两个一等奖，一个二等奖。校内已经连续 5 年参加全国白板大赛，获奖率一直在 90% 以上，一线学科教师全都参加过比赛，参赛人次达 100 余人。

（吕　雅）

【举行建校一周年庆典活动】 5 月 30 日，举行“六一迎校庆　社团展风采”庆祝“六一儿童节”暨建校一周年活动。全校 40 个社团、400 名龙泉学子庆祝自己节日的同时向建校一周年献礼。校合唱团、琵琶社团、英语剧社团、朗诵社团和拉丁舞社团等，分别向全校师生家长表演节目。版画、串珠、陶艺、摔跤、皮划艇、DI 创新等近 30 个社团在操场上进行了集中展示。200 余名来宾和家长观看，并参与其中。

（张　鹏）

【设立红领巾图书捐赠角】 6 月 12 日，设立“红领巾图书捐赠角”并启动“红领巾图书捐赠”活动。孩子们向贫困山区小朋友捐出书籍 233 册。社区服务中心主任代表贫困山区的小朋友表达了感谢之情。区教委领导、民政局领导、社区志愿者和龙泉小学学生 30 余人参加了此次活动。

（张　鹏）

【承办全国互动反馈教学赛】 7 月 9 日至 11 日，承办全国互动反馈教学第五届全国大赛。来自全国各地 400 余人参加此次大赛，现场课比赛 95 节，现场说课比赛 116 节。龙泉小学 4 名教师参加了现场课比赛，10 人参加了现场说课比赛。9 人获一等奖，5 人获二等奖。

（刘　欣）

【开展学校课程框架的研究】 7 月 17 日、18 日，全体行政人员及语数学科及班主任骨干教师进行学校课程框架的研究。对课程框架学习素养、公民素养、健康素养和信息素养四方面培养目标，分年级进行了分解和细化，并用“三字经”的格式加以表述。

（王　鑫）

【探讨单元主题教学】 10 月 9 日，请山东省特级教师到学校进行单元主题教学交流研讨活动。活动中，先后执教说明文《鲸》一课，补充了《使人伤脑筋的鸭嘴兽》的教学资料。课后，山东省特教师还就如何备课进行讲解。参加活动的有课题参与校的领导和老师约 60 余人。

（王　鑫）

【节约型学校年检验收合格】 10 月 17 日，北京市节约型示范学校年检工作会在龙泉小学召开，龙泉小学校长对节约型学校工作的开展情况进行了汇报。专家组成员听评汇报、查看相关材料并对校园实地考察，验收合格。市级专家组成员、区教委相关领导及年检校 20 余人参加了会议。

（李月君）

【举行形体健康和课外活动现场会】 10 月 29 日，举行形体健康和课外活动现场会。全体师生展示《形体操》表演、特色项目跳绳表演以及形体健康训练的行走训练项目。之后是课外活动展示。来宾观摩了琵琶、葫芦丝、串珠、击剑、皮划艇、摔跤、科技、拉丁舞等学生社团现场活动。来自区政协、区教委及各中小学的领导级体育教研组长 100 余人参加活动。

（李月君）

【开展学习交流活动】 11 月 17 日，与捆绑式发展校斋堂小学开展信息技术交流活动。学校派科研主任和数学老师到斋堂小学交流。白天听评课，晚上向老师们讲解互动反馈技术如何在课堂教学中有效应用。对按点设计的价值性、有效性以及如何引起学生思维冲突方面进行了画龙点睛的讲解。11 月 24 日至 12 月 2 日，河南省吉利区重点学校的 27 位校长、书记以及骨干教师到龙泉小学，进行为期 10 天的学习交流。龙泉小学骨干教师与吉利区教师结成学习对子，并全面开放自己的常态课堂。特别推出了语文、数学、英语 3 节研讨课，就电子白板和互动反馈技术的有效应用和吉利区的老师们进行课后研讨和交流，并就来访老师不懂的问题给予解答。在此期间龙泉小学校长做《利用技术，促进主题发展》的专题讲座。

（刘振春　王　鑫）

【开展同课异构课堂教学研究】 11 月 24 日，首师大大数据研究组成员到龙泉小学，开展同课异构课堂教学研究。龙泉小学教师和东城区一师附小的老师分别执教了三年级的数学课《周长》。大数据研究组的老师利用数据对两节课进行了对比和分析，通过数据来理性地看课堂，对课堂教学效果进行综合评价。70 余人参加了活动。

（王　鑫）

【开展研讨活动】 12 月 9 日至 11 日，西辛房中学教师 30 余人到龙泉小学开展信息技术与学科融合教学研讨活动。活动主要内容是深入学习白板的应用技术和“按按按”互动反馈技术。学校以语文、数学、英语三门学科为主，每天开展一门学科的交流研讨活动。龙泉小学校长根据教师提出的问题给予指导和帮助。12 月 26 日，举行读写结合单元主题教学研讨会。会上，讲了《老人与海鸥》阅读与写作研究课，先写后改。著名特级教师老师结合这节课，就教师如何开展阅读教学进行了具体指导，使参会者明确了具体的操作过程和相关的策略。丰台区看丹小学、区内斋堂中心小学、大台中心小学、大峪二小等 70 余人参加了此次研讨活动。

（王　鑫）

【参加吴正宪工作站活动】 12 月 18 日，吴正宪工作站到龙泉小学，全区分站第三、第五联盟及全区一、三、四年级数学教师 60 余人参加活动。此次活动由区数学 3 位研修员组织，大台中心小学老师和龙泉小学老师分别做了《认识钟表》和《平行四边形和梯形的认识》现场课。北京市特级教师史家胡同小学副校长对两节课进行了点评，并做了数学课堂教学策略实施的讲座。

（吕　雅）

【获体育人才基地校称号】 12 月 30 日，龙泉小学荣获“体育人才基地校”称号。

（闫仲名）

·北京第二实验小学永定分校

【概况】 年内，北京第二实验小学永定分校占地面积 27315 平方米、建筑面积 12992 平方米、体育馆面积 800 平方米。馆藏总量 28702 册，电子图书 6 万册，订阅报刊、杂志 84 种。年固定资产总值 2142.06 万元。全年教育经费投入 3534.8 万元，全部由国家拨款。学校信息化经费投入 92.17 万元，拥有计算机 452 台，多媒体教室座位 90 个，校园网出口总带宽 100Mbps，“信息技术”课程 2 课时/周。普通教室 43 个、专用教室 11 个。教职工 170 人，包括高级职称 4 人、中级职称 86 人。专任教师 142 人，包括市级骨干教师 2 人；本科及以上学历 148 人。开设教学班 39 个。毕业 197 人、招生 298 人、在校 1354 人。网址：www.ydps.net。

（宋茂盛）

【舞蹈团到钓鱼台国宾馆】 2 月 12 日，实验二小永定分校舞蹈团到钓鱼台国宾馆，与实验二小总校的艺术团一同参与国务院参事中央文史研究馆新春茶话会。国务院参事、中央文史研究馆馆员、国务院研究室特约研究员参与了此次活动。实验二小永定分校舞蹈团所表演的京西太平鼓展示出地方艺术特色，传播了传统文化。

（张　华）

【举办首届课程运动会】 4 月 30 日，举办首届课程运动会。此次课程运动会的竞技项目有跆拳道、乒乓球、足球、篮球、轮滑、武术、跳绳等。年内，新增开设了网球、棒球、鼓号队、健美操、京剧、播音主持、形体训练、民乐团（扬琴、琵琶、笛子、二胡、唢呐、古筝、打击乐）等课程。

（张　华）

【识字教学走向全国】 5 月 9 日至 11 日，第二届《全国小学语文低年级识字教学观摩研讨会》在南京举行。实验二小永定分校在研讨会上以《主题拓展识字》为题进行教学改革经验介绍。全国小学语文教学专业委员会理事长、教育部语文课程标准专家组核心专家针对各省市的识字教学改革与探究做了精彩的点评与指导，肯定主题拓展识字以教材为载体的做法是十分正确，是识字教学改革的方向。青年教师在研讨会上进行《主题拓展识字教学》的说课展示。来自全国各省市，包括香港、台湾地区的1000余名教育同仁参加。

（张　华）

【举行毕业课程展示暨毕业典礼】　6月28日，在门头沟区少年宫为2014届毕业生开展课程展示暨毕业典礼。毕业典礼由开场篇、展示篇、感恩篇、毕业篇和启航篇五个篇章组成，包括经典诵读、校园生活纪录片、社会热点问题访谈、微电影、体育串烧、英文歌舞、为母校献礼、校长寄语等环节。北京教科院课程中心领导、区教委领导、部分中小学领导、全体六年级师生和家长参加了活动。

（张　华）

【承办基础教育主题报告会】　7月7日，由北京师范大学、区教委主办的“2014京台中小学校长基础教育主题报告会”在实验二小永定分校举办。来自北京和台湾的六位校长围绕品德教育和课程建设做汇报。北京师范大学校长培训学院院长，门头沟区教委主任，新北市教育局局长，台湾校长协会理事长，以及来自台湾地区100余位校长，以及门头沟区20余位小学校长参加了活动。

（张　华）

【评选“感动校园人物”】　9月10日，首次举办“感动校园人物”颁奖典礼。全体教职工、外聘教练员、保洁、保安、餐厅工作人员均可参评，从中确定25位候选人，通过民主投票，确定13位感动校园人物。13位教师的事迹材料，在校园网上进行展示。典礼由爱岗篇、爱生篇和爱校篇组成。

（张　华）

【基地验收工作】　9月24日，北京市青少年涉台教育基地验收小组到实验二小永定分校，对学校的涉台教育工作进行验收。验收小组一行观摩社团活动，并对学校“涉台教育展陈室”进行实地考察，了解学校涉台教育的发展进程。校长汇报学校涉台教育所采取的举措和取得的育人成果。与会专家对验收情况进行反馈并对学校涉台教育的发展提出了建设性意见。11月14日，2014北京市青少年涉台教育工作总结会在北京教育学院附中召开，实验二小永定分校被授予“北京市青少年涉台教育基地”称号。

（张　华）

【安防知识宣传进校园】　9月26日，门头沟区公安分局内保大队主办的“做自己的首席安全官”安防知识宣传活动到实验二小永定分校。同学们收看安防知识短片，观摩消防、交通安全知识展板，听消防员讲解了消防车和紧急救援设备，参观特警防暴车，体验消防逃生演练帐篷，领取宣传册和DVD等材料。

（张　华）

【名校长发展工程专家下校指导】　9月29日，北京市名校长发展工程第一小组的专家与校长们到实验二小永定分校，实地指导学校工作。专家组一行一同观看学校宣传片，听取校长汇报，走进课堂观摩课堂教学，全方位了解学校。专家们从学校理念、学校文化建设等方面予以指导。

（张　华）

【鼓号队获奖】　10月12日，北京市少工委在北京科技大学体育馆举办“红领巾相约中国梦”北京市少先队鼓号队展示活动，实验二小永定分校鼓号队代表门头沟区参加活动，获得二等奖。13日，再次代表北京市参加第七届中国少年先锋队鼓号队交流展示活动，荣获最佳精神面貌奖。

（张　华）

【开展一年级入学课程汇报活动】　10月21日，开展一年级入学课程汇报展示，主要包括学习习惯展示、年级组长汇报、观看“入学课程记录片”、弟子规浸润课堂、快乐课课间操、疯狂背古诗等。全体一年级师生、家长285人参加活动。

（张　华）

【艺术交流】　10月23日至29日，分校30名师生到台进行艺术交流活动，与新北市中山小学签署合作意向书。参加新北市艺术教育嘉年华活动，表演合唱《说唱脸谱》，京剧《卖水》，舞蹈《太平鼓》等。艺术团共参访五所小学，体验台湾课堂教学、溯溪、手工DIY、自然课程，亲手制作刀叉，翻转板，恐龙笔插等。

（张　华）

【主办“大爱杯”课堂教学教研活动】　11月25日至26日，实验二小教育集团第三届“大爱杯”课堂教学研讨活动在实验二小永定分校举行。活动由开幕式、赛课、评课和闭幕式组成，共有数学、语文、英语、音乐、体育五门学科的20节课。永定分校老师获得“大爱杯”。国务院参事室参事、实验二小校长，区教工委书记，来自全国26所成员校的校长、干部、教师约140余人，以及门头沟区各小学教师代表 60 余人参加了活动。

（张　华）

·人大附小京西校区

【概况】　年内，中国人民大学附属小学京西分校占地面积 1.2 万平方米，建筑面积 11765 平方米，体育场面积 4152 平方米。图书馆（室）藏书 24212 万册。固定资产总值 1969.44 万元。全年教育经费投入 782.77 万元，全部为国家拨款。拥有计算机 185 台，多媒体教室座位 40 个，校园网出口总宽带 10Mbps。普通教室 40 个、专用教室 9 个。教职工 36 人，包括副高级职称 1 人、中级职称 16 人。专任教师 36 人，包括特级教师 1 人；本科及以上学历 33 人。开设教学班 17 个。毕业 39 人，招生 103 人，在校生 535 人。

（郑瑞芳）

【进行义务支教】　1 月至 12 月，和本校教师一起到 9 个省市 27 所小学的“老少边穷”地区义务支教。开展送课、讲座、捐赠活动，与当地师生交谈，传播人大附小七彩教育理念，用教育行为践行教育均衡。

（张凤茹）

【开设彩虹门课程】　3 月 16 日，开设彩虹门课程，是庆祝人大附小建校 60 周年的主题课程。一至六年级分别开设了印象彩虹门、节日彩虹门、梦幻彩虹门、符号彩虹门和艺术彩虹门课程。学生设计校庆 Logo，创作校园生活绘本故事等。全校 500 人参加了该课程。

（赵俊强）

【进行远程教学】　3 月 18 日，与人大附小本校进行远程教学。两校区教师结成的开心伙伴互相观摩课堂教学，开展评课交流，进行教研活动。

（张凤茹）

【开展一年级入队植树活动】　4 月 12 日，一年级学生到昌平参加“我和小树共成长”主题入队植树活动。两校区学生、家长 1000 人参加活动。

（李永辉）

【实施毕业课程】　4 月 21 日，首届毕业生实施毕业课程。学生到大峪中学分校体验中学生活：参与课堂学习、社团活动，为小升初做好心理准备；学生到斋堂革命传统教育基地完成毕业旅行：自行设计活动方案、祭奠革命先辈、远足、组织篝火晚会，接受革命传统教育，培养未来领导力，提升综合素质。

（赵俊强）

【展示数学校本教研】　5 月 7 日，召开《关注需求　扎实教研　提升教师成长》区级数学校本教研展示活动。京西分校与校内教师组成的开心伙伴进行了教研，北京市特级教师做点评。教委领导、教研员、全区各小学教学干部、全校教师 80 人参加活动。

（赵俊强）

【参加国博书画展】　6 月 4 日，分校师生创作的美术作品《春暖花开》参加国博“中国梦少年梦”人大附小师生书画展。全校师生、部分家长 700 人到国博参观了此次展览。

（张凤茹）

【实行教师轮换】　9 月 1 日，京西分校首批 12 位教师到人大附小本校工作，人大附小选派 15 位教师到京西分校工作，加上第一批派的 5 位骨干老师，共 20 人到京西分校工作。

（张凤茹）

【开展手拉手教研活动】　10 月 21 日，和军庄小学开展语文联合教学研讨活动。来自人大附小本校和京西分校的 4 位语文老师到军庄小学，听了《陶罐和铁罐》，并做了评课，除此还就朗读指导、习作指导、提升职业幸福感等话题进行交流。15 位老师参加活动。

（赵俊强）

【对引进校进行综合考评】　12 月 4 日，教委对人大附小京西分校引进校综合考评。执行校长做工作汇报，播放 10 分钟视频，展现学校、师生发展，各科室领导和老师座谈，组织师生问卷，随机听了体育、品社、语文三节课，查看了档案材料，对工作做了指导。11 个科室的 18 位干部参加考评工作。

（张凤茹）

【参加 DI 比赛】　12 月 4 日至 7 日，参加在北京温都水城举办的全国 DI 国际邀请赛。这是学校组建的第一支 DI 队首次参赛，11 名 DI 队员中只有 1 人是京籍户口的孩子。夺得桐木结构一等奖，即兴题第一名。

（张凤茹）

·大峪中学分校

【概况】　年内，北京市大峪中学分校占地面积 17014 平方米，建筑面积 14039 平方米，体育运动场（馆）面积 7307 平方米。图书馆（室）藏书 51671 册，订阅杂志、报刊144种。固定资产总值1420万元。全年教育经费投入15438120.26万元，其中，国家拨款15438120.26万元。学校信息化经费投入102万元，多媒体教室座位330个，校园网出口总带宽100Mbps，数字资源量10GB，“信息技术”课程2课时/周。普通教室26个、专用教室18个、实验室7个。拥有计算机360台。教职工100人，其中，高级职称19人、中级职称38人。专任教师80人，包括北京市骨干教师3人；本科以上学历95人。开设教学班24个，毕业238人，招生265人。在校生829人。网址：http：//58.117.141.1/。

（赵　斌）

【举办第一届创新人才培养论坛】 1月14日，举办主题为“雏鹰展翅，科技创新”的第一届创新人才培养论坛。科研负责人介绍创新辅导的过程和方法。北京市特级教师，原北京市政协常委、副秘书长，现任北京市慈善基金会副理事长作了现场点评。大峪中学分校领导、全体教师和近200名学生参加。

（赵　斌）

【召开第十四届教学年会】 1月15日，大峪中学分校第十四届教学年会在峪中分校阶梯教室召开，全体领导班子成员和全体教师参加了此次会议。会上，校长从七个方面梳理了2013年教学工作并诠释“厘清课堂实质，把握课程本质，落实减负提质”的年会主题。英语组老师、物理组老师对微课题研究汇报。

（赵　斌）

【召开年级教学质量分析会】 2月21日，三个年级全体教师进行期末考试质量分析。各班班主任针对各班学生进行分析，班主任们从学生们的学习态度、学习习惯到学习成绩，又从班级管理、个别生管理到中考目标都做了分析。

（赵　斌）

【举行特色校成立四周年庆典】 3月31日，举行诗歌盛会——“春之韵”诗歌朗诵会。中国作家协会会员，中国诗歌学会理事，北京门头沟区作协主席、诗歌学会会长，京西著名诗人；北京市特级教师、大峪中学分校“邓林”文学社、“山谷风”诗社的发起人等学校领导参加。此次诗会共19个节目，涉及初一、初二所有班级，尽管初三临近中考仍有代表参加诗歌朗诵。

（赵　斌）

【教学视导】 4月24日，区教师进修学校研修员到校内进行教学集体视导，分批在各个年级听课，并在评课环节针对教学中不足之处，提出宝贵的建议和意见。

（赵　斌）

【举办校艺术节】 4月至5月，举办第十五届文化艺术节，主题是“做一名合格的峪分中学生”。艺术节涉及书画、声乐、器乐、摄影、墙报、朗诵、集体舞等比赛。月底进行表彰和总结。

（赵　斌）

【直接思维课程训练稳步上台阶】 5月22日，直接思维训练项目组老师在二（6）班上了两节直接思维训练公开课。公开课的题目为《问题解决》。项目组16位山西教师进行了观摩和交流。

（赵　斌）

【举办大型公益活动】 5月24日，北京“成长心连心、爱心手拉手”大型公益活动在校内举办，来自全国各地的几十名义工及志愿者和校内部分师生及家长共200余人参加活动。

（赵　斌）

【学生喜爱和紫禁杯班主任评选】 5月，全校老师、学生共同参与年度内“学生喜爱班主任”和“紫禁杯班主任”的评选。两位老师赢得学生喜爱班主任参评资格，两位老师赢得紫禁杯班主任参评资格。

（赵　斌）

【小升初衔接开学培训】 8月25日，峪中分校对初一新生进行了为期三天的入学教育。入学教育分别以学习《大峪中学分校学生管理手册》、班级文化建设以及学习校园广播操等形式开展。

（赵　斌）

【举行开题研讨会】 9月12日，门头沟区教育科学“十二五”规划2014年度课题《拼读入手、听读领先——基于培养学生自主学习能力的整体英语教育研究》在大峪中学分校举行开题研讨会。参加此次研讨会的有课题研究员，以及参与课题的全区实验校的中小学英语教师代表。此次研讨会通过现场模拟教学的方式对教师进行了培训，部分有过相关教学经验的教师分享了教学心得和体会。研究员在研讨会上汇报了课程内在试验阶段获得的阶段性成果，并布置了未来三年实施的主要教学方案和计划。

（赵　斌）

【新一轮校本课程开课】 9月16日，峪中分校本学年设置艺术素养、情趣技能、体能素养、科学素养、人文素养、特色英语等6大类35门的校本课程开课。新学期每周二下午3：35－4：35为校本课的时间，每节课时为60分钟，在任教的35名教师中，有14名为外聘教师。

（赵　斌）

【举办初一新生家长学校讲座】9月19日，举办初一新生家长学校讲座。校长做了主题为《家校合力　为孩子明天放歌》的讲座，还给家长发放了《家庭教育的15条智慧》学习材料。

（赵　斌）

【举行说课比赛】　10月13日，大峪中学分校2014－2015学年度校级说课比赛。活动分文理两大组同时进行，20名参赛选手均由7大教研组上学期组内说课比赛推荐产生，评委由4名校级领导、7名教研组长以及3名研修员组成，全体教师全程观摩，说课流程均按照市级相关要求规范完成。

（赵　斌）

【获区中学生运动会四连冠】　10月17日至18日，在大峪中学举行的门头沟区中小学生田径运动会上，校田径健儿以总分292分的成绩，再次获得该项比赛的团体总分冠军，这也是大峪中学分校连续四年获得团体总分冠军。此次比赛，校运动员12人次获得10个单项冠军，7个单项亚军，9个第三名。

（赵　斌）

【参加区“春蕾杯　百花杯”比赛】　10月至12月，21位老师参加“春蕾杯”“百花杯”比赛。其中16人获一等奖，5人获二等奖。

（赵　斌）

【开展微课堂教学展示研讨活动】11月28日，李卫东工作站门头沟分站微课堂教学展示研讨活动在大峪中学分校举行。参与展示研讨活动的专家有北京教科院基础教育研究中心副主任语文特级教师，北京教科院基础教育研究中心副主任，首师大文学院语文教法教研室主任，以及来自厦门市的30余名骨干教师。教师进修学校语文研修员及全区初中语文教师参加了此次研讨活动。此次展示活动，大峪中学分校语文组两位老师先后展示《夸父逐日》《俗世奇人泥人张》两堂微课。课上，通过嵌入微视频，将教育技术的新理念、新技术应用于课堂教学，课堂展示后的研讨互动中，各位专家和老师纷纷表达了对微课堂的认识，肯定了微课的发展前景，并对如何更好地利用微课服务课堂提出了建议。

（赵　斌）

【开展航模飞机飞行比赛】　12月1日，校初一、初二学生在校内体育馆开展航模飞机飞行比赛。比赛分为航模模型制作、竞距比赛（纸飞机）、竞时比赛（通用飞机橡筋动力仿真模型、2合1香精动力模型、波音787商用飞机弹射仿真模型、火箭运载）、游戏投掷等四项比赛。

（赵　斌）

【荣获北京市诵读大赛最高奖】12月7号，由北京市教工委、北京市教委主办的北京市中学生“红色经典”诵读大赛决赛在北京四中落幕。比赛共有18个区县36个参赛单位参与，校内老师和学生同台朗诵的组诗《历史不会忘记》获得本次比赛的最高奖项——最佳团体奖。

（赵　斌）

【开展主题教育活动】　12月15日，开展“国家公祭日”主题教育活动。团委老师作了《牢记历史，勿忘国耻，立志成才》的国旗讲话，各年级以“勿忘国耻，圆梦中华”为主题开展了不同形式的纪念活动。初一年级由历史教师老师讲授一节少先队活动课，初二、初三年级各团支部伤了一节主题团课。

（赵　斌）

·王平中学

【概况】　年内，北京市王平中学占地面积1.73222万平方米、建筑面积0.90377万平方米，体育场（馆）面积0.8026万平方米。图书馆（室）藏书3万册，订阅杂志、报刊18种。固定资产总值1968.689202万元。全年教育经费投入1307.6659万元，全部为国家拨款。学校信息化经费投入224.3040万元，拥有计算机159台，多媒体教室座位600个，校园网出口总带宽700Mbps共享，数字资源量35GB，“信息技术”课程1课时/周。普通教室16个、专用教室9个、实验室3个。教职工61人，包括副高级职称15人、中级职称38人。专任教师50人，包括北京市骨干教师1人；本科以上学历50人。开设初中教学班9个。毕业95人；招生64人；在校生227人，包括寄宿生207人。网址：http：//www.mtgwpzx.bjedu.cn/。

（安志勇）

【召开研讨会】　3月21日，在北京市王平中学召开由门头沟区教师进修学校中学教研室主办的“实践课标理念，提升初中英语教师教学设计能力研讨会”。研讨会上，王平中学的老师和大峪中学初中部的老师分别作了展示课。然后听课的教师们进行了交流；北师大教授和教研室的研修员们分别对这两节课进行了点评。5月21日，“特级教师李卫东工作站门头沟站作文教学研讨活动”在王平中学举行。来自各区县的120余位语文教师，参加了活动。教学研讨活动中，王平中学两位语文教师做了研究课。课后工作站教师对两节课进行了点评。有以课为例，向全体语文教师讲解了如何将写作课上得更具实效性，并对文章的修改进行了专业的指导。6月10日，区教委中学教育科在王平中学举办中学课程建设研讨会，北京教育科学研究院有关专家、门头沟区教委领导、王平镇主管教育副镇长、全区中学校长和主管教育教学主任约50余人出席研讨会。与会人员首先参观了王平中学校园，听取了学生对王平中学精心打造追梦学园的解说与诠释，使与会人员对王平中学以课程建设为基础，设立追梦学园，为学生终身发展奠基的做法有了深刻的理解。王平中学校长汇报了学校“从学生需求出发，精心营造学生追梦学园，努力提升学生幸福指数”的具体做法。9月12日，王平中学骨干教师工作坊召开工作会议，主要围绕着如何进一步转变教师观念、改变教学方式、有效推进双主体互动五环节教学模式进行研讨，逐步形成了骨干教师引领、学科教研组探究、课程管理中心推进、全员参与的活动氛围。12月23日，召开家长教师协会工作研讨会。王平中学家教协会全体委员参加了会议。学生发展中心主任向家教委员们进一步培训了学校的发展、改革与建设规划，阐释了家教协会在促进学校发展与学生发展中的重要意义，汇报了家教协会工作开展的具体情况，提出要在贯彻区教委整体战略规划的基础上把优质学校办到老百姓的家门口的决心和信心，强调了家庭和父母是孩子成长中最关键的老师，要重视家庭教育，家校形成合力，共同教育孩子。委员们进行研讨，讨论产生新一届校级家教协会组织机构成员，并对下一步家教协会工作进行了设想。

（石明廷　安志勇）

【区英语名师工作室到王平中学】

4月10日，门头沟区英语名师工作室的优秀教师团队到王平中学，探讨分层教学在初三复习课中的运用。王平中学英语教师展示了一节听、写结合的分层复习课。课后，名师工作室的教师们从教学设计、学生表现、课堂反馈等层面进行交流，同时探讨了如何进行分层教学才能既激励学生的学习热情，又能让各层次学生都有所收获。最后，研修员对此次活动进行点评并提出了后期工作要求。

（安志勇）

【开展跨区域协作体交流活动】

4月16日，来自大兴长子营中学和丰台七中的领导教师到王平中学，开展“跨区域优质资源共享协作体”交流活动。三校就综合教育改革方面的经验做法和问题等方面开展了交流和研讨。活动分为三个环节、两个层面。三个环节即座谈、参观和研讨；其中研讨环节又分为领导层和教师层两个层面进行。在研讨环节中，三位校长就学校的综合教育改革发展思路、校本课程建设、学生社团建设、课堂教学模式、校园文化建设、住宿生管理等方面进行探讨和交流；三个学校的物理教师听了王平中学物理教师、北京市教师基本功一等奖获得者的物理课，课后就初三中考物理学科的复习课怎么上进行了交流研讨。

（安志勇）

【与世界五百强企业的文化互动】

4月至11月，王平中学与世界五百强企业美国凯悦酒店集团的文化互动实践体验课程纳入学校的特色“学园”课程体系。王平中学与美国凯悦酒店集团结缘于凯悦“繁荣计划”（Thrive）。4月，凯悦集团在对学校进行实地考察时，被朴实的孩子们和人文的学校文化所感动，决定将“繁荣计划”在中国区建立的第一个学校“悦读廊”定在了王平中学。6月27日，“悦读廊”在王平中学正式启用。10月17日，部分师生及家长代表到北京CBD核心地段的五星级柏悦酒店进行实地体验，切身感受世界知名酒店集团的企业文化。11月11日，凯悦酒店集团总裁兼首席执行官（CEO）马赫澜（Mark Hoplamazian）携企业高层主管一行10余人到王平中学，开展凯悦“繁荣计划”之文化互动与交流活动。

（安志勇）

·中等职业学校

【概况】　年内，门头沟区中等职业学校是该区唯一一所职业学校。开设中餐、幼儿教育、汽车运用与维修等6个专业，13个教学班。毕业生340人，就业率95%，职业资格证书取证率85%。毕业340人，招生22人，在校生203

人（11月后182人）。教职工142人，其中，专任教师84人、教辅人员49人。专任教师中高级专业技术职务22人、中级40人。学校占地面积2.23万平方米，产权校舍建筑面积1.94万平方米。固定资产总值6268.13万元，其中，教学、科研仪器设备总值2302.89万元。图书馆藏书4.46万册。全年教育经费投入3542万元，其中，国家拨款3487万元、自筹经费55万元。

【举行学习雷锋演讲比赛】 3月5日，校团委举行“学习雷锋”演讲比赛。演讲的内容涉及表达自己对雷峰事迹的一点认识和体会、夸夸身边的榜样等。共有27名学生会干部及团员代表参加。

（方吴璇子）

【进行消防疏散演练】 3月6日，进行安全疏散演练。演练结束后，由区消防中队队长就消防安全基本常识的讲解并现场演示了灭火器的操作程序，随后，消防队员们又组织师生们在模拟房屋内进行防火逃生的体验。

（贾海民）

【培训工作】 3月27日，培训部与门头沟区残疾人联合会联合开办的摄影和计算机培训班正式在区残联的会议室开班授课。培训班上有3位计算机老师参加授课，共80人次参加培训，持续两天，授课效果受到参与培训学员的好评。28日，北京市中职校基础课教师培训远郊班举行开班。北京教育学院职业教育学院副院长兼项目总负责人、数理学院副院长兼市绿耕项目总负责人、区教委职成科、区进修学校负责人及学校领导出席活动，参加培训的文科班、理科班80名学员以及进修学校学前职成研修中心教师出席此次活动。此次培训时间为期一年，内容包括课堂教学设计与实施、专项训练、实践研修、课题研究等六个模块，计360课时。

（王德茹　杜春梅）

【教育教学成果展示】 4月28日，举行“打造多彩课堂，成就职业梦想”为主题的校本课程展示活动。展示活动包括校舞蹈队、礼仪队、酒店服务、茶艺、电子画报、书法、美术、火绘、编织、插花以及中餐烹饪的糕点、萝卜花、盐雕等11门校本课程成果展示，展示效果受到学校领导和学生们的好评。

（彭　利）

【综合高中班学生到大峪中学】 9月1日，第一届综合高中班正式开学。课程开设汽车运用与维修和学前教育两个专业。中等职业学校与大峪中学在教学、科研、学生交流、实践活动等方面进行达成合作意向，形成资源共享、学生互利、教师互助等工作机制。16日，4名综合高中班优秀学生通过交流的方式走到大峪中学，进行普通高中课程的学习。

（彭　利）

【开展中学生职业体验活动】 10月8日至11月31日，开展中学生职业体验活动。参与体验活动的共有包括雁翅中学、斋堂中学、清水中学12所初中校的799名同学，内容涉及插花、茶艺、舞蹈、汽修、烹饪。

（肖　刚）

【参加市残疾人运动会开幕式】 10月10日，由中等职业学校学生和区内部分残疾人组成的太平鼓队，历时一个月训练，共100人参加了北京市残疾人运动会开幕式，受到市区领导的认可和高度赞扬。

（肖　刚）

【参加市级教学基本功大赛】 10月23日至25日，校内选拔的6位教师参加了在京民大厦举办的的北京市中等职业学校公共基础课程教师教学能力竞赛。中职校6位老师参与了包括教案、教学设计、课件制作、现场说课等环节的全部赛事。

（王德茹）

【参加首届“京西杯”职业技能大赛】 11月1日，由计算机、烹饪、学前教育专业11名指导教师带领17名学生，参加首届“京西杯”职业高中校学生技能竞赛。共参加了8大类专业比赛项目中的3类5项内容，其中烹饪组2人获一等奖，3人获三等奖，网络设计与制作2人获二等奖，幻灯片制作1人获二等奖，弹唱类有2人获三等奖。

（王海萍）

【开设家长学习大课堂】 11月24日，学校聘请中国人力资源社会保障部资深企业教练师做了90分钟主题报告。报告以互动的形式就对如何做好家庭教育、如何有效沟通、如何引领孩子成才，与家长进行了探讨。

（刘硕斌）

【韩国学生体验中华饮食文化】 12月23日，北京市六一中学50名韩国交流学生到校进行中国传统烹饪的体验。体验内容有拉面、饺子、雕花、刀工、纸包虾和菠萝古老肉。

（肖　刚）

·特殊教育学校

【概况】 年内，北京市门头沟区特殊教育学校占地面积3915平方米、建筑面积3765平方米，体育场面积1700平方米。图书室藏书6000余册。拥有计算机35台，多媒体教室座位17个，校园网出口总带宽100Mbps，“信息技术”课程6课时/周。普通教室9个、专用教室15个。教职工26人，包括中级职称16人，在校学生64人。网址 http：//blog. sina. com. cn/u/294107181。

【获得教学奖励】 1月16日，在门头沟区第五届小学教师“三杯”评优活动中，校内两名老师获得课堂教学一等奖，理论考试二等奖，学科德育渗透二等奖，学科德育渗透二等奖，课堂教学三等奖。

（陈海凤）

【召开第一次家长会】 2月28日，召开学期内第一次家长会。就“在家庭教育中如何指导孩子形成良好的行为习惯”的问题，进行了专题培训。请区教委保健所老师为家长进行了“春季传染病防控”的知识讲座。

（陈海凤）

【开展陶艺实践活动】 4月25日，特殊教育学校的全体学生走进了琉璃渠劳动艺术教育基地，开展实践活动。学生们体验了七彩百变软陶制作、石膏翻制、手捏成型等活动。

（陈海凤）

【开展普特融合活动】 5月18日，第二十四次全国助残日，特殊教育学校与黑山小学联合开展“同行你和我　共圆中国梦”的主题活动，到黑山小学参加运动会。

（陈海凤）

【建设新校园】 8月中旬至12月中旬，完成门头沟区特殊教育学校新校园的建设及室内装修改造工程。市区基建投资1305万元，近两年设备投资1462万元。新建设的校园占地面积3915平方米、建筑面积3765平方米。体育场面积1700平方米。藏书6000余册。拥有主题教室4个，普通教室9个，专用教室15个。硬件建设处于全市领先水平。

（魏宏亮）

【召开家长会】 9月4日，召开“2014至2015学年度第一学期家长会”。学校领导就学期内工作的重点向与会家长进行了通报。

（魏宏亮）

【组织教师职业技能体验】 11月24日至12月5日，到区中等职业学校进行为期两周的职业技能体验。培训主要开设“折纸、健身操、茶艺、插花、面点”等五项内容。

（陈海凤）

·保健所

【完成初三毕业生体检工作】 3月31日至4月10日，完成1371名初三毕业生进行了毕业体检，也是区内首次使用数字化X线摄影系统为初三学生体检。

【学生常见病宣传进公交站牌】 6月3日始，在三家店西口、城子职高、城子大街南口、新桥大街、新桥南街、永定中学、紫金路等公交车站开设公益广告宣传专栏。

【学校、幼儿园食堂检查】 6月10日至11日，保健所分四组分别对43所中小学校和幼儿园进行检查指导，检查内容包括食堂卫生、饮用水卫生和营养餐等，对查出的问题给于了指导并督促及时改进。

【提高学校卫生人员能力】 10月25日至26日，组织全区校医卫生老师参加的《全国学校卫生管理培训班》，提高校医卫生老师的业务能力和管理水平。

【开展艾滋病知识宣传】 12月1日至10日，在世界第27个艾滋病防治日，在区内4所高中学校开展“舞动红丝带　呵护青少年”艾滋病知识宣传校园行巡讲活动，邀请市、区级专家为广大的青少年普及艾滋病知识。

文化　卫生　体育

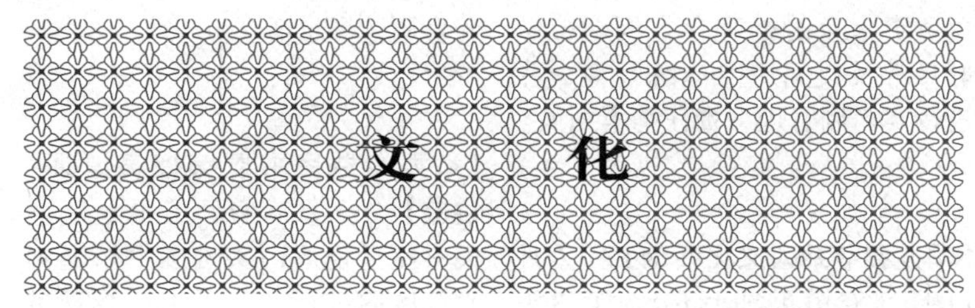

文　化

·文化文物

【概况】　区文化委员会是区人民政府主管文化、文物、新闻出版、版权、广播电视、扫黄打非、文化综合执法工作的职能部门，内设7个职能科室及一个文化行政执法队，即办公室、文化科、文物科、文化市场科、计划财务科、纪检监察科、政策法规科、文化行政执法队（含信息举报中、行政执法一分队、行政执法二分队、行政执法三分队）。下属7个基层事业单位：文化馆、博物馆、图书馆、影剧院、电影发行放映服务中心、文物事业管理所、文化创意产业促进中心。文委系统有在职职工141人。年内，区文委认真抓好基层公共文化服务建设和基层公共文化设施达标建设，加强文物保护和利用，加大文化执法检查力度，确保文化市场和文物保护单位的安全。

单位名称：北京市门头沟区文化委员会
地　　址：北京市门头沟区门头沟路8号（门头沟博物馆6层）
电　　话：69843315
邮　　编：102300

（张　晨）

【召开文化工作总结会】　1月10日，联合财政局召开2013年基层群众文化工作总结会。区文委、区财政局以及13个镇街主管文化领导、文化中心主任、优秀村居代表50余人参加会议。会上，播放2013年门头沟区群众文化工作专题片，对2013年群众文化工作进行总结，并对2014年门头沟区的群众文化工作提出要求。

（张　晨）

【春节系列活动】　1月23日，“演出送基层　共圆中国梦——北京市春节送戏进村镇”活动以及“名家名角送戏下乡”专场慰问演出在永定镇侯庄子村文化活动中心举行。此活动是北京市落实中央“‘我们的中国梦’文化进万家”活动的具体举措，是市委、市政府为基层百姓送来的节日文化问候，同时也是2014年北京市万场演出下基层活动的起点。300余名农民朋友观看了由北京市曲剧团以及永定镇文化团队送来的精彩演出。同日，由区文委与北京京剧院联合在区影剧院举办“名家名角送戏下乡专场慰问演出”。春节期间，分别在永定河文化广场等4个公园组织安排19支门城地区业余文化表演团队，开展24场公园文化演出，参观观众人数5100余人次。春节前期，区文化馆、图书馆、影剧院开展送图书、送电影、送春联、送演出进村居、进军营活动，此活动成为区内文化科技卫生“三下乡”集中示范活动之一。借助北京京剧院“每周一星”送大戏下基层活动平台在影剧院开展名家名角下乡村京剧演出《赤桑镇ｏ遇皇后ｏ打龙袍》；文化馆、图书馆、影剧院联合开展文化志愿者“送福到家”活动，“写春送福”写春联、送春联活动，“公益电影过大年惠百姓”放映活动和节日文化拥军爱民活动。组织18名书法、楹联的文化志愿者为军庄镇东杨坨村书写、赠送和张贴楹联、书法作品等。为潭柘寺镇南辛房村村民送去文化大礼包和期刊500份。为驻区空军某部送电影2场，送图书300册、杂志100册。

（张　晨）

【参加“三下乡”集中示范活动】 1月21日，由市委宣传部牵头，区文委、图书馆与科技、卫生、司法等部门联合在潭柘寺镇南辛房村举办北京市文化科技卫生“三下乡”集中示范活动。图书馆挑选贴近百姓生活方面的杂志，在现场发给参加活动的村民，共赠送图书、期刊杂志400余份，并为现场的少年儿童赠送“智慧礼包”。

（张　晨）

【文化执法检查】 1月26日，区委宣传部部长带队对区内重点文化娱乐场所的安全情况进行节前检查，重点查看各场所安全隐患排查制度、安全例会记录等材料，并要求娱乐场所负责人做好日常及夜间应急演练预案，责任落实到人。春节期间，区文化执法队检查各类场所37家次，其中网吧8家、歌舞厅3家、电玩1家、图书、音像店18家、印刷3家、文保单位4家，出动执法人员18人次。未发现违法经营情况，经营秩序正常。与2013年同期检查场所多25家次，其中网吧多5家、歌舞厅多1家、图书、音像店多13家、印刷多3家、文保单位多2家，出动执法人员6人次。2月24日，区文化执法队联合区公安分局对辖区内印刷复制企业进行迎接全国“两会”召开前的地毯式检查，分别对经营场所是否存在违法印刷政治性非法出版物和安全生产情况进行检查。在检查中区文化执法队向场所负责人提出要求。4月28日，会同区公安局治安支队、消防支队、工商分局、安监局联合检查区内重点文化娱乐场所。检查组查看安全责任落实措施，台帐落实情况及消防安全设施配备情况。要求相关负责人及时处理存在问题，做好日常及夜间应急演练预案，并进行实名制管理，责任落实到人。9月29日，会同区公安局、消防支队、工商分局、安监局联合检查区内重点文化娱乐场所。检查组着重查看安全责任落实措施，相关台帐落实情况及消防安全设施配备情况。检查中发现个别娱乐场所例会制度登记不全，灭火器过期，安全人员培训不到位等现象，检查人员要求相关负责人及时处理存在问题，做好日常及夜间应急演练预案，并进行实名制管理，责任落实到人。

（张　晨）

【举办春节系列文化活动】 2月14日（农历正月十五），年门头沟区“凯歌送旧岁　骏马迎新春”盛装巡游活动在永定河文化广场举办。举行门头沟区“群众大民星－百姓文化年”启动仪式。活动由门头沟区委宣传部、区文化委员会主办，区文化馆承办。各区县10具有代表性的国家及北京市非物质文化遗产的优秀文化表演团队参加表演，288名演员参与，现场观众达到700人次。

（张　晨）

【学习交流活动】 2月25日，区文促中心组织万佛堂村领导及北京中融鼎立国际艺术品博览有限公司负责人到大兴区国家文化产业示范基地——钧天坊古琴馆学习交流。通过参观园区内授课教室、演奏室、古琴博物馆等主要场馆，观看宣传视频、开展座谈等多项交流，了解园区的发展历程、经营理念、具体业务等情况。万佛堂村与钧天坊古琴馆还就此后的合作发展事宜达成共识。5月15日至19日，区文促中心部分工作人员及区文创企业代表到深圳参加第十届中国国际文博会。在文博会上与北京银行签订合作协议。展会结束后，到深圳洛可可文化创意产业园、华侨城文化创意产业园进行实地参观交流。10月16日至20日，应斯里兰卡“斯中社会文化合作协会”邀请，门头沟区与北京市人民对外友好协会共同组团，到斯里兰卡举办“北京周”文化交流活动。在斯里兰卡举办北京摄影图展、民俗文化演出、民间手工艺制作、特色美食厨艺展示活动。

（张　晨）

【举办“益民书屋管理员培训”讲座】 3月6日，王平地区益民书屋邀请原门头沟图书馆老师到社区内进行“益民书屋管理员培训”讲座。此次讲座有益民书屋管理员20余人。讲座主要以“益民书屋的作用”“图书分类”两方面为主线，引导益民书屋管理员更好的为社区群众进行服务，现场参加讲座的管理员们进行图书分类的理论与实践活动。

（张　晨）

【开展中期绩效检查工作】 3月26日至4月5日，会同市文资办、第三方评审机构等单位对区内获得2013年度文化创新发展专项资金的项目进行中期检查工作，项目建设运行情况整体良好。通过中期检查，实现对项目的服务与监管，对项目建设中遇到的问题做到及时了解。

（张　晨）

【开展清明节传统民俗文化活动】 4月3日，结邀请民俗专家、西城第二图书馆馆长到门头沟龙泉务小学，以清明文化、农耕文化及二十四节气民俗知识的普及开展清明节传统民俗文化知识讲座。活动以微视频的形式记录下每个家庭“务农的一天”，5日，“种瓜得瓜，种豆得豆”农耕文化体验活动的微视频在优酷、土豆等网络媒体上线，进行“清明节”主题宣传。

（张 晨）

【召开非遗传承学校座谈会】 4月9日，组织召开2014年非遗传承学校座谈会。6所非遗传承学校参加会议。新桥路中学、大峪二小、城子职教中心、黑山小学、龙泉雾小学、坡头中学分别对2013年的非遗传承工作情况及2014非遗传承工作安排进行交流发言。在培训辅导上，以校内教师为主，校外教师为辅，以点带面，节约师资力量，提高培训质量。

（张 晨）

【召开星火工程工作会】 4月22日，组织召开了门头沟区2014年农村文艺演出星火工程区内业余团队工作会。13个镇街星火工作负责人、36支区内业余团队负责人近50人参加会议。

（张 晨）

【培训工作】 4月22日至24日，区电影发行放映服务中心举办2014年度公益电影放映员培训班。9个乡镇的农村公益电影放映员210人参加培训，经过培训，基层放映员们掌握新一代电影放映设备的使用技能，全部通过严格的操作考核。4月29日，区文化创意产业促进中心举办2014年文化创意企业投融资培训会。40余家驻区文创企业负责人、投融资部门负责人参加培训学习。会上，相关专家讲解文创企业融资、银行最新的融资服务等内容。会后，发放《北京市文化企业投融资指南》《文化创意企业融资手册（文创企业融资百问）》、《门头沟区文化创意产业政策汇编》等材料，供企业学习。8月28日，区文化行政执法队召开2014年APEC会议安全部署及法制培训会，会上执法队将门头沟区APEC会议安全工作方案向区内各文化娱乐场所法人进行部署和介绍，要求各娱乐场所开展对自身问题的自查自纠，执法队将加强日常执法检查力度，确保会议期间全区的娱乐场所安全。部署结束后，区法制办为各娱乐场所法人培训了依法行政及文化娱乐场所安全生产规定的相关法律法规。

（张 晨）

【门头沟区读书季开幕】 4月23日，由区文委主办、区图书馆承办的2014年第四届北京市门头沟区阅读季o阅读分享会，在区博物馆举办。活动分为阅读悦分享、阅读我推荐和阅读越精彩三个环节，黑山小学100多位小学生和读者参加活动。

（张 晨）

【妙峰山香会博物馆开馆】 4月28日，门头沟区妙峰山香会博物馆举行开馆仪式。妙峰山香会博物馆2012年5月启动建设工程，2013年年底全部完工。建馆占地面积1600平方米，总投资700余万元。馆内展览分三个板块，分别为：礼仪中国、行香走会和朝顶祈福。展览、展陈、景观设计由清华大学美术学院建筑环境艺术设计研究所、北京恒艺建筑设计院两家单位共同设计完成，经中国环境艺术委员会专家委员会评审，荣获第四届（2013）中国环境艺术金奖。

（张 晨）

【妙峰山庙会展现传统文化魅力】 4月29日至5月13日在妙峰山举行门头沟区第二十二届妙峰山传统民俗庙会。庙会以香客祭祀妙峰山“天仙圣母碧霞元君”为中心活动，开展民间花会、戏曲曲艺表演、观赏自然风光和热闹繁华的集市活动。

（张 晨）

【京西太平鼓到国外演出】 5月1日至6日，京西太平鼓民间艺术团到捷克参加中波西米亚艺术节。7日至11日，到丹麦参加哥本哈根市举办的“欧洲电视歌曲大赛”庆典活动北京周的演出。此次对外交流演出“京西太平鼓民间艺术团”一行24名演员。

（张 晨）

【《门头沟文化资源展》进校园】 5月7日，永定河文化博物馆在门头沟区黑山小学、大峪一小和城子小学等地举办《门头沟文化资源展》进校园的活动。活动采取引进展板进校园的形式，向同学们讲述门头沟地区的历史文化知识，并通过互动抢答、小讲解员模拟讲解等环节，激发同学们的求知欲和探索欲。

（张 晨）

【开展歌咏比赛系列活动】 5月10日，“歌唱门头沟”群众歌咏比赛在区葡山公园举行，“群众大民星——百姓文化年”系列活动正式启动。5月25日，“群众大民星——百姓文化年”之“歌唱门头沟”群众歌咏比赛决赛在葡山公园落幕，此外还邀请5名专业艺术家担任评委。大赛由门头沟区委宣传部、门头沟区文化委员会主办，区文化馆承办。活动从5月初开始历时1个月，以“今天我主唱，让梦想飞扬”为主题，社会报名、群众自主参与为主，有百余名音乐爱好者报名参加比赛。6月15日，广场赛大赛在区影剧院举办。全区有57支团队参加比赛，分为老年组、成人组、少儿组、广场舞4个组别进行比赛。汇集全区各个乡镇、街道、社区的舞蹈队。

（张　晨）

【召开安全建设工作会】 5月19日，召开娱乐场所安全生产标准化级别评定工作会议。会上，聘请区安监局讲师对14家娱乐场所及小微企业进行系统分类，其中，争创三级达标的8家、争创小微企业达标的6家。

（张　晨）

【“戏韵门头沟”戏曲演出】 5月25日，致公党北京市委落实“8+1”行动支持门头沟文化事业发展戏曲专场演出暨2014年“戏韵门头沟”戏曲演出周开幕式在门头沟区影剧院举办。此次活动由区委宣传部、区文化委员会主办，演出5天，包括北京燕赵鹏飞河北梆子剧团《太白醉写》《秦香莲》；中国京剧院《大漠苏武》；北京京剧院的京剧讲坛；门头沟黑山小学专场；门头沟民声京剧团《四郎探母》以及票友大赛决赛，共7场演出。

（张　晨）

【群众合唱比赛】 5月，“歌唱门头沟”群众合唱比赛。历时两个月，全区各大工委、各镇、各街道办事处的60支合唱团队参加预赛和复赛。6月24日，由各单位选送的12支合唱队进行决赛。演出《京浪岛之歌》《王家山小调》《门头沟就是我的家》等原创歌曲。7月1日，“歌唱门头沟、共筑中国梦”群众合唱比赛汇报演出在影剧院举行。区相关领导出席此次活动。

（张　晨）

【“群众大民星——百姓文化年”活动】 5月至10月底，举办“群众大民星——百姓文化年”系列文化活动，设立“歌唱门头沟”——群众歌咏系列活动、“戏韵门头沟”——山乡戏曲演出活动、“舞动门头沟”——广场舞蹈比赛、“健康门头沟”——群众健身大赛、“精彩门头沟”——“百姓大舞台”精品演出活动、“美丽门头沟”——书画摄影展六大活动板块。

（张　晨）

【送展览进校园】 6月13日，永定河文化博物馆在清水中学举办《门头沟区资源文化概览》展。展览通过20块图文并茂的展板再现门头沟的文物资源、古道古村落资源、红色文化资源、煤业文化资源、地质资源。参观时，同学们听取讲解员的讲解，参与讨论互动。此展览在门头沟区各中小学进行巡展。

（张　晨）

【“非遗一日游”文化遗产日活动】 6月14日，是我国第九个文化遗产日，区文委组织开展门头沟区“非遗一日游”文化遗产日主题活动。市、区级非遗专家、13个镇街文化负责人、区级非遗项目负责人、非遗传承学校代表等100余人参加活动。分别参观妙峰山香会博物馆和紫石砚博物馆，了解区内的非遗特色。参观过后，组织专家研讨会，对妙峰山庙会、千军台庄户幡会、紫石砚雕刻技艺，琉璃烧制技艺等民俗类、传统手工艺类非遗项目存在问题。

（张　晨）

【防灾影片进社区】 6月18日，区电影发行放映服务中心联合区地震局在军庄村文化广场上放映防灾影片《飞跃地心》，300余人观看电影。

（张　晨）

【召开网吧安全会议】 6月18日，执法队召开区内网吧法人代表会议，执法队人员介绍全市网络娱乐场所的安全形势，并传达上级关于开展网吧专项治理的文件的要求，督促各单位在安全生产月中做好应急方案及应急演练，确保场所内的安全工作。

（张　晨）

【举办摄影作品展】 6月27日，在永定河文化博物馆举办《生态门头沟　美丽新门城》李长山摄影作品展。集中展示了中国摄影家协会会员158幅摄影作品。作者通过摄影镜头捕捉门头沟区近年建设发展的自然风光、文化经典、古道古村、民俗活动、门城新景、棚改新居、新建小区、特色果品等内容。展览持续一个月。

（张　晨）

【启动文化创意产业发展规划工作】 7月8日至10日，启动《门头沟区文化创意产业发展规划（2014－2020年）》编制工作。《规划》编制工作由区文化创意产业促进中心牵头，与北京北咨城市规划设计研究院合作，制定完成《规划》编制工作方案，进行相关资料的收集与整理，对区15个重点区域、企业和项目进行走访调研。11日，与区发改委、旅游委、科委、经信委、文委、区农委等相关单位召开《规划》编制工作座谈会。

（张　晨）

【文物保护宣传流动展活动】　7月11日，区文物事业管理所在国家级文保单位川底下村组织“门头沟区文物保护宣传流动展”。

（张　晨）

【第八届中国北京永定河文化节】　8月18日，由区委宣传部、区文化委员会和区旅游委共同主办的“永定河文化宣传展示周”暨“物华天宝”门头沟琉璃传世珍品展揭幕仪式在首都博物馆举办，“情定永定河”第八届中国北京永定河文化节正式启动。北京市文化局、北京收藏家协会、财政局、档案局、各镇街、区县协会等200余人参加活动。揭幕仪式后，观众参观“琉璃渠传世珍品展示”、“京西神韵”永定河流域文化主题展，并参与“琉华璃音”专家交流会。

（张　晨）

【开展微视频作品征集活动】　8月26日，中共门头沟区委宣传部和区文化委员会共同主办的“微艺术·大视野——光影汇萃京西梦”微视频作品征集活动在龙泉宾馆举行启动仪式。此次微视频作品征集活动以“平民化、原生态、纪实性、讲故事”为特色，以“人文生态的真实记录、普通百姓的心灵之光”为理念，以“身边的榜样”“寻找追梦人”“文化小故事”“最美的风景”四大类内容为题材。11月28日，“微艺术·大视野——光影汇萃京西梦”微视频作品评审会在龙泉宾馆举行。此次微视频作品征集活动以“身边的榜样”“寻找追梦人”“文化小故事”“最美的风景”四大类内容为题材，面向全社会征集原创微视频作品，有34部作品进入终评阶段。12月22日，“微艺术·大视野”微视频作品颁奖会在门头沟区龙泉宾馆龙泉会堂举行。市、区相关领导等200余人出席此次活动。

（张　晨）

【梦想中国——永定河书画展】　9月5日至10日，“梦想中国——永定河书画展”在永定河文化博物馆开幕。展览汇集市书协、美协、北京致公书画院、北京龙泉今子书画院等单位的书画作品120幅。

（张　晨）

【网吧环境优化整治】　9月9日，区文委执法队召开区内所辖网吧法人会议，会上执法队部署关于优化互联网上网服务环境的专项整治工作，并传达上级关于开展网吧优化环境专项治理的文件要求及卫生环境标准，要求各场所注意场所卫生，开展自查自纠，改善场所环境，并且杜绝未成年人进入，完善各项制度，保证消防通道畅通，注意场所安全。10月10日，会同市执法总队一起对门头沟区内网吧环境优化整治情况进行检查，检查互联网营业场所5家。

（张　晨）

【文化娱乐场所安全验收工作】　9月22日至24日，区安监局及北京市安全生产专家组对区文委部分监管企业进行安全生产标准化考核验收。对隐患排查阶段中所发现的问题，要求场所立即整改。在这次专家组验收中有6家企业达到3级标准，对未达标的2家企业和验收中发现的问题，及时整改。

（张　晨）

【京津冀非遗鼓舞精品展演活动】　9月27日，“鼓韵太平”京津冀非遗鼓舞精品展演在永定楼前广场举行，来自京津冀三地的12支非物质文化遗产鼓舞表演团队同台演出。

（张　晨）

【获奖情况】　10月27日，组织区印刷企业代表队参加北京市印刷法规知识竞赛，荣获团体一等奖。11月4日，组织区印刷企业代表队代表北京市参加京津冀印刷法规知识竞赛，获得冠军。

（张　晨）

【入选国家级非物质文化遗产】　11月11日，门头沟区千军台、庄户幡会成功入选第四批国家级非物质文化遗产代表性项目名录。区内共有4个国家级非遗项目、11个市级非遗项目和35个区级非遗项目。

（张　晨）

【市领导到区调研】　12月1日，北京市文物局局长等相关领导，对区内文物工作进行调研，并与区领导韩子荣、张贵林进行座谈。区文委主任对区内的文物及古村落保护工作进行汇报。市文物局局长对区内文物及古村落保护工作予以肯定。

（张　晨）

【参加北京市群众曲艺大赛】　12月14日，组织文艺骨干以及爱好者参加第二届“艺韵北京”北京市群众曲艺大赛。原创快板《夸夸咱们门头沟》荣获此次曲艺大赛一等奖、优秀表演奖、最佳创作奖。全市各区县、街道、乡镇、社区的3000余名参赛。

（张　晨）

【参加第九届北京文博会】　年内，门头沟区参加第九届北京文博会。门头沟展区以“集艺术瑰宝　架艺术桥梁”为主题，以门头沟文化艺术品交易功能区为重点，积极探索文化艺术品交易产业与展示效果完美结合的全新模式，以艺术品设计、加工、定制、展示、交易等全产业链进行布置。展示的内容设置六个板块，分别是“夺宝”——艺术品竞买、“五光十设”——彩色宝石展、“艺术画廊”——国画油画展、“精雕细琢”——掐丝珐琅唐卡、“紫砚之光”——潭柘紫石砚展、“仿古溯今——工艺品制作及体验互动”。此次展示为北京中融鼎立国际艺术博览有限公司、北京潭柘紫石砚有限公司、北京世熙传媒文化有限公司等11家文创企业搭建文化创意成果的展示平台，并在展馆与市文博会分会场的推介会上，重点推介杨家峪古村文化旅游度假村、军庄孟悟文化旅游综合服务基地、中国国际电视节目模式交流研发中心、立思辰文件全生命周期管理等10余个文化创意项目。展会期间，人民网、国际在线、门头沟电视台、“创意门头沟”、“京西门头沟”等微信公众平台对活动进行跟踪报道。展会现场发放了《创意门头沟》《门头沟投资促进投联网》《门头沟区文化旅游图》《潭柘寺紫石砚》《古珐藏意》《北京宝玉石文化博览交易中心》等宣传资料；为现场参与互动活动的朋友发放丹青作品、DIY香球香塔、首饰私人设计方案等，让参观者在展区参观交流。

（张　晨）

【志愿服务音响设备发放】　年内，区文委在京浪岛公园为2013年建设并投入使用的26个艺站配备26套小型专业演出音响设备，包括：音箱4个，机柜1个，无线手持话筒2个，话筒架2个等。

（张　晨）

·广播电视

【概况】　年内，广电中心坚持以邓小平理论、“三个代表”重要思想和科学发展观为指导，全面学习宣传贯彻党的十八届三中全会和习近平总书记系列重要讲话精神，围绕党的群众路线教育实践活动，围绕区委“稳中求进、改革创新”的工作要求，扎实开展新闻宣传工作。全年播出电视新闻3951条，拍摄制作各类专题节目193部期，播出影视剧53部，公益广告33条，全年实现安全播出无事故。

单位名称：北京市门头沟区广播电视中心
地　　址：北京市门头沟区新桥大街36号
电　　话：69843348
邮　　编：102300

（高艳蕊）

【安全检查】　1月16日，北京市广播电影电视局领导到门头沟区广电中心开展安全检查。中心领导汇报了在确保安全方面的做法及安全播出体系建设工作开展情况，市局检查组对机房等重要部位进行实地查看。

（高艳蕊）

【区领导调研】　1月27日，区领导到中心调研，对广电中心如何落实好工作提出了具体要求。2月18日，区领导到中心调研。并提出具体要求。

（高艳蕊）

【业务培训】　2月27日，举办全区通讯员业务培训班。

（高艳蕊）

【教育实践活动宣传】　3月开始，为在新闻节目中开辟5个专栏，分别是《贯彻群众路线　改进工作作风》《立行立改见成效》《办实事　惠民生　推进现代化生态新区建设》《整改落实见成效》《记者在基层》，《视点关注》专题栏目制作“贯彻群众路线　扎实改进作风”“贯彻群众路线　多办利民实事”等节目共12期，制作《践行党的群众路线　推动地区科学发展》总结宣传片，对全区教育实践活动开展情况及取得成效进行宣传。

（高艳蕊）

【开设新栏目】　6月，门头沟新闻节目中开设《大家说》栏目，以“弘扬社会主义核心价值观，提升市民文明素质”为主题，每期确定一个“说”的内容，让观众说看法、说想法、说办法。一期节目在2至3分钟之内，形成系列报道、连续报道。

（高艳蕊）

【班子召开民主生活会】　7月29日，召开以“为民务实清廉、推动广电事业改革发展”为主题的党组班子专题民主生活会，会上，党组班子成员开展批评与自我批评，从工作、学习、思想等方面进行了交流。

（高艳蕊）

【两会一评议】　8月，广电中心党总支及下属两个支部先后召开了支委会及支部党员大会，会上对党员进行了民主评议，共35名党员参加了测评。

（高艳蕊）

【制度梳理】　10月，在广泛讨

论和多次修改的基础上，对中心历年来出台的规章制度进行归纳整理，形成《门头沟区广播电视中心规章制度汇编》。有制度49项，其中保留了原来的制度41项，修订完善5项，废止10项，重新制定3项。

（高艳蕊）

【工程进展】 11月，广电中心消防、地板改造工程开始施工，12月完工。

（高艳蕊）

【安全播出体系检查】 12月21日，北京市新闻出版广电局科技处领导及相关专家对门头沟广电中心2014年安全播出体系建设情况进行检查。

（高艳蕊）

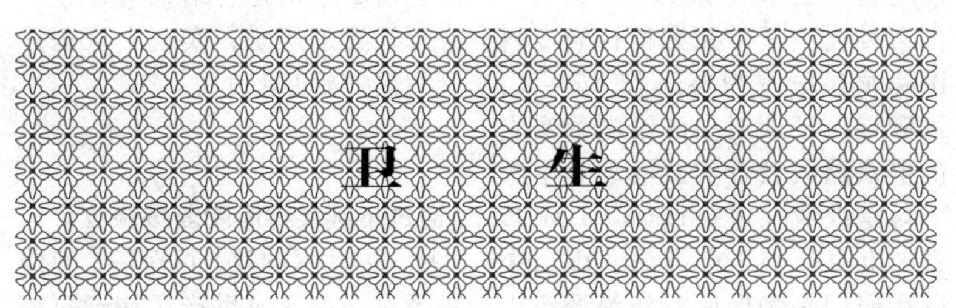

卫生

【概况】 年内，卫生工作完成区政府蓝皮书19项为民办实事任务，基本医疗和公共卫生服务水平得到提升。公立医院改革不断完善。整合区域医疗卫生资源，将区妇幼保健院纳入区医院集团管理。牵头制定《关于进一步加强政府购买服务医院监管体系建设的实施意见》，完善区医院集团法人治理结构，强化政府各部门对购买服务医院的监管考核。启动区医院薪酬制度试点改革，探索建立适应行业特点、充分调动医务人员积极性的绩效考核分配体系。全区医改工作得到社会各界认可。在全市医改综合考核中，门头沟区连续第三年获得创新考评第一档；国家、北京市领导对区内医改工作给予关注和支持；深圳市等13个市县先后到区内参观学习。新型农村合作医疗保障管理水平不断提高。完善与商业保险机构共保联办、风险共担的经办机制，建立完善对经办机构的考核和满意度测评机制。简化区外就医报销流程，提高基金使用效率。提升新农合保障水平，人均筹资由680元增至1000元，门诊报销封顶线由400元提高到800元。在清水卫生院开展门诊实时报销试点，方便山区参合农民。落实居民健康档案等11类43项国家基本公共卫生服务，开展艾滋病防治等14项重大公共卫生服务。孕产妇及儿童健康水平不断提升，婴儿死亡率、5岁以下儿童死亡率等指标达到“十二五”要求。社区卫生服务工作不断优化。以“4 + N”能力建设为重点，配置资源和要素，开展基础设施提升改造、基础工作规范等工程。以脑卒中防治一体化为切入点，推进对口支援，预约转诊、分级诊疗，8名社区医生完成规范化进修。在新建居住区增设临时服务站2个，老旧小区迁扩建服务站1个。经市社管中心聘请的第三方调查显示，我区职工满意度全市排名第4位，居民满意度排名第6位，均位于远郊区县前列。中医药服务能力得到提升。成立中医药学部，通过对口支援、师带徒、中医流动医院巡诊等方式，积极推广适宜技术，培养中医药适宜人才。向东社区卫生服务站荣获北京市基层中医药综合服务诊区建设单位。开展“中医中药进乡村、进社区、进家庭”活动，雁翅镇、东辛房社区卫生服务中心获第二批北京市中医药社区科普团队。开展打击非法行医“飓风行动”，医疗市场秩序得到维护。全区医疗废物实现集中无害化处置。公共卫生服务水平不断提升。公共卫生安全得到保障。落实重大传染病综合防控、危重孕产妇救治及精神障碍患者管理服务等措施，加强发热门诊、肠道门诊管理，开展流感样病例、不明原因肺炎病例及呼吸道多病原监测工作，落实埃博拉出血热、登革热等传染病防控培训、监测等各项措施。全区无甲类传染病报告，无重大传染病暴发流行、无重大饮水污染事件发生、无孕产妇死亡、无精神病人重大肇事肇祸事件发生。开展打击“两非”专项行动，落实生活饮用水、公共场所、学校卫生、职业卫生等重点环节的监督，重点部位实现全覆盖。全年开展监督检查3289户次，覆盖率99.26%，综合执法能力明显提升。应急能力不断提高。强化“一案三制”建设，推进卫生应急管理规范化和制度化。通过北京市卫生应急示范区验收。院前急救累计出车7541车次，同比提高7.91%，呼叫满足率88.11%。完成重大活动及重要节假日医疗卫生保障36次，出动救护车147车次，安排保障人员627人次。落实《健康门头沟“十二五”发展建设规划》，促进卫生服务模式由疾病管理向健康管理转变，慢性病综合防控示范区、斋堂镇创建国家卫生镇通过市级验收。制作播出《相约健康》电视节目24期，发布健康教育微博信息2356条，举行“世界无烟日”等大型宣传活动6次，开展健康大课堂知识讲座529场；实施居民社区、功能社区健康促进试点工作，创建各类健康示范机构17家；推进国家级健康促进医院建设，建设健康步道2条、健康知识宣传栏10组、健康自测小屋12套，城乡居民健康素养水平稳步提升。干部、人才队伍不断优化。坚持党管干部、党管人才原则，围绕抓班子带队伍，强化配齐配强基层领导班子。全面推进党的建设。

单位名称：北京市门头沟区卫生局
地　　址：北京市门头沟区新桥南大街9号
电　　话：60801936
邮　　编：102300

（张　莹）

【新型农村合作医疗工作】 1月2日，撤销新农合基金收入户。4月9日，区常委会讨论通过2014年新农合实施方案。5月8日，新型农村合作医疗管理中心正式搬至民生大厅。6月17日，清水中心卫生院随诊随报试点正式启动。11月5日，召开共保联办协调会，签署共保联办合作协议及备忘录。17日，召开2014年新农合管委会，确定2015年新农合实施方案。

（张　莹）

【领导调研】 1月8日至10日，国务院办公厅秘书三局会同国家卫生计生委有关司局组成调研组，到区内就公立医院改革试点情况进行调研。28日，国家中医药管理局医改办一行到区内调研区中医医院改革情况。2月13日，全国政协教科文卫体委员会办公室副主任，全国政协委员一行到区内调研公立医院改革。26日，区领导调研卫生系统安保维稳工作。3月15日，北京市委副书记吕锡文、副市长一行到区内调研公立医院改革工作。7月17日，区人大常委会主任带队到精神病专科医院龙泉医院视察工作。23日，区领导韩子荣对中医医院落实党的群众路线教育实践活动和中医学科建设情况进行调研。8月15日，市卫计委、市高法、市二中院调研门头沟区医疗纠纷调解工作。11月19日，区人大、区政协到区卫生局调研共保联办工作。12月3日，区人大、区政协到民生大厅调研共保联办工作。18日，区人大、区政协到人保健康公司调研。

（张　莹）

【创建北京卫生应急综合示范区】 1月14日，门头沟区通过创建北京卫生应急综合示范区复核验收，获得“北京市卫生应急综合示范区”称号。

（张　莹）

【援疆工作】 1月，开展北京市第七期援疆干部第二、三期专业技术干部轮换工作。第二期援疆干部——区医院B超室副主任医师于1月18日返京，选派区医院消化内科副主任医师作为第三期援疆干部到新疆和田地区洛浦县人民医院开展为期一年的专业技术援助。

（张　莹）

【成立新一届区爱卫会】 3月20日，成立新一届区爱卫会，加强对全区爱国卫生工作的领导。

（张　莹）

【山区医疗废物无害化处置】 3月，与北京环境卫生工程集团有限公司二清分公司签订《医疗废物运转协议》，从4月1日起，门头沟区8家山区社区卫生服务中心所产生的医疗废物，全部由二清公司集中清运，结束医疗废物自行处置的历史，实现山区医疗废物集中无害化处置。

（张　莹）

【通过市级爱婴医院复核验收】 3月，妇幼保健院、区医院、京煤集团总医院3家助产机构通过市级复核，获得爱婴医院称号。

（张　莹）

【全民健康生活方式示范创建】 3月至5月，开展全民健康生活方式示范创建活动，有12个单位分别通过示范单位、示范社区、示范食堂和示范餐厅的考核验收。

（张　莹）

【创建国家卫生镇工作】 3月至10月，对斋堂镇国家卫生镇创建工作进行12次创建工作指导和《国家卫生镇标准》培训，10月通过市级综合考核验收。

（张　莹）

【组建卫生系统网络文明宣传队】 4月，组建卫生系统网络文明宣传员队伍。宣传员队伍以团干部为主的60人，倡导文明评论，参与网络宣传，传递正能量。

（张　莹）

【促进示范村、社区创建活动】 4月至10月，开展北京市健康促进示范村、北京市健康社区创建活动，通过动员筛选、标准培训、中期督导等程序把关，雁翅镇杨村成功创建北京市健康促进示范村，大峪街道临镜苑社区、大台街道千军台社区、龙泉镇梨园社区、王平镇河北社区4个社区成功创建北京市健康社区。

（张　莹）

【控烟工作】　5月9日，卫生局、教委、财政局、法院、疾控中心经过2年创建，通过市爱卫会专家组考核验收，成为北京市首批无烟机关。9日至31日，开展全区无吸烟家庭评选活动，按照无烟家庭评选标准，评选出“无吸烟家庭”2000户，并发放“无吸烟家庭”标识牌。30日，在新桥路中学体育馆前开展以“提高烟草税”为主题的第27个世界无烟日主题宣传活动，活动当天全区各镇街发放控烟宣传海报2400张，控烟手提袋500个，各类宣传折页8000余份。

（张　莹）

【“最美北京人”职工宣讲比赛】　5月9日，举办五四表彰会暨“最美北京人”宣讲预选赛主题团日活动。会上，表彰卫生系统2013年度先进团组织、优秀团干部和优秀团员代表，开展“最美北京人”职工宣讲预选赛。6月30日，召开纪念建党93周年大会暨“最美北京人”职工宣讲决赛，通过表彰先进和事迹宣讲的形式，展示卫生系统党员干部风采，庆祝党的93岁生日。局党委书记带领全体党员重温入党誓词，对卫生系统2013－2014年度先进基层党组织、优秀党务工作者和优秀共产党员代表，优秀党课和人民满意的基层工作者进行表彰，以及“最美北京人”职工宣讲决赛。

（张　莹）

【“8＋1”行动卫生领域项目】　5月27日，召开“8＋1”行动卫生领域项目中期推进会。市委统战部、民盟市委、民建市委、农工党市委、九三学社市委、区委统战部、区卫生局及“8＋1”行动卫生领域各受援单位领导参加会议。6月7日，农工党北京市委副主任兼秘书长带领“8＋1”行动卫生领域农工党北大医院支部到区医院调研。7月9日，民建市委向王平镇社区卫生服务中心捐赠电脑验光仪、自动身高体重测量仪等医疗设备，王平镇社区卫生服务中心向民建会员、捐赠人颁发《捐赠证书》。

（张　莹）

【通过市级验收】　5月29日，门头沟区通过北京市慢性病综合防控示范区创建专家组的现场考评验收，获得“北京市慢性病综合防控示范区”称号。

（张　莹）

【完成基层党组织换届选举工作】　5月，除区医院党委、卫生监督所党支部因特殊原因需延期换届外，其余1个党总支、24个基层党支部均已完成换届选举工作，并新成立2个党支部，共选举产生支部书记27名，副书记5名，委员56名，其中35岁及以下年轻干部16名，大专及以上学历人员占到96%以上。

（张　莹）

【荣获市中医药社区科普团队】　6月16日，雁翅镇、东辛房社区卫生服务中心荣获第二批北京市中医药社区科普团队。该项目建设周期为3年，每年匹配资金2万元。

（张　莹）

【中医学部成立】　8月26日，门头沟区中医药学部成立。

（张　莹）

【妇幼保健院纳入区医院集团】　9月23日，区政府与北京凤凰联合医院管理咨询有限公司举行妇幼保健院改革签约仪式，会上签署《关于合作开展北京市门头沟区妇幼保健院改革的协议》，在坚持政府对医院所有权不变，医院事业单位性质不变、独立法人地位不变、职工身份不变，确保实现公益目标的前提下，正式将区妇幼保健院纳入区医院集团。

（张　莹）

【开展流感疫苗接种工作】　10月15日至11月30日，启动流感疫苗接种工作。全区设立16个接种门诊，周六日不间断为居民提供流感疫苗接种服务。市内户籍60周岁以上老年人和在校中小学生、中等专业学校学生将继续享受免费接种流感疫苗的惠民政策。接种工作将持续到结束。

（张　莹）

【召开第六届工会会员代表大会】　11月5日，卫生局工会召开第六届会员代表大会，应到会员代表95名，实到会员代表82名。会上，第五届局工会主席和工会经审委员会主任做工会工作报告、工会财务工作报告和工会经费审查委员会工作报告。按照选举流程，选举产生第六届工会委员会和经费审查委员会，召开新一届工会委员会第一次会议和经费审查委员会第一次会议，选举产生工会主席和经审主任。

（张　莹）

【中医药综合服务诊区建设】　11月15日，大峪街道向东社区卫生服务站荣获2014年北京市基层中医药综合服务诊区建设单位，项目建设周期为1年。

（张　莹）

【中医“治未病”服务能力建设项目】　11月18日，中医医院成为国家中医药管理局2014年中医“治未病”服务能力建设项目单位，匹配项目经费100万元，用于中医“治未病”服务平台建设、业务指导、人员培训及管理督导等方面。

（张　莹）

【召开区卫生计生委成立大会】12月17日，召开门头沟区卫生和计划生育委员会成立大会。区成立大会之后，卫计委工委召开第一次班子会。

（张　莹）

【医疗卫生服务共同体签约】　12月19日，门头沟区与北京大学人民医院举行北京大学人民医院－门头沟区医疗单位医疗卫生服务共同体签约启动仪式，区内医疗单位与北京大学人民医院正式建立战略合作关系。北京大学人民医院院长与区卫生计生委主任共同签署《北京大学人民医院－门头沟区医疗单位医疗卫生服务共同体合作协议书》。

（张　莹）

【区域卫生远程会诊系统】　12月，门头沟区区域卫生远程会诊系统（一期）实施完成，实现区医院与15家社区卫生服务机构远程会诊、视频会议及医学影像资料的共享；同期区医院、京煤集体总医院通过远程会诊系统加入北京大学人民医院医疗卫生服务共同体。

（张　莹）

【开展健康支持环境建设】　年内，在落坡岭社区，大台湿地标识2条健康步道；在水闸西路社区、峪园社区、蓝龙家园社区共建设健康知识宣传栏10组；在门城地区社区卫生服务中心下属的向东、育新、德露苑、三家店4个社区卫生服务站，水闸西路、蓝龙家园、峪园社区、双峪社区、落坡岭社区5个社区，财政局、地税局、大峪街道、城子街道、东辛房街道5个单位建设14套健康自测小屋系统，方便就诊病人、社区居民和单位职工开展自我健康监测。

（张　莹）

【签订定向培养协议】　年内，继续与首都医科大学签订定向培养协议，签订4人，临床医学本科3人，预防医学本科1人。与北京卫生职业学院签订定向培养协议，签订4人，医学影像技术专科1人，医学检验技术专科1人，康复治疗专科2人。总计8人。年内，共有24人按照协议回到区内。其中本科8人，专科16人；山区、半山区小定向13人，远郊区县大定向11人。

（张　莹）

【招聘工作】　年内，通过两次事业单位公开招聘，卫生系统招聘录用39人，具体人员结构为，社会人员23人，应届毕业生16人；专业技术岗位36人，管理岗位3人；硕士研究生15人，本科19人，专科5人。

（张　莹）

【埃博拉出血热疫情防控工作】年内，做好区内埃博拉出血热疫情防控工作，严防出现输入性病例，防止地区病例和交叉感染发生，保障全区经济社会稳定和公共卫生安全。一是加强二级及以上医疗机构发热门诊、社区卫生服务机构发热筛查室的规范化管理，落实预检分诊和症状监测工作制度。二是完成医护人员全员防治知识培训和操作技能培训，针对性的开展桌面推演和实际演练。三是成立院内专家组，组建卫生应急专业处置队伍，一旦出现疫情能够迅速出动、及时处置。四是着手落实我区确诊患者接收医院、密切接触者集中医学观察场所，满足区防控需要。五是对7名疫情发生国归国人员进行21天健康监护，均未发现异常情况。六是集中采购5万余元的隔离防护服、防护面罩、N95口罩等防护用品发放到各单位。七是进一步完善防控督导方案，开展重点区域和重点环节防控督导检查，督促落实主体责任。

（张　莹）

·卫生监督

【概况】　年内，在区卫计委党委的领导下，在北京市卫生监督所的指导下，以完善卫生监督执法体系、加强监督执法能力建设为目标，以推进依法行政为主线，坚持宣传、培训、监督齐抓共管原则，在食品卫生许可、监管职能划转完成后，开展公共场所、生活饮用水、医疗卫生、职业卫生等各项监督执法工作，全力保障全区公共卫生。全面落实全市卫生监督工作会议和门头沟区卫生工作会议精神，履行卫生监督工作职能，加强公共卫生监督的综合执法，不断提升自身卫生监督服务能力。

单位名称：北京市门头沟区卫生局卫生监督所

地　　址：北京市门头沟区石龙

南路甲 12 号
电　　话：60804950
邮　　编：102308

（许　琳）

【培训工作】 2 月 21 日，与区教委文体科联合召开门头沟区 2014 年春季学校公共卫生防控培训会。会上，卫生监督员针对即将开展的 2014 年春季学校卫生联合卫生监督检查要点进行了讲解。4 月 3 日，法规稽查科举办 2014 年卫生行政执法行政处罚案卷制作培训，全所 21 名卫生监督员参加了培训。培训从主体资格问题、事实证据问题、使用法律问题、履行程序问题等方面进行阐述，对卷宗目录、立案、调查取证、审查、告知、决定、送达、执行的整个流程细致地讲解，结合典型案例进行了分析。4 月 9 日，所对门城镇的 80 家公共场所的负责人（美容美发、住宿、洗浴）进行指导培训，培训的内容主要包括：一是传达 2014 年北京市对公共场所的重点监督检查的内容（主要包括抽检、卫生许可证的复验、公共场所的专项监督检查）；二是对日常监督中发现的问题进行现场讲解。6 月 19 日，组织召开门头沟区卫生监督协管工作会，各社区卫生服务中心、乡镇卫生院及村卫生室的协管员 58 人参加。9 月 15 日，组织所内全体监督员进行新平台培训。培训以市所提供的学习材料为依据，从北京卫生监督平台升级改造项目总体功能和各区县测试过程中的问题进行讲解，使所内监督员了解新平台的相关知识和操作，掌握新平台的功能和使用。9 月 22 日至 25 日，举办两期放射工作人员培训班，全区从事放射诊疗工作共 160 人参加。此次培训邀请北京市卫生监督所及航天中心医院的专家和教授，就放射工作人员职业健康监护、放射诊疗许可和监督管理、临床放射防护与质量控制等方面进行培训，通过此次培训，提高了放射诊疗机构对职业病防治及放射防护法律法规的认识，增强了工作人员的放射防护技能和自我保护及保护受检者的意识。

（刘　鹏　田炜炜　刘燕明
郎柏忠　李　枚）

【落实区领导批示】 3 月 13 日，在妙峰山镇政府召开由镇政府、水务局、卫生监督所、担礼村委会等各相关管理部门的综合协调会。落实区卫生局接到担礼村村民反映该村南地地区自来水出现浑浊无法饮用，区领导高度重视，区委韩书记作出重要批示，要求卫生行政部门尽快查明原因，解决村民的饮用水问题。会上，首先由卫生监督所现场通报前期对该村村西水源井调查及检测情况，并依法向妙峰山镇担礼村民委员会下达《行政控制决定书》，要求村委会对村西不符合生活饮用水国家卫生标准的水源井停止供水，并同时解决南地 90 余户村民的临时供水问题。会后，各部门主要相关领导到村西水源井进行现场考察。经过多部门共同协商，由镇政府通过接通杨岭供水管线解决停水后的担礼村 90 余户村民临时供水问题，同时让村子里村民继续放水冲洗备用水井，符合卫生标准后方可供水使用。

（刘　鹏）

【多部门合力整治黑游医】 4 月 8 日，会同区食品药品监督管理局、属地镇街、公安分局、卫生协管员，对区内城乡结合部地区的三家农贸市场进行打击无证行医联合执法检。此次检查共涉及陇驾庄早市、三家店四处市场、冯西园早市三家农贸市场，检查同时还对围观群众进行法律法规宣传和就医安全教育，并向市场管理方发放了《致全区居民的一封信》，希望广大群众提高警惕，一旦发现无证行医的情况，及时联系向卫生行政部门反映。

（韦　晶）

【召开党的群众路线教育实践活动座谈会】 4 月 10 日，召开党的群众路线教育实践活动座谈会，请区医院、社区服务中心等 9 家医疗机构、龙泉宾馆等 4 家公共场所企业业务相关人员、5 名社会监督员及 1 名退休干部代表共 23 人参加座谈，听取他们对卫生监督工作，特别是在“四风”方面存在的突出问题，提出的意见建议。此次讨论会共整理意见建议 4 类 21 件。

（陈　资）

【宣传工作】 5 月 8 日，联合北京市安全生产监督管理局门头沟区分局和门头沟区劳动社会保障局到木城涧煤矿宣传，执法人员在矿区广场搭建宣传台，悬挂横幅，将宣传材料发放到每一位矿工手中。22 日，卫生监督所综合执法二队在区内大峪一小开展生活饮用水卫生教育宣传活动。通过演示幻灯片以及播放宣传短片等多种形式向大峪一小两个班级的同学们讲解生活饮用水卫生标准，生活饮用水水质指标，饮用水与健康等相关知识。重点对如何形成良好的饮水习惯，如何避免家庭饮用水污染，如何自觉做好校内供水水源卫生防护，防止水源污染危害健康等进行了宣传讲解。现场发放宣传册、宣传物品共百余份，鼓励孩子们参与到饮用水卫生安全保障工作中来。

讲解结束后和孩子们进行现场互动，回答孩子们的问题。8 月 20 日，市所书记带领 7 名宣讲员到区内进行宣讲活动。各区县的 7 名宣讲员先后围绕自己所选的优秀人物和事例进行宣讲。12 月 4 日是首个国家宪法日。门头沟区卫生局卫生监督所在新桥大街体育馆门口开展法制宣传活动。通过设置“法制咨询服务台”、发放宣传单等形式加大了对卫生监督法律法规宣传力度，卫生监督员为来往群众宣传相关法律法规知识，发放《传染病防治法》《饮用水与健康》《坚决打击非法行医，确保群众健康权益》等宣传材料 200 余份，解答群众饮用水安全、卫生行政许可审批、医疗卫生等方面咨询 20 余次。

（李枚　李明珠　许琳　田炜炜）

【加强监管农村饮用水】　5 月 28 日、29 日，协同军庄镇政府林业站对军庄镇 8 个村 11 个自备水源供水情况进行检查。在检查中发现水源周边环境保护不到位，水泵房制度、设施不齐全，消毒器没有投入使用，蓄水池安全防护不全面等问题。针对上述问题，30 日军庄镇政府召开由各村书记参加的检查情况反馈会议，会上首先由军庄镇镇长讲述了与卫生监督所联合对镇内饮用水供水设施检查的重要性及必要性，卫生监督所副所长就法规要求对饮用水的供水责任进行讲解，并将此次检查的情况向各村书记反馈，同时向大家解读了生活饮用水卫生要求，下达了整改意见，重申了生活饮用水安全的重要性。

（程　旭）

【“一法四规”专项检查】　6 月 10 日至 13 日，由区卫生局牵头，卫生监督所参与对辖区相关医疗机构开展专项监督检查。共监督检查辖区 13 家一级以上医疗机构和 15 家村卫生室，通过现场检查、实地抽查和查阅资料的形式，重点监督各单位《执业医师法》和《医疗机构管理条例》《医疗事故处理条例》《乡村医生从业管理条例》的落实情况，以便及时发现工作中存在的薄弱环节，督促各单位切实落实法律和行政法规要求，规范执业行为。经查，各医疗机构卫生技术人员具备相应资质；能够按照法律法规要求公示医疗机构执业许可证、诊疗科目等信息；未发现出卖、转让、出租医疗机构执业许可证的情况；对医务人员管理合规，佩戴身份标牌上岗，并定期开展培训工作；使用电子处方，未发现存在涂改、伪造病历的行为。

（韦　晶）

【公共场所示范店专项督导工作】　6 月 11 日，与综合执法三队联合对“北京卓艺雪园美容美发店”“北京霁月园韩影宫美容店”等 6 家 2013 年公共场所示范店开展专项督导工作。重点对卫生示范店的相关卫生制度、从业人员的持证上岗、用品用具的清洗消毒保洁、皮肤病专用工具等进行监督检查。在督导过程中结合 6 家公共场所示范店各自的情况，给予相应的提高卫生标准的指导和建议。

（田炜炜　史德新）

【监督销毁过期麻醉药】　6 月 12 日至 18 日，分别对 3 家医疗机构过期失效的麻醉药品进行监督销毁。监督员对药品的名称、批准文号、批号、规格、数量、生产单位、有效期等进行仔细核对，经清点无误后，现场监督药剂科工作人员按不同剂型分别采取毁形、融浸和焚烧销毁，对销毁过程进行影像和文字记录，并制作了销毁记录单。

（韦　晶）

【开展农村饮用水监督检测工作】　6 月 21 日，联合工作组开展对清水镇齐家庄、杜家庄、李家庄、上下清水 5 村农村自备井日常监督监测工作。经查，清水镇 5 村共 8 处农村自备水源，现使用其中 7 处作为村中主要饮用水水源，均未取得生活饮用水卫生许可证。疾控中心现场采集饮用水样品 5 件，以待检测。监督员对清水镇上述 5 村均未取得生活饮用水卫生许可证的情况下擅自供水的违法行为给予警告的行政处罚；同时向 5 村相关负责人送达了卫生监督意见书责令改正上述各项问题，要求尽快办理生活饮用水卫生许可证。

（刘　鹏）

【贯彻落实行政执法责任制】　7 月 20 日，对行政执法依据和行政处罚自由裁量权执行标准开展梳理、更新工作，并同时开展以罚代管滥用自由裁量权随意罚款问题的专项整治工作。梳理出执行的现行有效的法律、法规、规章 77 部；具体行政执法职权中行政处罚 457 项，行政许可 14 项。根据卫生监督所行政执法权限的调整，重新制定《行政执法自由裁量权执行标准表》，对 25 项常见违法行为制定自由裁量权执行标准，明确执法权限和执法标准。同时，开展以罚代管滥用自由裁量权随意罚款问题专项整治工作，以案卷、案件稽查为抓手，对实施行政处罚的主体、权限、依据合法的情况，实施行政处罚的程序合法的情况以及对行政处罚案卷立案、取证、审查、决定、送达、执行、归档等进行自查。

（田炜炜）

【徒步大赛保障工作】　9月20日至21日，第五届北京国际山地徒步大赛在门头沟区斋堂举行，区卫生局卫生监督所于9月11日对运动员和工作人员接待单位的供水情况进行全面的监督检查。卫生监督员对8个接待单位现场进行饮用水样品采集（共8件），针对各接待单位存在的问题，当场下达卫生监督意见书，责令其予以改正，并且再次向各单位负责人强调生活饮用水安全的重要性。

（吴健楠）

【开展流感疫苗接种专项检查】　10月16日，与区疾病控制预防中心联合对滨河地区、大峪地区和永定卫生院3家免疫预防接种门诊开展专项监督检查工作。重点检查各预防接种门诊的人员资质、消毒隔离、医疗废物处置、疫苗运输和储存等工作开展情况。

（韦　晶）

【开展飓风行动，打击非法行医】　11月2日，分成两组对全区内流动人口密集的工地、集贸市场、早市、乡镇街道、城乡结合部等地区的非法行医活动进行专项打击和取缔。此次巡查不仅针对门城地区，还对斋堂、清水、雁翅等7个乡镇。共巡查集贸市场8处、居住区3个、卫生院2个、工地1处，主要干道及街道15条。此次行动共出动卫生执法人员15人，执法车辆3台。

（高　岩）

【召开医疗机构依法执业工作会】　11月4日，组织区内民营和个体医疗机构法人、负责人，召开门头沟区打击违法医疗行为、违法医疗服务、整顿医疗秩序“飓风行动”工作会，共27家医疗机构的法人或负责人参加会议。会上，通报北京市及区内非法行医典型案件的查处情况。并布置埃博拉出血热疫情防控工作。部署“飓风行动”具体实施方案。针对“飓风行动”重点内容，进行依法执业规则、消毒产品管理和医疗废物管理等内容的培训。

（韦　晶）

【现场制售饮用水机大检查】　11月18日至20日，在全区范围内开展现场制售饮用水机的监督检查工作。共检查北京康基嘉华净水科技有限公司、江海怡安（北京）净水设备有限公司、北京温馨水处理科技发展有限公司、柯露利华（北京）水处理设备科技有限公司、北京和谐夕阳健康科技发展有限公司所属的69台现场制售水机。针对检查中发现的制售水机消毒灯不亮，未按要求对水质进行检测，涉水产品卫生许可批件过期等问题，当场下达卫生监督意见书督促有关单位进行改进。

（王志刚）

【党风廉政建设工作检查考核】　12月3日，党风廉政建设工作检查考核组对卫生监督所2014年度推进惩治和预防腐败体系建设、落实党风廉政建设责任制及执行领导干部廉洁自律规定的情况进行检查考核。会上，对党风廉政建设责任制工作进行汇报。检查组对卫生监督所今年的廉政建设工作给予了高度评价，同时也指出未来在工作中需要坚持和加强的方面。

（许　琳）

【二次供水单位集中约见会】　12月30日，召开“2014年门头沟区二次供水单位集中约见会”，部署“南水”进京后的饮用水安全保障工作。全区28家二次供水单位的相关负责人参加了会议。会上，就2014年区内生活饮用水卫生监督工作提出要求，综合执法二队负责人结合相关卫生法规规范及相关文件等进行了讲解。

（刘　鹏）

【卫生许可受理工作】　截至12月31日，共接待群众咨询2123人次。食品安全企业标准备案共接到申请29次，受理29次，备案成功13次。公共卫生与放射共接到申请210户，受理190户，其中放射卫生审查9户，竣工验收10户。发放卫生许可证171户，其中公共场所110户、生活饮用水38户、放射卫生23户。医政办结648件，其中医师113件、医疗机构308件、麻卡1件、护士注册226件。

（许　琳）

【现场快速检测】　年内，共进行现场快速检测60件（其中生活饮用水40件，公共场所20件），合格件60件，合格率为100%。

（许　琳）

【卫生监督抽检】　年内，监督抽检261件，合格261件，合格率100%。其中生活饮用水抽检（已经没有这个任务）；公共场所抽检261件，合格261件，合格率100%。

（许　琳）

·疾控中心

【概况】　年内，加强流感、霍乱、艾滋病等重点传染病疫情监测，严把疫情监测关，强化肠道门诊和发热门诊规范化管理，有效遏制疫情扩散和蔓延。加强卫生应急管理和应急队伍建设，完善突发公共卫生事件预警机制，确保突发疫情和公共卫生事件的应急处置工作防控有力、处置科学。加强免疫预防门诊管理，信息化系统规范有序运转，第一类疫苗报告接种率继续保持100%，计划免疫相关传染病得到有效控制，自1974年以来，全区已连续40年无脊灰和白喉病例发生。以创建慢性病综合防控示范区为载体，落实基本公共卫生服务项目，实施农村癌症早诊早治项目，继续开展社区脑卒中筛查与防控、户籍居民肿瘤患者社区随访及伤害监测，加强慢性病及其危险因素监测，强化高血压自我管理小组和糖尿病同伴支持，推进全民健康生活方式行动，开展示范创建活动，大峪中学、京西建国餐厅等4类12家单位通过验收。发挥健康教育在防病工作中的重要作用，借助新媒体技术及网络，利用社会多方力量和渠道，开展健康宣传活动，制作并播出《相约健康》电视片48期，坚持每日更新健康教育微博，共发布微博2356条，制作宣传材料8种7.5万份。利用各种卫生日，开展世界结核病日、世界无烟日等系列宣传活动9次。组织开展健康大课堂529场，直接受众达24467人次。组织全区健康教育团队开展健康体重传播行动。组织17家医疗单位开展“我的健康我做主”科普文章、摄影作品征集活动，荣获市级优秀组织奖。加强实验室质量控制，强化实验室安全管理，不断提高检测工作水平，顺利通过市级CD4淋巴细胞检测实验室能力评估验收。

单位名称：北京市门头沟区疾病预防控制中心
地　　址：北京市门头沟区城子东街甲40号
电　　话：69843156
邮　　编：102300

（张翠红）

【举办健康知识讲座】 1月7日，在实验二小永定分校举办预防近视专题讲座，邀请区医院眼科专家讲解近视的预防、佩戴眼镜的注意事项等，并与家长们进行互动问答，100余名学生家长参加。15日，与区教委联合在新桥路中学举办离退休教师心脑血管疾病健康知识讲座，邀请中医院专家以心脑血管健康为主题进行讲座，50余名离退休教师参加。16日，在东辛房街道办事处北涧沟居委会举办老年人合理饮食健康知识讲座，邀请中医院专家授课，80余名居民参加。3月3日，邀请区医院耳鼻喉科专家在城子街道市场社区居委会开展“健康听力，幸福人生——关注老年人听力健康”主题讲座，分析老年人听力状况，介绍耳朵的生理结构及老年人听力保护注意事项等，63名社区居民参加。5月20日，聘请市疾控中心健康教育专家在木城涧煤矿开展“室内无烟，呼吸给力”健康大课堂讲座，直接受众人数210人。6月13日，与区教委联合举办合理营养、平衡膳食知识讲座，聘请市级专家讲解营养学基本概念、膳食平衡搭配、营养缺乏的危害、学生膳食原则及如何安排好孩子的一日膳食等内容，各中小学校学生食堂主管校长、后勤管理人员、食堂厨师、学生营养餐企业负责人及加工人员和校医、卫生老师等150人参加。11月26日，在城子街道办事处市场社区居委会举办防治艾滋病知识讲座，介绍艾滋病基本知识、艾滋病流行情况以及艾滋病相关政策，70位居民参加，发放《性病艾滋病防治手册》和《预防艾滋，健康全家人》宣传材料共150份。28日，到大台办事处双红社区为居民讲解性病艾滋病防治知识，49位居民参加，现场为每人发放《性病艾滋病防治手册》和《预防艾滋，健康全家人》等宣传材料共3种150份。

（张翠红　黄骞仪）

【召开专题工作会】 1月9日，召开党组织民主生活会，与会党员汇报2013年工作情况，对存在的问题进行剖析，并提出整改措施。29日，召开春节期间安全工作会，部署节日安全工作，提出节日期间安全工作要求，全体职工参加会议。3月5日，召开女职工征求意见座谈会，听取女职工对中心群众路线教育实践活动、中心班子“四风”表现、中心各项工作发展等方面的意见建议。20日，召开2014年健康教育工作会，总结2013年健康教育工作情况，部署2014年健康教育工作安排和要求，9个镇、4个办事处、区教委、中小学保健所及17家医疗单位主管健康教育专兼职人员50余人参加会议。4月4日，召开2014年肿瘤患者社区随访工作会，总结2012年－2013年度肿瘤患者社区随访工作，部署2014年肿瘤患者社区随访工作，并解读了工作要求及注意事项，全区10家社区卫生服务机构相关技术负责人参加会议。同日，召开2014年食源性疾病报告监测工作会，对自2013年5月起开展的食源性疾病报告监测工作进行总结和分析，并反馈监测结果，部署2014年食源性疾病报告监测工作，参会人员就工作中存在的问题进行探讨和交流，提出改进措施和方法，京煤集团总医院、区医院、区妇幼保健院疾控科和肠道门诊主任及技术骨干参加会议。5月13日，与区教委联合召开结核病防控协调会，通报近年来学生肺结核患病情况，提出工作思路，并达成共识，区卫生局、区教委、中小学保健所以及疾控中心相关人员参加会议。7月24日，召开慢病半年工作总结会，对脑卒中随访、高血压和糖尿病自我管理小组、肿瘤随访、癌症早诊早治、成人危险因素监测等项目进行了总结，提出工作中存在的问题，并与相关单位进行工作交流，部署下一步具体工作，全区12家社区卫生服务机构的主管领导及慢病防控技术骨干共51人参加会议。9月5日，召开2014年－2015学年度第一学期学校卫生工作布置会，总结上半年学生视力不良、肥胖、食品安全周宣传、控烟等工作，并对新学期学校卫生工作进行梳理和布置，听取各校医老师对常见病防控的意见和建议。

（张翠红　黄骞仪）

【疾控工作年终考核】　1月14日，市卫生局组织专家对区卫生局、区疾控中心2013年度疾病预防控制工作进行考核。考核组听取了工作汇报，并按照考核标准分组对行政区域指标、传染病地方病控制、免疫预防、营养与食品卫生、实验室管理等具体指标进行现场考核。最后，考核组对所查专业提出工作亮点以及存在的不足。

（张翠红）

【培训工作】　1月27日，举办中国成人慢性病及其危险因素新增监测点培训会，培训内容包括中国成人慢性病及其危险因素监测方案、家庭问卷、家庭登记等内容，大峪、东辛房、斋堂和妙峰山4个监测点的社区卫生服务中心医务人员和街道办事处、镇政府的工作人员共30人参加培训。29日，举办人感染H7N9禽流感防控知识全员培训，通报人感染H7N9禽流感疫情情况，讲解《北京市人感染H7N9禽流感疫情防控方案》《北京市流感监测方案及疫情处置》、人感染H7N9禽流感疫情现况及风险分析等，疾控中心全体职工参加了培训。2月20日，举办基层医务人员性病艾滋病防治知识培训班，培训内容为性病艾滋病防治基本知识、流行形势、防治策略等，并就基层医务人员在性病艾滋病防治工作中应该发挥怎样的作用以及预防职业暴露工作提出具体要求，各社区卫生服务中心、村卫生室、个体诊所的基层医务人员共150人参加了培训。21日，与区教委联合举办加强学校传染病防控工作培训会，讲解集中发热疫情流行特征、临床表现、突发疫情调查处置等内容，全区中小学校及托幼机构的校医、卫生老师共70余人参加培训。25日，召开中国成人慢性病及其危险因素监测工作培训会，对监测方案、问卷调查、体格测量以及实验室检测等内容进行培训与考核，门城、东辛房、妙峰山和斋堂社区卫生服务中心4个监测点的50名调查员参加培训。3月3日，召开学龄前流动儿童强化查漏补种和外来务工人员麻疹、流脑疫苗接种工作培训会，全区13家相关医疗机构防保科长、计免业务骨干共21人参加培训。31日，举办肠道传染病防治知识培训班，讲解《肠道门诊和霍乱防控》及《霍乱弧菌常规检验技术》等内容，区医院、京煤集团总医院等4家肠道门诊医务部和疾控科主任及肠道门诊全体工作人员，各医疗机构检验人员，各地段保健单位防保科大夫共70人参加培训。4月9日，举办维护无脊灰和消除麻疹业务培训，19家医疗机构疾控科科长、防保科科长、负责监测的工作人员、主管传染病的工作人员以及主要监测科室临床医生共55人参加。17日至18日，举办免疫规划监测技术全员培训班，邀请市疾控中心及金卫信公司专家讲解免疫预防信息化工作进展、北京市免疫规划信息管理系统平台信息维护、客户端功能与应用技巧等内容，并对疫苗针对传染病监测技术方案、报表工作中存在的问题等进行了培训，各医疗机构疫情监测人员、防保科工作人员共119人参加。21日，举办手足口病防治知识培训班，通报手足口病最新进展，讲解手足口病监测及疫情处理等内容，各医疗单位地段保健医生、儿科医生，学校及托幼机构校医、卫生老师参加。23日，举办2014年健康大课堂师资培训班，邀请市级科普专家以“健康传播技术与技巧”为主题，讲解信息传播、认知教育、行为干预3大健康教育工作技术，19家医疗机构健康教育专兼职人员、专家库人员及疾控中心卫生专业技术人员共78人参加培训会。23日至25日，举办高血压患者自我管理与糖尿病同伴支持组长师资培训，各社区小组长轮流讲解高血压与糖尿病防治知识，相互交流自我管理小组活动技能以及与人沟通的技巧，全区11家社区卫生服务机构共49名相关技术骨干参加。28日，举办门头沟区癌症早诊早治新增筛查点培训会，对癌症早诊早治项目工作方案、工作流程以及注意事项等进行讲解，向各筛查点布置筛查任务，并邀请永定卫生院的项目负责人介绍工作经验，东辛房、妙峰山等5个新增筛查点负责筛查工作的医务人员共24人参加培训。5月9日，举办传染病疫情直报师资培训班，全区19家医疗单位主管领导、疫情网络直报专兼职人员及相关临床科室门诊大夫参加。21日，举办结核病防治知识培训班，围绕《北京市结核病防治工作规范》（2013版），讲解了肺结核患者发现、社区结核病防治、中小学校结核病控制等内容，各医疗机构主管结核病防治工作领导、网报人员及门诊医生共89人参加。23日，举办职业病报告培训班，讲解职业病与职业卫生监测信息系统，各有关医疗单位职业病报告负责人和职报员参加培训。7月24日，举办慢病继续教育培训，讲解人群健康研究的流行病学原理和方法及健康管理与风险评估，全区12家社区卫生服务机构的主管领导及慢病防控技术骨干66人参加培训。30日，举办性病艾滋病防治知识培训班，对艾滋病扩大咨询检测进行讲解，并宣传禁毒防艾知识，全区17家医疗机构医务人员及疾控中心卫生专业技术人员共79人参加培训。8月5日，举办成人慢性病及其危险因素监测培训会，21人参加培训。13日，举办科学减重、轻松瘦身培训班，各医疗单位健康教育专兼职人员及疾控中心卫生专业技术人员参加培训。18日，举办埃博拉出血热防控知识全员培训，疾控中心全体人员参加了培训。9月5日，举办合理运动、健康减重培训班，全区各镇办事处、医疗单位健康教育专兼职人员、参加全市健康减重比赛的人员及疾控中心卫生专业技术人员参加培训。12日，举办死因监测统计师资工作培训班，各医疗机构负责死因统计工作的科室主任及负责死因网络直报专兼职人员共80人参加培训。15日，举办自然疫源性病防治知识培训班，全区各医疗单位及疾控中心卫生专业技术人员共81人参加培训。19日，举办免疫预防信息化管理培训班，各医疗机构防保科长、相关工作人员共47人参加。同日，举办狂犬病免疫预防培训班，全区3家狂犬病免疫预防门诊外科、注射室、急诊室、药房等相关科室人员43人参加培训。22日，举办艾滋病检测技术培训班，各艾滋病筛查实验室检验科主任及业务骨干29人参加培训。26日，举办冬春季呼吸道传染病防控知识培训班，各医疗机构疾控科、地段保健科相关工作人员等共37人参加培训。11月5日，举办功能单位慢性病与健康自我管理小组培训会，区财政局、地税局、新桥路中学和实验二小永定分校自我管理小组长以及门城、永定社区卫生服务中心的社区医生参加培训。25日，联合北京医师协会全科医师分会、天津市健康教育所、中国社区健康网等单位举办“2014年社区慢病立方管理知识竞赛”城市巡讲活动，培训邀请安贞医院、友谊医院及区医院3名专家讲解慢病防治知识，各社区卫生服务中心全科医生、慢病管理人员和二级及以上医疗机构内科、全科医生共56人参加。

（张翠红　黄骞仪）

【卫生应急演练】　2月20日，组织人感染H7N9禽流感防控桌面推演应急演练，重点演练对疑似H7N9禽流感感染者的流行病学调查、标本采集、消毒隔离、信息报告以及应急响应措施等内容，应急小分队全体人员参加演练。8月7日，组织综合评价科、微生物实验室、流行病科等相关科室人员开展生活饮用水污染突发事件应急演练。9月2日至3日，开展埃博拉出血热疫情应急处置演练，设置疫情接报和响应、防护装备、流行病学调查和现场处置、样品采集和运送、疫源地消毒处理5个场景进行演练。中心卫生应急小分队22人参加了演练。10月14日至15日，开展肠道传染病疫情应急处置演练活动，设置模拟疫情现场、疫情接报和响应等5个场景进行演练，中心卫生应急小分队18人参加演练。

（张翠红）

【慰问广泛耐药肺结核患者】　3月18日，中心领导及结核科工作人员到王平镇，看望2名广泛耐药肺结核患者，并送去慰问金。

（黄骞仪）

【宣传活动】　3月24日，联合京煤集团总医院、大台办事处等单位在大台社区开展以“预防结核，健康和谐”为主题“世界防治结核病日”宣传活动，发放宣传画400张，宣传折页2000份，纪念品4种1600份，受益群众约1500人次。同日，在大台社区开展食品营养标签和预防食物中毒宣传活动，现场发放食品营养标签、合理膳食、预防食物中毒等健康知识折页、宣传海报和宣传册2000余份，为百余人解答食品营养标签和食物中毒相关健康问题。4月7日，在葡山公园开展以“病媒传播的疾病”为主题“世界卫生日”宣传活动，通过摆放展板、现场发放宣传品、义诊咨询等形式宣传病媒传播疾病知识，现场解答群众咨询，发放宣传海报300份、宣传折页3000份、宣传品2000份。25日，在葡山公园开展主题为“接种疫苗，保障健康”第29个“全国儿童预防接种宣传日”宣传活动，现场解答群众咨询，发放宣传海报200份、宣传折页2000份及宣传品3000份。26日，在葡山公园开展以“消除疟疾，共享健康”为主题“全国疟疾日”宣传活动，发放宣传材料3种2000份，接待群众咨询60人次。29日至5月10日，开展主题为“防治职业病，职业要健康”《职业病防治法》宣传周活动，联合区安全监管局在北京潭龙鑫磊矿业有限公司开展职业卫生知识培训，120余名企业职工参加培训；联合区安全监管局到北京天马轴承有限公司开展职业病防治知识宣传活动，发放各种宣传材料500份。15日，联合市卫计委、市疾控中心等部门在物美大卖场广场开展主题为“科学补碘，保护智力正常发育”第21个“防治碘缺乏病日”宣传活动，现场发放宣传材料10种5000份，讲解真假碘盐区别及碘缺乏病的危害等知识，并进行问卷调查。31日，联合区爱卫办等单位在新桥路中学体育馆前开展以“提高烟草税”为主题“世界无烟日”宣传活动，设置20块控烟宣传展板，发放宣传材料8种4000份。6月18日，组织在职党员到石门营五区，开展“参与禁毒斗争，共建和谐家园”宣传活动，向社区居民介绍戒毒及预防艾滋病知识，并发放禁毒防艾宣传材料。20日，在门头沟论坛组织的“益起去野，挑战8小时”慈善徒步越野赛活动中，向参加服务的85名志愿者介绍禁毒防艾知识，现场发放宣传材料3种近300份，接待咨询8人。9月1日，在永定河文化广场开展主题为“2014年北京市健康体重传播行动（门头沟站）”全民健康生活方式日宣传咨询活动，利用市疾控中心科普宣传车为46位居民免费做体质检查及健康咨询，组织各医疗单位医务人员及居民共21人参加永定河文化广场30分钟健步走活动。11月18日，在新城077地块建筑工程项目工地开展艾滋病宣传活动，组织工人观看防治艾滋病展板及禁毒防艾视频，发放宣传材料10种4000余份，安全套2000只，扑克牌及购物袋等宣传礼品千余份，600余名工人参加宣传活动。19日、20日，分别在龙门社区、大台矿区开展艾滋病、结核病防治知识宣传活动，发放宣传材料10种6000份、安全套3000个，600余名工人、400余名居民参加了宣传活动。24日，联合区民防局、永定社区卫生服务中心等部门到梧桐苑小区对新入住居民进行安全、健康体检、卫生知识宣传活动，发放艾滋病宣传材料4种800份、扑克等宣传品100份，接待群众咨询13人。28日，联合区教委共同举办“舞动红丝带，呵护青少年——艾滋病知识宣传校园行巡讲活动”，到职业高中、大峪中学，向学生们宣传艾滋病防治知识，受益人数达上千人。12月1日，由区卫生局、区疾控中心、区红十字会主办的以“行动起来，向零艾滋迈进”为主题“世界艾滋病日”大型宣传活动在新桥大街举行，发放18种宣传材料8000余份，各类宣传品500份，安全套3000只。

（张翠红　黄骞仪）

【外来务工人员疫苗接种】　3月至4月，开展集中用工单位外来务工人员流脑、麻疹疫苗免费接种工作，共接种A+C流脑疫苗807人、麻疹疫苗807人，覆盖建筑工地、生产企业及餐饮企业共计82家单位，未接报疑似预防接种不良反应。

（张翠红）

【学龄前流动儿童强化查漏补种】　3月至5月，开展学龄前流动儿童强化查漏补种活动，共调查0岁至入学前外来儿童4458人，对无卡、无证儿童予以补卡、补证，对漏种儿童予以补种或预约。

（张翠红）

【碘盐监测】　3月至6月，对居民户食用盐进行抽样监测，共监测采样300份，其中合格碘盐276件，不合格碘盐6件，非碘盐18件。全区碘盐覆盖率为94%；碘盐合格率为97.9%；合格碘盐食用率为92%；非碘盐率为6%。

（张翠红）

【开展督导检查】　4月8日至9日，联合区卫生监督所对辖区内4家医疗机构肠道门诊进行开诊后第一次督导检查和业务指导，现场对肠道门诊工作人员进行考核，对存在的问题提出整改意见和建议。5月12日至15日，对辖区11家社区卫生服务中心结核病防治工作进行督导检查，针对发现的问题提出意见和建议。23日至6月26日，对区内17所重点中小学校开展学生常见病与传染病防治督导，针对督导过程中发现的问题，向学校进行反馈。6月30日至7月1日，对中医院、斋堂医院及大台医院3家狂犬病免疫预防门诊进行督导检查，现场进行业务指导，并提出工作要求。8月5日，对食源性疾病监测哨点医院区医院、京煤集团总医院食源性疾病主动监测工作进行督导检查，要求各医院加强食源性疾病监测的业务培训，落实监测病例的信息和标本的采集，杜绝监测病例漏报。9月10日至11日，对辖区内4家肠道门诊进行第二次督导检查和业务指导，现场进行考核，并对发现的问题提出整改建议。10月16日，对门城社区卫生服务中心滨河、大峪接种门诊，永定卫生院等流感疫苗接种门诊进行督导检查，现场进行业务指导，并提出工作要求。11月3日至6日，对各医疗单位进行公共卫生服务工作检查指导，并提出下一步工作要求。12月2日至5日，对辖区14家医疗机构进行结核病及艾滋病年末督导检查，对工作中存在的问题进行反馈与指导。

（张翠红　黄骞仪）

【艾滋病监测】 4月10日至21日，开展流动人口艾滋病知信行调查和监测，对木城涧矿401名矿工开展了问卷调查和采血，并进行性病艾滋病防治知识宣传，发放宣传材料800余份，安全套2000只。5月21日至23日，对区内足疗保健屋、洗浴中心、卡拉OK/歌舞厅等所有娱乐场所进行摸底登记。5月26日至6月24日，开展娱乐场所女性工作人员艾滋病调查和监测，完成143人份的问卷调查和采血。

（张翠红）

【青少年健康危险行为监测】 4月21日至30日，依据《2014年门头沟区青少年健康危险行为监测方案》，采用分层整群随机抽样的方法，以班级为最小抽样单位，抽取了大峪中学高中部、育园中学、大峪中学分校、新桥路中学和中等职业学校5所学校开展青少年健康危险行为监测项目，完成了1099份问卷调查，为政府、卫生、教育部门和学校制定相关的政策和干预措施，促进青少年健康成长提供科学依据。

（张翠红）

【禽流感病毒携带状况调查】 4月，组织专业人员采集7家公园野禽粪便标本70份进行H7N9禽流感病毒检测，以了解区域内野禽H7N9禽流感病毒携带情况，为制定科学合理的防控措施提供依据。

（张翠红）

【学校食堂及供餐情况调查】 4月，开展学校食堂及供餐情况问卷调查，调查内容包括学校基本情况、学校是否有食堂及食堂相关信息、学生午餐就餐方式等，共调查43所中小学校19277名学生。

（张翠红）

【游泳场所卫生监测】 5月至10月，继续开展游泳场馆卫生监测工作，监测项目为空气质量指标，共监测各项指标680件，合格623件，合格率91.6%。

（张翠红）

【成人烟草调查】 6月至7月，抽取大峪街道绮霞苑社区和绿岛家园社区200户家庭和200名个人作为调查对象，开展成人烟草调查项目。

（张翠红）

【行政抽检】 7月至9月，联合区卫生监督所对宾馆、快捷酒店、洗浴中心、营业性美发美容场所等16家单位的公共用品用具消毒效果进行采样抽检，共抽检样品132件，检测结果全部合格；对6家商场的室内空气质量进行现场监测抽检及采样抽检，完成现场检测54件，空气标本抽检采样18件，检测结果全部合格；对3家游泳场所进行水质监测，共完成游泳池水及浸脚池水现场检测12件，抽检游泳池水样9件，检测结果全部合格。

（张翠红）

【碘营养与甲状腺结节相关性研究】 8月至11月，开展人群碘营养与甲状腺结节相关性研究，累计调查监测304人次。

（张翠红）

【健康人群流脑带菌监测】 9月至10月，对在京连续居住6个月的1岁以上健康人群9个年龄组252人，采集咽拭子标本进行脑膜炎奈瑟氏菌分离培养和抗生素敏感性监测。

（张翠红）

【重金属污染防治】 10月5日，与区安全生产管理局联合召开门头沟区重金属污染防治启动会，5家重金属污染企业参加会议。10月17日至11月17日，对重金属污染4家用人单位进行职业卫生检测，采集样品43件进行铅及其化合物检测。12月8日，组织23名铅作业职工进行职业健康检查。

（张翠红）

【流感疫苗接种】 10月15日至11月30日，在60岁以上老人和在校学生中开展流感疫苗免费接种工作，累计接种流感疫苗22904人次。

（张翠红）

【学生甲状腺B超检测】 11月17日，抽取斋堂小学开展8岁至10岁学生进行甲状腺检查，采用B超法测量甲状腺容积，累计检测50名学生，甲状腺肿大率为0。

（张翠红）

【慰问艾滋病感染者】 11月25

日，联合区红十字会为3名生活困难的艾滋病感染者送去慰问金。

（黄骞仪）

【学校教学环境检测】　年内，对20所学校的40间教室进行教学环境检测，覆盖率为51.3%，并向学校反馈检测报告发放指导意见书。

（张翠红）

【参加能力验证】　年内，参加各项能力验证活动，微生物及理化检验专业参加国家级、市级等27个项目121件样品的能力验证项目考核，考核结果全部合格。

（张翠红）

【食品安全风险监测】　年内，制定《2014年门头沟区食品安全风险监测方案》，完成了12类408件食品化学污染物及有害因素和微生物及其致病因子监测。

（张翠红）

【生活饮用水卫生监测】　年内，继续加大生活饮用水监测工作力度，生活饮用水联网监测市政供水末梢水、高层二次供水、农村自备井、学校自备水源监测点水样252件；农村自备水井监测137件。通过水质监测，分析饮用水卫生安全状况，及时发现和处置饮用水安全隐患，确保生活饮用水卫生安全。

（张翠红）

【消毒效果监测】　年内，继续开展医疗机构、托幼机构消毒监测工作，采集医疗机构消毒用品869件、托幼机构消毒用品231件，完成了上级下达的消毒效果监测工作任务。

（张翠红）

·门头沟区医院

【概况】　年内，门急诊量61.86万人次，同比增长12.07%；住院量达到10012人次，同比增长9.85%；住院手术量为2944人次，同比增长14.78%；平均住院日11.78日，较同期下降0.24天。医保门诊次均费用较同级同类低18元；医保门诊药占比较同级同类低0.08%。年内，区医院三、四级手术量为621台次，较2013年同比增长45.09%；心内造影数量达210例，同比增长84.21%；胃镜、肠镜、支气管镜开展2499例，同比增长53.69%；新开展神经外科造影34例。根据北京市住院绩效评价系统显示，疾病诊断分组（DRG）中代表疾病疑难程度的CMI指数为1.05，明显高于11家远郊区区域医疗中心0.95，略高于北京市三级综合医院平均水平1.04，其中重症ICU指数5.19，达到三级医院水平。完成各种应急保障任务96次；选派2人支援新疆；完成征兵体检265人，高招体检997人，全年捐款75950元，献血22人。完成55名白内障患者的复明工程。开展社区健康大讲堂、义诊，受众2884人次；完成对社区医务人员进行业务培训、进修、继续教育计2276人次。

区医院副高以上职称69人，博士、硕士98人。开展多层次涉及医疗、护理、质量管理等方面，具有极强针对性的人员培训10余次；全年完成市区两级继续教育课程32场次，参加培训人次9345人次；全年送出住院医师规范化培训11人；参加北京市骨干医师培训的2人；选送3月以上进修的4人；招收毕业实习人员21人次；接受社区卫生院及外单位来院进修的19人次。

年内，通过全科医师合格基地评审；通过爱婴医院复评工作；完成中医示范科室复评；在核心期刊发表论文25篇，非核心论文26篇，SCI二作者论文1篇；成功申报北京市科委适宜技术推广课题1项；完成北京市人保局高研班项目2项，即“慢性气道疾病新进展研修班”，“探索区域医疗与社区医疗一体化的脑卒中防治体系”。

单位名称：北京市门头沟区医院
地　　址：北京市门头沟区河滩桥东街10号
电　　话：69843251（总机）
69842251（办公室）
邮　　编：102300

（张丽娟）

【召开职代会】　1月26日，召开第八届工会会员代表大会第五次会议、第五届职工代表大会第五次会议。

（张丽娟）

【启用新建感染疾病科】　1月29日，启用新建感染疾病科（含发热门诊、肠道门诊），保障发热患者的合理就诊。

（张丽娟）

【慰问送温暖活动】　1月30日，领导团队及工会领导在除夕夜共同慰问战斗在一线的113名员工，为他们送上节日礼物、饺子及新春的祝福。5月，院领导和相关科室人员到区光荣院看望光荣院孤寡老人并送去慰问品。8月为光荣院老人开通就诊绿色通道。

（张丽娟）

【援疆工作】　2月19日，举行援疆干部欢送会，为到新疆开展医疗援建工作的普外科医师、妇产科医师送行。

（张丽娟）

【成立脑血管病联合诊疗中心】 2月19日，脑血管病联合诊疗中心正式成立。该联合中心由区医院神经外科、神经内科、急诊科、影像中心、ICU（重症监护室）、社区卫生服务中心联合组成，是门头沟区唯一一家脑血管病联合中心。

（张丽娟）

【承办第九届北京京郊呼吸论坛】 4月18日至19日，区医院承办"第九届北京京郊呼吸论坛暨尘肺病诊断、影像学习班"。

（张丽娟）

【加入积水潭骨科医联体】 4月27日，与北京积水潭医院签定骨科医联体协议书，正式成为北京积水潭医院骨科医联体中的一员。5月8日，北京市积水潭医院医务处专家到区医院，开始了骨科医联体的首次专家讲座，与区医院领导班子就目前医院建设、学科发展等方面交换了意见，并对骨科全体医师及相关医技科室主任进行相关培训。

（张丽娟）

【召开护士节大会】 5月8日，召开庆祝一年一度的"5.12国际护士节"主题大会，开展新护士授帽仪式、庄严宣誓、护士礼仪表演、"爱心天使"舞蹈等活动。

（张丽娟）

【全科医师基地复审通过】 5月16日，区医院接受北京市卫生局科教处组织的专家团队对全科医师培训基地的复审检查工作，通过领导汇报、现场查阅资料、现场考核等方式对区医院全科医师基地工作进行全方位、多角度核查。

（张丽娟）

【举办培训、讲座工作】 5月18日，组织管理与学科建设培训。特邀北京大学第三医院副院长，从医院经营、医院绩效改革、学科建设等方面进行演讲。医院管理团队、中层干部及各科骨干人员共60余人参会。7月4日，开展"心脏康复"专题讲座，邀国家重点学科心血管内科胡大一教授心脏康复团队的主要专家到会并从心脏康复的现状到康复运动处方、药物处方、心理处方、戒烟处方、营养处方等方面，对2013年《冠心病康复/二级预防中国专家共识》进行剖析、解读。8月7日，举办"关爱医务人员心理健康"专题讲座，特邀北京大学第六医院精神卫生研究所睡眠医学科主任到会讲解《临床医务人员的心理特征及心理健康》，区医院50余名医护人员参加了会议。8月23日至24日，举办2014年中层干部培训会。医院全体党政领导和中层干部约100人参加。

（张丽娟）

【书画摄影比赛】 5月，区医院2014年书画摄影比赛收集书画作品45副，摄影作品127副。书画作品共选出一等奖3名，二等奖5名，三等奖6名。摄影分为风光组和人物组各选取一等奖2名，二等奖5名，三等奖10名。

（张丽娟）

【完成基层党支部的换届选举工作】 5月，完成9个基层党支部的换届选举工作。选出内科党支部书记1名，支部委员4名。外科联合党支部书记1名，支部委员4名。妇儿联合党支部书记1名，支部委员2名。中医五官联合党支部书记1名，支部委员2名。医技党支部书记1名，支部委员2名。医护联合党支部书记1名，支部委员4名。后勤党支部书记1名，支部委员2名。行政党支部书记1名，支部委员2名；离退休党支部书记1名，支部委员1名。

（张丽娟）

【举办生殖健康专题讲座】 6月9日，举办生殖健康专题讲座。邀请北医三院三位专家就生殖健康话题做专题讲座。300余人参加。

（张丽娟）

【开展演练活动】 6月19日，与分局消防支队进行消防演练活动，由医院职工分角色扮演发生火灾时遇难的患者、家属和医护人员，通过报警、灭火、抢救、疏散等环节。6月20日，开展"安全生产月"电梯应急演练。总务科、患者服务中心、保卫科、中控室、院办等参加演练。

（张丽娟）

【获科技计划推广课题及经费】 6月，北京市科技计划推广课题《门头沟区地区关于"关节炎社区康复"等相关技术的推广应用研究》落户区医院，获得北京市科委的科研推广经费30万元。

（张丽娟）

【开展主题征文活动】 7月，完成"转换角色　换位体验"征文活动，号召全院干部职工以患者身份到市里大医院看病或者到区医院看病，全程体验医疗服务质量和服务作风。

（张丽娟）

【成立大内科】　7月，成立大内科，开展第一次大内科病历讨论，呼吸科准备充分，各临床医师参与。

（张丽娟）

【成立早期肺癌筛查诊治中心】　7月，成立早期肺癌筛查诊治中心。由呼吸科牵头，与胸外科、体检中心、放射科、病理科等相关科室联合，开设肺癌筛查门诊，针对肺癌高危人群制定早期肺癌筛查流程，实现筛查、诊断、治疗为一体肺癌诊治平台。

（张丽娟）

【人事招聘工作】　8月，区医院招聘8名应届毕业生、社招5人。通过一周的岗前培训9月2日入科工作。

（张丽娟）

【参加国防知识竞赛】　9月3日，组织参赛队伍参加门头沟区双拥办在全区举办的以“中国梦、强军梦、我的梦”为主题的国防知识竞赛活动。

（张丽娟）

【神农架对口帮扶】　10月19日至10月24日区医院党委书记、执行院长、党委副书记带领区医院及安贞医院共10余名专家共同对神农架林区人民医院、神农架林区中医院、九湖卫生院进行对口帮扶和义诊活动。

（张丽娟）

【PACS系统运行】　10月，医院PACS系统在影像科正式上线试运行。

（张丽娟）

【完成JCI模拟评审】　10月，完成JCI现场模拟评审工作。完善全院文件体系1785个；宣贯以国际患者安全为目标，充分尊重患者和家属的权益；利用质量管理工具如FMEA、RCA、QCC及系统追踪法，进行质量改进；实施全院61个质量数据监测，制定126项医院质量管理提升行动计划，从科室质量开始实现全院精细化质量管理。

（张丽娟）

【埃博拉防控工作】　11月，各科室部署埃博拉防控工作，成立埃博拉防控应急处置小组，开展埃博拉防控和防护的全员培训，下发相关文件，进行问卷调查和督导，确保工作落到实处。疾控科、医务部、发热门诊、急诊科等相关科室加大巡诊力度，及时做好引导、咨询、检查等工作。

（张丽娟）

【启动医疗共同体】　12月19日，“北京大学人民医院－门头沟区医疗单位医疗卫生服务共同体”启动仪式在区医院举行。当天进行首次大内科通过人民医院远程诊疗共同体进行病例讨论。

（张丽娟）

【举办第四届学术节】　12月20日，以“扬特长、设标准、建医、教、研、防为一体的最佳区域医疗中心”为主题的区医院第四届学术节在医院九层报告厅举行。区医院500余名医护人员参加。

（张丽娟）

【开展党员进社区活动】　年内，开展党员进社区活动，8个在职党支部，由院党委统一安排每2个支部承包一个村（社区），对王平镇4个村（社区）开展医疗帮扶工作。截至10月，共为当地百姓开展医疗服务10次，服务内容涵盖了健康义诊、两癌筛查、知识讲座等15项既符合当地群众实际需求又贴近民情的医疗帮扶工作，服务当地群众百姓400余人。

（张丽娟）

【开展“手卫生宣传月”活动】　年内，举办首届以“做好手卫生，我们在行动”主题的“手卫生宣传月”活动，开展系列手卫生展板、屏保评比，手卫生大使选拔，手卫生知识讲座等形式贯彻和落实手卫生理念。制作了《正确六步洗手法》视频，并将临床科室工作站更换了手卫生宣传桌面。

（张丽娟）

【获奖情况】　年内，区医院荣获国家级节约型公共机构示范单位；北京市2014年度征兵体检工作先进单位；门头沟区人民满意的基层站所、服务窗口示范点；门头沟区学习型先进单位；门头沟区“歌唱门头沟”合唱比赛三等奖。

（张丽娟）

·龙泉医院

【概况】　年内，医院坚持以病人为中心，立足于履行医疗服务和社会管理的双重职能，努力为群众提供优质便捷的精神卫生服务。

抓基层，强基础，精防工作逐步规范。实行扁平化管理，加强指导与考核。落实《重性精神疾病管理治疗工作规范》《国家基本公共卫生服务规范》的工作要求，规范考核项目，以网上平台检查，实地考核指导，电话指导等方式，督促整改问题1932条。接收进修精防人员2名。在管患者规范管理率92.8%。坚持动态管理，病情稳定率达到90.3%。

与社区卫生服务中心开展双向转诊，使病情波动患者得到及时诊治。龙泉医院全年上报严重精神障碍报告卡153张，出院信息单95张。社区为在册患者提供随访8996人次，核实新发现病人67例，全部建档。精保所下乡督导305人次，网上平台督导220站次约1600人次。强化分类管理，保持肇事肇祸事件“0”指标。协调公安、残联、民政及社区卫生服务机构，针对重点时段、重点病人强化管理与服务，为风险评估1级以上的病人提供随访指导。落实惠民政策，管理与服务并重。开展门诊基本药品免费治疗，全区共设有22个免费服药发放点，投药5455人次，46.56万元。开展免费体检工作，知情同意率100%，体检929人，体检率62.8%，投入资金11.72万元。推广康复技术，降低复发率。7个社区卫生服务中心（站）为49名精神分裂症患者开展社区康复训练。龙组队参加“北京市第五届康复技能大赛”，荣获集体第三名。大力普及精神卫生知识。到乡村、机关、学校、社区，针对老年、青少年等不同人群开展心理健康讲座16次，义诊咨询3次，精神患者家属教育12次。开展精神卫生日主题宣传活动1次。累计受益群众13980人次。

立足医院核心职能，优化整合资源。老年科两个病区合并，收治病人全部为老年精神病人，集中力量，打造老年精神科特色专科。将信息安全维护管理工作从医保办剥离，成立信息科，解决信息系统建设沟通不畅、问题解决周期较长等问题。加强门诊力量，每周至少安排3名中级以上职称医师出门诊。全年门诊16494人次，比去年增加2267人次；实际占用总床日数83621，与去年持平；门诊次均费用，住院例均费用均低于全市同级同类医院平均水平，取得了较高的工作效率和良好的社会效益。组织院内继续教育集中培训25次，内容包括医疗、传染病、心理、院感、精神卫生法等方面的知识。派出管理、医疗、护理和康复等39名专业技术人员分别到专科医院进修学习。招聘临床医生2名，护师1人。全年发表学术论文4篇。坚持干部重大事项申报制度和考核制度，院级领导、中层干部及全体党员考核评议，优秀率达到100%。安全生产、信访维稳工作常抓不懈。聘请专业安保人员，精神科门诊安装2个与分局联网的报警器，确保发生紧急事件时能及时应对。组织消防桌面推演，现场灭火、夜间消防、人员疏散、医疗救援综合演练和门诊突发暴力事件等演练各1次。排查信访隐患，全年未出现安全生产事故和越级上访事件。

全年未发生违法违纪事件。全年完成徒步大会、拆迁保障任务3次，派出保障人员19人次，为民服务平台咨询8人次。获得了北京市第五届精神康复者职业技能大赛团体三等奖、2013年度北京市工会女职工工作示范单位、门头沟区创建学习型医院先进单位等荣誉。

单位名称：北京市门头沟区龙泉医院

地　　址：北京市门头沟区门头沟路42号

电　　话：69842724

邮　　编：102300

（白春梅　张　娟）

【发放住院补助金】　1月9日，为紧急住院的贫困重性精神疾病患者发放住院补助金。2000元补助金发放到17名患者家属手中。

（白春梅　张　娟）

【召开休养员新春联欢会】　1月16日，召开2014年休养员新春联欢会。

（白春梅　张　娟）

【培训工作】　2月19日至21日，区精保所组织区精防工作人员及精神卫生工作相关人员35人，参加北京市精神卫生信息管理的培训。8月29日，举办全区重性精神疾病管理培训班。各社区卫生服务中心、站的主管领导、精防医生及乡医等52人参加培训。

（白春梅　张　娟）

【聘请专家指导规范护理工作】　2月20日，聘请回龙观医院护理部主任为外聘专家，采取参与护理查房、座谈等形式，全程监督院内护理工作的管理情况，对医院护理工作进行指导，根据发现的问题进行分析和评价，并指导整改。

（白春梅　张　娟）

【开展心理健康讲座】　3月3日，派出精神科专家到进修学校为全区110多名教师进行“心理压力的自我缓解”专题心理讲座。7月17日，根据三家店东南街社区群众的需求，医院安排具有心理咨询专长的党员下社区，为暑期学生进行心理健康知识培训。7月29日，医院心理医生和精神科专家到共建单位62351部队进行义诊慰问活动。精神科专家为部队官兵上《心理压力的自我缓解》的心理咨询课程，心理医生利用院内新引进的精神压力分析仪为官兵进行行了心理压力评估，以及心理压力蓄积之后对身体造成的生理压力的评估，共做评估40

人次，对心理压力指标高的人员给予适当情绪梳理，提出建议。

（白春梅　张　娟）

【团支部活动】　3月5日，院团支部组织开展以“做身边雷锋，扬文明新风”为主题的学习雷锋活动。到向阳社区与门头沟区义工联一起为社区居民服务，向社区居民宣传医疗卫生保健知识。

（白春梅　张　娟）

【开展迎三八活动】　3月6日、7日，医院派出两名心理医生携带精神压力分析仪到对口支援单位军庄卫生社区服务中心，为军庄镇政府和社区服务中心的女职工进行心理压力评估，以及心理压力蓄积之后对身体造成的生理压力的评估，共做评估50人次。心理医生还对心理压力指标高的人员给予适当情绪梳理，提出建议。3月7日，开展庆三八休养员联谊活动。活动共设贴鼻子，套圈，踢毽，双人行四个项目。

（白春梅　张　娟）

【党支部活动】　4月2日，组织全体党员到区档案馆参观展览。9日，院党支部书记结合群众路线教育实践活动，以《深入践行党的群众路线，切实加强作风建设，争做新时期合格党员》为题，给全体党员干部上党课。5月29日，院党支部召开支部换届选举大会，全院党员参加，党支部书记代表上一届支委做了工作报告。采用差额选举的办法选举产生党支部委员会委员5名，等额选举的办法产生书记1人、副书记1人。6月27日，医院全体党员到涧沟村的平西情报交通联络站纪念馆参观学习。

（白春梅　张　娟）

【开展患者服务管理督导工作】

4月，区精保所利用5天时间，到各社区卫生服务中心和专科医院开展督导工作。采取查阅资料，随机抽查，现场指导等方式，重点检查信息上报的及时性、准确性、完整性，包括专科医院的重性精神疾病《报告卡》《患者出院信息单》和社区服务中心的随访记录，社区失访患者信息。

（白春梅　张　娟）

【签署协议书】　自5月1日起，患者在入院24小时内，由经治医师代表医方与住院患者签署《医患双方不收和不送“红包”协议书》。

（白春梅　张　娟）

【召开休养员运动会】　5月14日，召开休养员运动会。50余名休养员参加运动会，运动会共设有托球跑、钓鱼、套圈、足球射门、投篮、踢毽6项个人项目，拔河1项集体项目。

（白春梅　张　娟）

【开展“5.12护士节”游艺会】

5月16日，开展庆“5.12护士节”趣味游艺会。共有跳皮筋、踢毽、挑棍、跳房子、摔四角和编花篮6个项目的趣味游戏比赛。

（白春梅　张　娟）

【竞争上岗工作】　5月29日，召开专业技术职务（岗位）竞争上岗考核会。按照自愿申请、科室推荐的原则，经个人述职、民主评议、量化考核等环节，确定岗位晋升4人，职称晋升5人，考核结果在院内公示一周。年内，医院首次采用竞争上岗的办法选拔人才。通过竞聘产生膳食科、信息科主任各一名，竞聘结果，在院内进行为期7天的任前公示，接受群众监督。8月18日，院内通过竞聘上岗产生老年科护士长一名。竞聘结果将在院内进行为期7天的任前公示，接受群众监督。

（白春梅　张　娟）

【征求意见了解需求】　6月9日，医院副书记及联络员到东南和峪东两个社区，与社区党组织进行交流，介绍了院内的专业特长，并征求社区意见及时了解社区需求。

（白春梅　张　娟）

【开展夜间防演练】　6月25日，组织开展夜间突发火情应急消防演练。主要针对夜间突发火情，从发现火灾报警、疏散患者、转移病人、医疗紧急救护、突发事件积极处理，现场救火等几个环节进行实地演练，演练用时55秒，做到了安全、迅速、有序。演练后，进行灭火器使用及抛洒水带现场指导培训和实练。

（白春梅　张　娟）

【区人大调研团调研】　7月17日，各界人大代表到医院，实地调研精神卫生工作及医院发展情况。代表团听取院长对医院情况的介绍，参观了精神科男区、精神科女区和康复病区，了解医院存在的困难。

（白春梅　张　娟）

【召开医疗器械研讨会】　8月22日，召开“医疗设备购置研讨会”，邀请市三甲精神专科医院的设备专家出席，同时各相关科室负责人参会。会上，就如何加强对医疗设备的质量控制和规范化管理，降低设备临床使用风险，发挥医疗设备应有的效能，及开展设备预防性维护、设备质控检测技术等方面展开研讨与经验交流。

（白春梅　张　娟）

【开展重性精神疾病管理复评】 9月15日至19日，区精保所对2014年上半年重性精神疾病管理工作进行复评。分别对22个社区卫生服务站点进行复评。

（白春梅　张　娟）

【开展义诊活动惠及全区百姓】 9月15日至20日，组织专家医疗团队到社区、乡镇、社区卫生服务中心开展义诊活动。

（白春梅　张　娟）

【参加康复大赛】 9月19日，由医院4名住院患者和1名工作人员组成的门头沟区参赛队，参加了“北京市第五届康复技能大赛”决赛。包括拍球、套圈、踢毽子、保龄球4个个人项目和传球1个集体项目，获得集体三等奖。

（白春梅　张　娟）

【完成徒步大会保障任务】 9月20日，医院承担了第五届北京国际山地徒步大会100公里极限挑战徒步路线40公里处和45公里、85公里（沿河口）处两个医疗服务点的医疗保障任务。此次保障任务医院选派了5名业务骨干，出动车辆2台参加保障。保障期间处理伤口和关节损伤各2例，肌肉痉挛10例。

（白春梅　张　娟）

【开展宣传活动】 10月10日是第23个世界精神卫生日，主题为“心理健康，社会和谐”。区精保所到影剧院前开展精神卫生日主题宣传活动。

（白春梅　张　娟）

【工会换届选举】 10月15日，召开龙泉医院第九届工会换届选举大会。选举产生龙泉医院工会第九届委员会委员7名、经费审查委员会委员3名及出席卫生局第六届会员代表大会代表7名。

（白春梅　张　娟）

【举办徒步比赛】 10月31日，在门城湖举办2014年职工徒步比赛，比赛共有8个组40名选手参加。

（白春梅　张　娟）

【开展防恐防暴演练】 11月4日，开展防恐防暴演习。整个流程从发现、报警、处置等几个环节做到了环环相扣。

（白春梅　张　娟）

【岗位练兵】 11月28日，行政后勤人员2014年岗位考核全面展开，考核分理论考试、技能操作两部分，重点考查专业知识、管理能力、业务水平及履行岗位职责等情况。涉及消防安全、食品卫生、财会制度、医保结算、行政管理等多项内容。

（白春梅　张　娟）

【完成督导考核工作】 12月11日至22日，对门头沟25个各社区卫生服务中心、站，进行督导考核。考核过程中，评估工作进展情况，针对各社区检查出的问题给予指导，总结和推广工作中的好做法与经验。

（白春梅　张　娟）

【专家出诊缓解人员紧张】 年内，医院从中层以上领导干部中抽调3名专家补充到普通门诊。解决门诊和住院患者增多，现有医务人员不能满足患者就诊需求问题。

（白春梅　张　娟）

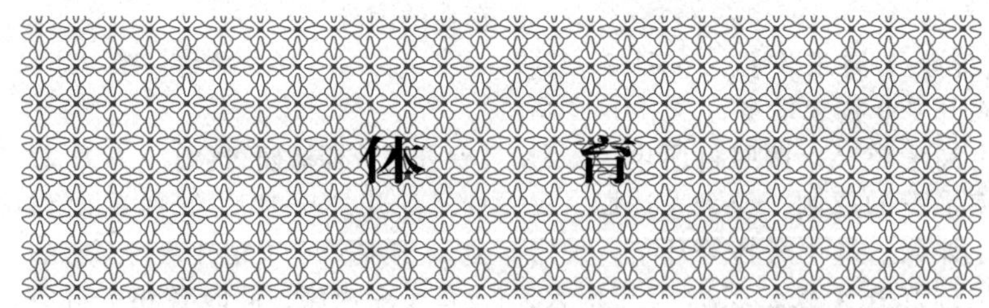

体　育

【概况】 年内，在区委、区政府领导及市体育局关心指导下，在党的群众路线教育实践活动的推动下，提升群众体育水平，推进青少年体育人才培养，加强行政审批执法，打造精品赛事活动，宣传门头沟区城市建设成就和旅游文化资源，不断提高公共体育服务的能力和水平，做到体育事业与经济、社会协调发展。年内，梳理改选体育健身组织，统筹配建体育设施，组队参加北京市第十四届运动会，推进《门头沟区青少年体育人才培养计划》，推动青少年“三大球”运动发展，开展党的群众路线教育实践活动，进行第六次全国体育普查。年内，第五届北京国际山地徒步大会、联通杯中国乒乓球协会会员联赛总决赛、第四届环北京职业公路自行车赛先后在区内举行，开展群众体育活动百余项，参与群众近10万人次。

单位名称：北京市门头沟区体育局

地　　址：北京市门头沟区新桥大街32号

电　　话：69851020

邮　　编：102300

（赵超凡）

【区领导听取工作汇报】　2月11日，区领导听取区体育局工作汇报。会上，局领导汇报2013年工作总结、2014年工作部署情况以及第五届国际山地徒步大会整体方案、大会新思路、新亮点、新路线和新运营模式。区领导对区体育局的工作以及第五届国际山地徒步大会筹备情况给予肯定。

（赵超凡）

【举办青少年业余围棋比赛】　2月16日、17日，2014年门头沟区青少年业余围棋比赛在门头沟区社区学院开赛，此次业余围棋比赛由门头沟区体育局主办，300余名青少年儿童参加1级、2级、5级三个级别的比赛。

（赵超凡）

【举办庆“三·八”趣味运动会】　3月6日，区体育局、永定镇政府联合举办永定镇庆“三·八”趣味运动会。比赛内容，包括乒乓球、踢毽、丢沙包、跳绳等多个项目。来自辖区机关工作人员、各村居妇联干部及居民百姓200余名妇女同志参加。

（赵超凡）

【启动全民健身节】　3月22日，北京市体育公益活动社区行门头沟区启动仪式暨2014年全民健身项目表演赛在门头沟体育馆开幕。全区机关、企事业单位、行政村和社区的近90支代表队的2000余名参赛队员进行广播操、健身操、秧歌3个项目的表演比赛。区中医院、国税局、东辛房街道、教委、文委、老干部局、石门营六区、德露苑社区、向阳东里社区、斋堂镇、倚山家园社区、华新建社区分获各组一等奖。

（赵超凡）

【徒步大会】　3月28日，中坤杯第五届北京国际山地徒步大会新闻发布会在北京市政府新闻发布厅召开。组委会成员单位代表，赞助企业代表，在京主要新闻媒体记者100余人参加会议。4月26日，中坤杯第五届北京国际山地徒步大会首站比赛在区门城湖公园启动，来自国内外的3500余名徒步爱好者参加。6月7日，完成中坤杯第五届北京国际山地徒步大会潭柘寺千年古刹徒步路线。潭柘寺站为徒步爱好者设计推出“古韵文化之旅”——皇家古刹徒步路线，吸引3500人报名参加。赛道全程由数条千年古商道、古香道、古军道串联而成。9月20日至21日，第五届北京国际山地徒步大会斋堂站总决赛开赛，来自40余个国家和地区的徒步爱好者1.5万人参加。斋堂站比赛共有5条路线，包括100公里极限挑战路线、30公里原始生态徒步路线、20公里千年古刹徒步路线、20公里水库风情徒步路线、10公里红色之旅徒步路线。最终，100公里极限挑战赛男子组运艳桥以6小时44分22秒获冠军，100公里女子组单盈以9小时2分21秒获冠军。

（赵超凡）

【培训工作】　4月21日、22日，举办篮球裁判员培训班，近40名新老裁判员参加培训。第一天为新裁判员篮球规则培训，第二天邀请北京市篮球裁委会两位副主任讲解裁判法相关执裁技巧。6月24日、25日，由北京市农民体育协会主办、区体育局承办的2014年北京市农民健身操培训班在门头沟体育馆举办。培训班邀请北京健身操协会的两位老师，为全市各区县的近百名学员授课。7月25日，在龙泉雾村会议室举办2014年二级社会体育指导员技术等级制度培训，全区30余名学员参加培训。12月4日，区体育运动学校在门头沟体育馆对体校教练员进行业务培训。有25名体校教练员和工作人员进行包括力量、灵敏等训练方法和原理的培训，并在培训之后对急救知识进行学习。

（赵超凡）

【举办中国业余篮球公开赛】　5月9日，“贺龙杯”中国业余篮球公开赛（CBO）暨第十六届门头沟区“篮协杯”篮球比赛在区体育馆开幕。此届“篮协杯”有全区各委、办、局，镇、街道和驻区企业24支代表队的300余名运动员参赛，创历届参赛队数和参赛人数之最，经过7天84场比赛，最终由惠利丰达有限公司、龙泉镇、区财政局代表队分获比赛前三名。

（赵超凡）

【成立区老年人体育协会】　5月16日，区老年人体育协会成立大会在门头沟区体育局召开。大会审议通过《门头沟区老年人体育协会章程（草案）》和《门头沟区老年人体育协会选举办法（草案）》，选举产生门头沟区第一届老年人体育协会主席、副主席、秘书长。

（赵超凡）

【举办乒乓球比赛】 5月30日至6月14日，举办第四届京西“大众杯”暨“谁是球王”公园乒乓球比赛。比赛经过初赛、决赛两个阶段，最终，5人分别获得各自组别的“球王”称号。

（赵超凡）

【举办市体育公益活动社区行】 6月28日，2014年北京市体育公益活动社区行暨石门营七区趣味运动会在石门营七区社区开幕。此次社区趣味运动会是由北京市体育局、北京市体育基金会主办，东辛房街道和门头沟体育局承办的一届以社区居民为主体的群众性体育活动。在为期3天的运动会中，1500余名社区居民参加6大项16小项的趣味比赛。

（赵超凡）

【举办老年人象棋比赛】 7月16日，2014年门头沟区老年人象棋比赛在区人保大厦结束。全区百余名象棋爱好者分别参加机关事业组和企业组的比赛。2人分获机关事业组和企业部组冠军。

（赵超凡）

【第七届武术比赛】 8月23日，2014年门头沟区第七届武术比赛在门头沟体育馆开幕。比赛共分2个大项8个组别，150余名运动员通过一天的较量，最终决出各自组别的前三名。

（赵超凡）

【举办永定镇篮球比赛】 8月24日，2014年门头沟区全民健身日系列活动暨永定镇篮球比赛在永定镇冯村实验二小落幕。永定镇机关、居委会、村委会9支代表队参赛。经过7天20场的比赛，永定镇机关代表队、小园一区代表队、冯村代表队分获比赛前三名。

（赵超凡）

【参加北京市第十届运动会】 7月27日至8月25日，北京市举办第十四届运动会，区内运动员168人，报名参加了田径、篮球、足球、摔跤、柔道、举重、跆拳道、武术、皮划艇、赛艇、射击等11个项目的比赛，共获得金牌9枚、银牌20枚、铜牌19枚，4名至8名88个。奖牌榜排名第14位，团体总分第13名，获综合成绩三等奖和体育道德风尚奖。

（赵超凡）

【举办第八届“和谐杯”乒乓球比赛】 8月9日，第八届门头沟区“和谐杯”乒乓球赛在门头沟体育馆开赛。比赛由区体育局主办，区社体中心和场馆中心承办。初赛阶段通过各街镇的初赛，来自全区的12支队伍的百余名社区居民参赛。决赛有12支代表队通过小组预赛和最终决赛，最终由城子街道龙门一区、大峪街道建东社区、城子街道蓝龙家园社区获得前三名，并且这三支代表队代表门头沟区参加全市总决赛。11月23日，北京市第八届“和谐杯”乒乓球比赛系列活动暨市乒协（团体）会员联赛门头沟总决赛在门头沟体育馆开幕。总决赛来自城区、远郊区两次复赛的14支代表队及特别邀请的7支队伍的160余名选手参加比赛。最终由东华门文体协会、海淀区乒协分获公开组冠亚军，精图球馆、怀柔乒协并列第三名；北京将军乒乓球队、市乒协代表队分获邀请组冠亚军，门头沟区二、三队并列第三名。

（赵超凡）

【参加市农民跳绳比赛】 8月28日，北京市农民跳绳比赛丰台开赛，此次比赛共有全市12支区县代表队参加。区代表队由13名农民群众构成，代表队参加了所有个人单项和团体项目比赛，并取得了优异成绩。

（赵超凡）

【中老年健身项目精品展示竞赛】 9月26日，2014年门头沟区中老年健身项目精品展示竞赛在门头沟体育馆举行。全区各镇街选拔的20支代表队的400余人分别参加秧歌和健身舞两大类健身项目的展示。最终，大峪街道剧场东街常青艺术团军民一家亲、大峪街道南路二社区创编节拍操分别获得秧歌、健身操第一名。

（赵超凡）

【环北京职业公路自行车赛】 10月13日，第四届环北京职业公路自行车赛第四赛段在区内举行，行程共计60.5公里。

（赵超凡）

【“足协杯”足球比赛闭幕】 10月24日，第八届门头沟区“足协杯”足球比赛在门头沟体育馆闭幕。门头沟区“足协杯”足球比赛已连续举办八届，此届“足协杯”有全区22个单位报名参赛，历时9天，共71场比赛，最终，永定镇代表队、斋堂镇代表队、城子街道代表队分获冠、亚、季军。

（赵超凡）

【举办“羽协杯”羽毛球比赛】 11月1日，第六届门头沟区“羽协杯”羽毛球比赛暨门头沟区青年混合团体比赛在门头沟体育馆开幕。全区有30余支代表队、200余名运动员参加中年男子、女子，处级干部男子、女子、混合及混合团体机关组、公开组7个组别的比赛。

（赵超凡）

【举办围棋邀请赛】 10月25日至26日，2014年北京市门头沟区围棋邀请赛在门头沟体育馆举行。全市近300名棋手分别参加级位组、低段组、高段组三个组别的比赛，比赛采用积分编排制，经过9轮的角逐最终决出各组别前八名。

（赵超凡）

【举办青少年足、篮球联赛】 10月27日，由门头沟区体育局主办的门头沟区青少年校园网点校足、篮球联赛在育园小学、北京实验二小永定分校分别开赛。此次联赛有全区8所足球网点校、8所篮球网点校，共计200余名运动员参加。比赛采用小组循环、半决赛交叉的比赛规则。

（赵超凡）

【参加“西高杯”柔道邀请赛】 11月30日，门头沟区柔道队在木樨园体育运动学校参加由北京市柔道协会主办，北京市西城区高水平青少年体育俱乐部承办的2014年“西高杯”柔道邀请赛。区内育园小学六年级的运动员夺得男子少儿甲组37公斤级第一名，大峪二小、京师实验小学、东辛房小学的4名运动员夺得第二名，8名运动员夺得第三名，2名运动员夺得第五名。

（赵超凡）

【宣传活动】 12月4日，在门头沟体育馆前设置宣传点，向群众宣传体育法律法规和科学健身知识。活动中，摆放宣传展板2块，安排门头沟区体育馆利用电子屏幕宣传此次活动主题，并为广大群众讲解全民健身知识。发放各类宣传材料、折页2000余份以及活动纪念品。

（赵超凡）

【“定都阁杯”乒乓球比赛】 12月13日、14日，2014年门头沟区“定都阁杯”乒乓球比赛在新桥路中学体育馆举办。全区各机关、企事业单位、社区的42支队伍参加男子团体、女子团体两个组别的比赛。最终，由龙泉镇、国信嘉业获得男子团体冠、亚军，女子团体冠、亚军由国信嘉业和区教委获得。

（赵超凡）

【冬季长跑比赛】 12月20日，区体育局、教委在永定河文化广场联合举办2014年门头沟区冬季长跑比赛。全区各企事业单位和各中小学的34支代表队参加。实验二小永定分校二队、大峪中学分校一队、大峪中学一队、京西乐跑俱乐部分获各组别冠军。

（赵超凡）

【举办全民健身月系列活动】 年内，与龙泉镇共同开展以“全民健身，你我同行”为主题的全面健身月活动。活动包括徒步、篮球、乒乓球、象棋等多项比赛活动，先后参与群众1000余人次。

（赵超凡）

【推进培养计划】 年内，在北京实验二小永定分校、龙泉小学、新桥路中学、大峪中学等学校修建摔跤、足球、田径等基础训练设施，在11所基地校进行补充招生。组织区体育传统校参加“2014年北京市体育传统校系列比赛”。区内代表队参加了足球、健美操、篮球、乒乓球、武术、跆拳道6个项目的比赛。其中北京市实验二小永定分校取得乒乓球比赛混双第二名、男子单打第二名、女子单打第三名，大峪中学获得健美操第二名、新校路中学获得健美操初中组团体第四名。助力学校校本课程，为军庄小学、大峪一小、大峪二小、黑山小学、育园小学、实验二小永定分校选派的围棋、象棋、武术、健美操等运动项目专业教练员。

（赵超凡）

【推动三大球运动发展】 年内，协助基地校建立校队，聘请热爱足球的教师为体校业余教练，负责各校队日常训练，体校专业教练指导，从基地校选派4名足球教练员参加了由中国足协举办的足球项目C级、D级教练员培训班，并向“三大球”网点校赠送了篮球、足球相关训练器材。

（赵超凡）

【完成第六次全国体育场地普查】 年内，完成第六次全国体育场地普查中涉及区内的工作，共实地调查统计267个单位的435块体育场地，并上报市体育局场地普查办公室。

（赵超凡）

【为民办实事】 年内，对区内5年前配建的38套健身器材和24个篮球场进行维护，针对为民服务信息平台、走基层调研发现的体育设施损坏问题，进行共40余次到现场勘查，完成器材维修任务。

（赵超凡）

【创建体育生活化社区】 年内，投资310万元，建设体育生活化社区和体育特色村，并通过市级主管单位验收。31个体育生活化社区分布8个街、镇。

（赵超凡）

【体育执法】 年内，召开4次辖区内各体育运动项目经营单位安全生产工作会议，行政执法检查12次，与公安、消防和安监局联合执法检查3次，规范各单位安全生产记录标准；完成2家体育运动项目经营单位安全生产标准化三级标准创建工作。

（赵超凡）

【行政审批】 年内，为10名运动员申请运动员技术等级称号；注销1家民非企业，为5家民非企业办理年审，为2家民非企业办理登记，为3家游泳馆办理高危项目审批。

（赵超凡）

【改造区体育馆】 年内，使用体彩公益金对体育馆室内室外进行全面改造，包括篮羽馆地板、灯光、音响、办公场所进行改造，为健身中心搭建WiFi平台，实现无线网络整体覆盖，为健身群体提供网络服务。

（赵超凡）

社会　生活

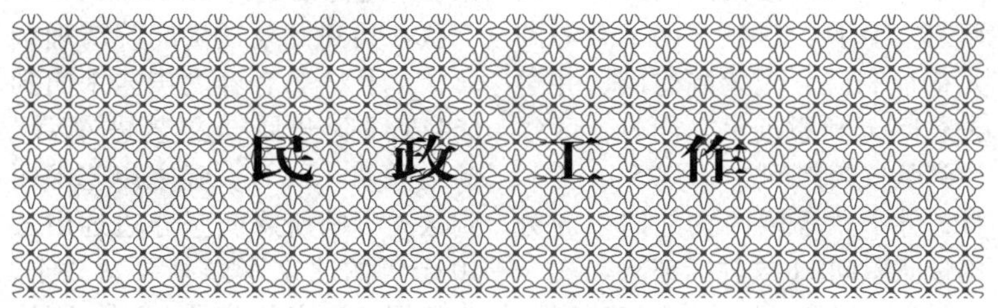

民　政　工　作

【概况】　年内，编制《门头沟区养老服务产业发展专项规划（2015－2020）》和《社区养老服务设施专项规划（2015－2020）》《门头沟区养老服务业管理规范及养老照料中心管理规范》，出台《门头沟区新建居住区配套养老设施建设管理（暂行）办法》。区老年社会福利中心实现公建民营。新增养老床位300张，培训护理员229人，养老机构从业人员持证上岗率100%。创建16个市级六型社区，成立低保核查中心，建立低保对象月公示制度。撤销城乡低保待遇2173人。建立救急难机制，出台《门头沟区社会救助联席会议制度》和《门头沟区救急难实施意见》，投资192万元，为农村社救优抚对象翻建危旧房105间。发放1000张爱心救助卡。区慈善协会全年支出善款320万元，救助困难群众2202人。投资33.8万元开办389场“百场社区大课堂”。投资24.82万元，为全区户籍人口投保自然灾害公共责任险。投资67万元建设72个“综合减灾示范社区”。投资30万元，联合应急办组建100人的区级专业应急救援队。制定《门头沟区社会组织登记管理办法》，建立社会组织登记注册联审联批机制。登记注册社会组织191家。投资20万元建立区双拥技能培训基地，完成年度退役士兵安置任务。开展全区首次烈士公祭活动。

单位名称：北京市门头沟区民政局
地　　址：北京市门头沟区中门寺16号
电　　话：69842081
邮　　编：102300

（张伊蒙）

【完成低保调标】　自1月1日起，区内城镇居民最低生活保障标准由月人均580元调整到月人均650元；农村低保标准由月人均500元调整到月人均600元。截至3月21日，已完成全区6024户、11567名城乡低保家庭救助金核定工作，上调低保金894925.1元。

（张伊蒙）

【流浪乞讨人员救助】　1月1日，救助站与北京市朝阳区七彩昀社会服务事务所签订《门头沟区救助站购买社会组织服务项目合同书》，为站内工作人员和受助人员进行心理疏导、行为矫治等工作。7月1日起，区内救助站受助人员生活费标准调整为：成年受助人员生活费540元/人/月。未成年受助人员生活费600元/人/月。11月，门头沟救助站被确定为北京市第二批困境未成年人社会保护工作试点单位。

（张伊蒙）

【市民政局领导调研】　1月4日，市社区服务中心主任带队到区内调研。参观大峪街道峪园社区便民菜站、大峪街道社区服务中心，到区61696156为民服务中心进行交流，并就社区服务工作进行座谈。4月3日，市民政局领导就双拥优抚工作到区内调研。听取民政局局长关于区内优抚安置政策落实、双拥技能培训基地总体情况的汇报，对全区双拥优抚工作取得的成绩给予肯定，并提出建议。7月，市军休办主任就军休工作到区调研，就落实军休干部两个待遇、为军休干部服务工作提出要求。

（张伊蒙）

【区领导调研】　1月6日，区领

导到局内调研。听取2013年民政工作汇报和2014年民政工作思路，肯定民政局的工作成效，并就如何做好民政工作提出要求。9月4日，区领导到清水镇调研养老机构社会化运营工作。视察清水镇老年服务中心硬件设施，听取工作汇报，提出工作要求。

（张伊蒙）

【慰问见义勇为人员】 1月7日，首都见义勇为基金会副理事长兼秘书长带队，慰问区2个见义勇为好市民，并分别送去慰问金和慰问品。还就见义勇为权益保护工作进行调研，听取相关工作汇报，了解见义勇为权益保护工作存在的困难和问题，对区内在加大宣传力度、解决有关人员实际困难、维护合法权益等方面的工作给予肯定。6月12日，市民政局见义勇为处处长慰问区2名负伤困难见义勇为人员，分别送去5000元慰问金。

（张伊蒙）

【社区大课堂】 1月8日，2014年社区大课堂活动正式启动。课程内容涉及社区服务、金融理财、心理、法律、科学用药、消防、计划生育等方面知识。截至12月底，完成389场社区大讲堂活动，受益群众3.2万余人。

（张伊蒙）

【农村民主日活动】 1月9日，召开区2014年第一次农村民主日活动部署会，对活动进行部署。13日至18日，开展以“规范程序求实效，强化监督促发展”为主题的农村民主日活动。依托农村党建全程记实系统，落实“两委”任期承诺，推进党务、村务和财务公开工作。

（张伊蒙）

【区领导走访慰问】 1月14日，韩子荣等区四大部门领导带队，分11组对全区67户9类重点人群进行走访慰问，了解群众的生活情况，并为每户送去1000元慰问金。在区领导重点慰问的基础上，各部门、镇街代表区委、区政府对全区61类21427户（人）特殊人员进行走访慰问，发放慰问金总额1386.778万元。29日，区领导到天山陵园慰问殡葬一线职工。30日，区领导韩子荣等到儿童福利院、光荣院慰问，并送去慰问金和慰问品。同日，区领导到殡仪馆慰问。7月25日至30日，韩子荣等区四大部门领导分别带队慰问11支驻区部队。

（张伊蒙）

【市联合慰问团慰问】 1月14日，市民政局和市残联组成的市政府联合慰问团，分两组走访慰问区内20名优抚、社救对象，为他们送去慰问金、慰问品和节日的祝福。并分别慰问儿童福利院、光荣院和王平镇社会福利中心。

（张伊蒙）

【城镇复退军人安置工作】 1月14日，召开2013年冬季退役士兵职业教育和技能培训工作动员会，80余名复退军人及家属参加。会上，区民政局针对就业形势和安置政策进行讲解。落实7个事业指标，定向招聘退役士兵，争取区公安分局、北京公交集团等单位安置指标。提高退役士兵自主择业补助标准，每增加一年服役期增加5%补助金，三等功增发5%奖励金，全年发放城镇退役士兵自主择业补助金472.98万元，完成7名退役士兵安置任务。

（张伊蒙）

【双拥共建】 1月上旬，62025部队官兵到龙泉镇敬老院清理环境卫生、打扫卫生死角，并送去慰问品，与老人座谈交流。3月5日，区驻区部队开展“学雷锋”活动。91918部队10余名官兵分成医疗、理发、电脑、维修等小组在新桥大街为群众开展便民服务，服务群众百余人次，发放宣传材料百余份。62341部队、消防支队等驻区部队百余名官兵到光荣院清理库房、清洁玻璃。62025部队官兵到龙泉镇敬老院清理杂草。7月23日，春之声艺术团到66446部队开展“文艺进军营”演出活动。30日，春之声艺术团到区夫妻哨所慰问坚守边远山区10余年的北京军区某泵站战士，为他们表演文艺节目。9月4日，区双拥办到驻区66446部队举办“中国梦、强军梦、我的梦”主题国防知识竞赛活动，内容涉及党史、国情、国防、双拥、区情等。军地双方共14支代表队参赛。9月5日，区双拥办与北京社区报记者到驻区61416部队走访慰问，听取部队作战、训练等情况，参观官兵工作、生活、学习及娱乐场所，并送去慰问品。

（张伊蒙）

【民政部领导慰问】 1月17日，民政部区划地名司司长到区光荣院慰问，为休养老人送去慰问金和新春的祝福。

（张伊蒙）

【慈善救助】 1月17日，市慈善协会、区慈善协会领导到区内4名受助人员家中慰问，为他们分别送去2万－4万元救助金。区慈善协会争取大病救助专项资金40万元，救助全区22户因病致困低保、特困家庭。同日，开展“丽兹行”慈善助学活动，捐助方北京丽兹行房地产投资顾问有限公司负责人向区18名品学兼优的特困学生每人发放1000元助学金及书包、笔记本等学习用品，并走访慰问部分受助学生家庭。2月11日，举办“关爱点燃希望－国信嘉业”慈善助困金发放仪式，为26名困难群众发放救助金30.5万元。该项目主要通过北京国信嘉业房地产开发有限公司及社会各界的捐赠善款，救助区内因病致困群众。8月26日、12月4日，举办“慈善进军营，关爱子弟兵”爱心互助基金发放仪式，为9名困难官兵发放救助金3.6万元。该项目通过区慈善协会筹集社会捐赠资金，救助本人或父母、配偶、子女患13类重大疾病，扣除各种保险报销和政府医疗救助之外，个人负担在5万元以上的、本人或父母、配偶、子女突遇意外伤害，造成重大经济损失的、因突发自然灾害，造成本人及父母家庭生产生活严重困难的驻区部队官兵。12月10日，举办“衣恋圣秀”慈善助学金发放仪式，为50名品学兼优的贫困生发放助学金15万元。

（张伊蒙）

【召开春节军政座谈会】 1月26日，召开2014年“春节”军政座谈会，韩子荣等区领导，驻区部队军政主官以及区双拥工作领导小组成员单位领导出席会议。就促进军地共建、做好新形势下的双拥工作等方面进行座谈。

（张伊蒙）

【开展社会组织年检】 1月至5月，制发《2013社会组织年度检查工作方案》，建立与社会组织业务主管单位联动机制，召开社会组织业务主管单位联席会议，进行社会组织年检工作。

（张伊蒙）

【社会组织购买服务工作】 1月，成立由区财政局、区民政局、区委社会工委等部门组成的区政府公益服务项目领导小组，研究制定《关于聘请社会组织参与我区社会组织培育和政府购买服务项目专家评审会工作方案》《门头沟区政府购买服务项目指南》等文件，规范项目遴选、资金管理、跟踪监督、评估验收等程序。10月，明确购买资质和具体要求，列出服务需求125项，服务项目97项，涉及资金654万元。

（张伊蒙）

【孤残儿童服务管理】 1月至6月，儿童福利院为散居高考生辅导学习145课时、中考生167课时。参加高考的4名考生分别考入北京体育大学、北京第二外国语学院、沈阳药科大学和长沙医学院，参加中考的3名考生2名考入大峪中学，1名考入北京电子科技职业学院。自3月起，儿童福利院与阳光路教育潜能发展中心对4名在院儿童进行潜能开发训练392课时、1名在院儿童进行自闭症康复评估训练408课时、4名在院儿童进行心理疏导训练32课时。5月30日，儿童福利院举办“一路成长，有你相伴”庆六一联欢活动，全区32名孤残儿童与社会各界爱心人士参加。与会领导向社会散居孤儿和在院孤儿赠送节日礼物，在院孤儿、部分社会散居孤儿进行联合演出。7月25日，40名在院、散居孤儿到区潭柘紫石砚厂参观，听取紫石砚历史文化讲解；到区嬉水湾进行户外拓展训练和游戏。8月22日，举办散居孤儿家长培训会，30余名散居孤儿家长参加。现场征集家长关于学习辅导、能力训练、心理疏导、定期体检四方面的服务需求，解答中、高考福利保障政策、康复训练等问题。10月22日至24日，儿童福利院为全体院内儿童和部分散居儿童进行体检。截至12月15日，儿童福利院办理入院手续2例，送养手续2例，户口迁出手续4例。实际在院儿童12人，户口在册人数47人，全区散居孤儿27人。

（张伊蒙）

【婚姻登记】 2月14日，完成高峰日的婚姻登记接待工作，当天办理婚姻登记92对，接待人员近200人。3月1日起，取消婚姻登记收费。4月1日起，通过购买服务的方式，聘请4名具有律师、社会工作师资格人员开展婚姻家庭辅导服务。5月20日，当天接待200余人次，为101对新人办理婚姻登记，登记合格率、群众满意率均达到100%。9月25日起，开始有权承办涉外婚姻登记业务。11月，区婚姻登记中心获得区“人民满意的基层站所、服务窗口示范点”荣誉称号。

（张伊蒙）

【慈善助老】 2月28日，开展“携手助老送健康——慈善医疗卡”救助项目。为全区1241名60岁以上低保老人发放助老慈善医疗款539899元。6月6日，“光明映夕阳——世纪兴业”慈善复明项目在区医院启动。区内知名企业北京世纪兴业印刷有限公司，出资4万元为王平镇、斋堂镇9名65岁以上享受城乡低保、低收入的贫困白内障老人实施免费复明手术。9月29日，区老龄办与区慈善协会联合开展“真情温暖夕阳”慈善助老活动，为全区630名90岁以上高龄老人发放价值9.45万元的捐赠物资。

（张伊蒙）

【优抚社救危旧房翻建】 2月，调查优抚、社救对象住房情况。4月，完成危旧房翻建对象确认工作，开始施工。5月，进行危旧房改造工程检查。10月，联合区住建委、财政局等部门实地走访，进行危旧房翻建验收工作。

（张伊蒙）

【召开民政工作会】 3月12日，召开民政工作会，区公安分局、人保局、财政局等20余个部门主管领导，各街、镇主管民政、社区工作领导、民政科长、社保所长、社区办主任，以及民政局机关科以上干部和直属单位正副职120余人参加会议。会上，局长作民政工作报告，总结2013年民政工作并部署2014年民政工作。

（张伊蒙）

【表彰见义勇为人员】 3月12日，为2名新认定的见义勇为人员举行表彰仪式，为他们发放证书、奖金和鲜花。

（张伊蒙）

【六型社区创建工作】 3月20日，召开2014年“六型社区”创建工作部署会，总结2013年创建经验，部署2014年创建任务。7月14日、15日，区民政局、社会办、文委等6个单位组成联合检查组，对10个创建社区硬件设施条件、社区居委会制度、培训宣传工作等进行实地检查，协调解决问题，推进社区创建。2014年全年创建“六型社区”示范单位16个，涉及大峪、城子、东辛房等9个街镇，其中东辛房、军庄、雁翅为首次创建。

（张伊蒙）

【清明祭扫服务接待工作】 3月21日，召开2014年清明祭扫服务工作协调会，部署全区清明节群众祭扫接待服务和安全保卫工作。民政、公安、消防、卫生等部门在高峰期间每天安排300余人到殡仪馆、天山陵园、万佛陵园3个重点单位维持秩序。截至4月7日，殡仪馆、天山陵园、万佛陵园接待祭扫群众47.6万人、车辆7.3万辆。清明期间，3家殡葬事业单位免费发放文明祭祀宣传材料、鲜花、黄丝带、寄思卡，宣传文明祭扫、低碳祭扫，保证群众祭扫平稳有序进行，未发生任何安全事故。

（张伊蒙）

【建立青少年教育基地】 3月22日，儿童福利院建立青少年教育基地暨学龄儿童课外德育课堂，通过组织孩子到院观看孤残儿童成长历程纪录片、与在院儿童互动，培养孩子感恩、奉献、包容、互助之心，促进孩子身心健康成长。截至12月16日，为23所学校257名学生进行德育教育240课时。

（张伊蒙）

【培训工作】 3月25日，召开贯彻落实《社会救助暂行办法》宣传工作启动会，就做好《社会救助暂行办法》宣传工作进行部署，13个街镇民政科长、社保所长及部分低保专干参会。6月，邀请北京工业大学耿丹学院党委副书记、副院长就如何做好社会组织党组织工作作讲座。6月30日，开展门头沟区志愿者注册管理负责人社区信息化系统培训，9个街镇100名社区注册管理负责人参加。8月8日，举办社会救助政策培训班，就《北京市城乡居民最低生活保障审核审批办法》《关于调整完善我市城乡医疗救助制度的意见》《城乡低收入家庭认定》《2014年高等教育新生入学救助》《临时救助》和《燃煤自采暖及清洁能源补贴》六项救助政策进行培训，13个街镇民政科长、社保所长和51名低保专干参加。8月14日、15日，区民政局举办灾害信息员培训班，就灾害基础知识、灾害救助基础知识、灾害信息管理等内容进行培训并考试，对考试合格者颁发灾害信息员证书。全区120名社区灾害信息员参加培训。同日，举办社区志愿服务基础体验式培训，请专业机构培训老师就社区志愿服务特点、培训目标等内容进行培训，10个街镇105名社区志愿者管理骨干参加。11月5日，举办养老护理员工作培训班，进行养老机构安全、老年意外伤害的预防与处理、养老机构管理等知识讲座，区各养老机构院长及护理员100余人参加。

（张伊蒙）

【召开困境儿童调查部署会】 3月25日，召开区困境儿童调查工作部署会，就区内困境儿童调查工作进行部署，各镇街民政科长、社保所长参加会议。

（张伊蒙）

【召开社会救助信息平台协调会】 3月27日，区民政局牵头召开社会救助信息平台成员单位协调会，区委组织部、监察局、人保局等14个委办局参会。会上，听取紫光软件有限公司关于救助信息平台一期运行情况和二期建设内容的汇报，各成员单位就系统运行情况进行交流和讨论。

（张伊蒙）

【宛平抗日烈士公祭】 3月27日，区双拥办、武装部、民政局、驻区部队官兵等，到斋堂镇宛平抗日烈士纪念园祭扫革命烈士，并清扫园区。9月30日，全国第一个烈士纪念日，举办“纪念抗日战争69周年宛平抗日烈士公祭活动”，区领导、人大代表、政协委员、驻区部队官兵、各委办局、镇街、学生和群众代表240余人参加。

（张伊蒙）

【送文化进军营】　3月，区双拥办联合图书馆到森林武警机动支队二大队第五中队开展“送文化进军营”活动。为部队官兵送去军事、科技、文学、历史等优秀图书1000余册。

（张伊蒙）

【社区志愿活动】　3月，区社区志愿者协会开展“走进我身边的学雷锋志愿服务站”社区志愿服务活动，区社区志愿者到儿童福利院、龙泉镇敬老院帮助孤残儿童、陪伴孤寡老人、清理卫生，以实际行动诠释“雷锋精神”。6月，区社区志愿者协会开展“我家乡的爱心图书馆”活动，社区居民捐赠图书，为云贵山区贫困儿童建设图书馆。此次活动募集图书1200余册，社区服务中心将募捐的图书整理后，统一送到市社区服务中心，由市社区服务中心统一送到云贵贫困山区，用于爱心图书馆建设。7月，区社区志愿者协会开展“特色党日”社区志愿服务活动，为北涧沟社区群众提供免费义诊、理发及送蔬菜、食用油进社区等公益便民服务，受益群众千余人。12月5日，区社区志愿者协会开展“弘扬志愿精神　倡导志愿服务”国际志愿者日活动。为社区居民提供免费理发、家电维修、家政咨询、义诊等服务，服务社区居民3000余人次，发放宣传材料800余册。

（张伊蒙）

【募捐活动】　4月1日，区2014年“春风送暖”社会捐助活动正式启动。截至21日，区捐赠中心、区慈善协会累计接收全区142个单位52638名爱心人士捐赠善款747433.7元。捐赠资金全部用于对口支援灾区及区内困难群众救助。7月4日，开展“共产党员献爱心”捐献活动。截至21日，区慈善协会累计接收全区156个单位24925名党员、1670名群众捐赠善款1085009元。

（张伊蒙）

【送法进军营、进社区】　4月17日和23日，婚姻登记中心工作人员分别到龙泉镇龙泉务社区、桃园某驻区部队，开展“送法进社区、进军营”活动。7月31日和8月13日，到大峪街道增产路东区社区讲解婚姻登记、房产过户、买卖、继承等相关问题。

（张伊蒙）

【社区文化活动】　4月18日，区社区服务中心在龙门新区一区举办“小宝宝的健康护理”96156百场社区大讲堂活动。25日，区民政局春之声艺术团为王平镇河北社区居民演出，拉开文艺演出序幕。6月11日，区民政局春之声艺术团为龙泉镇三家店三分社“温馨家园”残疾人直康站20余名残疾人及周边社区居民演出。15日、21日、28日、29日分别到斋堂镇、潭柘寺镇、三家店一分社、梨园开展“庆七一”系列文艺演出活动。8月21日，社区服务中心为王平镇河北社区60名老人开展老年人健康知识讲座，请王平镇色树坟卫生院医师就老年人生理特点、患病特点以及心理对健康的影响进行讲解。9月26日，社区服务中心在北涧沟社区举办“96156北京银行社区公益行金融知识大讲堂”。同日，春之声艺术团在东辛房街道北涧沟社区开展庆十一迎重阳文艺演出。

（张伊蒙）

【优抚对象数据库更新】　4月，建立优抚对象数据平台，采集录入优抚对象第二代身份证信息。采集对象为三属、老复员军人、残疾军人、带兵回乡、带精神疾病退伍、60岁农村籍、60岁老烈子女共758人。

（张伊蒙）

【换补发烈士证、残疾证】　4月，对持有旧版残疾军人证的区内户籍优抚对象换发新证，对原持有革命烈士证明书的区内户籍烈士直系亲属换发新证，对遗失、未领取革命烈士证明的区内户籍烈士遗属参照资料进行补发。10月底前，换发残疾军人证书122个次，换补发烈士证明书172个次。

（张伊蒙）

【在职党员到村居报到】　自5月起，区民政局以各支部为单位，开展在职党员到村居报到工作。建立党员结对帮扶困难群众、党员到村居志愿服务和村居发展项目3本台账，坚持制定一个方案、一套帮扶名册、一本服务记录和一本民情日记，发挥党员干部先锋模范作用。

（张伊蒙）

【防灾减灾宣传活动】　5月12日，与城子街道、龙泉镇联合举办以“城镇化与减灾”为主题的“5.12”防灾减灾主题日宣传活动。现场开展咨询，向群众发放防灾减灾书籍、宣传材料2000余份。年内，投资67万元，完成72个“综合减灾示范社区”创建工作。

（张伊蒙）

【举办福利企业招聘会】 5月17日，第二十四次全国助残日来临之际，福利办与区残联联合举办残疾人专场招聘会，10家企业带来20余个岗位供残疾朋友选择，全区120余名残疾人参加。招聘现场15名残疾人与用人单位达成就业意向。11月3日，10家企业带来11个岗位，全区40余名残疾人参加招聘。现场18名残疾人与用人单位达成就业意向。

（张伊蒙）

【开展福彩送真情活动】 5月20日，区福彩发行中心与区福利办联合开展“福彩送真情”救助福利企业困难残疾职工活动，为区内福利企业的9名生活困难的残疾职工发放福彩公益金1.8万元。截至12月底，发放福彩公益金12万元，救助70户困难家庭。

（张伊蒙）

【应急救援培训】 5月26日，由13个镇街的80名村居干部、区民政局20名机关干部组成的区社区灾害应急救援队到昌平接受培训。围绕信息收集、现场搜救、安全撤离等整套救灾流程接受现场勘查、绳索绳结技术、创伤管理、高空缓降等16个科目、为期3天的应急救援专业封闭培训，并进行灾害救援演习和专业笔试。

（张伊蒙）

【救灾专项检查】 6月17日，区领导带队检查救灾库房、应急避难场所，了解防汛物资购置、保管、配送和应急预案相关情况，对全区防汛物资储备工作提出要求。

（张伊蒙）

【完成五保调标】 自7月1日起，区内集中供养五保对象供养标准从月人均690.13元提高到859.2元；分散供养五保对象供养标准从月人均812.5元提高到954.67元。截至8月8日，已完成全区292户、303名五保对象供养金核定工作，上调供养资金45106.2元。

（张伊蒙）

【社会组织清理整顿工作】 7月，召开第一次社会组织联席会议，30余家职能部门参会，研究关于清理整顿社会组织等内容。年内，依法注销7家社会组织，8家社会组织注销程序正在进行中。

（张伊蒙）

【社会组织评估】 9月，成立由业务主管单位和第三方等部门组成的社会组织评估委员会和复核委员会，研究、指导、检查社会组织评估工作。制定《门头沟区政府购买社会组织服务项目实施方案》《社会组织评估管理办法》和《社会组织评估指标体系》，召开社会组织评估工作部署会，邀请项目评审组专家就社会组织评估项目、工作流程和方法步骤进行培训。并对参评社会组织逐个进行上门辅导，指导参评社会组织准备评估材料，对照评估标准逐项对各社团组织创建进行实地考察测评。年内，完成14家社会组织评估工作，累计完成53家。

（张伊蒙）

【安装一氧化碳报警器】 10月，入户调查优抚对象采暖情况，为95户燃煤自采暖优抚对象家庭安装一氧化碳报警器，预防冬季煤气中毒。

（张伊蒙）

【福利企业年检工作】 12月5日，召开区福利企业年检工作会，26家企业法人和年检工作负责人参会。会上，对年度内年检工作进行部署，请区国税局部门主管人员就税收政策、账面处理、申报问题进行讲解。8日，区民政局福利办、区国税局联合开展区福利企业年检工作，对福利企业发放残疾职工工资情况、为残疾职工缴纳社会保险情况、与残疾职工签订劳动合同情况进行检查。经查，23家福利企业符合资格。

（张伊蒙）

【发放优抚抚恤补助】 年内，发放重点优抚对象定期抚恤补助201.1万元，60周岁以上农村籍退役士兵生活补贴24.1万元，一次性抚恤金31.6万元，烈士子女生活补助145.6万元，临时困难补助金1.57万元，伤残抚恤金218.1万元，伤残人员护理费41.0万元，支付参合费用9300元，减免、报销医疗费250.4万元。

（张伊蒙）

【下属单位情况】

单位名称：北京市门头沟区接受救灾捐赠事务管理中心
地　　址：门头沟区圈外大街73号
电　　话：61895138
邮　　编：102300

单位名称：北京市门头沟区民政局低保事务管理中心
地　　址：门头沟区中门寺16号
电　　话：69849146
邮　　编：102300

单位名称：北京市门头沟区双拥事务服务中心
地　　址：门头沟区中门寺16号
电　　话：69842174
邮　　编：102300

单位名称：北京市门头沟区征地超转人员管理办公室
地　　址：门头沟区中门寺16号
电　　话：69822877
邮　　编：102300

单位名称：北京市门头沟区福利生产办公室
地　　址：门头沟区中门寺16号
电　　话：69843740
邮　　编：102300

单位名称：北京市门头沟区福利彩票发行中心
地　　址：门头沟区中门寺16号
电　　话：69844605
邮　　编：102300

单位名称：北京市门头沟区光荣院
地　　址：门头沟区永定镇冯村
电　　话：69804781
邮　　编：102300

单位名称：北京市门头沟区军队离退休干部修养所
地　　址：门头沟区圈外大街73号
电　　话：6180196513
邮　　编：102300

单位名称：北京市门头沟区婚姻登记中心
地　　址：门头沟区黑山大街15号楼1层
电　　话：61893270
邮　　编：102300

单位名称：北京市门头沟区救助管理工作站
地　　址：门头沟区龙泉雾兴隆街80号
电　　话：61891128
邮　　编：102300

单位名称：北京市门头沟区儿童福利院
地　　址：门头沟区圈外大街73号
电　　话：61893331
邮　　编：102300

单位名称：北京市门头沟区社区服务中心
地　　址：门头沟区圈外大街73号
电　　话：61893767
邮　　编：102300

单位名称：北京市门头沟区殡仪馆
地　　址：门头沟区新桥南大街69号
电　　话：69842901
邮　　编：102300

单位名称：北京市门头沟区天山陵园
地　　址：门头沟区军庄镇西杨坨
电　　话：60812714
邮　　编：102300

单位名称：北京市门头沟区装璜厂
地　　址：门头沟区增产路23号
电　　话：69842159
邮　　编：102300

单位名称：北京市门头沟区殡葬管理所
地　　址：门头沟区中门寺16号
电　　话：69856785
邮　　编：102300

（张伊蒙）

民族宗教侨务

【概况】　年内，学习宣传贯彻党的十八届三中全会精神，把握各民族共同团结奋斗、共同繁荣发展的民族工作主题，认真贯彻党的宗教工作方针，全面落实侨务政策，按照民族工作抓“团结进步”，宗教工作抓“依法管理”，侨务工作抓“服务保障”的工作思路，加强和创新民宗侨事务管理，不断提升民族宗教侨务工作科学化、规范化、制度化水平，为全区创造和谐稳定的发展环境作出应有贡献。

单位名称：北京市门头沟区人民政府民族宗教侨务办公室
地　　址：北京市门头沟区中门寺大街16号民生大厦507室
电　　话：69847974
邮　　编：102300

（刘　奎）

【领导调研】 1月21日，市宗教事务局委员到区内调研斋堂镇灵岳寺、雁翅镇白瀑寺筹备设立宗教活动场所情况，听取斋堂镇和雁翅镇相关情况汇报，并实地察看灵岳寺。3月14日，区委统战部领导到城子清真寺走访寺管会主任和阿訇，寺管会主任汇报清真寺管理工作和教务工作。10月27日，区领导到新建清真寺施工现场和天主教堂规划新址进行实地查看，并听取区民政局、区公共工程中心和建设单位的情况汇报。12月3日，区领导韩子荣，张贵林与北京市宗教事务局局长等就门头沟区民族宗教工作进行座谈。座谈会上，区民宗侨办负责人汇报区内近年来民族宗教工作情况。12月4日，市宗教事务局副局长一行到区就白瀑寺筹备设立宗教场所相关问题进行调研。查看白瀑寺建筑设施后，召开由市佛协、区民宗办、雁翅镇、区佛协参加的座谈会。

（刘奎　王洋　刘小诗　方雯）

【节日走访慰问】 1月25日，开展春节走访慰问民族宗教侨界人士活动。筹集资金3.31万元，对全区10户少数民族困难家庭、7户清真饮食习惯低保家庭、14名民族宗教界代表人士、5户归侨家庭进行走访慰问。29日，区领导到潭柘寺、戒台寺走访慰问两寺僧团．区领导代表区委、区政府给两寺僧团送去慰问金和新春的祝福。9月4日，对归侨侨眷家庭进行走访慰问，并送上慰问金和节日的祝福。

（刘　奎　王　洋　刘小诗）

【宗教工作】 3月11日，组织召开白瀑寺、灵岳寺设立宗教活动场所筹备工作协调会，会上，对白瀑寺、灵岳寺筹备工作进行任务分工，明确筹备设立宗教活动场所申办程序、所需材料、时限步骤。14日，区城子清真寺阿訇宣讲主题为“反对暴力恐怖，维护民族团结”的卧尔兹，引导穆斯林群众认清暴力恐怖事件本质，用实际行动维护法律尊严，珍惜民族团结、宗教和睦和社会稳定的良好局面。同日，城子清真寺利用伊斯兰教“主麻日”，开展“反对暴力恐怖，维护民族团结”讲经活动。4月28日，区基督教堂牧师一行到区民宗办，代表全区基督教信徒将写有“真诚相待、显为民情怀，尽职尽责，促宗教和谐”的锦旗送到区民宗侨办。8月8日，北京戒台寺景区对正在复建的主体建筑——千佛阁，进行土建工程屋面封顶仪式。复建后的千佛阁，宽21米，进深24米。为典型三檐阁楼式建筑。全阁分上下两层，共计1680尊佛像。

（刘　奎　王　洋）

【召开工作会】 3月11日，区委统战部、民宗办、公安分局国保支队召开一季度民族宗教工作联席会，会上，通报2013年民族宗教工作情况，对《2014年门头沟区民族宗教侨务工作要点》（征求意见稿）进行讨论。

（刘　奎　王　洋）

【教育培训】 4月28日，区举办“门头沟区民族宗教政策法规培训会”，全区各镇（街）主管民族宗教工作领导及民政科长、区民政局、民宗办、政协民宗界委员120余人参加学习培训会。会上，北京市民宗局政策法规处处长主讲。5月16日，在基督教堂召开基督教聚会点负责人法规培训会。区基督教会负责人、各基督教聚会点负责人及有关人员60余人参加会议。会上，市宗教局二处干部授课。

（刘　奎　王　洋）

【民族工作】 5月13日，门头沟区召开参加北京市第九届民族传统体育运动会动员布署会，区民宗侨办、体育局、教委及相关参赛单位负责人参加会议。8月19日至24日，在西城区举办第九届民族传统运动会。门头沟区组成180人的代表团，参加空竹、夹包、铁环、棋类、蹴球、板鞋和健身操舞7个大项13个小项的比赛。经过比赛，区内代表团荣获3金12银18铜。

（刘　奎　王　洋）

【安全检查】 7月1日，区领导带队检查雁翅镇白瀑寺房屋安全。区领导要求雁翅镇要高度重视白瀑寺建筑安全，要加强日常检查和监督，聘请专业部门对白瀑寺房屋进行全面的质量安全检测和鉴定，并要求在月底前完成，要严格按照鉴定报告的要求立即整改到位。房屋和设施建设要严格执行土规和详规，出现违规建设的要坚决拆除。

（刘　奎　王　洋）

【公益活动】 7月22日，区佛教协会及爱心士到西藏开展支援当雄县民政、教育、卫生发展捐助活动，向当地卫生局捐助价值20万元的药品，并向当地贫困群众、贫困学生等困难群体发放救助金20万元。10月24日，会同天主教爱国会成员，到清水镇敬老院及贫困学生家庭进行慰问。此次天主教爱国会送去价值2500余元的慰问品，主要包括大米、油、鸡蛋等食用品。

（刘　奎　王　洋）

【宗教节日】　7月29日，是伊斯兰教最重要的节日——开斋节。400余名区内外的穆斯林群众在清真寺内，举行节日会礼。活动中，400余名穆斯林群众在寺管委会的组织下，在大殿进行礼拜，清真寺阿訇结合《古兰经》内容，进行了“反对暴恐行为、促进民族团结”的宣讲。12月25日是天主教、基督教的传统节日——圣诞节。期间，区各教堂分别进行准备，神职人员与来自全区6000余名信徒一起欢度圣诞节。

（刘奎　王洋　刘小诗　方雯）

【参观活动】　10月16日，组织民族宗教界代表人士参观永定楼、观景台、门城湖、黑河沟、中门寺沟等门城新景观和中国人民抗日纪念馆。

（王　洋　刘小诗）

【专项工作】　12月23日，召开宗教旅游场所私设功德箱、会所等问题清查整顿工作部署会。会上，区民宗办负责人通报潭柘寺、戒台寺景区私设功德箱被媒体曝光处理整治情况，传达市宗教事务局12月21日召开的关于整顿宗教场所从事经营活动的紧急部署会精神，学习《北京市宗教事务局关于进一步抓好整治“会所中的歪风”工作的通知》、北京市人民政府办公厅印发《关于进一步加强历史建筑、公园等公共资源“会所中的歪风”整治工作意见》的通知、《住房城乡建设部等十部委关于严禁在历史建筑、公园等公共资源中设立私人会所的暂行规定》等文件精神，对区内宗教旅游场所私设功德箱、会所等问题清查整顿工作进行部署。25日，区委统战部、旅游委、民宗办、文化委和公安分局组成联合检查组，分别对妙峰山景区、桃园村关帝庙、下苇甸龙王庙等场所进行检查，向各景区场所负责人传达市、区相关部门有关清理整顿要求，现场责令个别场所立即撤除功德箱，并且约谈私自入驻桃园村关帝庙和下苇甸村龙王庙的教职人员。

（刘　奎　刘小诗）

人口与计划生育工作

【概况】　年内，全区人口计生工作在市人口计生委的指导下，在区委、区政府的领导下，认真学习贯彻落实党的“十八大”和十八届三中全会精神，坚持“小人口”不放松、“大人口”抓统筹，以创建“幸福家庭”开展“六大工程”为重点，以加强基础工作为保障，结合全区建设国家生态文明示范区的目标，明确工作思路，强化责任意识，完善工作机制，创新工作模式，积极推进各项目标任务实施，为全区经济社会发展创造良好的人口环境。

单位名称：北京市门头沟区卫生和计划生育委员会（人口计生委）

地　　址：北京市门头沟区石龙北路10号

电　　话：69844839

邮　　编：102300

（齐桂平）

【市、区领导慰问】　1月17日，领导班子成员带队，分4个组到村居开展节前走访慰问活动。慰问组走访慰问到帮扶村清水镇齐家庄村40户困难计生家庭，同时开展亲情牵手活动，区人口计生委志愿者自发捐款为清水镇5户结对帮扶对象购买了棉衣。21日，区人口计生委主任与市人口计生委副主任共同走访慰问了潭柘寺镇鲁家滩村计划生育特别扶助家庭，为他们穿上志愿者们自发捐款购买的棉衣，给他送去慰问金和慰问品。据统计，区人口计生委共走访慰问132户，其中包括困难计生家庭、计划生育特别扶助家庭、从事计划生育工作满20年专干、村居计生专干困难家庭、村居退休计生专干以及流动人口等，共计发放慰问金15.1万元。

（崔燕玲）

【重要会议】　3月3日，召开落实“单独两孩”生育政策工作暨2014年人口计生工作部署会。一是传达了国家卫生计生委2014年工作思路和北京市卫生计生委机构合并之后第一次会议精神；二是部署落实北京市“单独两孩”生育政策工作，印发《北京市启动“单独两孩”政策的实施方案》和《北京市启动实施“单独两孩”政策的相关说明及政策解释》的通知，讲解调整生育政策事宜，做好政策咨询服务，即时受理群众生育申请。三是在全区部署开展“单独两孩”生育意愿调查；四是印发《区人口计生委2014年工作思路》，部署全年工作任务；五是部署2014年计生家庭意外伤害保险工作，提高计生家庭抵御风险的能力。5月14日，召开人口计生工作热点难点问题研讨会，邀请市人口计生委退休老干部、部分专家学者、基层计生专干、社会监督员参加研讨会。与会者针对人口规模调控、落实“单独两孩”政策、帮扶失独家庭等人口计生工作热点难点问题进行研讨。5月15日，邀请专家学者、包村领导、帮扶村干部、在校研究生等人群共同研讨齐家庄村村域发展思路。19日，召开在职党员到社区（村）报到为群众服务工作动员会，传达贯彻全区工作会精神，成立区人口计生委在职党员到社区（村）报到为群众服务工作领导小组，制定活动方案，部署在职党员到帮扶村报到、为群众服务工作。区人口计生委以3个党小组为单位，吸纳入党积极分子参与报到服务工作。21日，与清水镇对接，23日起，3个党小组先后到帮扶村清水镇齐家庄村报到，入户了解民情，摸清情况，听取意见，协助镇村做好低收入户的认定工作。8月8日，召开人口计生系统工作推进会。13个镇街分别汇报了人口计生重点工作完成情况。区人口计生委通报10项重点任务进展情况，已经完成2项，其余8项在稳步推进。18日、19日，举办两期共350余人参加的村居专干培训班。请国家人口宣传教育中心主任、北京经济管理干部学院心理健康教育中心负责人授课。

（付延路）

【机关学习】 3月25日，举办档案管理培训班。3月28日，党组书记、主任以《走群众路线 转工作作风》为题，围绕为民务实清廉、反对“四风”为内容，为机关全体党员及工作人员讲授党课。4月11日，组织全体党员和工作人员以及部分社会监督员先后到区博物馆、平西情报交通联络站纪念馆参观并且重温入党誓词。9月12日，区人口计生委、民防局、投资促进局联合举办《阳光心态 心智模型》知识讲座。3个单位60余人参加。11月17日，邀请老师举办以“如何能够拍好照片”为题的摄影技术知识培训。

（房圆圆）

【机关创建活动】 5月16日、30日，先后两次举办感言分享座谈会，有22名机关干部依次发言。6月27日，组织全体人员到妙峰山镇炭厂村，与该村开展庆“七一”党员共建活动，请健康专家以“真爱生命，关注健康”为主题，讲授健康知识。炭厂村的老党员和区人口计生委全体人员60余人参加。二是开展健康促进健步走活动。在神泉峡景区举办，全体人员快步走完3.5公里山路。三是举办年轻干部交流谈体会活动。8月4日，传达贯彻区纪委、区委宣传部关于印发《开展落实“两个责任”学习宣传活动的方案》的通知，部署落实“两个责任”工作。9月23日，5名年轻干部参加第一次结构化模拟面试活动。面试考官以区人口计生委领导班子成员为主组成，面试程序严格按照人事招聘结构化面试要求进行。11月6日，5名年轻干部参加第二次结构化模拟面试活动。

（付延路）

【京西人口文化节】 7月17日，以“心系百姓·服务万家”为主题，举行第九届京西人口文化节暨大台街道首届“社区文化节”开幕式。主办单位区人口计生委、大台街道办事处主要领导、主管领导、区属相关部门及各镇街主管领导、计生办负责人、大台街道辖区单位、地区15支志愿者代表队共300余人参加开幕式及千米健步走活动。开幕式上，设立宣传咨询服务台，发放《便民服务手册》《人口文化研究》《非凡童年智慧人生》、“单独两孩”等宣传材料1000余份，发放宣传品300余份。10月24日，第九届京西人口文化节暨大台街道首届“社区文化节”胜利闭幕。人口文化节期间举办“感悟青春”征文活动，共收到来稿39篇，评选出获奖作品10篇。举办“百名山里娃人生第一照”、为部分村居配备宣传设备、在上清水村公园内建设健康乐园、为区早教基地配备婴幼儿游泳设施、在妙峰山镇神泉峡风景区建设幸福人生路主题公园及农耕儿童乐园、为550个符合条件的当年享受奖励扶助和伤残特别扶助的家庭投保了计生家庭意外伤害保险，受惠1400余人、实施“暖心计划”，向187个符合条件的失独家庭提供养老、疾病身故、意外伤害等保险、建设青春期健康教育基地、为符合条件准备怀孕的夫妇提供免费孕前优生健康检查、在王平镇吕家坡村建立“心灵家园”基地等一系列宣传服务活动。

（刘艳莉）

【领导视察、调研工作】 7月30日，国家人口宣传教育中心网络传媒处、对外合作部、家庭健康教育中心负责人等一行6人到区内调研人口计生工作。区人口计生委主任汇报2014年上半年人口计生工作情况及下半年工作思路，宣传教育中心领导对区内创新工作模式，建立健全“十项机制”、打造青春健康教育基地等亮点工作给予肯定。

（高 旭）

【党建工作】 8月11日，召开党支部专题组织生活会和民主评议党员工作动员会，全体党员参加会议。会上，支部书记部署活动安排并就组织召开专题组织生活会和开展民主评议党员工作的程序及注意的问题作了说明。全体党员进行专题组织学习。会上提出具体要求。8月21日，党支部召开专题组织生活会及民主评议党员活动。支部书记通报了党支部委员会的组织召开情况，并带头做自我批评，与会党员提出批评意见。每名党员撰写了简要对照检查材料。

（房圆圆）

【检查与评估】 8月13日、14日，到基层指导“六型社区”创建。主管领导带领检查指导组，先后到军庄、雁翅、龙泉、永定、王平、城子、大台、东辛房、大峪等9个镇街的13个社区，按照北京市“六型社区”创建标准中涉及计划生育的11项内容进行检查指导，立行立改，帮助社区完善“健康型”社区创建工作。10月中旬，检查指导镇街计生工作。检查内容包括：市政府与区政府签订的计划生育目标管理责任书、区政府蓝皮书上的10项重点任务和科室重点工作、北京市“六型社区”中健康社区指导标准细则中涉及的计生内容。区人口计生委领导带队，3个检查组到13个镇街的26个村（社区），分别听取镇街、村（社区）工作汇报，查阅相关基础材料，查看服务设施和宣传阵地建设情况，与部分群众座谈交流，了解计划生育政策、宣传教育、依法行政、创建幸福家庭等项工作的落实情况，开展问卷调查，了解群众需求以及对人口计生工作的意见和要求。

（刘俊杰）

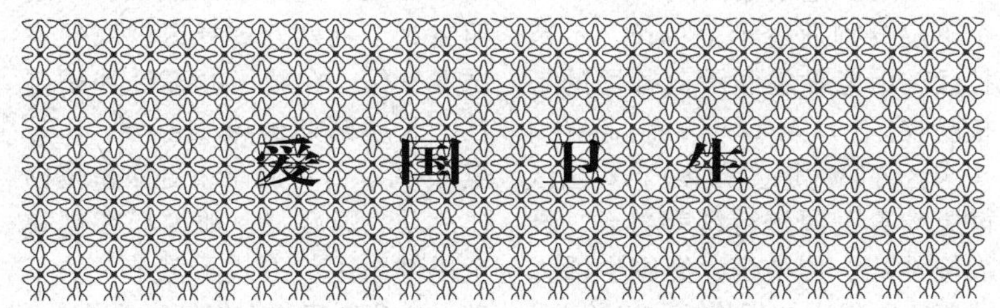

爱国卫生

【概况】 年内，围绕爱国卫生和健康促进两项核心工作，以提高全区人民的健康水平为目标，以工作机制创新为突破，整合区内资源，落实各项爱国卫生工作措施，制发《门头沟区2014年爱国卫生工作要点》。调整区爱卫会组成单位，成立新一届爱卫会。启动社区健康促进工作试点，新建2条健康步道，14座健康小屋，10组健康知识宣传栏。开展4期北京市健康科普专家巡讲活动、400余场健康知识讲座、2期健康训练营。遴选3名健康北京社区指导员，组织6人参加第三届北京市健康之星市级半决赛和决赛。组织开展为期一个月的爱国卫生月活动。指导斋堂镇通过国家卫生镇市级综合验收。组织全区春冬季灭鼠灭蟑、夏秋季灭蚊蝇、“健康北京灭蟑行动”等病媒生物消杀活动，开展居民家庭蟑螂、蚂蚁密度监测工作。开展以“提高烟草税”为主题的第27个世界无烟日宣传活动，评选出无吸烟家庭2000户。成功创建5个北京市无烟机关，12个北京市全民健康生活方式示范单位、示范社区、示范食堂、示范餐厅，4个北京市健康社区，1个北京市健康促进示范村，2个北京市健康单位。

单位名称：北京市门头沟区爱国卫生运动委员会
地　　址：北京市门头沟区城子东街甲40号
电　　话：69843460
邮　　编：102300

（史保鑫　于海朋）

【爱国卫生工作】 1月7日，制发《关于进一步加强机关单位无烟环境建设的通知》，并印发公共场所控烟宣传海报、宣传手册等宣传材料3000份，发放公共场所禁烟标识2200块。1月至5月，会同区相关部门对各镇街环境卫生状况进行打分排名，对环境脏乱点实行销挂账管理，每月在政府常务会上通报。1月至12月，在5个社区开展居民家庭蚂蚁、蟑螂密度监测工作，每月监测100户。3月10日，制发《门头沟区2014年爱国卫生工作要点》，从完善爱国卫生组织机构、扎实推进健康促进工作、完成爱国卫生日常任务三个方面确定年内10项重点爱国卫生工作任务。20日，成立新一届区爱卫会，加强对全区爱国卫生工作的领导。3月至10月，对斋堂镇国家卫生镇创建工作进行12次创建工作指导和

《国家卫生镇标准》培训，10月通过市级综合考核验收。4月7日至18日，组织开展全区春季统一灭鼠活动。7日至30日，开展为期一个月的爱国卫生月活动，发动干部群众清理积存垃圾和卫生死角。5月9日，卫生局、教委、财政局、法院、疾控中心经过两年创建，通过市爱卫会专家组考核验收，成为北京市首批无烟机关。9日至31日，开展全区无吸烟家庭评选活动，按照无烟家庭评选标准，评选出“无吸烟家庭”2000户，并发放“无吸烟家庭”标识牌。30日，在新桥路中学体育馆前开展以“提高烟草税”为主题的第27个世界无烟日主题宣传活动，活动当天全区各镇街共发放控烟宣传海报2400张，控烟手提袋500个，各类宣传折页8000余份。6月至10月，组织开展全区夏秋季统一灭蚊蝇活动。9月至12月，组织实施健康北京灭蟑行动，对全区35011户有蟑家庭进行入户消杀。

（史保鑫　于海朋）

【健康促进工作】　1月至12月，开展健康支持环境建设。在落坡岭社区，大台湿地标识2条健康步道；在水闸西路社区、峪园社区、蓝龙家园社区建设健康知识宣传栏10组；在门城地区社区卫生服务中心下属的向东、育新、德露苑、三家店4个社区卫生服务站，水闸西路、蓝龙家园、峪园社区、双峪社区、落坡岭社区5个社区，财政局、地税局、大峪街道、城子街道、东辛房街道5个单位建设14套健康自测小屋系统，方便就诊病人、社区居民和单位职工开展自我健康监测。2月，组织参加第三届北京市健康之星市级半决赛和决赛，最终6人入围市级半决赛，3人入围市级决赛并被授予北京市健康使者称号。3月至5月，开展全民健康生活方式示范创建活动，共有12个单位分别通过示范单位、示范社区、示范食堂和示范餐厅的考核验收。3月至12月，制定《门头沟区健康大课堂方案》，对全区健康教育资源进行统筹整合，开展慢性病、传染病、健康生活方式等方面健康知识讲座400余场。4月至10月，开展北京市健康促进示范村、北京市健康社区创建活动，通过动员筛选、标准培训、中期督导等程序把关，雁翅镇杨村成功创建北京市健康促进示范村，大峪街道临镜苑社区、大台街道千军台社区、龙泉镇梨园社区、王平镇河北4个社区成功创建北京市健康社区。5月至12月，完成4期北京市健康科普专家巡讲活动的组织和筹备工作，邀请4名市级健康科普专家，分别在地税局、财政局、法院、石门营新区就合理膳食、心脑血管疾病等常见病的预防治疗知识进行宣教。6月至12月，开展健康北京社区指导员选拔和培训工作，共选拔3名社区指导员，组织参加3次全市性的培训活动。8月至12月，开展社区健康促进工作试点，在峪园社区、蓝龙家园社区、水闸西路3个社区开展社区健康促进试点工作。在城子办事处和峪园社区开展两期健康训练营。9月至11月，开展北京市健康单位创建活动，财政局、地税局在创建全民健康生活方式示范单位的基础上成功创建北京市健康单位。

（史保鑫　于海朋）

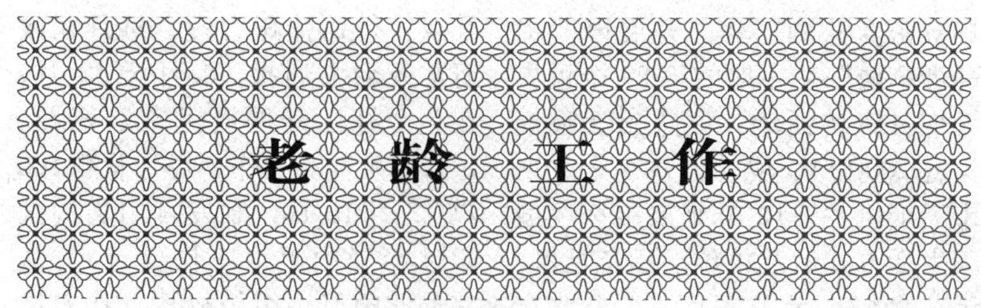

老　龄　工　作

【概况】　年内，根据市区老龄工作会议的总体部署，加强领导、创新思路、细化责任，通过开展系列工作，完成全年任务目标，在老年人的服务管理方面取得了实效，推动全区老龄工作的开展。年内，为门城地区500名高龄空巢家庭老人安装紧急医疗救助呼叫器687个。建立居家养老（助残）服务单位奖励制度，发放奖励资金205万元，117个单位受到奖励。投资8万元，为符合条件的5270名特殊老年人免费参保意外伤害保险。编制《门头沟区养老服务产业发展专项规划（2014——2020）》《社区老年服务设施专项规划》。八个部门联合，顶层设计了《居家养老院试点建设实施方案》，开展居家养老试点建设工作。形成了“九进居家”的养老服务特色品牌，建立了部门联动、上下互动、社会参与的工作机制，探索出实体与虚拟结合的居家养老服务新模式，培养了居家养老专业护理员队伍。“九进居家”服务得到了老年人的普遍欢迎，满意率达到了100%。建设完成龙门新区、石门营新区综合养老照料中心。制定《门头沟区老龄工作委员会工作制度》。走访慰问特困老人776人次，发放慰问金20余万元。命名表彰206个市级孝星，编印孝星事迹手册500本。办理老年优待卡3803张，老年优待证2013个；发放老年助残券70万人次，871万元；发放高龄津贴70.42万元；95周岁以上高龄医疗报销20人次50257.06元。

单位名称：北京市门头沟区老龄工作委员会
地　　址：北京市门头沟区中门寺街16号民生大厅东配楼
电　　话：69858910
邮　　编：102300

（李　震）

【对申请奖励的单位进行检查】 1月底，对全区申请2013年度奖励的签约养老服务商进行检查。按照奖励申请条件和标准，重点对申请单位的硬件设施、工作档案以及规章制度等方面进行检查并提出整改建议。

（李　震）

【区领导重视老龄工作】 2月24日，门头沟区召开就业及养老工作专题研讨会。区领导韩子荣出席并主持会议。会上，区人保局、民政局负责人分别就全区就业和养老工作情况进行汇报。

（李　震）

【开展调研工作】 2月25日，召开全区老年人现状和服务需求调查工作部署会。会上，区民政局局长、老龄办主任做动员讲话。区民政局副局长、老龄办副主任进行工作部署。中国老龄科研中心副所长就调查具体工作进行培训。各镇街主管领导、科长及养老助残员参加会议。

（李　震）

【举办老年门球赛】 4月22日至23日，区老龄办、区委老干部局、区体育局共同举办第26届春季“健康杯”老年门球赛。全区各单位的24支老年门球队的运动员、教练员、裁判员300人参加比赛。经过2天76场比赛，峪办康乐夺得第一名。9月16日，区老龄办、区委老干部局、区体育局联合举办第27届秋季“金秋杯”老年门球赛。全区的300余名老年人，20支队伍参加比赛。经过2天56场比赛，京煤一队夺得第一名。

（李　震）

【推荐市级孝星】 5月8日，召开万名“孝星”和千家为老服务示范单位命名活动部署会。各镇街主管老龄工作的科长、居家养老（助残）员参加部署会。共推荐206名孝星候选人参加市级的命名表彰。

（李　震）

【市领导开展调研工作】 5月19日，市人大常委会委员、副秘书长，内务司法委员会主任委员、内司办主任一行到王平镇吕家坡村就养老工作进行专题调研。实地参观吕家坡村的老年餐桌和托老所。召开老年人代表参加的座谈会。座谈会上，区领导就门头沟区养老总体情况和养老产业的发展情况向市人大代表做介绍。王平镇和吕家坡村负责人就镇村的养老工作开展情况做汇报。与会老年人代表针对农村养老提出意见和建议。

（李　震）

【开展居家养老院试点工作】 5月22日，举办门头沟居家养老院试点建设启动仪式。在大峪街道南路二社区、月一社区，龙泉镇倚山嘉园社区，城子街道桥东街社区四个社区开展助洁助浴、营养配餐、志愿服务、医疗康复、精神关怀、教育培训、文化娱乐、应急救助等九项居家养老服务试点建设。主管区长参加会议并讲话。会上，北京天下椿萱老年看护服务有限公司代表社会组织介绍该公司开展居家养老服务项目、内容、方式方法及成功经验。

（李　震）

【学习与交流】 6月4日，组织试点居家养老院的街镇领导和社区干部，到海淀区羊坊店街道有色设计院社区，就天下椿萱老年看护服务（北京）有限公司开展居家养老服务情况进行考察，听取街道、居委会和公司负责人的经验介绍。到西城区广安门外街道社区养老管理服务中心参观，与街道、服务中心和红枫盈养老服务公司负责人就养老工作进行座谈。

（李　震）

【居家护理员队伍建设】 6月至7月，邀请北京医院的医护人员在南路二、倚山嘉园、月一、桥东街4个居家养老试点社区组织开展居家养老护理员培训。通过看幻灯片、视频、现场演示等形式，现场传授一些日常照顾老年人的技巧，受到社区居民的欢迎，229名社区护理员参加培训。

（李　震）

【开展重阳系列活动】 9月29日，以“孝意京城健康重阳”为主题开展2014北京重阳宣传文化活动。在定都峰景区举办“定都登顶鸟瞰京城”重阳登高跑活动。

300名徒步爱好者，从定都峰脚下登顶定都峰，并请运动健康专家参与活动。在永定楼广场举办“永定同乐相聚重阳”文艺演出。会同区红字会慰问全区12名百岁老人，送去慰问金、鲜花和寿糕等物品，联合区慈善协会为全区575名90岁以上老人发放价值10万元慰问品。

（李　震）

【区人大、政协领导调研工作】 10月14日、16日，区人大主任、区政协主席分别带队到大峪街道南路二社区、城子街道龙门新区、龙泉镇龙泉雾村及王平镇吕家坡村，实地视察居家养老院、养老照料中心、养老服务管理中心和托老所，召开座谈会，了解区内养老社会化工作开展情况。

（李　震）

【区人大调研老龄工作】 11月26日，区人大常委会副主任、区委常委、区纪检委书记等人大代表，实地参观南路二居家养老院、首家公办民营养老机构门头沟区社会福利中心、龙泉镇养老管理服务中心和王平镇社会福利中心。随后召开座谈会。

（李　震）

【举办孝星事迹报告会】 12月5日，在北涧沟社区举办“孝行天下爱助夕阳”孝星事迹报告会，社区居民30人参加活动。

（李　震）

街　道

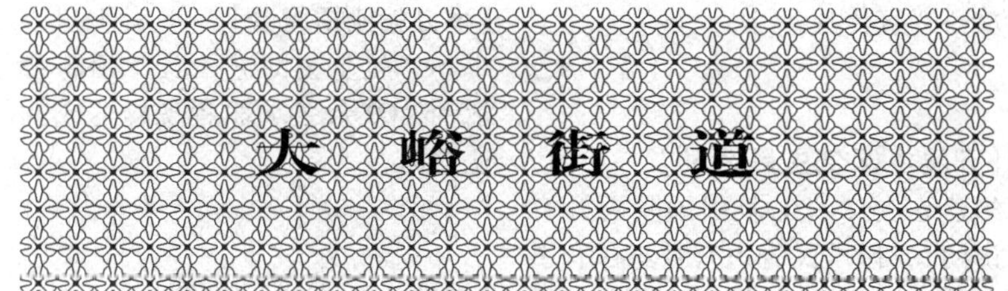

大峪街道

【概况】　年内，完成21项为民办实事工程，拆除违法建设8处，制止新生违建2处、400平方米。黑山大街北延房屋腾退工作签订征收协议65户，完成签约任务92%。在138个社区和单位开展绿化普查工作。投资10万元在20个社区实施垃圾桶固定工程。完成临镜苑等3个“北京市环境优美居住小区”以及大峪中学北路等4条道路“北京市环境优美街巷胡同”创建工作。完成双峪、剧场东街社区规范化建设试点创建、惠民家园、南大街社区服务站规范建设以及绮霞苑、南大街5个社区“六型”社区创建工作，“六型”社区创建率达74%。完成南路一、增东社区“一刻钟服务圈”创建工作。投资306万元改造装修惠民家园等11个社区办公活动用房近700平方米，新增1143平方米。加强对社会组织的培育和发展，指导成立202个社会组织。落实公共服务“三级联动”工作机制，建立公共服务大厅，完善社区公共服务平台建设，推进“一居一代”服务模式。开展就业援助宣传活动34次，采集空岗信息820个；举办“城乡手拉手”招聘会，与石景山区内企业合作促进劳动力跨区转移，安置就业986人。完成447户保障性住房申请和698户两限房、公租房复审工作。构建特殊人群服务管理工作体系，为294名80岁以上空巢独居老人安装应急救助一按铃，完成120余户残疾人家庭的无障碍设施改造工作。建立月一社区居家养老综合服务中心，推进月一、南路二居家养老院试点创建工作。开展健康促进教育工作，建立居民健康档案，开展全民健身活动658次，参与群众近2万人次。成立街道红十字志愿者服务队，为30个社区配发应急救助设备400余件。实现61696156与网格化融合，全年接单621件，办结率100%。完成第三次全国经济普查工作，获得全国经济普查先进单位称号。健全社会治安联动防控体系，开展联合执法检查27次，举办安全应急疏散演练，加强对流动人口的管理和调控，调控流动人口4867人，超额完成区委下达任务指标。完成承泽苑地下菜市场平安市场、新桥大街平安大街、南路二无发案社区创建工作。开展“邻里有爱、亲如一家”第七届邻里节和第二届社区文化节活动，举办邻里送福字、楼门茶话会、“红歌献给党”等活动60余场次。强化“两新”组织党建工作，新成立“两新”组织党支部4家、成立社区党委7个，发展预备党员18名。开展在职党员到社区报到工作，有740名党员参与社区服务活动。促进党建带工建、团建、妇建工作，成立大峪街道青年文艺社，建立2个“五站合一”商务楼宇工作站。

单位名称：北京市门头沟区人民政府大峪街道办事处
地　　址：北京市门头沟区滨河路72号
电　　话：010－69828330
邮　　编：102300

（曹少斌）

【两节慰问】　1月，开展两节期间百户大慰问活动，走访慰问各类民政对象，发放优抚对象定期补助及春节慰问金44.8550万元，向地退、军退人员发放慰问品6900元，对辖区14户烈属、特困残疾人家庭以及低保户家庭进行入户慰问。

（曹少斌）

【领导调研视察】 3月17日，区领导就党的群众路线教育实践活动开展情况进行工作调研，同区委第四督导组全体成员、街道班子成员、16个社区党支部书记、人大代表、党代表、社区党员及群众代表座谈，向基层工作者征求活动意见。26日，区领导韩子荣就街道管理体制改革及“7+X”中心建设及运行情况进行调研。12月5日，区领导张贵林到街道调研工作。

（曹少斌）

【新经济组织党建工作】 3月28日，新成立4个非公企业党支部：北京稻香村京西食品有限公司党支部、北京香满道餐饮有限公司党支部、北京亮家丽景家政服务有限公司党支部、众信同城（北京）人力资源有限公司和北京四季尚品酒店管理有限公司联合党支部，同时为6名非公企业党建指导员颁发了聘书。

（曹少斌）

【创建语言文字示范街道】 4月，开展语言文字示范街道创建工作，机关全体干部均通过普通话等级测试。

（曹少斌）

【助残月系列活动】 5月15日，在残疾人温馨家园举办残疾人趣味运动会，30余名残疾人参加飞镖、套圈、扔包、托球跑等项活动。23日，在残疾人温馨家园举办中国象棋比赛，46名残疾人象棋爱好者参加比赛。

（曹少斌）

【召开为群众工作部署会】 5月22日，在机关报告厅召开在职党员到社区报到结对，为群众服务工作部署会，24个区派报到单位的领导、街道领导班子成员、机关包社区干部及全体党员、两新组织党组织书记与街道34个社区党组织负责人现场进行对接。

（曹少斌）

【社区科技周】 5月，在开展“科技周”系列活动，以社区为载体，举办科普知识讲座10场、播放科普宣传片34次。

（曹少斌）

【开展中国梦主题活动】 5月，组建6支“我的梦中国梦百姓宣讲团”，以居民身边有梦想、有事迹的大峪人为主题，开展宣讲活动12场。

（曹少斌）

【廉政文化宣传教育】 5月，举办“弘扬北京精神、倡导廉洁风尚、建设和谐社区”廉政文化月活动。

（曹少斌）

【人口和计划生育】 5月，为153对新婚夫妻发放生育服务包，免费为3300余名育龄妇女进行两癌筛查。7月11日世界人口日，在葡山人口文化园举办“幸福家庭、和谐人口”主题大型广场文艺演出。

（曹少斌）

【残联工作】 5月，开展助残日系列活动，举办“爱的旋律、美的瞬间”摄影比赛，残疾人象棋比赛，残疾人职业技能展示等活动。

（曹少斌）

【第三届社区文化节】 6月3日，在区影剧院举办“红歌献给党，唱响新生活”群众合唱比赛，17个社区合唱队参加比赛。此次比赛设特等奖一名、一等奖2名，三等奖5名。

（曹少斌）

【组织基干民兵演习】 6月8日，在葡东社区组织机关民兵应急抢险队进行防汛和消防演习。

（曹少斌）

【举办就业招聘会】 6月18日，举办“就业援助进社区”招聘会活动，60余名求职者现场达成就业意向。

（曹少斌）

【开展共建美丽大峪行动】 6月26日，举办改掉陋习、从我做起，共建美丽大峪行动启动仪式，开展“垃圾分类知识竞赛”“我是社区小主人”“绿色出行我倡导”等主题活动80余场次，参与群众800余人，举办首届“最美大峪人、社区榜样”评选活动。

（曹少斌）

【庆“七一”系列活动】 6月30日，举办“我身边的共产党员”事迹报告会。走访慰问100余名社区老党员。6月，举办第四届“感动社区”十杰共产党员和百名优秀共产党员评选表彰活动，同时，启动“社区党员志愿者红色志愿服务月”活动。7月1日，组织机关全体干部开展“共产党员献爱心”捐助活动，捐款3420元。同日，在机关报告厅召开党章大宣讲活动动员部署会。

（曹少斌）

【全民健身】 6月，组织机关和社区代表队参加区全民健身体育节各项比赛，获得团体总分第一名。

（曹少斌）

【举办学习十八大精神展演活动】 7月，举办“十八大文艺原创作品展演活动”，18个社区表演小品、舞蹈、快板等29个节目。

（曹少斌）

【双拥工作】 7月，在桃园社区开展“军民同心、情系群众”八一军民共建演出，辖区居民与驻地官兵同场演出。

（曹少斌）

【夏日广场文化活动】 7月至8月，举办以“共圆中国梦”为主题的夏日文化广场活动，10支群众文化团队到社区为居民义务演出20余场。

（曹少斌）

【未成年人教育】 8月，开展“践行北京精神，争当社区文明小使者”暑期社区实践活动，区内部分中小学校的学生参加情景剧展示、摄影比赛等活动。

（曹少斌）

【庆祝建国65周年】 9月，举办“文艺常青、为祖国欢歌”文艺汇演，庆祝中华人民共和国成立65周年。

（曹少斌）

【工会工作】 10月，开展在非工企业建立工会工作，新建工会组织14家。

（曹少斌）

【社保工作】 10月，组织93名社会化退休人员，到顺义区国际鲜花港游览。在向阳社区举办“城乡手拉手专题招聘会”，12家企业150余个岗位，有170余名下岗失业人员达成就业意向。11月6日，举办社会化退休人员扑克牌升级大赛。

（曹少斌）

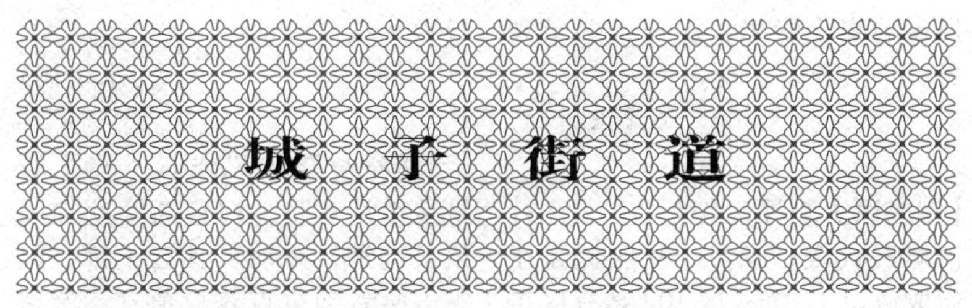

城子街道

【概况】 城子街道位于门头沟区政府北侧2公里处，背倚九龙山，面朝永定河，南北以河滩桥和水闸为界，西至东龙门，东与石景山区五里坨接壤。辖区内有城子大街、滨河路2条主干道。辖区面积3.3平方公里，下辖17个社区5个筹备组，常住人口4.6万余人。

年内，推行“1+1+1+4”工作模式，开展各类服务近20项，服务社区47次。开展人民调解93件，受理人民来信34件，接访36批51人次，其中集体访3批17人次。通过拓宽招商渠道，建立企业联络体系，优化企业发展环境，累计完成区级财政收入1923.3万元，完成全年任务88%；完成注册企业309家，注册资金共79902万元。

年内，10个社区参与创建完成12项创建任务；完成全年社会化建设工程9类14项，工程总投资299.936万元，完成社区路面、公共设施、办公用房修缮等1625.55平方米；道路硬化、环境绿化、楼墙面粉饰达13005.17平方米；强化地区环境治理，投资68.48万元，实施17项环境应急工程，在16个社区启动“管、奖分设型”垃圾分类管理；落实属地安全责任，全年组织32次安全检查，出动人员200余人次，车辆30余台次，检查企业300余家次；针对辖区因火灾、疾病导致临时困难的群众和刑满释放等特殊困难人员进行临时救助，各类金额发放68.6万元；创建文化楼门创建、打造街道级体育健身品牌项目等9个工作重点，推进36个具体工作项目的开展；提供文艺中专班训练课程、芽苗菜种植、电脑基础技能等社区教育服务，近2000名社区群众从中受益。

单位名称：北京市门头沟区城子街道办事处
地　　址：北京市门头沟区门头沟路24号
电　　话：69864484
邮　　编：102300

（张树桐）

【区领导慰问】 1月14日，区领导到失业困难人员家中慰问，详细了解其家庭收入、生活状况和存在的实际困难，并要求相关部门帮助其解决实际困难。9月，区领导韩子荣带队到街道慰问优抚对象烈属并送上慰问金、慰问品和节日祝福。

（张树桐）

【市、区领导视察调研】 1月17日，区领导到市场街居委会主任家中慰问。之后，参观市场街居委会的规范化办公用房和社区便民菜站，了解社区各项工作开展情况并作出肯定。6月11日，市渣土处、文明办、社会办，区市政管委、文明办、社会办领导到龙门一区对垃圾分类工作进行调研。调研组听取汇报，并现场察看了工作开展情况，对龙门一区垃圾减量、源头分类、无害处理、循环利用等工作表示肯定，并提出要求。7月底，区领导韩子荣到市场街社区调研，在听取街道工委书记就社区党委、环境维护、楼门文化、文明养犬等方面工作的进展汇报后，实地走访社区，察看宠物休闲区建设情况，对街道和社区前一阶段的工作给予肯定。8月，区人大常委会主任罗斌带领部分区人大代表，实地查看市场街社区和蓝龙家园社区垃圾分类情况，听取相关工作汇报。12月，区领导张贵林到街道调研，听取街道整体工作情况汇报。区领导带领区棚改中心、安监局、消防支队等部门到龙门新区检查消防工作。检查组在社区会议室召开现场会，街道工委书记汇报街道在龙门新区开展的各项工作和龙门新区消防工作存在的问题。区领导对街道所做工作表示肯定，并提出工作要求。

（张树桐）

【组织理论学习】 1月，区委理论讲师团成员到城子街道开展专场宣讲活动，机关干部、社区两委成员共100余人听讲。

（张树桐）

【召开民主生活会】 1月，召开2013年度领导干部民主生活会。会上，街道班子成员结合街道的发展和各自分管的工作，重点针对中央、市、区指出的“四风”方面的问题进行对照检查，并进行自我剖析，进一步查摆问题，深挖思想根源，针对存在的问题提出整改措施。

（张树桐）

【安全检查工作】 1月，办事处综治办、新区筹备组对龙门新区进行节前消防安全检查，实地查看物业各类安防设施。8月21日，街道综治办联合区安监局、区消防支队，对辖区内涉及可燃爆粉尘作业企业北京本乡良实面业有限责任公司进行安全生产专项检查。针对检查组指出的安全生产隐患，企业负责人表示立即整改，并及时将整改情况上报。10月，由街道综治办组织检查组对辖区内部分生产经营单位的安全生产、消防安全、电气安全、地下空间等方面进行联合检查。对检查中发现的安全隐患，检查组要求现场负责人予以整改。

（张树桐）

【完成民主测评工作】 2月，社区居民代表、党员、社区监督小组成员对17个社区109名社区工作者进行打分测评，13个社区的满意率为100%，9名社区主要负责人优秀率为100%，其他92名社区工作者中满意率为100%的28人。

（张树桐）

【快速处理百姓举报投诉】 2月，在接到群众关于非法制售元宵的举报后，办事处副主任带队，组织执法人员到现场，协助区食药稽查大队进行查处，依法取缔1处非法元宵生产窝点，查获原材料30公斤。

（张树桐）

【开展知识讲座】 2月，开展饮食健康讲座，区医院医生为109名居民就日常生活中如何吃得健康、吃得快乐，怎样用最普通的蔬菜做出健康又美味的饭菜等问题进行讲解。4月，协会法律咨询部在华新建、龙门三区开两场讲座，讲座主要围绕消费者权益保护等社区居民关心的问题展开。4月，办事处在龙门三区举办社区健康教育大讲堂系列之糖尿病健康知识讲座，52名居民参与活动。区医院医生向居民讲解糖尿病人的饮食与健康、预防糖尿病的对策以及治疗方法、用药、饮食等相关知识。

（张树桐）

【开展多种文化活动庆佳节】 春节、元宵节期间，街道各社区文艺团队举办文化活动27场，演出人员约900人次，观看人数达近2200人次。

（张树桐）

【清明护林防火工作】 3月22日至4月6日，扫墓高峰期加强值班巡逻，并动员社区干部、治安志愿者到重点路口值守，严密防范烧纸引发的山火。全街道动员巡逻值班力量1619人次，办事处领导到社区督导2次，综治办到社区检查2次。

（张树桐）

【召开党建大会】 3月，街道召开党建大会。领导班子成员、机关干部、社区书记主任50人参加会议。办事处主任对2013年工作进行总结，明确2014年工作思路。会上表彰6个先进集体及20名优秀社区工作者。各主管领导分别对2014年组织、宣传思想文化、党风廉政建设、环境治理工作进行安排部署。

（张树桐）

【召开座谈会】 3月，居民科召开大学生社工协会座谈会，会上，向各位会员介绍项目的基本情况，并在前期调研摸底的基础上将64名会员划分为法律咨询部、计算机与网络部、文艺演出部、综合服务一部、综合服务二部、问题收集与反馈部6个部门。各部推选出部长，并对下一阶段活动提出初步计划。

（张树桐）

【加强纪律作风建设】 3月，司法所召开加强纪律作风建设学习讨论会。结合央视曝光的湖北省黄石暗访事件开展自查，要求全体工作人员增强自律意识，严格执行请假制度，并从纪律、作风、效率、服务等方面查找不足，加以整改。

（张树桐）

【“两会”期间工作】 3月，采取多项措施开展环境保障工作：一是制定两会环境保障工作方案，明确相关单位的责任分工。二是对辖区重点路段和上市、区两级台账的脏乱点、卫生死角等实行重点保洁、重点管理，增加保洁力量，并做好应急力量的准备工作。三是加强巡查，城管科工作人员采取定期、不定期的方式对辖区开展巡查工作，对存在的问题及时发现、及时整改。四是应对空气重度污染快速启动应急预案，督促各社区及相关单位加大宣传力度，倡导居民绿色出行，减少公车使用率，减少污染物排放。五是加大宣传力度，利用LED显示屏、黑板报、横幅、宣传栏等宣传载体，提高居民讲文明、树新风的环境卫生意识。组织执法人员对辖区商场超市、餐厅饭馆、学校及在建工地食堂等人员密集场所开展强化饮食安全监督检查专项行动。连续检查累计出动执法人员24次，执法车辆4台次，检查经营单位8家，安全隐患3处，责令整改3家。实行“社会安保方面一级超常防控等级”防控，切实加强“两会”期间安保工作。辖区派出所、街道综治办到社区联合检查3次，社区出动治安志愿者1160人，12311人次上路落实各路段及重点部位巡逻防控措施，顺利完成社会面治安群防群治安保任务。

（张树桐）

【“毽舞健康”活动启动仪式】 3月，“毽舞健康”活动启动仪式在龙门三区社区举行。“毽舞健康”活动是街道“健康伴我行”群众体育文化系列活动之一，各社区将吸纳花毽运动爱好者参与其中，并组建10人以上的花毽运动队，坚持常年开展花毽训练、展示、比赛、交流活动；街道将适时邀请花毽高手展示交流，并组织开展街道级趣味花毽竞技活动。

（张树桐）

【消防应急演练】 4月26号，综治办在新老宿舍社区举办消防知识宣传和消防演练，街道副主任讲解相关安全知识，演示灭火器的使用方法，并发放相关宣传品。社区居民100余人参与活动，发放环保袋100个，各类宣传品200份。

（张树桐）

【春季环境卫生大扫除】 4月底，开展春季环境大扫除，1000余人次参加。先后清理卫生死角16处；清理堆物堆料、生活垃圾、白色污染13车，共30余吨；清除小广告1300余处。

（张树桐）

【学前儿童教育工作检查】 4月，市教育督查组、区教委、办事处相关领导到龙门新区三区筹备组了解新社区学前儿童情况，检查指导社区学前儿童教育工作。龙门新区三区学前儿童共34人，入托儿童18人，辖区内设有大地幼儿园1所。

（张树桐）

【开展春季灭鼠活动】 4月，开展春季灭鼠活动，统一购买灭鼠药品，由各社区对老鼠密集活动的地方进行投放。各社区在公告栏内张贴灭鼠通告，并且在投放点附近设置明显的警示标志，最大程度地预防误食鼠药的事情发生。此次活动共投放麦粒鼠药11箱、蜡块鼠药15桶，设置毒饵站130处。

（张树桐）

【垃圾分类工作会】 4月，召开垃圾分类工作会，会上，通报《门头沟区社区垃圾分类“户分类、社区收集、区运输”模式实施方案》的精神及工作要求；讲解新旧模式之间的差别，并征求各社区对新模式的意见；对各社区现有楼房栋数和户数进行核对，并布置下一阶段工作。6月，在龙门新区进行环境秩序机制创新，通过建立“管、奖分设型”垃圾分类管理模式，制作并向居民发放《居民垃圾分类奖励手册（积分卡）》，用积分兑换奖品的方式，鼓励居民长期家中分类、坚持定点投放。龙门三区进行首次积分兑奖，居民们踊跃参与兑奖。

（张树桐）

【开展法律大讲堂活动】 4月，华新建、西宁路、新老宿舍3个社区的40余名中老年人以及三局四处的信访部门、房管部门人员参加法律大讲堂活动。特邀律师结合居民现实需求，将案例与法律条文相结合，向大家解释《继承法》中的房产继承、财产继承、转继承和代位继承等条文，同时将居民关心的遗嘱问题，重点进行讲解，与居民一起进行剖析。

（张树桐）

【食药监督管理所实验室揭牌】 4月，食品药品监督管理所实验室揭牌。这是区内第一批投入使用的基层实验室。

（张树桐）

【“最美北京人”宣讲活动】 5月8日，开展“最美北京人”宣讲活动。6位社区宣讲员讲述他们的故事。

（张树桐）

【青年活动】 5月，组织开展“青春有我”——五四青年节主题团日活动。活动分拓展训练和爱国主义教育两个部分。

（张树桐）

【拆除一处违法建设】 5月，办事处拆违巡查小组在日常巡查中发现龙门三区B9地块一户居民未经有关部门审批，擅自在窗前加盖房屋。巡查小组队员立即责令其停止施工，并约谈业主。经过多次上门做业主的思想工作，其最终同意自行拆除违建。

（张树桐）

【综合治理】 6月12日，联合城管、公安等部门对桥东社区进行综合治理，共治理私自占用小区绿地的行为8起、擅自凉吊挂物品5处，清理门前堆物23处，垃圾杂物2吨，并对清理完的绿地补植了月季。

（张树桐）

【整治背街小巷环境面貌】 6月，办事处在巩固前期辖区主次干道环境整治成果的基础上，开展背街小巷整治工作，清理6条小巷。

（张树桐）

【歌咏比赛】 6月，举办“河畔放歌唱祖国”群众歌咏比赛暨街道首届文化节开幕式，有14支社区队伍参加，向阳社区获一等奖，并同城子大街社区代表街道参加社工委系统比赛。

（张树桐）

【“七五”敏感期防控工作】 7月2日至6日，先后在辖区启动社会面二级加强防控等级和社会面一级超常防控等级，出动治安志愿者3518人次，期间未发生影响社会面稳定的事件。

（张树桐）

【立德社工城子项目组工作】 7月底，与立德社工组织签订“新家园·心温暖－幸福新区综合服务创新项目”，联手打造幸福和谐新区。项目组已完成1100余户的入户调查，填写调查问卷500余份，开展健康讲座、大型义诊、防灾抗灾讲座等活动10余次，参加人数达800余人。11月，与立德社工组织创办“新区快乐学堂”开班授课，以课后托管的形式，设专人为有需要的少年儿童提供集中学习辅导的志愿服务。已招录13名青少年。孩子们在学堂完成作业后，可参与小组活动或游戏，志愿者对有需要的孩子进行特色个案辅导。

（张树桐）

【食药安委会联合检查】 7月，联合综治办、城子工商所和城子城管分队等执法单位，重点对城子大街两侧食品流通、餐饮服务及医疗器械销售等企业的证照、员工健康证明、食品保质期、食品存储情况、操作间卫生、进货台账等方面开展监督检查。此次监督检查出动执法人员12人，出动执法车辆3台，检查单位10家，发现安全隐患3处，责令整改3处，发放宣传材料及宣传品各30份。

（张树桐）

【召开兵役登记工作部署会】 7月，召开兵役登记工作部署会。会上传达《2014年城子街道办事处兵役登记工作计划》的精神，要求设置22个兵役登记站分站点，提供兵役登记、政策讲解、新证办理、兵役法宣传等服务。街道适龄人员507人，进行兵役登记人员91人，确定预征对象11人。

（张树桐）

【“宝贝计划”工程】 7月，请4名城子幼儿园老师，在蓝龙家园社区举办以“健康宝贝·幸福家庭”为主题的亲子活动。58名家长和孩子共同参与活动。

（张树桐）

【成立慢病管理俱乐部】 7月，区卫生局和街道开展居民健康干预、居民健康管理工作。

（张树桐）

【区域化团建活动】 7月，与对接高校北方工业大学在龙门新区联合开展免费家装设计、电脑维修志愿服务活动，北方工业大学派出7名学生，制作家装设计效果图展板5块，维修电脑8台，为5家新区居民提供免费的家装设计咨询服务。11月，团区委、街道团工委、潭柘寺镇团工委与北京城建集团联合举办团建主题交流会，通过完善“行业交叉、区域交流、团企交互”团建平台，实现城子街道团建工作的交流内容跨行业、联动范围超区域、活动效果深层次。

（张树桐）

【社区安全宣传活动】 8月，对辖区居民开展食药安全、消防安全、用电安全、燃气安全等宣传活动，并现场开展过期药品回收活动。此次宣传活动，发放宣传材料及宣传品200余份，悬挂条幅2条，展出展板4块，回收过期药品30公斤。

（张树桐）

【社会面防控工作】 9月22日至27日、9月28日至10月7日，分别启动社会面二级和一级防控，期间先后出动治安志愿者14088人次。

（张树桐）

【维稳工作会】 9月，召开安全维稳工作会，辖区派出所领导、各社区干部、包社区科长参加会议。会上，街道纪工委书记布署街道“十一”期间及APEC峰会期间安全稳定相关工作。还对“六打六治”打非治违专项行动、安全生产条件普查等工作进行部署。

（张树桐）

【科普团队服务进社区】 9月，区社管中心和门矿医院医护人员20余人，到龙门一区开展健康服务活动，内容包括：对社区慢病人员进行慢病知识普及；中医养生专家就中医养生营养餐的如何搭配进行指导；对社区50余人进行血糖、血压等项体检。

（张树桐）

【国庆环境布置工作】 9月，开展国庆环境布置工作，国庆期间各社区悬挂国旗610面、彩旗537面、灯笼164个，更新宣传标语89处，发动党员、积极分子和社区志愿者600余人，清理卫生死角11处，清理垃圾20吨。

（张树桐）

【召开安全工作会】 11月，召开安全工作会，会上部署《2014－2015年度城子街道预防煤气中毒工作方案》。

（张树桐）

【授牌仪式】 11月，对辖区内持《餐饮服务许可证》的餐饮服务单位，包括餐馆、快餐店、小吃店（不含现场制售）、饮品店（不含现场制售）、食堂、集体用餐配送单位和中央厨房等，进行餐饮服务食品安全等级评定并授牌。其中A级餐饮服务企业5家，B级12家。

（张树桐）

【“一卡通”创建活动推进会】 11月，组织召开“一卡通”创建活动推进会。经讨论各社区达成一致，将结合各自工作实际分别开展入户发放《致居民的一封信》、登记录入系统信息、发放积分卡等前期筹备工作。

（张树桐）

【预防煤气中毒工作】 11月，到各社区督导检查预防煤气中毒工作开展情况。出动检查人员800余人次，检查1283户，签订责任书1145份，组织开展8次宣传，受教育群众3000人次，发放材料1500份。年内，街道综治办开展集中宣传4次，各社区分别开展宣传47次，制定各类方案、通知、通报及相关文件20套，成立74人的便民服务队，并与17个社区、3个新区筹备组签订《预防煤气中毒责任书》。

（张树桐）

【验收“自我服务站”】 11月，市、区社会办有关领导到市场街社区老旧小区“自我服务站”进行验收，听取社区负责人的汇报，向工作人员询问工作情况，并实地察看社区服务设施，对社区自成立服务站所做的工作表示满意。

（张树桐）

【召开流管工作会】 11月，召开流管工作会，组织全体流管员学习《北京市房屋租赁消防安全管理规定》，并要求管理员做好流动人口和出租房屋的摸底排查工作。

（张树桐）

【举行青年K歌大赛】 12月，由街道团工委主办的《80 90唱响中国梦》青年K歌大赛举行，大峪街道、龙泉小学、区医院、京煤集团等多家单位13名青年参加比赛。

（张树桐）

【严格内控预防风险】 年内，投入15万元购买专业审计公司服务，采用信息化手段，梳理明确业务，分析、确定风险点，选择风险应对策略，建立并执行内控管理制度，以机关组织机构、管理决策、职权分工、考核奖励的内控建设为基础，延伸至预算、收支、政府采购、资产控制、建设项目控制及合同控制六个方面，提高廉政风险防控能力，推进经济活动和管理工作的规范化、科学化、信息化。

（张树桐）

【发展党员工作培训会】 12月，召开发展党员工作培训会，召集社区党组织负责人、党务工作者和组织员40余人，集中对《中国共产党发展党员工作细则》《门头沟区发展党员工作手册》进行学习培训。

（张树桐）

【“涉日”安全工作】 年内，为防止因“涉日”问题出现群体性暴力事件，街道召开紧急会议，部署相关工作。

（张树桐）

【独生子女费发放工作】 年内，为1219人发放独生子女保费68350元，为149人发放独生子女一次性奖励14.9万元。

（张树桐）

【创造良好无烟环境】 年内，进行宣传教育，把公共场所禁烟工作纳入工作计划，加强领导，明确责任，形成制度，机关领导带头不在禁止吸烟的场所吸烟，并按照《北京市无烟机关、无烟单位标准》在办公、会议等场所和食堂、通道、卫生间等内部公共场所设置禁烟标识、标牌。

（张树桐）

【开展辖区困境儿童调查】 年内，开展辖区困境儿童调查，调查显示：城子地区有贫困儿童30人，其中单亲家庭贫困儿童20人，重病家庭贫困儿童10人，其中儿童本人重病4人。

（张树桐）

【企业梳理排查工作】 年内，对辖区内的一般法人企业进行初步划分和排查。对不在辖区内经营和未经营的企业进行排查，对在辖区内生产经营的企业进行梳理汇总，通过核实确认台账内的生产企业数量有30家。

（张树桐）

【社会建设工程】 年内，投资400万元进行老旧小区绿化美化、路面修缮和社区办公用房改造等项目。已完成绿化美化5814平方米，修缮路面500平方米，修缮墙面150平方米，翻建居委会办公用房120.2平方米，翻建社区托老所活动用房101.4平方米。

（张树桐）

东辛房街道

【概况】 东辛房街道工委、办事处是区委、区政府的派出机构，位于门城地区西部，东与大峪街道为邻，南至南山坡，西至拉拉湖，北至九龙山。辖区面积18平方公里，东辛房街道现有19个社区居委会，户籍人口12831户、29901人，常住人口7494户、18400人，流动人口4639人，石门营新区有4个社区居委会，入住户7111户，入住人口18851人。其中：常住人口5690户，15717人。流动人口1421户，3134人。入住率58.96%。年内，街道工委荣获北京市2012－2014年度群众体育先进集体称号，荣获2014年度防范处理邪教工作先进集体荣誉称号，被评为2014年度北京市交通安全管理工作先进集体。“朝夕相处校外辅导团”被评为2014年度北京市社会组织公益服务品牌铜奖，石门营五区被评为“北京市四星级智慧社区”并被评为“六型”社区示范单位，石门营六区、七区成功创建“北京市三星级智慧社区”。

单位名称：北京市门头沟区东辛房街道办事处
地　　址：北京市门头沟区西辛房大街50号
电　　话：69842026　69842067
邮　　编：102300

（王晓强）

【古树名木保护】 1月4日，联合区园林绿化局开展保护古树名木宣传活动，此次活动主要在圈门社区开展，圈门社区共有古树名木21棵，分别为国槐、侧柏、油松，大部分在居民区内，由于地区整体拆迁，居民搬离原址，辖区内的古树名木缺少保护，活动中发放《北京市古树名木保护管理条例》宣传材料，宣传讲解保护知识，加挂保护古树名木标牌。

（王晓强）

【消防安全】 1月9日，投资10余万元，为社区购置5辆简易消防车，破解老旧小区的消防难题。

（王晓强）

【单独、双独家庭基本情况调查】 3月17日，召开单独家庭、双独家庭基本情况调查工作动员部署会，邀请区人口计生委从调查背景、调查对象、调查内容、调查范围以及调查方式和质量控制等方面，为社区计生专干进行讲解。截至3月底，通过入户调查、电话调查等多种方式，街道东辛房老区15个社区已全部完成调查工作。

（王晓强）

【招聘考试工作】 4月23日，北京群悦劳务服务中心在街道二层会议室进行劳动保障协管员、低保专干笔试考试工作，经过前期的组织报名，28人参与报名，进入笔试考试。

（王晓强）

【学习培训】 5月23日，组织劳动协管员2014年度业务培训，对日常经办业务以及就业工作和社会保障政策进行梳理。6月18日，组织石门营新区全部社区主任和民政主任开展“防灾减灾”工作培训。针对灾害的宣传、预防、上报做讲解，特别对2014年的防灾减灾综合示范社区创建工作做部署。7月18日，组织辖区内45名社区工作者开展公共礼仪讲座，邀请门头沟社区学院讲师授课。从当面接待礼仪、电话接待礼仪、引见礼仪、乘车行路礼仪、会议通用礼仪六方面进行讲解。8月15日，组织辖区内45名社区工作者开展摄影技巧培训。邀请社区学院老师为大家讲解摄影的基础知识。同日，街道组织辖区内19个社区19名信息员开展北京市社会建设信息系统培训。

（王晓强）

【就业工作】 5月25日，东辛房社保所召开2014年度就业工作会，根据《2014年度门头沟区人力资源和社会保障局工作目标责任书》指标任务要求，将年度就业工作指标分解下达到各社区。并对落实就业工作、开发就业岗位、建立健全就业困难群体援助机制、开展援助等工作进行部署。

（王晓强）

【安置便民路椅】 5月，为居民休闲小憩购置154把休闲路椅，并由专业厂家进行固定安装。8月，采购路椅100把，桌椅组合50套，分别安装在东辛房老区和石门营新区。

（王晓强）

【“青年文明岗　志愿星期天”活动】 6月1日，东辛房街道团工委组织志愿者在双峪菜市场路口开展“青年文明岗　志愿星期天”活动。团员青年志愿者们身穿统一的志愿服装，手持引导旗，分成两组在路口两侧执勤，配合现场交通协警、文明引导员的工作，对不遵守交通规则行为给予提醒，引导市民注意安全、文明出行。

（王晓强）

【防汛工作】 6月6日，区领导韩子荣视察东辛房街道矿后街社区防汛工作，查看社区基本情况，了解社区防汛工作，听取街道防汛工作汇报，实地检查防汛物资储备、防汛度汛方案、汛期值班记录表、通讯设备等。

（王晓强）

【领导调研】 6月19日，市委社会工委、市社会办领导到石门营新区五区调研。办事处领导汇报石门营新区新建居住区社会建设、社区工作，社会组织工作等情况。市委社会工委、市社会办领导对区委、区政府重视社会建设工作给予肯定。

（王晓强）

【非公党建工作】 6月25日，召开北京奥和物业石门营新区项目管理中心非公党建支部成立大会。会上，宣读东辛房街道工委《关于同意成立北京奥和物业石门营新区项目管理中心非公党建支部的复函》，为奥和物业石门营新区项目管理中心党支部进行授牌，为新成立的非公企业党支部划拨1万元党员活动经费，并配备包括党旗、党章、党建学习书籍、党员学习手册、非公企业党支部工作制度等在内的党建工作包。6月，完成社会领域党建数据统计工作，填报《2014年度“两新”组织党建数据统计表》《2014年创建非公企业“五个好”示范点名单》。

（王晓强）

【六型社区建设】 6月，在区民政局和社会办牵头带领下，街道成立六型社区创建工作领导小组，制定创建工作方案，确定石门营五区为试点社区，并依据创建标准，调动力量、整合资源、开展创建活动。创建工作领导小组定期召开推进会，掌握进展情况，协调解决问题，建立互评制度。

（王晓强）

【石门营新区选举工作】 7月3日，召开石门营新区选举工作动员部署会。9月22日，石门营新区举行正式选举。10月16日，召开石门营新区社区居委会选举工作总结汇报会，38名新当选的社区居委会干部参加会议。对石门营新区选举工作进行总结。同日，召开新一届石门营新区社区“两委”班子工作会，石门营新区一区、五区、六区、七区社区党支部书记、居委会主任分别汇报新区居委会选举工作、新当选社区干部分工情况、社区居委会制度建设、居民自治、居务公开等工作情况。

（王晓强）

【普法趣味活动】 7月15日，街道司法所与矿建街西社区共同举办普法趣味运动会活动。以“普法灯谜”和“趣味运动”相结合的形式，为社区的孩子们普及法律常识。

（王晓强）

【修建便民车棚】 7月31日，分别为石门营一区修建3个便民车棚，五区修建9个便民车棚、六区修建3个便民车棚、七区修建2个便民车棚，共计17个自行车棚，可以提供500个自行车存放车位。

（王晓强）

【“朝夕相处辅导团”活动】 7月，街道朝夕相处辅导团到各个社区，组织中小学生们开展活动。朝夕相处辅导团老师们，教授孩子们流行舞蹈《小苹果》；组织开展自我展示课程；带领孩子们学习空竹打法；组织法制培训、安全教育、食品安全讲座等活动。

（王晓强）

【举办失业人员编织培训】 9月3日，联合区门职校在矿建街西社区活动中心举办手工编织技能培训班，有7个社区30余名失业人员参加培训。

（王晓强）

【开展宣传活动】 9月11日，在石门营新区开展以“急救与日常及灾难中的危险”为主题的“世界急救宣传”活动，邀请区红十字会秘书长及培训中心负责人与社区工作人员一同在活动现场发放宣传手册，解答群众疑难问题，传播应急救护知识，100余人参加活动，发放“红十字知识”宣传手册等100余份。10月24日，各社区开展男性健康日宣传活动，为居民分发相关健康资料，帮助群众了解男性健康知识，树立男性健康意识，提高男性健康水平和家庭生活质量。30日，区法援中心、东辛房司法所、石门营六区居委会以“普法宣传进社区，听民声、解民忧”为主题在石门营新区广场联合开展普法宣传活动。

（王晓强）

【安全生产检查】 9月29日，对惠泽家园餐馆、博松益康医药有限公司、矿后街社区出租大院等5家单位的安全生产工作进行安全检查。

（王晓强）

【开展新市民素质提升系列活动】 9月，开展新市民素质提升系列活动。街道与社区教育学院合作，开展菜单式培训。在前期社区开展摸底调查的基础上，开展居民需求较大的工艺插花、芽苗菜种植、计算机应用基础、器乐、书法、摄影、合唱指挥等18类培训，截至9月底，已开展计算机应用、阳台美化、文明礼仪、楼道文化等培训10场次，培训市民700余人次。

（王晓强）

【开展“两个责任”学习活动】 9月，组织各社区开展“两个责任”学习宣传活动。街道采取社区例会集中学习、社区“两委”班子成员、居委会干部讨论学习等方式学习。

（王晓强）

【做好减煤换煤工作】 10月11日，成立“减煤换煤、清洁空气”行动领导小组，开展宣传引导工作，普及《北京市大气污染防治条例》等相关法律法规及使用清洁能源的相关知识，制定严格的清洁型煤购买程序，采取有效措施保障惠民清洁型煤有序供应。

（王晓强）

【民盟专家义诊活动】 10月23日，民盟北京市委组织北京各大医院医疗专家到北涧沟社区居委会，为社区居民义诊。专家们提供包括心内科、消化道科、外科、骨科、中医科等多个项目的医疗义诊服务，环球健友科技有限公司还为居民们提供无创生理机能健康测试和经络调理服务。

（王晓强）

【举办社区老年电脑培训】 11月4日，石门营新区在社区电脑室举行门头沟老年电大、石门营新区六区电脑班开班仪式，社区居民参加。授课老师讲解电脑的开关机、键盘位置、手法等。

（王晓强）

【预防煤气中毒工作】 12月15日，召开预防煤气中毒工作会，结合街道内现阶段工作实际情况，对预防煤气中毒工作再动员、再部署，强化社区工作人员对预防煤气中毒工作的认识，全面提高工作人员的责任意识。各社区按照“四个必查、六个规定动作”的要求做好入户检查工作，确保再入户率达到100%。

（王晓强）

【建立义务劳动长效机制】 年内，机关党支部以“假如我是社区居民”为主题，通过换位思考，真正察民情，解民忧，确定每月第二周周五半天，全体机关干部要到社区参加一次义务劳动。并建立义务劳动长效机制，共进行义务劳动9次，完成对东辛房、西辛房、河南街、滑石道、矿建街、矿建街西等社区的环境整治工作，以及清理西辛房、河南街停车场的杂草工作。

（王晓强）

【社区文化活动】 年内，参加区文委主办的“群众大民星——百姓文化年”活动，包括“歌唱门头沟”——群众歌咏系列活动、“戏韵门头沟”——山乡戏曲演出活动、“舞动门头沟”——广场舞蹈比赛、“健康门头沟”——群众健身大赛等赛事。在“歌唱门头沟”群众歌咏大赛中，街道机关合唱队获得街道系统二等奖，决赛三等奖，石门营五区代表队获得三等奖；在“舞动门头沟”广场舞比赛中，石门营五区舞蹈《故乡的奶茶》获一等奖，《门头沟就是我的家》获三等奖，石门营七区《今夜无眠》获二等奖，石门营四区《卓玛》获三等奖。结合各种节庆活动，开展专场文艺演出。七一前夕，组织“颂歌献给党”庆七一群众歌咏比赛，街道17个社区近千名群众参与。8月底，在东辛房老区和石门营新区分别组织“和谐邻里　美丽社区”消夏晚会。国庆期间，在石门营新区举办“内蒙古乌兰察布市察右后旗——乌兰融情”专场演出。春节前夕，与民盟北京市委联合，举办“共建和谐·再创辉煌”文艺演出，民盟北京市委邀请的盟员艺术家与社区居民共同联欢。

（王晓强）

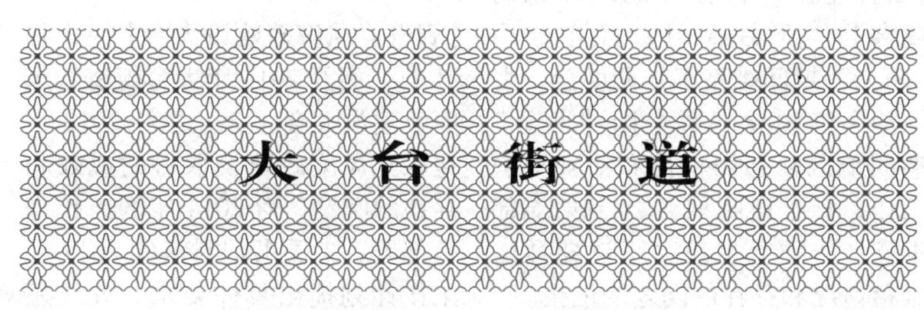

大台街道

【概况】 大台街道位于区境西南部，西部与斋堂镇毗邻，北部与雁翅镇接壤，东部与王平镇（包括原北岭范围）为邻，西南部与房山河北、佛子庄、大安山等乡镇交界，辖区面积80.9平方公里，下辖9个社区居民委员会，总人口约1.57万人。其中流动人口约7000人；现有基层党支部12个，党员611人。

年内，围绕区域功能定位，结合地区实际，完成全年工作任务。一是全面推进街道体制改革工作，增强区域统筹能力，完善“七个中心”的工作机制和运行规则，发挥街道统筹协调能力，促进地区重大事项的推进。二是加强环境建设和保护，提升地区整体形象，在地区基础设施建设、改善社区环境、落实“减煤换煤清洁空气”行动、打击私挖盗采等方面取得实效；三是完成各项重点工作，做好“四防”为重点的安全生产、重点时期安全维稳、社区创建、民生保障、文化建设等工作。

单位名称： 北京市门头沟区人民政府大台街道办事处
地　　址： 北京市门头沟区大台街道大台路8号
电　　话： 61870460
邮　　编： 102303

（麻鹏信）

【党的十八届三中全会精神宣讲】 1月3日，召开党的十八届三中全会精神宣讲大台专场，邀请区委党校教师为机关干部、社区“两委”班子成员和社区专职工作者讲解《中共中央关于全面深化改革若干重大问题的决定》具体内容和市、区落实《决定》的有关情况。

（麻鹏信）

【召开法律宣传领导小组工作会】 1月7日，召开大台街道法律宣传领导小组工作会，会上总结2013年地区法律宣传工作，部署2014年法律宣传工作要点，同时决定把领导干部学习法律知识纳入到党委理论中心学习安排。

（麻鹏信）

【召开人民调解工作会】 1月7日，召开大台街道人民调解领导小组工作会，会上总结2013年地区人民调解工作开展情况，部署2014年人民调解工作要点，处级领导班子成员和司法所工作人员参加会议。

（麻鹏信）

【年“大工委”联席工作】 1月16日，召开地区“大工委”联席会，总结2013年度“大工委”、地区管理委员会及七个中心运行情况，部署2014年重点工作，对2013年度各类先进集体和个人进行集中表彰。8月8日，召开地区

“大工委”成员单位2014年上半年工作联席会，工委书记通报2014年上半年地区重点工作进展，与会单位肯定“大工委”在推动地区整体发展的作用，对下半年重点推进的工作提出建议。各成员单位主要领导、街道领导班子全体成员参加会议。

（麻鹏信）

【新春年货大集】 1月21日，在怡然广场举办2014年新春年货大集，活动由区商务委、商联会和大台街道办事处联合举办。

（麻鹏信）

【迎新春文艺演出】 1月23日，举行“凝心聚力、共谋发展”大台街道2014年迎新春文艺演出。所有节目均有社区居民自编、自导、自演。地区管理委员会成员单位主要领导出席了活动，地区500余名居民观看演出。

（麻鹏信）

【慰问工作】 1月23日至24日，街道工委副书记、纪工委书记代表街道工委、办事处到大台、灰地等社区慰问困难独居老人、残疾人、困难党员和群众，送去慰问金和慰问品。26日，区领导到大台街道灰地社区和木城涧社区慰问2名2013年度门头沟十大好人。26日，区总工会主席任大台街道慰问地区困难职工，为5名困难职工送去新春慰问。

（麻鹏信）

【举办培训班】 1月27日，举办妇联美甲培训班，此次培训是针对地区女性的学习需求而举办的，老师对美甲主要耗材、主要步骤和注意事项进行讲解，社区妇联干部、机关女性干部30余人参加培训。11月25日，邀请社区学院教师举行芽苗菜种植培训，老师现场演示种植技巧并发放种植所需材料。

（麻鹏信）

【千军台、庄户幡会】 2月24日，正月十五、十六千军台、庄户幡会在千军台社区举行。参演会档30余个，参演人员超过300人，活动吸引2000余名居民、观众和摄影爱好者。活动具体事宜由地区文化遗产保护协会负责，办事处负责外围安全保障和对外宣传推介工作。

（麻鹏信）

【召开全国“两会”期间维稳调度会】 3月3日，召开全国“两会”期间维稳工作调度会，由综治主管领导部署全国“两会”期间地区社会面稳控和治安维护工作，会上还听取各社区党支部书记、居委会主任关于近期社区维稳情况和存在的问题的汇报。

（麻鹏信）

【召开“单独二孩”工作部署会】 3月6日，举行大台街道“单独二孩”工作部署会。计生办主任重点讲解“单独二孩”政策的有关标准和办理事宜，各社区居委会计生专干参加会议。

（麻鹏信）

【市学前教育督导组检查指导】 3月13日，市学前教育督导组到大台街道检查指导地区儿童学前教育工作开展情况。先后听取地区学前教育工作汇报，到大台中心小学附属幼儿园实地查看办学条件和教学情况。

（麻鹏信）

【安装调频广播接收基站】 3月18日，区广播电视中心在大台街道黄土台社区安装调频广播接收基站，信号能够覆盖周边多个人口密集社区，结束了地区居民因为地形原因无法正常收听调频广播的历史。

（麻鹏信）

【召开党建工作大会】 3月21日，召开2014年大台街道党建工作会，会上总结2013年地区党建工作情况，对2014年的工作进行部署，工委书记对落实2014年工作计划提出具体要求。处级领导班子成员、社区“两委”班子成员和机关干部参加会议。

（麻鹏信）

【召开党风廉政建设大会】 3月21日，召开2014年大台街道党风廉政建设大会，会上总结2013年地区党风廉政建设取得的成效和存在的问题，对2014年的工作进行部署，工委书记对落实2014年工作计划提出具体要求。处级领导班子成员、社区“两委”班子成员和机关干部参加会议。

（麻鹏信）

【工委书记专题党课】 3月21日，举行工委书记专题党课，为机关党员、社区“两委”班子成员作党的群众路线专题党课辅导报告。

（麻鹏信）

【教育实践活动学习交流会】 4月10日，召开党的群众路线教育实践活动领导班子学习交流会，班子成员结合前一阶段集中学习收获和工作实际，交流了心得体会，区委第四督导组参加了交流会，组长对班子成员的学习成果表示肯定。

（麻鹏信）

【领导调研】 4月28日，区农业局主要领导到大台街道调研指导湿地公园沟域花卉种植情况。5月29日，区领导到大台街道调研社区建设和工矿棚户区改造工作情况，先后走访桃园社区和灰地社区。7月15日，区领导到大台街道调研地区沟域生态治理和文化建设工作，先后查看湿地公园品质提升工程和古道古桥修复工程。21日，区领导到大台街道调研地区防汛工作，查看桃园、灰地、千军台3个汛期地质灾害隐患点，现场指导除险工作。8月14日，区领导韩子荣到大台街道调研环境建设和社区建设情况，查看大台湿地公园、黄土台社区和社保所办事大厅，听取街道上半年工作汇报。21日，区政协副主席带领文化界委员到大台调研地区煤业文化和古道文化，查看大台湿地公园、京西古道板桥段，听取有关煤业文化的汇报。10月29日，区政协主席带领部分政协委员到大台视察街道体制改革，到黄土台社区现场听取党支部书记的介绍，随后听取关于街道体制改革的工作汇报。11月4日，区领导到大台街道指导APEC会议期间安全维稳工作，听取有关安保维稳工作开展情况和具体工作措施的汇报，对下一阶段工作提出要求。12月13日，区领导张贵林等到大台街道检查指导工作，听取街道的工作汇报。

（麻鹏信）

【召开第五届“百日会战”动员会】 4月29日，召开大台街道第五届综合环境整治“百日会战”动员会，主管领导汇报前四届“百日会战”取得的显著成效，并与各社区党支部书记签订《大台街道环境卫生管理责任书》。社区“两委”班子成员和机关干部参加会议。

（麻鹏信）

【召开社会组织培育工作研讨会】 4月30日，召开社会组织培育工作研讨会，讨论2014年度政府购买服务重点项目申报和立德社工引入事宜。各中心主任和具体负责人员参加研讨。

（麻鹏信）

【在职党员到社区报到】 5月24日，区民政局在职党员到黄土台社区报到，召开服务需求碰头会，并为地区生活困难群众和大病致困居民送去米面油等生活必需品。28日，区妇幼保健院在职党员到千军台和玉皇庙社区召开碰头会，了解服务需求。30日，召开在职党员到社区报到工作推进会，工委副书记通报各报到单位工作进展情况和各社区服务对接情况，部署下一阶段的工作。各单位有关负责人和社区党支部书记参加会议。7月4日，区民政局在职党员到大台街道慰问困难党员，为地区20余名困难党员送去慰问品和慰问金。8日，区妇幼保健院在职党员到大台街道玉皇庙社区开展妇女两癌预防知识讲座，地区100余妇女听讲。17日，区文化馆在职党员在怡然广场为地区居民演出，地区品牌节目参与其中。9月24日，区妇幼保健院党员到大台街道玉皇庙社区报到，开展大型义诊服务，面向社区妇女和儿童开设妇产科、儿科、中医、不孕不育、口腔科等诊疗门类，受益群众超过200人。

（麻鹏信）

【红黄蓝幸福童年亲子活动】 6月10日，红黄蓝亲子早教机构到大台街道黄土台社区开展幸福童年亲子活动，20名儿童在家长的陪同下参加此次活动，幼教通过讲故事、做游戏等方式促进孩子与家长之间的情感培养。

（麻鹏信）

【绩效考核民主测评会】 6月20日，召开2013年度绩效考核民主测评会，行政和事业编制工作人员结合各科室全年工作完成情况和个人工作表现，对每一名在编人员做出评价。测评结果将作为考核评优的重要参考。

（麻鹏信）

【开展街道系统合唱比赛】 6月20日，街道团委、妇联等部门牵头，组织机关和社区干部40人参加“群众大民星、百姓大舞台”街道系统合唱比赛。获得三等奖。

（麻鹏信）

【召开传统村落保护规划座谈会】 6月24日，召开千军台传统村落保护规划编制座谈会。会上讨论保护发展规划编制的基本方向和基本要求，北京市城市规划设计院、区农委、大台街道有关人员参加会议。随后，城市规划设计院一行对千军台进行实地考察走访。

（麻鹏信）

【机关党支部党员工作】 6月26日，召开机关党支部党员发展大会。对1名预备党员转正和1名发展对象发展为预备党员进行无记名投票表决，均全票通过。所有流程均符合有关规定。11月28日，召开机关党支部党员发展大会，按照规定流程，发展1名预备党员。12月19日，召开大台街道党员发展工作培训会。工委副书记对党员发展工作流程和党员发展过程中常用文书格式进行讲解，向各社区下发门头沟区发展党员工作手册。社区党支部班子成员参加会议。

（麻鹏信）

【七一慰问】 6月30日，街道工委副书记、纪工委书记代表街道工委、办事处到黄土台、灰地、玉皇庙等社区慰问困难党员和建国前老党员，给他们送去生活必需品。

（麻鹏信）

【“最美北京人”百姓宣讲】 7月1日，举行大台街道首场“最美北京人”百姓宣讲活动暨主题党日活动，7名宣讲员分别讲述各自事迹。街道处级领导班子成员、社区“两委”班子成员参加活动。之后，百姓宣讲团到各个社区开展20余场宣讲活动。

（麻鹏信）

【“会诊制”“代办制”推进会】 7月15日，召开大台街道“会诊制”“代办制”工作推进会。会上下发两个制度的实施方案，并听取各社区对如何落实两个方案的意见和建议。

（麻鹏信）

【“社区文化节”开幕】 7月17日，在湿地公园举办大台街道首届“社区文化节”暨第九届京西人口文化节开幕式。开幕式上，进行“大台街道志愿者联合会”揭牌仪式和“百名山里娃、人生第一照”的发放仪式。开幕式后，开展徒步健身活动，地区300余名居民参与。

（麻鹏信）

【“三教宝殿”修复启动仪式】 7月23日，在千军台社区“三教宝殿”院内举行“三教宝殿”修复工程启动仪式。该项目由区文委牵头，聘请专业文物保护和修复力量，对“三教宝殿”进行保护性修复。区文委、街道办事处、地区文保协会有关负责和区相关民俗专家参加启动仪式。

（麻鹏信）

【领导班子专题民主生活会】 7月29日，举行大台街道领导班子专题民主生活会。会上，工委书记代表领导班子宣读剖析材料。

（麻鹏信）

【专题民主生活会情况通报会】 8月14日，举行大台街道领导班子专题民主生活会情况通报会。工委书记代表领导班子向与会人员通报领导班子民主生活会召开情况以及领导意见、取得效果和下一步整改落实计划等内容。区委第四督导组组长出席会议并讲话。第四督导组成员、社区“两委”班子成员、机关干部参加会议。

（麻鹏信）

【垃圾清运服务外包签约仪式】 8月21日，举行大台街道垃圾清运服务外包三方签约仪式，办事处主任、物业分公司经理和服务外包公司负责人共同签订垃圾清运服务外包协议，解决困扰地区多年的垃圾清运不及时的问题。

（麻鹏信）

【“最美北京人”宣讲】 8月21日，举行“最美北京人”门头沟区百姓宣讲团大台街道报告会。来自区级百姓宣讲团的7位宣讲员讲述他们的事迹，50名社区群众和机关干部参加报告会。

（麻鹏信）

【“慢病防治健康行”讲座】 9月2日，举行“慢病防治健康行”国家示范项目大台健康大讲堂，邀请著名慢性病防治专家组成员为社区居民讲解慢性病的预防与治疗，“大工委”成员单位相关领导和400余名居民参加讲座。

（麻鹏信）

【举办第四届“怡然杯”象棋比赛】 9月10日，举行大台街道第四届“怡然杯”象棋比赛，机关和社区各选派2名选手参赛，通过淘汰赛和循环赛，决出前三名，工委副书记为获奖选手颁奖。

（麻鹏信）

【APEC会议期间维稳工作】 9月16日，召开APEC会议期间安全维稳工作部署会，会议要求各社区要开展矛盾纠纷排查，及时消除安全隐患点，全力维护会议期间地区的社会秩序稳定，各包居领导和包居干部要做好指导工作。社区“两委”班子成员和机关干部参加会议。11月6日，召开大台街道APEC会议期间安全维稳工作会商会，各社区党支部书记汇报各社区的维稳形势和存在的隐患，办事处主任和主管领导对各社区的形势进行分析研判，与会人员开展集中会商，共同解决存在的问题、消除安全隐患。

（麻鹏信）

【人民满意基层站所迎检】 9月18日，区创建人民满意基层站所联合检查组到大台对街道行政服务中心开展综合考评，实地查看行政服务中心办公环境和上墙制度，听取主管领导的创建工作汇报，联合考察组对大台街道的创建工作表示肯定。

（麻鹏信）

【举办第五届“和谐杯”乒乓球比赛】 9月19日，在木城涧煤矿大台井体育馆举办大台街道第五届“和谐杯”乒乓球比赛，参赛单位包括各社区和“大工委”成员单位，每个单位选派4名选手（2男2女）参加男单、女单和团体比赛，通过抽签确定比赛分组和顺序，最终决出男、女单和团体前三名。

（麻鹏信）

【迎国庆文艺演出】　9月26日，在木城涧煤矿大台井礼堂举行“展社区风采　筑百姓舞台”大台街道喜迎国庆65周年文艺演出暨“多彩寻梦人”颁奖仪式，所有节目均由社区居民自编自导自演，同时表彰地区10名爱岗敬业先进工作者和10名优秀社区志愿者。地区“大工委”成员单位主要领导出席活动，地区500余名社区居民观看演出。

（麻鹏信）

【街道志愿者联合会成立大会】　10月15日，召开大台街道志愿者联合会成立大会，会上通过民主选举产生第一届会长、副会长和理事。联合会下辖的老年协会、流动人口协会和文体协会一同成立，并举行揭牌仪式。

（麻鹏信）

【召开防火、防煤气中毒部署会】　10月23日，召开大台街道森林防火、预防煤气中毒工作部署会。会上，主管领导宣读工作方案、明确工作职责和工作要求。社区“两委”班子成员、机关干部参加会议。

（麻鹏信）

【首届“社区文化节”闭幕式】　10月24日，在怡然广场举行区第九届京西人口文化节暨大台街道首届“社区文化节”闭幕式。闭幕式后，举行全民健身运动会，200余名群众参加。

（麻鹏信）

【召开“四评一创”活动部署会】　10月28日，召开大台街道2014年“四评一创”活动部署会，工委副书记宣读活动实施方案并作说明，同时提出明确的工作要求，社区党支部书记参加会议。

（麻鹏信）

【召开规范养殖业工作部署会】　11月27日，召开大台街道2014年规范养殖业工作部署会。会上，明确提出散养业要逐步退出，特别是对散养羊的清理。各社区党支部书记参加会议。

（麻鹏信）

【召开“三级联创”工作部署会】　12月1日，召开2014年“三级联创”工作部署会，工委副书记对“三级联创”活动进行介绍，对“三级联创”迎检工作进行部署。各社区党支部书记参加会议。

（麻鹏信）

【“三级联创”迎检工作】　12月23日，市“三级联创”联合检查组一行到大台街道千军台社区检查活动开展情况，检查组通过实地走访、入户访谈等形式，重点考察千军台社区党支部软弱涣散党组织整改情况。

（麻鹏信）

【为民办实事工程】　年内，完成桃园火车站沟内路面硬化1100平方米；桃园2号楼边硬化240平方米，铺砖190平方米，新做路椅2套，新做钢管栏杆10米；落坡岭南平房硬化路面450平方米，胡同内铺砖80平方米，社区入口处硬化路面80平方米，垒砌38米长花池；双红社区风景区硬化地面90平方米；玉皇庙社区硬化路面500平方米、坡道500平方米；改造大台公交车站，路面翻建铺装沥青，规划停车位。

（麻鹏信）

【新建公厕】　年内，为落坡岭社区东平房新建厕所1座面积达35平方米，厕所前硬化地面200平方米，南平房新建厕所一座面积达35平方米，厕所前硬化100平方米，西平房维修厕所1座；桃园社区新建厕所一座面积达34平方米，地面硬化500平方米；双红社区维修厕所1座；大台社区新建厕所一座，维修1座。

（麻鹏信）

【地质灾害除险】　年内，对部分地质灾害的险地进行排险工作，一是对灰地口进行挡墙的修建工程；二是对千台小学边上护坡硬化400平方米、铺装六棱砖750平方米；三是对黄土台社区安装护栏，极大保障了居民的安全。

（麻鹏信）

【修建文化广场】　年内，千台广场硬化800平方米、铺花砖550平方米，北台子广场整修750平方米，安装护栏42米；黄土台社区硬化广场700平方米，河北小楼硬化广场900平方米；玉皇庙社区硬化玉西小广场400平方米；桃园、灰地、玉皇庙活动站装修。

（麻鹏信）

【沟域治理工程】　年内，启动大台河道平整工作，客土、施肥，改造菜台湿地公园千米健康步道。在清水涧至灰地大华沟口长约10公里主河道内种植花草。品种有百日草、野花组合、万寿菊、矢车菊等，面积200余亩。

（麻鹏信）

【湿地公园改造提升工程】 年内，完成湿地公园改造提升工程，一是新增“禅榆座”“飞瀑如歌”“枯木逢春”等10余处景观，部分景观配以短诗，提升文化内涵；二是引入花海理念，种植波斯菊、黄菖蒲、百日草等十几种观赏性花草，开辟鲜花观赏区和鲜花体验区；三是完善服务配套。景观指示牌9个、石桌石椅6套、安全警示牌20个、太阳能路灯等设施20盏。

（麻鹏信）

【住房保障工作】 年内，发放保障性住房核定表119户，收件116户，上报123户，备案156户，终止10户。廉租房（实物配租）复审80户。其中符合条件的62户，不符合的18户。根据公租与廉租并轨政策，辖区内57户廉租房家庭纳入三房轮候的公租房，并已备案。

（麻鹏信）

【低保低收入工作】 年内，地区城乡低保对象已有239户，482人，月保障金额241601.71元，粮油困补为9200元，全年累计发放城市低保金289.92万元；粮油困补11.04万元；新增24户44人23391.2元；停发32户52人27530.84元；重批9户21人12738.37元；上调244户482人36694.13；下调99户277人9291.63元。

（麻鹏信）

【救助工作】 年内，医疗救助130人，救助金额为135508.42元。临时救助6人，救助金额为6000元；重大疾病医疗救助1人，救助金额31254.63元，医疗垫付1人，6000元。

（麻鹏信）

【重点时期安全维稳工作】 年内，在重大节日、全国两会、国庆65周年、十八届四中全会、APEC峰会等重要节日期间，共投入各类群防群治力量35598人次。其中，警力237人次，治安巡防队员410人次，流动人口管理员604人次，其它群防群治力量34347人次，年内未发生各类突发维稳事件。

（麻鹏信）

【流动人口和出租房屋管理】 年内，结合地区工矿区棚改拆迁工作造成的人口频繁流动现象，根据各社区现有流动人口数量3－4‰的比例重新调整流管员配备。除办事处配备1名、派出所2名流管联络员以外，其余15名流管员全部到社区流管站。开展针对地区居住的流动人口、出租房屋进行调查摸底工作，逐户建立基础台账，地区出租房屋824户、流动人口2659人，沿街门店、六小单位116家。

（麻鹏信）

【外来人口疏解调控工作】 年内，通过开展流动人口和出租房屋的排查清理工作，配合开展京煤集团大台地区棚户区拆迁改造工程，协助木城涧煤矿对部分合同到期外地工人解除劳动合同等方式，疏解流动人口1157人，完成年底前人口调控初级目标。

（麻鹏信）

【打击非法盗采工作】 年内，对私挖盗采保持高压态势，采取科技手段与实际巡查相结合，实施不间断的打击巡查。合理运用科技手段实时全天候监控，发挥地区打击私挖盗采执法队的作用，坚持对4条沟域周边及京煤老岩石窑口开展日常、夜间监控巡查，全年共出动日常巡查830车次，3204人次；单独夜查90余次，360余人次；联合执法15次；联合派出所清理流动人口10余次。

（麻鹏信）

【预防煤气中毒工作】 年内，预防煤气中毒工作悬挂宣传横幅18条，发放《防煤气中毒一封信》8000余份，到社区检查90余次，检查9600余户次、1.5万余人次，签订《预防煤气中毒安全责任书》4500余份，做到入户宣传见面率100%，与取暖户、出租房主和企事业单位负责人签订安全责任书100%，检查炉具张贴黄色安全提示100%，安装一氧化碳报警器100%，隐患整改率100%。

（麻鹏信）

【烟花爆竹管理工作】 年内，对辖区2个经区安监局审批的烟花爆竹销售点的安全情况开展反复检查，未发现存在安全隐患。春节期间共计成立应急小分队13个，组织应急救护队伍570余人应急队伍（办事处机关应急队伍15人；各社区居委会420余人；木城涧煤矿50人；大台派出所20人；木城涧物业分公司10人；北京人民轴承厂物业5人；北京天马轴承有限公司30人；大台医院20人），“两节”期间开展“零点夜查”行动，确保“两节”期间烟花爆竹安全燃放。

（麻鹏信）

【铁路护路联防工作】 年内，组织铁路沿线的落坡岭、桃园、黄土台、玉皇庙四个社区，成立巡逻小组4个，巡防队员10名、群防群治力量180余名积极参与铁路护路巡逻，合理划分巡防网格，重点对2个铁路道口、2个泉水处、2处桥梁等部位进行看守。设立公路巡防小组4个，由社区干部、志愿者等群防群治力量近210名组成，巡逻队员不定时在铁路各路口巡逻。特别是加强对老人、聋哑人、残疾人等弱势群体的宣传，提高他们的安全防范意识。全年受教育群众达2600余人，未发现影响铁路安全的涉路治安问题。

（麻鹏信）

【交通安全管理工作】　年内，到社区、辖区单位开展相关交通安全知识宣传活动。综治维稳中心下属打非执法队每天坚持对道路过往车辆进行巡视，全年检查过往施工工程农用车载人事件9车次，教育驾驶员人数9人。配合检查站对超载、超限可疑车辆进行监督检查，共排查超载、超限可疑车辆13辆。

【下属事业单位】

单位名称：北京市门头沟大台街道办事处社会保障事务所（社区服务中心）

地　　址：北京市门头沟区大台西洼

电　　话：61870315

邮　　编：102303

（麻鹏信）

乡　镇

潭　柘　寺　镇

【概况】　潭柘寺镇位于门头沟区东南部，全镇总面积81平方公里，共12个行政村，总人口1.2万人，全镇现有31个党组织（含非公党组织3个），其中农村基层党组织12个，党员954名（含预备党员25人），农村党员867人，入党积极分子56人。全镇有“五个好”村党组织7个，非“五个好”村党组织5个。镇内矿产资源以叶腊石、煤、石灰石、石英石等为主，特别是叶腊石，品位高，并有较高的知名度，主要分布在赵家台村，叶腊石原料及叶腊石制品销往全国各地。旅游资源丰富，千年古刹潭柘寺和八奇洞位于镇域内的北部。镇域内可开发的旅游资源较多，有桑峪村广慧寺、南辛房村天门山、南村溶洞、鲁家滩村西明朝开国元勋徐达之子徐增寿之墓等。

年内，全镇实现经济总收入7.436亿元，同比增长8.95%；完成固定资产投资6.27亿元，完成全年任务的136%；完成区级财政收入3355万元，同比增长27%，完成全年任务的110%。

单位名称：中国共产党北京市门头沟区潭柘寺镇委员会

北京市门头沟区潭柘寺镇人民政府

地　　址：北京市门头沟区潭柘寺镇

电　　话：60860600

邮　　编：102308

（刘艺立）

【召开任职承诺大会】　1月13日，召开2014年村级党组织书记承诺述职大会。全镇12个村的党支部书记依次上台，面向全体村民代表、党员代表汇报过去一年履职情况和各项工作任务完成情况，并对2014年各项工作做出公开承诺。

（刘艺立）

【联合检查】　1月14日，区社会治安联合检查组就社会安全维稳工作到潭柘寺镇进行检查。检查组到沿街商户及出租房屋，重点检查流动人口排查、出租房屋管理和私挖盗采防控等工作。

（刘艺立）

【民主日活动】　1月21日，镇各村召开2014年第一次民主公开日活动。活动以“规范程序求实效，强化监督促发展”为主题，各村根据实际情况，进行党务、村务和财务公开，“两委”班子成员述职述廉，明确“两委”班子任期承诺事项，村务监督委员会通报民主监督情况，村民代表报告履职情况，点题公开，民主决策村级重大事项，现场民主评议等八项工作。7月20日，组织开展2014年第二次民主日活动，活动围绕“为民、务实、清廉”的主题。

（刘艺立）

【“三下乡”活动】　1月21日，北京市2014年文化科技卫生“三下乡”活动在潭柘寺镇南辛房村举办。村民在家门口就享受到义诊、演出、培训等服务。

（刘艺立）

【民主生活会】　1月26日，召开以“学习贯彻党的十八大精神，改进工作作风，紧密联系群众，为民务实清廉”为主题的领导班子党员干部民主生活会。全镇14名班子成员围绕主题，开展批评与自我批评。

（刘艺立）

【宣传活动】　1月27日，联合镇派出所开展“安全燃放烟花爆竹宣传活动”。通过发放《致市民的一封信》《安全燃放知识》等宣传材料，向过往群众宣传烟花爆竹安全知识，引导群众正确、理性购买和燃放烟花爆竹。3月11日，食药所开展药品安全宣传咨询活动。活动发放宣传册及宣传品800余份，受教育群众200余人次。5月30日，食药所开展以食品药品安全知识、假劣食品药品识别和夏季饮食安全注意事项为主要内容的普法宣传工作，发放各类宣传材料500余份。

（刘艺立）

【环境综合治理】　1月29日，联合镇派出所、城管分队、潭柘寺公园及各村等相关单位对潭柘寺镇108国道沿线、景区周边经营售香、车辆乱停乱放、占道经营等不文明现象进行专项环境整治行动。3月17日，召开环境综合治理工作会，总结2013年环境综合治理工作，对工作中涌现出先进个人、先进集体进行表彰，对年内的各项任务目标进行了部署。4月22日，开展环境卫生拉练大检查。各村主任及专干参与检查，每到一村进行现场讲评，发现问题并提出解决方案，发现并清除垃圾死角10处，清洁街巷50个，整治占道经营1处，清理堆料垃圾30吨，清理绿化带约6公里，清洗公交车站10处，清除小广告100余张。7月17日，组织镇公安、城管、综治、卫生、安全等部门开展拉网式大检查，严防倾倒污泥、渣土等破坏生态环境的违法行为。

（刘艺立）

【交易签约】　2月20日，潭柘寺镇桑峪村郑洼一带土地，通过门头沟区农村产权交易平台挂牌后的首批交易签约，以公开竞价的方式与北京多金伟业旅游开发有限公司签约。

（刘艺立）

【维稳工作】　2月26日，召开维稳工作会，镇机关工作人员、各村两委班子成员、驻镇单位负责人70余人参加会议。传达《潭柘寺镇2014年全国“两会”信访维稳工作方案》《关于做好“两会”期间越级上访人员劝返处置工作应急预案》等文件精神，部署信访维稳工作。10月29日，“APEC会议”期间，按照“属地管理、分级负责”的原则，及时发现和化解各种可能引发影响社会和谐稳定的突出矛盾纠纷和苗头隐患，维护全镇社会和谐稳定。

（刘艺立）

【土地流转工作】　3月3日，重新启动鲁家滩村土地流转工作。利用调整包村队伍、加大宣传力度、定期召开工作例会、成立专项工作组等新举措，有效推进潭柘寺镇中心区土地一级开发范围内的土地流转工作。

（刘艺立）

【志愿服务】　3月5日，镇团委与驻区61416部队联合开展学雷锋志愿服务活动。组织30余名青年志愿者与官兵在镇中心大街义务拾捡垃圾、清除小广告。

（刘艺立）

【培训工作】　3月5日，组织开展手工编织培训。邀请北京彩艺星空工艺公司的专业老师为赵家台村的30余名妇女授课。5月14日，区人保局、劳动监察大队与潭柘寺镇社保所共同举办2014年潭柘寺镇建筑领域劳动用工培训会，镇域内20家建筑单位、劳务方参加。5月28日，召开农村低收入农户帮扶工作培训会。9个村的村书记、村委会主任、大学生村官以及各包村科室领导出席会议。6月10日，镇社保所组织全镇12个村的村主任、大学生村官和协管员召开2014年度城乡居民养老保险征缴参保工作培训会。6月11日，镇宣传科举办信息员培训班，机关各科室和各村的信息员30余人参加培训。11日，镇经管站组织财务辅导员、会计中心人员和各村报账员等20余人参加区经管站组织的农村集体经济组织财务人员培训班。

（刘艺立）

【防火工作】　3月11日，召开全镇森林防火工作大会，全镇300余名生态林管护员参加大会。邀请区生态林办公室主任、西峰寺派出所副所长结合生态林管护员和护林员的职责及防火检查要点进行政策讲解和工作部署。

（刘艺立）

【领导调研】　4月8日，区领导调研小城建设工作，实地查看农民定向安置房一期建设情况。16日，区领导韩子荣到潭柘寺镇调研，实地查看潭柘寺镇定向安置房建设情况及阳坡园村旅游产业开发项目建设情况。在听取汇报后，韩子荣对重大项目建设工作给予肯定并提出提出要求。17日，北京市社会科学院党组书记带队到潭柘寺镇，就镇域经济社会发展现状、规划特征及如何在新一轮的京津冀协同发展战略中抓住机遇、加快发展等问题进行调研。听取工作汇报后，对潭柘寺整体开发建设提出了建议。6月4日，区党风廉政风室主任带队到镇内进行调研指导工作。镇相关部门参与此次调研活动，镇领导结合镇内实际情况进行意见交流。7月8日，市领导一行到阳坡元村、赵家台村考察调研新农村建设及旧村改造工作情况。察看赵家台老村现状后对地区转型发展提出指导要求。8月25日，区领导到镇内调研安置房及市政配套建设进展情况，听取关于安置房小区入住及用水问题的汇报。

（刘艺立）

【专家评审会】 5月21日，召开《北京广慧寺景区旅游总体规划》专家评审会。区人大、发改委、农委、旅游委以及中国科学院、北京第二外国语学院等有关单位专家及领导参加了评审会。

（刘艺立）

【慰问活动】 5月30日，镇团委团干部走访慰问3户贫困残疾儿童家庭。7月1日，镇领导到老党员和困难党员家中，为他们送去党和政府的关怀及节日的祝福，“七一”期间共慰问老党员、困难党员55人，发放慰问金3.74万元。8月1日，镇主要领导带队先后到驻镇部队和镇消防中队，实地参观部队营地，了解官兵们的生活情况，并为他们送去慰问金和节日的祝福。9月9日，镇主要领导到镇中心小学、潭柘寺中学走访慰问。

（刘艺立）

【“共建杯”篮球赛】 5月30日，镇团委、工会与京投公司团支部、工会联合在区体育馆举办“共建杯”篮球比赛。

（刘艺立）

【安全检查工作】 6月1日至30日开展“安全生产月”活动。活动结合年度安全生产重点执法检查计划、城乡结合部地区安全生产专项整治以及打击非法违法生产经营建设专项行动的部署和安排，开展安全隐患排查治理活动。6日，镇综治办联合区消防支队、镇派出所、城管分队、镇安全科、食药所、流管办等相关部门对京投公司安置房项目工地开展联合执法检查。30日，镇领导带领安全科、综治办、宣传科、食药所、派出所、城管分队等部门到安置房工地城建集团、城建远东集团和河北玉川3个施工现场进行安全检查。

（刘艺立）

【开展食品安全大检查】 6月4日，开展为期一个月的“拉网式”食品安全大检查，出动执法人员120人次；现场对60户农家乐进行检查，针对食品安全管理相关方面情况进行检查，检查中发现食品进货台账记录不全，垃圾桶未密闭加盖，保洁柜未贴标识，执法人员当场制作并送达监督意见书30份。

（刘艺立）

【防汛工作】 6月6日，镇长、镇防汛指挥办公室主任等到部分村，实地检查防汛工作，就年内防汛工作提出要求。19日，防汛办在草甸水村组织开展防汛应急演练，镇主管领导及全镇各村防汛安全责任人到场观摩演练。

（刘艺立）

【审计工作】 6月9日，委托北京京佳信会计师事务所对5个行政村进行村干部任期经济责任审计，对1个行政村进行离任审计。

（刘艺立）

【组织妇女体检】 6月9日，组织辖区内育龄妇女免费体检，体检项目包括生化、B超、乳透、妇科、尿检等。年内，为750名育龄妇女进行免费体检，并为每名参与体检的育龄妇女分别建立健康档案。

（刘艺立）

【帮扶工作】 6月18日，区园林绿化局来到潭柘寺镇桑峪村就结对帮扶工作进行对接。区园林绿化局党委书记、局长高连发带领党委班子成员以及下属单位党政一把手到桑峪村进行集体报到，潭柘寺镇党委书记占永谦、镇长杜春涛、纪检书记黄丽东及镇包村科室领导出席了会议。

（刘艺立）

【市、区领导视察检查工作】 6月24日，市旅游委、市财政局绩效考评组到阳坡元村，就为民办实事进行绩效考评。7月10日，市领导一行视察首钢鲁家山生物质能源项目，并协调解决目前该项目运行中存在的问题。听取有关部门的汇报后指出，全力完成好北京的垃圾处理工作，为确保首都实现和谐、宜居城市的目标而积极努力。11月6日，区领导到潭柘寺镇检查督导“APEC会议”期间信访维稳工作，并对在一线参加维稳工作的同志表示关心和慰问。12月15日，区领导韩子荣带队到潭柘寺镇检查党风廉政建设主体责任落实情况。在听取潭柘寺镇关于落实党委主体责任的汇报后，韩子荣对潭柘寺镇党风廉政建设责任制的落实情况给予了充分肯定并对进一步提高对党风廉政建设提出要求。

（刘艺立）

【考察学习】 7月2日，镇党委提出“三看三想”活动，组织镇班子成员、科室负责人、村两委干部、后备干部及大学生村官共70余人，以走出去、学进来的方式，到密云县北庄镇干峪沟村、古北口镇古北口村、司马台新村及古北水镇景区考察学习，并现场感受先进村庄是如何抢抓机遇，转变观念，在加快新农村建设、推进京郊旅游品质提升和实施农村“新三起来”工作中所取得的成就。

（刘艺立）

【廉政教育】　7月15日，组织召开2014年农村干部防止职务犯罪培训会，邀请区检察院职务犯罪预防处处长围绕职务犯罪的概念、特点、产生原因和影响等方面向全镇12个村的“两委”班子成员、村务监督委员会成员、村会计、大学生村官100余人进行培训。

（刘艺立）

【文化讲堂】　7月15日，在鲁家滩村开展道德文化讲堂活动。活动以“唱一首爱国歌曲、演一段道德小品、讲一个好人故事、上一堂道德文化课”的形式，倡导社会公德、职业道德、家庭美德、个人品德建设。

（刘艺立）

【公务自行车使用】　7月16日，购置10辆公务自行车，并实行公务自行车外出办公制度，倡导镇干部在镇域范围内外出办公使用公务自行车。

（刘艺立）

【业主委员会成立】　7月17日，成立首家业主委员会——潭柘新区业主委员会。

（刘艺立）

【开展演讲比赛】　7月23日，组织开展以“传承兰考精神，建功潭柘发展”为主题的演讲比赛活动。镇机关、大学生村官、村后备干部和京投公司的14人报名参加。

（刘艺立）

【项目申报】　7月28日，完成2014年旅游产业发展引导资金项目桑峪房车营地建设工程的申报工作，桑峪房车营地建设项目计划总投资1900万元，建设内容包括36个汽车营位、篝火广场、帐篷露营区、儿童游乐场、音乐广场以及绿化工程、休闲区步道工程、球场工程等配套服务设施。

（刘艺立）

【防治病虫害工作】　8月12日，开展飞机防治森林病虫害工作，共出动飞机20架次，使用农药苦参碱及吡虫啉44箱，对镇域范围内的侧柏、油松纯林进行飞机农药喷洒，防治面积达4100余亩。

（刘艺立）

【专项整治工作】　8月，开展“四风”突出问题专项整治工作。对财政、政府等帐户2013年和2014年上半年的财政补助资金的收支情况进行全面清理。重点涉及财政补助资金34项，其中包括农业、林业、水利、社保、文教计生、企业、民政等多个方面，涉及资金共660余万元。

（刘艺立）

【送温暖活动】　9月3日，镇内各包村领导和各村群众路线对口联系单位到各村低收入户家庭集中开展节前送温暖活动，共发放低收入补助资金3.81万元。

（刘艺立）

【人大活动】　9月17日，开展人大代表闭会期间活动，部署镇人大代表“进农村、进社区”活动，组织代表们听取镇安置房建设情况，并到安置房建设现场进行实地视察。

（刘艺立）

【宅基地地籍调查工作】　9月18日，召开全镇动员会安排部署宅基地地籍调查工作。潭柘寺镇9个村中有6个村（赵家台、草甸水、王坡、桑峪、贾沟、平原）完成率高于80%以上。此外，鲁家滩村已完成本宗签字818宗。

（刘艺立）

【举办登山活动】　10月11日，在定都峰景区举办“登高定都阁、一览京城美”登山活动。镇机关、各村两委和驻镇企业170余名干部职工参加了比赛。

（刘艺立）

【党建检查】　12月24日，区委“三级联创”检查指导组对创建工作进行检查指导。听取镇党委“三级联创”创建报告汇报，并实地查阅相关档案材料。

（刘艺立）

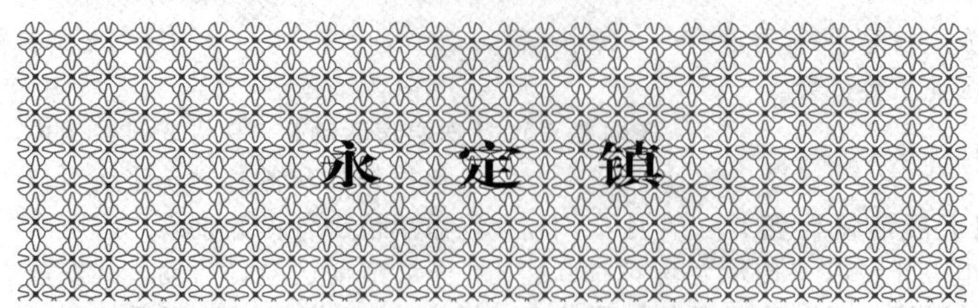

永定镇

【概况】 年内，全镇在区委、区政府的领导下，按照“131 + X”的发展思路，结合“拆迁、建设、服务、创新、维稳”五项重点工作，改革创新，攻坚克难，克服宏观经济下行压力，各项工作扎实推进。农村经济总收入预计完成27.4亿元，同比增长0.1%，农民人均劳动所得预计1.77万元，同比增长4%；完成区级财政收入7850万元，同比减少34.5%，实现税收收入2.75亿元，同比减少24.6%；固定资产投资计划任务指标为9.41亿元，完成10.17亿元，超额完成7600万元；解决就业人员1214人，自2010年至今已征地转居5435人。

单位名称：中国共产党北京市门头沟区永定镇委员会
北京市门头沟区永定镇政府

地　　址：北京市门头沟区永定镇石龙西路58号

电　　话：60850049

邮　　编：102308

（杨瑞连）

【安全生产】 1月9日，主要领导带队到北岭地区，对该区域打非工作进行全面的巡视和部署。6月10日，联合相关部门举办交通安全现场咨询活动，发放《致驾驶员的一封信》及《致老年代步车驾驶人的一封信》等宣传品300余份。13日，开展防汛抢险应急演习。镇村干部、应急抢险人员和全村群众530余人参加。16日，开展“安全生产月”宣传活动。发放“安全对与错识别”“强化红线意识　促进安全发展”等宣传材料和安全生产台历等宣传品500余份。7月3日，加大对辖区排洪沟、山地等防汛重点区域的检查和巡查力度，切实采取有效措施，消除安全死角，确保地区汛期安全。对河道中的建筑垃圾、生活垃圾等杂物进行清理，清除垃圾500余方，疏通河道，消除隐患。9日，开展对北岭地区打非工作进行全面检查。听取打非工作汇报后对北岭地区打击私挖盗采工作进行了安排和部署。8月9日，联合辖区西峰寺森林公安派出所，在镇域人员流动密集的永兴商场前开展森林防火宣传活动。11日，会同安监、消防、城管、食药、工商等职能部门，联合对辖区食品、仓储、危险化学品等重点行业开展安全大检查。检查组一行先后到冯村商业街、冯村农贸市场、信园液化气站、信翔商品批发市场等区域，对涉及的商品批发零售、餐饮服务、高危化学品等单位进行突击检查。此次检查共出动执法人员20余人。“元旦”“五一”“十一”期间，与派出所、安监、工商、城管、综治、食药等有关单位对镇域内企业单位、人员聚集场所、地下空间、施工工地进行联合检查。重点检查施工工地、建材市场、超市、危险化学品企业、餐饮行业。出动车辆22辆，检查人员70余人次，检查出安全隐患15项，经过检查，下发整改通知书9份。10月24日，会同城管、公安、交巡、工商、卫生、食药等相关执法部门对该非法市场开展为期3天的集中取缔。11月5日，主管领导带领镇安全部门对辖区森林防火、社区消防、危险品储运等领域开展综合安全检查。11月8日，联合辖区西峰寺森林公安派出所在镇域的永兴商场前开展森林防火宣传活动。发放森林防火图册和手提袋等宣传品600余份。27日，安全负责人带队对北岭地区打非工作进行全面检查。检查人员与驻北岭地区打非巡逻队一道，先后到小店子、瓜草地、北坨等盗采活动易发区域，对重点地区的打非情况进行巡查。并对新发现的疑似盗采坑洞进行调查取证和登记记录。12月4日，镇综治办、流管办、永定派出所等部门联合行动，集中对辖区卧龙岗村等主要平房区开展预防煤气中毒安全检查。对检查中发现的安全隐患，检查人员当场责令当事人立即整改。16日，镇督查人员先后到辖区石厂村小陵园、108国道沿线及冯村北坡等重点防火区域，勘察各处的森林防火形势，现场登记护林防火员上岗情况。

（杨瑞连）

【社区活动】 1月20日，永兴社区举办贯彻党的十八届三中全会精神暨迎新春文艺演出活动。社区党支部15个党小组的170余名党员参加活动。2月13日，冯村嘉园社区举办以“浓浓邻里情　相约元宵节”为主题的正月十五猜灯谜活动，设置110条涵盖科普、用药、文化、体育等题材的灯谜。5月21日，冯村嘉园社区组织社区学生和家长举办“小手拉大手”科普知识竞赛。27日，冯村嘉园社区在活动中心举办儿童趣味运动会。社区的70余名孩子和家长参加活动。6月30日，永兴党支部组织党员、积极分子90余人到北京国子监，参观中国古代官德文化展，并对中国传统的官德文化进行学习。7月17日，永兴社区“少年之家”举办“勤俭节约托起中国梦”主题教育讲座。社区青少年38人参加讲座。30日，永兴社区少年之家组织社区青少年开展以“废弃物品再利用、环保小制作”为主题的暑期辅导活动。社区志愿者、居委会干部、社区中小学生及家长40余人参加活动。8月5日，永兴社区开展以“厉行节约　反对浪费”为主题的科普知识讲座。讲座由社区志愿者主讲，辖区30余名青少年听课。冯村嘉园社区、南区社区开展“预防心脑血管疾病”健康知识讲座。近150名社区居民现场听课。14日，冯村嘉园社区举办种植无土栽培芽苗菜技术的科普培训，60余名社区居民参加活动。14日，南区社区开展“预防心脑血管疾病”知识健康讲座。70余名社区居民现场听课。19日，永兴社区以“勤俭节约伴我行”为主题的系列活动，有书法、绘画、环保制作作品20余份。20日，永兴社区“少年之家”开展“勤俭节约、艰苦奋斗”的知识讲座和节水、节电科技知识讲座，编写歌谣《勤俭节约美如花》、改编《拍手歌》、创作诗词朗诵《卜算子、勤与俭》等文艺作品。25日，冯村嘉园社区在社区活动中心举办2014年小学生书法知识竞赛活动。社区60余名小学生和热心家长参加活动。12月25日，永兴社区举办“结、直肠癌的预防和筛查”健康知识讲座，有48位居民听讲座。月29日，信园社区，通过征集群众的意见和意见，开展以解决社区薄弱环节和居民合理需求为目标的创新基层社会服务管理体系建设，制定并完善“一刻钟社区服务圈”服务体系。30日，冯村嘉园社区举办“迎新年老年人棋牌比赛”。共有80余名扑克爱好者和16名象棋爱好者参加比赛。30日，冯村嘉园社区举办“迎新年老年人棋牌比赛”。80余名扑克爱好者和16名象棋爱好者参加此次比赛。

（杨瑞连）

【宣传活动】　1月21日，城管、公安、工商、交通、卫生等部门联合对冯村早市进行规范和治理。发放宣传《公告》1300份，悬挂横幅16条。整治行动中，执法单位出动车辆30辆次，人员380人次。11月8号，联合派出所开展预防煤气中毒宣传活动。发放《一封信》等宣传材料300余份，受众人群500余人。

（杨瑞连）

【妇联活动】　3月6日，开展文艺活动，小园一区小广场举办庆“三八妇女节”文艺演出，社区筹备组请民间文艺团体——开心秧歌队为乔迁新居的东辛称、白庄子居民表演大秧歌、京东大鼓、快板、东北二人转、舞蹈等文艺节目。8月14日，镇妇联特邀中国无土芽苗菜栽培技术创始人之一的北京绿山谷芽菜有限责任公司董事长到冯村嘉园社区，举办种植无土栽培芽苗菜技术科普培训，60余名社区居民参加。联系石景山区燕都医院心脑血管专家，到南区社区开展“预防心脑血管疾病”知识健康讲座。近70名社区居民现场听课。12月23日，贵石村组织该村待业妇女举办手工编织培训班，30余名妇女参加培训。

（杨瑞连）

【回迁安置】　3月18日，曹各庄、小园地块农民安置房入住现场工作人员，依次对入住人员进行身份验证、公证处公证、物业签约等工作流程，在缴纳物业费后，领到新房钥匙。S1线10个村、3194户、6289套安置房的入住工作顺利进行。6月20日，镇主要领导带队对曹各庄地块和小园地块的新建回迁入住小区环境开展专项检查行动，并采取有效措施、边查边改、及时整治、加强管理。年底，完成S1线10个村及石门营、王村选房分房入住工作，其中S1线10个村整体选房完成率达到99.75%，整体分房入住完成率达到99.81%；石门营、王村选房分房完成率分别达到99.5%和99.87%。

（杨瑞连）

【护林防火】　3月19日，定点防控与每日巡查相结合的管控体系，履行巡查职责，强化对森林防火工作的现场指导。11月2日，联合区消防支队对所辖人员密集场所和生产经营危险化学品、易燃易爆品单位开展消防安全大检查活动。共查出安全隐患9处，立即整改9处。8日，联合西峰寺森林公安派出所开展森林防火宣传活动，发放森林防火图册和手提袋等宣传品近600份。13日，在机关办公楼内举行消防安全应急演练。14日，安全科坚持落实属地管理职责，认真做到全天候多时段对辖区重点防火路段开展专项防火检查，巡视各防火点护林防火员上岗执勤及防火工作落实情况。

（杨瑞连）

【社会保障】　4月25日，联合八宝山社保所等两家手拉手协作单位在冯村广场举办“永定镇手拉手及本地区用工企业招聘会”。参会的16家企业共招聘70个工种、332个工作岗位。当日参会求职人员共300余人，在企业报名人员达176人。

（杨瑞连）

【司法宣传】 5月6日，邀请区人民调解员培训讲师团讲师到区光荣院为老人们上普法知识课。6月27日，司法所邀请北京承光律师事务所律师到门头沟区首师大附中永定分校法制教育基地，为该校师生开展“防止未成年人违法犯罪”普法进校园活动，该校300余名师生参加活动。7月17日，小园一区社区服务站开展普法进社区法律宣传活动。发放各类法律宣传资料300余份，接受群众咨询20余人次。8月1日，组织地区两限房和回迁安置小区筹备组负责人、社区工作者等50余人对该镇荣获“六型社区”称号的信园小区进行参观学习。12月1日，司法所联合区司法局在小园一区开展以“弘扬宪法精神，建设法治中国”为主题的法治宣传活动。发放印制有法规字样的挂历、购物袋等宣传品200余份，法律书籍200余册。

（杨瑞连）

【调研工作】 7月16日，区领导韩子荣到镇内调研农口系统工作情况。9月11日，政协领导到镇内调研了历史遗留问题。11月1日，区领导张贵林到镇内了解镇的基本情况。

（杨瑞连）

【征兵工作】 8月1日，2014年夏秋季征兵工作中完成9名新兵征集任务。

（杨瑞连）

【文化活动】 8月19日，举办门头沟区全民健身日系列活动暨永定镇篮球比赛在实验二永定分校室内体育馆举行。此次比赛有冯村、何各庄、永兴社区、小园一区、镇机关等9支队伍报名参加。

（杨瑞连）

【为民工作】 8月22日，冯村与京煤集团总医院，开展专家义诊活动，接待村民现场咨询和现场进行检查治疗近600人。

（杨瑞连）

【人大检查】 11月5日，区人大主任，区档案史志局党委书记到镇内检查指导档案工作情况，开展2014年机关档案工作测评，镇主要领导就镇内档案工作进行汇报，区领导对档案工作给予好评并颁发先进单位的奖牌。

（杨瑞连）

【拆违工作】 年内，共拆除违法建设34处，面积4950平方米。其中西北环线拆除违法建设20处，400平方米；王村拆除违法建设3处，1000平方米；石厂村拆除违法建设3处，700平方米；小园村拆除违法建设3处，600平方米；冯村拆除违法建设2处，300平方米；曹各庄村拆除违法建设1处，900平方米；冯西园拆除违法建设1处，900平方米；苛萝坨村拆除违法建设1处，150平方米。配合国土分局和测绘单位对6个村，分别是西辛称村、冯村、南区、北区、卧龙岗村、万佛堂村宅基地进行测量、登记，总宗地数2238宗，测绘宗地数2238宗，完成指界签字宗地数2080宗，签字率92.94%。

（杨瑞连）

【为民服务】 年内，受理群众求助事项534件，满意率达到97.6%。

（杨瑞连）

【重点工程】 年内，镇级再生水厂站工程（污水打捆）开工，建设有8个污水处理站，其污水处理能力每日1.95万吨。冯村沟（下段）综合治理工程：自三石路下游200米至西峰寺沟交汇处，河道全长4100米。西峰寺沟综合治理工程：三石路桥至永定河，河道全长5100米。西峰寺上游水环境治理工程：苛萝坨村至现状三石路桥，全长2637米。石门营沟治理工程：河道治理全长5140米。万佛堂沟治理工程：河道治理全长510米。

（杨瑞连）

【林业工作】 年内，森林健康经营项目共计林木抚育4378亩，林间道路建设13659米。办理林木审批手续20件，审批采伐17件，采伐树木13859株：泥石流灾害治理1件，采伐树木24株；森林健康经营项目6件，采伐树木7580株；棚户区改造安置房工程1件，采伐树木4458株；土地一级开发市政配套工程2件，311株；校区新建工程2件，采伐树木1080株；其他采伐5件，采伐树木406株。审批移植3件，共移植树木1073株：门头沟土地整理储备中心项目2件，移植树木685株；退耕还林补助粮食工作涉及3个行政村，225亩，20户，粮食兑现7625公斤；发放2000、2002、2003、2004年退耕还林现金补助16900元。

（杨瑞连）

【社会保障】 年内，向区政府申请资金2.18亿元到位2.176亿元。社保卡已经发到1227名居民手中；解决8年历史遗留的集资建房问题。筹措资金1.1亿元，为364名集资建房人办理清退手续，清退工作完成100%。有失业档案1922份，办理登记失业人员1126人，灵活就业人员1532人，自主创业人员1人；农村劳动力办理转移就业证人员1192人；社会化退休人员1935人；参合人数为7117人；城乡低保家庭198户、319人；建筑工地17家，总包方8家、分包劳务方9家，涉及农民工人数962人。城乡养老保险续保人员2383人；为211名达到领取年龄的人员办理了申领手续，举办招聘会1次，区内和外区有16家企业参加，提供工种70余个，提供岗位332余个，总共参聘人数约300余人，现场达成意向的约有170余人。城乡一老一小参保人员2830人，其中：新参保人员230人，报销药费375人次，报销金额210万元。

（杨瑞连）

【纪检工作】　年内，签订责任书355份，村（居）两正职签订廉洁从政承诺书43份。组织机关全体党员和基层党组织书记140余人参观《中国古代官德文化展》。受理群众信访件39件（初信29件，重信10件），做到件件有回复。

（杨瑞连）

【组织工作】　年内，发展新党员28人。基层专题组织生活会党员参会率达到95.44%。其中，达到100%的有万佛堂村、白庄子村等12个基层党组织；参与测评的群众代表144人。通过民主评议，评定为“好”的党员2001人，比例占94.7%；评定为“一般”的党员108人，比例占5.11%；评定为“差”的党员4人，比例占0.19%。“七一”前夕，处级领导干部亲自带队对全镇建国前老党员及生活困难党员进行走访慰问，慰问17人。对建国前老党员、离退休老干部、优抚对象110人进行走访慰问，镇处级领导干部带队，为他们送去慰问金及慰问品。

（杨瑞连）

【宣传工作】　年内，完成“最美北京人”故事线索征集工作，在全镇范围内集中征集故事线索81个，选拔出21个优秀故事代表，组织成立镇村两级宣讲团队伍3支，开展宣讲活动5场。完成了镇二、三级党校的教育培训工作。二级党校完成教育培训课程65期，受教育6396人次。三级党校完成教育培训课程820期，受教育44373人次。

（杨瑞连）

【拆迁工作】　年内，与区S1线督导组合作，根据上市地块时序安排，部分剩余户已初步达成意向；永定镇冯村、何各庄土地一级开发项目，（A地块）房屋征收工作整体进展顺利，已进入收尾阶段。稳步推进征地转非工作。梳理镇域范围内各个重点工程的征地项目，协调相关村，做好群众思想引导，扎实办理征地各项前期手续。对永定河治理、西北环线等历史遗留征地问题，加大对区各部门的协调、跟进力度，力争取得实质性成效；苛萝坨、秋坡、石佛综合旅游开发项目扎实推进。隆泰实业（北京）有限公司建设开发苛萝坨、石佛、秋坡村回迁安置房建设项目建筑面积6.5万平方米开工，施工工作有序进行。石龙五期项目。按照区国土、规划要求，做好前期准备工作。产业预留地项目拆迁面积为37044.21平方米，涉及非宅49户。与北京国际信托有限公司、万达集团进行洽商，成立三方领导小组，形成定期会商制度，倒排工期共同推进，已根据前期工作需要多次召开协调工作会。再生水厂项目。该项目中标工作完成，根据中标情况陆续进入下一阶段工作，与各户进行协商，尽早完成签约。西峰寺沟项目。石厂段正在办理树木伐移手续，部分具备进场施工条件的地段开始施工；阜外医院门诊楼项目。完成签约，并已向阜外医院申请项目资金。冯村沟、西峰寺排洪沟（上段）项目。已开工，签订协议1份，部分具备进场施工条件的地段开始施工。已竣工项目进行资金结算。根据各项目工作进度安排，对已完成项目进行竣工结算，涉及S1线区域组团项目、幸福公园、108国道、108北辅路、沟道拆迁、新增100万平方米等项目，各项目资金需求核算中。

（杨瑞连）

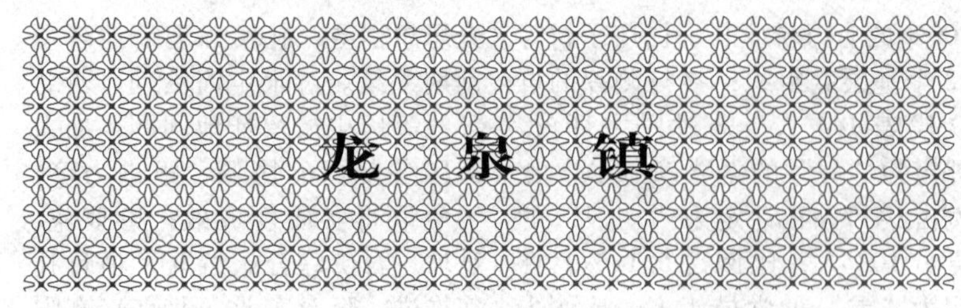

龙 泉 镇

【概况】 龙泉镇（龙泉地区办事处）位于门头沟区境东部，南与永定镇、潭柘寺镇毗连，西与王平镇接壤，西北紧靠妙峰山镇，北连军庄镇，东与石景山区的五里屯、麻峪村为界，是区政治、经济、文化、贸易的中心，镇域面积49平方公里；辖区17个行政村（其中：三家店村分为3个队进行自治管理），1个自然村，11个社区（其中：龙门二区社区、中门家园社区属棚改安置小区，由社区筹委会临时管理）。常住人口46125人，其中：户籍人口23166人（其中：非农业人口14344人、农业人口8791人）；本市常住人口6402人；流动人口16557人。为农居混杂区，是门头沟区的窗口镇。年内，完成各项任务，保持经济社会持续健康发展的局面。全镇经济总收入24.3亿元，同比增长8.5%。完成区公共财政预算收入14470万元，同比增长89.3%；财政支出14568万元，增长53.7%。实现农民人均劳动所得18672元，同比增长8.9%。实现村级可支配收入7595万元，股民分红1092万元。

单位名称：中国共产党北京市门头沟区龙泉镇委员会
中共北京市门头沟区龙泉地区工作委员会
北京市门头沟区龙泉镇人民政府
北京市门头沟区龙泉地区办事处

地　　址：北京市门头沟区峪园小区18号楼西侧龙泉镇政府

电　　话：69844312

邮　　编：102300

（刘　培）

【召开党代会】 1月13日，召开中共龙泉镇第七届委员会第三次会议。全镇的区镇党代表90余人参加会议。

（刘　培）

【党组织书记承诺述职大会】 1月14日，召开龙泉镇2014年村党组织书记承诺述职大会。

（刘　培）

【民主日活动】 1月17日，召开2014年第一次农村民主日活动动员会，活动主题为“规范程序求实效，强化监督促发展”。镇机关干部、各村、社区两委干部大学生村官100余人参加。

（刘　培）

【建成乡情村史陈列室】 1月20日，琉璃渠村乡情村史陈列室建设基本完成，接受区精神文明办和全区各乡镇乡情村史陈列室负责人实地检查、参观。琉璃渠乡情村史陈列室分为4个展区，分别为村情简介、民俗展示、琉璃历史、琉璃展示四个部分，展柜20余个。

（刘　培）

【拆违工作】 1月27日，联合区安监局、区消防中队、月季园派出所等单位和部门，对大峪梨园地区4处私搭乱建违法建设进行拆除。拆除违法建设面积40余平方米，出动车辆8车次。2月25日，联合相关单位和部门，对大峪梨园地区私搭乱建违法建设进行拆除。拆除违法建设面积825平方米，房屋80余间，出动车辆30余车次，清理废料300余吨。

（刘　培）

【花会展演】 2月2日，龙泉务村在辖区各街道开展“迎新春拜大年”活动，100余名社区文艺团队，400余名群众观看节目。12日，琉璃渠村、社区联合在社区广场举办花会表演。花会表演内容为大鼓、小车会、旱船、毛驴、秧歌等，参加花会表演人数50余人，观看群众100余人。13日，峪新社区在辖区主要路口开展“迎新春拜大年”花会展演活动。近百人参加演出，观众300余人，演出形式包括福鼓表演、高跷表演、舞蹈表演等。龙泉务社区开展花会展演活动，30余名社区群众参加小车会表演，观看群众50余人。14日，梨园社区组织开展花会展演，社区50余名居民参加演出，活动地点主要沿社区街道进行表演，观看群众200余人。

（刘　培）

【扫雪铲冰活动】 2月12日，镇机关工作人员，在机关院内和临街的便道道路，开展扫雪活动。各村、居委会，在党员、干部的带动下，每家每户的居民都参加扫雪铲冰活动。

（刘　培）

【召开人代会】 2月28日，召开第八届人民代表大会第四次会议。会议审议通过政府工作报告、财政工作报告、选举副镇长3名。镇人大代表、基层主要干部90余人参加会议。

（刘　培）

【军民共建活动】　3月5日，各基层单位开展不同形式的学雷锋活动，东南街社区联合辖区91780、62025部队、社区卫生服务站共同举办“学雷锋迎三八军民共建活动”。为200余居民进行义诊、测血压服务，义务理发6人，焊凳子5个，发放各类社保政策、计划生育、安全用药等方面的宣传材料2000余份，回收过期药品10公斤。梨园社区邀请绮霞苑社区卫生服务站的医生，为社区居民进行健康讲座、量血压、问诊等活动，社区60余名老人参加活动。

（刘　培）

【护林防火工作】　3月28日，镇主要领导对九龙路沿线、龙泉务村等重点护林防火地区的防护情况，进行拉练检查。4月，在九龙路沿线及琉璃渠村、龙泉务村主要路段悬挂宣传条幅、张贴宣传标语、设立警示牌；护林员清明节期间按时到岗到位，统一佩戴红袖标、携带灭火工具，对上山人员、车辆进行照相、登记，确保无火情发生；各村在所辖地块进山路口设立多个宣传点，护林员携带扩音器，提醒祭祀人员及登山旅行者严禁携带火种上山；机关全体职工、各村两委班子成员清明期间全部停休，开展护林防火工作。

（刘　培）

【社区活动】　4月8日，在滨河广场举办梨园社区第五届健步走活动。口号“人人健身，人人快乐”。200余名社区居民参加。5月21日，龙门新二区联合城子街道华新建社区文艺团队开展星火工程演出。8月30日，举办倚山嘉园社区第二届百家宴活动，社区居民50余人参加。9月2日，琉璃渠村、居联合开展主题为“激情夏日，共筑和谐”的消夏晚会活动，200余名社区居民前来参加和观看演出。10月23日，组织村、社区的退休及老龄人员举办软笔书画大赛，有19幅字画在大赛中展出。

（刘　培）

【举办手拉手招聘会】　4月10日，镇社保所在梨园社区活动大厅举办“2014年龙泉镇地区专场招聘会”，招聘企业涉及西城区、石景山区、丰台区等多个区县，包括西城交通支队、爱玛客服务产业有限公司、紫石砚厂、灵芝秀、京西晨光饭店等18家企业。65个招聘岗位，45个工种，招聘人数386人。到现场咨询人数近500人，300名求职人员填写求职登记，达成初步意向86人，现场录取14人。

（刘　培）

【档案检查工作】　5月6日，市档案局、市民政局和通州、大兴、朝阳3个区领导检查镇村新农村建设档案工作，对档案工作予以肯定，镇党委书记、副书记参加。10月22日，区档案局领导为镇机关授牌，龙泉镇被评为北京市区县机关档案工作测评“市级优秀单位”。

（刘　培）

【流动人口工作】　5月7号，镇联合区消防中队、区食品药品监督分局、月季园派出所等单位20余人对辖区东小河滩流动人口进行集中清理，走访入户50户，发放限期搬离通知单100份，责令他们在5月15日前进行搬离。

（刘　培）

【慰问活动】　5月8日，东南街社区两委班子带领社区计生宣传员及社区巾帼志愿者17人，慰问残疾孤寡老人、贫困母亲。9日，梨园社区开展“浓情五月天、感恩母亲节”慰问活动，127位社区居民参加活动，为60岁以上老人免费体检。5月28日，开展“关爱儿童关注未来”对三家店小学、龙泉务小学、琉璃渠小学进行走访慰问，镇工作人员向800余名学生送去礼物，共计1.3万元。礼物包括跳绳、板球拍、花毽等，活动结束后与同学们合影留念。9月29日，镇主要领导带队走访慰问全镇范围内建国前老党员和困难党员，为他们送去慰问金。

（刘　培）

【助残日活动】　5月19日，邀请区法律援助中心律师开展“法暖人生路残疾人维权专题讲座”，有65名社区残疾人参加。组织开展“大峪地区温馨家园残疾人趣味运动会”，有87位社区残疾人参加趣味运动会。

（刘　培）

【机关活动】　5月23日，组织39名机关、基层团员参观中国电影博物馆。团员们观看了电影百年发展历程图片，电影的制作技术和电影知识，动手做录音、拍短片，体验电影制作的乐趣。

（刘　培）

【电动消防车发放仪式】　6月5日，开展“梨园地区电动消防车启用仪式”，区消防中队、镇相关领导、梨园社区50余名消防安全志愿者参加。现场为梨园社区发放3辆电动消防车。

（刘　培）

【支部共建活动】　6月25日，赵家洼村、区文联、区图书馆联合开展“送文化，讲礼仪”支部共建活动，30余人参加。区图书馆工作人员向赵家洼村赠送涉及传统礼仪、科普教育等书籍、杂志。

（刘　培）

【安全检查工作】　6月26日，以“安全生产月”活动为契机，组织三家店地区部分重点企业负责人开展“消防安全演练”培训活动。8月12日，对大峪村残疾人职业康复站、三家店西老店残疾人职业康复站、龙泉镇社会福利中心进行食品卫生安全检查。9月11日，联合质检局、商务委、消防等部门对坡头市场、鑫园市场、宏太仓市场进行全方位食品安全联合执法检查。

（刘　培）

【法制宣传活动】　6月26日，对三家店小学、龙泉务小学、琉璃渠小学开展法制宣传活动，为他们送上《青少年权益保护常识法律知识读本》《防狼手册》《法制故事漫画》等宣传资料，共400余册。12月4日，开展法制宣传活动，围绕“弘扬宪法精神，建设法治中国”主题，发放《农民法律知识读本》《劳动合同纠纷锦囊》《青少年法律知识读本》等800余套，3000余册宣传材料。

（刘　培）

【七一活动】　6月27日，龙泉务社区党支部与龙泉务小学党支部开展“在职党员进社区大手拉小手共建庆七一”文艺演出，400余名观众观看。龙门新区二区、梨园社区开展庆七一演出活动。

（刘　培）

【内控体系建设】　6月30日，召开“龙泉镇经济活动内部控制体系建设动员会”，研究布置龙泉镇内控体系建设工作。12月15日，召开经济行动内部控制管理培训会，机关领导干部、村、居委会干部参加。12月，制定《门头沟区龙泉镇经济业务活动内部控制管理手册》（试行），自2015年1月1日起按照手册中规定的程序和制度实行。

（刘　培）

【防汛工作】　6月，制定《龙泉镇防汛预案》，成立防汛指挥部，与各村、居签订《安全防汛责任书》，对三家店村东口、古街西口、龙泉务泄洪口等安全隐患地区进行排查、清理，对各村、居发放沙袋、抽水泵、铁锹等防汛物资。

（刘　培）

【检查验收工作】　7月10日，首都精神文明办主任到琉璃渠村检查“北京榜样”活动开展情况。10月23日，市农业局相关领导检查龙泉务村特菜基地及生态园种植情况。

（刘　培）

【数字文化社区】　7月15日，首都图书馆对数字文化社区进行检查验收，捐赠涉及社会、科技、文学、儿童等种类书籍3500余册。8月29日，在龙门新二区举办“改变，从阅读开始”主题读书活动，读报机、电脑、电视机、图书及相应的辅助设备进社区。40余名社区居民进行参观。9月2日，“龙门新二区数字文化社区”揭牌仪式。首都图书馆、龙泉镇、区委宣传部、区文委、区财政局等单位相关领导出席，80余名社区居民参加揭牌仪式。是区内第一家“数字文化社区”。

（刘　培）

【召开培训会】　7月17日，召开“就业和社会保障”工作培训会。区劳动局相关部门及龙泉镇主管领导参加培训会，龙泉镇26个村、居委会共70余人参加。会上重点解读2014年以来的各项政策变化。

（刘　培）

【“最美北京人”百姓宣讲活动】　8月11日，镇党委会研究决定：授予14名“最美龙泉人”荣誉称号，授予水闸西路志愿者服务队“龙泉优秀团队”荣誉称号。8月27日，举办“最美北京人”百姓宣讲龙泉报告会，启动“最美北京人”百姓宣讲活动，征集故事线索40余条。区委宣传部领导、镇机关干部、各村、居书记、主任90余人参加。

（刘　培）

【领导调研】　8月20日，区领导韩子荣调研龙泉镇基层专题组织生活会开展情况。镇相关领导做关于全镇基层党组织专题组织生活会开展情况汇报，并参加城子村专题组织生活会。村党支部班子成员对照“为民务实清廉”和改进作风标准以及“三严三实”要求，联系实际，聚焦“四风”逐一作对照检查，班子成员之间进行批评与自我批评。8月28日，区领导韩子荣、区督导组领导参加中门寺村专题组织生活会。11月17日，区领导张贵林调研，听取重点工作进展情况及存在问题及下一步工作计划。

（刘　培）

【公共卫生安全宣传工作】 8月27日，在三家店地区设立宣传站，开展公共卫生安全宣传周活动。发放饮用水卫生、预防食物中毒、常见传染病预防等9种宣传手册共900余册，致居民一封信3000余封。

（刘　培）

【安全维稳工作】 8月29日，召开两节两会期间安全维稳工作会，镇长、党委副书记、纪检书记和机关干部参加。

（刘　培）

【文艺演出活动】 9月18日，东辛房村委会和矿建街西社区联合举办"迎国庆·度重阳"文艺演出活动，社区居民200余人参加。19日，与区文委联合，在龙门新区二区开展主题为"走群众路线，文化助力发展"乡村大舞台文艺汇演，镇7个基层民间艺术团与区文化馆艺术团演员参加演出。12月11日，与区文联联合开展"翰墨丹青绘和谐"文艺进农村活动，邀请美术家协会、书法家协会和楹联学会的10余名艺术家为村民送去书法作品和美术作品百余幅。

（刘　培）

【全民健身月活动】 9月30日，与区体育局联合开展以"全民健身，你我同行"为主题的龙泉镇2014年全民健身月系列活动启动仪式。有400余名镇机关、基层党员群众参加。10月10日，琉璃渠村、社区联合开展"第三届健身徒步走"活动。有300余名干部、党员、群众参加。13日，开展"三对三"篮球比赛，镇机关、村、社区8支队伍、39人参加。镇机关三支部一队获得第一名。20日，开展"象棋比赛"，镇机关、村、社区11支队伍、27人参加，年龄最小的选手20余岁，最大的70余岁。10月27日，举办全民健身月乒乓球比赛，有8支队伍，33名参赛选手参加。

（刘　培）

【非公党建工作】 年内，定期召开非公企业党务工作月例会、组织党务工作者参观石龙商务楼宇，单独组建和联合村居共建等形式，建立工作站7个，实现党组织和党的工作100%全覆盖。委派3名党建指导员对奥新天地商务楼宇内14家非公企业进行摸底调查，建立台账，争取市区两级专项资金13.5万元，下拨7个工作站各5000元专项资金。

（刘　培）

【棚户区改造涉农征收工作】 年内，完成石泉砖厂、小白楼、城子CD、城子村委会、九龙路、城子沟黑河沟、黑山大街北延、危房险户等项目涉农住宅2692户、19.18万平方米的拆除工作，拨付补偿款12.8亿元。拆除非住宅68宗，拨付补偿款3.5亿元。实现安置房入住10.53万平方米、1433套。完成东西龙门村全员农转非。

（刘　培）

【土地储备开发项目】 年内，赵家洼整体一级开发项目、龙泉镇琉璃渠地区土地储备项目、三家店综合改造项目3个项目取得一级开发项目授权。

（刘　培）

【社会建设】 年内，实现就业638人，农村劳动力转移就业61人，585名劳动年龄段内残疾人实现就业。创建"六型"社区7个，5个社区被评为"一刻钟社区服务圈"示范点。镇为民服务信息平台接件672件，办结率100%。

（刘　培）

【环境整治工作】 年内，拆除违法建设102处，6213平方米，实现违法建设零增长。投入703万元实施环境卫生综合整治，新建改建厕所3座、铺建道路及路面硬化6000平方米、绿化美化面积4000平方米、安装路灯180盏、清理垃圾1100吨。

（刘　培）

【农村"三资"管理工作】 年内，整合16个村3.11亿元资金进行信托化管理，实现年人均收入增加2700元。

（刘　培）

【产权制度改革】 年内，完成北京潭柘紫石砚有限公司产权制度改革，解决劳动力就业41人，同比增加26人；人均工资4600元/月，同比增长2600元/月。

（刘　培）

【农业项目】 年内，实施赵家洼、香白杏、天桥浮3个农业项目和玉河古道、紫石砚艺术馆、求儿岭3个旅游项目及古戏楼、窑神庙、药王庙、过街楼4个历史文化遗址修缮项目。

（刘　培）

【自来水管线工程】 年内，投资34万元完成三家店粮库内自来水管道改造延长管道进入新老宿舍社区，解决19户居民的饮水问题。

（刘　培）

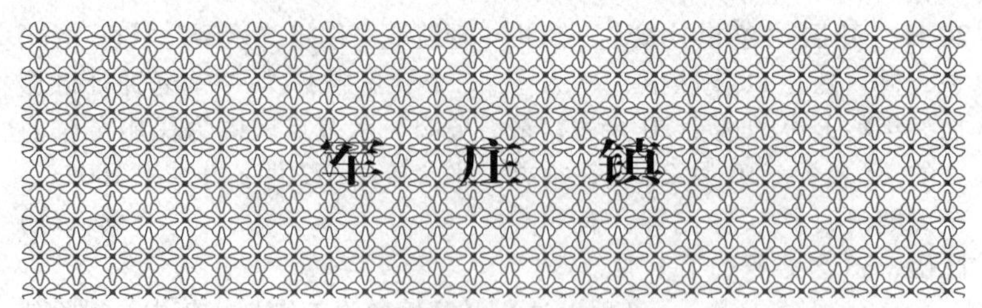

军庄镇

【概况】 军庄镇位于门头沟区政府东北部10公里处，北与海淀区接壤，西与龙泉镇相连，南与石景山毗邻。镇域总面积34平方公里，辖8个行政村、两个社区居委会，总人口11775人，总户数6462户，其中农业人口为2942人，1758户。年内，在区委、区政府的领导下，全面贯彻十八大和十八届三中、四中全会精神，围绕门头沟生态涵养发展区和首都西部综合服务中心新的功能定位，推动“军庄国际葡萄酒绿色文化产业园、休闲宜居园、京白梨产业园”3个园区的建设，提高履职效率，强化管理效能，完善服务效果，促进地区和谐稳定发展。全镇全年农村经济总收入完成4. 69亿元，同比增长8%。农民人均劳动所得完成13695. 7元，同比增长5%。

单位名称：中国共产党北京市门头沟区军庄镇委员会
北京市门头沟区军庄镇人民政府
地　　址：北京市门头沟区军庄镇西杨坨村
电　　话：60810741
邮　　编：102300

（李梦岩）

【开展安全检查】 新春期间，联合派出所、工商所、食药所等部门开展安全联合大检查。主要针对西杨坨、北四出租大院及杨坨建筑工地等流动人口聚集地区，饭馆、灰峪超市等食品安全进行联合检查。在出租大院及建筑工地，检查人员查看流动人口身份证，督促外地来京人员及时办理暂住证；检查出租屋内取暖设施情况、一氧化碳报警器使用情况等，叮嘱出租户注意预防煤气中毒、防火、防盗，确保人身和生命财产安全。在饭馆及超市，检查人员查看“食品经营许可证”“卫生许可证”等相关证件，检查液化天然气使用及存放情况，对存在安全隐患的单位下发整改通知书，要求其立即整改，杜绝一切安全隐患。4月1日，对镇域内的民俗旅游户和热门线路的农家乐开展旅游安全专项检查。检查过程中工作人员查阅相关单位的安全管理制度和安全操作规程，检查从业人员健康证、食品经营许可证、餐饮场所环境卫生、餐用具清洗消毒等问题。检查农家乐、民俗户6家并签订《军庄镇旅游安全责任书》。4月21日，镇安全科、综治办联合派出所等部门开展城乡结合部地区安全生产专项整治检查行动。此次检查主要针对流动人口聚居等环境复杂安全隐患突出的城乡结合部，以及对城乡结合部地区安全生产专项整治隐患台账挂账地区进行整改复查。在检查过程中，检查人员到一处施工工地，对其施工安全及建筑材料的防火性能进行查验，发现存在电源线路裸露、施工人员无法提供相关工作证件等安全隐患，检查人员当即对施工方发出整改通知书，勒令其限期整改。“五一”期间，安全科、综治办联合食药所、工商、城管等部门开展联合大检查。主要针对“五一”期间旅游接待、餐饮、住宿等单位以及人员密集场所的食品安全、消防安全等问题进行联合检查。在农家乐，检查人员重点查看厨房的食品卫生、液化气使用安全、消防设施是否完好以及住宿地区是否张贴消防安全标识、安全通道是否畅通等情况，并告知经营人员在保障食品安全、消防安全的同时要认真做好来客登记工作，确保游人的生命和财产安全。在检查过程中，发现个别农家乐存在电线裸露、无消防安全标识等问题，工作人员现场下发《责令限期整改指令书》，对存在安全隐患的单位进行限期整改处理。同月，镇食品药品监督管理所对镇中学周边进行检查。重点针对镇域内中小学食堂和周边饭馆、小卖部的环境卫生及食品安全状况进行检查。检查人员对食品的采购、登记、留样、保管，添加剂的使用、食物的消毒、工作人员的健康证，制度上墙等环节的安全工作进行一一落实。9月26日，开展旅游安全专项检查。检查对象主要包括镇域内的民俗旅游户和热门线路的农家乐。检查过程中工作人员询问相关单位负责人在节日期间的安全工作部署，检查餐饮场所环境卫生、食品储藏情况、餐用具清洗消毒等问题，并要求农家乐在保障食品安全的同时做好防火、防盗及住宿登记工作。共检查农家乐、民俗户6家并填写《军庄镇民俗旅游行业安全检查记录》。12月23日，镇综治办、安全科、食药所对西杨坨出租大院、老家肉饼、天虹市场进行联合检查。一是检查流动人口身份证，督促外地来京人员及时办理暂住证；二是检查取暖设施情况、安全隐患等，叮嘱出租户注意防火、防煤气中毒、防盗、防诈骗，确保人身和生命财产安全。三是由食药所与老家肉饼负责人签订食品卫生责任书，力争做到无事故发生。年内，联合城管、工商、公安、食药所等部门及相关科室职能人员开展专项清理行动，针对383车站周边无照游商进行联合执法。清理无照游商5人、违规店外占道经营的7处，规范到市场经营商贩3人。

（李梦岩）

【培训工作】 2月12日，组织开展护林员培训会。邀请区劳动局老师就森林消防基础知识、如何预防森林火灾、森林火灾的扑救与自救等内容做具体的解说，并观看安全扑火录像。要求专业队伍在森林防火特护期间要24小时待命，随时准备扑救山火，争取打早、打小、打了。镇全体护林员64人参加培训。7月23日，镇社保所联合区职业技术学校，共同举办手工编织培训班。培训中，编织老师采取理论课程和现场勾编相结合的方式，从勾编的基本知识、手法、技巧等几个方面讲授编织技术，手把手的传授编制方法。此次培训班为期2天，有45名学员参加，7名老师现场指导。年内，邀请区消防支队在军庄小学开展消防安全知识讲座。消防员给同学们看图片、讲事例，使在场师生了解到火灾的危害性，并讲解消防法规、消防安全制度和消防安全的操作规程，结合实际情况介绍发生火灾后如何报警、初起火灾的扑救方法、怎样处理家庭煤气泄露以及食用油着火等家庭防火知识。

（李梦岩）

【开展型煤抽样检测】 2月19日，配合区质监局抽取镇域内型煤销售点和3个村6个农户家庭的型煤，检测2013年型煤质量，工作人员对抽取型煤样本进行登记、编号、封存，带回质监局用专业设备进行检测。

（李梦岩）

【党风廉政建设工作】 3月13日，召开2014年党风廉政建设工作部署会。镇纪检书记对2013年的党风廉政工作进行总结，对2014年工作进行安排。镇党委书记与各村居书记签署《2014年党风廉政建设责任书》。军庄镇党委书记对党风廉政建设工作提出点意见。会后，组织机关干部和村居党员参观《光辉典范－抗战时期中国共产党党风廉政建设展》。

（李梦岩）

【举办手拉手专场招聘会】 3月24日，与西城区展览路街道、月坛街道联手，共同举办“军庄镇2014年手拉手招聘会”活动。活动围绕“送政策、送服务、送岗位、送温暖”的主题，设立政策咨询岗为到场群众解答、宣传相关就业政策，并发放就业及相关宣传材料。此次招聘会有阜外医院、必胜客、华联商场等12家企业单位，645个就业岗位，吸引310人参加，现场达成就业意向68人。

（李梦岩）

【开展春季环境整治活动】 3月24日，开展春季环境卫生整治活动。主要针对公共区域堆物堆料、楼道间乱放杂物、街道环境卫生等问题进行治理。在社区，工作人员提前贴出通知，告知居民对自家的堆物堆料进行清理，并聘请工作人员帮助居民处理不需要的废料，对于无人认领的物料，居委会集中进行清理。

（李梦岩）

【为社区居民办实事】 4月10日，杨坨社区邀请区“61696156”为民服务中心到社区，为社区居民提供义务服务。服务项目有理发、家政服务、配钥匙、解答各种问题还有发放便民挪车服务卡。

（李梦岩）

【引进物业化　规范村庄管理】 4月11日，针对军庄村人口相对密集，周边没有正规的市场，长年累月商贩占道经营情况严重等情况。村党支部征求村民意见建议，借鉴东杨坨村物业化管理的成功经验，全力推行物业化管理服务方式，引进专业的物业公司对村庄进行管理。村委会配合物业公司对占道市场进行规划，制定清理方案，疏导结合，划定区域，将商贩进行统一管理，恢复街道原貌，并对道路两旁的行人道铺设地砖，确保道路的畅通和行人的安全。

（李梦岩）

【开办老年国画班】 4月14日，联合区教委、区电大开办老年国画班。全镇各村的36名学员参加开班典礼。该班共10次课程，每周一次课，门头沟老年电大为本期学员无偿提供学习国画所需的毛笔、宣纸、墨汁、颜料等学习用品。军庄镇作为全区农村第一个老年大学的试点，加大扶植力度全面协调配合好老年大学的开办工作。

（李梦岩）

【组织学习考察】 5月4日，组织镇领导班子全体成员到怀柔区渤海镇，参观“栗花沟”沟域经济示范景区、档案室以及了解该村的发展史。7日，组织100余名党员干部到孔庙和国子监博物馆，集中参观《为政以德，天下己任——中国古代官德文化展》。

（李梦岩）

【举行登山比赛】 5月13日，“全民健身，健步登山”既2014年军庄镇健步登山比赛，在镇香峪村举行，全镇8个村、2个社区各派出一支代表队参加比赛。比赛为团体计时赛，以队伍为单位进行，按照抽签顺序分组出发。最后，香峪村代表队获得登山比赛的第一名。

（李梦岩）

【“星火工程”演出到军庄】 5月14日，京上草原民族艺术团“星火工程”文艺下乡活动到军庄镇军庄村和灰峪村，为地区百姓表演唱歌、舞蹈、反串等文艺节目。

（李梦岩）

【宣传工作】 5月14日，联合镇食品药品监督所在军庄镇北四和杨坨两个社区开展“食品药品安全知识进社区”宣传活动。活动期间，为社区居民发放“食品科普手册”“食品安全小常识”及各类宣传材料800余份，宣传覆盖群众达200余人。同时，对过往群众在安全饮食和药品使用过程中提出的问题做出解答。12月4日是全国法制宣传日，也是首个“国家宪法日”。开展“法治中国主题”法治宣传活动。活动现场，为社区居民发放“法律援助服务指南”“青少年法律知识读本”及各类宣传材料800余份，宣传覆盖群众达200余人。

（李梦岩）

【举办歌咏比赛】 5月20日，举办红歌比赛，每个村居派出一支30人至40人不等的合唱队伍参赛。最后评出一、二、三等奖。27日，组织开展“争做最美北京人，唱响梨乡爱国情”主题歌咏比赛。全镇10个村居的400余名演员同台参演。

（李梦岩）

【开展安全生产月活动】 6月4日，开展“强化红线意识，促进安全生产”主题安全月活动。活动成立以镇主管领导为组长的安全生产领导小组，召集镇域内企业开展安全生产工作会，传达安全生产月活动精神，要求各单位制定活动实施办法。当天对市场内的20余户小微企业进行安全月活动的宣传，并查看市场的安全生产情况。在检查过程中发现部分企业存在电线裸露、设备乱堆乱放、门前环境脏乱等问题，工作人员要求市场负责人现场对存在的问题进行整改。随后到餐饮企业仔细查看液化气的使用情况。活动月期间推出“安全理念一堂课”“安全红线一本书”“安全警示一张碟”“安全知识一份卷”“安全公益一句话”“五个一”系列活动。12日，联合安监局、食药所等单位到小微企业开展联合检查。工作人员到政府街对商户进行突击抽查，主要针对用电、用气安全。对存在问题的商户立即通知负责人停业整顿，要求业主找专业人员对电路进行整改，整改完成后需经工作人员检查合格才能恢复营业。20日，军庄镇“五个一”系列活动之“安全红线一本书”将安全知识带进社区、带到百姓身边。联合食药所、安监局、旅游、安全等部门对镇域内农家乐进行集中培训，主要针对旅游安全、食品安全、用工安全和用气、用电安全等注意事项对经营人员进行讲解，并发放安全知识手册。会后，工作人员到杨坨社区和杨坨汽车站，向社区居民和过往百姓宣传普及安全知识，并发放宣传材料和安全手册。当月，共开展安全生产集中宣传5次，发放宣传材料1500余份，受教育人数1000余人；开展安全专项检查行动4次，涉及各类企业、商铺50余家。同日，开展汛期安全隐患排查行动。在镇包村组长和村委会工作人员的带领下，区旅游委在职报到党员一行10余人到灰峪村排查安全隐患。对险户进行逐户走访，劝导他们搬至避险房屋，以免汛期发生危险，并向各户发放避险自救等相关宣传材料。排查过程中，发现全村未转移人员10余户，经过耐心劝导，村民们表示愿意搬离险房。

（李梦岩）

【宣讲工作】 6月25日，镇宣讲团的首场宣讲到东杨坨村、东山村，为村里的百姓讲“最美北京人”的感人故事。7名宣讲员组成的宣讲队，有镇机关的工作人员、也有村居的普通百姓。

（李梦岩）

【开展迎七一党员慰问活动】 6月27日，组织开展老党员和困难党员走访慰问活动。各包村领导带领到村居报到的在职党员，到村居困难党员家中走访慰问，为困难党员送去慰问金、慰问品。七一慰问活动共慰问建国前老党员和困难党员107人，发放慰问金3.4万元。

（李梦岩）

【组织防汛演练】 6月，镇防汛指挥部，针对防汛危险人员转移、漂浮物打捞、井盖丢失等进行专项防汛演练。演练模拟军庄镇新村遭遇暴雨，随时都有山洪、房屋倒塌的危险。村、镇两级防汛指挥部迅速做出反应，抢险队伍第一时间到达现场，利用挠钩和大绳对河道内漂浮物进行打捞，避免洪水堵塞桥洞。随着警报声的响起，低洼地段的险户迅速向避险地点转移，抢险队员对避险线路进行勘察，发现有一处井盖丢失，立即设立警示标志并进行修复。转移过程中，出现人员受伤情况，医疗队用担架将受伤人员转移至避险地点，并进行抢救。

（李梦岩）

【察民情、听民意、解民忧】 7月2日，东杨坨村包村组和水务局党员到村民家中，许多村民反映村里吃水问题，雨天过后水质混浊，不少村民只能选择上山打水。为彻底解决这一问题，经过镇政府和水务局的协调，水务局为村里配备一台净水设备。教育实践活动开展之后，镇领导带头走遍全镇8个村、2个社区，解决百姓居家服务、文娱生活、看病就医、生活环境等方面的民生问题12个。

（李梦岩）

【数字电影进村居】 7月7日，电影放映员为杨坨社区居民播放影片《遍地狼烟》。据统计，上半年军庄镇数字电影已放映370余场。21日，邀请中国电影博物馆共同开展“经典电影大家看，影博电影村居行”活动，将数字电影送进村居，送到百姓身边。中国电影博物馆为军庄村村民放影片《一代宗师》，并向村委会赠送影视光盘。

（李梦岩）

【医疗帮扶进村居】 7月7日，联合镇卫生院聘请京煤医院3位全科专家共同举办“医疗帮扶进村居”便民义诊活动。专家们为就诊咨询的群众提供诊疗服务，免费为他们测量血压、血糖，耐心地为他们分析、诊断病情，仔细交待药物的用法与注意事项，同时作好相关疾病的健康教育并发放健康养生宣传册。仅半天时间，就有百余名村民接受义诊。

（李梦岩）

【党员参观活动】 7月8日，东杨坨村、香峪村组织党员80余人到马栏村全国第一个村级抗战陈列馆“冀热察挺进军司令部旧址”开展红七月党员参观活动。

（李梦岩）

【民主日活动】 7月19日起，镇8个行政村在各村党组织的召集下，以明白纸的形式将“民主日”活动实施方案、细则在每个村的村务公开栏内张贴宣传，确保群众知晓率。活动主要围绕各村上半年工作总结及下半年工作计划、上半年村级财务收支情况、村级重大事务情况和村“两委”成员工作情况4个主要方面开展。在活动中，村民代表就村级事务各方各面情况进行质疑、提问、建议、测评，村“两委”成员现场解疑答惑。

（李梦岩）

【举办知识竞赛】 7月31日，联合区红十字会，在西杨坨红十字服务站举办“红十字进家庭”知识竞赛，全镇各个村居的10个家庭参加活动。竞赛分为必答题和抢答题，最终4号家庭以190分获得了第一名。竞赛结束后，区红十字的工作人员为参赛家庭及在场观众进行急救知识的培训。

（李梦岩）

【九九重阳　敬老便民】 9月24日，邀请区“61696156”为民服务中心到军庄，在军庄村文化广场为老年人提供义务服务。有理发师、有按摩师、有配钥匙的、还有健康体检、测量血压的。

（李梦岩）

【举办乡村大舞台节目展演】 9月24日，在孟悟生态园举办“赞美丽军庄，展梨乡风采”乡村大舞台节目展演。各村拿出自编自导自演的“绝活”亮相舞台，有扇子舞《好运来》中老年《时装秀》、印度舞《西域风情》等吸引游客和村民300余人观看。

（李梦岩）

【冬季绿植养护】 11月25日，组织人员对镇域内各类绿植进行冬季防寒养护，搭建棚室防寒设施，为小树戴“帽子”、为低矮绿植盖“被子”。棚室防寒设施，全部采用深绿色加厚无纺布为植物保暖御寒。据统计，此次冬季履职养护工作，覆盖军温路、杨东路、109国道道路两侧以及镇政府院内，其中包括紫薇树、剑麻、碧桃共3600余株，侧柏、快柏以及卫矛8000余平方米。

（李梦岩）

【寻找“最美村官”】 年内，门头沟区寻找“最美大学生村官”学习交流活动在军庄镇军庄村开展，军庄村党支书记助理被评选“最美村官”。会上，“最美村官”就自己对村官工作的感悟为各镇村官代表们做了交流。

（李梦岩）

【京白梨销售存储情况】 年内，镇东山和孟悟两个采摘园区的京白梨已经全部采摘入库。除销售外对采摘下来的京白梨进行分拣、装箱、储藏。两个梨园都配有专业的冷库，采用低温＋定期抽气＋控制湿度等措施，可贮藏5至6个月。

（李梦岩）

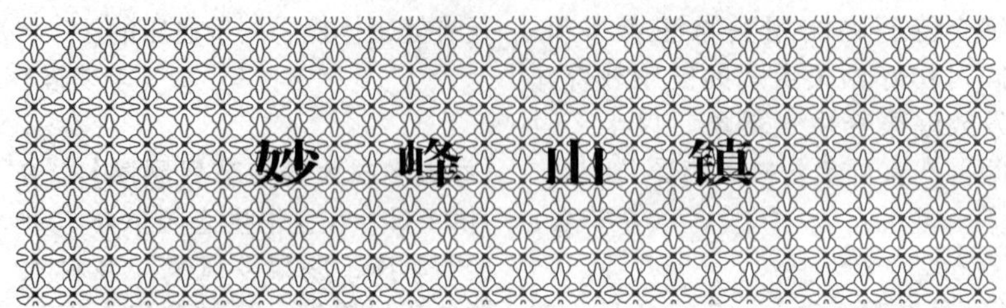

妙峰山镇

【概况】 妙峰山镇地处门头沟区浅山区，镇域面积110平方公里，占全区总面积的7.7%，全镇现辖17个行政村，总人口10081人，其中农业人口数6393人，占全镇人口的63.4%。全镇耕地面积1245亩，湿地面积150亩，农业收入主要以农业观光、旅游休闲和林果收入为主，主要林果产品有：玫瑰花、樱桃、核桃、京白梨、大盖柿、杏扁儿、苹果、大枣等，其中“三果一花”即大樱桃、大盖柿、京白梨、玫瑰花是妙峰山镇的特色农产品。年内，进一步推进“围绕一个中心，带动两条沟域，辐射三大板块”的发展思路，围绕以镇政府所在地周边地区为中心，深入挖掘永定河文化和古道文化，着力打造旅游文化服务和商业文化服务。年内，实现农村经济总收入7.97亿元，同比增长8.1%；人均劳动所得完成1.03万元，同比增长8.1%；区级财政收入完成1170万元。

单位名称：中国共产党北京市门头沟区妙峰山镇委员会
北京市门头沟区妙峰山镇人民政府
地　　址：北京市门头沟区妙峰山镇陇驾庄村
电　　话：61880012
邮　　编：102300

（王海英）

【教育学习与干部培训】 1月3日，召开全面落实区委全会精神，推动事业全面发展主题培训会。2月19日，举办“妙峰山镇团委招聘面试辅导”讲座，培训镇机关团员青年、大学生村官。21日，召开实施“单独两孩”政策工作培训会。3月3日，召开餐饮服务主体安全培训会。4月2日，举办旅游消防安全知识培训。15日，中国园艺学会樱桃专家到黄台村彩瑛园实地授课。5月15日，召开大学生村官学习习近平总书记“五四”讲话精神座谈会。30日，开展夏季樱桃科学种植培训。7月4日，举办依法行政法制专题培训。7月30日，举办农村“两委”干部法治专题讲座，举办国土资源行政审批事项培训会。7月至8月，镇机关举办科室大讲堂。各科室讲解科室职能，交流工作经验。10月17日，举办培育和弘扬社会主义核心价值观专题讲座。11月21日，组织机关干部、村“两委”成员学习“两个责任”和五年规划实施办法。12月26日，举办新修订《安全生产法》培训会。

（徐聚民）

【社会各界关注】 1月3日，北京大学历史学院教授、中国民俗协会副秘书长到镇内参观香会博物馆。9月15日，中国油画院到斜河涧村取景写生。10月9日，首都经济贸易大学到水峪嘴村调研区域经济发展课题。

（徐聚民）

【安全检查工作】 1月14日，镇域范围内展开综合安全大检查活动。30日，就节日期间安全生产对镇域内几家重要单位进行检查巡视。1月，制作各种消防安全标语张贴在辖区各村主要街道路口。2月25日，召开“两会”期间信访维稳工作会。3月24日，召开2014年清明节防火安全工作部署会。6月3日，召开2014年防汛工作动员会。6月，镇食药所开展食品安全培训宣传活动。7月7日，举办防火防汛联合演习。8月26日，联合区安监局对辖区的数家公司进行安全生产检查。9月28日，镇城管执法队开展燃气安全专项检查活动。10月20日，部署2014年－2015年度森林防火工作。11月，完成APEC会议期间安保维稳工作部署。12月，镇相关科室开展为期三周的预防煤气中毒联合检查活动。

（徐聚民）

【走访慰问与慈善活动】 1月14日，市民政局党委副书记等及镇主要领导走访慰问5户优抚对象、7户社救对象。20日，区领导等到上苇甸村走访慰问困难家庭。27日，区工商联主席三家成员企业负责人到上苇甸村走访慰问30户困难群众。30日，镇红十字会为享受市红十字会援助的12户家庭，每户发放救助金800元。4月

2日，开展2014年春风送暖社会捐助活动。6月30日，北京玉泉山医院院长一行到镇内开展慰问活动。7月1日，镇机关开展“共产党员捐款献爱心”活动。9月5日，区慈善协会捐助担礼一村民3万元救助款。9月，开展纪念建国65周年及重阳节走访慰问活动。9月，镇红十字会向鲁甸地震灾区捐款30807元。12月18日，镇内非公企业党支部走访慰问了镇域内8户困难老党员。

（徐聚民）

【文体活动及“三个一”工程】 1月21日，举行2014年大学生“村官”助力“三个一”工程才艺展演。3月21日，镇机关组织青年参加区全民健身项目表演赛。4月28日，水峪嘴村举办“庆五一、迎五四”主题联欢晚会。9月28日，水峪嘴村举办“迎国庆　度重阳”联欢晚会。11月17日，镇13个基层党支部组织的村民表演队举办第二届民间艺术团队展演。

（徐聚民）

【招商引资及非公党建】 1月22日，举行重点企业座谈会。2月，北京玫瑰谷香露有限公司和北京柿利康食品有限公司两家本土企业获评区知名商标。10月，举办非公企业党建工作培训班。截至年底，共注册企业174家，注册资金10.18亿元。

（徐聚民）

【村级党建与民主活动】 1月23日，召开2014年度镇村党组织书记承诺述职大会。30日，镇各村2014年第一次民主日活动完成。8月，开展镇党委书记与基层党支部书记集体谈心谈话活动。下半年，各村陆续开展民主生活会与基层民主评议工作。

（徐聚民）

【社科人文普及宣传活动】 1月24日，开展森林防火宣传活动。3月3日，开展“爱耳日”及家庭康复学校爱心宣传活动。15日，开展3.15安全普法进校园活动。3月，开展“学雷锋”关爱老人活动。5月23日，开展科技周集中宣传活动。6月12日，开展“人道、博爱、奉献”的红十字精神宣传活动并动员群众义务献血。8月，完成2014年无偿献血工作。6月25日，开展“节约集约利用土地，转变土地利用方式”和“汛期地质灾害防治”主题宣传活动。7月1日，司法所开展法制宣传活动，受教育群众400余人。7月2日，区工商分局与春言集团在水峪嘴为村民举办“防范金融诈骗　科学安全理财”的金融知识讲座。8月11日，陇驾庄村委会举办“心脑血管病防治健康知识讲座”。29日，区级宣讲团到镇内开展“最美北京人”宣讲活动。9月10日，镇食药所开展安全用药宣传活动，对村民进行药品安全、依法维权和科普知识教育。12月4日，开展以“弘扬宪法精神，建设法治中国”为主题的“12.4”国家宪法暨全国法制宣传日宣传活动。

（徐聚民）

【文宣活动】 1月，香会博物馆展览、展陈、景观设计荣获中国环境艺术金奖。2月19日，召开樱桃产品生产销售推进会。4月5日，门头沟绿色银行开业仪式在水峪嘴村京西古道举办。4月28日，香会博物馆举行开馆仪式。5月11日，斜河涧村举办首届“绿小锄”我家果园众筹采摘节。6月7日，第五届北京国际山地徒步大会妙峰山镇赛段进行。6月，镇旅游行业协会与区摄影协会联合举办的“走进妙峰山四季摄影大赛”。8月13日，北京“美丽乡村”微电影计划第二季开机仪式在炭厂村举行。10月13日，2014年环京自行车赛妙峰山镇赛段顺利进行。10月18日，召开“妙峰雅集”专家座谈会。

（徐聚民）

【环境整治工作】 2月24日，召开国道、市道及永定河沿岸村环境整治工作会。3月26日，丁家滩村启动村沿铁路小北街翻修工程项目。6月24日，召开夏季及铁路沿线百日环境整治行动大会。9月18日，镇多部门联动严厉打击占道违法经营活动。9月，开展“减煤换煤、清洁空气”活动。

（徐聚民）

【党的群众路线教育实践活动】 3月3日，举行党的群众路线教育实践活动动员部署会。12日起，陆续开展八次党的群众路线教育实践活动集体学习。13日至21日，先后召开党的群众路线教育实践活动大学生村官、青年团员、机关群众座谈会，并印发《党的群众路线教育实践活动对照检查手册》。4月10日，市政协副主席、市委第七督导组带队就党的群众路线教育实践活动开展情况到镇内调研。6月27日，举办以“践行群众路线——党员在行动”为主题的特色党日活动。6月，镇领导班子召开专题会认真查摆“四风”方面突出问题。8月1日，召开领导班子专题民主生活会。23日，中央及市区相关领导到水峪嘴村参加指导专题组织生活会及民主评议党员活动。10月17日，召开党的群众路线教育实践活动总结大会。

（徐聚民）

【妇幼工作】 3月5日，镇妇联开展“三八”节巾帼成才宣传暨手工布艺制作培训和党的群众路线教育实践活动妇女代表座谈会等活动。6月，镇计生办完成计生家庭意外伤害保险和女性两癌保险办理工作。7月，完成女性两癌筛查工作，共为909人进行乳腺癌筛查、806人进行子宫颈癌筛查。10月15日，镇妇联组织各村妇女代表和“妇字号”基地负责人进行芽苗菜种植培训。

（徐聚民）

【农业及民生发展】 3月，完成18个农村集体经济组织产权登记证年检工作。4月28日，召开樱桃销售农超对接会。8月19日，镇社保所帮助3名农民工讨回拖欠工资共1.261万元。26日，召开农村发展基金贷款对接会。8月，组织各村集体经济组织董事长和监事长参加门头沟区农村“新三起来”暨“三资”管理培训班。8月，上苇甸村完成村民饮用水改造工程。9月，镇经济办完成2014年惠民型煤券发放工作，共计发放14176.5吨型煤券。10月16日，召开新型职业农民教育培养调研会。

（徐聚民）

【领导调研视察】 4月3日，市网信办一行参观考察水峪嘴村产业转型。5月22日，农业部经管司、经管总站领导带领全国农经系统负责人到镇内调研。30日，国家生态示范镇专家委员会到镇内参观考察。6月5日，市农委副主任一行调研镇内沟域经济发展情况。7月9日，全国政协及西藏那曲县罗玛镇党员干部一行到水峪嘴村交流学习，参观新农村建设，交流学习基层党建工作心得。7月22日，副区长张永调研我镇2014年重点项目。7月29日，区领导韩子荣一行到镇召开综合经济发展工作体系半年总结现场会，并实地察看了陕西书画院、香会博物馆及陇上工业园等项目及配套设施建设情况。10月21日，中组部组织一局领导一行到涧沟村进行基层调研。25日，代区长张贵林等带领相关委办局主要领导到镇内调研。

（徐聚民）

【旅游发展动态】 4月29日，水峪嘴村复建遗址景观老爷庙对外开放。4月，开展栽花植树护绿等环境美化工程。5月24日，樱桃沟村第15届采摘节开幕。6月，炭厂村完善神泉峡景区建设，岭角村完成2014年中国最美休闲乡村及综合减灾示范社区申报工作。8月26日，邀请中国餐饮协会副会长到涧沟村指导玫瑰花入膳工作。8月，市旅游委组织专家组到炭厂村进行入户现场体验式培训。9月，镇旅游科组织20名村干部参加京郊旅游“百千万”村干部培训班。9月，炭厂村神泉峡景区被评为国家3A级旅游景区。12月，完成8个民俗旅游村、17家休闲农业园区、24个民俗旅游户信息采集工作。

（徐聚民）

【民俗与社会活动】 4月29至5月13日，第二十二届传统春季大庙会在妙峰山景区举办。5月10日，下苇甸村举行老知青插队40周年纪念活动。16日，在上苇甸村举办“妙峰山镇残疾人在行动′手工艺品创意展示活动”。

（徐聚民）

【军民共建】 4月，北京军区卫生干部训练中心官兵与担礼村村民开展军民共建活动。6月，开展夏季征兵工作。7月30日，镇党委开展“八一”走访慰问活动，镇团委一行到驻镇海军91918部队举行“青春舞动军营，共建和谐妙峰——手拉手联谊活动”。9月11日，上苇甸村“两委”走访慰问入伍新兵家属并送别新兵去军营。

（徐聚民）

【领导检查验收】 5月，区财政局、文委联合对镇2013年旅游发展专项资金进行检查，检查表明：该笔资金已严格按照相关要求专款专用、落实到位。9月22日，北京市沟域经济考评组对镇内沟域经济建设进行检查验收。10月27日，区节能减排检查组对镇“减煤换煤、清洁空气”行动进行检查。12月19日，区防火安全委员会考核组对我镇消防安全工作进行考核验收并给予肯定。

（徐聚民）

【农村普查工作】 10月，严格做好农村宅基地普查工作。10月，完成农村集体土地清查工作。10月，完成乡村旅游单位普查工作。11月，镇人口抽样调查工作完成。

（徐聚民）

【三级联创检查】 12月22日，北京市党建所副所长等市、区相关领导对镇党委、政府及水峪嘴村2014年“三级联创”工作开展情况进行了抽查验收。12月，完成2014年市、区“三级联创”检查验收工作。

（徐聚民）

【项目推进情况】 截至年底，妙峰奇石建设项目已完成规划许可证、土地占地、人防等手续办理，项目节能专篇方案、项目基础设施建设等工程，已通过区发改委立项审批。陇上科技文化产业园已完成主体结构建设，南山科技园启动一期建设，陕西画院一期建设完工，进行二期项目建设。苇峰产业园、水峪嘴村老年服务中心、桃园村养老综合服务中心、陈家庄村高端养老项目、骏洋国际体育休闲度假生态谷项目也在推进相关手续审批。

（徐聚民）

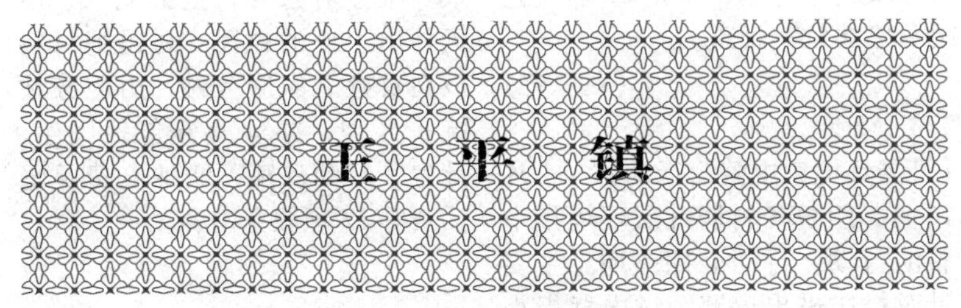

王平镇

【概况】 王平镇位于门头沟区东部，地域面积46.6平方公里。辖行政村16个、社区4个，总人口8232人，全部是非农业人口。继续实施“生态立镇、旅游强镇、服务兴镇”三大战略，坚持以旅游文化休闲产业为主导，以中瑞生态谷和重点镇建设为中心，以都市型现代农业和现代服务业为支撑，依托“一带三区”产业发展空间布局，即：永定河绿色发展带王平段，东部民俗文化旅游区、西部自然山水休闲区、中部现代综合服务区，积极促进镇企、村企合作，集中力量推进中瑞生态谷项目建设步伐，抓紧韭园新型农村社区试点建设、工矿棚户区改造、中瑞养老园、西马樱桃风情园、清凉世界、险村搬迁等项目，全力打造商务会议健康养生小镇。年内，吸引中港众和（北京）旅游发展投资有限公司、黑龙江建设集团分公司等6家企业落地注册，注册资金1.02亿元。全镇旅游景区、景点、民俗村共接待游客约1.18万人，同比增长9.3%，旅游综合收入约853万元，同比增长6%。全年实现农村经济总收入23185.4万元，同比增长8.19%；农民人均劳动所得13094元，同比增长8.15%；完成区级财政收入516万元，镇级财政收入258万元。

单位名称：中国共产党北京市门头沟区王平镇委员会
北京市门头沟区王平镇人民政府
地　　址：北京市门头沟区王平大街东路18号
电　　话：61859400
邮　　编：102301

（赵　娜）

【“富民2号”信托返利】 1月10日，召开“富民2号”信托返利分配会，将信托返利10%收益款直接拨划信托投资的6个村股份经济合作社账户里。（赵　娜）

【宣传工作】 1月14日，开展主题为“少燃放一组烟花爆竹·多呼吸一口新鲜空气”的安全燃放宣传活动。活动中发放各类宣传册500余份，宣传布袋100余个。6月26日，开展禁毒日宣传活动，发放禁毒宣传材料100余份，向村居民宣传毒品危害，介绍防毒知识，告诫大家要珍爱生命，远离毒品。11月17日，联合派出所、流管办、工商所等单位开展了主题为“珍惜生命，预防煤气中毒”的集中宣传活动。活动中共展出展板4块，发放各类宣传材料500余份，接待咨询10人次。12月4日，开展国家宪法日宣传活动，活动中发放《农民学法用法》《流动人口安居首都法律指南》等宣传读本及海报共500余份。

（赵　娜）

【民主日活动】 1月17日，镇各村（居）统一开展2014年第一次民主公开日活动。活动中，各村（居）两委干部、财务管理员、“两委”班子成员分别做了党务工作报告、村务工作报告、财务报告、任期承诺完成情况报告，并征求党员和村（居）民代表的意见，讨论为民办事承诺事项。

（赵　娜）

【开展检查工作】 1月21日，联合安监、工商等执法部门对镇域内的两家烟花爆竹销售网点进行专项检查。检查中重点查验《烟花爆竹经营（零售）许可证》和《营业执照》，并查看烟花爆竹存放地等情况。2月19日，开展节后预防煤气中毒检查工作。此次检查重点为居住在平房的外地务工人员、空巢老人、五保户，向其发放《致出租户的一封信》《预防煤气中毒警示语》《煤气中毒急救小常识》等宣传材料。5月30日，开展旅游安全检查工作，针对镇域内景区、观光园、民俗旅游进行安全检查，发放宣传材料，对景区工作人员、农家乐经营者进行安全教育。

（赵　娜）

【走访慰问活动】　1月26日，镇领导带队开展节前困难老党员走访慰问活动，分别慰问色树坟村、东马各庄村困难老党员，为他们送去慰问金5000元。

（赵　娜）

【创办村报】　1月，韭园联合党支部创办《韭园四村村报》，每季度发一刊，每次印发500份，该报以“新农村、新生活、新希望”为主题，通过发挥宣传作用、纽带作用、关爱作用、监督作用，联系群众，做群众工作，服务于群众。

（赵　娜）

【开展学雷锋活动】　3月5日，组织村居志愿者服务队到空巢老人家帮助打扫卫生，组织机关青年干部到王平大桥、湿地公园开展卫生清扫活动。

（赵　娜）

【领导调研】　3月18日，区领导到镇调研指导党的群众路线教育实践活动工作情况。在听取了镇党委关于党的群众路线教育实践活动的工作汇报后，与镇领导班子成员及部分基层党代表、群众代表进行座谈交流。

（赵　娜）

【植树活动】　4月8日，组织机关青年干部30余人到京西十八潭景区开展义务植树活动。

（赵　娜）

【“唱响京西”文艺演出】　4月9日，色树坟社区与京西唱响艺术团共同举办文艺演出活动。演出的节目是社区群众自发编排组织，参与演出人员均为退休的文艺爱好者，平均年龄达到60岁以上。

（赵　娜）

【举办文艺中专班】　4月11日，联合区社区学院共同举办2014年春季文艺中专班，全镇69名文艺爱好者参加培训班。

（赵　娜）

【开展环境集中整治行动】　4月16日，组织各村居开展环境集中整治行动，行动为期一周。主要针对村庄进出道路、村内背街小巷、公厕周边、沟渠河道内的暴露垃圾、堆物堆料、建筑垃圾及卫生死角进行集中处理。

（赵　娜）

【“八折游王平”】　4月28日，整合梳理全镇14家主要景区（点）、民俗村（户）及农家乐、采摘园、特色产品企业等旅游资源，制作旅游宣传促销册，推出“八折游王平”促销活动。活动时间将持续到年底，游客凭宣传册即可享受优惠折扣。

（赵　娜）

【举办残疾人运动会】　5月21日，举办残疾人趣味运动会，运动会比赛项目包括投沙包、运乒乓球、夹玻璃球、趣味保龄球、定点套圈等，100余名残疾人参加比赛。

（赵　娜）

【举办樱桃采摘节】　5月24日，举办“一镇一品”暨“踏千年古道，赏王平美景”第一届樱桃采摘节活动。参加人员由镇旅游港湾出发至韭园村，一路观光经韭园古道、牛角岭观城、马致远故居，至韭园村委会大马石碑处结束后，可到园内进行樱桃采摘。

（赵　娜）

【成立百姓之家服务站】　5月29日，东石古岩村成立百姓之家服务站，服务站设在村委会，由两委干部、大学生村官、志愿者组成。服务对象为村里的老人、白天外出上班的村民，村民把材料放在百姓之家服务站，由服务站统一办理，办理业务包括民生、计生、劳动保障、缴纳电费及电话费等17项服务内容。

（赵　娜）

【举办失业人员招聘会】　6月11日，联合海淀街道共同举办主题为“城乡携手、服务群众、共创和谐”的失业人员专场招聘会。招聘现场，来自海淀区的29家用人单位带来2000余个工作岗位，共吸引300余名求职者，当场达成就业意向的有80人。

（赵　娜）

【“舞动王平”广场舞比赛】　6月16日，举办“舞动王平”群众广场舞比赛，全镇17支参赛队共160余人参加比赛。最终色树坟社区的舞蹈“摇太阳”获得第一名。

（赵　娜）

【举办农业技术讲座】　6月26日，举办农业技术讲座，各村农技员和果树种植户30余人参加，讲座采取果园实地教学的模式，市农科院林果所的教授就果树幼苗运输与栽植、常见病虫灾害防治、人工授粉、树苗剪枝等方面介绍了大樱桃的种植经验，针对果农的各类提问，专家一一解答，并对地区内如何提升果园管理提出建议意见。

（赵　娜）

【建立老人帮扶数据库】　6月，

吕家坡村建立老人帮扶数据库。

（赵　娜）

【景观农业项目完成栽植】　6月，镇景观农业项目完成栽植工作，种植苗圃为万寿菊，涉及东石古岩村、东马各庄村等6个村，种植面积700亩。

（赵　娜）

【应急演练】　7月3日，开展防汛应急演习，镇防汛抗旱指挥部组织森林公安派出所、消防应急二中队、国土所等单位共同参加演习。演习模拟西王平村降水量达到70毫米，部分群众被困，情况紧急，镇防汛指挥部立即启动防汛抢险预案，组织抢险应急队进村协助被困群众进行转移，同时西王平村组织力量，用沙袋将村口低洼处堵住，防止洪水进村。7月9日，联合区消防支队、区安监局、色树坟卫生院等单位在王平养老园工地开展消防应急演练，演练模拟王平养老园工地一施工楼座突然发生火灾，部分工人被困，情况紧急。演练结束后，消防官兵为大家介绍灭火器的正确使用方法及火场紧急逃生方法。

（赵　娜）

【清理河道垃圾】　7月9日，在镇域内永定河河道进行垃圾清理整治行动，清理行动为期3天，重点清理河道内积存的建筑垃圾和生活垃圾。此次行动共出动铲车一部，保洁人员10人，清理各类垃圾30吨。

（赵　娜）

【参观垃圾分类工作】　7月18日，盘锦市考察团20余人到王平镇参观垃圾分类工作。考察人员到村民家中，向村民询问垃圾分类的具体办法，实地观摩了以家庭为单位的生活垃圾分类操作过程，并与镇、村干部讨论垃圾分类工作中涉及的宣传、培训、讲评、回收、处理、利用等问题。随后参观了王平镇堆肥厂，了解生活垃圾的运输及消纳处理情况。

（赵　娜）

【启动基础设施建设项目】　7月22日，西马各庄村樱桃风情园基础设施建设项目启动。该项目包括：新建行车道、游客集散广场、停车场及公共厕所。

（赵　娜）

【召开专题民主生活会】　8月6日至7日，召开党的群众路线教育实践活动领导班子专题民主生活会，会上，从“四风”存在的突出问题、剖析原因及改进措施等方面进行交流讨论，区委督导组成员、区领导、区委第一督导组组长等同志参加会议。

（赵　娜）

【成立文艺演出队】　8月28日，河北村成立文艺演出队，并为村民进行首次演出。演出队员均为河北村退休人员，平均年龄在60岁以上。

（赵　娜）

【开展打非治违专项行动】　9月23日，开展“六打六治”打非治违专项行动。整治重点为：对企业违法违规行为、破坏损害液化石油气非法违法行为、“两客一危”非法运输行为、无资质施工行为、“五小企业”、“三合一”场所违法生产经营行为、城乡结合部地区违法生产、经营、建设行为六项违法行为进行打击和整治。

（赵　娜）

【部署森林防火工作】　10月16日，召开2014－2015年度森林防火工作会，部署森林防火工作。会上要求各村居加强防火宣传及巡查力度。

（赵　娜）

【启动河北环路路面修复工程】　11月4日，启动镇河北环路路面大修工程。该路段起点为镇政府，终点至镇垃圾处理厂，全长2.335公里，投资100万元。

（赵　娜）

【生态综合治理项目开工】　11月，王平镇南港村生态治理项目开工。该项目以提高农业综合效益和保护生态环境为目的，工程总投资为343.65万元，主要开发山区荒地，施工内容包括：平整土地180亩、扶唇垒堰、治理沟道、种植经济林，修建田间步道、蓄水池及加固挡土墙等。

（赵　娜）

【开展流动人口排查】　11月，对镇域内商铺、门面、出租屋进行流动人口清查工作，重点核实流入人口及户籍所在地的基本情况，检查门面、出租房内的安全出口、疏散通道、消防车道畅通情况，同时排查起居室、厨房内的电源插座、取暖设备、液化气罐等使用情况，并与出租方签订责任书。

（赵　娜）

【举办颈椎病防治讲座】　12月2日，色树坟社区举办颈椎病的预防与治疗知识讲座。老师围绕颈椎病的形成原因、发病形式、治疗误区、预防方法等知识，结合实例进行讲解。

（赵　娜）

【举办法制培训班】 12月4日，举办“12.4”法制活动培训班，组织各村居人民调解委员会主任进行《中华人民共和国人民调解法》的专项学习。

（赵 娜）

【开展白色垃圾清理工作】 12月18日，开展白色垃圾集中清理工作，包括国道沿线、河道沟域、绿化带等公共区域，主要针对纸屑、塑料包装、一次性餐盒等垃圾，共清理白色垃圾50公斤。

（赵 娜）

【文化建设工作】 年内，完成东马各庄村、吕家坡村文化活动室改扩建及京西十八潭景区古戏楼建设。建设2处文化驿站，为各村居配备图书、音响、点歌机等设备。扶持吕家坡村、色树坟社区等演出团队，为全镇各村居联系星火演出51场次，开展“2131”农村数字电影放映900余场次。

（赵 娜）

【启动“三级联动”工作】 年内，完成镇公共服务大厅及村居便民服务站建设。完成东石古岩村“百姓之家”服务站试点、南涧村农村社会服务管理创新试点及河北“六型社区”创建工作。

（赵 娜）

【农村城镇化建设项目】 年内，推进韭园新型农村社区项目，韭园村民住宅楼项目一期交付安置房68套。推进工矿棚户区改造王平安置房项目，惠和新苑小区交付安置房1492套，一期安置767户。完成中瑞煤矿生态恢复休闲养老度假园一期建设项目，目前已经实现部分入住。

（赵 娜）

【生态环境建设工作】 年内，推进“杨林秋韵”生态提升工程，完成王平湿地公园建设项目设计及永定河沿线交通环境整治工程评审。完成安家庄等3个村绿化改造、109国道复线750亩万寿菊种植、河北村永定河河道两侧60亩荒地绿化美化及109国道沿线韭园、东石古岩段护栏建设等工程。

（赵 娜）

【就业和社会保障工作】 年内，完成2013年档案620份结转工作，接收新档案157份，转出档案154份，就业139份，其他情况15份。完成失业金发放10次，598人次，共发放失业金598952元。帮助55名失业人员申请市区灵活就业，完成全镇104名就业困难人员托底安置工作。

（赵 娜）

【动物防疫工作】 年内，完成免疫工作7次，为各种家畜、家禽免疫2万余只。

（赵 娜）

【打击非法盗采行为】 年内，共出动车辆巡查280余次，检查（盯防）人员1000余人次，查获非法盗采行为20余起，累计没收捣毁盗采车辆6部，处理盗采资源50余吨，抓获盗采人员30人，收缴铁锹、铁耙、头盔、头灯等多种盗采工具。

（赵 娜）

【违法建设治理工作】 年内，成立查处违法建设工作组，制定村居治理违法建设工作奖惩办法，全年巡查22次，拆除违法建设3处4300平方米。

（赵 娜）

【劳动监察工作】 年内，加大对拖欠工资问题执法检查力度，解决8起劳动纠纷，结案率达100%，帮助358名农民工讨回工资约167万余元，确保实现“无拖欠工资”的目标。

（赵 娜）

【基础设施建设】 年内，基本完成东马各庄村险村改造及煤改电试点任务，启动南涧村险村搬迁工作。完成王平东部联络线工程立项。推进潭王路涵洞改造，完成西石古岩等村管网改造、中心环路改造等工程。启动东石古岩村村口公共厕所及王平村桥头公共厕所提升改造，完成与区市政管委、环卫中心的管理权移交。

（赵 娜）

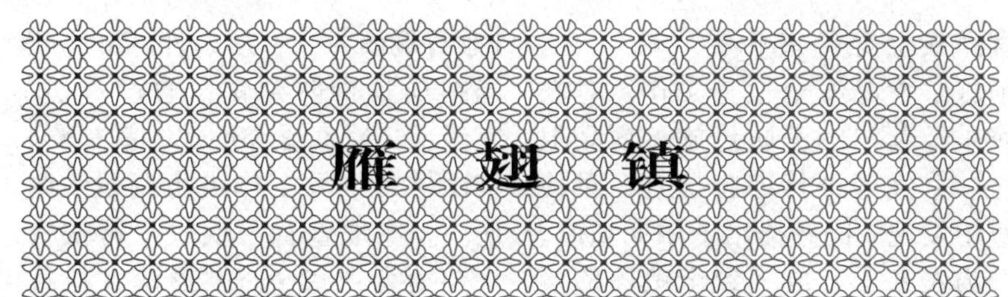

雁翅镇

【概况】 雁翅镇地处门头沟西北部山区，距区政府45公里。镇域面积267平方公里，全镇下辖23个行政村，1个社区居委会。年内实现农村经济总收入5.69亿元，同比增长5%；实现农民人均劳动所得9761元，同比增长8%，固定资产投资完成10525万元，同比增长10.1%；区级财政收入完成461万元，同比增长120%。

单位名称：中国共产党北京市门头沟区雁翅镇委员会
北京市门头沟区雁翅镇人民政府
地　　址：北京市门头沟区雁翅镇付家台村
电　　话：61839794
邮　　编：102305

（陶祥生）

【农村工作】 1月31日至2月14日（正月初一至正月十五）举办戏曲文化巡演活动。主题是“大年唱大戏，欢乐闹新春”，活动。动员和组织全镇100余名演员参加戏曲巡演，共演出14场次，惠及观众3000余名。年内，采取四项措施加强村级公章监管工作。一是加强组织领导；成立雁翅镇村级公章管理工作领导小组，制定下发《关于村级公章管理工作的实施方案》。二是召开专题部署会。组织村干部召开村级公章管理工作专题会，引导各村干部做好村级公章托管工作，并向广大群众讲清政策，讲明道理，争取群众的理解和支持。三是加大培训力度。配备镇、村级公章专管员，明确专人监管，及时召开培训会。四是严格办事程序。做到每个环节有记录，确保村级公章监管到位。年内，把农村环境整治工作作为推进新农村建设的主要内容，加强领导，加大资金投入力度，强力推进，以乡村道路沿线、村庄大街小巷、景区周边等为重点整治区域，坚持“抓统筹、抓机制、抓考核、抓讲评、抓治理”五抓全面提升村庄环境整治水平。年内，采取措施做好“单独二胎”政策宣传引导工作。一是加强学习培训，掌握政策实质。二是做好宣传引导，做到人人皆知。三是开展摸底调查，强化优质服务。年内，北京泗家水香椿种植专业合作社与北京食品科学研究院签订了香椿产品深加工技术项目合作协议。根据协议，双方将在香椿深加工、生产香椿腌渍调味产品及香椿罐头产品、香椿保鲜等多个方面开展全方位合作。合作协议签订后，北京食品科学研究院将对泗家水香椿产品深加工提供一系列技术服务支持，包括提供生产工艺流程、选用生产设备、试验样品、提供产品配方及工艺要点、对生产管理人员进行岗前培训等内容。并通过生产速冻和腌渍香椿两种深加工产品，延长香椿的保质期和产品货架期。签约仪式后，双方还就太子苹果、大村核桃等林果产品的生产加工、品牌建设等问题交换了意见，并表达了在更多领域展开进一步深入合作的意向。年内，开展“访民情、问民计、连民心、解民忧、请民评”活动（简称“五民”活动），完善包村工作机制，搭建为民服务平台，解决百姓实际问题，促进地区和谐稳定。访民情——摸清百姓家底。问民计——倾听百姓心声。连民心——架起沟通桥梁。解民忧——改善民生质量。请民评——接受群众考核。雁翅镇多种形式推动社会主义核心价值观主题宣传，积极营造“随处可见、随时可见”的宣传效果。一是全面覆盖，突出重点。二是形式多样，内容丰富。三是加强监管，确保实效。年内，转变林果销售战略，采取林果深加工、农超对接等多种措施，确保林果市场销售实现突破。一是建立线上销售一体化平台。二是加强与科研院校技术合作。三是引进企业合作开发林果深加工。四是发挥合作社示范带头作用。8月7日至11日，镇主要领导带队，并由项目分管领导和项目科室负责人组成的联合检查组，对镇域内2013年已竣工和2014年已开工的政府投资项目进行拉链式的检查。此次检查共涉及24个政府投资项目，主要包括沟域经济建设项目、国家水土保持重点治理工程、土地开发治理项目、京津风沙源小流域治理工程、景观作物种植工程等市区政府重点投资工程。检查组对检查过程中发现的项目后期管理跟不上、后续招商项目欠缺、项目进展工期缓慢等问题，当场对项目负责人提出限期整改要求，对政府重点投资项目实行“主要领导亲自抓、分管领导具体抓、科室负责人配合抓”工作机制，进一步创新工作方法，加强协调配合，确保各项工程顺利推进。年内，开展“五民”活动对重点低收入户实施精准帮扶。首先，逐户走访，精准核实低收入户基础数据。其次，分析原因，精准确定帮扶重点。一是年老体弱者所占比例较大；二是疾病是导致低收入户致贫的重要原因；三是高额药费导致部分家庭返贫。最后，整合力量，精准落实帮扶措施。年内，做好第四届环北京职业公路自行车赛保障工作。一是加大环境整治力度。二是强化安保力量防控。三是加大矛盾排查力度。四是加大赛事宣传力度。

（陶祥生）

【领导慰问】 1月16日，区领导一行到雁翅镇走访慰问建国前老党员、优抚对象、困难户等家庭，为困难家庭送去慰问金。区领导每到一户家庭，都详细了解老党员、困难户、五保户等特殊人群的身体状况和家庭情况。

（陶祥生）

【安全工作】 2月18日，召开2014年“温暖三号”行动部署会。镇相关领导、24个村（居）包村组长参加会议。会上，主管副职领导就“温暖三号”行动进行详细部署，并提出要求。2月25日，组织安全科、食药所等科室负责人对镇域内加油站、商店、建筑工地等生产经营单位进行拉链检查。检查组重点对生产经营单位消防通道、消防设施、用电安全、食品卫生等内容进行排查，在检查过程中，发现部分单位消防器材过期、消防通道不畅、货物摆放杂乱等问题。针对检查过程中存在的各种安全隐患和问题，检查组提出了意见和具体措施，明确整改期限和责任人，并与生产经营单位签订安全责任书。此次共检查加油站1家、商店4家、建筑施工工地1处。发现隐患8处，要求立即整改6处，限期整改2处。5月29日，组织旅游、食品安全等科室开展“端午节”前旅游食品安全检查工作，对农家乐经营户的消防设施、食品卫生、电气等进行综合检查，对检查中发现的问题提出了限期整改，并为农家乐发放《致全镇民俗接待户的一封信》等宣传材料。7月2日，联合斋堂消防中队、门头沟区应急救援大队第三分队在雁翅加油站开展消防应急演练活动。

（陶祥生）

【人代会】 2月24日，雁翅镇第八届人民代表大会第五次会议召开，应到代表47名，实到44名，符合法定程序。镇领导班子成员出席会议，部分村党支部书记、村主任列席会议、驻镇单位和科室负责人参加。会议听取和审议镇政府工作报告、专项工作报告，审查和审议雁翅镇2013年财政执行情况和2014年财政预算草案的报告。大会宣读和通过《选举办法》，镇人大代表以无记名投票的方式选举镇长1名。

（陶祥生）

【安全维稳】 年内，做好“两会”期间安保维稳工作。一是深入排查，准确掌握底数。二是开展情报信息收集研判。三是开展化解矛盾工作。

（陶祥生）

【举办爱耳健康知识讲座】 3月3日，雁翅社区举办爱耳健康知识讲座，辖区内60余名居民参加。讲座围绕噪音的危害和引向，导致耳鸣耳聋的原因，听力保养和减少噪音等三个方面进行讲解，对居民提出的问题一一进行了解答。

（陶祥生）

【领导调研】 4月3日，市民政局副局长带队到镇，通过走访、座谈、实地察看等形式，就福彩、贫困村帮扶等工作进行调研。调研中，实地查看了低收入帮扶村产业培育项目——雁翅镇大村蔬菜种植基地，听取了福彩、帮扶等方面的工作汇报，并与镇领导及大村村干部、村民就帮扶工作进行座谈。5月15日，区旅游委主任带队到雁翅镇调研，到南石洋景区，实地查看了景区的建设情况，询问了景区的开业筹备情况。在随后的座谈会上，南石洋景区负责人汇报了景区的总体规划及投资情况，并工程进展情况。副镇长汇报了景区标识建设等相关工作。5月27日，市政协副主席带领市市传统村落保护情况专题调研组到碣石村实地考察，碣石村党支部书记向专题调研组介绍了碣石村的古村落保护开发情况，并带领调研组入户实地查看院落保存情况。市政协副主席就如何进一步保护好古村落提出建议。7月30日，镇相关领导到雁翅镇大村村哨所慰问驻地士兵和战士，送去米、面、油、饮料等降温用品，随后与部队士兵和战士进行座谈，参观了哨所。9月16日，区领导到雁翅镇检查指导险村搬迁工作，区建委、国土、规划、水务、绿化等部门负责人参加调研活动，到河南台村险村搬迁施工现场，查看了工程质量，询问了施工进度。区领导听取了雁翅镇镇长关于河南台、田庄村等6个险村搬迁工作汇报，并就工作中遇到的问题进行了协调解决。

（陶祥生）

【农机驾驶员培训】 5月7日，雁翅镇邀请区农业局举办雁翅镇农机驾驶员培训班，20余名农机驾驶员参加。发放《农业机械安全驾驶知识读本》等宣传资料50余份。

（陶祥生）

【徒步行走活动】　5月10日，旅游科携手绿野京西百灵队开展“徒步九河谷　探秘南石洋”徒步行走活动，活动百余名山地徒步爱好者和市民参加。活动以“去雁翅　走九河　观裂谷　探秘南石洋”为主题，徒步路线从雁翅中学出发，沿九河湿地行走，终点到南石洋景区，路线全长约15公里。

（陶祥生）

【第六届淤白民俗文化节】　5月13日，第六届淤白民俗文化节在雁翅镇淤白村文化广场开幕，此次活动，分为室外和室内两个部分。有传统曲艺表演，现代文化元素展示。舞狮、中幡、杂技、地秧歌、魔术、相声等，还可以免费品尝素斋。

（陶祥生）

【社会保障】　6月13日，与石景山鲁谷街道联合举办大村地区受灾农户就业工作专场招聘会。有22家企业提供保洁员、收银员、面点师等100余个就业岗位，共有120余名百姓前来应聘，现场共有20人达成初步就业意向。年内，坚持以“企业需要、农民需求、家庭增收”为目标，以落实政策为主线，以强化服务为手段，努力实现全镇剩余劳动力再就业。一是加大就业技能培训力度；二是建立“手拉手”促就业合作机制；三是畅通与区镇企业联系沟通渠道；四是充分挖掘公益性岗位资源；五是加大就业政策宣传力度。

（陶祥生）

【党建工作】　年内，围绕“五个一”在全镇范围内开展庆“七一”系列活动。一是开展发放致全镇党员一封慰问信活动。二是组织一次新入党党员宣誓活动。三是开展一次机关党员特色党日活动。四是走访慰问一遍建国前老党员活动。五是组织开展一次共产党员献爱心活动。年内，实行党员“积分制”管理，以月度考核和年度评议相结合，探索农村党员管理新模式。一是开展农村党员现状摸底调查。二是建立每月固定学习日长效机制。三是充分整合利用党员教育学习资源。四是实施积分量化管理考评机制。

（陶祥生）

【防汛工作】　年内，雁翅镇不断强化领导，周密部署，严格落实“七包七落实”，确保安全度汛。一是做好隐患排查。二是举行防汛桌面推演。三是开展一次全面防汛实战演习。四是加强防汛物资储备。五是落实汛期值班和信息报送制度。

（陶祥生）

【干部培训】　8月7日，组织召开基层党组织专题生活会及评议党员工作培训会，镇领导班子成员及各村居党组织书记、主任、机关党员等100余人参加培训。会上，镇宣传委员就如何召开基层党组织民主生活会和评议党员工作进行培训，讲解了每个时间阶段的工作要点，要求各村居党组织要按时上报活动材料。

（陶祥生）

【开展文化汇演活动】　9月30日，举办《最美雁翅·消夏群众文化汇演活动》，全镇15个村居的文艺团队参加。表演节目有小车会、广场舞、双簧、中老年模特秀等。

（陶祥生）

【防火工作】　10月16日，召开2015年度森林防火工作动员会，24个村居书记、主任、镇驻单位主要领导及包村干部共70余人参加会议。会上，主管副镇长总结2014年度森林防火工作，并对2015年度森林防火工作进行全面部署。镇长分别与村居负责人签订2015年度森林防火责任书。

（陶祥生）

【开展法律安全教育活动】　12月10日，镇司法所、镇团委联合区司法局到付家台中心小学开展“法制青春伴我成长”活动，为学校师生和家长举办法制安全教育活动。整个普法教育活动共分两个环节，在活动开始环节，镇司法助理员运用教与学的方式，在课堂上通过生动的PPT课件，充满趣味的小故事，以及互动问答方式，讲解了《宪法》《未成年人保护法》的基本知识以及法治安全小常识。在第二环节，区司法局工作人员采取游戏互动的形式，开展“青春成长大冒险”活动。

（陶祥生）

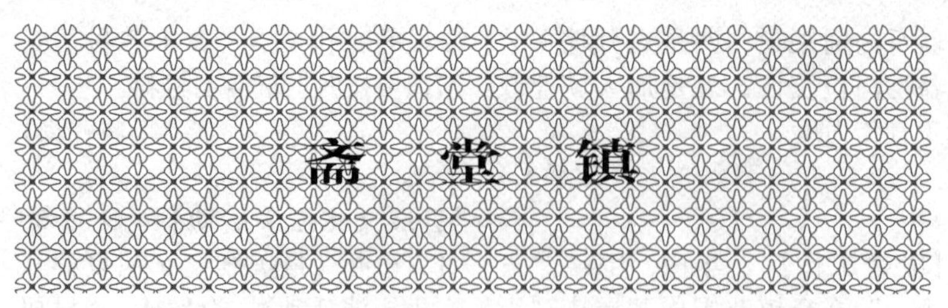

斋堂镇

【概况】 斋堂镇位于门头沟区西部山区，是北京市小城镇之一，镇域面积392.4平方公里，耕地面积3477.3亩，辖30个村居，26家驻镇单位。全镇7822户，13625人，镇注册企业344个，个体工商户585个；全镇共有基层党支部40个，其中农村党支部29个，社区党支部1个，机关、事业单位党支部5个，非公企业党支部3个，公益性组织党支部2个，党员1796人。

年内，按照区委、区政府工作部署全面落实“三个优化”，围绕“163”工作计划，打造“一个中心辐射带动九条沟域经济带”的产业发展格局，全力建设全国旅游集散特色镇、生态文明示范镇、国家卫生镇和北京斋堂古村落古道文化旅游产业集聚区。全年实现农村经济总收入80666.7万元，同比增加5975.3万元，同比增长8%；农民人均纯收入实现11505.9元，同比增加354.6元，同比增长3.18%。完成区级财政收入完成1320万元，同比增长115.7%，完成全年任务的100.7%；完成固定资产投资0.53亿元。

单位名称： 中国共产党北京市门头沟区斋堂镇委员会
北京市门头沟区斋堂镇人民政府

地　　址： 北京市门头沟区斋堂大街45号

电　　话： 69816653

邮　　编： 102309

（张　森）

【召开第八届人代会】 1月3日，召开镇第八届人代会第四次会议，会议应到代表47名，实到代表44名。听取镇党委副书记、镇长做的《学习宣传贯彻党的十八届三中全会精神，区委十一届六次（扩大）会议报告，全力建设古村落文化休闲和山地运动体验小镇》的报告；听取并审议斋堂镇副镇长做的《斋堂镇农林工作计划落实情况报告》；选举副镇长1名；组织代表视察斋堂镇重点工程。5月30日，召开镇第八届人代会第五次会议，会议应到代表48名，实到代表41名。会上，听取《斋堂镇2013－2014年上半年政府工作报告》《斋堂镇教科文卫体工作报告》，补选斋堂镇人大主席1名。

（张　森）

【召开村支书承诺述职大会】 1月6日，召开基层党组织书记集中任职承诺述职大会。全镇29个基层党组织书记依次进行2013年工作内容述职及2014年工作承诺，参会党员代表、村民代表及群众代表对述职承诺内容进行民主测评。

（张　森）

【民主公开日活动】 1月22日，在全镇范围开展第一次民主公开日活动。镇政府派出干部70余人次，指导并监督各村按照规定程序进行党务、村务、财务公开，对2013年下半年村党支部、村委会班子及成员工作情况进行民主测评。7月18日，在全镇范围开展第二次民主公开日活动。全镇参加第二次民主公开日活动的村民代表、户代表、两委干部、党员等人员近400余人，与会人员提出重要意见或建议80余条，当场答复或限期完成解决各类实际问题36件。

（张　森）

【工会慰问活动】 1月24日，工会领导下村慰问劳模和困难职工，给他们送去慰问金。

（张　森）

【“两节”慰问活动】 1月，“两节”慰问活动。慰问总户数1395户2900余人。其中，慰问优抚对象155户，慰问金13.28万元；城乡低保户1222户，慰问金83.06万元；区政府百户慰问活动，斋堂慰问18户，慰问金1.8万元；春节前，为1206户城乡低保户发放取暖费607218元；高等教育助学金（2013年度）2.82万元。国庆节前夕，镇民政部门向全镇老复员军人、残疾军人、烈属、农村籍退役士兵等优抚对象120人发放国庆慰问金9.6万元。

（张　森）

【召开工作研讨会】 2月26日，召开2014年度党建工作及廉政工作会。全体班子成员、全体机关干部、村（社区）书记、主任、非公企业党组织负责人170余人参加会议。会上纪委书记做斋堂镇2014年党风廉政建设工作报告，党委书记与村支部书记代表签订了《村级党风廉政建设责任书》；组织委员、宣传委员分别宣读了组织工作要点、宣传工作要点；主管维稳工作副镇长做了2014年政法维稳工作报告，并与村主任代表签订《斋堂镇2014年村级维稳工作责任书》；党委书记提出工作意见。3月7日，灵水村2014年度工程建设研讨会，中坤集团领导和镇领导专题研究灵水村2014年重点工作、工程和项目等，规划设计灵水景区。3月25日开始，对全镇存在“15类大病”的病人进行调查统计，共上报141人。对全镇单亲、重病、留守及因特殊原因无法上户口的儿童进行调查统计，共上报55人。26日，召开斋堂镇创建国家卫生镇工作会，镇政府与各村（居）、驻镇单位及景区签订责任书，发放《致全镇人民的一封信》2000余份。3月，召开2014年斋堂镇党建工作大会，回顾2013年全镇党风廉政建设和反腐败工作成果，安排部署2014年工作任务。3月，召开斋堂镇安全生产大会，全面部署全镇安全生产工作。5月21日，召开镇创建国家卫生镇整改工作部署会。同日，召开全镇在职党员报到工作动员部署会、区单位分别与村级党组织见面对接，全体班子成员、包村科长、村（社区）书记、各报到单位180余人参加会议，并完成第一次报到工作。11月2日，召开村级APEC工作部署会。落实责任到人，实行“1+X”管护，确定会议期间值班安排，确定应突队伍，发挥“村、镇、区”三道防线的作用。

（张　森）

【开展老年人生活和养老调查】 2月，开展老年人生活现状和养老需求情况调查工作。对各村工作人员进行系统培训，对全镇60岁以上老人2828人进行统计调查。

（张　森）

【开展培训、知识讲座】 3月6日，镇妇联为机关女职工和村级女干部举办“女性常见病健康知识讲座”。4月16至17日，在中坤山庄举办职业精神及文明礼仪培训班。3月至4月，社区学院在斋堂镇举办三期“阳光工程”实用技术培训，培训达90余人次。5月13日，社区学院对爨柏景区的工作人员进行公共礼仪知识培训。6月24日，为斋堂镇中心区的餐饮单位、“五小行业”举办病媒生物防制知识讲座。7月9日，区政法委610办公室老师以及承光律师事务所的专业律师到村、企业，讲解反邪教及有关法律维权方面的知识。9月2日至3日，镇社保所和镇妇联开办城乡劳动力手工编织技能培训班1期。9月22日，在斋堂镇白虎头村，由斋堂镇科协组织40名技术员进行食用杏、李子树种植管理的培训会。12月16日，党委对入党积极分子、村级后备干部30余人进行党章知识、党员廉洁自律培训，并对入党积极分子进行党章知识测试。12月17日，邀请北京市明仁律师事务所律师，对全镇机关干部、各村书记、主任及村官开展主题为依法治国、依法行政的法制讲座。

（张　森）

【食品安全检查】 2月和9月，联合镇食药所对斋堂小学（斋堂幼儿园）、军响小学和斋堂中学进行食品安全检查。

（张　森）

【奖励扶持工作】 3月，完成奖励扶助工作，年审符合条件49人、年审退出1人、新增10人。完成特别扶助工作，年审独生子女家庭死亡特别扶助5人，新增2人。

（张　森）

【体检工作】 4月，组织全镇村居计生专干及计生办工作人员38人体检。5月，组织全镇符合条件的育龄妇女进行长效体检，体检人数近400人。

（张　森）

【寻找最美家庭活动】 5月5日至10月31日，镇妇联组织各村“妇女之家”开展寻找最美家庭活动，共评选出最美家庭300户。

（张　森）

【便民服务】 5月7日，区为民服务中心在镇组织开展配钥匙、小家电维修、理发等便民服务。

（张　森）

【组织参观活动】 5月7日和5月9日，组织机关党员干部135人到孔庙和国子监博物馆等廉政教育基地进行教育实践活动参观。

（张　森）

【开展宣传活动】 5月12日，结合汶川地震6周年纪念，以街头宣传方式，宣传防震减灾知识。发放《地震科普知识ABC》100册、《防震减灾简明手册》150册、区地震局折页150册、防震减灾宣传购物袋150个。5月21日，组织科技周活动。与北京千松科技发展有限公司合作，采取张贴图片、发放资料、科技咨询等多种形式，进行科技知识、农村用水安全、节约能源、防震减灾、食品安全等科普宣传活动。此次活动参加人数500余人次，发放各种宣传材料800余份。6月10日至8月30日，“百万家庭数字大赛”活动宣传工作。以张贴宣传画及街头宣传的方式。组织各种宣传活动8次，发放《科技在我身边》系列图书160余册，张贴活动宣传画20余张。组织医学专家到东胡林村、高铺村、张家村为当地村民诊疗，共260人参加。8月27日，组织综治办、司法所两部门工作人员到沿河城村进行铁路护路宣传工作。11月，开展主题为“行动起来，向零艾滋迈进”的预防艾滋病宣传活动，并发放宣传资料500余份。

（张　森）

【开展不稳定因素专项排查工作】 5月14日，开展“六四”期间不稳定因素专项排查工作。9月30日，镇信访办开展国庆节前信访不稳定因素专项排查，并做好国庆期间信访维稳工作。

（张　森）

【工会服务站规范化创建工作】 5月28日，区工会一行3人到总工会考察工会服务站规范化创建工作。

（张　森）

【开展无烟家庭评选活动】 5月31日“世界无烟日”张贴宣传海报150余份，发放宣传品300余份。5月，开展无烟家庭评选活动，共评选无烟家庭50户，并发放禁烟标识牌。

（张　森）

【开展廉政法规制度学习测试活动】 5月，镇纪检监察科组织全镇机关干部党员开展廉政法规制度学习测试活动。

（张　森）

【开展谈心交心活动】 6月12日至7月13日，开展谈心交心活动，落实“四必谈”“六个谈透”要求，镇主要领导与每位班子成员普遍谈心2次以上，共计30多次。班子成员之间开展集中谈心3轮，谈心谈话普遍在4次以上。

（张　森）

【慈善徒步越野赛】 6月21日，完成“挑战8小时”慈善徒步越野赛。

（张　森）

【科技服务农家女活动】 6月24日，镇妇联组织各村妇女在高扬秀农场举办科技服务农家女活动，聘请林果方面的专家将农业知识送到田间地头，服务基层。

（张　森）

【成立流管人口服务管理站】 6月，在东斋堂村、马栏村、桑峪村、张家村、沿河城村5个村庄成立流管人口服务管理站。

（张　森）

【开展庆祝建党93周年活动】 7月1日，开展庆祝建党93周年活动，活动中组织全体机关党员、入党积极分子、基层党组织书记150余人进行重温入党誓词、党员爱心捐款等活动。

（张　森）

【举办“手拉手”联合招聘会】 7月3日，在斋堂镇文化广场与海淀区上地社保所举办“手拉手”联合招聘会。

（张　森）

【村级专项检查工作】 7月8日至9日，分三个工作检查组到全镇29个村、1个居委会就党务、群众路线教育、村务、党风廉政、村务监督及村内公开栏情况进行专项检查，检查重点是各手册填写情况、群众路线教育情况以及公开栏内容。

（张　森）

【人大代表联系接待选民活动】 7月24日，在马栏村委会召开由全区人大代表、镇主要领导；马栏村、柏峪村村民代表、党代表、群众代表、老干部代表及“两委”班子成员参加的座谈会，参加人员30人。活动以“推动我镇经济社会转型发展、创新发展、跨越式发展，稳中求进，打造斋堂古村落文化体验小镇”为主题，以“坚持党的领导、充分发挥民主、严格依法办事、不直接处理问题”的原则，听取选民和群众的意见。人大代表进行书面述职。

（张　森）

【开展软弱涣散党组织整顿工作】 7月至12月，开展软弱涣散党组织整顿工作，派工作组驻村，规范工作制度，完成林子台村党支部和双石头村党支部的整顿。

（张　森）

【灵水景区管委会成立】 8月20日，灵水景区管委会正式成立，管委会由斋堂镇政府、中坤灵川旅游开发有限公司和灵水村三方组成，景区日常管理工作由中坤灵川和灵水村共同负责。

（张　森）

【“食品卫生统一化”检查工作】 8月26日，区食药局“食品卫生统一化”检查工作，由区食药局领导带队，联合相关单位共同对川底下村农家乐进行食品卫生、消防安全等方面实地检查评分。

（张　森）

【法治有奖猜题活动】 8月，与司法局共同在斋堂小学举办寓教于乐的法治有奖猜题活动。

（张　森）

【廉政法规制度教育测试】 8

月，镇纪检监察科组织全镇党员进行廉政法规制度教育测试。

（张　森）

【“两癌”筛查工作】　8月，对全镇35岁－64岁的1000余名妇女开展免费“两癌”筛查工作。

（张　森）

【“八一”慰问活动】　8月，“八·一”建军节期间，镇党委书记、镇长、主管镇长等到镇消防总队、61096部队、93770部队慰问人民子弟兵，召开军民座谈会，征求部队意见，为部队办实事。慰问活动中，向三个驻镇部队送去慰问金共3万元。

（张　森）

【开展专项执法行动】　8月至12月，镇综治办牵头，与工商所、城管、派出所、执法队成立联合执法小组，开展“减煤换煤、清洁空气”专项执法行动，全面遏制和打击劣质燃煤在镇内非法生产、经营、运输等行为。

（张　森）

【民俗专家入户指导活动】　9月12日至14日，区旅游委“北京市2014年民俗专家入户”活动。由市旅游委组织全市旅游管理方面的专家组，到斋堂镇马栏村和灵水村进行为期3天的专家入户指导，并与村干部、经营者进行旅游管理方面的座谈。

（张　森）

【九三学社专家调研】　9月13日，北京市九三学社专家课题组到川底下、灵水调研，专家组一行对两个村的基本情况、经营情况、存在的问题进行调查了解，并与村干部和村民进行座谈。

（张　森）

【重阳节慰问、义诊活动】　9月26日，区红十字协会区政协医药卫生界委员驱车到镇社会福利中心（敬老院）开展“同心、助老”重阳节慰问、义诊活动。

（张　森）

【民政慰问活动】　9月29日，镇相关部门工作人员到6户高龄特困老年人家中开展慰问活动。向高龄特困老人发放慰问金及慰问物品。同时还向全镇老复员军人、残疾军人、烈属、农村籍退役士兵等优抚对象120人发放国庆慰问金9.6万元。

（张　森）

【门头沟区烈士公祭活动】　9月30日，在斋堂镇宛平抗日烈士纪念公园开展门头沟区烈士公祭活动，区四大部门主要领导及区属委办局、镇领导参加活动。

（张　森）

【工会服务站规范化验收】　10月9日，市区总工会领导到镇工会服务站进行规范化验收工作。

（张　森）

【专题汇报研讨会】　10月27日，对法城村项目进行专题研究讨论，对整体设计方案进行修改。

（张　森）

【安全生产企业普查】　10月至12月，开展安全生产企业普查。

（张　森）

【农村基层民主日评议活动】　11月18日至19日，镇党委开展农村基层民主日评议活动。

（张　森）

【农村典型示范社区实地验收】　11月21日，市级第三方社会组织对作为2014年度农村典型示范社区的军响村的创建工作进行实地验收。

（张　森）

【预防煤气中毒检查】　11月，开展预防煤气中毒1＋10＋10检查。

（张　森）

【景区人民调解委员会】　12月1日，成功申请北京爨柏景区人民调解委员会，是区内唯一一个景区调委会。

（张　森）

【党风廉政建设检查】　12月，区纪委监察局对镇贯彻落实党风廉政建设责任制，加强惩治和预防腐败体系建设，对照目标任务抓好落实，完成党风廉政建设责任推进惩防体系任务情况进行检查。

（张　森）

【反腐倡廉主题教育活动】　年内，在全镇范围内开展“正风肃纪转作风，求真务实促廉洁”反腐倡廉主题教育活动。

（张　森）

【建立关爱机制】　年内，计生办、武装部、部队官兵与特殊家庭建立了长效关爱机制，以通过登门走访、生活帮扶等方式加强联系沟通，为失独家庭搭建一个可以相互倾诉和交流的平台。同时与镇团委联合，组建一支由大学生村官组成的关爱“失独”家庭青年志愿者队伍，与“失独”家庭建立长期的结对帮扶关系。

（张　森）

【除四害工作】　年内，制定《斋堂镇人民政府关于创建国家卫生镇病媒生物防制达标实施方案》和《斋堂镇2014年除四害工作计划》，并向各村（居）发放《斋堂镇各村（居）灭鼠技术方案》。4月向各村（居）发放30余桶低毒鼠药，10月发放30余箱低毒鼠药。

（张　森）

【水库移民工程】　年内，水库移民工程总投资150万元，牛战村完成100亩葡萄园整地，50立方米蓄水池2座，节水灌溉100亩；东斋堂村完成挡墙85米，沟道清理及硬化472米。完成总工程量的95%。

（张　森）

【改水工程】　年内，改水工程总投资57.2319万元。东斋堂村更换主管道736米、修建泵房1座，更换水泵1台；青龙涧村更换主管道300米、新建泵房1座、安装管道泵1套；向阳口村安装消毒设备1套、更换主管道300米；东胡林村更换主管道918米。完成总工程量的90%。

（张　森）

【国家农业综合开发项目】　年内，国家农业综合开发项目总投资238.843692万元。完成土地平整250亩，扶唇垒堰250亩，人行步道480平方米，林下经济100亩，管道灌溉200亩，管道工程260米，蓄水池1座，浆砌石挡墙400立方米。完成总工程量的65%。

（张　森）

【生态综合治理项目】　年内，白虎头村金丝小枣基地生态综合治理项目总投资162万元。完成扶唇垒堰130亩，田间路1250米，田间步道1400米，挡土墙110米，经济林种植90亩，100立方米蓄水池3座。完成总工程量的93%。年内，龙门口村生态综合治理项目总投资445.02万元。一区完成扶唇垒堰274亩，经济林种植238亩，节水灌溉274亩，低效林改造施有机肥274亩，田间步道1500米，田间路933米；二区完成扶唇垒堰350亩，田间步道1700米，新建肥料堆积场地800平方米，新建挡土墙160米。完成总工程量的50%。年内，沿河城西大台生态综合治理项目总投资399.656525万元。完成土地平整200亩，管道工程8254米，完成总工程量的20%。

（张　森）

【建设项目】　年内，火村现代高效精品红杏园建设项目总投资169.92万元。完成管网工程380亩，自动水肥一体化滴灌380亩。完成总工程量的81%。年内，完成斋堂镇景观农业建设项目，总投资188.57万元，涉及12个村，14个地块，种植万寿菊、百日草、马鞭草、鼠尾草共1730亩。已验收合格。

（张　森）

【防疫工作】　年内，完成防疫工作8次，动用车辆90车次，用人工辅助防疫118人次，为禽类免疫注射禽流感疫苗43501只，其中蛋鸡42915只，鸽子447只，鸭子35只，鹅104只；免疫注射猪蓝耳病疫苗3117只；免疫注射猪O型口蹄疫疫苗3117只，免疫注射羊口蹄疫7821只；狂犬病疫苗注射600只。

（张　森）

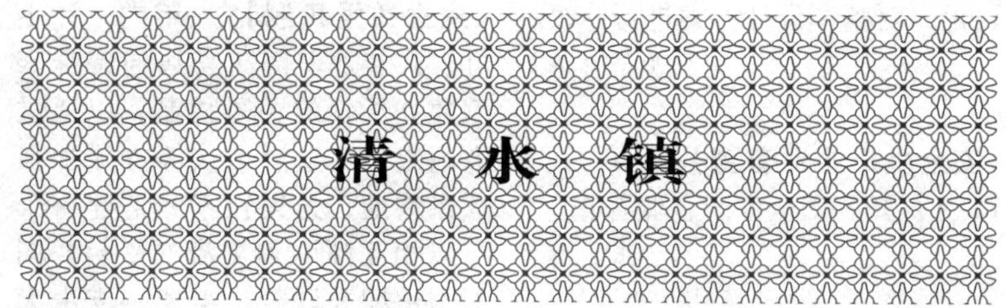

清　水　镇

【概况】　清水镇地处北京市最西部，西、北部分别与河北省涞水县、涿鹿县和怀来县接壤，东、南部分别与斋堂镇和房山区相连，距市区93公里，距区政府所在地75公里。是北京市城市整体规划西部生态带腹地，也是北京市西部最边远的乡镇，素有“京西边陲”之称。永定河支流清水河源于此，109国道东西贯穿全境。总面积339平方公里，辖32个行政村，6522户，其中常住户有5682户，1.1万人口，其中常住人口9798人，耕地2264亩，有基层党支部43个，党员1499人。年内，坚持“稳中求进、改革创新”的工作主题，以“转作风、强服务”为主线，以“求突破、上水平”为目标，转型发展的各项工作取得进展。全年全镇经济总收入完成3.36亿元，同比增长10%；人均可支配收入11022元，同比增长8%；区级财政收入完成467万元，超额完成30.4%，同比增长54%；固定资产投资完成9715.5万元，完成全年任务的122%；接待游客25.8万人次，实现旅游收入2895万元，比上一年同期增长

17.3%。

单位名称：北京市门头沟区清水镇人民政府
地　　址：北京市门头沟区清水镇上清水村
电　　话：60855407
邮　　编：102311

（王　晨）

【第三次全国经济普查工作】　1月1日，32个村的普查员将统一着装入户，利用手持电子终端（PDA）设备对普查对象进行GPS定位、相关证件拍摄、信息核实和数据采集工作。

（王　晨）

【举办村级公章专管员培训会】　1月6日，举办村级公章专管员培训会。全镇32个村的村级公章专管员参加培训，培训对村级公章委托监管审批单、备案表的使用规范和程序进行讲解。镇32个村全部完成村级公章委托监管工作，进入正式运行阶段。

（王　晨）

【文化活动】　1月12日，举办“骏马迎春”门头沟区春节系列文化活动专场展演。6月，北京燕赵鹏飞河北梆子剧团到燕家台、李家庄、上清水、下清水4个村举行文艺星火演出。9月25日，“清水·清韵－清水镇第五届传统山梆子戏曲汇演”在上清水村大礼堂举行。下清水村、上清水村、燕家台村、李家庄村、田寺村和龙王村的6支业余山梆子剧团参加演出。10月28日，上清水村业余山梆子戏剧团在上清水村文化大礼堂，为清水镇小学和中学的300余名师生表演山梆子戏曲。

（王　晨）

【召开村党支部书记承诺述职大会】　1月23日，召开村党支部书记承诺述职大会。镇党政领导班子成员、镇机关干部、各村党支部书记，以及部分群众代表参加。各村“两委”干部、党员、村民代表和群众代表在各村分会场收看主会场同步直播。全镇有近1200余人参加。

（王　晨）

【环境卫生保障工作】　1月，清除辖区内109国道沿线非法小广告100余条。清明期间，镇环境卫生突击队每天出勤2次，出动车5辆，3天共清理小广告39处。6月，对109国道沿线和主要景区开展白色污染、树挂清理活动，清理垃圾0.5吨。12月22日至26日，镇环境服务中心在全镇范围内开展了以“迎接新年，清洁首都环境”为主题的卫生大扫除活动。

（王　晨）

【开展食品药品安全检查】　2月3日至5日，开展辖区内重点场所食药安全巡查监管工作。共出动执法人员33人，执法车辆11台，巡查企业11户，主要检查企业进销货查验记录、消毒记录、环境卫生等，对两家存在问题的餐饮企业提出整改要求；对部分许可证快到期的企业，最大程度帮助企业办理各种延续材料；同时加大宣传力度，提高企业守法经营意识。3月，对媒体曝光的澳妙可婴儿配方奶粉篡改产品保质期事件开展全面清查工作，出动执法人员39人，车辆13台，检查超市13家，未发现存在经营“澳妙可”婴幼儿配方奶粉行为。5月27日，对辖区内食品生产经营场所进行节前安全检查，保障端午节期间的食品安全。共检查食杂店17户、农家乐及餐馆14户。12月30日，镇食药监管所对辖区内10家小食杂店，7家农家乐及餐馆进行节前检查。

（王　晨）

【两项沟域治理项目通过评审】　2月21日，上清水村三里沟生态谷综合治理工程、下清水村南峪沟生态综合治理项目通过区财政局项目评审中心评审。这两个项目主要是通过对沟域内的土地进行整理提升，对道路和管网设施进行完善，发展经济林种植，达到生态环境不断改善、旅游基础设施不断完善的目的。

（王　晨）

【召开党建工作会】　2月26日，召开2014年党建工作会。镇党政领导班子成员、镇机关中层干部、各村党支部书记、村委会主任近120人参加会议，区预防腐败局局长出席会议。

（王　晨）

【走访慰问活动】　春节前，开展节前送温暖系列活动。对全镇1558名特殊困难人群进行慰问，发放慰问金111.36万元，米、面、油等慰问品286件。重阳节，区红十字会对镇敬老院的老人进行慰问，为老人送去毛毯、毛衣等生活用品43件。区红十字会与镇联合开展“庆七一”慰问建国前老党员活动。为全镇54名建国前老党员、32名困难党员，送上慰问金5.9万元，毛衣、棉被、茶叶等慰问品366件。

（王　晨）

【安全检查工作】　春节前夕，开展安全检查工作，对全镇范围内的安全工作进行排查整治。6月，镇安全科、食药所、城管等部门对辖区内两家超市、加油站、换气站开展联合执法检查，重点检查消防、用电、经营场所和食品安全。检查发现安全隐患两起，并及时整改；对下清水村建筑工地、镇加油站、换气站和灵山索道等重点安全生产单位进行安全检查及隐患排查整治。8月26日，镇安全科到西宝惠民型煤有限公司检查工厂生产情况。重点检查企业防尘设备设施安装配备、粉尘车间通风、劳动防护用品配备等情况，并与企业负责人进行座谈，讲解安全生产、粉尘危险爆炸隐患和职业卫生教育等方面的内容。12月16日，镇综治办联合清水派出所开展预防煤气中毒入户安全检查工作。入户25家，填写《预防煤气中毒工作检查表》25份，补贴安全提示3份。17日，镇综治办联合安全科、流管办到辖区生产经营单位，检查节前综合治理工作。

（王　晨）

【举办各类活动】　3月5日，镇团委组织全镇大学生村官、镇机关青年40余人开展“学雷锋活动日”系列活动。5月，开展第24届“助残日”系列活动，向9名残疾人发放慰问金4500元；市残联“让爱飞翔”残疾人艺术团到镇慰问演出。

（王　晨）

【召开第六届人民代表大会】　3月14日，召开第六届人民代表大会第六次会议。41名镇人大代表参加会议，镇机关各科室负责人、驻镇单位负责人、各村干部列席会议，镇党政领导班子出席会议。会上确定了将镇内千亩景观农业万寿菊种植项目和环境卫生体系建设项目作为2014年本级政府专项工作的评议内容，镇主管领导对项目的实施进行承诺。12月30日，召开第六届人民代表大会第七次会议，镇人大代表参加会议，镇领导班子成员、各科室负责人列席会议。会上议对千亩景观农业种植项目和环境建设两项政府工作进行专项评议；接受并通过了谢晓东同志的辞呈；听取镇党委副书记关于2014年政府重点工程完成情况的汇报等。

（王　晨）

【召开农业工作会】　3月18日，召开2014年国家农业综合开发土地治理项目和地方农业综合开发项目动员部署会，镇主管科室相关领导、中标单位、相关村领导参加会议，区财政局、监理部门出席会议。19日，召开“109国道沿线景观农业万寿菊种植项目”动员部署会，镇项目主管科室领导、相关村领导参加会议，区农业局、万寿菊收购公司领导出席会议。会上，区农业局对种植项目各阶段的任务作了要求。

（王　晨）

【合作社成员分红大会】　3月21日，北京腾达乡村旅游联合社北京阿芳嫂黄芩种植专业合作社在齐家庄村举行分红大会。210余名社员领取41万余元的红利。

（王　晨）

【召开灵山景区工作部署会】　3月24日，召开灵山景区2014年工作部署会。会上，宣布北京灵山旅游发展有限公司党支部成立，并部署了党的群众路线教育实践活动相关工作；镇党委委员、副镇长部署2014年灵山景区的旅游发展工作。

（王　晨）

【宣传工作】　3月，开展食药安全知识和消费维权常识的宣传活动，参加宣传活动120余人，发放光盘40余份，宣传资料300余份。5月，在上清水村文化广场开展“人道博爱文化月”主题实践活动，发放宣传材料1000余份。区水务局节水办联合大山山货、镇办公室在上清水村开展节水宣传周系列宣传活动，发放节水知识手册500余份，节水提示贴200余张。12月3日，举办“预防煤气中毒、关爱珍重生命”主题宣传活动，受教育群众达700余人。6月，开展安全生产宣传活动，活动共发放宣传材料千余份，受众400余人。

（王　晨）

【人大代表“双进”活动】　4月10日，开展人大代表“进农村、进社区”活动，5名区人大代表和7名镇人大代表参与活动。收集群众意见建议11条。镇人大已根据意见建议内容分类整理后分发给各主管部门，将在规定期限内给群众答复。

（王　晨）

【建立教授工作站】　4月15日，清水腾达乡村旅游合作联社与中国农业大学、北京农学院共建教授工作站挂牌暨学生校外基地签约仪式在镇政府会议室举行。

（王　晨）

【流动党员管理服务站挂牌】　4月16日，镇流动党员管理服务站正式挂牌运行。

（王　晨）

【召开环境工作座谈会】　4月17日，召开2014年环境工作座谈会。各村党支部书记、村委会主任参加会议。会上，部署全镇2014年垃圾分类工作，并对环境卫生考核奖惩办法作了说明；各村党支部书记、村委会主任结合村内实际，对如何更好地实施垃圾分类工作提出了建设性意见和建议。

（王　晨）

【星火工程】　4月，经区文委评审团考核，上清水、下清水、燕家台、李家庄、龙王、田寺6个村传统山梆子剧团获得区农村文艺演出星火工程业余团队资质。

（王　晨）

【区领导调研指导工作】　5月7日，区领导韩子荣等到镇内调研指导工作。韩子荣听取“路虎北京体验中心项目”和“达摩沟域景观生态休闲公园二期工程”，以及矿山修复、绿化美化、特色培育等情况介绍，并了解了村庄环境建设、产业发展、村民就业等情况；韩子荣指出，区委对山区高度关注，扶持政策要向山区倾斜；清水镇达摩沟域环境整治到位，效果明显；西达摩村村容整洁，社会管理到位。6月10日，区相关领导到镇调研指导工作。听取镇2014年26项重点工程项目推进情况，险村搬迁、防汛度汛工作，灵山景区建设和百花山滑雪项目，以及村民用水、防汛除险工程落地和产业培育等需要区政府协调解决的问题的汇报。对全镇下一步工作提出建设性意见。8月27日，区领导对椴木沟新村险村搬迁等农口项目，以及农民专业合作社发展情况调研。9月16日，区领导赵潮英到镇调研险村搬迁工作。听取镇2014年险村搬迁工作汇报，实地查看椴木沟村险村搬迁进展情况。并提出要求。12月24日，区领导到镇调研指导工作，实地考察清洁型煤加工销售、海棠沟域开发和椴木沟新村项目建设情况。

（王　晨）

【召开区对接会】　5月21日，召开区机关企事业单位在职党员报到对接会。区26个报到单位联络员、各村党支部书记参加会议。

（王　晨）

【区人大代表接待选民及述职】
6月6日，区人大清水代表组在镇内集中开展区人大代表联系群众、接待选民和代表述职活动，各村选民50人参加活动。区人大城建环保委主任等8名区人大代表出席活动。活动中，两位代表依据自身的履职情况进行述职；区人大代表听取和记录了选民意见，共收集意见6条，主要涉及居民用水、险村搬迁等群众普遍关心的热点问题。

（王　晨）

【市有关部门领导调研指导工作】
6月，市委社会工委、市社会办社区建设处副处长、区社会办副主任到镇内调研指导工作。走访洪水口村社区服务站，对农村社区化建设工作项目进行评估；了解了洪水口村社区建设情况，肯定“一站式”服务场所建立、岗位人员安排、引导标识设置、“小帮手”自动缴费机快捷支付等便民利民服务举措。9月18日，市、区经管站和北京银行主管部门领导到镇内腾达乡村旅游联社开展调研。围绕合作社的融资问题与联合社11个理事长座谈，双方就联社存在的难点和问题进行了探讨。12月2日，市农工委干部处副处长，市农业广播电视学校教授，市农业职业学院教授等一行到镇内调研农村实用人才工作。听取关于农村实用人才工作的汇报，并就深山区农村如何紧抓实用人才教育培养、当前存在的难点问题，以及2015年工作思路等内容与在座人员进行座谈。会后，市领导一行到清水腾达乡村旅游联合社和布韵传奇手工编织专业合作社实地考察参观。

（王　晨）

【旅游工作】　端午节期间，镇旅游港湾工作人员解答游人咨询100余次，发放各类宣传材料600余份。

（王　晨）

【健康知识讲座】　8月11日、15日，联合区科协开展健康知识讲座活动。北京市朝阳区疾病预防控制中心、北京理工大学、区医院的专家为台上村、黄塔村、梁家铺村、八亩堰村的村民讲授心脑血管疾病的预防、生活的智慧、口腔疾病预防等常识。有140余位村民参加。

（王　晨）

【开展防空警报鸣响活动】　9月20日，开展防空警报鸣响活动。演习当中，分三次拉响防空警报，每次三分钟，分为预先警报、紧急警报和解除警报三种。

（王　晨）

【革命烈士公祭活动】　9月30日，镇领导班子全体成员，机关党员、团员和青年代表40余人，到龙门涧“憩英园”革命烈士雕塑前，开展公祭活动，以缅怀先烈事迹，告慰先烈英灵。

（王　晨）

【召开年度森林防火工作总结会】
11月6日，召开森林防火工作总结动员会。会上总结2014年度森林防火工作，对在2014年森林防火工作中表现突出的先进集体和先进个人进行了表彰。下发

《清水镇2015年度森林防火工作预案》，对2015年各项工作开展进行部署。另外，会议还对APEC峰会期间，全镇安全生产保障、消防和应急值守工作进行了部署。

（王　晨）

【召开专项检查工作部署会】 11月24日，召开党风廉政建设责任制专项检查工作部署大会。会上下发《清水镇关于开展党风廉政建设责任制专项检查的通知》和《清水镇村级党风廉政建设责任制专项检查考核表》，进一步明确责任分工、时间节点和考核标准。

（王　晨）

【惠民实事】 年内，出资22740元为全镇60周岁以上老年人（低保人员、五保人员、残疾人已由市财政统一出资参保）购买1516份老年人意外伤害保险，在地铁、公交、公园、博物馆等公共场所受伤害均可获意外伤害保险赔付。6月，与区文化馆沟通，为杜家庄、塔河的文化岗亭分别配置音响，总计97984元。7月17日，与海淀区中关村街道社保所在镇机关举办招聘会。现场招聘的中关村地区单位共47家，涉及60余个工种，提供岗位500余个。有53名应聘者与招聘单位达成初步意向，进行求职登记。8月22日，市残联在上清水村温馨家园开展白内障筛查工作。全镇各村的120名视力残疾患者进行的视力检查，共检查出57人患有白内障。

（王　晨）

【培训工作】 年内，组织38名数字电影放映员参加区电影公司主办的“门头沟区数字电影放映员培训班”，学习了农村数字电影放映操作规程、设备维护管理、放映安全常识等内容。4月16日，对新招聘的8名防疫员进行业务培训。7月17日，举办乡村公路养护培训班。乡村公路所在各村的公路养护人员参加培训。为民俗旅游村举办专家入户诊断式培训班。

（王　晨）

【完成行政审批事项梳理工作】 年内，计生办、民政科、社保所和残联四个基层服务窗口，对原有的64项行政审批事项进行全面梳理。其中取消4项，新增1项。

（王　晨）

【灵山修复工作】 年内，灵山退化草甸生态系统修复技术集成与示范项目已完成招标工作，进入施工阶段。该项目由区科学与技术委员会牵头，主要对2万平方米的生态退化区域及裸露地表进行植被生态修复，建立“灵山亚高山草甸生态修复核心示范区”，为在高海拔地区进行生态修复提供基础依据。

（王　晨）

【网格建设工作】 年内，已完成网格基础数据库的建设，涵盖人口数据38497条、“地”数据492条、“事”数据3433条、“物”数据167条、“组织”数据605条。

（王　晨）

【公共服务事项】 年内，协调社保所、民政科和计生办等13个职能科室，根据实际需求，初步形成镇、村两级标准统一的公共服务事项目录。其中，镇级目录中减少5项，新增4项，共确定114项；村级目录中减少7项，新增1项，共确定80项。

（王　晨）

【景观及精品农业发展】 年内，完成109国道景观农业种植、千亩玫瑰基地建设等项目；推进低收入村帮扶项目。

（王　晨）

【景区的经营与管理】 年内，灵山景区旅游收入560万元，同比增长20%。接待游客6.2万人次，同比增长16%。对职工保险和住房公积金进行补缴；开工建设二帝山景区二期工程；完成聚灵峡景区旅游公共服务设施提升改造工程项目建设。

（王　晨）

【招商引资】 年内，引入社会资本参与地区经济发展。灵山景区整体开发、百花山冰雪项目、国泰集团燕黄宾馆地块整体开发项目、路虎体验中心项目等扎实推进。

（王　晨）

【“新三起来”工作】 年内，通过互联担保，联合社银行贷款的总额增加到765万元；成立第一家销售门店，不断破解进入市场的瓶颈问题；通过村民土地入股的方式，实现流转闲置土地1200亩。

（王　晨）

【优化生态环境】 年内，落实“生态涵养发展区”的功能定位，推进清水镇地灾除险工程、灵山西达么小流域治理、农业污染源治理工程续建等项目建设。

（王　晨）

【环境卫生精细化管理】 年内，投入120万元，清理各种垃圾850方；推进“户分类、村收集、镇运输、区处理”的垃圾处理模式。

（王　晨）

【新农村建设工作】 年内，椴木沟村完成样板间建设；洪水峪村完成12户险户房屋主体建设；推进农村改水、一事一议等工程项目；启动洪水口村整村改造项目；江水河村五级客运场站基本完成；做好减煤换煤、煤改电等工作。

（王　晨）

【文化事业】 年内，完成塔河、下清水、田寺村文化活动中心主体建设、黄安坨毛主席批示纪念广场修缮及黄安坨毛主席批示纪念馆的新建工作。

（王　晨）

【安全稳定各项工作】 年内，以社会矛盾排查为重点，以“大事不出、小事也不出”为总目标，全力做好安保维稳、安全生产、打非治违、防火防汛、预防煤气中毒、矛盾排查化解的各项工作任务。确保了全国“两会”、国庆节、十八届四中全会期间地区的和谐稳定。

（王　晨）

人　物

组织机构负责人名单（截至2014年年底）

中国共产党北京市门头沟区委员会

区 委 书 记　韩子荣
区委副书记　王洪钟（9月免）、张贵林（9月任）、付兆庚
区 委 常 委　韩子荣、王洪钟（9月免）、张贵林（9月任）、付兆庚、陈国才、丁　勇、赵潮英、刘群立、张　永、李庆广、彭利锋、郑伟革
区委政法委书记、区委党校校长　付兆庚
区委组织部部长、区委统战部部长　丁　勇
区纪委书记　赵潮英
区委宣传部部长、区直机关工委书记　彭利锋
区委办公室主任、区国家保密局局长　郑伟革
区委办公室常务副主任、区委研究室主任　王　京
区委组织部常务副部长　张庆伍
区委宣传部常务副部长　常　蓉
区精神文明办主任　李秋芳
区委统战部常务副部长　周博华
区委政法委常务副书记　张福军（5月免）、李　健（5月任）
区直机关工委常务副书记　梁增霞
区委老干部局局长　吕根群
区委党校校务委员会主任、常务副校长　李荣超

门头沟区人民代表大会常务委员会

区人大主任　罗　斌
区人大副主任　韩生辉、谭　杰、许　彪、李　轶（不驻会）
区人大常委会办公室主任　陈世杰
区人大常委会研究室主任　董建忠（9月免）、尹晓君（12月任）
区人大常委会代表联络室主任　贺其明
区人大常委会内务司法工作委员会主任　高帮利（11月免）、谷志强（12月任）
区人大常委会教科文工作委员会主任　李维兴
区人大常委会财政经济工作委员会　高　见
区人大常委会城乡建设环保工作委员会　史宗宪
区人大常委会农村工作委员会主任　杨国强

门头沟区人民政府

区　长　王洪钟（9月免）、张贵林（代、9月任）
副区长　陈国才、张　永、陈卫东、石　军、李　昕、张满仓
区政府办公室主任　金秀斌
区政府外事办公室主任　陈江锋
区发改委党组书记、主任　万　钦
区国资委党委书记、主任　黄　伟

区商务委员会党组书记、主任
（区粮食局局长）　王立宇
区委教工委书记　何　渊
区教委主任　李永生
区政府教育督导室主任　杨玉柱
区科委党组书记、主任　付军利
区经济和信息化委员会党组书记、主任　李国庆
区监察局局长　贾志国
区民政局党委书记　王学东
区民政局局长　张翠萍
区司法局党组书记、局长　吕玉宝
区财政局党组书记、局长　李　伟
区人力资源和社会保障局党组书记、
局长，区编办主任　杜斌英
区编办常务副主任　张建军
区住建委主任　陈卫东
区住建委党组书记、常务副主任　杨晓辉
区市政市容管理委员会党组书记、
主任　李永胜
区交通局党组书记、局长　张旋里
区委农工委书记、区农委主任　耿新民
区文委党委书记、主任　闫洪亮
区卫生局党委书记　王锡东
区卫生局局长　野京城
区人口计生委党组书记、主任　谢春雪
区审计局党组书记、局长　苗建军
区环保局党组书记、局长　高　欣
区统计局党组书记、局长　王培训
区农业局党委书记、局长　王九中
区水务局党组书记、局长　韩瑞昌
区园林绿化局党委书记、局长　高连发
区旅游委党组书记、主任　刘贵清
区体育局党组书记、局长　刘树军
区法制办主任　谷志强（12月免）
　卫一平（12月任）
区委社会工委书记、区社会办主任　王培兰
区委区政府信访办公室主任　贾卫东（10月免）
　夏淑强（11月任）
区民防局党组书记、局长　曹志远
区城市管理综合行政执法监察局
党组书记　安焕生
区城市管理综合行政执法监察局
局长　张伯谦（3月免）
　曹宝华（4月任）
区安全生产监督管理局党组书记　梁光学
区安全生产监督管理局局长　刘振林
区档案局史志局党组书记、局长　刘望鸿
区农村合作经济经营管理站党组
书记、站长　舒伯文

中国人民政治协商会议
北京市门头沟区委员会

区政协主席　张　冰
区政协副主席　翟云峰　张乐春
　冯　飞　野京城（不驻会）
　朱德友（不驻会）
　孙善民（不驻会）
区政协秘书长　张爱宗
区政协办公室主任　张　静
区政协研究室主任　安久亮
区政协专委会工作一室主任　赵　凯
区政协专委会工作二室主任　刘增城
区政协专委会工作三室主任　石建山
区政协专委会工作四室主任　杨金波
区政协专委会工作五室主任　张久振（1月免）
　连春国（5月任）
区政协专委会工作六室主任　连春国（5月免）
　张福军（5月任）

政法、军事

区检察院党组书记、检察长　许晓闽（11月免）
　杨淑雅（代、11月任）
区检察院反贪污贿赂局局长　王久海
区法院党组书记、院长　靳学军
区公安分局党委书记、局长　刘群立
区武装部部长　李庆广

群众团体

区工商联党组书记　周博华
区工商联主席　马　星
区总工会党组书记、主席　任继明
团区委党组书记、书记　丁章春
区妇联党组书记、主席　徐家湛
区科协党组书记、主席　杨广义
区残联党组书记、理事长　范根源
区文联党组书记、常务副主席　彭天和

区红十字会党组书记、常务副会长　王连勇

乡镇街道

潭柘寺镇党委书记　占永谦
潭柘寺镇镇长　杜春涛
永定镇党委书记　陈　波
永定镇镇长　李文凯
龙泉镇党委书记　索宝柱（12月免）
　刘军生（12月任）
龙泉镇镇长　刘军生（12月免）
　张　伟（12月任）
军庄镇党委书记　王　涛
军庄镇镇长　曹宝华（4月免）
　刘甫通（4月任）
妙峰山镇党委书记　卢佳强
妙峰山镇镇长　曹子扬
王平镇党委书记　韩兴无
王平镇镇长　朱　凯
雁翅镇党委书记　衣丰飞（9月免）
　亓建军（9月任）
雁翅镇镇长　张书军
斋堂镇党委书记　杨少培
斋堂镇镇长　谢晓东（4月任）
清水镇党委书记　张慧军
清水镇镇长　安　楠（10月免）
　贾卫东（10月任）
东辛房街道工委书记　史雅琳
东辛房街道办事处主任　段铁军
大峪街道工委书记　艾德禄
大峪街道办事处主任　张进香
城子街道工委书记　张慧琦
城子街道办事处主任　张　伟（12月免）
大台街道工委书记　亓建军（9月免）
　王亚君（11月任）
大台街道办事处主任　周玉勤

事业单位

区投资促进局党组书记、局长　李世春
区机关后勤服务中心主任　王亚君（11月免）
区棚改中心主任　陈卫东
区棚改中心党组书记　杜桂斌
区房屋征收事务中心党组书记、主任　穆春林
区公共工程服务中心主任　陈卫东
区公共工程服务中心党组书记、常务副主任　田　军
区环卫中心党委书记、主任　杨树国
区老龄办主任　张翠萍
区广电中心党组书记、主任　宋　奇
北京百花山国家级自然保护区管理处党组书记、主任　刘　东

区管企业单位

北京京门国有资产经营中心党委书记、总经理　连久利（4月免）
　张广宝（4月任）
北京京门国有商业资产经营公司党委书记、董事长　宋建筑
北京京门国有商业资产经营公司总经理　孙敬利
区供销社党委书记、主任　朱瑞林

统计 资料

自然概况（2011—2014 年）

项　　目	单位	2011 年	2012 年	2013 年	2014 年
土地面积					
辖区面积	平方公里	1448.84	1448.84	1448.84	1447.85
新城规划区面积	平方公里	87	87	87	87
户籍人口					
户籍户数	户	118113	118837	119464	119951
户籍人口	人	247504	248353	248855	249098
农业人口	人	56886	54998	50262	48757
非农业人口	人	190618	193355	198593	200341
人口自然增长率	‰	-1.42	1.62	2.37	0.13
降水量及气温					
全年降水量	毫米	581.2	957.6	469.3	264.2
全年平均气温	℃	12.4	12	12.3	14.1

注：2010 年户籍人口中包括未落常住户口人员 135 人，2011 年户籍人口中包括未落常住户口人员 81 人，2012 年户籍人口中包括未落常住户口人员 53 人，2013 年户籍人口中包括未落常住户口人员 34 人。

资料来源：门头沟区国土资源分局、门头沟区公安分局、门头沟区计生委、门头沟区气象局、北京市规划委员会门头沟分局。

行政区划（2014 年）

项　目	辖区面积（平方公里）	村民委员会（个）	社区居委会（个）	户籍户数（户）	户籍人口（人）		
					合　计	#非农业人口	#男性人口
合　　计	1447．85	178	119	119951	249098	200341	127209
大峪办事处	5．16		34	21549	54732	54732	27716
城子办事处	2．31		22	10851	26067	26067	13953
东辛房办事处	10．88		20	13021	30242	30242	15704
大台办事处	80．87		9	3825	8755	8755	5159
潭柘寺镇	79．83	12		6955	12022	6879	6026
永定镇	65．48	24	15	15611	31381	24133	15422
龙泉镇	30．80	17	11	11941	22213	13713	10825
军庄镇	33．47	8	2	6463	11784	8841	6007
妙峰山镇	112．61	17		5792	10081	3688	5052
王平镇	45．92	16	4	4197	8315	8315	4331
雁翅镇	263．20	23	1	5395	8807	3271	4484
斋堂镇	382．17	29	1	7824	13625	8370	6868
清水镇	335．14	32		6527	11074	3335	5662

资料来源：门头沟区公安分局、门头沟区国土资源局、门头沟区民政局、门头沟区街道办。

国民经济主要指标(一)

项　目	单位	2014 年	2013 年	增长速度%
人口与就业				
人口				
年末全区常住人口	万人	30.6	30.3	1.0
就　业				
全部法人单位从业人员	人	86907	86714	0.2
个体从业人员	人	12977	15920	-18.5
城镇登记失业率	%	4.3	4.3	
宏观经济				
国民经济核算				
地区生产总值	万元	1338295	1241986	7.8
第一产业	万元	12081	19629	-38.5
第二产业	万元	681414	620396	9.8
第三产业	万元	644799	601962	7.1
固定资产投资				
全社会固定资产投资	万元	2677814	2300760	16.4
#房地产开发投资	万元	1683166	960159	75.3
财政				
公共财政预算收入	万元	220341	207234	6.3
公共财政预算支出	万元	688916	761000	-9.5

资料来源：门头沟区人力社保局、门头沟区财政局。

国民经济主要指标（二）

项　目	单位	2014 年	2013 年	增长速度%
产业				
农村经济				
农林牧渔业总产值	万元	35335.3	53307.9	-33.7
农村经济总收入	万元	907788	864561	5.0
工业				
规模以上工业企业总产值	万元	985074	807085	22.1
商业				
社会消费品零售额	万元	531063	489845	8.4
旅游				
接待总人次	万人次	397	343	15.7
旅游收入	万元	202591	192266	5.4
对外经济贸易				
新批“三资”企业	个	10	7	42.9
投资总额	万美元	16138	2367	581.8
实际利用外资	万美元	805	100	705.0
金融保险				
金融机构存款余额	万元	4679082	4083503	14.6
#个人存款	万元	2401880	2308624	4.0
金融机构贷款余额	万元	1107709	902500	22.7
保险业务收入	万元	25334	21089	20.1

资料来源：门头沟区商务委、中国人民保险公司门头沟支公司、中国人寿保险公司门头沟支公司。

国民经济主要指标（三）

项 目	单位	2014 年	2013 年	增长速度%
教育、文化、科技、卫生				
教育				
中、小学在校生	人	18505	18384	0.7
中、小学专任教师	人	2461	1917	28.4
文化				
公共图书馆总藏书	万册	74.4	67.4	10.4
科技				
专业技术人员	人	6490	6479	0.2
卫生				
卫生机构病床数	张	2859	2842	0.6
卫生机构技术人员数	人	3282	3233	1.5
生活与环境				
生活				
城镇居民人均可支配收入	元	38023	35141	8.2
农村居民人均纯收入	元	18861	17408	8.3
全部法人单位从业人员平均工资	元	63936	58617	9.1
能源消费				
全社会售电量	万千瓦时	91284	93673	-2.6
全社会用电量	万千瓦时	91314	93675	-2.5
环境				
城市绿化覆盖率	%	42.0	41.5	1.2
城市污水处理量	万吨	675.6	698.1	-3.2

地区生产总值

单位：万元

	2014 年	2013 年	增长%（现价）	增长%（不变价）
地区生产总值	**1338295**	**1241987**	**7.8**	**10.0**
按产业分：				
第一产业	12081	19629	-38.5	-38.3
第二产业	681414	620396	9.8	15.8
第三产业	644799	601962	7.1	5.6
按行业分：				
农、林、牧、渔业	12320	19855	-38.0	-37.8
工业	598735	537313	11.4	18.2
建筑业	83421	83758	-0.4	0.9
批发和零售业	62333	60773	2.6	3.5
交通运输、仓储和邮政业	18657	17806	4.8	2.9
住宿和餐饮业	17801	16909	5.3	3.6
信息传输、软件和信息技术服务业	1082	931	16.2	16.6
金融业	71764	63792	12.5	12.3
房地产业	114349	104065	9.9	7.3
租赁与商务服务业	28971	28147	2.9	0.4
科学研究和技术服务业	57431	51548	11.4	9.6
水利、环境和公共设施管理业	6988	7816	-10.6	-12.0
居民服务、修理和其他服务业	27438	24502	12.0	9.2
教育	66109	60600	9.1	7.4
卫生和社会工作	52736	52156	1.1	-0.5
文化、体育和娱乐业	10605	9969	6.4	3.7
公共管理、社会保障和社会组织	107555	102047	5.4	3.7